Politische Vierteljahresschrift   Sonderheft 44/2010

Deutsche Vereinigung für Politische Wissenschaft

Politik als Beruf

Herausgegeben von
Michael Edinger
Werner J. Patzelt

Bibliografische Information der Deutschen Nationalbibliothek
Die Deutsche Nationalbibliothek verzeichnet diese Publikation in der
Deutschen Nationalbibliografie; detaillierte bibliografische Daten sind im Internet über
<http://dnb.d-nb.de> abrufbar.

1. Auflage 2011

Alle Rechte vorbehalten
© VS Verlag für Sozialwissenschaften | Springer Fachmedien Wiesbaden GmbH 2011

Lektorat: Frank Schindler / Verena Metzger

VS Verlag für Sozialwissenschaften ist eine Marke von Springer Fachmedien
Springer Fachmedien ist Teil der Fachverlagsgruppe Springer Science+Business Media.
www.vs-verlag.de

Das Werk einschließlich aller seiner Teile ist urheberrechtlich geschützt. Jede Verwertung außerhalb der engen Grenzen des Urheberrechtsgesetzes ist ohne Zustimmung des Verlags unzulässig und strafbar. Das gilt insbesondere für Vervielfältigungen, Übersetzungen, Mikroverfilmungen und die Einspeicherung und Verarbeitung in elektronischen Systemen.

Die Wiedergabe von Gebrauchsnamen, Handelsnamen, Warenbezeichnungen usw. in diesem Werk berechtigt auch ohne besondere Kennzeichnung nicht zu der Annahme, dass solche Namen im Sinne der Warenzeichen- und Markenschutz-Gesetzgebung als frei zu betrachten wären und daher von jedermann benutzt werden dürften.

Druck und buchbinderische Verarbeitung: Ten Brink, Meppel
Satz: ITS Text und Satz Anne Fuchs, Bamberg
Gedruckt auf säurefreiem und chlorfrei gebleichtem Papier

ISBN 978-3-531-16034-4

Inhaltsverzeichnis

Einleitung

Werner J. Patzelt / Michael Edinger
Politik als Beruf. Zum politischen Führungspersonal in der modernen Demokratie   9

I. Theoretische Zugänge

Klaus Stolz
Die Entdeckung der politischen Klasse: Aktualität und Grenzen der Theorie
Gaetano Moscas 33

Kari Palonen
Zur Rhetorik des Berufspolitikers. Historische und idealtypische Betrachtungen im
Anschluss an Max Weber 52

Werner J. Patzelt
Was für Politiker brauchen wir? Ein normativer Essay 70

II. Politikerkarrieren in der Bundesrepublik Deutschland

Lars Holtkamp
Professionalisierung der Kommunalpolitik? Empirische und normative Befunde . . 103

Marion Reiser
Ressourcen- oder mitgliederbasiert? Zwei Formen politischer Professionalisierung
auf der lokalen Ebene und ihre institutionellen Ursachen 121

Klaus Detterbeck
Parteikarrieren im föderalen Mehrebenensystem. Zur Verknüpfung von öffentlichen Mandaten und innerparteilichen Führungspositionen 145

Heinrich Best / Stefan Jahr / Lars Vogel
Karrieremuster und Karrierekalküle deutscher Parlamentarier 168

Jörn Fischer / André Kaiser
Wie gewonnen, so zerronnen? Selektions- und Deselektionsmechanismen in den
Karrieren deutscher Bundesminister 192

Sebastian Bukow
Politik als Beruf – auch ohne Mandat 213

Helmar Schöne
Politik als Beruf: Die zweite Reihe. Zur Rolle von Mitarbeitern im US-Kongress und im Deutschen Bundestag 232

Christiane Frantz
„Ochsentour? Das hab' ich nicht nötig!" Rekrutierung, Karriere und Rollenkonzeptionen von NGO-Politikern 255

III. Politik als Beruf im internationalen Vergleich

Jens Borchert
Drei Welten politischer Karrieremuster in Mehrebenensystemen: die USA, Deutschland und Brasilien im Vergleich 273

Katja Fettelschoß
Ministerkarrieren in elf mittelosteuropäischen Demokratien (1990 – 2006): vom Quereinsteiger zum Berufspolitiker? 297

Andreas M. Wüst / Thomas Saalfeld
Abgeordnete mit Migrationshintergrund im Vereinigten Königreich, Frankreich, Deutschland und Schweden: Opportunitäten und Politikschwerpunkte 312

Ulrik Kjær
Women in Politics – The Local-National Gender Gap in Comparative Perspective   334

IV. Der moderne Politiker in der medialen Öffentlichkeit

Armin Wolf
Celebrity Politics: Prominenz als politische Ressource 355

Jens Tenscher
Salto mediale? Medialisierung aus der Perspektive deutscher Landtagsabgeordneter   375

Peter H. Feindt / Daniela Kleinschmit
Kommunikationsverhalten und Erscheinungsbild von Politikern in den Medien am Beispiel der Agrarpolitik 396

Doreen Spörer-Wagner / Frank Marcinkowski
Politiker in der Öffentlichkeitsfalle? Zur Medialisierung politischer Verhandlungen in nationalen Kontexten 416

Zusammenfassungen 439

Abstracts 447

Verzeichnis der Autorinnen und Autoren 454

Einleitung

Politik als Beruf.
Zum politischen Führungspersonal in der modernen Demokratie

Werner J. Patzelt / Michael Edinger

1. Zum Stellenwert des Themas

Kann ein Sonderheft der Politischen Vierteljahresschrift über „Politik als Beruf" denn Neues, gar Interessantes bringen? Immerhin zitiert es im Titel einen klassischen Text der politischen Soziologie. Muss man gut 90 Jahre nach Max Webers berühmt gewordenem Vortrag vor Münchener Studierenden wirklich noch nach der „Beruflichkeit von Politik" fragen? Hat die Forschung der vergangenen Jahrzehnte nicht zur Genüge die Rekrutierungskanäle und Professionalisierungsprozesse des politischen Personals, seine Karrierekalküle und Karrierelogiken ausgelotet sowie die mögliche *déformation professionelle* und die durch Ambivalenzen charakterisierte Abneigung der Wählerschaft gegen die Berufspolitiker beleuchtet?

Doch „Politik als Beruf" ist aus guten Gründen ein Evergreen. Fragen danach, wie Politiker in ihr Amt kommen und nach welchen Regeln sie es ausüben, wer Politiker sein kann und ob es überhaupt so etwas wie einen „Politikerberuf" geben sollte, sind nämlich von bleibender Aktualität. Nur verändern sich die Antworten im Lauf der Zeiten. Sie variieren auch von Gesellschaft zu Gesellschaft, desgleichen zwischen unterschiedlichen Akteuren und Gruppen, und insbesondere auch zwischen den jeweils zeitgenössischen Politikern und ihren Wählern, wie sich einmal mehr in der Potsdamer Elitestudie gezeigt hat (Bürklin/Rebenstorf 1997; auch Kaina 2002). Das Bemühen jedenfalls, Veränderungen in der Rekrutierung und Zusammensetzung, im Selbstverständnis und im Handeln der „politischen Klasse" zu dokumentieren, in ihrer Gestalt zu verstehen und von ihren Ursachen her zu erklären, dauert aus guten Gründen an und bringt immer neue politikwissenschaftliche Analysen hervor.

Beschreibung samt Erklärung dessen, was Politik ist und wie sie zum Beruf werden konnte; Kritik am Denken und Agieren der Politikerschaft anhand umsichtig begründeter Maßstäbe; Vorkehrungen für die Bildung und Erziehung der politischen Klasse: Das ist also auch weiterhin der angemessene Dreiklang jeder Befassung mit „Politik als Beruf". Er erklang zwar lange vor Max Webers berühmtem Text aus dem Revolutionswinter von 1918/19. Dennoch stellt die ebenso gründliche wie originelle Analyse Max Webers einen geeigneten, wenn nicht sich sogar aufdrängenden Bezugspunkt auch für die heutige Beschäftigung mit der zum Beruf, womöglich gar zur Profession gewordenen Politik, ihren Mechanismen, Folgen und auch Ärgernissen dar. Es ist von daher kein Zufall, dass sich vorausgegangene Arbeiten zum Thema dezidiert auf Weber bezogen haben (pars pro toto Borchert 2003) – trotz der bekannten zeitgeschichtlichen Limitationen seiner Arbeiten.

So unabweisbar die historische Spezifik von Webers Analysen ist und so unbestritten die Fortschritte in der wissenschaftlichen Auseinandersetzung mit der „Politik als Beruf" sind, so offenkundig dauern die Kontroversen um die Qualifikation des politischen Führungspersonals, um seine Ambitionen und Aufstiegskanäle an. Dabei hat die Diskussion weder an Schärfe noch an sozialwissenschaftlicher Relevanz eingebüßt. Während in Publizistik und Populärwissenschaft die ereignisbezogene, oftmals moralisierende und skandalisierende (Wieczorek 2009), gleichwohl teilweise substanzielle Beschäftigung mit der Berufspolitik (von Arnim 2009) dominiert,[1] hat sich die Politikwissenschaft um die systematische Erfassung der politischen Rekrutierung und allgemeiner der Herausbildung von Karrieremustern in der Politik, um die Untersuchung von deren Zusammenhang mit institutionellen Konfigurationen und weiteren Opportunitätsstrukturen sowie um die Analyse der Implikationen einer zum Beruf gewordenen Politik bemüht (für den deutschsprachigen Bereich siehe beispielhaft Borchert 1999).[2]

In diesem Zug haben sich die Gegenstände und Ziele der fachwissenschaftlichen Auseinandersetzung verändert. Die Verberuflichung der Politik gilt längst, sieht man von besonderen Konstellationen etwa bei einer Regimetransition ab, als selbstverständliche Gegebenheit moderner Demokratien. Entsprechend richtet sich das Erkenntnisinteresse nicht so sehr auf die Beruflichkeit der Politik als solcher, sondern auf deren Entwicklung zur Profession und/oder zur politischen Klasse – und hier wiederum auf Verlauf, Geschwindigkeit und Reichweite der Professionalisierung (Burmeister 1993; Borchert/Golsch 1995; Golsch 1998). Die verstärkte Einbeziehung der Akteursperspektive bedingt dabei eine Hinwendung zur Karrierisierung der Politik, die ihren Ausgangspunkt schon in den älteren Arbeiten zu politischen Ambitionen hat (grundlegend Schlesinger 1966). Zugleich rücken die Implikationen und Folgen der Professionalisierung von Politik ins Zentrum des Forschungsinteresses (Borchert 2003).

„Politik als Beruf" stellt aber nicht nur ein politisch wie politikwissenschaftlich strittiges und hochgradig relevantes Themenfeld dar. Es ist auch Gegenstand einer langen Tradition politischen Denkens, das sich bis in die antike Staatsphilosophie zurückverfolgen lässt. Auswahl und Bestellung der Regierenden haben namhafte Denker, und nicht nur des Abendlands, von Platon bis Weber beschäftigt. Fragen nach der Legitimität politischer Amtsträger und ihrer Qualifikation durchziehen entsprechend die politische Ideengeschichte.

Für den Gegenstandsbereich dieses Sonderhefts kann also sowohl eine lange Forschungstradition als auch große Aktualität festgestellt werden. Gleichwohl ist der Kenntnisstand über viele Aspekte der zum Beruf gewordenen Politik und ihrer Akteure begrenzt, und es mangelt bislang weitgehend an Überblicksdarstellungen sowie an breiter angelegten, historisch und synchron vergleichenden Studien (Ansätze bzw. Vorstufen dazu bei Borchert/Zeiss 2003; Cotta/Best 2007). Vor allem aber sind mit den Veränderungen binnenstaatlicher Politikgestaltung wie auch der trans- und internationalen Beziehungen neue Rahmenbedingungen für die professionalisierte Politik und damit zugleich Herausforderungen für die Politikwissenschaft entstanden. Beispielhaft für die

---

1 Die teils polemisch-plakativen Vorwürfe gegen die „politische Klasse" haben vereinzelt zu apologetischen Abhandlungen in der populärwissenschaftlichen Literatur geführt, teils aus der Feder von Akteuren (Scheer 2003), teils von journalistischen Beobachtern der Politik (Blome 2009).
2 Es ist von daher kein Zufall, dass vier ehemalige Mitglieder einer vormals Göttinger Nachwuchsgruppe mit Beiträgen in diesem Sonderheft vertreten sind: neben Jens Borchert als damaligem Leiter Klaus Detterbeck, Marion Reiser und Klaus Stolz.

Herausforderungen, die sich aus jüngeren politischen Entwicklungen einerseits für die politischen Amtsträger, andererseits für die wissenschaftliche Analyse der „Politik als Beruf" ergeben, seien hier genannt:

- *die gestiegene Komplexität politischer Entscheidungsprozesse:* Immer komplexere Entscheidungsmaterien fördern die Arbeitsteilung unter Politikern, verstärken Professionalisierungsdynamiken und bedingen die Entstehung von „Expertenparlamenten" (von Oertzen 2006), während sie gleichzeitig die Abhängigkeit von externer Expertise verstärken. Dabei steigen die Qualifikationserfordernisse an das politische Personal und zugleich wächst der Markt an Positionen in der professionellen Politik: territorial durch eine Teil-Professionalisierung lokaler Politik; sektoral, indem auch in Interessenverbänden und stellenweise in den sogenannten Nichtregierungsorganisationen Politik zum Beruf wird; positionell durch mitunter stattliche Mitarbeiterstäbe in Ministerien, Parlamenten und Parteien.
- *die moderne Mediendemokratie:* Die umfassende massenmediale Vermittlung und Vermarktung von Politik fördert die Personalisierung und begünstigt die Selbstdarstellung der politischen Prominenz (beispielhaft Karvonen 2009). Manche Autoren interpretieren diese Entwicklungen als Teile einer weiter gehenden Präsidentialisierung der Politik (Poguntke/Webb 2005). In der Mediendemokratie verändern sich dadurch womöglich das Anforderungsprofil von Politikern sowie deren Handlungsarenen und -prioritäten (grundlegend Marcinkowski/Pfetsch 2009).
- *die verbreitete Politiker- und Parteienverdrossenheit:* Nicht nur in Deutschland, sondern in den meisten europäischen Demokratien ist für die vergangenen zwei Dekaden eine ausgesprochen kritische Haltung der Wahlbürger gegenüber den Parteien und den weitgehend durch diese selektierten politischen Eliten auszumachen (Kaina 2008; Behnke 2009; Gabriel/Schöllhammer 2009). Auf die dadurch bedingten Probleme des Regierens und die etwaigen Karriereunsicherheiten können die Selektoren zum einen durch eine verschärfte Abschottung sowie durch die Herausbildung einer genuinen „politischen Klasse" reagieren (Borchert/Stolz 2003; Borchert/Zeiss 2003). Zum anderen ist aber auch eine gezielte Öffnung des Rekrutierungsprozesses für ausgewählte Gruppen (z. B. für Frauen, Migranten, Medienprominenz) mit entsprechenden Folgen für Rekrutierungs- und Karrieremuster möglich.
- *die Europäisierung:* Diese Prozesse fördern die Professionalisierung der Politik ebenso, wie sie die professionelle Erfüllung politischer Aufgaben etwa durch Einschränkung nationaler Handlungsspielräume erschweren.

Die hier aufgelisteten Herausforderungen stehen exemplarisch für politische Entwicklungen, die sich mittelbar, häufig aber auch ganz direkt, auf die Rekrutierung, Professionalisierung und Handlungsmöglichkeiten des politischen Personals ausgewirkt haben. Sie verweisen zugleich auf Spannungsfelder, die sich aus der Beruflichkeit von Politik in modernen Gesellschaften ergeben. Dazu gehören etwa das Spannungsverhältnis zwischen der Professionalisierung der Politik auf der einen Seite und der demokratischen Teilhabe an politischen Entscheidungen auf der anderen Seite. Anderer Natur, aber gleichfalls Quelle möglicher Rollenkonflikte sind die Anforderungen von Professionalisierung und Medialisierung an heutige Politiker. So verleitet die massenmediale Logik auf der einen Seite zur Darstellungspolitik und zum Populismus. Auf der anderen Seite bringt die Professionalisierung die Gefahr einer dysfunktionalen Verselbständigung politischer Amtsträger etwa durch Mechanismen der sozialen Schließung mit sich. Es sind derartige Spannungsfelder in der Arbeit moderner (Berufs-)Politiker, die neben in der Disziplin seit Längerem debattierten Themen (wie den normativen Anforderungen an das politische Führungspersonal oder den Formen und Folgen von Professionalisierung) nach einer gründlichen politikwissenschaftlichen Reflexion verlangen.

Damit verknüpft sind grundlegende politikwissenschaftliche Fragen: Welche „Standards für Professionalität" sind im Fall politischer Entscheidungsträger anzulegen, und wie stark können und sollen diese mit den institutionellen Rahmenbedingungen variieren – und mit welchen unbeabsichtigten und zudem unerwünschten Nebenwirkungen? Welche Interaktionseffekte zeitigt die Verberuflichung des Politischen einesteils mit immer wieder wachsender Politik- oder Politikerdistanz, andernteils mit – zumindest rhetorisch – aufblühendem Streben nach mehr demokratischer Teilhabe an politischen Prozessen? Sind politische Professionalisierung und demokratische Legitimationsverluste vielleicht zwei Seiten derselben Medaille?

Antworten auf diese Fragen sind vor allem in Gesellschaften dringlich, deren Politik durch Elitenkonkurrenz und eine weitgehende Selbstrekrutierung des politischen Personals charakterisiert ist und in denen zugleich – angesichts des weltanschaulichen Pluralismus – Leitbilder des (guten) Politikers schwerlich allgemeine Verbindlichkeit erlangen können. Die von der jeweiligen Verfassungsordnung geschaffene Ämterstruktur, die zusammenwirkenden Spielregeln des Wahl- und Parteienrechts, auch das Ansehen einer politischen Laufbahn innerhalb einer politischen und medialen Kultur sowie angesichts alternativer Möglichkeiten sozialen Aufstiegs und persönlicher Selbstverwirklichung: Das alles prägt einerseits die politischen Entscheidungsträger, ist andererseits aber auch – mit zeitversetzten Wirkungen und innerhalb abgesteckter Grenzen – durch Politik steuerbar. Entsprechend muss es der politikwissenschaftlichen Analyse darauf ankommen, die dabei wirksamen Zusammenhänge zu verstehen und zu erhellen – und darüber hinaus verlässliche Maßstäbe und Kriterien zu entwickeln, was für Politiker in modernen Demokratien benötigt werden. Das alles macht deutlich, dass das Forschungsfeld „Politik als Beruf" an systematischer Breite, historischer Tiefe und praktischer Bedeutung schwer zu übertreffen ist.

2. Neue Perspektiven – aktuelle Analysen – methodische Vielfalt: Anliegen dieses Sonderhefts

Mit den vorausgehenden Ausführungen ist das Anliegen dieses Sonderhefts der Politischen Vierteljahresschrift bereits grob umrissen.[3] Unter Einbeziehung einer breiten

---

3 Die Herausgeber möchten an dieser Stelle ausdrücklich allen Autorinnen und Autoren für ihre Beiträge und die Mitarbeit an diesem Sonderheft danken. Dank gilt ebenso den anonym bleibenden Gutachtern der vorgelegten Manuskripte. Darüber hinaus sind wir zu Dank verpflichtet der Deutschen Vereinigung für Politische Wissenschaft für die Ermöglichung dieses Sonderhefts, der Sächsischen Landeszentrale für politische Bildung und dem Team am Lehrstuhl von Werner J. Patzelt für die Vorbereitung und Realisierung der Autorentagung in Dresden sowie vielerlei Korrekturarbeiten, Frau Anne Fuchs für die gewissenhafte Layoutbearbeitung und Herrn Frank Schindler für die Kooperation in allen Phasen dieses Publikationsprojekts.

Vielfalt an Ansätzen und Perspektiven sollen hier wichtige alte sowie sich aufdrängende neue Fragen zum politischen Berufsstand diskutiert werden. Dabei wurde seitens der Herausgeber Wert darauf gelegt, der Bandbreite des Faches Rechnung zu tragen: Theoretische Zugänge sollten ebenso wie auf großen Datenbeständen basierende empirische Analysen in das Sonderheft eingehen; ideengeschichtlich ausgerichtete Beiträge ebenso wie solche mit ausgewiesenem Bezug auf aktuelle Entwicklungen; normative Einschätzungen ebenso wie stärker deskriptiv-analytisch angelegte Bestandsaufnahmen; breiter angelegte vergleichende Arbeiten ebenso wie vertiefende *case studies,* quantitativ ausgerichtete Studien ebenso wie qualitative Arbeiten.

Dieses auf Integration unterschiedlicher Forschungstraditionen zielende Vorgehen trägt nicht zuletzt der Tatsache Rechnung, dass „Politik als Beruf" auch in der internationalen Forschungslandschaft kein klar abgestecktes Untersuchungsfeld ist, sondern in unterschiedlichen Kontexten und verschiedenen Subdisziplinen bearbeitet wird. Das Sonderheft sucht bewusst den Anschluss an die internationale Fachdiskussion und greift die für diese charakteristischen Debatten und Kontroversen auf. Dazu gehört die Auseinandersetzung mit den Wirkungen der Professionalisierung, aber auch mit Fragen der Repräsentation und mit Karriereverläufen über verschiedene politische Ebenen hinweg. Die Anbindung an den aktuellen internationalen Forschungsstand wurde auch dadurch zu erreichen versucht, dass dem Autorenkreis ausländische, konkret nordeuropäische Fachkollegen[4] sowie im Ausland tätige deutschsprachige Forscher angehören und im Rahmen des Peer-Reviewing einzelne Politikwissenschaftler aus Übersee Gutachten beigesteuert haben.

Ein wesentliches Ziel des vorliegenden Sonderhefts besteht darin, Forschungserträge aus verschiedenen Subdisziplinen zusammenzuführen, um solchermaßen Schnittmengen zwischen bislang eher getrennten Forschungssträngen aufzuzeigen und Anregungen für deren Verknüpfung zu geben. Dabei geht es vor allem darum, an den Erkenntnisstand zum Thema auf den folgenden Forschungsfeldern anzuknüpfen:

- *politische Ideengeschichte:* Von der ideengeschichtlichen Forschung sind wesentliche Erkenntnisse über im historischen Prozess variierende Leitbilder des Politikers und die Herausbildung der Politik zum Beruf zu erwarten. Zugleich verfügt diese Forschungsrichtung mehr als andere über eine reiche Tradition der Entwicklung normativer Konzepte von politischer Führung.
- *politische Soziologie:* Arbeiten aus diesem Bereich versprechen Aufschluss über das Berufsbild und die Sozialfigur des modernen Politikers sowie über das Rollenverständnis der Akteure.
- *Elitenforschung:* Das Verständnis der Berufspolitiker als einer politischen Elitegruppe führt zur Auseinandersetzung mit so zentralen Themen wie der Rekrutierung und Selektion politischen Führungspersonals sowie den dabei wirksamen Mechanismen, der Elitenzirkulation und der Karrierestrategien.
- *Parlamentarismusforschung:* Die Einbeziehung von Erkenntnissen dieser Subdisziplin ergibt sich aus der Tatsache, dass ein erheblicher Teil der (Berufs-)Politiker Legislativorganen angehört, die zudem als wichtige Rekrutierungspools für die Besetzung von Kabinetten fungieren. Damit geraten Fragen der Repräsentation und Responsi-

---

[4] Aus diesem Grund ist einer der Beiträge, der von Ulrik Kjær, in englischer Sprache verfasst.

vität bzw. allgemeiner die konfliktreiche Interaktion von gewählten Politikern und Wahlbürgern in den Fokus.
– *politische Kommunikationsforschung:* Wenn die politische Kommunikation zwischen Repräsentanten und Repräsentierten in den modernen Demokratien durchweg medialisiert ist, dann versprechen Arbeiten zum Kommunikationsverhalten von Politikern vertiefte Einblicke in die Interaktion von Medien und politischem Führungspersonal.

Die Zusammenführung von Erträgen aus derart unterschiedlichen Forschungsgebieten bedeutet eine Bereicherung für die wissenschaftliche Analyse vor „Politik als Beruf". Freilich zieht sie große Diversität und auch Heterogenität der Beiträge nach sich. Beides spiegelt sich in unterschiedlichen Fragestellungen, Konzepten und Methoden und lässt sich nicht zuletzt am Fehlen eines wirklich einheitlichen Begriffsapparats festmachen. Als Beispiel kann die höchst unterschiedliche Verwendung des Begriffs „Professionalisierung" dienen. Während in historischer Perspektive darunter am ehesten die Verberuflichung der Politik bis hin zur Herausbildung einer Profession bzw. erster Ansätze dazu verstanden wird (vgl. den Beitrag von Kari Palonen), fokussiert die zeitgenössische Diskussion auf konkrete Phänomene einer weitgehend verberuflichten Politik. In der amerikanischen Forschung firmieren wiederum unter Professionalisierung gemeinhin Aspekte der Amts- bzw. Mandatsausstattung in Kombination mit einer hohen Arbeitslast der Akteure (Squire 1993; für die Anwendung eines solchen Konzepts vgl. den Beitrag von Marion Reiser). Demgegenüber dominiert in der europäischen Forschung eine auf den Politiker bezogene Lesart: Professionalisierung erfasst dann deren politische Vorerfahrungen, Qualifizierungsmaßnahmen und allgemeiner soziale Schließungsprozesse (vgl. den Beitrag von Katja Fettelschoß). Bei Einbeziehung von Wiederwahlstrategien der Politiker wird außerdem der Begriff der Professionalisierung in Richtung einer Karrierisierung politischer Tätigkeit ausgedeutet. Da alle diese Lesarten legitim und für ihre Zwecke fruchtbar sind, ist es wenig sinnvoll, diesem Sonderheft ein spezifisches Verständnis von Professionalisierung zugrunde zu legen.

In Anerkennung der erwünschten Multiperspektivität des PVS-Sonderhefts haben die Herausgeber auch frühzeitig Abstand von der Idee genommen, den Autorinnen und Autoren ein einheitliches analytisches oder auch nur begriffliches Raster für ihre Einzelbeiträge vorzuschlagen. Dies geschah in der Überzeugung, dass gerade in den verschiedenen, punktuell mitunter sogar gegenläufigen Lesarten der verberuflichten Politik mehr über Politiker in der modernen Demokratie zu lernen wäre, sich besserer Aufschluss über ihre Handlungsbedingungen, Karrieren und Kalküle gewinnen ließe und größerer Erkenntnisgewinn hinsichtlich historischer Veränderungen und nationaler Unterschiede zu erzielen sei, als das alles ein notwendigerweise recht starres Raster erlaubt hätte. Manches erschließt sich dementsprechend gerade durch die wechselseitigen Bezüge der Beiträge, die in einigen Fällen ausdrücklich herausgestellt werden.

Wie allgemein für Systeme gilt auch für das vorliegende Sonderheft, dass das Ganze mehr ist als die Summe seiner Teile. Gehen schon viele Einzelbeiträge über den vorhandenen Forschungsstand hinaus, indem sie neue Fragestellungen und Untersuchungsperspektiven aufzeigen, auch scheinbar Altbekanntes in neuem Licht diskutieren und Lücken der empirischen Forschung schließen, so gilt dies erst recht für den Band als Ganzes. Ein vertieftes Verständnis von „Politik als Beruf" ergibt sich nämlich gerade aus dem Zusammenspiel der Einzelbeiträge. Der folgende Überblick zeigt wichtige Verknüpfungen auf und macht deutlich, wie sich die unterschiedlichen Perspektiven auf den Gegenstand ergänzen – oder eben Dissonanzen fortbestehen.

3. Politiker im Fokus politikwissenschaftlicher Betrachtung: die Beiträge im Überblick

Grundlegende Aspekte von „Politik als Beruf" werden in den drei Beiträgen des ersten Teils dieses Sonderhefts thematisiert („Theoretische Zugänge"). Während diese einen konzeptionell-theoretischen Anspruch haben, setzen sich die übrigen Beiträge – natürlich theoriebezogen und theoriegeleitet – vorrangig mit empirischen Fragestellungen zu „Politik als Beruf" auseinander. Einen deutlichen Schwerpunkt bilden dabei die deutschen politischen Arenen: Elf Autoren widmen sich in den acht Beiträgen des zweiten Teils den „Politikerkarrieren in der Bundesrepublik Deutschland". Daran schließen sich vier vergleichende Abhandlungen zu ausgewählten Aspekten politischer Rekrutierung und Karrieren an („Politik als Beruf im internationalen Vergleich"). Die Konsequenzen, die sich für politische Akteure speziell aus der Herausbildung von Mediendemokraten ergeben, werden in den vier Beiträgen des abschließenden Teils („Der Politiker in der medialen Öffentlichkeit") untersucht.

Es entspricht der langjährigen Tradition der PVS-Sonderhefte und ist auch naheliegend, die politikwissenschaftliche Auseinandersetzung mit dem Untersuchungsgegenstand in grundlegenden Beiträgen zu beginnen, an welche empirische Analysen anknüpfen bzw. auf die sie rückbezogen werden können. Dieser theoretisch-konzeptionelle Auftakt erfolgt hier in dreierlei Gestalt: erstens durch die Re-Interpretation eines für „Politik als Beruf" einschlägigen Klassikers der Elitenforschung; zweitens durch die begriffstypologische Rekonstruktion der Figur des Berufspolitikers; und drittens durch die Herleitung und Entwicklung eines Leitbilds vom „guten Politiker". Diese theoretischen Zugänge könnten unterschiedlicher kaum sein – textanalytisch und ideengeschichtlich im ersten, typologisch und parlamentshistorisch im zweiten, normativ im dritten Fall. Doch sie ergänzen einander in vielerlei Hinsicht.

Mit der politischen Klasse greift **Klaus Stolz** im ersten Beitrag des Sonderhefts ein im öffentlichen Diskurs über Berufspolitiker gebräuchliches, in der wissenschaftlichen Debatte zumindest in Deutschland jedoch nur zögerlich rezipiertes Konzept auf, das er als wesentlichen Beitrag Gaetano Moscas zur Theoriebildung ausweist. Stolz rekonstruiert zunächst die keinesfalls systematisch entwickelten Kerngedanken von Moscas Theorie und leistet deren zeithistorische und ideengeschichtliche Einordnung. Vor allem aber sieht er in Moscas Überlegungen Kernelemente des modernen Begriffs der politischen Klasse vorweggenommen, so das gemeinsame Interesse der Herrschenden an der individuellen und kollektiven Selbsterhaltung, an Karrieren und materiellen Privilegien, desgleichen der daraus hervorgehende Korpsgeist. Verkannt habe Mosca hingegen den Zusammenhang mit der Verberuflichung der Politik.

Gerade die Sozialfigur des Berufspolitikers aber hat Moscas Zeitgenosse Weber mit nachhaltiger Wirkung in den sozialwissenschaftlichen Diskurs eingeführt. Anders als Stolz geht es **Kari Palonen** in seinem explizit an Weber anknüpfenden Beitrag nicht um eine Rekonstruktion von dessen Argumentation. Vielmehr kontrastiert er den Berufspolitiker – nach einer Skizze seiner historischen Genese als Nebenprodukt der Demokratie – mit drei Gegenbegriffen: dem Laien, dem Amateur und dem Dilettanten. Das Verhältnis des Berufspolitikers zu diesen Typen gestaltet sich jeweils anders; konstitutiv für diese Figur ist die Sozialisation im Parlament mit dessen spezifischer Rhetorik der Rede und Gegenrede. Der Sache nach lassen sich die Ausführungen Palonens als eine Apologie des Berufspolitikers bzw. des Berufsparlamentariers lesen – und setzen damit einen Kontrapunkt zu den (nicht nur) von Mosca herausgestellten Pathologien der politischen Klasse.

Weisen bereits die Ausführungen Palonens in Teilen Wertungen auf, so geht es **Werner J. Patzelt** im dritten Beitrag des theoretischen Teils erklärtermaßen um einen normativen Zugang. Auf der Suche nach den Merkmalen eines guten Politikers knüpft er gleichfalls an einen zentralen Text der politischen Ideengeschichte an, geht dabei aber weit hinter Klassiker der Elitentheorie wie Mosca und Weber zurück. Machiavellis „Il Principe" und die Tugendkataloge aus diversen Fürstenspiegeln dienen ihm vielmehr als zentrale Quellen, um Maßstäbe für das Handeln eines „guten Politikers" abzuleiten. Als zweiter, gleichwertiger Bezugspunkt dient ihm einerseits die Theorie der Repräsentation, andererseits die Agentur- bzw. Delegationstheorie. Die solchermaßen gewonnene Liste mit wünschenswerten Merkmalen von Politikern werden sodann in einem knappen empirischen Teil mit den funktionellen Erfordernissen moderner Demokratie und mit in Umfragen ermittelten normativen Vorstellungen von Parlamentariern abgeglichen. Hier erfolgt bereits eine erste Verknüpfung von theoretischen Ausführungen und Empirie, und zwar mit dem durchaus optimistisch stimmenden Befund, dass ins Parlament Gewählte zumindest in einigen Hinsichten den Ansprüchen an gute Politiker entsprechen.

Insgesamt weisen die theoretischen Zugänge hochgradig unterschiedliche, einander aber keinesfalls ausschließende Bezüge zur empirischen Forschung auf. Es wird kaum überraschen, dass die Analysen in den Teilen II bis IV ihrerseits in höchst ungleichem Maße auf die Theoriebeiträge bezogen sind. Normative Ansätze finden sich in den empirisch ausgerichteten Beiträgen allenfalls am Rande und dann überwiegend implizit, etwa wenn mit der Professionalisierung bestimmte wünschenswerte Leistungen verbunden werden oder Professionalisierung unter bestimmten institutionellen Rahmenbedingungen als schädlich gilt. Darin mag sich die Dominanz empirisch-analytischer Forschungskonzepte in der Disziplin widerspiegeln. Bemerkenswert ist, dass auch das Konzept der politischen Klasse jenseits einer oberflächlichen begrifflichen Referenz aus den empirischen Arbeiten ausgespart worden ist, sieht man vom Beitrag Sebastian Bukows zu den Politikern ohne Mandat ab. Hingegen erfreut sich das Konzept des Berufspolitikers großer Popularität unter so gut wie allen Autoren dieses Sonderhefts. Die Erklärung für diese ungleichgewichtige Rezeption beider analytischer Konzepte dürfte in ihrer unterschiedlichen empirischen Evidenz liegen: Während die Berufspolitik ein allgemein anerkanntes Faktum ist, gilt dies für die Existenz einer besonderen politischen Klasse nicht ohne Weiteres. Insbesondere ein über Partei- und Fraktionsgrenzen hinausgehendes gemeinsames Gruppenbewusstsein wäre zuerst nachzuweisen, bevor es als Ausgangspunkt weiter reichender Analysen fungieren kann.

Mit der Berufspolitik und dem auf ihr aufbauenden Professionalisierungtheorem ist bereits der dominierende konzeptionelle Bezugsrahmen der im zweiten, überwiegend auf die nationalen deutschen politischen Arenen bezogenen Teil versammelten Beiträge angedeutet. Diese sind entlang zweier Gliederungsprinzipien angeordnet: einesteils nach der territorialen Ebene, auf der sich der Untersuchungsgegenstand befindet, und andernteils nach ihrer Entfernung vom Kern professionalisierter Politik. Im Mehrebenensystem des deutschen Föderalismus sind die kommunal-, landes- und bundespolitischen Ebenen – spätestens seit der ersten Direktwahl zum Europäischen Parlament 1979 um die europäische Ebene ergänzt – zu unterscheiden, die vielfältig miteinander verflochten sind. Die Analysen zu Politikerkarrieren setzen auf der untersten territorialen Ebene ein, nämlich der lokalen Politik (Holtkamp; Reiser), thematisieren dann die Beziehungen zwischen Landes- und Bundesebene (Detterbeck) und untersuchen schließlich die Karrieren auf diesen beiden Ebenen (Best/Jahr/Vogel) bzw. die eines sehr begrenzten Elitensamples von Ministern ausschließlich auf der Bundesebene (Fischer/Kaiser).

Politische Positionen lassen sich jedoch nicht nur nach territorialen Ebenen differenzieren, sondern auch entlang der Achse Zentrum-Peripherie anordnen. Im Zentrum der Berufspolitik bzw. der politischen Klasse stehen die Parlamentarier (Best/Jahr/Vogel), auf die sich denn auch die Mehrzahl der im Teil III versammelten vergleichenden Arbeiten bezieht. Stellt man die Entfernung vom Zentrum der politischen Klasse in konzentrischen Kreisen dar, so befinden sich die führenden Parteipolitiker (Detterbeck), von denen viele ebenfalls ein Parlamentsmandat ausüben, sowie die mehrheitlich aus dem Parlament rekrutierten Bundesminister (Fischer/Kaiser) im engsten Kreis der Berufspolitik, hingegen Lokalpolitiker in den Stadträten vieler Großstädte (Holtkamp; Reiser) und ohnehin die dortigen Oberbürgermeister und Dezernenten in einem weiter gezogenen Kreis. Einbezogen sind in dieses Sonderheft aber auch Politiker, die sich in den äußeren Kreisen der „Politik als Beruf" bewegen – und die deswegen bislang von der politikwissenschaftlichen Forschung allzu oft übergangen worden sind: einesteils die Parteiangestellten und Mitarbeiter der Abgeordneten sowie Fraktionen (Bukow; Schöne), andernteils die als NGO-Politiker bezeichneten Führungskräfte in politischen Nichtregierungsorganisationen (Frantz).

Keine der zuletzt genannten Politikergruppen kann sinnvollerweise der politischen Klasse im engeren Sinne zugerechnet werden: Ihnen fehlt es an der Möglichkeit, den eigenen Handlungsspielraum eigenständig zu erweitern, desgleichen am notwendigen Kollektivbewusstsein. Dessen ungeachtet ist auch für sie die Politik zum Beruf geworden. Was diese Tatsache konkret etwa für die Karrieren, das Rollenverständnis oder die Einflussmöglichkeiten dieser Gruppen bedeutet, darüber geben drei Aufsätze in diesem Sonderheft Auskunft. **Sebastian Bukow** stellt auf der Basis einer schriftlichen Befragung das Rollenverständnis, innerparteiliche Aktivitäten und politics-bezogene Einstellungen von Parteiangestellten dar. Er gelangt zum Ergebnis, dass diese als „Politiker ohne Mandat" agieren, insofern sie ihre berufliche Tätigkeit vielfach mit einem starken ehrenamtlichen Engagement in der Partei verbinden. Dennoch sei der Arbeitsmarkt in den *party central offices* fast vollständig abgeschottet von den gleichfalls durch die Parteien vergebenen *public offices* in Parlamenten und Kabinetten.

Ein derart separierter Arbeitsmarkt besteht für die Mitarbeiter von Abgeordneten und Fraktionen hingegen nicht: Schon so manche parlamentarische Karriere hat ihren Ausgangspunkt in der Fraktionsgeschäftsstelle, in einem Abgeordneten- oder Wahlkreisbüro genommen (Borchert/Stolz 2003) – und/oder ist mit einem Wechsel in diese Positionen beendet worden. **Helmar Schöne** macht in seiner vergleichenden Untersuchung dieser Mitarbeiter im Bundestag und US-Kongress deutlich, dass es sich in aller

Regel nicht um attraktive, auf Dauer ausgeübte Arbeitsverhältnisse handelt, sondern um Sprungbretter in höhere Funktionen in der Berufspolitik oder in Wirtschaft und Verbänden. Ausführlicher als Bukow untersucht er die Rekrutierung und Karrieren der Mitarbeiter; ebenso wie dieser analysiert er das Rollenverständnis und zusätzlich auch noch das Tätigkeitsprofil dieser „zweiten Politiker-Reihe" hinter den Parlamentariern. Sein besonderes Interesse gilt zudem den in den USA unter repräsentations- und demokratietheoretischen Gesichtspunkten intensiv diskutierten Einflusschancen der über keine Legitimation durch den Wähler verfügenden Mitarbeiter. Diese schätzt Schöne aus institutionellen Gründen und wegen des Selbstverständnisses der Mitarbeiter als eher moderat ein.

Von besonderem Interesse ist das Selbst- und Rollenverständnis jener Politiker, die weder über ein öffentliches Mandat oder Amt verfügen noch in den Zentren der politischen Entscheidungsfindung (Regierungen, Parlamente, Parteien) tätig sind – und demnach in der Öffentlichkeit auch nicht als Politiker wahrgenommen werden. **Christiane Frantz** weist anhand von qualitativen Interviews mit dem Führungspersonal ausgewählter NGOs nach, dass bei diesen gleichwohl das Selbstverständnis vorherrscht, beruflich Politik zu betreiben. Gleichzeitig grenzt sich eine Mehrheit der Befragten von der Parteipolitik ab und zieht auch keine parteipolitische Karriere in Erwägung. Zumindest ihrem Rollenbild nach verstehen sich NGO-Politiker oftmals als alternative Elite, auch wenn sie eng in Netzwerke mit den Berufspolitikern der Parteien eingebunden sind.

Es verdient Erwähnung, dass in allen drei Beiträgen, welche Politiker ohne Mandat bzw. Amt und damit außerhalb des engeren Kreises der Berufspolitiker untersuchen, dem Selbst- und Rollenverständnis ein mehr oder minder breiter Raum eingeräumt wird, während sich die übrigen Beiträge des zweiten Teils damit gar nicht oder nur bezogen auf die Karrierekalküle (Best/Jahr/Vogel) befassen. Diese Kluft mag sich aus den Schwierigkeiten der Datenerhebung oder aus dem vorhandenen Forschungsstand erklären: Arbeiten zu Rollenorientierungen etwa von Abgeordneten liegen, wenngleich in schmaler Zahl, schon vor (Herzog/Hirner 1990; Patzelt 1993, 1997; Weßels 1999, Kielhorn 2001; Edinger/Vogel 2005). Offenbar besteht aber auch ein Zusammenhang mit den verwendeten Methoden: Jenseits des empirisch-quantitativen Vorgehens, das je nach Thema um Literaturauswertung, Medienanalysen o.ä. ergänzt wird, bedienen sich von den auf Deutschland bezogenen Beiträgen alleine die von Frantz (qualitative Interviews) und Schöne (teilnehmende Beobachtung) qualitativer Verfahren.

Teils umfassende Datensätze liegen den Beiträgen zu den Karrieren der Berufspolitiker im engeren Sinne zugrunde. **Heinrich Best, Stefan Jahr** und **Lars Vogel** etwa können sich in ihrer Studie auf biografische Angaben zu fast sämtlichen Bundestagsabgeordneten und Landesparlamentariern im vereinten Deutschland stützen und diese im Lichte der durch Telefoninterviews ermittelten Karriereambitionen der Mandatsträger interpretieren. Wie Patzelt im theoretischen Teil nutzen auch sie die Delegationstheorie, jedoch nicht um normative Maßstäbe zu gewinnen, sondern um einen analytischen Rahmen aufzuspannen. Ihre Analysen unterstreichen die Bedeutung der Parteien als *gatekeeper* für parlamentarische Karrieren und als Prinzipale der Abgeordneten-Agenten, von denen sich die Mandatsträger jedoch partiell emanzipieren können, etwa wenn es um die Entscheidung zur Mandatsfortsetzung geht. Die langen innerparteilichen Wege ins Parlament („Ochsentour") erhöhen dabei, wie die Autoren nachweisen können, die

Anreize, im Parlament zu verbleiben, bis sich die hohen zeitlichen und sonstigen Investitionen amortisiert haben.

Bei der herausragenden Bedeutung der Parteien für politische Karrieren setzt auch **Klaus Detterbeck** an. Ihm geht es um die Kumulation und Sukzession der als unverzichtbare Ressource für die Erlangung von *public offices* zu verstehenden Parteiämter im deutschen Mehrebenensystem. Mittels einer längsschnittlichen Analyse der Besetzung der Parteivorstände kann er einerseits eine ausgeprägte horizontale Personalverflechtung zwischen Parteien und Fraktionen nachweisen, allerdings bei einer Sonderstellung der Bündnisgrünen, die eines der wenigen Überbleibsel ihrer einstigen basisdemokratischen Vorstellungen darstellt. Andererseits zeigt sich eine durch systematische Einbindung führender Landespolitiker in die Bundesvorstände realisierte vertikale Ämterkumulation vor allem bei den beiden großen Parteien. Diese ist angesichts der für den kooperativen Föderalismus bundesdeutscher Provenienz charakteristischen Politikverflechtung zweckrational und lässt sich überzeugend mit institutionellen Ansätzen erklären. Im Zusammenspiel der Beiträge zu innerparteilichen und parlamentarischen Karrieren zeigt sich, wie gut sich das in der Rational-Choice-Theorie wurzelnde Prinzipal-Agent-Konzept und institutionalistische Ansätze bei der Analyse von „Politik als Beruf" ergänzen.

Während zu Partei- und Parlamentskarrieren eine respektable Forschungstradition besteht, sind irritierenderweise die Werdegänge von Ministern, die nach von Beymes hilfreicher Unterscheidung (jedenfalls in Deutschland) gleichermaßen Teil der politischen Elite und der politischen Klasse sind (v. Beyme 1996), von der Disziplin eher vernachlässigt worden.[5] **Jörn Fischer** und **André Kaiser** leisten insofern mit ihrer Untersuchung zur Selektion und Deselektion von Bundesministern regelrechte Pionierarbeit, die sich überwiegend auf Karrieredaten, bei der Deselektion aber zusätzlich auf eine Medienanalyse stützt. Die Muster der Ministerrekrutierung werden, so ein Kernbefund, maßgeblich durch die Logiken des Parteienstaats, der Koalitionsregierungen und des Verbundföderalismus bestimmt. Die große Homogenität der Karrierepfade, die zumeist aus dem Vorstand einer Bundestagsfraktion ins Kabinett führen, ist seit den späten 1990er Jahren durch die verstärkte Rekrutierung von Ministern von außerhalb des Parlaments, in der Regel aus den Länderexekutiven, etwas verringert worden. Fischer und Kaiser können zudem zeigen, dass die Muster der Deselektion mit denen der Berufung ins Kabinett korrespondieren.

Lassen sich die Werdegänge von Ministern und Parlamentariern mit dem Professionalisierungstheorem erfassen, und dies – wie die Analysen im dritten Teil des Sonderhefts verdeutlichen (Fettelschoß) – durchaus auch in den jungen Demokratien Osteuropas, so ist die kommunale Politik bislang vornehmlich als Ort ehrenamtlichen Engagements (Stallmann/Paulsen/Zimmer 2008) oder aber als Qualifikationsphase vor dem Einstieg in die Berufspolitik (Borchert/Stolz 2003; Edinger 2009) wahrgenommen worden. Allerdings ist der steigende Zeitaufwand der Arbeit in den kommunalen Vertretungskörperschaften nicht unerkannt geblieben ist und sind auch Anzeichen einer Politisierung berichtet worden (Holtmann 1992; Ronge 1994). Die beiden einschlägigen

---

5 Für Deutschland (Vogel 2009) und insbesondere für den europäischen Vergleich ist jedoch mit den Publikationen von Dowding/Dumont (2009) und Fettelschoß (2009) neuerdings eine Trendwende zu verzeichnen.

Beiträge in diesem Sonderheft unterstreichen, wie weit die Professionalisierung der lokalen Politik insbesondere in den Großstädten bereits fortgeschritten ist, und sie erörtern die Ursachen.

Marion Reiser verwendet in ihrer Studie zu den Vertretungskörperschaften in deutschen Großstädten das bereits eingangs skizzierte Professionalisierungskonzept aus der amerikanischen Forschung, das in einem weithin verwendeten Index operationalisiert wird und Professionalisierung anhand der Ämterausstattung und der für die Amts- bzw. Mandatsausübung erforderlichen Zeit bestimmt (Squire 2007). Sie stellt sodann die nach Einwohnerzahl und sozioökonomischen Verhältnissen variierenden Professionalisierungsniveaus heraus. Dabei unterscheidet sie zwischen der in der Mehrheit der Städte vorliegenden *ressourcenbasierten* Professionalisierung (gute Ressourcenausstattung bei geringer Vergütung und zeitlicher Inanspruchnahme der Stadträte) und der *mitgliederbasierten* (schwache Ressourcen bei guter Ausstattung des Amtes) bzw. der beides kombinierenden *umfassenden* Professionalisierung. Zu den theoretisch anregendsten Befunden gehört die Beobachtung, dass der stark durch die ursprünglichen Ratsverfassungen bedingte Professionalisierungspfad auch dann beibehalten wird, wenn die institutionellen Rahmenbedingungen seither verändert worden sind. Das ist Ausdruck eines eigenwilligen Beharrungsvermögens der lokalen Politiker, der aus neo-institutionalistischer Sicht kaum von Dauer sein dürfte.

Während die insgesamt fortgeschrittene Professionalisierung auf der lokalen Ebene bei Reiser allenfalls wie die „Notwendigkeit eines Ärgernisses" (Borchert 2003) erscheint, setzt sich **Lars Holtkamp** in seinem auf die Kommunen Baden-Württembergs und Nordrhein-Westfalens bezogenen Beitrag kritisch mit den Begleiterscheinungen der Professionalisierung auseinander. Namentlich für die konkurrenzdemokratisch geprägten NRW-Kommunen konstatiert er eine erhebliche Gefahr der Kartellbildung, die zur Schaffung von Versorgungsposten für verdiente Stadträte führe und letztlich der Korruption Tür und Tor öffne. Diese Gefahr ergebe sich aus dem hohen Zeitaufwand für die Kommunalpolitik, der durch Aufwandsentschädigungen nicht annähernd kompensiert werde und kein Leben von der Politik ermögliche. Gewissermaßen lässt sich in diesen Fällen von einer „Professionalisierung ohne Berufspolitiker" sprechen, gegen die aus normativer Sicht gravierende demokratietheoretische Vorbehalte anzumelden sind.

Mit der Einführung einer auch normativen Perspektive löst der Beitrag von Holtkamp faktisch ein von Patzelt im Theorie-Teil des Sonderhefts formuliertes Desiderat zumindest ansatzweise ein, wenngleich die demokratietheoretischen Anforderungen an Kommunalpolitiker nur kursorisch und vornehmlich im Kontrast zur verfehlten Praxis skizziert werden. Auch wenn eine solche Kombination von empirisch-analytischem Vorgehen und normativer Bewertung keinem der anderen Beiträge zugrunde liegt, die das Professionalisierungskonzept nutzen, können doch im Begriff der Professionalisierung Wunschvorstellungen über die Beschaffenheit des politischen Personals angelegt sein.

Der Topos der Professionalisierung wird im dritten, dem Vergleich unterschiedlicher Systeme gewidmeten Teil dieses Sonderhefts explizit in einem Beitrag aufgegriffen, der sich – wohl nicht zufällig – mit der Elitenentwicklung in den jungen Demokratie Osteuropas befassen (Fettelschoß). Professionalisierung wird dabei jedoch jeweils nicht mit den Ämtern und Institutionen in Verbindung gebracht (letztere werden vielmehr als Teil des politischen Rahmens verstanden), sondern auf die Politiker selbst bezogen.

Der Professionalisierungsgrad macht sich dementsprechend an den politischen Vorerfahrungen der Politiker, ihrer Tätigkeit in politiknahen Berufen und dem Verbleib in politischen Ämtern fest. So verstanden, rückt die Professionalisierung eng an die Karrierisierung heran, wenngleich die individuellen Ambitionen und Kalküle dabei ausgeblendet bleiben. Über die Untersuchungsgegenstände Professionalisierung, politische Karrieren und Rekrutierung ist aber nicht nur der genannte, sondern sind sämtliche komparatistischen Beiträge mit dem zweiten Teil des Sonderhefts verknüpft. Gewissermaßen schreiben sie die Analysen der deutschlandbezogenen Aufsätze mit je eigenem Untersuchungsfokus und Erkenntnisinteresse für ausgewählte Gegenstandsbereiche der vergleichenden Politikwissenschaft fort.

Auf die postkommunistischen Staaten bezogen ist der Beitrag von **Katja Fettelschoß**. Sie untersucht für die osteuropäischen Mitgliedstaaten der EU und für Kroatien, ob im Zuge des Regimewechsels eher Quereinsteiger in die Kabinette der jungen Demokratien berufen wurden, während in späteren Phasen der Transformation nur noch Berufspolitiker zum Zuge kamen. Diese Hypothese findet sich für die untersuchten Kabinette bestätigt; jedoch bricht der zunächst lineare Trend während der vierten postkommunistischen Legislaturperioden abrupt ab, sei es auf Grund eines Generationswechsels oder infolge der Übernahme von Regierungsverantwortung durch neue Parteien.

Bei einer ähnlichen Untersuchungspopulation – den Mitgliedern der jeweiligen nationalen Parlamente – geht **Jens Borchert** mit seiner Querschittsanalyse zu Brasilien, Deutschland und den USA sowohl konzeptionell als auch hinsichtlich der Untersuchungstiefe einen Schritt weiter. Über einen Zeitraum von zehn Jahren verfolgt er die individuellen Karrieren der Mandatsträger in den föderalen Mehrebenensystemen, die auf Grund der gegenüber unitarischen Staaten größeren Zahl an alimentierten Positionen in der Politik vielfältigere Karrierepfade ermöglichen. Auf der Basis der Karrieresequenzen und unter Einbeziehung der dem Parlamentsmandat vorausgehenden politischen Erfahrungen kann Borchert seine drei Fälle den zuvor entwickelten Typen des *unilinearen* Karrieremusters mit dem Ziel der Erlangung eines Mandats im Kongress (USA), der *parallel verlaufenden* Karrieren auf Landes- und Bundesebene (Deutschland) sowie des *integrierten* Karrieremusters (Brasilien) zuordnen, das durch schnelle Positionswechsel in verschiedene Richtungen charakterisiert ist. Während sich die Fokussierung auf den Kongress als Höhepunkt einer amerikanischen politischen Karriere mit institutionellen Anreizen erklären lässt, überrascht auf den ersten Blick angesichts des Verbundföderalismus in Deutschland die geringe Durchlässigkeit der Karrierekanäle. Eine Teilerklärung dafür kann in Detterbecks Beitrag zur Besetzung der Parteiführungsgremien gefunden werden: Die erforderliche Integration wird auf Parteiebene durch die vertikale Ämterkumulation geleistet; eines einheitlichen Karrieremarktes bedarf es dann aus Sicht der Selektoren nicht mehr.

Wie Borchert untersucht auch **Ulrik Kjær** die Mitglieder der nationalen Parlamente – hier der 27 EU-Mitgliedstaaten – und konzentriert sich dabei auf die territorialen Ebenen. Dabei interessiert ihn der Vergleich von lokaler und nationaler Repräsentationsebene hinsichtlich des Frauenanteils. Der Beitrag fügt sich insofern in die große Zahl von Studien zur deskriptiven politischen Repräsentation (pars pro toto Mansbridge 2003) und knüpft dabei an die Arbeiten zum *local-national gender gap* an, womit die bessere Vertretung von Frauen in lokalen Vertretungskörperschaften im Vergleich zu ihrem Anteil an den Abgeordneten der Nationalparlamente gemeint ist. Kjær zeigt, dass diese Kluft keineswegs in allen Mitgliedsstaaten besteht und sich die Relationen gerade in den Staaten mit einem hohen Anteil weiblicher Abgeordneter ins Gegenteil verkehren. Er führt die überproportionale Vertretung der Frauen in den nationalen Parlamenten dieser Staaten darauf zurück, dass keine gender-bezogenen Barrieren auf der Nachfrageseite bestünden und damit die Angebotsseite stärker zum Tragen komme: Für berufstätige Frauen sei es schlicht attraktiver ist, ein Parlamentsmandat anzunehmen, als sich ehrenamtlich in lokalen Repräsentativorganen zu engagieren.

Neben Frauen sind ethnische Minderheiten bzw. Zuwanderer diejenige Gruppe, die in Studien zur parlamentarischen Repräsentation am häufigsten in den Blick genommen werden (pars pro toto Phillips 1995). **Andreas Wüst** und **Thomas Saalfeld** untersuchen in ihrem Beitrag Abgeordnete mit Migrationshintergrund hinsichtlich ihrer Präsenz, ihrer Positionen und ihrer parlamentarischen Aktivitäten. Dabei bestätigen sie die *conventional wisdom,* dass die Chancen dieser Gruppen auf ein Mandat überproportional hoch in Mehrpersonenwahlkreisen, in Wahlkreisen mit hohem Migrantenanteil und bei Zugehörigkeit zu einer Partei des linken Spektrums sind. Für eine substanzielle Repräsentation, also die gezielte Artikulation von Interessen der Referenzgruppe, hier also der Zuwanderer, finden sich teilweise Belege, etwa bei den thematischen Schwerpunkten parlamentarischer Fragen. Jedoch unterscheiden sich die Aktivitäten von parlamentarischen Funktionsträgern mit Migrationshintergrund nicht nennenswert von denen der Abgeordneten ohne einen solchen Hintergrund. Dies bestätigt die Annahme der Elitentheorie, dass mit dem Aufstieg in höhere Positionen die Bedeutung der Herkunft für das politische Handeln sinkt.

In der Gesamtschau weisen die fünf vergleichenden Beiträge, denen – ginge es allein um das komparatistische Untersuchungsdesign – auch Schönes Aufsatz über die Mitarbeiter in Bundestag und US-Kongress zuzurechnen wäre, bemerkenswerte Gemeinsamkeiten auf. So ist das Sample der in die Untersuchung einbezogenen Staaten bei deutlich divergierender Größe auf europäische und hier wiederum vor allem auf EU-Staaten begrenzt; allein Borchert bezieht zwei außereuropäische Systeme ein. Mit Ausnahme des Beitrags von Fettelschoß bilden die Politiker im Zentrum der professionalisierten Politik, die Parlamentarier also, den (maßgeblichen) Untersuchungsgegenstand. Die forschungsleitenden Fragen und Erkenntnisinteressen sind dem klassischen Repertoire der Eliten- und Parlamentsforschung entnommen und richten sich dementsprechend auf Rekrutierung, Repräsentation, Karrieren und Professionalisierung.

Ein genauerer Blick lässt allerdings erkennen, dass diese Gemeinsamkeiten eher vordergründig bestehen. Jenseits der Etiketten „Repräsentation" und „Karriere" widmen sich die Beiträge sehr spezifischen Anliegen und wählen dabei höchst verschiedene Verfahren und Methoden. Während der Beitrag von Borchert als einziger die in der Forschung zusehends auf Interesse stoßenden Karrierestrategien in Mehrebenensystemen thematisiert (zuletzt Stolz 2010), ist die Einbeziehung von Verhaltensdaten Alleinstellungsmerkmal der Analyse von Wüst/Saalfeld. Es fällt daher schwer, die Erkenntnisse der einzelnen Beiträge aufeinander zu beziehen und zu übergreifenden Befunden zu verdichten. Allenfalls verweisen die ermittelten Zahlen zur deskriptiven Repräsentation auf den europaweiten Trend zur Öffnung der parlamentarischen Rekrutierungswege und Karrierepfade für Frauen und Zugewanderte. Dem stehen in den osteuropäischen Staaten – bei teils erheblicher Varianz – Prozesse sozialer Schließung sowie die Ausbildung der Sozialfigur des Berufspolitikers gegenüber, wenngleich nicht in dem aus Deutschland oder vielen westeuropäischen Staaten bekannten Ausmaß.

Als neuer Trend der Selektion parlamentarischen Personals könnte auch die Rekrutierung von *celebrities* gelten. Auf die gewachsene Attraktivität von Prominenten aus den Sektoren der Medien und des Sports für die Parteien macht **Armin Wolf** am österreichischen Beispiel der Kandidatennominierung für Nationalrat und Europäisches Parlament aufmerksam. Wenn sein Beitrag dennoch im vierten Teil des Sonderheftes verortet ist, so liegt das daran, dass die Prominenz als (zunächst alleinige) politische Ressource, die zur aussichtsreichen Kandidatur für ein Parlamentsmandat führt, nur unter den Bedingungen der Mediendemokratie vorstellbar ist. Insofern widmet sich Wolf einem wichtigen Aspekt der Neugestaltung des Verhältnisses von Politikern und Medien – und erkennt in dem wachsenden Rückgriff auf prominente Kandidaten ohne politische Erfahrung Chance und Risiko gleichermaßen. Den Betroffenen selbst, so zeigt der Autor, gelingt der Verbleib in der parlamentarischen Politik allerdings nur dann, wenn sie sich Sachkompetenz und das Vertrauen der Partei erwerben – und sich damit den Berufspolitikern angleichen sowie den Nimbus des Quereinsteigers ablegen.

Die Studie von **Jens Tenscher** nimmt nicht die Rekrutierung des politischen Personals in den Blick, sondern befasst sich mit einem anderen Aspekt medialisierter Politik: der Professionalisierung der Politikvermittlung. Während eine Anpassung politischer Repräsentanten an die Erwartungen und Logiken der Medien für die nationale Politik wiederholt nachgewiesen werden konnte, war bislang unklar, ob sich derartige Entwicklungen auch auf der Landesebene beobachten lassen. Die Ergebnisse einer Online-Befragung von deutschen Landesparlamentariern lassen Tenscher zum frappierenden Befund kommen, dass die Abgeordneten zwar eine größere Bedeutung der Medien sowie damit einhergehende Anforderungen an sich selbst als politische Repräsentanten sehen. Die Handlungsrelevanz dieser Perzeptionen erweist sich jedoch als bemerkenswert gering: In ihrer Abgeordnetentätigkeit bleiben die Befragten auffällig stark den traditionellen Politikvermittlungsformen, etwa dem *direkten* Kontakt zu den Bürgern, verhaftet. Dass sich die Medialisierung der Politik im subnationalen Rahmen nicht in gleicher Weise durchgesetzt hat wie auf Bundesebene, dürfte nicht zuletzt mit den nur spärlich vorhandenen Medienbühnen auf Landesebene zu tun haben.

Zum komplexen Beziehungsgefüge von Medien und Politik in der modernen Demokratie gehören nicht allein veränderte Herausforderungen an die politischen Akteure, auf die diese dann reagieren oder eben nicht, sondern auch die Möglichkeit zumal der Regierungspolitiker, die Mechanismen der Mediendemokratie für die Selbstdarstellung und die Kommunikation politischer Positionen zu nutzen. **Peter H. Feindt** und **Daniela Kleinschmit** untersuchen das Kommunikationsverhalten der Politiker auf einem ausgewählten Politikfeld, der Agrarpolitik, und bringen damit ansatzweise auch Policy-Aspekte in die vorliegende Publikation ein. Ihre Analyse der Berichterstattung von Printmedien über Agrarfragen und BSE bestätigt, dass die Medien in Nicht-Krisenzeiten zu einem erheblichen Anteil über mediatisierte oder inszenierte Ereignisse berichten, und dass insbesondere die Akteure der Exekutive die Möglichkeiten des Ereignismanagements erfolgreich nutzen. Zwar können sie sich in diesem Rahmen als Problemlöser darstellen; jedoch gelingt es ihnen nicht, das mediale Erscheinungsbild durch eigene Aussagen zu dominieren.

Zu einer weiteren Differenzierung des Agierens von Politikern in der Mediendemokratie jenseits der plakativen Gegenüberstellung von Entscheidungs- und Darstellungspolitik tragen **Doreen Spörer-Wagner** und **Frank Marcinkowski** bei. Sie entwickeln eine anspruchsvolle Typologie medialisierter Konflikte und entfalten die verschiedenen Strategien und Taktiken, die politische Verhandlungsakteure einerseits unter den Bedingungen starker, andererseits unter Umständen fehlender Medienberichterstattung nutzen können. Die (erfolgreiche) Nutzung von Vermeidungs- oder Manipulationsstrategien ist dabei vom Verhandlungsgegenstand, auch von institutionellen Settings, vor allem aber vom Bestehen einer Konsens- oder Mehrheitsdemokratie abhängig. Im Ergebnis verbleiben Politikern auch in Zeiten der Medialisierung beträchtliche Handlungsspielräume, die sie freilich nur dann ausschöpfen können, wenn sie mit den Logiken der Nachrichtengenerierung durch Medien vertraut sind.

Insgesamt bieten die 20 Beiträge dieses Sonderhefts ein an Perspektiven und methodischen Zugängen reiches, obendrein inhaltlich differenziertes Bild des modernen Politikers. Enthalten sind sowohl breiter ansetzende Beiträge (im theoretischen Teil Palonen und Patzelt, unter den Karrierebeiträgen Best/Jahr/Vogel) als auch auf einen eng umrissenen Forschungsgegenstand gerichtete Analysen (so etwa die Arbeiten von Bukow, Frantz, Wüst/Saalfeld). Breit ausgeleuchtet werden Aspekte der Professionalisierung der Politik auf allen politischen Ebenen und auch in vergleichender Perspektive, desgleichen die Karrieren von Politikern. Auch die neuen Herausforderungen, mit denen sich das politische Personal im Zug der Ausbildung von Mediendemokratien konfrontiert sieht, werden auf breiter Front thematisiert (Tenscher; Feindt/Kleinschmit; Spörer-Wagner/Marcinkowski).

Wie steht es um die Theoriepräferenzen, also um die „geistige Matrix" unseres Forschungsgebiets, wie es sich in den hier versammelten 20 Beiträgen darstellt? Der Zugriff auf den interessierenden Personenkreis – „Berufspolitiker", „politische Klasse", „politische Elite" – wird allenthalben über die im Rahmen verfügbarer Systemkenntnisse unschwer identifizierbaren *Positionen* vollzogen. Mit dem Positionsansatz verbinden sich dann recht verschiedene analytische Perspektive. Einen auf vielerlei Ableitungszusammenhänge gegründeten, ausdrücklich normativen Zugriff praktiziert ein einziger Autor (Patzelt). Zwei weitere und den „Theorieblock" dann auch schon erschöpfende ideengeschichtliche Beiträge kreisen um einschlägige Klassiker: um Gaetano Mosca (Stolz) und um Max Weber (Palonen).

Die Autoren der empirischen Beiträge greifen, insofern sie sich gegenstandserschließender analytischer Kategorien bedienen, auf eine Vielfalt von Konzepten und Theoremen zurück und führen dabei unterschiedlich tief in die Literatur ein. Neben den bereits hinlänglich thematisierten Konzepten der politische Klasse, der Professionalisierung und der politischen Karriere werden Konzepte wie politische Sozialisation (Frantz), politische Rekrutierung und (De-)Selektion (Fischer/Kaiser; Wolf), auch wie Repräsentation (Wüst/Saalfeld; Kjær) und Rollen (Bukow; Schöne; Frantz) herangezogen. Etliche Autoren führen ferner in Spannungsfelder ein, welche die Politikerrolle prägen, zumal in jenes zwischen Konkordanz- und Konkurrenzdemokratie (Holtkamp; Spörer-Wagner/Marcinkowski) sowie zwischen – der politischen Klasse durch Medialisierung aufgezwungener – Medienlogik und in der letzteren ja nicht einfach aufgehender politischer Funktionslogik (sämtliche Beiträge des Teils IV). Andere Autoren nutzen die Prinzipal-Agent-Theorie (Patzelt; Best/Jahr/Vogel), die in unterschiedliche Richtungen anschlussfähig ist.

Bevor auf die Erträge dieses Sonderhefts eingegangen wird, ist auf die Lücken im Themenspektrum und in der Bearbeitung des Gegenstands zu verweisen. Es liegt auf der Hand, dass schon der begrenzte Platz es unmöglich machte, alle wünschbaren Beiträge zur „Politik als Beruf" in das Sonderheft aufzunehmen.[6] Gleichwohl ist es mit Blick auf den Stand der Forschung aufschlussreich, was im Themenfächer fehlt oder randständig ist. Angesichts der Prägung (nicht nur) der bundesdeutschen Politik durch die Parteien und der immer wieder herausgestellten Parteienstaatlichkeit erstaunt, wie wenige Studien sich explizit mit der Rolle von Parteien für das Berufspolitikertum befassen (Detterbeck; Bukow). Offenbar sind die Schwerpunkte der Parteienforschung zurzeit anders gelagert, obgleich doch gerade die Fachdiskussion um eine Personalisierung der Politik sowie die kontrovers diskutierte Frage einer Präsidentialisierung politischer Systeme hinreichend Anhaltspunkte für eine Verknüpfung von Parteien und Berufspolitik böte.

Eher randständig sind hinsichtlich ihres Anteils an der gesamten Publikation auch die Arbeiten zum persönlichen und sozialen Hintergrund von Politikern (Wüst/Saalfeld; Kjær). Hier mag der Grund in der großen Zahl schon vorhandener Arbeiten vermutet werden, weshalb in der Disziplin womöglich der Eindruck einer Übersättigung entstanden ist. Wenig bestellt ist auch jenes weite Feld, das sich von politischer Netzwerkbildung (hierzu allerdings: Detterbeck) über Patronage- und Klientelpolitik bis hin zur Korruption erstreckt. Schließlich fehlt es jenseits des Beitrags von Palonen an historischen Längsschnitt- oder Vergleichsanalysen.

Es darf angemerkt werden, dass sich die Herausgeber bemüht haben, einige der konstatierten Lücken – etwa Arbeiten zu den historisch variierenden Konzeptionen des Politikers, zur Theorie der Repräsentation und ihrer Bedeutung für die „Politik als Beruf", zu Etappen der Elitenrekrutierung in Europa in einer Perspektive der *longue durée*, zu Karrieren im europäischen Mehrebenensystem, zum Führungspersonal internationaler Organisationen sowie zu Persönlichkeitsmerkmalen von Politikern – durch gezielte Einwerbung von *paper proposals* zu schließen, dass ihnen jedoch der wünschenswerte Erfolg versagt blieb.

Womöglich hat das in seinen Schwerpunkten wie in seinen Lücken erkennbare thematische Profil dieses Sonderhefts auch mit dem bevorzugten Methodenkanon zu tun, der sich nun einmal besonders gut für die behandelten, schon weniger aber für die unterbelichteten oder gar vermissten Themen eignet. Was methodisch der modernen sozialwissenschaftlichen Orthodoxie entspricht, ist nämlich gut vertreten: selbst erhobene (auch qualitative) Umfragebefunde, Inhaltsanalysen, vielerlei – nicht zuletzt dokumentenanalytisch – gewonnene prosopographische Daten, desgleichen statistische Analysen solchen Materials. Hierin spiegelt sich der selbstverständlich gewordene Durchsetzungserfolg des empirisch-analytischen Forschungsstils, der für die professionelle Stabilisierung der deutschen Politikwissenschaft so heilsam war.

---

6 In der Tat mussten etliche eingegangene Manuskripte abgelehnt werden. Zudem fanden zwei der auf der Autorentagung in Dresden präsentierten Manuskripte wegen der Ergebnisse des Begutachtungsverfahrens keinen Eingang in dieses Sonderheft.

Markant fehlen in diesem theoretisch-analytischen Werkzeugkasten die politikwissenschaftlich ansonsten doch so oft herangezogenen Rational-Choice-Modelle. Zwar ließen sich mit ihnen die durchaus verwendeten Konzepte Kalkül, Strategie und Taktik, Gelegenheitsstruktur und Anreizsystem leicht verbinden. Doch vielleicht stand den eng mit ihren empirischen Forschungsgebieten vertrauten Autoren einfach zu klar vor Augen, ein wie geringer und darum unbefriedigender Varianzanteil der ihrerseits eher unwahrscheinlichen sozialen Tatsache einer politischen Karriere sich anhand von Rational-Choice-Modellen erklären lässt. Erstaunlicher als deren Absenz ist schon das Fehlen systematischer Bezugnahmen auf die Forschungen zur „politischen Persönlichkeit", desgleichen der höchst überschaubare Gebrauch, der von der repräsentationstheoretisch so fruchtbaren und für „Politik als Beruf" doch auch ganz und gar einschlägigen Delegationstheorie bzw. Prinzipal-Agent-Theorie gemacht wird. Womöglich gehen solche auffälligen Konzeptlücken aber nicht auf Rezeptionsmängel, sondern darauf zurück, wie auf dem hier dokumentierten Forschungsfeld mit Theorie umgegangen wird: nämlich meist im Stil der Nutzung „sensitivierender Konzepte". Der Anspruch einer das Typologische übersteigenden Theoriebildung wird denn auch gar nicht erhoben – und wäre an den teils recht speziellen Untersuchungsgegenständen wohl oftmals nur schwer einzulösen. Entsprechend selten sind denn auch Beiträge, in denen es zur systematischen Ableitung von Hypothesen aus vorgängig entfalteten Theorien sowie zu deren empirischem Test kommt.

4. Forschungserträge und Forschungsdesiderate

Das PVS-Sonderheft „Politik als Beruf" versammelt erstmalig im deutschen Sprachraum Beiträge zur Berufspolitik und ihren Akteuren aus ganz unterschiedlichen Forschungsbereichen und Forschungstraditionen. Allein schon in dieser Zusammenführung unterschiedlicher Perspektiven auf den gemeinsamen, wenngleich begrifflich wie konzeptionell verschieden erfassten, Gegenstand wird man – zumal in Kombination mit den zahlreichen Analysen „frischer" Daten – einen Gewinn für die Forschung erkennen. Die Erträge der vorliegenden Publikation erschöpfen sich aber darin nicht. Zu den hilfreichen Erträgen dieses Bandes gehören vielmehr auch die teils sehr umfänglichen Einführungen in den jeweils thematisch relevanten und zumal deutschen Forschungsstand. Nicht zuletzt wegen dieser gelungenen Einführungen haben die Herausgeber darauf verzichtet, in dieser Einleitung den Forschungsstand gesondert darzustellen.

Vor allem aber gewinnt der Leser dank der hier versammelten Forschungsergebnisse viel besseren Aufschluss über Professionalisierungsprozesse und deren Prägefaktoren auf deutscher kommunalpolitischer Ebene; über die vertikalen und horizontalen Ämterverflechtungen, die der deutschen politischen Klasse – im Rahmen eines ständigen Kohortendurchlaufs – Stabilität und Positionssicherheit verleihen; über wirklich verallgemeinerbare Karrieremuster und Karrierekalküle deutscher Parlamentarier und Bundesminister; über die ansonsten noch recht verborgene Welt professioneller Mitarbeiter in Parteizentralen, Abgeordneten- und Fraktionsbüros, und über die bislang recht unbekannten Rekrutierungs- und Karrierewege von NGO-Politikern. Zugleich haben verschiedene Beiträge wertvolle ergänzende Einblicke in die – höchst begrenzte – Ummünzbarkeit von öffentlicher Prominenz in politische Macht gewährt, desgleichen in Detailprozesse der Adaption von Parlamentariern an massenmediale Umweltbedingungen. Obendrein haben die Vergleichsstudien unser Wissen um die Vielfalt wirkungsvoller Prägefaktoren von politischen Karrieren erweitert. Das erlaubt es, auch die deutschen Besonderheiten der Ausgestaltung von „Politik als Beruf" besser zu verstehen und zu beurteilen.

Welche Forschungsdesiderate lassen sich erkennen? Nicht vordringlich scheinen Investitionen in die Vereinheitlichung zentraler Fachbegriffe wie „politische Klasse" oder „politische Professionalisierung" zu sein. Trotz einiger Varianten in der Konzeptverwendung sind die theoretischen Überlegungen der einzelnen Beiträge nämlich so kohärent, dass für die auf ihrer Basis ermittelten empirischen Befunde eine gewisse Vergleichbarkeit gegeben ist. Eher ergeben sich Desiderate aus den weiter oben genannten Lücken dieses Bandes. Empirisch sollten wir mehr über die alltagspraktischen Theorien des politischen Führungspersonals wissen, auch über ihre informellen Netzwerkstrukturen, desgleichen über Korruption als Gleit- und Bindemittel. Ersteres verlangte nach mehr qualitativer Forschung in der Politikwissenschaft, Letzteres aber vornehmlich die sekundäranalytische Auswertung der recht umfänglichen journalistischen Literatur über die Niederungen des politischen Betriebs durch Politikwissenschaftler, die im politisch empörend Besonderen gerade das systematisch bedingte Allgemeine herausarbeiten wollen.

Im Theoriebereich wäre zu wünschen, dass im Zusammenspiel von Rollen-, Organisations- und Delegationstheorie ein halbwegs integriertes Rahmenwerk zur Analyse von „Politik als Beruf" entstünde. Unschwer fänden in ihm Persönlichkeits- und Professionalisierungstheorien ihren Platz, und darüber hinaus sollte ein solches Rahmenwerk historische Prozesse erfassen und erklären können: einesteils von sich wandelnden Umweltbedingungen der politischen Klasse her (hier insbesondere: die Medialisierung und das Regieren in Mehrebenensystemen), andernteils von den reduzierten Freiheitsgraden künftiger Entwicklung durch in der Vergangenheit entstandene und heute weiter verfestigte Strukturen her. Hier fänden Theorien zur Strukturierungskraft eingefrorener Konflikte, interessenausgleichender Normen und der Prägekraft (politisch-)kultureller Muster ihren Platz. Dabei könnten gerade im Vergleich der Nationalstaaten, womöglich aber auch im Vergleich substaatlicher Entitäten (Regionen bzw. Länder), spezifische Entwicklungspfade der Politikerrolle herausgearbeitet werden.

Damit ist zugleich eine weitere Entwicklungsrichtung für die Forschung zum politischen Personal angesprochen. Bislang ist ein massives Übergewicht von Arbeiten zu konstatieren, die sich auf die politischen Akteure einzelner richten. Dieser Fokus hat angesichts der vorwiegend nationalen (und substaatlichen) Prägung von Selektionsmechanismen und Legitimitätserwartungen seine Berechtigung und wird sie auf absehbare Zeit behalten. Gleichwohl versprechen gerade *vergleichende* Arbeiten – mit kleinen oder großen Fallzahlen, nach dem Ansatz der *most different cases* oder bei einer Fallauswahl nach größtmöglicher Ähnlichkeit – erheblichen Erkenntnisfortschritt. Dies gilt zwar auch im generellen Sinne, dass sich nationale Besonderheiten des politischen Führungspersonals nun einmal erst im Vergleich erschließen. Interessanter jedoch ist die Frage, ob sich in Zeiten globalisierter Kommunikation Konvergenzen, also *analoge* Ähnlichkeit in der Rekrutierung oder Professionalisierung ergeben, bzw. ob besondere Entwicklungen in einem Staat (wie etwa die Verbindung von politischer Macht und Medienmacht in der Person einzelner Politiker) auf andere Staaten ausstrahlen und somit *homologe* Ähnlichkeit begründen. Beachtung verdient zudem der wachsende Markt an politischen Führungspositionen in internationalen bzw. supranationalen Organisationen, die mutmaßlich besondere Qualifikationsprofile für ihr politisches Führungspersonal entwickeln, die mit jenen der nationalen Politik nur zum Teil übereinstimmen.

Damit ist für erweiterte Interdisziplinarität zu plädieren. Zur Soziologie und den Kommunikationswissenschaften hin scheinen frühere Disziplingrenzen längst überwunden, wie die Anwendung der Rollentheorie oder organisationssoziologischer Konzepte illustriert und die Übernahme medienwissenschaftlicher Begriffe wie Image-Politik oder Ereignismanagement belegt. Die Grenzen etwa zur Psychologie hin scheinen hingegen fortzubestehen, denn hier fehlt es weithin an theoretisch-konzeptionellen Anleihen. Dabei hat sich doch die „Persönlichkeit" in verschiedenen politischen Kontexten als wichtiger Erklärungsfaktor erwiesen (Schumann 2005). Zudem dürfte die Art und Weise, wie Spitzenpolitiker ihre jeweilige Position ausfüllen und Macht ausüben, nicht allein institutionell determiniert sein, sondern mit der Persönlichkeitsstruktur des Amtsträgers variieren – wie im Übrigen zumindest journalistische Evidenz zeigt, dass sich Politiker mit dem Aufstieg in Spitzenpositionen und infolge der erlangten Machtbefugnis sehr wohl verändern (Leinemann 2004). Es liegt auf der Hand, dass sich mit einer solchen Erweiterung der Untersuchungsperspektive Verbindungen zu Studien über Regierungsstile sowie zu der auch in den Beiträgen dieses Sonderhefts kaum rezipierten Leadership-Forschung (zuletzt Sebaldt/Gast 2010) ergäben.

Vom generellen Forschungszugriff her drängt sich ein weiterer Verbesserungsvorschlag auf. Erstens lassen sich Ver- und Entberuflichungstendenzen, Umschichtungen im Rekrutierungspool oder in den kulturellen Rahmenbedingungen der politischen Klasse in allzu kurzen Zeitfenstern nicht wirklich erkennen. Es geht hier in der Regel um Jahrzehnte und bisweilen – etwa bei der Entstehung von Rollenbildern des Parlamentariers – gar Jahrhunderte überspannende Prozesse. Relevante Gestalterkenntnis wird auf diesem Forschungsfeld somit vor allem dann gelingen, wenn sich mit politikwissenschaftlicher Systematik auch *historisches* Interesse bzw. mit Letzterem die Kraft zur Theoriebildung im oben umrissenen Sinn verbindet. Das aber legt der etablierten Politikwissenschaft nahe, schon in der akademischen Ausbildung zu vermitteln, dass die für das Studium der Gegenwart optimale empirische Sozialforschung durchaus nicht das Ganze der relevanten politikwissenschaftlichen Methodenlehre ausmacht.

Nicht zuletzt sollte die politikwissenschaftliche Analyse von „Politik als Beruf" gesprächsfähiger mit dem *alltagspraktischen politischen Diskurs* werden. Den kennzeichnen oft Kritik an der politischen Klasse und Polemik hinsichtlich ihrer Leistungen oder Fehlleistungen. Was diesem Diskurs fehlt, sind zwar nicht selten auch Informationen über die Lebenswelten und Handlungsbedingungen der politischen Klasse. Noch häufiger aber fehlen ihm normativ brauchbare Maßstäbe der Urteilsbildung. Vor dem Siegeszug des empirischen Paradigmas in der Politikwissenschaft war es ganz selbstverständlich, dass der beabsichtigte Praxisnutzen des Fachs auch plausibel argumentierende Hinweise auf richtig und falsch, auf gut und schlecht, auf angemessen und unangemessen, auf zu tun oder zu lassen einschloss. Dieser Aufgabe hat sich die Politikwissenschaft als Disziplin inzwischen weitgehend entledigt und überlässt sie der „normativen Intuition" individueller Politikwissenschaftler. Ein solcher Rückgriff auf reine Glaubensbehauptungen darüber, wie „Politik als Beruf" sein sollte, ist nun aber evident unzulänglich. Umgekehrt sind sehr wohl größere Anstrengungen möglich, beim Diskurs über das politische Führungspersonal in der modernen Demokratie über die dem politikwissenschaftlich unaufgeklärten gesunden Menschenverstand gezogenen Grenzen unreflektierter Normativität schon der Begriffsbildung, Selektivität im zur Kenntnis genommenen Material und Perspektivität der bevorzugten Betrachtungsweise hinauszugelangen. Eben diese Mühe sollte sich unser Fach geben, und zwar gerade dort, wo es um so Wichtiges geht wie um Politik und um unsere Politiker.

Literatur

Arnim, Hans Herbert von, 2009: Die Deutschlandakte. Was Politiker und Wirtschaftsbosse unserem Land antun. München: Goldmann.
Behnke, Joachim, 2009: Vertrauen und Kontrolle: Der Einfluss von Werten auf Einstellungen zu politischen Institutionen, in: Zeitschrift für Parlamentsfragen 40, 397-413.
Beyme, Klaus von, 1996: The Concept of Political Class: A New Dimension of Research on Elites?, in: West European Politics 19, 68-87.
Blome, Nikolaus, 2009: Faul, korrupt und machtbesessen? Warum Politiker besser sind als ihr Ruf. Bonn: Bundeszentrale für politische Bildung.
Borchert, Jens, 1999: Politik als Beruf: Die politische Klasse in westlichen Demokratien, in: *Borchert, Jens/Zeiß, Jürgen* (Hrsg.), Politik als Beruf. Die politische Klasse in westlichen Demokratien. Opladen: Leske + Budrich, 7-39.
Borchert, Jens, 2003: Die Professionalisierung der Politik. Zur Notwendigkeit eines Ärgernisses. Frankfurt a. M.: Campus.
Borchert, Jens/Golsch, Lutz, 1995: Die politische Klasse in westlichen Demokratien: Rekrutierung, Karriereinteressen und institutioneller Wandel, in: Politische Vierteljahresschrift 36, 609-629.
Borchert, Jens/Stolz, Klaus, 2003: Die Bekämpfung der Unsicherheit: Politikerkarrieren und Karrierepolitik in der Bundesrepublik Deutschland, in: Politische Vierteljahresschrift 44, 148-173.
Borchert, Jens/Zeiss, Jürgen (Hrsg.), 2003: The Political Class in Advanced Democracies: A Comparative Handbook. Oxford: Oxford University Press.
Bürklin, Wilhelm/Rebenstorf, Hilke, 1997: Eliten in Deutschland. Rekrutierung und Integration. Opladen: Leske + Budrich.
Burmeister, Kerstin, 1993: Die Professionalisierung der Politik am Beispiel des Berufspolitikers im parlamentarischen System der Bundesrepublik Deutschland. Berlin: Duncker & Humblot.
Cotta, Maurizio/Best, Heinrich (Hrsg.), 2007: Democratic Representation in Europe: Diversity, Change and Convergence. Oxford: Oxford University Press.
Dowding, Keith/Dumont, Patrick (Hrsg.), 2009: The Selection of Ministers in Europe. Hiring and Firing. London: Routledge.
Edinger, Michael, 2009: Profil eines Berufsstands: Professionalisierung und Karrierelogiken von Abgeordneten im vereinten Deutschland, in: *Schöne, Helmar/von Blumenthal, Julia* (Hrsg.), Parlamentarismusforschung in Deutschland. Ergebnisse und Perspektive 40 Jahre nach Erscheinen von Gerhard Löwenbergs Standardwerk zum Deutschen Bundestag. Baden-Baden: Nomos, 177-215.
Edinger, Michael/Vogel, Lars, 2005: Role Perceptions, Party Cohesion and Political Attitudes of East and West German Parliamentarians, in: Czech Sociological Review 41, 375-399.
Fettelschoß, Katja, 2009: Politische Eliten und Demokratie. Professionalisierung von Ministern in Mittelosteuropa. Baden-Baden: Nomos.
Gabriel, Oscar W./Schöllhammer, Lisa, 2009: Warum die Deutschen ihren Abgeordneten nicht mehr vertrauen als dem Bundestag, in: Zeitschrift für Parlamentsfragen 40, 464-480.
Golsch, Lutz, 1998: Die politische Klasse im Parlament. Politische Professionalisierung von Hinterbänklern im Deutschen Bundestag. Baden-Baden: Nomos.
Herzog, Dietrich/Hirner, Manfred, 1990: Abgeordnete und Bürger. Ergebnisse einer Befragung der Mitglieder des 11. Deutschen Bundestages und der Bevölkerung. Opladen: Westdeutscher Verlag.

Holtmann, Everhard, 1992: Politisierung der Kommunalpolitik, in: Aus Politik und Zeitgeschichte B 42, 13-22.
Kaina, Viktoria, 2002: Elitenvertrauen und Demokratie. Zur Akzeptanz gesellschaftlicher Führungskräfte im vereinten Deutschland. Wiesbaden: Westdeutscher Verlag.
Kaina, Viktoria, 2008: Decling Trust in Elites and Why We Should Worry About It – With Empirical Evidence from Germany, in: Government and Opposition 43, 405-423.
Karvonen, Lauri, 2009: The Personalization of Politics. A Study of Parliamentary Democracies. Colchester: ECPR Press.
Kielhorn, Achim, 2001: Rollenorientierungen von Abgeordneten in Europa. Eine empirische Analyse von Bestimmungsgründen und Konsequenzen der Repräsentationsrolle von Parlamentariern in elf EU-Ländern. Berlin: Diss. FU Berlin.
Leinemann, Jürgen, 2004: Höhenrausch. Die wirklichkeitsleere Welt der Politiker. München: Blessing.
Mansbridge, Jane, 2003: Rethinking Representation, in: American Political Science Review 97, 515-528.
Marcinkowski, Frank/Pfetsch, Barbara (Hrsg.), 2009: Politik in der Mediendemokratie (= PVS-Sonderheft 42). Wiesbaden: Verlag für Sozialwissenschaften.
Oertzen, Jürgen von, 2006: Das Expertenparlament. Abgeordnetenrollen in den Fachstrukturen bundesdeutscher Parlamente. Baden-Baden: Nomos.
Patzelt, Werner J., 1993: Abgeordnete und Repräsentation. Amtsverständnis und Wahlkreisarbeit. Passau: Rothe.
Patzelt, Werner J., 1997: German MPs and their Roles, in: Müller, Wolfgang C./Saalfeld, Thomas (Hrsg.), Members of Parliament in Western Europe: Roles and Behavior. London/Portland: Frank Cass, 55-78.
Phillips, Anne, 1995: The Politics of Presence. The Political Representation of Gender, Ethnicity and Race. Oxford: Clarendon Press.
Pitikin, Hannah F., 1967: The Concept of Representation. Berkeley: University of California Press.
Poguntke, Thomas/Webb, Paul (Hrsg.), 2005: The Presidentialization of Politics. A Comparative Study of Modern Democracies. Oxford: Oxford University Press.
Ronge, Volker, 1994: Der Zeitaspekt ehrenamtlichen Engagements in der Kommunalpolitik, in: Zeitschrift für Parlamentsfragen 25, 267-282.
Scheer, Hermann, 2003: Die Politiker. München: Kunstmann.
Schlesinger, Joseph, 1966: Ambition and Politics. Political Careers in the United States. Chicago: Rand McNally.
Schumann, Siegfried, 2005: Persönlichkeit. Eine vergessene Größe der empirischen Sozialforschung. Wiesbaden: Verlag für Sozialwissenschaften.
Sebaldt, Martin/Gast, Hendrik (Hrsg.), 2010: Politische Führung in westlichen Regierungssystemen. Theorie und Praxis im internationalen Vergleich. Wiesbaden: Verlag für Sozialwissenschaften.
Squire, Peverill, 1993: Professionalization and Public Opinion of State Legislatures, in: Journal of Politics 55, 479-491.
Squire, Peverill, 2007: Measuring Legislative Professionalism: The Squire Index Revisited, in: State Politics and Policy Quarterly 7, 211-227.
Stallmann, Freia/Paulsen, Friedrich/Zimmer, Annette, 2008: Das Ehrenamt: erster Schritt in die Lokalpolitik? Zum Nexus von Vereinsengagement und lokalpolitischem Mandat am Beispiel der Stadt Münster, in: Zeitschrift für Parlamentsfragen 39, 547-563.
Stolz, Klaus, 2010: Towards a Regional Political Class? Professional Politicians and Regional Institutions in Catalonia and Scotland. Manchester: Manchester University Press.
Vogel, Lars, 2009: Der Weg ins Kabinett. Karrieren von Ministern in Deutschland. Frankfurt a. M.: Peter Lang.
Weßels, Bernhard, 1999: Whom to Represent? Role Orientations of Legislators in Europe, in: Schmitt, Hermann/Thomassen, Jacques (Hrsg.), Political Representation and Legitimacy in the European Union. Oxford: Oxford University Press, 209-234.
Wieczorek, Thomas, 2009: Die Dilettanten. Wie unfähig unsere Politiker wirklich sind. München: Knaur.

I.

Theoretische Zugänge

Die Entdeckung der politischen Klasse:
Aktualität und Grenzen der Theorie Gaetano Moscas

Klaus Stolz

1. Zur Fragestellung

Der Terminus „politische Klasse" ist in den letzten Jahren zu einem zentralen Begriff für die Beschreibung und Analyse von Berufspolitikern in modernen Demokratien geworden. Der Begriff wird dabei unterschiedlich verwendet. Gemeinsam ist den meisten Veröffentlichungen zu diesem Thema jedoch der Verweis auf den italienischen Politikwissenschaftler und Politiker Gaetano Mosca.

Dies ist zunächst nicht weiter überraschend, gilt Mosca doch als Schöpfer dieses Begriffes oder zumindest als der, welcher ihn in der wissenschaftlichen Diskussion populär gemacht hat. Die Frage nach Moscas Relevanz für die aktuelle Diskussion ist mit dem Hinweis auf seine begriffliche Urheberschaft jedoch keineswegs erschöpfend beantwortet. Tatsächlich war Moscas Begriff lange Zeit in weiten Teilen der Eliteforschung aus der Mode gekommen. Den einen war der Klassenbegriff zu undifferenziert und zu sehr mit marxistischen Konnotationen beladen, während die marxistisch orientierte Sozialwissenschaft der 1960er und 1970er Jahre andererseits starke ideologische Bedenken gegen die tendenziell unter Faschismusverdacht stehenden italienischen Elitentheoretiker erhob. Und selbst in der aktuellen Debatte, die Moscas Begriff wieder explizit zum Ausgangspunkt nimmt, wird nur selten ausführlicher auf seine theoretische und konzeptionelle Bestimmung der politischen Klasse eingegangen (Ausnahmen von Beyme 1993a; Rebenstorf 1995).

Der Mosca-Beitrag eines verbreiteten Handbuchs zu sozialwissenschaftlichen Macht- und Herrschaftstheorien kommt daher auch zum Ergebnis, dass in den meisten gegenwärtigen Veröffentlichungen, die mit diesem Begriff arbeiten, „... wenig mehr als nur eine vordergründige begriffliche Identität mit dem ursprünglichen theoretischen Hintergrund" (Tamayo 1998: 71) bestünde. Tatsächlich ist Moscas Theorie der politischen Klasse schon vor gut einem Jahrhundert in Auseinandersetzung mit dem italienischen Frühparlamentarismus entstanden. Es lässt sich also mit einiger Berechtigung fragen, ob das, was Mosca zu einer Zeit, als die Berufspolitik in Italien allenfalls in ihren Anfängen steckte, entdeckt zu haben glaubte, noch viel mit dem gemein hat, was wir heute unter den Bedingungen eines hochprofessionalisierten Politikbetriebes beobachten können.[1] Ist der Rekurs auf Mosca also lediglich ein pflichtgemäßer Hinweis auf einen ansonsten wenig bedeutsamen begriffsgeschichtlichen Ausgangspunkt, oder hat Moscas Theorie der politischen Klasse auch heute noch eine über die rein stichwortge-

---

1 Zur Aktualität der modernen Elitenforschung allgemein für die zeitgenössischen Debatten um die Politik als Beruf vgl. auch die Ausführungen der Herausgeber in der Einleitung zu diesem Sonderheft.

bende Funktion hinausgehende Relevanz? Dies ist die zentrale Leitfrage des folgenden Beitrags.

Die Antwort auf diese Frage untergliedert sich in mehre Teile. Zunächst werden Bedeutung und Funktion des Begriffs der politischen Klasse in der aktuellen politikwissenschaftlichen Diskussion erörtert, um später prüfen zu können, inwiefern zentrale Aspekte des Konzepts bereits bei Mosca angelegt waren. Sodann wird Moscas zentrale These kurz skizziert. Daran anschließend wird diese, notwendigerweise kursorisch, in ihren historischen und ideengeschichtlichen Kontext eingeordnet. Im nächsten Teil geht es um Moscas Vorstellung der politischen Klasse als Kernkonzept einer neuen politischen Wissenschaft, ehe weiterhin Moscas Analysen zur Rolle und Funktion der politischen Klasse in der liberalen repräsentativen Demokratie im Vordergrund stehen. Zum Schluss werden Moscas theoretische Überlegungen zur politischen Klasse auf ihre Relevanz für die aktuelle Diskussion um Berufspolitiker und Berufspolitik befragt.

Bezugspunkt der Darstellung ist im wesentlichen Moscas Hauptwerk „Elementi di Scienza Politica". Eine systematische Zusammenfassung des Mosca'schen Denkens aus den *Elementi* wird jedoch durch die ungewöhnlich lange und bewegte Editionsgeschichte dieses Werkes erschwert.[2] So ist der hier zugrunde gelegte Text der deutschen Ausgabe Ergebnis eines beinahe ein halbes Jahrhundert währenden Schaffensprozesses, innerhalb dessen sich nicht nur Moscas Gegenstand, nämlich der italienische Parlamentarismus, sondern auch seine Einschätzung desselben verändert hat. In diesem Beitrag geht es allerdings weder um Textkritik noch um eine detailgetreue Rekonstruktion der politischen und wissenschaftlichen Entwicklung Moscas.

2. „Politische Klasse": Kampfbegriff und analytisches Konzept

Die Renaissance des Begriffes der politischen Klasse in Deutschland – wo er im Gegensatz zu Italien oder Frankreich bis dahin kaum hatte Fuß fassen können – erfolgte zu Beginn der 1990er Jahre im Kontext der weltpolitischen Depolarisierung durch die Erosion kommunistischer Herrschaftssysteme. Des normativen Gegenbildes beraubt, traten gerade in Deutschland – aber nicht nur hier – die Defizite des eigenen politischen Systems verstärkt in den Blick. Kritiker aus Wissenschaft und Publizistik (von Arnim, Scheuch) aber auch aus der politischen Praxis (von Weizsäcker) machten die politischen Parteien und das politische Personal für die vielfach diagnostizierte Politikverdrossenheit der Bürger verantwortlich. Der Berufspolitiker mit seinen Eigeninteressen, bzw. die Professionalisierung der Politik selbst, wurden als Wurzeln vielen Übels ausgemacht. Die politische Klasse, die „selbstbezogen und abgehoben" von den Bür-

---

2 Die *Elementi* wurden 1896 erstmals veröffentlicht; Anfang der 1920er Jahre erschien eine zweite, aufgrund der veränderten Lage in Italien völlig überarbeitete Auflage. Die dritte und vierte Auflage enthalten jeweils die Texte beider zuvor erschienen Ausgaben. Die hier zugrunde gelegte und gebräuchlichste deutsche Ausgabe trägt den Titel „Die herrschende Klasse. Grundlagen der politischen Wissenschaft" und erschien 1950. Sie beruht inhaltlich auf der vierten und letzten italienischen Ausgabe (erschienen 1947), folgt jedoch in der Anordnung des Textes im Wesentlichen der amerikanischen Ausgabe von 1937. Eine ausführliche Bibliographie der Schriften Moscas findet sich bei Albertoni (1987).

gern agierte (von Arnim 1997), wurde dabei mehr und mehr zum zentralen Kampfbegriff.

Die politikwissenschaftliche Auseinandersetzung mit dem Phänomen der Berufspolitik in Deutschland kann als direkte Reaktion auf diesen vielfach von oben (v.a. durch Journalisten, Wissenschaftler und ehemalige Politiker) geschürten Populismus (von Beyme 1993a: 195 ff.) verstanden werden. Auch hier wurde der Begriff der politischen Klasse bald zu einer zentralen Kategorie (Klingemann u.a. 1991; Beyme 1992; Leif u.a. 1992; Herzog 1992; Weßels 1992; Rebenstorf 1995). In mehreren Aufsätzen (von Beyme 1992, 1993b, 1996) und einer kurzen Monographie (von Beyme 1993a) unternahm zunächst insbesondere Klaus von Beyme den Versuch, den Begriff der politischen Klasse von seinem normativen Ballast zu befreien und für die empirische Politikwissenschaft nutzbar zu machen. Von Beymes bleibender Beitrag zur konzeptionellen Bestimmung des Begriffes ist seine trennscharfe analytische Abgrenzung von einer zweiten, aufgrund ihrer großen personellen Überschneidung nur selten getrennt betrachteten gesellschaftlichen (Führungs-)Gruppe: der politischen Elite.

Für von Beyme ist die politische Klasse durch einen strukturellen und einen handlungsorientierten Aspekt bestimmt. Strukturell ist die Zugehörigkeit zu ihr an die Teilhabe an der Privilegienstruktur des politischen Systems gebunden.[3] Zu den objektiven gemeinsamen Lagemerkmalen dieser Klasse zählt er „Einkommen, Arbeitsweise und Organisationshintergrund" (von Beyme 1993a: 30) sowie die relative Autonomie, mit welcher die politische Klasse diese strukturellen Bedingungen ihrer Existenz selbst gestalten kann. Darüber hinaus versteht von Beyme die politische Klasse aber auch als einen mit einer gewissen inneren Kohäsion (was Herzog 1993: 114 als „esprit de corps" bezeichnet) ausgestatteten, einheitlich handelnden kollektiven Akteur. Die politische Klasse handelt demnach als „Interessengruppe für sich selbst" (von Beyme 1993a: 31); ihr kollektives Interesse gilt ihrer Selbsterhaltung und der Absicherung ihrer Privilegien sowie ihrer Autonomie gegenüber Bürgern und Gesellschaft.

Die politische Elite definiert sich demgegenüber über ihre Rolle im politischen Entscheidungsprozeß. Definitionskriterien sind Macht und Einfluss. Ihr geht es um die Steuerung gesellschaftlicher Entwicklungen. Damit handelt sie nicht „selbstreferentiell" wie die politische Klasse, sondern „zugunsten Dritter" (von Beyme 1993a: 31). Sie repräsentiert unterschiedliche gesellschaftliche Interessen, nicht ihre kollektiven Eigeninteressen. Aus dieser Definition wird klar, dass die politische Klasse einerseits über die politische Elite hinausgeht: Hinterbänkler, Oppositionspolitiker oder einfache Parteimitarbeiter haben keinen nennenswerten Einfluss auf politische Entscheidungen, wohl aber Teil an der Privilegienstruktur, ja gelten nicht selten gar als „treibende Kraft" bei deren Erweiterung (von Beyme 1993a: 31). Andererseits umfasst die politische Klasse nicht alle Teile der politischen Elite. Wo politische Entscheidungen nicht mehr auf einen genuin politischen „inneren Zirkel" der Macht zurückgeführt werden können – und dies darf als wesentliches Ergebnis von Netzwerkanalysen und der Governance Forschung gelten –, werden zunehmend auch einflussreiche Führungsgruppen anderer

---
3 Eine ähnliche Definition findet sich schon bei Georges Burdeau (1975: 258): „Die politische Klasse besteht aus der Gesamtheit der Personen oder Gruppierungen, die, sieht man gänzlich von den von ihnen verfolgten Zielen ab, an den mit der politischen Autorität verknüpften Vorrechten teilhaben".

gesellschaftlicher Sektoren (Wirtschaft, Verwaltung, Interessengruppen) der politischen Elite zugerechnet (von Beyme 1993a: 30). Da diese aber nicht an derselben Privilegienstruktur teilhaben, ja wie – von Beyme treffend bemerkt – diese für die Einkommen der Berufspolitiker „ohnehin nur ein mitleidiges Lächeln" übrig haben (von Beyme 1997: 43), gehören sie auch nicht zur politischen Klasse.

Was für von Beyme im Wesentlichen eine kurzlebige Auseinandersetzung mit dem deutschen Parteienstaat und seinen altliberalen Kritikern war, wurde für andere zur Grundlage eines größeren vergleichenden Forschungsprogramms. In einem stärker auf Max Weber rekurrierenden Ansatz entwickelte Jens Borchert das Beyme'sche Konzept der politischen Klasse weiter, indem er es aus seiner parteienstaatlichen Verankerung löste und der vergleichenden Parlamentarismus- und Demokratieforschung zugänglich machte. Für Borchert ist die politische Klasse konstituiert durch „das kollektive Interesse an einem stetigen und verlässlichen Einkommen aus der politischen Tätigkeit, an realistischen Chancen der Karrieresicherung sowie an Aufstiegsmöglichkeiten" (Borchert 1999: 9). Insofern ist sie untrennbar mit dem modernen Parlamentarismus verknüpft, der nicht nur direkte Quelle eines solchen Einkommens ist, sondern die Berufspolitiker als Gesetzgeber auch in die Lage versetzt, die institutionellen Strukturen, in welchen sie ihre Karrieren verfolgen, selbst zu gestalten.

Beymes Struktur- und Handlungsaspekt aufnehmend formuliert Borchert eine explizit neo-institutionalistische Perspektive. Die politische Klasse kann daraus einerseits als von ihrem institutionellen Kontext – der „Opportunitätsstruktur" (Schlesinger 1966) – abhängige Variable betrachtet werden. Andererseits ist sie als kollektiver Akteur auch am Prozess der Institutionenbildung bzw. -reform beteiligt und kann insofern auch als unabhängige Variable konzeptualisiert werden (Borchert 1999: 20). So aufgefasst, sieht Borchert in der politischen Klasse eine „Schlüsselkategorie" (Borchert/ Golsch 1995: 612) der vergleichenden Politikwissenschaft, die für die Analyse höchst unterschiedlicher Repräsentativsysteme taugen kann (parteienstaatlich geprägte parlamentarische Regierungssysteme ebenso wie präsidentielle Regime mit schwachen Parteien) und dabei in der Lage ist, bislang weitgehend disparate Forschungsfelder zu integrieren (von der Parteien- über die Eliten- bis zur Parlamentsforschung). Wie andere Autoren aufgezeigt haben, ist der analytische Nutzen dieser Kategorie dabei nicht notwendigerweise auf die nationalstaatliche Ebene begrenzt; sie lässt sich vielmehr auch auf die supranationale (Cotta 1984) und die regionale Ebene (Stolz 2001) übertragen.

Auch wenn das Konzept der politischen Klasse in der deutschen Politikwissenschaft nach wie vor keineswegs unumstritten ist (Holtmann 2004), scheint es von Beyme, Borchert und anderen doch gelungen zu sein, dem ausschließlich negativ konnotierten Schlagwort ein nicht-normatives, analytisch nutzbares Instrument gegenüberzustellen. So hat Borchert (1999, 2003) ein Handbuch der politischen Klasse in westlichen Demokratien herausgegeben, in welchem nicht nur der Nachweis der Existenz einer solchen politischen Klasse in unterschiedlichen Ländern geführt wird, sondern das darüber hinaus auch Aufschluss über die unterschiedliche Struktur der politischen Klasse in den jeweiligen Fällen sowie ansatzweise über deren aktive Rolle im institutionellen Reformprozess gibt. Mittlerweile gibt es auch detaillierte empirische Untersuchungen zur wechselseitigen Beeinflussung von institutioneller Struktur und kollektivem Akteurshandeln von Berufspolitikern, die mit dem Konzept der politischen Klasse arbeiten (Stolz 2010). Auch dort wurde deutlich, dass die konkrete Struktur der politischen

Klasse sehr stark von der jeweils gegebenen institutionellen Opportunitätsstruktur für Berufspolitiker geprägt ist, während umgekehrt die sich entwickelnden unterschiedlichen Typen von politischer Klasse ihrerseits zur weitgehend pfadabhängigen Weiterentwicklung der jeweiligen Institutionenordnung beizutragen scheinen. Inwieweit nun aber diese Studien tatsächlich an die Konzeptionalisierung Moscas anknüpfen, oder ob es sich dabei – wie Tamayo sagt – um „wenig mehr als vordergründige begriffliche Identität" handelt, soll im Folgenden erörtert werden.

3. Moscas zentrale These: die Unausweichlichkeit der Minderheitenherrschaft

Die grundlegende These Moscas ist ebenso einfach wie provokativ:

„In allen Gesellschaften von den primitivsten im Aufgang der Zivilisation bis zu den vorgeschrittensten und mächtigsten, gibt es zwei Klassen, eine, die herrscht, und eine, die beherrscht wird. Die erste ist immer die weniger zahlreiche, sie versieht alle politischen Funktionen, monopolisiert die Macht und genießt deren Vorteile, während die zweite, zahlreichere Klasse von der ersten befehligt und geleitet wird" (Mosca 1950: 53).

In diesem Konzept einer wechselweise als „herrschende" oder „politische Klasse" bezeichneten Führungsgruppe[4] sind implizit zwei unterschiedliche Aspekte angelegt. So ist sie einerseits als politische Elite konzipiert, die die entscheidenden Positionen zur „Staatsführung" besetzt hält und damit politische Gestaltungsmacht besitzt. Gleichzeitig, und ohne dass er diesen Aspekt explizit vom ersten trennt, erkennt Mosca aber auch, dass diese Positionen ihren Inhabern den „Lebensunterhalt" sichern (Mosca 1950: 53). Neben dem Streben nach politischer Macht sind die Mitglieder dieser herrschenden Klasse damit auch von individuellen Reproduktionsinteressen gekennzeichnet.

Das Prinzip der Minderheitenherrschaft sieht Mosca nicht nur in jeder historischen Gesellschaft verwirklicht, es ist auch für jede zukünftige Gesellschaft gültig, denn es basiert nicht auf irgendeinem besonderen Merkmal dieser Klasse, sondern auf dem notwendigen Organisationsvorteil der Minderheit gegenüber der Mehrheit. Diese sei schon „einfach darum organisiert, weil sie Minderheit ist", schreibt Mosca. Und weiter: „In Wirklichkeit ist die Herrschaft einer organisierten, einem einheitlichen Antrieb gehorchenden Minderheit über die unorganisierte Mehrheit unvermeidlich" (Mosca 1950: 55).

Während also das Prinzip der Minderheitenherrschaft unumstößlich ist, ist die Frage, wer zu dieser Minderheit gehört, eine empirisch offene. Nach Mosca sind die individuellen Mitglieder der herrschenden Klasse zumeist durch eine gewisse Überlegenheit in materieller, intellektueller oder moralischer Hinsicht gegenüber der Unterschicht gekennzeichnet. Diese Überlegenheit ist aber weder eine absolute noch eine unwandelbare. Sie gründet sich nicht auf einer objektiven Auslese der Besten, sondern auf der

---

4 Mosca führt den Begriff der politischen Klasse, der „classe politica" erstmals in seiner 1884 erschienenen Schrift „Teorica dei governi e governo parlamentare" ein. In der deutschen Ausgabe der *Elementi* werden die Begriffe „politische Klasse" und „herrschende Klasse" weitgehend synonym verwendet. Die englische Ausgabe kennt nur den Begriff „ruling class".

Zuschreibung von – wirklichen oder scheinbaren – Eigenschaften, die gesellschaftlichen Einfluss sichern. Diese Eigenschaften ändern sich aber mit dem Entwicklungsstand der Gesellschaft, etwa von der Kriegstüchtigkeit hin zu Reichtum und Bildung (Mosca 1950: 55-64, 351). Dadurch wird die Dichotomie zwischen herrschender und beherrschter Klasse zu einem dynamischen Prozess. Der Konflikt um die Monopolisierung der politischen Macht erzeugt „eine dauernde gegenseitige Durchdringung der Oberschicht und eines Teiles der Unterschicht. Politische Klassen sinken unweigerlich herab, wenn für die Eigenschaften, durch die sie zur Macht kamen, kein Platz mehr ist, wenn sie ihre frühere soziale Bedeutung für die Allgemeinheit verlieren, wenn ihre Vorzüge und Leistungen in einer sozialen Umgebung an Bedeutung verlieren" (Mosca 1950: 65).

Ebenfalls wandelbar, aber ebenso unverzichtbar für den Erhalt der Herrschaftsposition der politischen Klasse ist das, was Mosca die „politische Formel" nennt. Mit diesem Begriff bezeichnet er die jeweils herrschende Legitimationsideologie, die je nach Kulturstand der Gesellschaft eine eher übernatürliche oder eine anscheinend rationale Begründung für die bestehenden Herrschaftsverhältnisse liefert. Empirisch betrachtet weise dabei das Prinzip der Volkssouveränität ebensowenig Übereinstimmung mit der Realität auf wie das Gottesgnadentum des Mittelalters. Beide politische Formeln dürften aber dennoch nicht ausschließlich als Betrug abgetan werden, denn sie seien insofern real, als sie einem zentralen Bedürfnis der Menschen entsprächen, Herrschaftsstrukturen nicht einfach als Ausdruck realer Machtverhältnisse, sondern als Manifestation eines moralischen Prinzips zu interpretieren. Ein solches Prinzip erfülle eine unverzichtbare – durchaus positive – gesellschaftliche Integrationsfunktion (Mosca 1950: 69).

Aufgrund ihrer prägenden Kraft kommt der politischen Klasse somit eine zentrale Bedeutung für das Studium von Gesellschaft und Politik zu. Laut Mosca ist es die wechselnde Zusammensetzung der politischen Klasse, welche „über die politische Struktur und den Kulturstand eines Volkes entscheidet" (Mosca 1950: 54).

4. Historischer und ideengeschichtlicher Kontext

Mit seinen zentralen Thesen stand der gelernte Jurist Gaetano Mosca[5] im Italien des späten 19. bzw. frühen 20. Jahrhunderts nicht allein. Eingebettet in eine umfassende Grundlegung der Soziologie formulierte etwa zur selben Zeit auch Vilfredo Pareto in seinem „Trattato di sociologia generale" (1916) eine Theorie der oligarchischen Elitenherrschaft, die sich vor allem durch die Betonung unterschiedlicher Formen der Elitenzirkulation auszeichnete. Er rekurrierte dabei jedoch weit weniger als Mosca auf Organisation und Kohäsion in der politischen Führung und gab deshalb auch dem Elitenbegriff, nicht dem Klassenbegriff den Vorzug (Rebenstorf 1995: 11-25). Ebenfalls benutzte der deutsche Parteienforscher Robert Michels die theoretischen Überlegungen der beiden, zunächst um die Oligarchisierungstendenzen des deutschen Parteiwesens zu analysieren, später zu einer wenig verhohlenen Legitimation des italienischen Faschis-

---

5 Mosca wurde 1858 in Palermo geboren. Er lehrte an verschiedenen italienischen Universitäten, die meiste Zeit davon in Turin. Er starb 1941 in Rom.

mus (ausführlich dazu Röhrich 1972). Trotz klarer konzeptioneller wie normativer Unterschiede zwischen den drei Pionieren der Eliteforschung werden diese heute häufig unter der Bezeichnung „Italienische Schule des Elitismus", manchmal auch als „klassische Elitentheorie" oder schlicht als die „Neo-Machiavellisten" zusammengefasst.

Tatsächlich war das Denken aller drei Theoretiker (auch Michels lehrte und wirkte lange Zeit in Italien) nicht unbeeinflusst vom kulturellen und politischen Hintergrund des jungen italienischen Parlamentarismus und von dessen spezifischen Repräsentationsproblemen. Die Diskrepanzen zwischen einer von tiefen regionalen, religiösen und ideologischen Konfliktlinien durchzogenen Gesellschaft sowie einem bürokratisch-zentralistischen politischen Regime mit begrenztem Wahlrecht und einem cliquenhaft organisierten, die gesellschaftlichen Cleavages kaum abbildenden Parteiensystem boten besten Anschauungsunterricht für das Wirken einer vom Wählerwillen weitgehend abgehobenen politischen Klasse. Deren Instrumente zur gesellschaftlichen Integration der verspäteten italienischen Nation waren neben dem staatlichen Gewaltmonopol vor allem Patronage und Klientelismus.

Also war die von Mosca häufig thematisierte „gegenwärtige Krise der repräsentativen Regierungsformen und vor allem des parlamentarischen Systems" (etwa Mosca 1950: 213) in Italien in besonders deutlichem Maße zu beobachten. Für Mosca selbst galt dies gleich in doppelter Weise, war er doch neben seiner wissenschaftlichen Beschäftigung mit dem Parlamentarismus seit 1908 als Abgeordneter und ab 1919 als Senator auch aktiv am parlamentarischen Geschehen beteiligt. Anders als Michels – und in weniger eindeutiger Form wohl auch Pareto – (Röhrich 1979: 125-144) gehörte Mosca aber zu keiner Zeit zu den Anhängern bzw. intellektuellen Legitimatoren des italienischen Faschismus. Im Gegenteil: Noch 1925 polemisierte er in einer Parlamentsrede gegen die von den Faschisten geplanten Einschränkungen zentraler liberaler Rechte.

Ideengeschichtlich war Moscas These von der politischen Klasse eine Kampfansage an mindestens drei unterschiedliche Traditionslinien der politischen Theorie[6]: an das Prinzip demokratischer Volkssouveränität nach Rousseau, an den historischen Materialismus der Marxisten, und an einen liberalen Institutionalismus à la Montesquieu. Mosca selbst verstand sein Hauptwerk explizit als eine Widerlegung der modernen demokratischen Lehre von der Volkssouveränität, wie er sie von Jean-Jacques Rousseau formuliert fand (Mosca 1950: 55). Über die eigentliche Rousseausche Lehre hinaus richtet er seine Kritik aber gegen jegliche liberale und demokratische Fortschrittsgläubigkeit, insbesondere gegen die sich im 19. Jahrhundert im Vormarsch befindlichen Kampagnen für ein allgemeines Wahlrecht und die sozialistische Bewegung. Mit seiner These von der Notwendigkeit der Minderheitenherrschaft bricht Mosca radikal mit der sich zunehmend ausbreitenden ‚demokratischen Illusion', eine Gesellschaft könne gewissermaßen herrschaftsfrei von gleichberechtigten und politisch aktiven Bürgern regiert werden. Die Umsetzung dieser Vorstellungen in einem repräsentativen parlamentarischen System sieht er notwendigerweise zum Scheitern verurteilt. Mosca „entlarvt" – hier ganz im Einklang mit dem Marxismus – die liberale Demokratie als eine die oligarchische Herrschaft des aufstrebenden Wirtschaftsbürgertums verhüllende Ideologie.

---

6 Daneben wandte er sich ebenfalls sehr deutlich gegen die in Europa immer populärer werdende Rassenlehre und setzte sich kritisch mit den Theorien Comtes und Spencers auseinander.

Aber auch die marxistische Ausweitung des Gleichheitspostulats von der politischen auf die soziale Ebene und die daran anknüpfenden Vorstellungen von einer klassenlosen Gesellschaft kann für Mosca den Grundwiderspruch zwischen dem Prinzip der Volkssouveränität und der Tendenz zur Minderheitenherrschaft nicht lösen. Auch in einem kollektivistischen System auf Grundlage demokratischer Wahlen würden die gewählten Verwalter des gesamtgesellschaftlichen Reichtums eine oligarchische Herrschaft ausüben (Mosca 1950: 235). In Vorwegnahme der Pathologien der Nomenklatura in den sozialistischen Staaten Osteuropas argumentiert er, dass natürliche Egoismen und Organisationsfähigkeit zu sozialen Schließungsmechanismen und zur Bildung einer politischen Klasse führten. Im Unterschied zum liberalen Parlamentarismus erschwerte hier jedoch der Rekurs auf die absolute Souveränität des Volkswillens die Legitimation gesellschaftlicher Gegenkräfte und damit die Entstehung von politischer Kontrolle und Opposition (Mosca 1950: 235-237). Dieser Mangel an Pluralismus sei nicht nur fortschrittshemmend, sondern stellte auch einen besonderen Typ des Despotismus dar (Mosca 1950: 118). Der Fortschrittslehre des historischen Materialismus hält Mosca vor allem ihr überoptimistisches Menschenbild und ihren ökonomischen Determinismus vor. Tatsächlich beruhe die menschliche Entwicklung auf einer komplexen Wechselwirkung verschiedenster, ideeller wie materieller, Faktoren.

Diese Komplexität ist es auch, die ihn das formalistische Denken des klassischen Institutionalismus eines Aristoteles und Montesquieu verwerfen lässt. Eine Regierungstypenlehre, deren zentrales Kriterium die Zahl der Herrscher ist, wie bei Aristoteles, macht aus Moscas Perspektive wenig Sinn. Denn blicke man über den formalen Staatsaufbau hinaus, dann gründe weder die Monarchie auf der Herrschaft eines einzelnen noch herrsche in der Demokratie das ganze Volk – immer sei es eine kleine Minderheit, welche die entscheidenden Positionen in der Hand halte. Auch die auf zusätzlichen institutionellen Merkmalen (Erblichkeit vs. Wahl, absolute vs. konstitutionell beschränkte Souveränität) basierende Verfeinerung der Regierungsformenlehre durch Montesquieu ändere nichts daran, dass eine solche Klassifikation die zentralen Unterschiede und Gemeinsamkeiten verschiedener politischer Regime nicht adäquat abbilden könne. So hätten die absoluten Monarchien Russlands und der Türkei nur wenig gemeinsam; die konstitutionelle Monarchie Italiens stünde hingegen der französischen Republik weit näher als ihrem britischen Pendant (Mosca 1950: 54 f., 276).

Für Mosca sind es jedenfalls Struktur und Funktion der politischen Klasse, welche den Entwicklungsstand und die politische Kultur einer Gesellschaft bestimmen. Er hält dem klassischen Institutionalismus deshalb eine stärker akteurszentrierte Perspektive entgegen und plädiert damit für nichts weniger als eine historisch und empirisch orientierte politische Soziologie.

5. „Politische Klasse" als Kernkonzept einer „neuen politischen Wissenschaft"

Die Entdeckung der politischen Klasse ist für Mosca weit mehr als nur eine aus einem umfassenderen sozialwissenschaftlichen Theoriegebäude abgeleitete These. Wie in der deutschen Ausgabe im Untertitel deutlich wird, steht diese Entdeckung für Mosca nämlich am Anfang einer umfassenden Grundlegung der politischen Wissenschaft. Tatsächlich gilt Mosca heute nicht nur als Klassiker der italienischen Elitetheorie, sondern auch als Gründer der italienischen Politikwissenschaft (Finocchiaro 1998: 2), einigen sogar als Pionier der modernen Politikwissenschaft überhaupt (Femia 1993). Im Gegensatz zu Niccolò Machiavelli als seinem Hauptkonkurrenten um diese beiden Titel, in dessen Tradition er fälschlicherweise vielfach gesehen wird, ist Moscas wissenschaftliches Interesse nicht auf die politische Praxis, sondern auf theoretische Einsicht gerichtet. Nicht auf die Anleitung zum politischen Erfolg, sondern auf die Erkenntnis allgemeiner Regeln gesellschaftlichen Lebens zielt sein aristotelisch geprägtes Wissenschaftsverständnis (Mosca 1950: 13).

Die klassisch aristotelische Wissenschaft von der Politik sieht Mosca jedoch in seiner Zeit in verschiedenste politische „Sonderwissenschaften" ausdifferenziert, die zusammengenommen „eine gute Hälfte allen menschlichen Denkens" (Mosca 1950: 14) umfassen. Dazu zählt er neben dem Staatsrecht, der Geschichte, der Philosophie und der Theologie auch zwei jüngere Disziplinen. Mit der Soziologie sei eine Disziplin entstanden, die versuche die verschiedensten politischen und gesellschaftlichen Wissenschaften wieder zusammenzufügen; allerdings sei sie noch sehr unscharf definiert. Anders die Volkswirtschaftslehre: Sie hält er für die exakteste unter den politischen Wissenschaften. Kehrseite solcher Exaktheit ist für ihn jedoch die – häufig übersehene – begrenzte Reichweite ihrer Ergebnisse. In einer Kritik, die allen ökonomischen Theorien der Politik bis zu modernen Rational Choice-Ansätzen gelten könnte, wendet Mosca sich gegen deren Anspruch, soziale und politische Erscheinungen ausschließlich aus wirtschaftlichen Entwicklungen ableiten zu wollen.

Mosca selbst geht es in seinem Werk um die politische Wissenschaft im *engeren* Sinne, deren besondere Aufgabe es sei, „die in der Entwicklung politischer Herrschaftsformen wirksamen Tendenzen" zu erforschen (Mosca 1950: 14). Wie jede andere Wissenschaft bedürfe diese dafür neben der Beobachtung und der Erfahrung auch einer eigenen Methode und eines festen Bestandes allgemein anerkannter Wahrheiten. Genau diese letzteren Voraussetzungen fehlten der Politischen Wissenschaft aber noch, um tatsächlich in ihr wirklich wissenschaftliches Stadium einzutreten.

In seinen *Elementi* plädiert Mosca sodann für die historische Methode als einziger der politischen Wissenschaft angemessenen Methode. Nach seiner Auffassung lassen sich die gegenwärtigen sozialen und politischen Entwicklungen nur durch eine genaue und – vor allem – breite Kenntnis der Geschichte, „... und zwar nicht einer einzigen Periode oder eines einzigen Volkes, sondern womöglich der ganzen Menschheit" (Mosca 1950: 50), verstehen. Es geht ihm dabei weniger um historische Einzelheiten als vielmehr um die Kenntnis der Gesellschaftsordnungen möglichst unterschiedlicher politischer Systeme. Ohne dies explizit herauszuarbeiten und ohne auf die systematische Grundlegung der vergleichenden Methode durch John Stuart Mill zu verweisen,[7] ist damit auch bei Mosca der Vergleich das zentrale methodische Instrument der Erkenntnis und der Theoriebildung.

Seine These von der politischen Klasse basiert nun auf der Beobachtung einer vermeintlich offensichtlichen Gemeinsamkeit aller bisherigen politischen Systeme der Weltgeschichte: des Prinzips der Minderheitenherrschaft. Damit präsentiert er seine

---

7 Wie er selbst schreibt, hat Mosca Mill durchaus mit Gewinn rezipiert (Mosca 1884, zitiert nach Meisel 1962: 35, 37). Ob er dabei auch Mills „A System of Logic" zur Kenntnis genommen hat, ist nicht überliefert.

Theorie als Ergebnis eines diachronen Vergleichs. Gleichzeitig erklärt er die unterschiedliche und sich wandelnde Zusammensetzung der politischen Klasse zur zentralen Erklärungsvariablen für die unterschiedliche Struktur und Performanz aktueller Herrschaftssysteme. Sie wird somit auch zur zentralen analytischen Kategorie einer dem synchronen Vergleich verpflichteten Politikwissenschaft. Damit hat es Mosca seiner neuen politikwissenschaftlichen Lehre zur Aufgabe gemacht, die bisherige „black box" des Institutionalismus zu untersuchen, nämlich „die Ausleseprinzipien der herrschenden Klasse" (Mosca 1950: 354). Seine breite historische Bildung erlaubte es ihm, dies mit unzähligen Beispielen und Verweisen aus den unterschiedlichsten Epochen zu unternehmen. Schwerer tat er sich offensichtlich mit der systematischen Begriffsbildung.

Eine grundlegende Schwierigkeit bei der Interpretation des Werkes Moscas ist der teilweise synonyme, teilweise aber differenzierte Gebrauch zentraler Termini im Verlauf seines Schaffens. „Herrschende Klasse" und „Politische Klasse" sowie die erst in späteren Werken auftauchende „Zwischenschicht" oder „mittlere Schicht" stehen dabei nicht immer in derselben Beziehung zueinander. So werden die ersten beiden zunächst weitgehend synonym verwendet, inhaltlich jedoch – wie bereits Gramsci kritisch anmerkte – wechselweise ökonomisch, nach Bildungsgrad oder auch nach politischer Position bestimmt (Rebenstorf 1995: 13). Mit der Einführung der Zwischenschicht scheint dann auch eine Differenzierung zwischen politischer und herrschender Klasse einher zu gehen: Die politische Klasse teilt sich demnach in eine oberste Schicht, oder auch herrschende Klasse, deren Mitglieder die führenden politischen Funktionen innehaben, und in eine zweite Schicht all jener, die grundsätzlich zur Rekrutierung in die Führungspositionen zur Verfügung stehen (Mosca 1950: 329).[8]

In der letzten Ausgabe seines Hauptwerkes ist es vor allem die „Zwischenschicht" oder „mittlere Schicht", welche über das Schicksal politischer Ordnungen entscheidet. Weit zahlreicher als die Gruppe der politischen Führer und in ihrer Zusammensetzung weniger zufällig bzw. durch institutionelle Restriktionen des Rekrutierungsprozesses bestimmt, ist es diese mittlere Schicht, welche die soziokulturelle Prägekraft der politischen Klasse ausmacht. Ihr geistiges und moralisches Niveau bestimmt sowohl das Niveau der Führungsschicht als auch das der Regierten (Mosca 1950: 329, 348-350). Das Zusammenfallen von ökonomischen Ressourcen und gesellschaftlicher Präsenz mit intellektuellen und moralischen Qualitäten verleiht dieser Schicht eine Art „kulturelle Hegemonie" über die gesamte Gesellschaft.[9]

Der Aufbau eines Staates kann nach Mosca zwei grundsätzlich gegensätzlichen Strukturprinzipien folgen. Nach dem autokratischen Prinzip erhalten die politischen Funktionsträger ihre Macht von oben, nämlich von einem obersten Herrn, „der selbst seine unmittelbaren Mitarbeiter bestimmt", während das liberale Prinzip eine Delegation der Macht von unten nach oben vorsieht, also von den Regierten zu den Regie-

---

8 Entgegen des übersichtlichen, klare Systematik suggerierenden Schaubildes bei Rebenstorf (1995: 23) wird diese begriffliche Differenzierung, zumindest in der deutschen Übersetzung, jedoch nicht konsequent durchgehalten.

9 Angesichts der unlängst sehr plausibel vertretenen These, wonach Gramscis politische Theorie zu großen Teilen als konstruktive Kritik und kritische Weiterentwicklung der Theorien Moscas zu verstehen sei (Finocchiaro 1999), erscheint die Verwendung von Gramcis Begriff an dieser Stelle durchaus nicht unangebracht.

renden. Durch entsprechende institutionelle Arrangements können beide Prinzipien allerdings auch kombiniert werden, etwa bei der US-Präsidentschaft (Mosca 1950: 321).

Eine politische Ordnung ist jedoch niemals statisch. Ob autokratisch oder liberal strukturiert – in der Regel sind darin immer zwei gegensätzliche Tendenzen wirksam: die demokratische und die aristokratische. Erstere definiert Mosca als die „Tendenz zur Erneuerung der herrschenden Klasse durch den Aufstieg von Personen aus der beherrschten Klasse in die herrschende, um die alte herrschende Klasse zu stürzen oder mit ihr zu verschmelzen", während letztere durch ihren Widerstand gegenüber jeglicher Öffnung der politischen Klasse bestimmt ist (Mosca 1950: 322). Trotz der grundsätzlichen Tendenz der politischen Klasse zur sozialen Schließung sieht Mosca daher in der Regel einen Austauschprozess zwischen Unter- und Oberschicht. Während dieser sich zumeist langsam und schrittweise vollziehe, begünstige sozialer, ökonomischer oder kultureller Wandel einen stärkeren personellen Austausch der politischen Klasse. Umgekehrt wirke eine abgeschlossene, unbewegliche politische Klasse eher fortschrittshemmend. Werden sozial aufstrebende Schichten gar „künstlich" aus dieser ferngehalten, so sei dies häufig Ursache von Revolutionen. Nach Mosca sind beide Tendenzen in ihrer Reinform sowohl der Stabilität der politischen Ordnung als auch dem langfristigen gesellschaftlichen Fortschritt abträglich. Seine persönliche Präferenz liegt daher bei einem möglichst stabilen Gleichgewicht, bzw. einer intakten Konkurrenz, zwischen den beiden widerstreitenden Prinzipien und Tendenzen (Mosca 1950: 347).

Unabhängig von seiner normativen Bewertung stellt Mosca mit seiner Diskussion der Grundprinzipien und Grundtendenzen politischer Ordnung dem formalen Klassifikationsschema des alten Institutionalismus eine zweidimensionale Taxonomie gegenüber. Die erste Dimension – bestimmt durch ihre beiden Endpunkte autokratisches bzw. liberales Prinzip – bildet die politische Verfasstheit einer Gesellschaft hinsichtlich der institutionellen und legitimatorischen Basis der Führungsauslese ab. Mosca bleibt hier zwar noch weitgehend einem eher statischen verfassungs- und staatstheoretischen Denken verpflichtet, rückt jedoch statt numerischer und rein formaler Aspekte eine differenzierte Betrachtung der vorherrschenden Selektionsprinzipien und -mechanismen der politischen Klasse in den Mittelpunkt. Die zweite Dimension ist dagegen dynamisch angelegt und stark soziologisch bestimmt. Kriterium für die Einordnung zwischen den Polen demokratischer bzw. aristokratischer Tendenz sind die konkreten sozialen Reproduktionsbedingungen der politischen Klasse. Eingang findet hier also die relative Stärke sozialer Gruppen und Bewegungen, insbesondere das Verhältnis zwischen der herrschender Klasse im engeren Sinne, der mittleren Klasse und den nach Zugang in eine dieser beiden Schichten strebenden Gruppen.

6. Rolle und Funktion der politischen Klasse in der repräsentativen liberalen Demokratie

Eine solche Taxonomie lässt sich auf die unterschiedlichsten politischen Systeme anwenden. In der Tat findet Mosca vielfältige Beispiele unterschiedlicher Kombinationen der beiden Prinzipien und Tendenzen in historischen wie zeitgenössischen Gesellschaften (Mosca 1950: 321-347). Seine besondere Aufmerksamkeit widmete Mosca aber der Analyse der repräsentativen liberalen Demokratie – implizit, und häufig auch explizit, am Beispiel des italienischen Parlamentarismus. Für unsere Frage nach Moscas Beitrag zu einer Konzeptionalisierung der politischen Klasse in ihrem Spannungsverhältnis zur modernen Demokratie sind diese Passagen besonders aufschlussreich. Nach einer kurzen Wiedergabe der sich wandelnden Position Moscas gegenüber der repräsentativen Demokratie insgesamt soll im Folgenden daher nach Struktur und Funktion der politischen Klasse in diesem System gefragt werden. Dabei werden vor allem Moscas Einsichten in den spezifischen Klassencharakter des politischen Führungspersonals des (italienischen) Parlamentarismus herausgearbeitet.

Das „moderne Repräsentativsystem", wie es sich Mosca darstellt, kann in seiner eigenen Terminologie grundsätzlich als liberale Ordnung verstanden werden, deren politische Klasse von starken aristokratischen Beharrungskräften geprägt ist, gleichzeitig aber auch von erstarkenden demokratischen Tendenzen herausgefordert wird. Kennzeichnend für dieses System ist überdies eine inhärente Lebenslüge: Entgegen dem demokratischen Anspruch von Volkssouveränität und Mehrheitsherrschaft herrsche nämlich in der repräsentativen Demokratie – wie in jeder anderen Ordnung auch – eine organisierte Minderheit über die breite Mehrheit. Moscas ursprüngliche Abneigung gegen diese Ordnung resultierte nun keineswegs aus einer demokratisch motivierten prinzipiellen Ablehnung der Minderheitenherrschaft, sondern vielmehr aus den negativen Konsequenzen, welche die Negierung und ideologische Verklärung dieses unvermeidlichen Tatbestandes mit sich bringe: nämlich der Ausdehnung der Verfügungsgewalt der politischen Klasse über den Staat sowie des zunehmenden Einflusses partikularer Interessen (einschließlich der eigenen, der politischen Klasse) auf deren politisches Handeln.

Moscas Einstellung zur liberalen repräsentativen Demokratie hat sich im Zeitverlauf deutlich verändert. Wie er selbst schreibt, ist seine ursprünglich stark ablehnend geprägte Position (etwa in der *Teorica dei Governi*) immer mehr einer nachsichtigeren und pragmatischeren Haltung gewichen (Mosca 1950: 317). Prinzipiell sieht er in der repräsentativen Demokratie seine eigene, recht eingeschränkte Vorstellung von pluralistischer Interessenvertretung[10] und Rechtssicherheit weit besser gewährleistet als in den drei vorstellbaren Alternativen, nämlich der Rückkehr zum autoritären Staat, der Diktatur des Proletariats und des Syndikalismus, die er an anderer Stelle diskutiert (Mosca 1950: Kapitel XVII; Mosca 1928). Der Grund: „Das Repräsentativsystem gestattet unleugbar vielfältigen sozialen Kräften die Teilnahme an der Regierung und beschränkt dadurch die Macht der Bürokratie" (Mosca 1950: 216 f.).

Auch Moscas Charakterisierung der politischen Klasse innerhalb dieses Repräsentativsystems ist keineswegs einheitlich und kohärent. Bei genauer Lektüre seines *opus magnum* lassen sich aber dennoch große Übereinstimmungen mit aktuellen Konzeptionalisierungen feststellen, insbesondere was den – in den elitetheoretischen Ansätzen häufig übersehenen – Klassencharakter des politischen Personals und die daraus möglicherweise erwachsenden Pathologien angeht. Für Mosca sind nämlich auch die aus allgemeiner Volkswahl hervorgegangen politischen Repräsentanten Ergebnis eines sozialen Schließungsprozesses. Diese soziale Schließung hat sowohl eine strukturelle als auch eine organisatorische Dimension. Was den strukturellen Aspekt angeht, macht Mosca

---

10 Moscas normatives Credo, „daß es bei jedem politischen Regime nur darauf ankommt, daß alle wertvollen sozialen Elemente daran teilnehmen, dass alles, was angesehen und einflußreich ist, zur Geltung kommt" (Mosca 1950: 216), ist dabei gleich weit entfernt von egalitär-demokratischen Vorstellungen und von der Gleichschaltungsidee des italienischen Faschismus.

an vielen Stellen deutlich, dass eine höhere soziale Stellung und die damit verbundenen Ressourcen, etwa Bildung, eine politische Kandidatur und deren Erfolg erleichtern (etwa Mosca 1950: 217). Seine sozialstrukturelle Bestimmung der politischen Klasse bleibt zwar insgesamt recht vage; doch immerhin stellt er fest, dass „heute fast alle gewählten Vertreter wie Abgeordnete, Provinzial- und Departmentsräte, Bürgermeister und Stadtverordnete der Großstädte aus der besitzenden und gebildeten Schicht" kommen (Mosca 1950: 233).[11] Diese mehr als unvollkommene deskriptive Repräsentation ist für Mosca jedoch kein großes Problem, solange derlei nicht zur vollständigen Intransigenz und Immobilität der politischen Führung führt (Mosca 1950: 218). Die für die Regierungstätigkeit notwendigen Qualifikationen sieht er ohnehin eher in der oberen Hälfte der gesellschaftlichen Pyramide angesiedelt.

Der Klassencharakter der politischen Klasse wird für Mosca aber nicht durch ihre einseitige soziale Zusammensetzung bestimmt. Im Gegenteil: Mosca konstatiert explizit, dass diese sozial und kulturell bestimmte „gute Gesellschaft", aus der sich das politische Personal im Wesentlichen rekrutiert, *„als Klasse* keine politische Existenz hat" (Mosca 1950: 223; Hervorhebung im Original). Zur Klasse werden die aktiv am politischen Regime Beteiligten erst durch ihre Befähigung zur Organisation. Wenngleich nicht systematisch entwickelt, finden sich in Moscas Werk somit schon alle zentralen Elemente des modernen Begriffs der politischen Klasse: ein individuelles wie kollektives Interesse an der Selbstreproduktion und der Erhaltung bzw. Ausweitung der eigenen Verfügungsgewalt in immer weitere staatliche und gesellschaftliche Bereiche; eine gemeinsame politische Sozialisation mitsamt der Entwicklung eines kollektiven Bewusstseins; und schließlich die Fähigkeit, gemeinsame Interessen auch zu erkennen und erfolgreich in politisches Handeln zu übertragen.

Während Mosca diese Charakteristika nicht explizit an die Professionalisierung der Politik knüpft, was eine politische Klasse mit diesen Eigenschaften für prinzipiell in allen historischen Epochen möglich erklärte, macht er doch deutlich, dass paradoxerweise gerade Demokratisierung und Parlamentarisierung, zumindest in ihrer italienischen Variante, besonders günstige Bedingungen für eine starke Abkopplung einer solchen politischen Klasse von der Masse der Bevölkerung schaffen. Etwa spricht Mosca von einem generellen „Bestreben der Herrschenden nach Monopolisierung und Vererbung der politischen Macht" (Mosca 1950: 64-65). Diesem kollektiven Selbsterhaltungs- und Reproduktionsinteresse der politischen Klasse habe auch die repräsentative Demokratie nur wenig entgegenzusetzen. Auch unter den Bedingungen des allgemeinen Wahlrechts bleibe nämlich folgende Zulassungsbedingung zur politischen Klasse von zentraler Bedeutung: „die Zustimmung jener, die bereits zur herrschenden Gruppe gehören" (Mosca 1950: 327). Über solche Dominanz bei der Besetzung der Parteilisten behält die politische Klasse somit die Kontrolle über die Kandidatenauswahl und schafft so ein effektives System der Selbstrekrutierung. Insgesamt kommt Mosca zum Ergebnis: „Es trifft nicht zu, daß die Wähler ihre Vertreter ‚auswählen'; in Wahrheit läßt sich der Vertreter von den Wählern auswählen" (Mosca 1950: 134).

---

11 In einer strukturelle und organisatorische Aspekte kombinierenden Definition sieht er die politische Klasse durch folgende Merkmale bestimmt: „Meistens beruhen sie auf Zugehörigkeit zur selben Steuerklasse oder auf gemeinsamen materiellen Interessen, auf Bindungen der Familie, der Klasse, der Religion, der Sekte oder der politischen Partei" (Mosca 1950: 135).

Und auch der in der repräsentativen Demokratie verbleibende Wettbewerbscharakter schafft nicht programmatische Vielfalt und fördert auch nicht eine eigenverantwortliche Gemeinwohlorientierung der Volksvertreter. Im Gegenteil: „Wenn alle einmal das Wahlrecht besitzen, dann löst sich unvermeidlicherweise aus der Bourgeoisie selbst eine Gruppe heraus, die in ihrem Streben nach den besten Positionen die Unterstützung der Menge zu gewinnen trachtet" (Mosca 1950: 319). Eine solche durch das (Wieder-)Wahlinteresse bestimmte Konkurrenz um die „Stimmen der zahlreichsten, d. h. der ärmsten und ungebildetsten Schicht" (Mosca 1950: 339) lässt die politische Klasse dann unweigerlich auf *deren* Niveau zurückfallen: Sie muss fortan deren Ressentiments, Neidgefühle und materiellen Interessen befriedigen (Mosca 1950: 334). Mit der Notwendigkeit bzw. Möglichkeit einer (zumindest rhetorischen) Rückbindung des politischen Handelns an einen über Wahlen vermittelten ‚Volkswillen' sieht Mosca die Volksvertreter von ihrer individuellen Verantwortung für das Allgemeinwohl entbunden: Das „Pflichtgefühl" der Politiker werde „durch ihren Ehrgeiz und Eigenliebe aufgewogen" (Mosca 1950: 217). Die Folge sind klientelistische Strukturen, basierend auf partikularen Begünstigungen und Versprechungen, sowie ein Rekrutierungsprozess, der im wesentlichen den Prinzipien einer „negativen Auslese" entspricht: „Wer die Stimmen der Wähler nicht kaufen will oder kann, wer seine Würde nicht seinem Ehrgeiz opfern will und nicht bereit ist, unerfüllbare oder nur zum Schaden des Ganzen erfüllbare Versprechungen zu machen, gelangt nicht zum Ziele" (Mosca 1950: 223).

Begünstigte dieses Systems sind aber nicht nur einzelne Wählergruppen,[12] sondern auch die Mitglieder der politischen Klasse selbst. Diese nutzten es nicht nur zur reinen Selbsterhaltung, sondern darüber hinaus auch zur Befriedigung politischer Aufstiegs- und materieller Eigeninteressen: „Alle Lügen, alle Niedrigkeiten, alle Gewalttaten und Unterschleife dienen heute nicht nur dem Stimmenfang, sondern auch der Karrieremacherei und oft der Beutelschneiderei" (Mosca 1950: 236).

Politiker entwickeln solche Interessen jedoch nicht isoliert voneinander. Vielmehr sieht Mosca das politische Tagesgeschäft als einen Sozialisationsprozess, in dem gemeinsam Machttechniken erlernt werden und ein kollektives Bewusstsein entsteht: „die Angehörigen der politischen Klasse entwickeln langsam einen neuen exklusiven Korpsgeist. Sie lernen die Kunst, sich das Monopol der Qualitäten und Haltungen zu sichern, deren man zum Herrschen bedarf" (Mosca 1950: 67). Leider hat Mosca seine Überlegungen zur inneren Kohärenz der politischen Klasse aber an keiner Stelle systematisiert.[13] Er konnte darum auch nicht erklären, wie denn nun genau diese „Einheit von Sein, Denken und Tun" (Meisel 1962: 22) zustande kommt. Die konkreten Mechanismen der Bildung einer politischen Klasse im institutionellen Kontext von Parteien, Parlamenten und Bürokratie bleiben bei ihm also eher unterbelichtet. Umso deutlicher sieht Mosca hingegen die *Ergebnisse* des Handelns einer sich ihrer eigenen Interessen bewussten politischen Klasse.

---

12 Der zahlenmäßige Umfang dieser Gruppe scheint dabei auch nach Einführung des allgemeinen Wahlrechts nicht das einzig relevante Kriterium zu sein, denn laut Mosca „genügt oft irgendein Wunsch eines wichtigen Wählers, um alle Erwägungen des Anstands und der Gesetzlichkeit beiseite zu schieben" (Mosca 1950: 217).

13 In einer berühmt gewordenen Weiterentwicklung der Mosca'schen Überlegungen hat der Mosca-Interpret James H. Meisel die Eigenschaften der politischen Klasse auf eine so genannte C-Formel gebracht: consciousness, coherence, conspiracy (Meisel 1962).

Neben der bereits angesprochenen erfolgreichen Monopolisierung des Rekrutierungsprozesses – und damit einer erfolgreichen individuellen wie kollektiven Selbstreproduktion – nutzt die politische Klasse ihre Position auch zum Ausbau ihrer kollektiven Verfügungsgewalt über Staat und Gesellschaft. Auch die Durchsetzung dieses Interesses sieht Mosca begünstigt von den institutionellen Gegebenheiten der repräsentativen parlamentarischen Demokratie. Die vollständige Rückführung jeglicher politischen Autorität auf das Prinzip der demokratischen Volkswahl habe ein gewaltenverschränktes politisches System mit großer politischer Abhängigkeit und erheblicher personeller Durchlässigkeit zwischen Parlament, Regierung, Bürokratie und teilweise auch der Justiz geschaffen. Dies wiederum begünstige die Entstehung von Partei- und Institutionsgrenzen überschreitenden Eigeninteressen und verhinderte eine wirksame wechselseitige Kontrolle (Mosca 1950: 217, 220-221). Mangelnde institutionelle Restriktionen und falsche Anreizstrukturen erlaubten es der politischen Klasse damit, öffentliche Institutionen nach ihren eigenen Interessen zu formen. So „verwandeln sich Verwaltung und Gerichtswesen in Wahlagenturen, die die Staatsgelder verschwenden und den moralischen Sinn unterhöhlen" (Mosca 1950: 217), und Parlamentariern gelingt es, „die Einkommensquellen und die Funktionen des Staates zu erweitern" (Mosca 1950: 221). Mit dem Ausbau der Staatstätigkeit und der Staatsquote aber gehen weitere Patronage- und Korruptionsmöglichkeiten einher.[14] Auch für den reifen Mosca ist die repräsentative Demokratie also keinesfalls eine ideale politische Ordnung. Wie sein wohl berühmtester Interpret, James H. Meisel, formulierte, habe sich in Moscas Einstellung zur Demokratie ein Wandel „vom Abscheu bis zur Duldung" (Meisel 1962: 25) vollzogen. Demokratie sei zwar grundsätzlich ihren Alternativen vorzuziehen, doch hängt ihre Performanz letztlich von institutionellen und sozialstrukturellen Variablen und nicht zuletzt auch von den Einstellungen und Werthaltungen der politischen Klasse ab.

Moscas Vorschläge zur institutionellen Reform zielen gleichermaßen auf eine Schwächung demokratischer Prinzipien wie auf eine grundsätzliche Schwächung der Position der politischen Klasse. Da er weder dem Mehrheitswillen der Wahlbevölkerung noch der Gemeinwohlorientierung der politischen Klasse vertraut, setzt er seine Hoffnungen auf jene zweite Schicht der herrschenden Klasse, die nicht direkt mit Parlamentarismus und Bürokratie verbunden ist. Neben einer Stärkung der Unabhängigkeit des Gerichtswesens fordert Mosca eine „organische Dezentralisierung" des gesamten Staatswesens, was nicht so sehr einer Föderalisierung als vielmehr der Errichtung einer Art ständischer Zivilgesellschaft entspricht. Eine neue Kategorie öffentlicher Ämter in Form unentgeltlicher, per Los oder Ernennung zu besetzender Teilzeitpositionen wäre zu schaffen, mittels welcher eine „gebildete, wohlhabende, unabhängige und sozial angesehene Schicht" (Mosca 1950: 221) große Teile der öffentlichen Aufgaben von den gewählten Vertretern und der politischen Klasse im engeren Sinn übernehmen könnte. Auch von der Einschränkung des Wahlrechts auf genau dieses gesellschaftliche Segment verspricht sich Mosca eine verantwortungsvollere Politik: „Dies besonders,

---

14 So konstatiert Mosca: „Einer der wichtigsten Gründe für den Niedergang des parlamentarischen Systems ist die gewaltige Zahl von Stellen, staatlichen Aufträgen und anderen wirtschaftlichen Begünstigungen, welche die regierende Klasse an einzelne oder an Gruppen zu vergeben hat. Diese Nachteile dieses Systems wachsen mit dem steigenden Anteil der Regierung und gewählter örtlicher Körperschaften am Volksreichtum" (Mosca 1950:125, vgl. auch 217).

wenn diese Schicht so zahlreich ist, daß die Mehrzahl der Wähler nicht selbst gewählt werden kann, so daß die Wähler Richter und nicht Rivalen der Gewählten sind; aber auch wiederum so begrenzt, daß die Kandidaten nicht auf die Denkweise und die Gefühle der ungebildetsten Schicht Rücksicht nehmen müssen" (Mosca 1950: 335).

Neben einer unverhohlen elitären Grundhaltung machen diese Passagen einmal mehr deutlich, dass für Mosca verantwortliches Handeln im Sinne des Allgemeinwohls immer „interesseloses" Handeln ist. Es ist gekoppelt an Bildung, sozialen Stand und ökonomische Unabhängigkeit. Sowohl die Karriereinteressen der politischen Klasse als auch die materiellen Umverteilungsinteressen der unteren Schichten stehen einer solchen Politik entgegen. Institutionelle Vorkehrungen allein können also die positive Performanz einer politischen Ordnung nicht garantieren. Wesentliche sozialstrukturelle Bedingung ist für Mosca vielmehr die Existenz eines ausreichend großen, gebildeten und materiell gesicherten Bürgertums (Mosca 1950: 328, 395) als Rekrutierungsbecken und Kontrollgruppe für eine solche „interesselose" politische Klasse. Darüberhinaus lässt Mosca aber auch stark voluntaristische Züge erkennen, denn letztlich hängt für ihn die Qualität einer liberalen Demokratie maßgeblich vom Selbstverständnis der herrschenden Klasse ab. Diese müsse lernen, „über ihre unmittelbaren Interessen hinauszublicken", und sich stattdessen begreifen „als herrschende Klasse, mit den ihr eigenen Rechten und Pflichten" (Mosca 1950: 394).

Mit diesem idealistischen Schlussappell verrät Mosca einmal mehr ein altliberales Politik- und Demokratieverständnis. Die Vorstellung, Bildung und Wohlstand erlaube grundsätzlich ein ‚interesseloses' Handeln, sowie der wohlmeinende Appell an die geistige und moralische Integrität der politischen Führer stehen dabei in seltsamem Gegensatz zu Moscas empirischen Beobachtungen. Wurden die Pathologien der politischen Klasse des frühparlamentarischen Italiens in weiten Teilen seines Werkes als Folgen tiefgreifenden sozialen und institutionellen Wandels beschrieben, so erscheinen sie aus dieser anderen Perspektive nun erneut als individuelles Versagen. Bei aller Einsicht in die konkret wirksamen Mechanismen organisatorischer Abkoppelung scheint Mosca also der Blick dafür verstellt geblieben zu sein, dass mit dem Übergang zu einer auf allgemeinem Wahlrecht basierenden repräsentativen Demokratie auch der Weg zur Karrierisierung und Professionalisierung der Politik unumkehrbar beschritten war.

7. Moscas „politische Klasse" als modernes Konzept der Politikwissenschaft

Wie jede andere sozialwissenschaftliche Analyse ist auch Moscas Entdeckung der politischen Klasse zeit- und kontextgebunden. So stellt sich am Schluss die Frage, welche seiner hier dargestellten Erkenntnisse für die aktuelle Diskussion noch Relevanz besitzen mögen, welche anderen sich überlebt haben.

Eine für seine Zeit herausragende Leistung war ohne Zweifel Moscas Überwindung sowohl rein formaler Staatslehren als auch rein normativer politischer Theorien zugunsten einer stärker historisch-soziologisch orientierten politischen Wissenschaft, der es weniger um die Darstellung institutioneller Herrschaftsstrukturen als vielmehr um eine Analyse der Herrschenden geht. Zwar blieb seine empirische Analyse letztlich wenig systematisch, während sein theoretischer Ansatz von eigenen normativen Positionen und einem voluntaristisch geprägten Akteursbegriff durchsetzt ist. Mit der Betonung institutioneller Bedingungsfaktoren für die spezifische Ausprägung der politischen Klasse im italienischen Frühparlamentarismus bei gleichzeitiger Beschreibung ihrer (negativen) Rückwirkung auf die institutionelle Ordnung kommt Mosca jedoch einem neoinstitutionalistischen Verständnis sehr nahe, wie es die moderne Konzeptionalisierung der politischen Klasse als eines kollektiven Akteurs kennzeichnet (Borchert 1999).

Moscas zentrale These der Existenz einer herrschenden Klasse im politischen Steuerungszentrum einer Gesellschaft muss dagegen angesichts gesellschaftlicher Differenzierungsprozesse und der damit verbundenen Ausdifferenzierung unterschiedlichster Funktionseliten revidiert bzw. modifiziert werden. Die Vorstellung einer mit zentralen Macht- und Herrschaftsfunktionen ausgestatteten Steuerungselite ist sicherlich anachronistisch. Dies gilt jedoch nicht für Moscas Einsicht in den Klassencharakter des politischen Personals. Ein besonders moderner Aspekt dieser Theorie ist Moscas Feststellung, dass sich dieser Klassencharakter nicht so sehr in sozialstrukturellen Merkmalen als vielmehr in einer gemeinsamen politischen Sozialisation, in gemeinsamen Interessen sowie in der Fähigkeit zur Organisation manifestiert. Die große Anzahl sogenannter „social-background Analysen", die in der Regel nicht über den Befund einer stark verzerrten deskriptiven Repräsentation hinauskommen, sind Beleg dafür, dass diese Einsicht lange Zeit nicht zum Allgemeingut elitetheoretischer Forschungsansätze gehörte. Demgegenüber wenden sich aktuelle Ansätze zur Konzeptionalisierung der politischen Klasse wieder bewusst von einer solchen sozialstrukturellen Charakterisierung der politischen Klasse ab und einer stärker handlungstheoretischen Bestimmung zu.

Nun bietet Moscas Werk weder eine systematische Grundlegung einer solchen modernen Konzeptionalisierung noch lassen sich seine demokratietheoretischen Überlegungen ohne weiteres auf die gegenwärtige Debatte um die Repräsentationsdefizite liberaler Demokratien übertragen. Zum ersten Aspekt bleiben Moscas Ausführungen zu widersprüchlich und wenig konkret. Zu Recht ist er etwa dafür kritisiert worden, dass er die Bedeutung der organisatorischen Dimension eher behauptet als untersucht hat (Meisel 1962: 22; von Beyme 1993a: 17): Auch die innere Kohärenz der politischen Klasse wurde erst durch seinen Interpreten Meisel (1962) als zentrale Kategorie herausgearbeitet. Wie eine Reihe heutiger Politikwissenschaftler ging Mosca jedoch davon aus, dass die spezifische Struktur und die Zusammensetzung der politischen Klasse entscheidenden Einfluss auf deren kollektives Handeln hat.

Im Unterschied sowohl zur aktuellen Debatte als auch zu seinem Zeitgenossen Max Weber (Borchert 2003) scheint Mosca ferner der politischen Professionalisierung keine besondere Bedeutung als Triebkraft für die Herausbildung einer politischen Klasse beizumessen. So hält er auch an einem altliberalen Repräsentationsideal fest, welches die Entstehung professioneller Eigeninteressen der politischen Klasse nicht als notwendige Konsequenz von Demokratisierung und Professionalisierung, sondern als pathologisches Krisensymptom der frühparlamentarischen politischen Klasse Italiens versteht. Eine solche Position trägt wenig zum Verständnis des aktuellen Spannungsverhältnisses zwischen politischer Klasse und demokratietheoretischer Norm bei. Sie erinnert vielmehr eher an gängige Argumentationsfiguren aus der aktuellen publizistischen Kritik an der politischen Klasse, die im Berufspolitikertum und Parteienwesen selbst die Wurzeln allen gesellschaftlichen und politischen Übels erkennen will, ohne deren historische oder funktionale Notwendigkeit zu beachten.

Trotz dieser Einschränkungen bleibt es Gaetano Moscas Verdienst, mit seinen verstreuten, oben in Auszügen wiedergegebenen Bemerkungen das Bild der Politikerschicht als „Interessengruppe für sich selbst" (von Beyme 1993a: 31) gezeichnet zu haben, wie es später in unserer aktuellen Debatte um die politische Klasse wiederentdeckt wurde und selbst dort keineswegs zum Allgemeingut geworden ist. Individuelles Selbsterhaltungsinteresse (Politik wird zum „Lebensunterhalt") und kollektives Selbsterhaltungsinteresse (das Bestreben zur „Monopolisierung und Vererbung" politischer Positionen) sind darin ebenso angelegt wie darüber hinausgehende politische und materielle Interessen („Karrieremacherei" und „Beutelschneiderei"), ein kohärentes Gruppenbewusstsein („Korpsgeist") sowie ein interessegeleitetes kollektives Handeln zur Sicherung und Ausweitung des eigenen autonomen Handlungsbereiches (das Bestreben „die Einkommensquellen und die Funktionen des Staates zu erweitern"). Angesichts dieser deutlichen inhaltlichen Korrespondenzen kann zwar keinesfalls von einer völligen Übereinstimmung von Moscas Denken mit dem gegenwärtigen Konzept der politischen Klasse gesprochen werden. Doch erstaunlich ist trotzdem, wie selten gegenwärtig auf Moscas über den Begriff der politischen Klasse hinausgehende Einsichten Bezug genommen wird. Gaetano Mosca hat aber nicht nur einen Begriff geprägt, sondern er hat mit seiner Entdeckung der politischen Klasse erstmals einen zentralen kollektiven Akteur umrissen, dem in der Politikwissenschaft bis heute zu wenig Aufmerksamkeit geschenkt wird.

Literatur

Albertoni, Ettore A., 1987: Mosca and the Theory of Elitism. Oxford: Basil Blackwell.
Arnim, Hans Herbert von, 1997: Fetter Bauch regiert nicht gern. Die politische Klasse – selbstbezogen und abgehoben. München: Kindler.
Beyme, Klaus von, 1992: Der Begriff der politischen Klasse – Eine neue Dimension der Elitenforschung, in: Politische Vierteljahresschrift 33, 4-32.
Beyme, Klaus von, 1993a: Die politische Klasse im Parteienstaat. Frankfurt a. M.: Suhrkamp.
Beyme, Klaus von, 1993b: Der Sold des Politikers, in: Universitas 48, 553-562.
Beyme, Klaus von, 1996: The Concept of Political Class: A New Dimension of Research on Elites, in: West European Politics 19, 68-87.
Beyme, Klaus von, 1997: Der Gesetzgeber. Der Bundestag als Entscheidungszentrum. Opladen: Westdeutscher Verlag.
Borchert, Jens, 1999: Politik als Beruf: Die politische Klasse in westlichen Demokratien, in: *Borchert, Jens* (Hrsg.), Politik als Beruf. Opladen: Leske + Budrich, 7-39.
Borchert, Jens, 2003: Die Professionalisierung der Politik. Zur Notwendigkeit eines Ärgernisses. Frankfurt a. M.: Campus.
Borchert, Jens/Golsch, Lutz, 1995: Die politische Klasse in westlichen Demokratien: Rekrutierung, Karriereinteressen und institutioneller Wandel, in: Politische Vierteljahresschrift 36, 609-629.
Burdeau, Georges, 1975: Die politische Klasse, in: *Röhrich, Wilfried* (Hrsg.), Demokratische Elitenherrschaft. Darmstadt: Wissenschaftliche Buchgesellschaft, 251-268.
Cotta, Maurizio, 1984: Direct Elections of the European Parliament: A Supranational Political Elite in the Making, in: *Reif, Karlheinz* (Hrsg.), European Elections 1979/81 and 1984: Conclusions and Perspectives from Empirical Research. Berlin: Quorum, 122-126.
Femia, Joseph, 1993: Mosca Revisited, in: European Journal of Political Science 23, 145-161.
Finocchiaro, Maurice A., 1998: Rethinking Gramsci's Political Philosophy. Unveröffentlichtes Manuskript, Twentieth World Congress of Philosophy, Boston 10-15 August 1998.

Finocchiaro, Maurice A., 1999: Beyond Left and Right. Democratic Elitism in Mosca and Gramsci. New Haven: Yale University Press.
Herzog, Dietrich, 1992: Zur Funktion der politischen Klasse in der sozialstaatlichen Demokratie der Gegenwart, in: *Leif, Thomas/Legrand, Hans-Josef/Klein, Ansgar* (Hrsg.), Die politische Klasse in Deutschland. Bonn: Bouvier, 126-149.
Herzog, Dietrich, 1993: Politik als Beruf: Max Webers Einsichten und die Bedingungen der Gegenwart, in: *Klingemann, Hans-Dieter/Luthardt, Wolfgang* (Hrsg.), Wohlfahrtsstaat, Sozialstruktur und Verfassungsanalyse. Opladen: Westdeutscher Verlag, 107-126.
Holtmann, Everhard, 2004: Die „Politische Klasse": Dämon des Parteienstaates? Zum analytischen Nutzen eines geflügelten Begriffs, in: *Marschall, Stefan/Strünck, Christoph* (Hrsg.), Grenzenlose Macht. Politik und Politikwissenschaft im Umbruch. Festschrift für Ulrich von Alemann zum 60. Geburtstag. Baden-Baden: Nomos, 41-60.
Klingemann, Hans-Dieter/Stöß, Richard/Wessels, Bernhard (Hrsg.), 1991: Politische Klasse und politische Institutionen. Probleme und Perspektiven der Elitenforschung. Opladen: Westdeutscher Verlag.
Leif, Thomas/Legrand, Hans-Josef/Klein, Ansgar (Hrsg.), 1992: Die politische Klasse in Deutschland. Eliten auf dem Prüfstand. Bonn: Bouvier.
Meisel, James H., 1962: Der Mythus der herrschenden Klasse: Gaetano Mosca und die „Elite". Düsseldorf: Econ Verlag.
Mosca, Gaetano, 1884: Teorica dei governi e governo parlamentare. Turin: Loescher.
Mosca, Gaetano, 1896: Elementi di scienza politica. Turin. Bocca. (2. Auflage 1923, 3. Auflage 1939, 4. Auflage 1947).
Mosca, Gaetano, 1928: Die Krisis des Parlamentarismus und die Mittel zu deren Behebung, in: *Interparlamentarische Union* (Hrsg.), Die gegenwärtige Entwicklung des repräsentativen Systems. Fünf Antworten auf eine Rundfrage der Interparlamentarischen Union. Berlin, 75-94.
Mosca, Gaetano, 1950: Die herrschende Klasse. Grundlagen der politischen Wissenschaft. München: Lehnen.
Pareto, Vilfredo, 1916: Trattato di sociologia generale. Mailand: Ed. di Communità (2 Bd.).
Rebenstorf, Hilke, 1995: Die politische Klasse. Zur Entwicklung und Reproduktion einer Funktionselite. Frankfurt a. M.: Campus.
Röhrich, Wilfried, 1972: Robert Michels – Vom sozialistisch-syndikalistischen zum faschistischen Credo. Berlin: Duncker & Humblot.
Röhrich, Wilfried, 1979: Sozialgeschichte politischer Ideen. Die bürgerliche Gesellschaft. Reinbek: Rowohlt.
Schlesinger, Joseph A., 1966: Ambition and Politics. Chicago: Rand McNally.
Stolz, Klaus, 2001: The Political Class and Regional Institution-Building: A Conceptual Framework, in: Regional and Federal Studies 11, 80-100.
Stolz, Klaus, 2010: Towards a Regional Political Class? Professional Politicians and Regional Institutions in Catalonia and Scotland. Manchester: Manchester University Press.
Tamayo, Miguel, 1998: Die Entdeckung der Eliten – Gaetano Mosca und Vilfredo Pareto über Macht und Herrschaft, in: *Imbusch, Peter* (Hrsg.), Macht und Herrschaft. Sozialwissenschaftliche Konzeptionen und Theorien. Opladen: Westdeutscher Verlag, 61-73.
Weßels, Bernhard, 1992: Zum Begriff der „politischen Klasse", in: Gewerkschaftliche Monatshefte 43, 541-549.

Zur Rhetorik des Berufspolitikers. Historische und idealtypische Betrachtungen im Anschluss an Max Weber

Kari Palonen

1. Vorbemerkung

Der Untertitel dieses Kapitels verweist auf meine spezifische Art der Weber-Lektüre. Sie verabschiedet sich nicht nur vom Lehrbuchbild des Soziologen Max Weber (wie etwa Hennis 1987). Meine Deutung, die vor allem Webers Objektivitätsaufsatz aus dem Jahr 1904 (Weber 1973b) zum Ausgangspunkt nimmt, setzt zudem die Weber'sche Wissenschaftstheorie mit der rhetorisch-sophistischen Tradition in Verbindung, insbesondere mit der modernen Verkörperung des deliberativen Redens *pro et contra* in den Prozeduren und Praktiken des englischen Parlaments (vgl. Palonen 2004, 2008a).

Im ersten Teil des folgenden Beitrages werden ausgewählte Beispiele aus der rhetorischen Begriffsgeschichte des Idealtyps *Berufspolitiker* vorgestellt. Der Ansatz ist textanalytisch, und entsprechend werden umfassende Zitate aus zeitgenössischen Quellen präsentiert, einschließlich solcher Webers sowie anderer klassischer Autoren. In der Verbindung des Typs „Berufspolitiker" mit der Tradition der parlamentarischen Rhetorik erweist sich Rhetorik als ein historisch wirksamer politischer Stil expliziter Beredsamkeit.

Im zweiten Teil des Beitrags wird – im Sinn eines Gedankenexperiments – Webers Vision des Berufspolitikers, die er vor allem in *Politik als Beruf* skizziert hat, mit einer idealtypischen Diskussion der Gegenbegriffe des Berufspolitikers weitergeführt. Dabei beziehe ich mich hier – neben Weber – auf Reinhart Kosellecks Unterscheidung zwischen symmetrischen und asymmetrischen Gegenbegriffen. Anstelle der oft vorgestellten Dichotomie zwischen „Bürgern" und „Politikern" wird mit der Unterscheidung von *Laien*, *Amateuren* und *Dilettanten* eine Dreiteilung des „Gegenbegriffs" zum Berufspolitiker vorgenommen. Die Unterschiede dieser drei Gegenbegriffe werden sodann, hinsichtlich der Eigenart des Berufspolitikers bzw. der Bewertung von Politik und Politikern idealtypisch, auf die parlamentarischen Demokratien Westeuropas bezogen und analysiert.

In der Art der Darstellung unterscheidet sich dieser Beitrag erheblich von den meisten anderen, dem Selbstverständnis nach sozialwissenschaftlichen Aufsätzen dieses Sonderhefts. Er verfolgt das Anliegen einer „einseitige(n) Steigerung" (Weber 1973b: 191) einer Perspektive, die beansprucht, *andere Fragen* auf die Agenda zu bringen, statt zu den Fragen anderer *Stellung zu nehmen*. Mein Ansatz ist auch insofern „weberianisch", als er – statt an „systemischen Zwängen" oder „Funktionen" – an den besonderen Chancenhorizonten individueller Politiker orientiert ist.

2. Der Berufspolitiker als historischer Idealtyp

„Der Puritaner wollte Berufsmensch sein – wir müssen es sein", lautet eine berühmte Formel in Max Webers *Protestantischer Ethik* (Weber 1993: 153). In dieser Formel ist die Tendenz zum Berufspolitikertum schon angelegt: Im harten Wettbewerb des demokratisierten parlamentarischen Regimes hätten nur „Profis" als Politiker eine Chance.

Max Webers *Politik als Beruf* ist zwar ein zu einer kleinen Schrift erweiterter Vortrag, der eher eine Programmskizze als eine historische Studie darstellt. Doch als Ausgangspunkt zur Diskussion des Berufspolitikertums behält diese Schrift ihre Aktualität. Obwohl hier und da einigermaßen ähnliche Skizzen zur Klassifizierung von Politikertypen zu finden sind (siehe z. B. Fairlie 1968: 11-85; Scheer 2003: 225-252), hat noch niemand versucht, die Entstehung und den Wandel des historischen *Idealtyps* Berufspolitiker (Weber 1994: 50-73; dazu Palonen 2002: 61-88; Borchert 2003; 78-86) im Detail zu beschreiben.

Webers „Genealogie" der Formation des Idealtyps „Politiker" hat gewisse anachronistische Züge. Nach Webers eigenem Prinzip, auch nicht-realisierte „objektive" Möglichkeiten als reale Chancen der Akteure zu verstehen (besonders Weber 1973a: 267), könnte man auch die tatsächlich realisierten historischen Formen des Berufspolitikers zunächst einmal als kontingente Möglichkeiten unter anderen betrachten und sie mit jeweils alternativen Idealtypen konfrontieren.

Im Sinne der Begriffsgeschichte (vgl. Koselleck 1983) ist es – um seine Bedeutung hervorzuheben – auch angebracht, jenen konzeptionellen Bruch, den die Formation der Berufspolitiker einleitet, so spät wie möglich anzusetzen. Entgegen der bis zur Antike zurückgehenden Sichtweise Webers gehe ich selbst von der These aus, dass Berufspolitiker in einem strengen Sinn erst im Kontext regulärer Parlamente aufkamen, deren Wahl auf einem realen Wettbewerb von Kandidaten basiert. Das englische Parlament, Musterbeispiel eines gewählten und regulär einberufenen Parlaments, erscheint folglich als die historische Urquelle von Berufspolitikern, auf welche die anderen Typen dann zu beziehen sind. Dieser Ausgangspunkt hebt die besondere Bedeutung der rhetorischen Dimension, das Reden *pro et contra*, als das entscheidende Merkmal des Berufspolitikers hervor. Aus dieser Sicht lese ich im später Folgenden auch Webers Parlamentsschrift.

Aufgrund von Erfahrungen aus den Vereinigten Staaten sah Max Weber unter den Berufspolitikern gerade den Parteifunktionär im Vormarsch, dessen Machtquellen weder in Wahlen noch im Parlament lagen. Wie James Bryce, Moisei Ostrogorski und Robert Michels in ihren klassischen Studien, richtete auch Weber in *Politik als Beruf* seine vorrangige Aufmerksamkeit auf die Entstehung und Eigenart dieses auf Wahlkampagnen und auf die Parteimaschine zentrierten Politikertyps. Seither hat – wie etwa Jens Borchert betonte (2003: 31 f.) – die Einführung ordentlicher Diäten, später gut ausreichender Monatsgehälter, den Parlamentariern eine Chance eröffnet, verloren geglaubte Positionen zurückzugewinnen. Dementsprechend hat die neuere Parlamentarismusforschung auch die neuen Chancen der Parlamentarier anerkannt, sich gegenüber dem Parteiapparat zu behaupten (siehe z. B. Abélès 2000: 242-269; Marschall 2005: 283-219; Tomkins 2005).

Aus meiner Sicht geht es hier aber nicht um eine Frage der Abwägung relativer Macht des Parlaments gegenüber anderen Mächten. Die rhetorische Sicht eröffnet vielmehr eine neuartige Perspektive auf den historisch modellhaften Charakter der parlamentarischen Prozedur als offener Form der Behandlung von Streitigkeiten in Form einer Deliberation, die ihrerseits das prozedurale Prinzip enthält, jede Rede und jede Abstimmung als eine Gelegenheit der Parlamentarier zu verstehen, sowohl ihre Standpunkte als auch die parlamentarischen Mehrheiten neu bestimmen zu können. Auch wenn dies in der Praxis eher selten realisiert wird, sind die routinemäßigen Fälle, in denen es nicht zu einer Problematisierung von Abstimmungsfragen und damit auch nicht zur Infragestellung der Fraktionsdisziplin kommt, gerade von diesen Grenzfällen her besonders gut zu verstehen. In anderen politischen Gremien wird, sofern sie den deliberativen Charakter aufgreifen, das parlamentarische Deliberieren *pro et contra* ohnehin als ein historisches Paradigma behandelt – auch wenn ihm in Parteien, Verbänden, Bewegungen usw. eine geringere Bedeutung zukommt als im Zentrum des Staatslebens (genauer in Palonen 2010).

3. Der vordemokratische Berufsparlamentarier

In England wurden die Häuser des Parlaments seit 1689 jährlich einberufen. Der 1641 erstmals beschlossene (zur zeitgenössischen Diskussion Yerby 2008: 149-196), dann nach der *Glorious Revolution* 1694 wieder eingeführte *Triennial Act* (1694) sowie der ihn ersetzende *Septennial Act* von 1716 setzten eine maximale Frist für Neuwahlen des Parlaments. Damit wurde im Laufe der Zeit aus der Wahlperiode die maßgebende Zeiteinheit parlamentarischer Politik (siehe hierzu auch Patzelt/Dreischer 2009), auch wenn das Recht des Premierministers zur Parlamentsauflösung die Regelmäßigkeit immer noch behinderte. Trotz des stark eingeschränkten Wahlrechts und des fehlenden Wettbewerbs für Kandidaten in den meisten Wahlkreisen wurden im Laufe des 18. Jahrhunderts mit regelmäßig tagenden Parlamenten und mit der Schaffung spezifischer parlamentarischer Prozeduren die Voraussetzungen für die Professionalisierung der Parlamentarier geschaffen (vgl. Kluxen 1983: 96-117).

Weber betont, wie die Gentry, der englische Landadel, zur sozialen Basis einer für die parlamentarische Politik „abkömmlichen" Schicht wurde, die sich in den ländlichen Wahlkreisen selten um ihre Wahl sorgen musste (Weber 1919: 51). Zumindest bis zur Wahlrechtsreform von 1832, die – auf Kosten der *rotten boroughs* – vor allem eine Umgestaltung der Wahlkreise zugunsten der industriellen Zentren bedeutete, dominierten die aus der Gentry stammenden Mitglieder das Parlament. Die Stellung der Honoratioren, die nicht von der Politik lebten, sich der Politik aber widmen konnten, war in diesem klassischen Zusammenhang stärker denn je.

In einem Parlament ohne anstrengende Wahlkämpfe und mit diffusen Parteiungen spielte wiederum die Rhetorik für die Karriere des Politikers eine entscheidende Rolle. Das Handwerk der Beredsamkeit als zentrale Praxis der englischen Berufspolitiker wird dann auch in zahlreichen Studien analysiert; in deutscher Sprache etwa von Hegewisch 1804 bis Gauger 1952. Die zweite Hälfte des achtzehnten Jahrhunderts in Großbritannien wurde oft als das „goldene Zeitalter" der parlamentarischen Beredsamkeit bezeichnet (so noch bei Gauger 1952: 38-102). Diese Interpretation erkennt man in einer nostalgischen Form noch heute in der Parlamentarismuskritik bei Carl Schmitt (1979: 9, 45 f., Erstveröffentlichung 1923) und bei Jürgen Habermas (1962: 127-145). Die

Kenner der Geschichte der parlamentarischen Beredsamkeit, wie etwa Earl Curzon, betonen dagegen die mit der Verbreiterung der Wählerschaft und der Rekrutierungsbasis der Parlamentarier einhergehende Verwandlung der rhetorischen Praktiken von der Kunst der *oratory* zur politischen Praxis der *eloquence* (Curzon 1913: 3-15). Dies entspricht in etwa dem Unterschied zwischen epideiktischer und deliberativer Rhetorik.

Einen Schlüsseltext zur rhetorischen Professionalisierung der englischen Parlamentarier bildet William Gerard Hamiltons 1808 postum veröffentlichte Maximensammlung *Parliamentary Logick* (Hamilton 1927). Hamilton beschreibt in den Maximen, die er als Unterhausmitglied (1754-1796) sammelte und ordnete, den parlamentarischen Sprachgebrauch mit Blick auf die Chancen zur Überredung der Gegner. Er setzt somit die Tradition der rhetorischen Handbücher aus der Zeit der englischen Renaissance fort (vgl. Skinner 1996; Mack 2002), und zwar mit einer Betonung gerade des Parlaments als einer privilegierten Stätte des Redens *pro et contra*. Analog zu den Fürstenspiegeln, bildet Hamiltons *Logick* ein Musterbeispiel des zu dieser Zeit entstehenden Genres der rhetorischen Handbücher für Parlamentarier, die auch *Parlamentarierspiegel* genannt werden könnten.

Vorbilder Hamiltons sind die unzähligen Tropen und Strategien der antiken Rhetorik, welche in der englischen Renaissance reaktiviert und komplettiert wurden (siehe jetzt Adamson/Alexander/Ettenhuber 2007). Dagegen fehlt bei ihm noch eine Einschätzung der historischen Eigenart des englischen Parlaments, vor allem Einsicht in die ganz spezifische Rhetorik der parlamentarischen Prozedur, in der etwa die Freiheit der Wahl, der Rede, des Mandats sowie die parlamentarische Immunität der Abgeordneten unabdingbare Voraussetzungen einer systematischen Diskussion *aller* Fragen *pro et contra* bilden (zur Geschichte der parlamentarischen Prozedur und Praxis in England siehe Redlich 1905). Jene Verfahrensweisen, die im 18. Jahrhundert als Basis für freie und faire Diskussionen im Parlament kodifiziert wurden, stellte etwa Jeremy Bentham in seinem berühmten *Essay on Political Tactics* (1999, geschrieben 1791) in den Vordergrund.

Wann die Parlamentarier begannen, sich selbst als Berufspolitiker zu bezeichnen, wurde bisher – u. a. wegen des Fehlens wörtlicher Protokolle aus den Parlamentssitzungen – kaum mit Primärquellen untersucht. Klar ist aber, dass sich im England des 19. Jahrhunderts viele der führenden Akteure durchaus als professionelle Politiker verstanden, nämlich im Sinne einer handwerklichen Meisterschaft. Die zur politischen Karriere bestimmten *gentlemen*, wie etwa John Russell oder William Ewart Gladstone, wurden so jung wie nur rechtlich möglich auf sichere Sitze im Unterhaus platziert und blieben dort, trotz einiger Wahlniederlagen, über ein halbes Jahrhundert.

Im Jahr 1865 sollte Gladstones Sohn Herbert aus einem sicheren Wahlkreis ins *House of Commons* gewählt werden. Walter Bagehot vom *The Economist*, der mit seiner 1867 publizierten Abhandlung *The English Constitution* zum zentralen Interpreten und Apologeten des englischen parlamentarischen Regierungssystems wurde (Bagehot 2001), nahm für die alte Praxis mit folgenden Worten Stellung: „statesmanship – political business – is a profession which a man must learn while young, and to which he must serve a practical apprenticeship; and in England the House of Commons is the only school for acquiring the necessary skill, aptitude and knowledge" (Bagehot 1974: 130).

Ausdrücke wie *apprenticeship, skill, aptitude* und *knowledge* veranschaulichen das Handwerk des Berufspolitikers und verweisen auf die allen Handwerksberufen gemeinsame Gefahr einer mangelhaften Rekrutierung neuer, kompetenter Berufsvertreter: „It is of the greatest consequence to the country that we should have a secure provision for a constant and adequate supply of embryo statesmen, of future minister" (Bagehot 1974: 131). Die Legitimität professioneller Politiker wurde aber deswegen nicht in Frage gestellt, weil sie – etwa in Bezug auf ihr Geschick – sinnvoll mit anderen Handwerkern verglichen werden konnten.

Die englischen Spitzenpolitiker des 18. und 19. Jahrhunderts waren also Berufspolitiker im Sinne einer langjährigen und dank sicherer Wahlkreise relativ festen Karriere. Dies bildete die Basis für ihre berufliche Erfahrung, Übung sowie nötige Kompetenz. Mit der Neugestaltung der Wahlkreise seit den Wahlrechtsreformen von 1832 und insbesondere von 1867, die das Wahlrecht erheblich erweiterten, wurden die Bedingungen einer Auswahl junger *gentlemen* für feste Politikerkarrieren notwendigerweise wesentlich schlechter. Auch sie mussten nun Wahlkämpfe führen, auch gegen Kandidaten, denen die Ideale des *gentleman* durchaus fremd waren. Dies wurde in einem anonym publizierten Beitrag in der konservativen Zeitschrift *Quarterly Review* mit einem paradoxen Lob auf den verlorenen Typus des Berufspolitikers verbunden:

„The profession of politics, rightly estimated, all its grander possibilities fully realised, all its solemn obligations adequately felt, all its legitimate prize valued at their intrinsic worth, is the noblest a citizen can embrace; and as such used to draw within the sphere of its attractions all the finest minds and the most superb abilities of each successive generation, its purest patriotism, its loftiest aspirations, its profoundest practical sagacities" (*Politics as a Profession* 1869: 278).

Selten hat man Politiker wegen der Größe ihrer „Profession" so sehr gelobt. *Profession* versteht man hier, wie bei Bagehot, noch ganz im Sinne eines der Politik gewidmeten Lebens. Die These dieses Aufsatzes liegt gerade im Untergang dieser ehrenhaften Profession und in deren Ersetzung durch den neuen und „niedrigeren" Typus des Berufspolitikers. Diese Wende fand dem Autor zufolge gerade nach der Wahlrechtsreform und mit den Wahlen zum reformierten Parlament von 1868 statt:

„A worse or less worthy class of politicians it is impossible to conceive; they have had no liberal education to enlighten or enlarge their minds; they have had no political training to teach them wide views of public questions or a high sense of public duty; their opinions will be the mere shibboleth, not even of party, but of a section; and they will be peculiarly accessible to the less pure and dignified influences which haunt the purlieus of Parliamentary life" (*Politics as a Profession* 1869: 277).

Die ganz auf antike Ideale verweisende Rede von Ruhm und Größe bildet hier nicht nur ein Stilmittel zur Kritik der neuen Berufspolitiker. Sie speist sich, rückwärtsgewandt, auch aus einer gewissen Bewunderung des Geschicks und der Professionalität von Berufspolitikern als geschickten Handwerkern. Im 19. Jahrhundert war – wie in den führenden britischen politisch-literarischen Zeitschriften zum Ausdruck kommt – diese Hochachtung der Parlamentarier ein wesentlicher Teil der englischen politischen Kultur.

Ein ähnliches und noch stärker gegen landesübliche Praktiken gerichtetes Lob von Politikern findet man auch in den Vereinigten Staaten. J. S. Clarkson, ein republikanischer Senator aus Iowa, schrieb Ende des 19. Jahrhunderts in einem postum publizierten Beitrag: „I believe, too, that every good American citizen is a politician" (Clarkson 1891: 616). Anders als die englischen Bewunderer der vergangenen Berufspolitiker verteidigt Clarkson Politiker insofern, als deren Stellung von der Wählerschaft abhängig ist: „The people themselves have no fear of the politician. He is the man nearest to them. He has to renew his life at every caucus, in every convention and at every election" (Clarkson 1891: 617-618). *Politician* bezeichnet hier eine lobenswerte Person, die sich auf Vollzeit dem öffentlichen Leben widmet und dafür auch die Akzeptanz der Wähler gewinnen kann. Wenn nun Weber – mit James Bryce – das Leben *von* der Politik gegen das Leben *für* die Politik stellt (siehe den schon 1905 veröffentlichten Aufsatz, Weber 1999: 70) und meint, dass nur aus dem letzteren Politiker des ersten Ranges hervorgehen könnten, spricht dies von einer Bewunderung der handwerklich meisterhaften Honoratiorenpolitiker, wobei diese Figur damals schon der Vergangenheit angehörte.

4. Die Entstehung des „Berufspolitikertums" als Nebenprodukt der Demokratie

Mit der Demokratisierung des Wahlrechts kam es weder zur direkten Herrschaft „des Volkes" noch zu einer konturlosen Herrschaft „der Massen". Vielmehr lag die Neuheit darin, dass für Parlamentswahlen mit allgemeinem Wahlrecht regelmäßig ein intensiver und landesweiter Wahlkampf organisiert werden musste. Gerade dies bereitete den Boden für eine fortschreitende Professionalisierung der Politik. Weder Gegner noch Befürworter der demokratisierenden Reformen hatten dies vorhergesagt. Die Kritiker der Demokratie fanden in den auf Wahlen und Stimmenmaximierung orientierten Berufspolitikern dann auch bald ein neues Feindbild: „wire-pullers and professional electioneerers, usually the narrowest, most undesirable and most unscrupulous of politicians – men who make the canvassing, organisation and management of voters their vocation" (*Politics as a Profession* 1869: 284).

Alle Kandidaten mussten unter den Bedingungen des erweiterten Wahlrechts und der neuen Wahlkreiseinteilung nun nämlich das „schmutzige Geschäft" des Stimmenfangs betreiben. Propaganda und Organisation wurden so zu primären Tätigkeiten der Berufspolitiker. In den Vereinigten Staaten fand sich schon seit der Präsidentschaft Andrew Jacksons in den 1830er Jahren *the spoils system* praktiziert. Die Zahl der Wahlämter und der durch Patronage der Wahlgewinner zu besetzenden Stellen war sogar so hoch, dass der amerikanische Wahlkampf ein viel massiveres Ereignis als in Europa war, da wesentlich größere Gewinne und Verluste zu erzielen waren.

Die sich daraus ergebenden Konsequenzen sowohl für die Professionalisierung als auch die Abwertung von Politikern hat der britische Jurist und liberale Politiker James Bryce in seinem immer noch lesenswerten Buch *The American Commonwealth* gut verstanden: „In America (Canada as well as the United States) people do not ‚say politicians' but ‚the politicians' because the word indicates a class with certain defined characteristics" (Bryce 1995: 731). Die Entstehung dieses neuen Politikertyps im zweiten

Rang des Politikerbetriebs verweist – im Vergleich zu Europa – somit auf Unterschiede sowohl in der Tätigkeit der Politiker als auch in ihrer öffentlichen Beurteilung.

In England gehören zu den Politikern für Bryce „ministers of the Crown, members of Parliament (though some in the House of Commons and the majority in the House of Lords care little about politics), a few leading journalists, and a small number of miscellaneous persons, writers, lecturers, organizers, agitators, who occupy themselves with trying to influence the public". Dies sind *professional politicians* im Sinne des *für-die-Politik-Lebens*: „Politics is the main though seldom the sole business of their lives" aber eben nicht im Sinne von „gaining of a livelihood" (Bryce 1995: 731-732). Die europäischen Berufspolitiker am Ende des 19. Jahrhunderts waren auch wirklich noch ehrenamtliche Honoratioren. Sie genossen in der Öffentlichkeit auch einen gewissen Respekt; eine Entwertung ihrer Autorität hatte am Ende des 19. Jahrhundert noch lange nicht die für die Politik lebenden Politiker erreicht.

In den Vereinigten Staaten umfasste damals die Zahl der Berufspolitiker schon mehrere Hunderttausende. Sie waren gezwungen „to undertake the dull and toilsome work of election politics" (Bryce 1995: 734). Dies hatte auch Folgen für eine Umprägung des alltäglichen Politikverständnisses: „The ‚work' of politics means in America the business of winning nominations ... and elections" (Bryce 1995: 737). Darin liegt nach Bryce auch der Grund für ihre Professionalisierung, und zwar nicht mehr im Sinne eines Handwerks, sondern eines Lebensunterhalts: „The men needed for the work are certain to appear because remuneration is provided. Politics has now become a gainful profession, like advocacy, stockbroking, the dry goods trade, or the getting up of companies" (Bryce 1995: 735).

Die hieran anschließende Abwertung des Berufspolitikertums hatte mehrere Gründe; darunter die inflationäre Zahl von Politikern, ihre von täglicher Routine geprägte Tätigkeit, auch der Vergleich zu den Annehmlichkeiten bürgerlicher Berufe mittleren Ranges. Der Hinweis auf „a gainful profession" deutet die Eigenart des US-amerikanischen Typus der Professionalisierung der Politik dahingehend, dass Parteibosse auch Gelegenheiten zur persönlichen Bereicherung erhielten, und zwar unter Umständen, die man wohl heute als Insidergeschäfte bezeichnen würde (siehe zur offenen Anerkennung einer Bereicherung durch die Politik, Riordon 1948: 3, 51 f.).

Von manchen Kritikern der „Berufspolitiker" werden sowohl das Prinzip der Wahl zum Parlament als auch die parlamentarische Deliberation als solche abgewertet. Hinzu kommen Klagen über Mangel an Sachkunde sowie an Zeitverschwendung durch Rhetorik. Auch in Europa sind all diese Kritikpunkte landläufig, wenn auch oft gekoppelt mit einer nostalgisch-geistesaristokratischen Sicht etwa bei Werner Sombart (vgl. Palonen 2006). Unter den Linken tritt noch die Kritik am Weiterbestehen alter Hierarchien hinzu, desgleichen an den neuen Oligarchien der Organisation (vgl. Angenot 2003). Und so war „Berufspolitiker" als Objekt der Beschimpfung sowie als Schimpfwort entstanden.

Nur wenige europäische Politiker sowie Analytiker der Politik haben früh erkannt und auch anerkannt, dass in einem Regime mit allgemeinem Wahlrecht ohne Berufspolitiker schlechterdings keine Politik betrieben werden kann. Der liberale Journalist und Politiker Hellmuth von Gerlach mit seiner Schrift *Das Parlament* (1907) war einer von ihnen:

„Berufspolitiker! Viele gebildete und sonst ganz verständige Leute schüttelt es, wenn sie bloß das Wort hören. Und doch handelt es sich dabei um eine geradezu unentbehrliche Schicht von Menschen. Gewiß wäre es ein beinahe unerträglicher Zustand, wenn ein Parlament nur aus Berufspolitikern bestünde. Nur wenn es eine Anzahl von Männern in sich birgt, die noch mitten in praktischer oder wissenschaftlicher Tätigkeit stehen, wird es von doktrinären und einseitigen Beschlüssen bewahrt bleiben. Aber der Hauptteil der parlamentarischen Arbeit wird je länger je mehr von zünftigen Politikern besorgt werden müssen" (Gerlach 1907: 25).

Auch Gerlach bezeichnet Berufspolitiker noch als eine „Zunft" und verbindet deren Apologie mit einer Aufwertung der nebenberuflichen Honoratioren. Die „Unentbehrlichkeit" der Berufspolitiker beruht bei Gerlach gerade auf dem zeitlichen Umfang der parlamentarischen Tätigkeit:

„Soll diese Unmasse Stoff gründlich verarbeitet werden, so muß es eine ganze Anzahl von Abgeordneten geben, die in der Hauptsache nichts anderes zu tun haben. Wer an den Plenar-, Fraktions- und Kommissionssitzungen regelmäßig teilnimmt, die täglich ausgegebenen amtlichen Drucksachen auch nur oberflächlich durchmustert und ein paar Gegenstände als Referent oder Redner gründlicher studiert, dem bleiben noch nicht zwei Stunden für seinen Beruf" (von Gerlach 1907: 26-27).

Gerlach begründet die Professionalisierung also vom Parlament her, und man könnte mit Bryce und Weber sagen, dass auch das Leben *für* die Politik in einem relativ demokratisierten Regime eben eine Professionalisierung der Abgeordneten verlangt. In der kontrollierenden Rolle der Parlamentarier gegenüber der Regierung sowie dem bürokratischen Apparat zeigt sich bei Gerlach genau der Unterschied zwischen Teilzeit- und Berufspolitikern:

„Demgegenüber ist der Abgeordnete ganz auf sich gestellt. Er hat keine Mittel, keinen Apparat, keine Hilfskräfte. Mühsam muß er sich seine Informationen zusammenholen. Fehlt es ihm zu alledem noch an Zeit, so kann er kaum je hoffen, das Material der Regierung zu widerlegen oder auch nur zu erschüttern. Nur der Berufspolitiker kann den Kampf, wenn auch nicht mit gleichen, so doch mit nicht ganz minderwertigen Waffen versuchen" (von Gerlach 1907: 27).

Berufspolitiker waren also vor allem für *Oppositionsparteien* dringend notwendig geworden. Deswegen wendet sich Gerlach auch gegen die gängige Kritik an einem „Zuviel an Reden" und verteidigt eine *rhetorische* Auffassung des Parlaments: „Ein Parlament handelt pflichtwidrig, wenn es in der Kürze der Sitzungen und Sessionen sein Ideal erblickt und die Abstimmungen für seine eigene Lebensaufgabe erachtet" (von Gerlach 1907: 73); statt dessen sieht er im Parlament das „*Zentrum politischer Agitation*" (von Gerlach 1907: 75). Im Vergleich zur deliberativen Prozedur der parlamentarischen Rhetorik tritt hier also die Propagandawirkung auf die Wählerschaft in den Vorder- und die *pro et contra* Abwägung als zentrale Tätigkeit des rhetorischen Berufspolitikers in den Hintergrund.

5. Weber über Berufspolitiker

Die oben entworfene Skizze zur rhetorischen Begriffsgeschichte der Entstehung des Typs „Berufspolitiker" verlangt es, einige Themen aus Webers Schrift *Parlament und Regierung im neugeordneten Deutschland* (1918 als Buch veröffentlicht) genauer zu diskutieren. Die ausschließliche Konzentration auf den Parteiboss und den *election agent* in *Politik als Beruf* ergibt nämlich ein schiefes Bild von Webers Vision des Berufspolitikers. Ganz diesem Bild entspricht Wolfgang Mommsens bekannte, allerdings zu Recht auch kritisierte (z. B. Beetham 2006: 346, 350) These von einer Abkehr Webers vom Parlamentarismus hin zur plebiszitären Demokratie (vgl. Mommsen 1974: 416-441).

Jenes Parlamentspamphlet war ein rhetorischer Schachzug Webers im Diskurs um das Verhältnis von Berufspolitiker, Demokratie und Parlamentarismus. Er betreibt in dieser Schrift, wie auch in *Politik als Beruf*, eine absichtliche Rhetorik der Provokation angesichts der weitverbreiteten Verachtung von Berufspolitikern. In der Parlamentsschrift steigert Weber diese Provokation geradezu, nämlich im Lob des Berufsparlamentariers ausgerechnet im Kontext jener Kriegsjahre, da Demokratie quer durch die politischen Lager zu einem positiven Schlagwort geworden war, hingegen der Parlamentarismus als etwas Englisches höchst verdächtig erschien (siehe z. B. Llanque 2000):

„Der Berufsparlamentarier ist ein Mann, der das Reichstagsmandat ausübt nicht als gelegentliche Nebenpflicht, sondern – ausgerüstet mit eigenem Arbeitsbüro und -personal und mit allen Informationsmitteln – als Hauptinhalt seiner Lebensarbeit. Man mag diese Figur lieben oder hassen, sie ist rein technisch unentbehrlich, und sie ist daher *schon heute vorhanden*" (Weber 1918: 244).

Indem er die parlamentsinternen Gründe für die Professionalisierung der Abgeordneten betont, ist Webers Typ des Berufsparlamentariers mit Gerlachs Argumentationslinie verknüpft. Die Bedeutung der Regierungskontrolle durch Berufsparlamentarier drückt Weber wie folgt aus:

„Denn der Berufsparlamentarier an sich ist den Instinkten der bürokratischen Verwaltungschefs ein Dorn im Auge. Schon als unbequemer Kontrolleur und als Prätendent einer, immerhin, gewissen Anteilnahme an der Macht. Vollends aber, wenn er in einer Gestalt auftritt, um als möglicher Konkurrent um die *leitenden* Stellungen in Betracht zu kommen (was bei den Interessenvertretern eben *nicht* der Fall ist). Daher auch der Kampf für Erhaltung der Unwissenheit des Parlaments. Denn nur qualifizierte Berufsparlamentarier, welche durch die Schule intensiver Ausschußarbeit eines *Arbeits*parlaments gegangen sind, können verantwortliche Führer, nicht bloße Demagogen und Dilettanten aus sich hervorgehen lassen. Auf solche Führer und ihre Wirksamkeit muß die ganze innere Struktur des Parlaments zugeschnitten werden, wie es in ihrer Art diejenige des englischen Parlaments und seiner Parteien seit langem ist. Dessen Konventionen sind freilich für uns nicht übertragungsfähig. Wohl aber das Strukturprinzip" (Weber 1988a: 245).

Webers Apologie des Berufsparlamentariers verweist auf seine Kritik der Verfassung und der politischen Grundkonstellation im deutschen Kaiserreich, das er nach englischem Vorbild parlamentarisieren wollte. Zentraler Gegenstand seiner Kritik ist die Beamtenherrschaft. Diese alltägliche und an sich unverzichtbare Herrschaft, die nach Webers Analyse nicht zuletzt im Fach-, Dienst- und Geheimwissen der Beamten zum Ausdruck kommt, können nur Parlamentarier einigermaßen kontrollieren (zur Verbindung dieser These mit Webers Wissenschaftstheorie siehe Palonen 2004). Weber verteidigt zwar auch Parteifunktionäre und Wahlkampforganisatoren gegen die üblichen Denunziationen. Doch er hat – wie der Vorrang des „für die Politik" lebenden Politikers in *Politik als Beruf* zeigt – sehr wohl Vorbehalte gegenüber einer Alleinherrschaft dieses Typus (siehe auch Weber 1988a: 262-264). Robert Michels' von Weber ‚betreute' klassische Studie aus dem Jahr 1910 (Michels 1970) verdeutlicht dann auch die Analogie zwischen Staatsbeamten und Parteifunktionären, weshalb Funktionäre der Parteien eine Kontrolle der Beamtenherrschaft gerade nicht leisten könnten. Nach Weber sind dazu nur solche Berufsparlamentarier imstande, die über einen eigenen Apparat verfügen.

Obwohl Weber für das deutsche Berufsbeamtentum und gegen die Parteipatronage der Beamtenstellen im *spoils system* eintritt, teilt er die Bestrebungen der Anhänger der *civil service reform* in den Vereinigten Staaten nicht, wählbare Stellen generell zugunsten von Ernennungen einzugrenzen (dazu Ostrogorski 1993: 600-614). Während nämlich diese Bestrebungen auf eine geringere Parteilichkeit von Politik durch eine Verminderung der Anzahl und der Macht von Berufspolitikern zielten, wollte Weber die Parteilichkeit von Berufspolitikern gerade stärken. Er tut dies durch eine festgelegte Unterordnung der Beamten unter die gewählten Politiker. Darauf verweist in *Politik als Beruf* etwa seine berühmte Gegenüberstellung des Ethos des Beamten mit dem des Politikers:

„Der echte Beamte ... soll seinem eigentlichen Beruf nach nicht Politik treiben, sondern: ‚verwalten', *unparteiisch* vor allem ... Sine ira et studio, »ohne Zorn und Eingenommenheit« soll er seines Amtes walten. Er soll also gerade das nicht tun, was der Politiker, der Führer sowohl wie seine Gefolgschaft, immer und notwendig tun muß: *kämpfen*. Denn Parteinahme, Kampf, Leidenschaft – ira et studium – sind das Element des Politikers. Und vor allem: des politischen *Führers*" (Weber 1994: 53).

In der Hegel'schen Tradition ist der Beamte ein Vertreter des „objektiven Geistes", in der szientistischen Denkweise à la Saint-Simon ein „Verwalter von Sachen", der die „Herrschaft über Menschen" ersetzen soll. In beiden Denkstilen stehen Beamte im Rang höher als Politiker, die parteiliche Sonderinteressen vertreten. Weber hält hingegen weder einen „objektiven Geist" noch eine übermenschliche „Sachlichkeit" für möglich, ja auch gar nicht für erstrebenswert und deshalb wertet er die Parteilichkeit, das Stellungsnehmen *pro et contra*, rhetorisch auf. Eben darauf zielen seine Vorschläge zur parlamentarischen Kontrolle des Fach-, Dienst- und Geheimwissens der Beamten sowie der darin versteckten Ansprüche, als Beamte ehrlich Politik zu treiben (Weber 1988a: 212-248).

In diesem Sinne kann man gar von Webers „parlamentarischer Erkenntnistheorie" im Sinne eines rhetorischen Denkstils *pro et contra* sprechen (siehe Palonen 2004, 2008a). Dies hängt mit seinem Begriff der „Objektivität" zusammen, namentlich mit der These, dass in politischen und in Kulturfragen „um die regulativen Wertmaßstäbe selbst *gestritten* werden kann und *muß*" (Weber 1973b: 153).

Die Weber'sche Apologie der Berufspolitiker kann somit auf die These zugespitzt werden, dass es gerade die Berufsparlamentarier sind, die besser als alle anderen imstande sind, den Wert des Streits anzuerkennen und dessen Praktiken zu beherrschen – und zwar sowohl gegeneinander als auch als Gegenlager zu dem angeblich objektiven und überparteilichen Bestrebungen der Beamten. In dieser Radikalität unterscheidet sich Webers normative Rechtfertigung der professionellen Politiker von bloß empirischen Argumenten, Berufspolitiker müsse man eben als „notwendiges Übel" in einer parlamentarischen Demokratie ertragen.

6. Symmetrische und asymmetrische Gegenbegriffe

Max Webers Lob gilt aber nicht nur den Berufspolitikern, sondern auch den Bürgern – sofern sie als Gelegenheitspolitiker tätig sind. In *Politik als Beruf* schreibt er: „,Gelegenheits'politiker sind wir alle, wenn wir unseren Wahlzettel abgeben oder eine ähnliche Willensäußerung: etwa Beifall oder Protest in einer ,politischen' Versammlung, vollziehen, eine ,politische' Rede halten usw." (Weber 1994: 41). Die Pointe seiner Lobrede auf Politiker liegt also gerade darin, dass er den unter seinen Zeitgenossen stark akzentuierten Gegensatz zwischen (guten) Bürgern und (bösen) Politikern rhetorisch auflöst. Wie kann nun das Verhältnis des Berufspolitikers zum Gelegenheitspolitiker konkret verstanden werden – und auch gerade heute, im Kontext des Berufsparlamentariertums mit Monatsgehalt? Hier nehme ich ein Gedankenexperiment vor, um das Verhältnis von Gelegenheits- und Berufspolitikern rhetorisch zu präzisieren. Zur Analyse benutze ich Reinhart Kosellecks Unterscheidung zwischen asymmetrischen und symmetrischen Gegenbegriffen.

Kosellecks *asymmetrische* Gegenbegriffe sind „binäre Begriffe von universalem Anspruch", die jedoch „auf ungleiche Weise konträr" sind (Koselleck 1979: 213). Dazu präsentiert er drei Beispiele: Hellenen vs. Barbaren, Christen vs. Heiden sowie Menschen vs. Untermenschen. Für alle drei gilt, dass „die Gegenseite ... wohl angesprochen, aber nicht anerkannt werden kann" (Koselleck 1979: 211), sondern „die Gegenposition nur negiert werden" kann (Koselleck 1979: 215). Kosellecks Pointe liegt jedoch im Hinweis darauf, dass derartige asymmetrische Gegenbegriffe als historische Kategorien ganz untauglich sind, da „alle bislang verwendeten globalen Dualismen von der folgenden geschichtlichen Erfahrung überholt und insoweit widerlegt wurden" (Koselleck 1979: 214).

Nach einer ausführlichen Diskussion der drei Beispiele gelangt Koselleck zur Frage nach den Chancen, *symmetrische* Gegenbegriffe aufzustellen. Dazu findet er ein historisches Paradigma, nämlich ausgerechnet Carl Schmitts Freund-Feind-Unterscheidung zum Begriff des Politischen:

„Nach der inhaltlichen Entleerung der universalen und zugleich dualistischen Begriffspaare im 20. Jahrhundert war es die wissenschaftliche Leistung von Carl Schmitt, die funktionalen und ideologisch gehandhabten Gegensätze der Klassen und Völker, die sich jeweils substanziell artikulierten, so weit zu formalisieren, dass nur die Grundstruktur möglicher Gegensätze sichtbar wurde. Das Begriffspaar Freund und Feind zeichnet sich durch seine politische Formalität aus, es liefert ein Raster möglicher Antithesen, ohne diese selbst zu benennen. Wegen ihrer formalen Negation handelt es sich erstmals um rein symmetrische Gegenbegriffe, die von beiden Seiten gegenläufig verwendbar ist" (Koselleck 1979: 258).

Dieses Beispiel ist keineswegs überzeugend: Die Schmitt'sche Feind- und Freund-Unterscheidung (oder Freund/Feind -Entscheidung) ist insofern asymmetrisch, als eine Seite die Feindschaft und Freundschaft deklariert, ohne die Zustimmung der anderen zu erfragen (vgl. Schmitt 1963: 26-37). Trotzdem bleibt die von Koselleck eingeführte

Möglichkeit symmetrischer Gegenbegriffe, die von *beiden* Seiten als Bezeichnungen akzeptiert werden, durchaus wertvoll. Nur symmetrische Gegenbegriffe sind nämlich auf beiden Seiten anwendbar. Asymmetrisch benutzte Abwertungsbegriffe können in besonderen Fällen jedoch rhetorisch aufgewertet und dadurch zum Eigengebrauch verwendbar gemacht werden.

„Gelegenheitspolitiker" und „Berufspolitiker" sind als solche weder symmetrische noch asymmetrische Gegenbegriffe. Für den Berufspolitiker kann man sich nämlich zumindest drei verschiedene Gegenbegriffe vorstellen: der *Laie,* der *Amateur,* der *Dilettant.* Alle drei verweisen auf verschiedene Konzeptionen der Professionalisierung. Der Gegentyp des Laien ist der *Fachmensch,* etwa ein Handwerker oder ein Gelehrter. Das Gegenstück zum Amateur ist hingegen der bezahlte und vollzeitig beschäftigte *Profi.* Der Dilettant wiederum bildet den asymmetrischen Gegentypus zum Meister oder *Virtuosen* der Profession.

Wie unterscheidet sich nun aber die *Rhetorik* der Amateure, Dilettanten und Laien in ihrem Verhältnis zu Berufspolitikern? Vor allem: Wie verstehen sie den Unterschied zwischen Gelegenheits- und Berufspolitikern, etwa hinsichtlich des Zeitaufwands und der Besoldung sowie in der Art und Weise, Politik zu betreiben? Entgegen der Befürchtung Webers hat sich der Berufsparlamentarier also doch gegen seine Konkurrenten – wie den Parteifunktionär, den Wahlkampfmanager, den Lobbyisten und den politischen Beamten – durchgesetzt. Für diese Typen der Professionalisierung spielt auch der demokratische Typus des Gelegenheitspolitikers keine Rolle. Deswegen ist es möglich, meine Diskussion hier auf Parlamentarier zu begrenzen.

Webers Typ des Gelegenheitspolitikers bezieht sich primär auf das Laienurteil der Wähler. Demokratische Wahlen setzen voraus, dass die Berufspolitiker über kein Politikmonopol verfügen. Weber geht vielmehr von der Annahme einer hinreichenden politischen Urteilskraft der Wählerschaft bzw. aller an der Wahl Teilnehmenden aus. Die Wahlrechtsdebatten des 19. Jahrhunderts galten nun aber nicht zuletzt der Frage, wie weit man sich wohl auf ein politisches Laienurteil verlassen kann (vgl. Palonen 2008b: Kap. 2). Ein Grund dafür, dass sich die „Zifferndemokratie" (Weber 1988b: 169) des allgemeinen Wahlrechts durchgesetzt hat, liegt in der *Beliebigkeit der Unterschiede* aller (erwachsenen) Staatsbürger. Dem *Laienurteil* der Staatsbürger bei allgemeinen Wahlen ausgesetzt zu sein, ist ein entscheidendes Merkmal der Machtchancen der parlamentarischen Berufspolitiker.

Die Abhängigkeitsverbindung der gewählten Berufspolitiker mit dem Laienurteil der Wähler kann man nun mit Frank Ankersmit damit begründen, dass erst die Repräsentation Repräsentierte und Repräsentanten bilde: „Without representation there is no represented" (Ankersmit 2002: 115). Ohne das Parlament und das Recht, sich an dessen Wahl zu beteiligen, kann von Staatsbürgern letztlich auch kein eigenes politisches Urteil erwartet werden. Gerade dieses Urteil etabliert aber gleichzeitig eine prinzipiell legitime Distanz zwischen den gewählten Parlamentariern und den „bloßen" Wählern. Dabei kann das Laienurteil der Wähler durchaus auch gegen drohende Selbstgenügsamkeiten der Parlamentarier bzw. gegen deren Ignoranz gegenüber den Interessen des Elektorats gerichtet werden. Hingegen können politische Laien nicht wirklich mit Berufsparlamentariern erfolgreich konkurrieren, da sie nicht über deren Erfahrungen, prozedurale Kompetenzen und sonstige spezifische Machtanteile verfügen. Die politischen Laien sind ihrerseits aber auch frei von den Verpflichtungen und Herausforderungen der Berufspolitiker: Sie müssen sich weder um ihre Wiederwahl kümmern noch zu allen möglichen Fragen der parlamentarischen Agenda Stellung nehmen. Die Berufspolitiker sind für das Laienurteil der Wähler ebenso unverzichtbar wie umgekehrt, und das Verhältnis zueinander ist prinzipiell symmetrisch.

Gelegenheitspolitiker sind aber auch die Amateure der Politik. Auch sie interessieren sich, mit Weber gesprochen, leidenschaftlich für die Politik und verfügen über politisches Verantwortungsgefühl sowie Augenmaß. Politik treiben sie primär in ehrenamtlichen Gremien, die sie jedoch andere Erfahrungen als die der parlamentarischen Berufspolitiker machen lassen. Aus der Mitte der Amateure wird weiterhin die Mehrheit der zukünftigen Berufspolitiker rekrutiert. Unter ihnen findet man jene, die bei Gelegenheit den Versuch wagen, für das Parlament zu kandidieren, um Berufspolitiker zu werden. Demokratische Konkurrenz unter den Kandidaten verlangt, dass Amateurpolitiker die amtierenden Parlamentarier herausfordern, etwa indem sie deren Auftreten als Abgeordnete oder deren Bezug zur Wählerschaft in Frage stellen. Sowohl die Schärfe der Konkurrenz als auch das Niveau künftiger Berufsparlamentarier hängen letztlich vom Bestand einer hinreichend breiten Basis an freiwilligen Amateurpolitikern ab. Und auch das Verhältnis von Amateuren und Profis in der parlamentarischen Politik ist prinzipiell symmetrisch.

Die Existenz politischer Laien und Amateure basiert insgesamt auf der Legitimität der Repräsentation, die ihrerseits ein Verhältnis wechselseitiger Kritik zwischen ihnen und den Berufspolitikern voraussetzt. Die sich für Politik interessierenden *Dilettanten* aber wenden sich gegen Berufspolitiker als solche. Ohne die Tätigkeit eines Parlaments von innen her zu kennen, glauben sie dennoch, alles dazu Nötige schon zu wissen und die nach außen einfach aussehenden Praktiken zu beherrschen. Gerade in diesem Sinne halten sie „Dilettant" für einen Ehrentitel. Diese Ansicht setzt wiederum eine mimetische Konzeption der Repräsentation aus. Dilettanten erkennen also weder einen Erfahrungs- und Kompetenzvorsprung von Berufspolitikern noch Differenzen in der Zeiterfahrung im Parlament und im bürgerlichen Arbeits- und Alltagsleben an, sondern halten das Aufkommen von alledem für politisch gefährliche Tendenzen. Für Dilettanten sollte das Handwerk der Abgeordneten jedenfalls nicht von dem in ehrenamtlichen Gremien abweichen. Schon in der Weimarer Republik verlangte man in der Boulevardpresse eine Zeitkontrolle für Parlamentarier ähnlich jener bei Arbeitern (vgl. Mergel 2002: 387-389).

Rhetorisch ist „Berufspolitiker" für einen Dilettanten ein Schimpfwort – und umgekehrt. Solcher gegenseitigen Symmetrie der Ablehnung entspricht eine Asymmetrie der Bewertung: Im Grenzfall glauben Dilettanten, schon mit der an andere gerichteten Bezeichnung „Berufspolitiker" die eigene Haltung zur Politik aufwerten zu können, ebenso wie umgekehrt für Berufspolitiker der Vorwurf des Dilettantismus an die Adresse anderer schon einen weiteren Schritt zur eigenen Aufwertung bildet. Diese Symmetrie der Ablehnung kann aber auch mit einer „Umwertung der Werte", mit einer rhetorischen Aufwertung der jeweiligen abwertenden Begriffe kombiniert werden. Die Beschimpfung von Dilettanten durch Berufspolitiker kann dabei eine implizite Absage an das allgemeine Wahlrecht, zumindest aber eine Ablehnung allzu heftiger Kritik an Parlamenten innerhalb einer Wahlperiode enthalten. Entsprechend verlangt das Bestreiten der Legitimität von Berufspolitikern grundsätzlich nach entweder einem imperativen Mandat der Abgeordneten ohne Deliberation oder gar einer Ersetzung des

Wahlprinzips etwa durch das Losverfahren. In diesem Sinne ist dann auch keine Deliberation oder Debatte zwischen Dilettanten und Berufspolitikern möglich.

Das Verhältnis von Laien und Berufspolitikern ist hingegen eines der gegenseitigen Kontrolle, während das von Amateuren und professionellen Politikern in einer Differenz des Auftretens in verschiedenen Situationen besteht. Laien beanspruchen politische Urteilskraft, ohne selbst Berufspolitiker werden zu wollen. Hingegen werden erfahrene Berufspolitiker auch nach dem Ausscheiden aus dem Parlament nie wieder zu Laien, sondern bleiben „ehemalige Politiker". Der ehemalige französische Premier Louis Barthou schrieb dazu am Ende seines Politikerbuchs: „Il n'y a pas de retraite pour le *Politique*" (Barthou 1923: 125).

Aus der Sicht von Berufspolitikern ist nun aber das Urteil der Laien – ausgedrückt in Wahlen und öffentlicher Meinung – ebenso wertvoll wie das eigene Laienurteil über Beamte oder externer Sachkundiger in Ausschüssen und anderen Gremien (vgl. Weber 1988a: 226-245). Das Laienurteil der Wähler wird im Parlament auch nicht als – im Sinne von *vox populi, vox Dei* – „gegeben" angesehen, sondern der parlamentarischen Deliberation *pro et contra* ausgesetzt. Es kann in Debatten und Abstimmungen auch verworfen werden, wie ja auch die Sicht von Beamten und Experten der parlamentarischen Kritik revidiert oder verworfen werden kann. Die Bereitschaft, gegebenenfalls auch unpopuläre Entscheidungen zu treffen, gehört jedenfalls zur Professionalität des Parlamentariers. Im Gegensatz dazu kann man in der Laienkritik auf die Gefahren einer *deformation professionnelle* (vgl. Scheer 2003) verweisen, denen auch die Parlamentarier ausgesetzt sind. Eine extreme Form dieser Deformation besteht eben darin, dass manche Parlamentsmitglieder erklären, gerade keine Berufspolitiker zu sein.

Amateure und Profis spielen natürlich auch unter Politikern nicht in einer Liga. Sie begegnen einander in Grenzsituationen jedoch mitunter als – primär innerparteiliche – Konkurrenten, vor allem anlässlich von Wahlen, bei denen sie gegeneinander antreten. Die Berufspolitiker setzen dabei auf Erfahrungen, die Amateuren leicht als Stagnation erscheinen, während jene „frische Luft", die von Amateuren für das Parlament gefordert wird, den Berufsparlamentariern oft eher als mangelndes Verständnis für die Probleme der Parlamentarier oder für die Eigenart der parlamentarischen Prozeduren erscheinen will.

Das Parlament selbst hatte und hat mit seinen eigenständigen, vom bürgerlichen Berufsleben abweichenden Prozeduren und Praktiken die Kraft, aus gewählten Amateuren erstaunlich schnell Berufspolitiker zu machen. Gerade deswegen bedeutet Professionalisierung der Politiker eben *nicht*, dass zunehmend Leute ins Parlament gewählt werden, die man schon zuvor als Berufspolitiker bezeichnen kann. Gemeint ist vielmehr die Bereitschaft gewählter Abgeordneter, sich als Berufsparlamentarier zu *verstehen* und die dazu nötigen Praktiken zu *lernen*. Unter dieser Bedingung erkennen Amateure und Berufspolitiker die Berechtigung ihrer gegenseitigen Konkurrenz sowie die Möglichkeit, überall den eigenen Standpunkt zu verteidigen: Sie praktizieren einfach das parlamentarische Spiel des Redens *pro et contra*.

Wenn freilich Journalisten, Lokalpolitiker, Parteifunktionäre oder parlamentarische Mitarbeiter gegen amtierende Parlamentarier kandidieren, scheint der klare Unterschied zwischen Berufs- und Gelegenheitspolitikern zu verschwinden. Dies übersieht jedoch die rhetorische Eigenständigkeit des Parlaments als eine Stätte der Repräsentation und der Deliberation. Hier liegt gerade die Pointe Ankersmits, nämlich dass Repräsentation die Bürger *bis zum nächsten Wahltag* in Repräsentierte und Repräsentanten teilt. Das Parlament ist nämlich, mit dem klassischen Wort Edmund Burkes ausgedrückt (1774), kein *congress of ambassadors*, sondern eine Versammlung der zur Deliberation und Abstimmung gewählten und berechtigten Abgeordneten, die ein freies Mandat als Voraussetzung des Redens *pro et contra* ausüben. Oder, mit Weber gesprochen: Die Parlamentarier verfügen als Individuen über bestimmte, unersetzbare Arten von Machtchancen. In diesem Sinne können nicht-parlamentarische Kandidaten zwar mit Parlamentariern um *Stimmen* konkurrieren, nicht aber ihre spezifischen *Machtchancen* ersetzen.

7. Fazit

Im ersten Teil des Aufsatzes habe ich einige Beispiele aus der Entstehungsgeschichte des Berufspolitikertums sowie zu deren Verwandlung in einen unverzichtbare Typus präsentiert. Damit veranschaulichte ich die historische Singularität des Typus Berufspolitiker, der zwar, wie Weber sagt, nur „dem Okzident eigentümlich" ist (Weber 1994: 38), aber auch dort auf Regimes begrenzt ist, für die freie, faire Wahlen sowie parlamentarische Deliberation der Alternativen konstitutiv sind. In diesem Sinne verdienen z. B. die „Politfunktionäre" sowjetischer Prägung nicht den Titel des Berufspolitikers; sie ähneln eher den Klerikern und dem Hofadel bei Weber (Weber 1994: 50-51).

Die Kritik an Berufspolitikern hängt historisch mit der Parlamentarisierung und der Demokratisierung zusammen. Sie bildet einen Teil der Kritik an Autoritäten aller Art, geht als solche aber am qualitativen Unterschied zwischen gewählter und anderer Herrschaft vorbei. Darüber hinaus steht diese Kritik auch im Zusammenhang mit der historischen Singularität des Parlamentarismus, in dem Prozedur- und Personenfragen über den Sachfragen stehen. Dieser wird von den Kritikern oft nur als Vorwand verstanden, die Annahme der jeweils bevorzugten einfachen Lösungen der Sachfragen zu beschließen (vgl. Rosanvallon 2000: 165-173).

Solche Kritik an Berufspolitikern hat sich vom späten 19. Jahrhundert bis heute kaum verändert. Sie hat vor allem keine glaubwürdigen Alternativen zur rhetorischen Praxis des Parlamentarismus und zu deren Verallgemeinerung in Wahlen mit allgemeinem Stimmrecht entworfen. Wer Demokratie und Parlamentarismus nicht über Bord werfen will, der muss auch bereit sein, Berufspolitiker zu akzeptieren – und zwar als Akteure in ihrem *täglichen* Funktionieren, sowie als Bollwerk gegen Beamten- und Expertenherrschaft (vgl. Borchert 2008).

Durch solche Reflexion der konzeptionellen Bedingungen parlamentarischer Demokratie bleiben das Werk Max Webers sowie die ältere „vergleichende Politikwissenschaft" à la Bryce und Ostrogorski der positivistisch-soziologischen Wahl-, Partei- und Politikerforschung der Nachkriegszeit haushoch überlegen. Hier habe ich zusätzlich auch eine noch ältere Tradition, nämlich die der Rhetorik aufgegriffen. Aus deren Sicht bildet das Reden, wie auch Weber anerkennt (1994: bes. 54, 64), nicht nur einen entscheidenden Machtanteil demokratischer Politiker, sondern überhaupt die konzeptionelle Basis des Parlamentarismus als ein Politikstil, der den Streit über die Einigkeit, den Dissens über den Konsens stellt. Gerade dieser Wert des Parlamentarismus geht in der „Wir"-Rhetorik der Bewegungen und Netzwerke verloren (vgl. Ankersmit 2002: 180-192).

Hinsichtlich des Idealtyps des Berufspolitikers betreibe ich eine im Vergleich zum medialen und politologischen Alltagsverständnis kontraintuitive und kontrainduktive rhetorische Aufwertung des Parlamentariers. Die an Prozeduren und Redepraktiken anknüpfenden parlamentarischen Machtchancen sind nun einmal mit den Ressourcen der Rede und Widerrede verbunden. Sie können zur Aufwertung der deliberativen Rhetorik eines parlamentarischen Politikstils führen, und sie können – vom vordemokratischen „Parlamentarismus" bis heute – eine *longue durée* parlamentarischer Rhetorik als eine für professionelle Politiker unverzichtbare Kompetenzquelle andeuten.

Anstatt die Wahlbindung der Parlamente zu betonen, kann man die Perspektive aus rhetorischer Sicht auch umkehren und die Praktiken und Prozeduren der Wahlen enger an die der Parlamente binden, also die Wähler als die Parlamentarier des Wahltags verstehen (vgl. Palonen 2005). Das Laienurteil der Wähler sowie der Grenzfall einer Konkurrenz zwischen Berufs- und Amateurpolitikern verweist auf dieses Wahltagsparlamentariertum. Mit der Figur des „Parlamentariers am Wahltag" kann man auch mancherlei ansonsten eigenartige rhetorische Ressourcen des Parlamentarismus aktivieren, sowohl in der Prozedur als auch in den Redepraktiken.

Literatur

Abélès, Marc, 2000: Un ethnologue à l'Assemblée. Paris: Jakob.
Adamson, Sylvia/Gavin, Alexander/Ettenhuber, Karin (Hrsg.), 2007: Renaissance Figures of Speech. Cambridge: Cambridge University Press.
Angenot, Marc, 2003: La démocratie, c'est le mal. Laval: Les Presses de l'Université Laval.
Ankersmit, Frank, 2002: Political Representation. Stanford: Stanford University Press.
Bagehot, Walter, 1974 (1865): Politics as a profession, in: *St. John-Stevas, Norman* (Hrsg.), The Collected Works of Walter Bagehot Vol. 6. London: The Economist, 130-134.
Bagehot, Walter/Smith, Paul (Hrsg.), 2001 (1867): The English Constitution. Cambridge: Cambridge University Press.
Barthou, Louis, 1923: Le Politique. Paris: Hachette.
Beetham, David, 2006: Weber and Anglo-American Democracy. Analysis, Reception and Relevance, in: *Ay, Karl-Ludwig/Borchardt, Knut* (Hrsg.), Das Faszinosum Max Weber. Die Geschichte seiner Geltung. Konstanz: UVK, 343-352.
Bentham, Jeremy/James, Michael/Blamires, Cyprian/Pease-Watkin, Catherine (Hrsg.), 1999 (1791): The Collected Works of Jeremy Bentham. Political Tactics. Oxford: Clarendon Press.
Borchert, Jens, 2003: Die Professionalisierung der Politik. Frankfurt am Main: Campus Verlag.
Borchert, Jens, 2008: Political Professionalism and Representative Democracy. Common History, Irresolvable Linkage and Inherent Tensions, in: *Palonen, Kari/Pulkknen, Tuija/Rosales, José Maria* (Hrsg.), Ashgate Research Companion to the Politics of Democratisation in Europe. Concepts and Histories. Aldershot: Ashgate, 281-297.
Bryce, James, 1995 (1888): The American Commonwealth. Indianapolis: Liberty Fund.
Burke, Edmond, 1774: Speech to the Electors of Bristol, in: Select Works of Edmund Burke Vol. 4. http://oll.libertyfund.org/?option=com_staticxt&staticfile=show.php%3Ftitle=659&chapter=20392&layout=html&Itemid=27. 09.02.2008.
Clarkson, J. S., 1891: The Politician and the Pharisee, in: The North American Review 152, 613-624. http://cdl.library.cornell.edu/cgi-bin/moa/moa-cgi?notisid=ABQ7578-0152-61. 09.02.2008.
Curzon, George, 1913: Modern Parliamentary Eloquence. London: Macmillan.
Fairlie, Henry, 1968. The Life of Politics. London: Methuen.
Gauger, Hildegard, 1952: Die Kunst der politischen Rede in England. Tübingen: Niemeyer.
Gerlach, Helmut von, 1907: Das Parlament. Frankfurt a. M.: Literar. Anstalt.

Habermas, Jürgen, 1962: Strukturwandel der Öffentlichkeit. Neuwied: Luchterhand.
Hamilton, William Gerard, 1927 (1808): Parliamentary Logic. Cambridge: W. Heffer and Sons.
Hegewisch, Dietrich Hermann, 1804: Geschichte der englischen Parlamentsberedsamkeit. Altona: Hammerich.
Hennis, Wilhelm, 1987: Max Webers Fragestellung. Tübingen: Mohr.
Kluxen, Kurt, 1983: Geschichte und Problematik des Parlamentarismus. Frankfurt a. M.: Suhrkamp.
Koselleck, Reinhart, 1979: Vergangene Zukunft. Zur Semantik geschichtlicher Zeiten. Frankfurt a. M.: Suhrkamp.
Koselleck, Reinhart, 1983: Begriffsgeschichtliche Probleme der Verfassungsgeschichtsschreibung, in: Der Staat, Beiheft 6, 7-21.
Llanque, Marcus, 2000: Demokratisches Denken im Krieg. Die deutsche Debatte im Ersten Weltkrieg. Berlin: Akademie Verlag.
Mack, Peter, 2002: Elizabethan Rhetoric. Theory and Practice. Cambridge: Cambridge University Press.
Marschall, Stefan, 2005: Parlamentarismus. Eine Einführung. Baden-Baden: Nomos.
Mergel, Thomas, 2002: Parlamentarische Kultur in der Weimarer Republik. Politische Kommunikation, symbolische Politik und Öffentlichkeit im Reichstag. Düsseldorf: Droste.
Michels, Robert (Hrsg.), 1970 (1910): Zur Soziologie des Parteiwesens in der modernen Demokratie. Untersuchungen über die oligarchischen Tendenzen des Gruppenlebens. Stuttgart: Kröner.
Mommsen, Wolfgang J., 1974 (1959): Max Weber und die deutsche Politik 1890 – 1920. Tübingen: Mohr.
Ostrogorski, Moisei, 1993 (1903): La démocratie et les partis politiques. Paris: Calmann-Lévy.
Palonen, Kari, 2002: Eine Lobrede für Politiker. Ein Kommentar zur Max Webers „Politik als Beruf". Opladen: Leske + Budrich.
Palonen, Kari, 2004: Max Weber, Parliamentarism and the Rhetorical Culture of Politics, in: Max-Weber-Studies 4, 273-292.
Palonen, Kari, 2005: Parliamentarism. A Politics of Temporal and Rhetorical Distances, in: Österreichische Zeitschrift für Geschichtswissenschaft 15 (3), 111-126.
Palonen, Kari, 2006: Sombart and Weber on Professional Politicians, in: Max Weber Studies 6, 33-50.
Palonen, Kari, 2008: 'Objectivity' as Fair Play. Max Weber's Parliamentary Redescription of a Normative Concept, in: Redescriptions 12, 72-95.
Palonen, Kari, 2008: The Politics of Limited Times. The Rhetoric of Temporal Judgment in Parliamentary Democracies. Baden-Baden.
Palonen, Kari, 2010: Der Parlamentarismus als Begriff. Die Parlamentarismusforschung zwischen Politikwissenschaft, Rhetorik und Begriffsgeschichte. Archiv für Begriffsgeschichte (Sonderheft 7, 91-106).
Patzelt, Werner J./Dreischer, Stephan (Hrsg.), 2009: Parlamente und ihre Zeit. Zeitstrukturen als Machtpotentiale. Baden-Baden: Nomos.
Redlich, Josef, 1905: Recht und Technik des Englischen Parlamentarismus. die Geschäftsordnung des House of Commons in ihrer geschichtlichen Entwicklung und gegenwärtigen Gestalt. Leipzig: Duncker & Humblot.
Riordon, William L., 1948 (1905): Plunkitt of Tammany. New York: E. P. Dutton.
Rosanvallon, Pierre, 2000: La démocratie inachevée. Histoire de la souveraineté du peuple en France. Paris: Gallimard.
Scheer, Hermann, 2003: Die Politiker. München: Kunstmann.
Schmitt, Carl, 1963 (1932): Der Begriff des Politischen. Text von 1932 mit einem Vorwort und drei Corollarien. Berlin: Duncker & Humblot.
Schmitt, Carl, 1979 (1923): Die geistesgeschichtliche Lage des heutigen Parlamentarismus. Berlin: Duncker & Humblot.
Skinner, Quentin, 1996: Reason and Rhetoric in the Philosophy of Hobbes. Cambridge: Cambridge University Press.
Tomkins, Adam, 2005: Our Republication Constitution. Oxford: Hart Publishing.

Weber, Max, 1973 (1906): Kritische Studien auf dem Gebiet der kulturwissenschaftlichen Logik, in: *Winckelmann, Johannes* (Hrsg.), Gesammelte Aufsätze zur Wissenschaftslehre. Tübingen: Mohr, 215-290.
Weber, Max, 1973 (1904): Die „Objektivität" sozialwissenschaftlicher und sozialpolitischer Erkenntnis, in: *Winckelmann, Johannes* (Hrsg.), Gesammelte Aufsätze zur Wissenschaftslehre. Tübingen: Mohr, 146-214.
Weber, Max, 1988 (1918): Parlament und Regierung im neugeordneten Deutschland. Max-Weber-Studienausgabe 1/15. Tübingen: Mohr, 202-302.
Weber, Max, 1988 (1917): Wahlrecht und Demokratie in Deutschland. Max-Weber-Studienausgabe 1/15. Tübingen: Mohr, 155-189.
Weber, Max, 1993 (1904-1905): Die protestantische Ethik und der Geist des Kapitalismus. *Lichtblau, Klaus/Weiß, Johannes* (Hrsg.). Bodenheim: Athenäum Hain Hanstein.
Weber, Max, 1994 (1919): Politik als Beruf. Max-Weber-Studienausgabe 1/17 Tübingen: Mohr, 35-88.
Weber, Max, 1999 (1905): Bemerkungen im Anschluss an den vorstehenden Aufsatz von R. Blank, Die soziale Zusammensetzung der sozialdemokratischen Wählerschaft in Deutschland. Max-Weber-Studienausgabe 1/8. Tübingen: Mohr 69-72.
Yerby, George, 2008: People and Parliament. Representative Rights and English Revolution. Basingstroke: Palgrave Macmillan.
Unbekannter Autor, 1869: The Profession of Politics. Quarterly Review 126: 273-297.

Was für Politiker brauchen wir? Ein normativer Essay

Werner J. Patzelt

1. Kann eine normative Frage überhaupt eine wissenschaftliche Frage sein?

Haben wir die Politiker, die wir brauchen? Das ist ein an Stammtischen – und auch an akademischen – immer wieder erörtertes Thema. Dort herrscht oft Konsens: Die Falschen sind am Ruder, oder die eigentlich Richtigen benehmen sich schlecht. Doch worauf gründet solches Urteil? Meist auf Beobachtungen und auf Intuition. Ist das falsch? Nicht im Prinzip. Doch das Verfahren ist verbesserungsfähig: Beobachtungen kann man auf ihre Perspektivität, Richtigkeit und Verallgemeinerbarkeit prüfen; und an die Stelle der Intuition kann man klare Beurteilungsmaßstäbe setzen, die sich plausibel begründen und nachvollziehbar auf die getätigten Beobachtungen beziehen lassen (zu den hier anstehenden Aufgaben normativer Politikforschung siehe Patzelt 2007: 194-201).

Natürlich kann man eine normative Frage nicht durch empirische Forschung beantworten.[1] Ist sie dann aber überhaupt eine wissenschaftliche Frage – oder „nur" eine politische? Die Antwort hängt davon ab, was man von Wissenschaft erwartet. Verlangt man von ihr, dass sie unumstößlich Wahres, Unbezweifelbares, für alle richtig und redlich Denkenden Zwingendes zutage fördere, dann kann Wissenschaft bei normativen Fragen nur versagen. Doch natürlich tut sie das angesichts solcher Forderungen auch schon bei empirischen Fragen. Versteht man hingegen unter Wissenschaft nicht mehr als das Hinausgehen beim Wissenwollen, Erkennen und Erklären über jene Grenzen, die dem gesunden Menschenverstand nun einmal durch dessen – meist ganz unbemerkte – Perspektivität, Selektivität und Normativität gezogen sind, begreift man folglich Wissenschaft als nicht mehr denn die Fortsetzung unseres Alltagsdenkens in *reflektierter* Perspektivität, in *kontrollierter* Selektivität und in *selbstkritischer* Normativität, dann gibt es keine wirklich guten Gründe dafür, als Wissenschaftler den Alltagsdiskurs genau dort im Stich zu lassen, wo er sich der praktisch wichtigsten Probleme annimmt. Die aber betreffen viel weniger das, was *ist*, als vielmehr das, was *sein sollte* und durch unser Tun womöglich verwirklicht wird – oder durch unser Lassen eben nicht. Was aber nützte es uns wirklich, wenn wir zwar die im Zeitverlauf sich wandelnde Zusammensetzung und Professionalität unserer Politikerschaft sowie die Prägefaktoren von Politikerkarrieren[2] gut kennen, doch zu keinem Urteil darüber finden, ob das alles gut und weiterhin beizubehalten ist – oder eben schlecht, und somit zu verändern?

Der „alten Politikwissenschaft", wie sie die von Platon bis mindestens Rousseau der „empirischen Kehre" des positivistischen 19. Jahrhunderts vorausging, wäre noch jeder Zweifel darüber fremd gewesen, ob sie sich mit dem Beschreiben, Gestalterkennen und Erklären politischer Phänomene begnügen müsse oder auch Bewertungsmaßstäbe vorle-

---

1 Vgl. in dieser Hinsicht den ebenfalls von den empirisch ausgerichteten Beiträgen dieses Bandes abweichenden Zugriff von *Kari Palonen* auf unser Thema.
2 Siehe hierzu in diesem Band v. a. die Beiträge von *Klaus Detterbeck*, *Heinrich Best/Stefan Jahr/ Lars Vogel*, *Jörn Fischer/André Kaiser*, *Jens Borchert* und *Katja Fettelschoß*.

gen, ja zur allgemeinen Anwendung empfehlen dürfe. Sogar noch vielen sozialwissenschaftlichen Theorien des 19. Jahrhunderts – allen voran der Marx'schen – ging es klar um Werturteile sowie um aus ihnen abgeleitete Handlungsanweisungen. Nicht minder kennzeichnete der Versuch, Empirisches mit Normativem zu verbinden, die als „Demokratiewissenschaft" wiedergegründete (bundes-)deutsche Politikwissenschaft nach dem Zweiten Weltkrieg. Freilich schränkte die normative Vorliebe für eine bestimmte zu weisende Richtung – gleich ob bei „normativen Ontologen" oder bei (neo-)marxistischen Gesellschaftskritikern – oft die akzeptierten Betrachtungsperspektiven ein und führte dann zu strikter Selektion dessen, was man wissen und erfahren wollte. Deshalb war der Siegeszug empirischer Forschung so befreiend für die Sozialwissenschaften: Es geht der Methodenlehre ja um nichts anderes als um die *Kontrolle* und *Korrektur* ansonsten leicht unbemerkt bleibender Normativität (etwa bei der Begriffsbildung), Selektivität (zumal bei der Stichprobenziehung) und Perspektivität (gerade bei der Entwicklung und Handhabung von Erhebungsinstrumenten).

Doch Sieger bleiben gerne unter sich. Einen ersten Weg zur Abschottung von praktisch wichtigen normativen Diskursen beschreiten empirische Politikwissenschaftler immer wieder mit dem Hinweis auf die Vorzüge von Arbeitsteilung. Ihrerseits erforschten sie allein die „res gestae", also das, was ist oder war. Die „res gerendae" hingegen, also Maßnahmen, die auf solcher Wissensgrundlage nun womöglich sinnvoll, ja wünschenswert wären: Sie gingen einen Politikwissenschaftler allenfalls in seiner Rolle als Staatsbürger etwas an, in welcher er nun aber nicht mehr wissen und nicht weiter blicken könne als jeder andere auch. Vom oben umrissenen Wissenschaftsverständnis aus erfüllt ein solches Argument den Tatbestand der Arbeitsverweigerung: Warum sollten nicht gerade Politikwissenschaftler dank des ihnen geläufigen reflektierten Umgangs mit Perspektivität, Selektivität und Normativität immerhin ein Stück weit über die Grenzen des alltagspraktischen Erörterns normativer Politikprobleme hinausgelangen können? So in die Enge getrieben, verfällt ein Empiriker auf einen zweiten Ausweg: Es sei ohnehin logisch unmöglich, von Aussagen über das Sein zu Aussagen über das Soll zu gelangen. Das ist gewiss richtig. Doch wirklich plausibel machte diese Einsicht den bequemen Bogen um normative Erwägungen ja nur dann, wenn von Politikwissenschaftlern verlangt würde, gleichsam „objektive", unumstößliche, über alle Zweifel erhabene Aussagen über das Soll vorzulegen – und nicht nur hilfreiche Versuche des Hinausgelangens über das, was eigentlich jeder beim Politisieren mit seinem gesunden Menschenverstand zu leisten vermag. So große Ansprüche aber stellt man nicht einmal an empirische Aussagen – und wird sie deshalb auch nicht an normative Aussagen richten müssen. Dann aber spricht nichts dagegen, ja vieles sogar dafür, die ganz zu ihrem Vorteil „empirisch gewordene" Politikwissenschaft nun wieder um jene Dimension zu ergänzen, die früher als ihre wichtigste galt: die normative. Dafür wird freilich die Textgattung eines Essays am angemessensten sein.

2. Zum Vorgehen

Wenn Politik, wenn eines Landes politische Klasse[3] wichtig ist, dann braucht es die Sorge um die „res gerendae" gerade beim Thema „Politik als Beruf". Allerdings wird man nicht überraschend neue Antworten auf die Frage danach erwarten dürfen, was für Politiker wir haben sollten. Schließlich geht es hier um ein ganz ehrwürdiges Thema der klassischen Auseinandersetzung mit Politik und ihren Akteuren, desgleichen um die Früchte jahrhundertelanger Reflexion praktischer Erfahrungen mit Politikern und ihren Handlungsbedingungen. In unserer Tradition reicht der Reflexions- und Argumentationsbogen von den Rollenanweisungen Platons (428/427-348/347 v. Chr.) für die oberen zwei Stände der „Politeia" über Xenophons (430-354 v. Chr.) „Kyropädie" hin zur Fürstenspiegelliteratur zwischen Mittelalter und Aufklärung, und dann von Machiavellis (1469-1527) „Principe" über Max Webers (1864-1920) „Politik als Beruf" hinein in Literatur etwa zum wirkungsvollen „image management" in Wahlkämpfen und zum effektiven „spin doctoring" in Normalzeiten. Allerdings gehört es zu den Eigentümlichkeiten des Politischen, ja des Sozialen überhaupt, dass Einsichten in dessen zu beherzigende Machart oder Natur nie für allemal errungen sind, sondern immer wieder anverwandelt und zu diesem Zweck kommunikativ in Geltung gehalten werden müssen. Eben das macht die nie nachlassende Aktualität klassischer Themen oder Begriffe aus und rechtfertigt auch immer wieder neu die Beschäftigung mit der Frage, was für Politiker wir bräuchten – und welche Maßstäbe deshalb jene verwenden sollten, die Kandidaten für öffentliche Ämter aufstellen oder wählen.

Aus welchen Diskursbereichen lassen sich nun hierfür normativ brauchbare Beurteilungsmaßstäbe beschaffen? Schon ein erster Überblick zeigt, dass nachfolgend nur exemplarisch vorgegangen, ein weites Forschungsfeld bloß vermessen und punktuell erkundet werden kann. Erstens legt es das Verständnis von Politik als Erscheinungsform gesellschaftlicher Arbeitsteilung nahe, von den bei solcher Arbeitsteilung sinnvollen Regeln her zu beurteilen, was für Politiker wir bräuchten. Damit gelangt man in den Bereich der traditionellen Repräsentations- und neueren Agentur- bzw. Delegationstheorie. Zweitens würde man nur zum eigenen Erkenntnisnachteil jene Einsichten ignorieren, die in der langen Tradition klassischer Tugendlehren und „Fürstenspiegel" gewonnen und hinsichtlich ihrer praktischen Anwendung schon an vielen Beispielen sorgsam erwogen wurden. Kursorisch soll hier auf den Diskurs um Herrschertugenden, exemplarisch auf Machiavellis Ratschläge für erfolgreiche Politiker eingegangen werden. Drittens wird man gut daran tun, von den konkreten Rollenanforderungen eines je besonderen politischen Systems her die Frage zu beantworten, was für Politiker es braucht, um genau dieses System möglichst störungsfrei und zum Zweck guten Regierens zu betreiben. Beim Blick auf unser Land verlangte das die Beachtung der Umstände eines Parteienstaates und einer Verhandlungsdemokratie, die beide unter den Druck der Medialisierung geraten sind. Die ausgedehnte Literatur hierzu[4] sollte in weiteren

---

3 Der Begriff der „politischen Klasse" wird im Folgenden nicht umgangssprachlich, sondern als technischer Begriff ganz im Sinn des Beitrags von *Klaus Stolz* (in diesem Band) verwendet. Er bezeichnet jene Personen, die in einem Gemeinwesen nicht nur für, sondern großenteils auch von der Politik leben und diesbezüglich gemeinsame Professionsinteressen entwickeln.

4 In diesem Band befassen sich vor allem die Beiträge von *Armin Wolf, Jens Tenscher, Peter H.*

Studien mit wirtschaftswissenschaftlichen und organisationssoziologischen Managementtheorien verbunden werden, weil dies vielerlei ergänzende Aufschlüsse darüber verspricht, wie – sowohl allgemein als auch unter solchen Rahmenbedingungen – „good (corporate) governance" zu sichern ist. Das alles kann hier aber nur angesprochen, nicht jedoch behandelt werden. Viertens ist es sinnvoll, auch das geronnene Erfahrungswissen zeitgenössischer Politiker für die Bildung von Urteilsmaßstäben über die politische Klasse heranziehen. Das geschieht am Ende dieses Beitrags.

Dort werden also keine quasi-objektiven Aussagen darüber stehen, was für Politiker wir bräuchten. Es wird aber jenes Durchdenken auch zunächst unbedachter Zusammenhänge an die Stelle reiner Intuition bei der Beurteilung von Politikermerkmalen und Politikerhandlungen getreten sein, mit dem die Politikwissenschaft über die Grenzen des gesunden Menschenverstandes hinauszugelangen verspricht. In ein „gelobtes Land" ewig sicherer Erkenntnisse führt sie damit zwar nicht, stellt derlei aber auch gar nicht in Aussicht. Vorab wird sogar noch zu umreißen sein, an welche Bandbreite der Anforderungen an die politische Klasse man selbst dann zu denken hat, wenn derlei nicht ausdrücklich thematisiert wird.

3. Variationen des Politikerberufs

Gewiss ändern sich die an die politische Klasse vorrangig zu stellenden Anforderungen je nach *Normal- oder Ausnahmezeiten* politischen Agierens, auch je nach dem *konkreten Regierungssystem,* in dem es zu handeln gilt, desgleichen nach *aktuellen Herausforderungen* sowie nach jenen sich wandelnden *kulturellen, technischen und medialen Rahmenbedingungen,* welche die politischen Wirkungsmöglichkeiten im gegebenen Fall prägen. Dennoch gibt es einen Kernbestand solcher Politikermerkmale, die man – offenbar aus guten Gründen – für so gut wie immer erforderlich hält. Sie reichen von praktischer Klugheit über Tatkraft bis hin zur Nachhaltigkeit der befolgten Handlungsprinzipien.[5]

Ferner müssen die Maßstäbe zur Beurteilung der politischen Klasse auch jenen Bedingungen gerecht werden, die erfüllend man sein politisches Amt überhaupt erst *erlangen* kann. Hier aber lässt sich wohl kein gemeinsamer Nenner für so unterschiedliche Zeiten und Kulturen finden, in denen jeweils Politik gemacht wurde. Allzu verschieden sind nämlich die Anforderungen an Politiker in Zeiten, da landesherrliche Gunst oder die Kaderpolitik einer führenden Partei ein einflussreiches Amt einbringt, von den Voraussetzungen einer politischen Laufbahn unter den Bedingungen von Massendemokratie und medialisierter Politik. Außerdem muss beim jeweils zeitgenössischen Nachdenken darüber, welche Politiker man wohl bräuchte, auch der stets mögliche und praktisch sogar meist gegebene *Widerspruch* zwischen beiden Arten von Anforderungen bedacht werden: Die persönlichen Züge, derentwillen man sein politisches Amt zu erlangen versteht, müssen durchaus nicht zu jenen passen, dank welcher man es gut ausüben könnte. „Alle Macht kommt aus den Läufen der Gewehre – doch auf Bajonet-

---

Feindt/Daniela Kleinschmit und *Doreen Spörer-Wagner/Frank Marcinkowski* mit dieser Thematik.

5 „Nachhaltig" ist ein Handlungsprinzip genau dann, wenn sich von ihm hervorgebrachte Handlungsmuster auch aufrechterhalten lassen, es also im Sinn einer konsequenzialistischen Ethik „normativ brauchbar" ist.

ten lässt sich nicht ruhig sitzen": Das ist die eine Möglichkeit, diesen Widerspruch zu formulieren. Eine andere Möglichkeit würde auf die Unterschiede zwischen den Erfordernissen politischer Darstellungs-, Durchsetzungs- und Arbeitskommunikation hinweisen und anschließend – etwa an den Beispielen von Gerhard Schröder und Barack Obama – zeigen, dass Wahlsiege sich meist mit recht anderen Mitteln erringen als nachhaltig nutzen lassen. Besonders knapp wird diese Unterscheidung in der – freilich eher für Festansprachen als für Analysen tauglichen – Unterscheidung von „Politiker" und „Staatsmann" auf den Punkt gebracht: Staatsmann könne man im Lauf seiner Karriere *werden*, Politiker müsse man schon zu deren Beginn *sein*.

Niccolò Machiavelli, ausgestattet mit einem durch leidvolle politisch-praktische Erfahrungen reich belehrten Analytikerblick, machte denn von auch den so unterschiedlichen Anforderungen an das erfolgreiche Erringen und das erfolgreiche Ausüben politischer Ämter aus sehr guten Gründen so viel Aufhebens. Auch deshalb zog er sich scharfen Tadel jener zu, die sich nicht nur die Politik selbst, sondern auch noch deren Normen aus gleichsam einem Guss wünschen. Doch in der politischen Welt, wie sie wirklich ist, gehen die mannigfaltigen Rollenanforderungen an Politiker nun einmal aus allen umrissenen Gründen nur schwer, wenn überhaupt zusammen. Erstrangige Aufgabe der Reflexion darüber, was für Politiker „wir brauchen", ist darum das Ausfindigmachen der je zeit- und kulturspezifisch wünschenswerten, oder immerhin notwendigen, *Kombination* von Politikermerkmalen für sowohl das Erringen als auch das Ausüben von Führungsämtern, um genau von daher dem politischen Diskurs über das politische Personal jeweils plausible Beurteilungsmaßstäbe jenseits des Vertrauens auf bloße Gefühle anzubieten. Weil sich aber die Zeitumstände immer wieder ändern, und zwar sowohl für das Erringen als auch für das Ausüben politischer Ämter, kann die „Debatte um die richtigen Politiker" durchaus kein Ende finden.

Tatsächlich hatte bislang immer noch jedes „Politikerideal" oder jeder „Politikertyp" sozusagen „seine Zeit": eine andere der sumerische Gaufürst oder der altrömische Senator, eine andere der politisch aktive Adelige des europäischen Mittelalters oder der hohe Literaten-Beamte des vormodernen China, und wieder eine andere der demokratische Politiker vor oder nach der Verbreitung des Fernsehens. Auch hatte Politik in allen diesen Fällen einen recht unterschiedlichen „Sitz im Leben", war jeweils anders organisiert und erlegte ihren Akteuren sehr verschiedene funktionelle Anforderungen auf. Vor allem unterscheiden sich die konkreten institutionellen Formen, in denen und mit denen Politiker funktionslogisch kompetent auszukommen haben: Anders macht man Politik nun einmal in einer plutokratisch-individualistischen Massendemokratie wie der US-amerikanischen als in einer mittelschichtorientierten Parteiendemokratie wie der deutschen, und anders ohnehin in einer Demokratie als in einer traditionellen Autokratie oder einer zeitgenössischen Diktatur. Sodann unterscheiden sich die kulturellen Muster, anhand welcher und in Auseinandersetzung mit welchen Politik gemacht wird. Gilt es in einer Ideokratie zu agieren – und wenn ja: in einer auf religiöser oder auf quasi-wissenschaftlicher Grundlage? Geht es um das Agieren in einem auf traditionelle Legitimität gegründeten politischen System? Oder handelt ein Politiker unter den Bedingungen eines weitgehenden und allgemein akzeptierten Pluralismus? Und obendrein stellen sich aus dem Umfeld des politischen Systems nun einmal immer wieder andersartige Aufgaben und verlangen Politikern recht Unterschiedliches ab: Anderes in den

Zeiten der Industriellen Revolution als in denen der *belle époque*, und wieder Anderes in der Zeit der Weltkriege als in jener der ungebremsten Globalisierung.

Wenn aber diese dreifachen Besonderheiten konkreter politischer Handlungsumstände – verfügbare institutionelle Formen, vorherrschende kulturelle Muster, unabweisbare funktionelle Anforderungen – die entscheidende Rolle für die Festlegung erforderlicher Politikermerkmale spielen: Erweisen sich dann die für Politiker bereitgehaltenen Tugendkataloge aus Ideengeschichte und Gegenwart nicht doch als allzu kurzgreifend, ja nachgerade als leerformelartig? Was nämlich bedeutet politische Weisheit in einer sozialistischen Diktatur im Vergleich mit einer pluralistischen Demokratie, was politische Gerechtigkeit im Absolutismus im Vergleich mit einem parlamentarisch regierten Sozialstaat, was politische Mäßigung in Zeiten einer Revolution und in solchen der Stabilität, was politische Tapferkeit in einer Epoche von Kriegen, was anderes aber in einer durch wohlgemeinte Tabus politischer Korrektheit geprägten Friedenszeit? Eine Antwort auf die Frage, was für Politiker wir wohl bräuchten, erweist sich also bereits von deren mitzudenkenden Herausforderungen her als gar nicht leicht zu formulieren, wenn man ihre Reichweite nicht von vornherein auf die Analyse aktueller Herausforderungen oder auf nie verkehrte Gemeinplätze beschränken will.

4. Urteilsmaßstäbe aus der Repräsentations- und Agenturtheorie

Politik ist eine Form gesellschaftlicher Arbeitsteilung. Ohnehin produziert nicht jeder alles selbst, was er in der Gesellschaft braucht. Zumal der Versuch einer Herstellung und Durchsetzung allgemein verbindlicher Regelungen und Entscheidungen, was wohl die zugleich knappste und umfassendste Definition von Politik ist, wird darauf spezialisierten, mehr oder minder professionalisierten Personen[6] überlassen – teils aus mangelndem eigenen Interesse an politischer Tätigkeit, teils aufgrund fehlender Chancen politischer Teilhabe. Stellt sich derlei Arbeitsteilung organisatorisch und machtstrukturell auf Dauer, werden entsprechende Strukturen gar institutionalisiert, dann entsteht ein politisches System. Es mag alsbald Gelegenheitsstrukturen dafür bieten, dass gar nicht wenige – mit attraktiven Ressourcen ausgestattet – gerne nicht nur *für* die Politik, sondern auch *von* ihr leben. Damit beginnt die Entstehung einer politischen Klasse.[7] Sie kann aus mancherlei Gründen, die von den Schrecken eines hobbesianischen Naturzustandes bis zur Durchsetzung selbstsüchtiger Eigeninteressen reichen, ihr Verhältnis zu den Regierten als eine reine Herrschaftsbeziehung ausgestalten. Dann werden sich die Rollenanforderungen an die politische Klasse besonders stark aus den gleichsam technischen Anforderungen an eine nachhaltig erfolgreiche Handhabung des politischen Instrumentariums ableiten lassen, mithin vor allem um die handwerklichen Fähigkeiten zur Steuerung eines politischen Systems gemäß dessen Funktionslogik kreisen. Das sind die Stunden der Condottieri, Machtmenschen und politischen Glücksritter.

---

6 Siehe hierzu in diesem Band v. a. die Beiträge von *Kari Palonen, Lars Holtkamp* und *Marion Reiser.*
7 Vgl. hierzu in diesem Band auch die Beiträge von *Sebastian Bukow, Helmar Schöne* und *Christiane Frantz.*

4.1 Einsichten aus der Repräsentationstheorie

Es kann die Beziehung zwischen politischer Klasse und Regierten aber auch als eine Repräsentationsbeziehung ausgestaltet werden. Dann freilich steigen die Ansprüche daran, was für Politiker wir brauchen. Eine Repräsentationsbeziehung geht nämlich über eine reine Herrschaftsbeziehung in drei, systematisch einst von Hanna F. Pitkin herausgearbeiteten Merkmalen hinaus (Pitkin 1967: 209-210). Erstens entsteht Repräsentation als Systemeigenschaft, wenn gilt: *Die Repräsentanten handeln im Interesse der Repräsentierten und dabei responsiv.* Angelpunkt von Repräsentation sind also die Interessen der Repräsentierten, und die zentrale Dienstleistung der Repräsentanten besteht darin, diese Interessen immer wieder sorgsam in Erfahrung zu bringen sowie ihnen bestmöglich gerecht zu werden. Dabei gehört es zur wesentlichen Leistung der Repräsentanten, in *eigener* Verantwortung auch latente Interessen der Repräsentierten hinter deren manifesten Interessen aufzuspüren, subjektive Interessen von objektiven, Partikularinteressen von Allgemeininteressen zu unterscheiden und einen klugen Kurs zwischen der Verwirklichung kurzfristiger, mittelfristiger und langfristiger Interessen zu steuern. Doch keineswegs dürfen die Entscheidungen der Repräsentanten über dies alles im Sinn einer Vorab-Bestimmung des Gemeinwohls getroffen werden, hinsichtlich welcher anders ausgerichtete Bekundungen der Repräsentierten unbeachtlich, ja nachgerade unbotmäßig wären. Pflicht der Repräsentanten ist es zwar, sich eine möglichst klare eigene Vorstellung von der komplexen Interessenlage der Repräsentierten zu erarbeiten und sich von dieser leiten zu lassen. Doch dabei müssen sich die Repräsentanten zu den Interessenbekundungen der Repräsentierten *responsiv* verhalten.[8] Solche Responsivität muss nötigenfalls von den Repräsentierten auch erzwungen werden können, wofür der „Wiederwahlmechanismus" temporaler Gewaltenteilung ein vorzügliches Mittel ist (Patzelt 2007: 275 ff.).

Zweitens gehört zu einer Repräsentationsbeziehung: *Repräsentanten und Repräsentierte können unabhängig voneinander handeln, so dass es jederzeit zu Konflikten zwischen ihnen kommen kann und somit ein „repräsentationskonstitutives Konfliktpotenzial" besteht.* Um nämlich sicherzustellen, dass die Repräsentanten sich wirklich responsiv verhalten, müssen die Repräsentierten jederzeit *für alle praktischen Zwecke* über die Machtmöglichkeiten pluralistischer Konfliktaustragung verfügen: von der Kommunikationsfreiheit über die Versammlungs- und Koalitionsfreiheit bis zum Demonstrationsrecht. Als Faustregel lässt sich formulieren: Repräsentation kann nur dann verlässlich entstehen, wenn das gesellschaftliche und politische Konflikt*potenzial* institutionell und auf Dauer *maximiert* ist. Hingegen liegt keine Repräsentationsbeziehung, sondern eine reine Herrschaftsbeziehung dann vor, wenn die politische *Selbst*artikulation einer Gesellschaft institutionell lahmgelegt ist und die Repräsentanten unter Verweis auf – von ihnen vorgeblich erkannte – Interessen der Repräsentierten *längerfristig* das tun und lassen können, was nur *sie selbst* für richtig halten. Hieran identifiziert man typischerweise autoritäre oder totalitäre Herrschaft. Eine Repräsentationsbeziehung liegt auch dann nicht vor, wenn die Repräsentanten bei solchen repräsentationskonstitutiven Konflikten letzt-

---

[8] Wohlgemerkt meint Responsivität nur, dass die Repräsentanten sich auf die Interessenbekundungen der Repräsentierten ernsthaft und argumentativ einlassen, keineswegs aber, dass sie gehalten wären, jenen Interessenbekundungen auch nachzugeben.

lich *nicht* um ihr Amt zu fürchten haben; dann nämlich gibt es keinerlei gesicherte Anreize für responsives Verhalten. Deshalb müssen Konflikte zwischen Repräsentierten und Repräsentanten die letzteren in ihrer Machtstellung und in ihrer politischen Existenz treffen können. Doch ebenso wenig bestünde eine Repräsentationsbeziehung dann, wenn die Repräsentanten angesichts gesellschaftlicher Selbstartikulation einfach klein beigeben und nur nachvollziehen müssten, was *von anderen* für sie entschieden wird. Ein solches „imperatives Mandat" oder jederzeitiges Abberufungsrecht machte sie nämlich zu einem rein „technisches Glied" im Prozess politischer Willensbildung und Entscheidungsfindung. Im Grunde könnte man dann auf Repräsentation ganz verzichten und – etwa gestützt auf die Möglichkeiten des Internet, doch dann auch unter großem Manipulationsrisiko – zu einem System reiner Volksgesetzgebung oder zu einer völlig auf Referenden aufgebauten Demokratie übergehen. Die *besondere Dienstleistung* eigenverantwortlich agierender Repräsentanten – von Ernst Fraenkel einst die „Veredelung des empirisch vorfindbaren Volkswillens" genannt – entfiele dann; Arbeitsteilung wäre rückgebaut.

Wünscht man jene Dienstleistung aber beizubehalten, so ist klar, dass sich die Repräsentanten auch *gegen* alle sogar heftig bekundeten Wünsche der Repräsentierten *stellen können müssen*, falls sie nämlich zur Ansicht gelangen, mittel- oder langfristig wahrten ihre *eigenen* Urteile und Gestaltungsabsichten viel besser die Interessen der Repräsentierten oder das Gemeinwohl. Dafür benötigen sie ein *freies* Mandat. Die Freiheit dieses Mandats darf allerdings nicht so weit gehen, dass die Repräsentanten um keinerlei *Folgen* für die Nutzung dieser Freiheit fürchten müssten. Die Freiheit des Mandats gibt es nämlich nicht der Repräsentanten willen, sondern zum Vorteil der Repräsentierten: Man fährt einfach besser, wenn der Dienstleister nicht *unmittelbar* von den Launen seiner Kundschaft abhängig ist, sondern – im Interesse des Kunden – zunächst einmal dem *eigenen fachmännischen* Urteil folgen kann. Die Letztentscheidung, ob *wirklich* dem eigenen Interesse gedient sei, muss aber natürlich beim Kunden liegen, d. h. beim Repräsentierten in seiner Rolle als Wähler. Das „freie" Mandat wirkt sich also nur dann für die Repräsentierten nützlich aus, wenn der Repräsentant grundsätzlich riskiert, für die Nutzung seines Entscheidungsspielraums durch Abwahl und Machtentzug dann bestraft zu werden, falls er die Repräsentierten *nicht* davon überzeugen kann, im Konfliktfall zwar gegen ihre ausdrücklichen Wünsche, letztlich aber in ihrem Interesse gehandelt zu haben. Damit ist offenbar das zentrale Anliegen des „imperativen" Mandats erreicht: Repräsentanten sollen die selbstbekundeten Interessen der Repräsentierten niemals ignorieren können. Und somit ist die Leitidee des „imperativen Mandats" auch dialektisch aufgehoben innerhalb eines durch den „Wiederwahlmechanismus" mit demokratischer Willensbildung rückgekoppelten und eben dadurch praktisch eingegrenzten „freien Mandats". Vom Begreifen dieser Dialektik hängt das gesamte Verständnis zumal parlamentarischer Repräsentation ab sowie jeglicher Sinn für die Tatsache, dass Abgeordnete trotz *freien* Mandats oft Fraktions*disziplin* und Partei*loyalität* üben und derlei – wenigstens für sich selbst – *keineswegs* als einen Widerspruch auffassen.

Drittes und letztlich ausschlaggebendes Element einer Repräsentationsbeziehung ist das Folgende: *Es gelingt den Repräsentanten, das repräsentationskonstitutive Konfliktpotenzial im Großen und Ganzen befriedet zu halten.* Hier lautet die Faustregel: Repräsentation liegt vor, wenn – bei Bestehen eines maximalen Konflikt*potenzials* – häufige Konflikte zwischen Repräsentanten und Repräsentierten nicht allzu heftig, heftige Konflikte aber nicht allzu häufig sind. Zu diesem Zustand führt zweierlei: einesteils *praktizierte* und *glaubhaft gemachte* Responsivität der Repräsentanten, und andernteils problemlösende politische Führung, die wirksames Entscheidungshandeln mit dessen Darstellung gekonnt verbindet. Ob Repräsentation besteht, erkennt man also nicht an Behauptungen und Bekundungen, sondern anhand objektiver Rahmenbedingungen des politischen Prozesses und durch Würdigung jener politischen Zustände, zu denen er führt.

Politische Repräsentation setzt offenbar ein ziemlich kompliziertes und recht störanfälliges Institutionensystem voraus. Typischerweise besteht es in demokratischen Verfassungsstaaten in Gestalt parlamentarischer Demokratie auf der Grundlage von praktizierter pluralistischer Konkurrenz zwischen Parteien und Interessengruppen. Ein solches Repräsentativsystem wird um so wirkungsvoller und stabiler sein, je verlässlicher zwei weitere Dinge gegeben sind. Erstens müssen die Kommunikations- und Interaktionsnetze der Repräsentanten durchaus in die ganze Gesellschaft hineinreichen, so dass von überall her Responsivität eingefordert und überall hin kommunikative politische Führung ausgeübt werden kann. Am besten gelingt derlei, wenn die Repräsentanten tatsächlich aus den verschiedensten Bereichen und Schichten der Gesellschaft stammen oder wenigstens – per Saldo – ihrer Herkunft und Karriere nach überall hin Kontakte aufgebaut haben. Das ist der vernünftige Kern jener – ansonsten aber ganz irreführenden – „deskriptiven" Repräsentationsvorstellungen, die sich ein Parlament als einen „repräsentativen Querschnitt" aus der Bevölkerung wünschen. Zu derartiger Vernetzung können aber auch die im Parlament vertretenen politischen Parteien durch Erfüllung ihrer Netzwerkfunktion Wesentliches beitragen.

Zweite Anforderung ist: Die Bevölkerung *empfindet* sich repräsentiert. Weil nun aber Vorstellungen über die Wirklichkeit und die Wirklichkeit selbst recht verschieden sein können, reicht es zur Sicherung der Legitimität eines Repräsentativsystems oft nicht aus, *dass* es in der beschriebenen Weise besteht. Es muss das Bestehen und Funktionieren von Repräsentation den Repräsentierten schon auch *vermittelt,* ihnen vor Augen geführt, zum Gegenstand populären Vertrauens gemacht werden. Zur Stiftung und Geltungssicherung solchen „Repräsentationsglaubens" eignen sich vor allem Maßnahmen der symbolischen Selbstdarstellung von Repräsentationsinstitutionen und Repräsentanten. Typische Mittel solcher „Repräsentation von Repräsentation" sind die architektonische und künstlerische Ausgestaltung von öffentlichen Gebäuden, sind politische Zeremonien sowie staatliche Rituale in der Öffentlichkeit, sind aber – ergänzend zur Pflege politischer Symbolik – auch immer wieder Maßnahmen symbolischer Politik (vgl. Patzelt 2006).

Recht unmittelbar lassen sich aus diesen Einsichten der Repräsentationstheorie Antworten auf die Frage geben, was für Politiker wir bräuchten. Es müssen in ihren Wirkungsbereichen, ja möglichst sogar horizontal wie vertikal über diese hinaus, gut vernetzte Personen sein, die sich ferner gut auf symbolisches Reden und Handeln verstehen, dabei redlich die Interessen der Regierten vor Augen haben und auf deren Wünsche auch aufgeschlossen reagieren. Es müssen Personen sein, die sich aber außerdem klare Vorstellungen von den langfristigen Interessen des Gemeinwesens sowie von dessen Funktionslogik erarbeitet haben und entschlossen sind, an der letzteren nur dann zu rütteln, wenn gerade das „ordnungsgemäße Funktionieren" eines politischen Systems dauerhaft zu ungerechten Zuständen führt. Außerdem braucht es Personen mit der Bereitschaft und Fähigkeit, für ihre Überzeugungen und Gestaltungswünsche nicht nur wortmächtig, sondern auch tatkräftig zu streiten – und zwar selbst dann, wenn sie sich dabei in Widerspruch zu den Regierten setzen und ihre Wiederwahl riskieren. Bei all dem muss die Richtschnur sein, heftige Konflikte mit der Bürgerschaft selten zu halten sowie langfristige, hier und jetzt einfach nicht beizulegende, Konflikte jeweils wichtigeren Zielen unterzuordnen. Das verlangt nach Politikern, die sich einerseits leichttun, die Ziele und Mittel ihrer Politik plausibel zu begründen, die sich andernteils aber auch nicht damit schwertun, der Bürgerschaft dann nachzugeben, wenn die wahrscheinlichen Kosten eines Konflikts größer wären als die unvermeidlichen Schäden eines Verzichts auf die eigenen Gestaltungsziele. Wenig ist einem Land mit Politikern gedient, die sich angesichts schwierig werdender Umstände ihren Aufgaben einfach durch Rücktritt entziehen, und weniger noch mit solchen, die ihre politische Laufbahn vor allem als Möglichkeit sozialen Aufstiegs verstehen und dann, wenn sich attraktive Alternativen zum Politikerberuf finden, leichten Herzens aus der politischen Klasse ausscheiden. Sie nämlich erfüllen nicht jenen – gewiss „unvollständig formulierten" – Vertrag, der von den Repräsentierten mit der Übertragung politischer Ämter an sie geschlossen wird. Von den sich aus solchem „Vertragsdenken" abzuleitenden Anforderungen an Politiker handelt besonders anschaulich die Agentur- bzw. Delegationstheorie.

4.2 Einsichten aus der Agentur- bzw. Delegationstheorie

Die Agenturtheorie, nicht selten auch Prinzipal-Agent-Ansatz oder Delegationstheorie genannt,[9] ist einst aus der Neuen Institutionenökonomik entstanden (Ebers/Gotsch 1999: 199-251) und hat in den letzten Jahren das repräsentationstheoretische Denken stark geprägt (siehe etwa McCrone/Kuklinski 1979; Strøm 2000; Gilardi/Baum 2002). Ihr geht es um die Beziehungen zwischen faktischen oder fiktiven Auftraggebern („Prinzipalen") und deren – unterschiedlicher Aufgaben wegen eingestellten – Beauftragten („Agenten"). Blickt man auf Politik, so geht es bei der Agenturtheorie um das Verhältnis zwischen dem Volk und seinen Politikern. Nähere Betrachtungen zeigen nun einesteils, dass die Rede vom „Volk" als Prinzipal zu undifferenziert ist. Nicht nur fühlen sich – ausweislich empirischer Studien wie Patzelt 1996 – Abgeordnete sowohl dem Volk insgesamt als auch der Bevölkerung ihrer Wahlkreise, natürlich auch ihren Parteien und deren Wählerschaft als „Prinzipalen" verpflichtet, ja sogar Interessengruppen wie den Gewerkschaften oder Greenpeace und Amnesty International. Sondern obendrein werden die Beziehungen zwischen (multiplen) Prinzipalen und Agenten ohnehin einige Merkmale aufweisen, die zu echten Problemen werden können. Für die ganz besonderen, da um Macht und Lebenschancen gelagerten, Beziehungen zwischen dem (Wahl-)Volk und seinen Politikern gilt das erst recht. Gewiss können diese Probleme auch in Grenzen gehalten werden: einesteils durch geeignete institutionelle Vorkehrungen, anderenteils durch Einflussnahme darauf, welche Personen mit welchen Eigenschaften in die Rolle eines Agenten gelangen können. Doch es handelt sich um erst einmal

---

9 In der Politikwissenschaft ist die Bezeichnung „Delegationstheorie" geläufiger, im ursprünglichen Verwendungszusammenhang der Wirtschaftswissenschaften hingegen die Bezeichnung „Agenturtheorie".

in den Griff zu bekommende Probleme. Deren Lösung wird dadurch erschwert, dass je nach relevantem Prinzipal recht unterschiedliche institutionelle Mechanismen zur Kontrolle der Agenten sowie Auswahlmaßnahmen für die Letzteren in Frage kommen können. Im Folgenden kann auf solche Differenzierungen allerdings nicht eingegangen werden.

Erstes problematisches Merkmal von Prinzipal-Agent-Beziehungen ist die in ihr unvermeidliche asymmetrische Informationsverteilung. Agenten nämlich, zumal wenn professionalisiert und lange schon tätig, wissen über die von ihnen zu bewerkstelligenden Dinge einfach viel mehr als ihre Prinzipale; und diese letzteren tun sich deshalb oft schwer, das Handeln ihrer Agenten wirklich zu beurteilen. Das liegt allerdings nicht nur an unvollständigen Informationen, sondern auch an Schwierigkeiten, ohne ständige Befassung mit Angelegenheiten, die man seinen Agenten anvertraut hat, das über deren Handlungen faktisch eben doch Gewusste, oder immerhin Wissbare, auch richtig zu verstehen. Recht leicht tritt an die Stelle eines an sich auch rational begründbaren Urteils ein intuitives und, unter solchen Umständen, meist negativ-emotionales. Gerade das Verhältnis zwischen Volk und Politikern wird immer wieder durch solche Probleme belastet und erzeugt so Legitimationsprobleme für das politische System und die politische Klasse (für den deutschen Fall siehe etwa Patzelt 1998).

Zweitens brauchen die Interessen von Prinzipal und Agent nicht deckungsgleich zu sein. In der Politik sind sie das oft wirklich nicht: Fachpolitiker sind beispielsweise meist an einem Zuwachs ihrer – gerade auch finanziellen – Gestaltungsmöglichkeiten interessiert, Bürger hingegen eher an einer für sie erträglichen Balance zwischen Leistungen des Staates für sie und eigenen Leistungen für den Staat.

Drittens sind die Risikoneigungen zwischen Prinzipalen und Agenten meist verschieden. Besonders deutlich wird das beim Umgang mit Geld: Fremdes Geld, typische Ressource demokratisch gewählter Politiker, setzt man in der Regel viel risikofreudiger ein als eigenes Geld. Auch ist es so, dass man grundlegende Politikwechsel viel leichter in der Rolle eines zuschauenden Bürgers einfordert als in der eines Spitzenpolitikers unternimmt, dessen Karrierechancen ja fortan von den Transaktionskosten eines solchen Politikwechsels geprägt werden.

Viertens – und vor allem – lässt sich die dem Prinzipal meist überlegene Stellung des Agenten beim Alltagsgeschäft leicht zum ganz persönlichen Vorteil des Agenten ausnutzen. Das kann sogar unmittelbar auf Kosten des Prinzipals geschehen, zumal solche Lasten – etwa für mancherlei Steuersenkungen oder für die Altersversorgung von Abgeordneten – wegen der für jede Agent-Prinzipal-Beziehung typischen Informationsasymmetrie dem Prinzipal auch über längere Dauer verborgen bleiben können. Eben solches Ausnutzen von Stellungsvorteilen des Agenten liegt aller populistischen Politik zugrunde: Die Kosten für die heute zustimmungssichernde Politik trägt schon morgen der Prinzipal. Zwar geht es hier im Kern um die ganz üblichen, ja unvermeidbaren Konflikte zwischen Individualrationalität (hier: von Politikern) und Kollektivrationalität (hier: eines Gemeinwesens). Doch sie kennzeichnen das politische Gewerbe in ganz besonderem Ausmaß, weil die politische Klasse nun einmal erhebliche Machtmittel zur privaten Ressourcenaneignung und zu deren Verschleierung besitzt. Deshalb ist sie auch in ganz außergewöhnlichem Grad jenen moralischen Versuchungen ausgesetzt, die mit einer Agentenposition ohnehin und in unabänderlicher Weise verbunden sind.[10]

Fünftens steigt das Risiko, sich einem Agenten anzuvertrauen, immer dann, wenn man ihn gar nicht richtig kennt und deshalb nicht nur überhaupt mit „verborgenen Eigenschaften" an ihm rechnen muss, sondern sogar mit solchen, die später zum Nachteil des Prinzipals ausschlagen können. Dass sich Politiker, einmal ins Amt gelangt, recht anders entwickeln als zuvor erwartet oder erhofft, ist ohnehin eine übliche Erfahrung. Man macht sie nicht nur im Nachgang von Wahlen, sondern erst recht im Anschluss an Revolutionen, deren Ernte ein Revolutionsführer monopolisiert, indem er zum Diktator aufsteigt. Eine besondere Rolle spielen hier insbesondere „verborgene Absichten" eines Agenten, die vorab zu kennen womöglich Widerstand gegen ihn mobilisierte, gegen die man nach Etablierung ihm dienlicher Machtstrukturen aber nichts Effektives mehr unternehmen kann. Ähnlich verhält es sich mit „verborgenen Handlungen", die zu kennen vielleicht ein ganz anderes Licht auf den Agenten würfe und seitens des Prinzipals zur Beendigung des Agenturverhältnisses führen könnte. Jeder Beobachter des politischen Lebens kennt aus Geschichte und Gegenwart viele Fälle dieser Art.

Die Summe all dieser Probleme lässt sich unter den Begriff der „Agenturkosten" fassen. Werden sie im Verhältnis von Regierenden und Regierten besonders groß, so tritt das als Legitimationsverlust der politischen Klasse bzw. des ganzen politischen Systems in Erscheinung, womöglich gar als prärevolutionäre Situation. Ersteres wird oft in erdrutschartigen Machtverschiebungen bereinigt, etwa durch Wahlen, Letzteres in – mitunter dauerhaft erfolgreichen – Revolutionen. Beide Weisen der Problembereinigung bringen aber vielerlei Transaktionskosten mit sich. Also gibt es gute Gründe, die Agenturkosten von vornherein möglichst niedrig zu halten. Bewährte Mittel dafür sind institutionelle Vorkehrungen, die vielerlei Fehlverhalten von Agenten unterbinden oder immerhin einschränken, sowie solche Investitionen in die Rekrutierung und Sozialisation von Agenten, die ihrerseits die Wahrscheinlichkeit personeller Fehlgriffe verringern.

Zu den wichtigsten institutionellen Vorkehrungen gegen den Machtmissbrauch von Agenten gehört im Bereich der Politik die Einführung von Gewaltenteilung, die Abberufbarkeit von Amtsinhabern, sowie deren kritische Beobachtung durch freie Medien. Für die Sozialisation der politischen Klasse setzt man auf Anreizsysteme wie den möglichen Aufstieg in Parteien und Parlamenten unter der Bedingung, dass man Verhaltensweisen an den Tag legt, die wechselseitig und seitens der Wählerschaft akzeptabel sind. Und bei der Politikerrekrutierung verlässt man sich in Demokratien meist auf das Urteilsvermögen der als „Selektorat" wirkenden mittleren Parteiführungsebene, seltener auf Vorwahlen, sowie auf eine Art „cursus honorum", den nicht jeder übersteht. Er beginnt inzwischen schon in Jugendzeiten mit politischer Aktivität in bürgergesellschaftlichen Gruppen oder Parteien, setzt sich fort in kommunalen Wahlämtern, kann dann ins Parlament führen und mag in der Übernahme eines Regierungsamtes enden.

---

10 Natürlich wirkt ein solcher „moral hazard" nicht nur auf Seiten des Agenten, sondern auch auf Seiten des Prinzipals, was im Rahmen der hier behandelten Thematik aber übergangen werden kann.

Schritt für Schritt fängt man auf diesem Wege an, auch *von* der Politik zu leben und Teil der politischen Klasse zu werden.

Diese braucht schon auf mittlere Frist – in Diktaturen freilich viel weniger als in Demokratien – das Wohlwollen oder immerhin die Hinnahmebereitschaft ihrer Prinzipale. Derlei kann die politische Klasse zwar nicht nach Belieben erzwingen, sehr wohl aber über gewisse Zeit durch den Einsatz ihrer Machtmittel substituieren. Als Ergebnis aller genannten Wirkungsketten entsteht dann eine je spezifische politische Kultur mitsamt ihrem Komment und ihren Tabus. All dem gut zu entsprechen, verschafft den Agenten mehr und mehr persönliches Ansehen und beschert ihnen Vertrauen ihrer Peers und Prinzipale als wichtige Ressource weiteren politischen Einflusses. Vor allem das seitens der Agenten unter solchen Umständen errungene Ansehen senkt alsbald seinerseits die Agenturkosten, handelt es sich dabei doch um – oft nur mühsam und langwierig zu erringendes – politisches Kapital, das sein Besitzer nicht leichtfertig aufs Spiel setzt. Dann freilich wird es – zumal angesichts von Gewaltenteilung und kritischer Öffentlichkeit – ziemlich rational sein, moralischen Versuchungen schon aus Eigeninteresse zu widerstehen und fraglos gegebene Positionsvorteile nicht schamlos auszunutzen. Sobald sich wiederum viele Agenten nach diesem Muster verhalten, senkt das auch die unvermeidlichen Kosten für die Kontrolle von Agentenverhalten sowie für das Aushandeln von Regeln zwischen dem Prinzipal und seinen Agenten. Außerdem senkt eine stabile politische Kultur mit verlässlichen Kommunikations-, Deutungs- und Handlungsselbstverständlichkeiten die Agenturkosten noch weiter, und zwar zumal dann, wenn zwischen Prinzipal und Agenten große Übereinstimmung hinsichtlich von Werten, akzeptablen Transaktionskosten und Präferenzen im Konfliktfall besteht: Dann nämlich fallen vergleichsweise geringe Koordinationskosten zwischen Prinzipal und Agenten an.

Aus diesen Überlegungen der Agenturtheorie lassen sich ebenfalls klare Aussagen darüber ableiten, was für Politiker wir wohl bräuchten. Erstens müssen sie in ihrem Zuständigkeitsbereich fachlich kompetent sein; sonst hat das Volk ja wenig von ihnen, und wird außerdem die Politiker als Agenten ohnehin begünstigende Beziehung zwischen Volk und Volksvertretern unfair. Zweitens erweist sich moralische Integrität von Politikern als höchst wünschenswert, weil andernfalls die Agenturkosten in die Höhe schnellen: Man wird sich dann durch immer mehr Kontroll- und Abschottungsmaßnahmen gegen routinemäßig erwarteten Opportunismus und Eigennutz der politischen Klasse schützen wollen. Drittens wird man von Politikern stets Transparenz ihrer Handlungen verlangen müssen, da sich ansonsten die Sorge um verborgen gehaltene Informationen, Absichten und Handlungen wie Gift in die Repräsentationsbeziehung schleichen wird. Viertens braucht man Politiker, denen honoriges Ansehen und persönliche Ehre wirklich wichtig sind; nur das sichert nämlich jene *Innenleitung* der politischen Klasse, die den Regierten Zusatzinvestitionen in außenleitende Kontrollmaßnahmen erspart.[11] Und fünftens sollte man wohl solche Politiker bevorzugen, welche die genannten Eigenschaften auch schon außerhalb der Politik unter Beweis gestellt haben, denn das schützt am sichersten vor politischen Heuchlern und macht bestmöglichen

---

11 Hiervon handelte Montesquieu ausführlich in seinem „Geist der Gesetze", wo er die Wichtigkeit von (Politiker-)Tugend für die republikanische Regierungsweise erörterte.

Gebrauch vom Urteilsvermögen auch anderer Selektorate als des rein politischen. Im Grunde ist „Tugend" der Generalnenner solcher Rollenanforderungen.

5. Tugendlehren und „Fürstenspiegel" als Quelle von Wertmaßstäben

5.1 Einsichten aus politischen Tugendlehren

Tugendlehren prägen eine jede – auch politische – Kultur. Zu manchen Zeiten tun sie das unmittelbar formgebend, sofern nämlich den gelehrten Tugenden nachgestrebt wird. Zu anderen Zeiten prägen Tugendlehren eher durch die bewusste Abkehr einer neuen Alterskohorte vom bisherigen Kanon, der nunmehr als „Negativkatalog" die nachahmenswerten kulturellen Muster angibt – wie weiland in der deutschen Diskussion um den jeweiligen Wert von „Primärtugenden" und „Sekundärtugenden". Wahrscheinlich muss es auch nicht erstaunen, dass vielerlei für „Normalzeiten" gemeinte Tugendkataloge einander überdecken: Im Rahmen der evolutionsentstandenen *conditio humana* scheinen manche Verhaltensmaximen der nachhaltigen Funktionstüchtigkeit von gesellschaftlichen Ordnungen nun einmal besser zu entsprechen als ihre Alternativen und verbreiten sich deshalb besonders weit. Es wäre nicht plausibel, bei der Suche nach Maßstäben des Politikerhandelns entsprechende Einsichten einfach zu ignorieren, zumal wenn sie schon jahrhundertelang erheblichen Gebrauchswert erwiesen haben und ganz verschiedenen Kulturen gleichermaßen sinnvoll erschienen.

Konfuzius (551-479 v. Chr.) etwa betonte, aktuell bis heute und wichtig auch außerhalb der chinesischen Kultur, als zu praktizierende Tugenden zumal Menschlichkeit, gerechtes Handeln, Befolgen bewährter Sitten, Wissen, auch Streben nach Wahrhaftigkeit. Ähnliche Vorgaben findet man in der europäischen Tradition, und sie alle bieten nicht nur „einfachen Bürgern", sondern gerade auch der politischen Klasse einen höchst plausiblen Verhaltenskompass. Mengzi (ca. 370-290 v. Chr.), wohl bedeutendster Nachfolger des Konfuzius, akzentuierte das alles hin auf Typen sozialer Beziehungen: rechtes Handeln zwischen Fürst und Untertan,[12] Respekt des Jüngeren für den Älteren und des Untergebenen für den Vorgesetzten, Wahrhaftigkeit zwischen Freund und Freund. Auch das sind plausible, in Europa ebenso bekannte, nur bisweilen anders formulierte Leitlinien für das Miteinander innerhalb und außerhalb der Politik.

Zu Beginn unserer eigenen Tradition verwies der griechische Tragödiendichter Aischylos (525-456 v. Chr.) höchst wirkungsmächtig auf Tugenden wie Besonnenheit, Gerechtigkeit, Tapferkeit und „Frömmigkeit". Letztere klang in der Antike freilich, anders als im heutigen Deutschen, in erster Linie nach „aus Überzeugung erfüllter Pflicht" und meint solches Handeln, das Gemeinsinn ebenso wie Transzendentes nicht nur respektiert, sondern auch hier und jetzt wirklich zur Geltung bringt. Vergils Äneas, der seinen alten Vater Anchises auf den Schultern aus dem brennenden Troja trägt und so ethische Pflichten gerade auch unter persönlichem Risiko erfüllt, wurde zum Inbegriff solcher – auch politisch vorbildhafter – „Frömmigkeit".[13] Die ersten drei jener

---

12 Im römischen Tugendkatalog hieß dergleichen „fides" und meinte die vertrauensbegründende sittliche Bindung zwischen Patron und Klient.
13 Cicero sollte das später so ausbuchstabieren: *„iustitiam cole et pietatem, quae cum magna in*

Tugenden (Besonnenheit, Gerechtigkeit und Tapferkeit) behielt Platon in seinem eigenen Katalog politischer Tugenden bei, setzte aber an die Stelle der Frömmigkeit die Klugheit, die ihrerseits die Pflichterfüllung sowie die Milde als vernünftige Begleiterin der Gerechtigkeit durchaus einschließt. Über die stoische Philosophie und die antike rhetorische Topik wurde dieser Tugendkatalog in der Antike dann zum Gemeinbesitz der Gebildeten und zum jederzeit verfügbaren Beurteilungsrahmen für die politische Klasse. Cicero (106-43 v. Chr.) formulierte später die Besonnenheit um zur Mäßigung bzw. Selbstbeherrschung. Damit lieferte er seinerseits die Vorlage für den sich – seit Ambrosius von Mailand (339-397) – unter Bezeichnungen wie „Kardinaltugenden" oder „Haupttugenden" durchsetzenden Viererkatalog der abendländischen Tugendtradition. Gerechtigkeit (justitia), Tapferkeit (fortitudo), Weisheit (sapientia, prudentia) und Mäßigung (temperantia) wurden zu unabdingbaren, der politischen Klasse auch in der bildenden Kunst Mal um Mal vor Augen gestellten Handlungsmaximen.

Außerdem konnte man jenen längst bewährten „weltlichen" Tugenden auch noch speziell „geistliche" Tugenden an die Seite stellen, als sich die geistigen und kulturellen Grundlagen politischen Handelns durch die Christianisierung tiefgreifend verändert hatten. Die Vorlage lieferte der Apostel Paulus im 1. Korintherbrief (13, 13): „So bleiben Glaube, Hoffnung und Liebe, diese drei; das größte unter ihnen aber ist die Liebe". Damit war der Tugendkatalog zur magischen Siebenzahl ergänzt und die antike Tugendlehre erweitert um die Tugenden des neuen, dem Anspruch nach alles Leben richtig anleitenden *Glaubens*, der mit ihm einhergehenden und jede Gegenwartsschwierigkeit transzendierenden *Hoffnung* auf Gott sowie der von ihm gelehrten handlungsleitenden *Liebe* zu den Mitmenschen. Wollte man obendrein auf eine zu den „weltlichen" Tugenden symmetrische Viererzahl der „geistlichen" Tugenden kommen, so bot sich – dem Rollenvorbild Jesu folgend – die Ergänzung um die „humilitas" an, also um die *Demut*. Wenn sie nämlich – zeichenhaft etwa durch die Fußwaschung beim Letzten Abendmahl – schon der auf Erden herabgestiegene Himmelskönig übte, dann hatten erst recht die in seinem Auftrag auf Erden regierenden Könige und Fürsten ihr Amt in Demut zu versehen und dies auch immer wieder sinnfällig zu machen. In der Formel „von Gottes Gnaden König, Fürst usw." – und eben nicht dank eigener Tüchtigkeit und durch eigene Leistung – drückte sich diese Sollvorgabe noch bis ins 20. Jahrhundert aus.

Alle diese „geistlichen" Tugenden ließen sich natürlich auch säkularisieren, was ihnen seit Aufklärung, Französischer Revolution und europäischer Säkularisierung auch umfassend widerfuhr. Dann freilich unmittelbar mit politischem Handeln kurzgeschlossen, entfalteten sie dank ihrer – Christen wie Agnostiker und Atheisten bald gleichermaßen anziehenden – politisch-religiösen Ambivalenz gewaltige Schubkraft. Die Tugend der Liebe ist etwa als „fraternité" in den französischen Revolutionsdreiklang und später als „Solidarität" in unseren heutigen politischen Tugendkatalog eingegangen. In ihn gelangten, gleichfalls in der normativen Tradition der „Liebe", nach dem Siegeszug der Aufklärung auch das „Freiheitsstreben" und der „Gleichheitswille", später noch – in beider Gefolge – die „demokratischen Gesinnung". Allein die angeratene Tugend des Glaubens geriet im Zeichen von Säkularisierung und kultureller Pluralisie-

---

parentibus et propinquis, tum in patria maxima est; ea vita via est in caelum" (de re publica, VI/16).

rung auf den ersten Blick aus dem westlichen Diskurs. Doch auf den zweiten Blick zeigt sich: Der Glauben lebte im sozialistischen Wertekanon gut erkennbar als „Parteilichkeit" weiter. Den islamischen politischen Diskurs prägt Glauben als Tugend ohnehin bis heute: Gutes Regieren werde vor allem dann, wenn nicht allein, in der Gemeinschaft der Rechtgläubigen gelingen, und zwar unter einem religiös rechtgeleiteten Herrscher. Die Tugend der Hoffnung wiederum transformierte sich im wissenschaftsgläubigen 19. Jahrhundert – etwa entlang der Formel Auguste Comtes (1798-1857) vom „savoir pour prévoir pour pouvoir" – zum politisch höchst folgenreichen Vertrauen auf mittlerweile gelungene Einsichten in einen „notwendigen Verlauf der Geschichte". Das machte aber alsbald die Tugend der Mäßigung entbehrlich: Warum soll man sich nämlich beim Tun des „Richtigen" und Niederkämpfen der „Reaktion" mäßigen? Verriete Mäßigung hier nicht die Gerechtigkeit? Eben solche Gedanken schilderten den Weg in totalitäre Herrschaft und deren Maßregeln aus.

Zur politischen Schreckensherrschaft kann man sich freilich auch ohne weltanschauliche Begeisterung verstehen. Es reicht schon, sich gerade *nicht* von politischen Tugenden leiten lassen zu wollen. Einprägsam legte William Shakespeare das seinem Malcolm in den Mund:[14]

> *„Die hab ich nicht – die Königstugenden,*
> *Wahrheit, Gerechtigkeit, Starkmut, Geduld,*
> *Ausdauer, Milde, Andacht, Gnade, Kraft,*
> *Mäßigkeit, Demut, Tapferkeit: von allen*
> *ist keine Spur in mir – nein, Überfluss*
> *an jedem Verbrechen, ausgeübt*
> *in jeder Art. Ja, hätt' ich Macht, ich würde*
> *der Eintracht süße Milch zur Hölle gießen,*
> *verwandeln allen Frieden in Empörung,*
> *vernichten alle Einigkeit auf Erden."*

Eben solchem Tun der politischen Klasse *vorzubeugen*, ist der Zweck politischer Tugenden. Als Rollenvorbild für Politiker gilt deshalb, wer sie übt. Widukind von Corvey (925-973) rühmte etwa in seiner „Sachsengeschichte" an König Heinrich I. die Milde (clementia), die Pflichterfüllung (regalis disciplina), die Beharrlichkeit (constantia) und die Tüchtigkeit (virtus), diese zu verstehen als Summenformel für Leistungsfähigkeit in guten wie schlimmen Zeiten, für Mut angesichts von Risiken, sowie für allzeitiges Befehlen- und Gehorchenkönnen, letzteres gerade auch gegenüber Gott und seinen Gesetzen.

Solcher Gehorsam eines Politikers gegenüber Gott war im politischen Tugenddiskurs zwischen Mittelalter und Neuzeit überaus wichtig. Ohne derlei Gehorsam entarte nämlich die von Gott für „gutes Regiment" verliehene „väterliche Gewalt" der Fürsten – markant noch betont in Robert Filmers (1588-1653) postum publizierten „Patriarcha" – leicht in persönliche Willkür und werde dann zur illegitimen, ja womöglich sogar ein Widerstandsrecht der Untertanen begründenden Gewalttätigkeit. Herrschertugend in der abendländischen Tradition erstreckt sich somit nicht allein auf das – nach Gerechtigkeit, Tapferkeit, Weisheit und Mäßigung zu bemessende – „Technische"

---

14 Macbeth, 4. Akt, 3. Szene.

an der Politik, sondern gerade auch auf das Ziel und den Rechtfertigungsgrund ausgeübter Herrschaft. Ihn legen bis heute Zivilreligion und Ziviltheologie aus, etwa indem sie politischem Handeln als Ziel und Rechtfertigungsgrund die Sicherung von Menschenrechten und Freiheit oder das Streben nach Gleichheit, Demokratie und Solidarität abverlangen. Und wie intuitiv auch immer: Selbst in ganz säkularisierten Staaten erwarten die meisten Bürgern von ihrer politischen Klasse auch noch andere Motivations- und Rechtfertigungsgründe ihres Handelns als die persönliche Selbstverwirklichung („Ich will hier rein!") oder eine mitunter kindlich anmutende „Freude am Amt". Im Grunde verlangt man von seinen Politikern ganz einfach pflichtbewussten Dienst *an* anderen und *für* andere, und beides ausgerichtet auf gemeinsam als *plausibel* erachtete Ziele. Sich umgekehrt als Politiker von genau diesen Ansprüchen leiten zu lassen, hilft dann auch mit einiger Wahrscheinlichkeit, den – von der Agenturtheorie erörterten – moralischen Versuchungen persönlicher Ausnutzung einer politischen Position zu widerstehen. Zwar wird eine Gesellschaft auf die rechtsförmige Unterbindung von Machtmissbrauch seitens ihrer Politiker und auf die institutionelle Sicherung eines „gouvernement modéré" dennoch nie verzichten wollen; doch aller Erfahrung nach lässt sich die Motivationskraft von *innenleitenden* Politikertugenden nicht auf Dauer durch außenleitende institutionelle Mechanismen substituieren.

Derartige vom Institutionellen ins Höchstpersönliche vordringende Vorstellungen von „rechter Politikertugend" lassen sich denn auch über viele Jahrhunderte in zahlreichen Formulierungsvarianten wiederfinden. Zumal die „Fürstenspiegel" als wichtige politikwissenschaftliche Textgattung zwischen Mittelalter und früher Neuzeit, desgleichen die „Politischen Testamente" regierender Herrscher, sind dafür wichtige Textquellen (siehe etwa Hubert 2006; Berges 1938; Mühlhausen/Philipp/Stammen 1997; Singer 1981; ferner Simon 2004). Beispielhaft sei zitiert aus dem 1660 verfassten politischen Testament des frommen protestantischen „Betfürsten" und Landgrafen von Hessen-Darmstadt, Georg II.:

„Und demnach es ia nicht gnug ist, daß ein Regent gottsförchtig, fromm und der wahren Religion mit Mund und Hertzen zugethan seye, sondern auch von ihme erfordert würd, daß er ... alß ein trewer LandsVatter ... seine ihm von Gott tewer anbefohlene Undertkanen zum christlichen wahren Glauben und rechter Gottesfurcht führe und darbey erhalte. ... Unser Successor prüfe sein selbst aigen Werck, frage sich ... alle Abend selbst, was er den Tag über guts gehandelt habe. ... Nichts gedencke er vorzunehmen, dessen er vorher nicht guten Grundt und Gewißheit habe, daß es recht und gut sey. ...

Nechst fleißiger Anbefehlung aller Sachen in Gottes Hände brauche er die von Gott verordnete Mittel, daß er nemlich ... nach Gelegenheit der Umbstände die nechst Verwande und meist Interessirte (denen an Erhaltung und Wohlfahrt Unsers fürstlichen Hausses das meiste gelegen ist, und die es mit Seiner L[iebden] trewlich und gut mainen) umb Gutachten und Bedencken ersuche, seiner geheimen und anderer Rhäte consilia vernehme, die Rhäte nicht nur collegialiter, sondern auch etwa einen nach dem andern allein befrage, seine rationes dubitandi [Erwägungen] ihnen communicire, gute Rhatschläge nicht nur höre, sondern auch denselben folge, über deme, so mit gutem Bedacht beschlossen ist, standhafftig halte, keinem, der seinen besten Verstand und Befinden nach seine Mainung anzeigt, würisch [verwirrend, schlimm] begegne, damit sie nicht fortan schew gemacht und abgeschreckt werden, libere zu votiren [freimütig zu raten] und vor des Fürsten Schaden zu warnen. [...]

Bey seinem so hohen und wichtigen Ambt befleißige er sich der Nüchternheit. ... Wer zum Wein Lust hat, würd nimmer weiß [weise], kein Unweißer aber ist tüchtig zur Regirung. Und was

kann doch ein Regent vor schrecklichen Jammer anrichten, wan er dem Trunck zu sehr ergeben ist: ...
Unser Sohn und Successor soll iedermann gern dienen und sich bemühen, viel nützliches und guts außzurichten, einen ieden Tag vor verlohren halten, an dem er nichts rechtschaffenes außgerichtet, soll sich befleißigen, dem Vatterland eine Seule, unserm Hauß eine Ehr, allen Unsern fürstlichen Verwandten und Angehörigen ein Trost, ihm selbst eine Ruhe, den Rhäten und Dienern ein gütiger, frommer und erkandlicher Vatter, den Underthanen ein Cron und Schutz, männiglich ein Zuflucht zu sein" (zitiert nach Neuhaus 1997: 192-196).

In Ausdrucks- und Schreibweise modernisiert, die Bezugnahmen auf die christliche Religion durch solche auf die Leitgedanken einer freiheitlichen demokratischen Grundordnung ersetzt, die Warnung vor der Trunksucht ausgeweitet zum Abraten von allen der Pflichterfüllung hinderlichen Neigungen: So passten diese Ratschläge und Tugendhinweise auch fraglos noch in unsere Zeit – wie bereits jene Tugendkataloge, deren Spur wir kursorisch bis zu Aischylos und Konfuzius zurückverfolgt haben. Es wird keinesfalls schaden, bei unseren Rollen- und Verhaltensanforderungen an heutige Politiker nicht hinter jenes längst erreichte Anspruchsniveau zurückzugehen.

Was alle diese Tugenden über richtiges Politikerverhalten und richtige Politikertypen bis heute lehren, ist auch gar nicht überholt. Eigentlich muss man jene Maximen nur als kritischen Maßstab an aktuelle politische Vorgänge anlegen, um ihre Erhellungs- und Sprengkraft unmittelbar zu erleben. Dass man Gerechtigkeit gegenüber jedermann üben wolle, schwört heute noch jedes deutsche Regierungsmitglied; dann aber möge man dessen konkretes, auch parteipolitisches Handeln daran messen – und wird nicht selten erstaunt sein. Tapferkeit unter dem Druck der öffentlichen Meinung, angesichts der Hüter politischer Korrektheitsformeln, vor Parteifreunden oder im Angesicht von aufgebrachten Demonstranten: Das wünscht man sich gerade derzeit öfter, als man derlei erlebt. Mäßigung angesichts von Medienhypes, hochkochender Erregung in der politischen Klasse oder gegen seine Gegner ausnutzbaren Volkszorns: Wie oft sieht man sie selbst an solchen Politikern, die sich vor ihresgleichen gern nachdenklich und philanthropisch geben? Weisheit beim Zurkenntnisnehmen und Abwägen von Informationen: Wie oft kommt sie der Politikerneigung zum Zuspitzen, zum „Festklopfen von Positionen" oder zum „Festnageln" von Gegnern wirklich in die Quere? Beharrlichkeit angesichts von Vetospielern und Wahlniederlagen: Gilt sie nicht bald als störrisch, halsstarrig, bockig, ja nachgerade undemokratisch? Demut im Amt eines Parteiführers, Ministers oder Regierungschefs: Bei wem ist sie schon eine innere Haltung und nicht nur gelegentliche Maskerade? Milde: Wann wird sie wirklich gegenüber politischen Querdenkern geübt, die sich verrannt haben – und die man jetzt so schön zur Strecke bringen kann? Pflichterfüllung einfach so: Ist das nicht ehrenrührig in einer Zeit, da man locker, cool, gut drauf zu sein hat – und nicht obendrein ethisch fragwürdig, weil man mit dieser Sekundärtugend doch auch ein KZ betreiben kann? Gottesfurcht eines Politikers: Ist das nicht ohnehin lächerlich, ja vielleicht sogar eine Versündigung wider die Trennung von Kirche und Staat – und allenfalls akzeptabel bei Muslimen, die es eben „noch nicht so weit gebracht haben wie unsereins"? Und gar erst die „Frömmigkeit": Ist es nicht peinlich, wenn ein Politiker Transzendentes beschwört und behauptet, es gäbe umfassendere Zusammenhänge, etwa der Generationen, der Kultur, gar der Religion, von denen her das jetzt zu Entscheidende bedacht und gehandhabt werde müsse? Man erkennt: „Politikerspiegel" dieser Art können verstörend sein – und wendeten eben deshalb wohl manches Politikerverhalten zum Besseren. Freilich wird man des Wünschenswerten auch nicht zu viel erhoffen dürfen: Viel tugendhafter als jene Gesellschaft, aus der sie sich rekrutiert, kann wohl keine politische Klasse sein. Eben deshalb lässt sich auch der Diskurs darum, welche *Politiker* wir haben sollten, nicht abtrennen von den Diskursen um die angemessene Rolle eines *Bürgers* und um die Möglichkeiten, im Weg politischer Bildung und Erziehung auch *Bürgertugenden* zu vermitteln (vgl. Münkler 1996).

5.2 Ein „Fürstenspiegel" der etwas anderen Art: Machiavelli

Wir sollten freilich auch nicht hinter die bei Machiavelli erreichten Einsichten zurückfallen. Den *cantus firmus* seiner Bemühungen intonierte er aufs klarste im 15. Kapitel seines „Principe": „Da es meine Absicht ist, etwas Nützliches für den zu schreiben, der es versteht, scheint es mir angemessener, der wirklichen Wahrheit der Tatsachen nachzugehen als den Wahngebilden jener Leute. Viele haben sich Republiken und Herrschaften erdichtet, die sie in Wahrheit niemals gesehen und kennengelernt haben. Denn zwischen dem Leben, so wie es ist, und dem Leben, so wie es sein sollte, besteht ein so großer Unterschied, daß derjenige, der nicht beachtet, was geschieht, sondern nur das, was geschehen sollte, viel eher für seinen Ruin als für seine Erhaltung sorgt" (Machiavelli 1961: 95, vgl. auch ders. 1997).

Politikanalytische Kategorien, und natürlich auch die alltagspraktischen Verständniskategorien von Politikern, sollten in der Tat das politische Leben so zu fassen versuchen, wie es tatsächlich ist. Mit den genau dafür geeigneten Kategorien gilt es dann solche Untersuchungen durchzuführen und Schlussfolgerungen zu erarbeiten, die Orientierung in jener realen Welt des Politischen geben, die im demokratischen Staat uns allen, in Autokratien freilich nur der politischen Klasse, zur Gestaltung anvertraut ist. Diese ausdrückliche und fast ausschließliche Orientierung auf jene *Realitäten* politischen Handelns, die nicht einfach nur historisch kontingent sind, sondern ihrerseits geschichtlichen Abläufen ihre Struktur geben, und mehr noch die aus so gewonnenen Einsichten entspringenden, sehr klaren und dabei vielerlei Tabus politischer oder moralischer Korrektheit verletzenden Forderungen an Politiker, haben die nachfolgenden Generationen politischer Denker, weniger allerdings die folgenden Generationen praktischer Politiker, Machiavelli ziemlich übel genommen. Im Grunde revoltierten sie damit gegen die Idee einer empirischen – und dem Anspruch nach gerade nicht spekulativen – Wissenschaft von der Politik und ihren wirksamen Normen.

Ein solcher empirisch-historischer Zugriff verlässt in der Tat die – ohnehin erst seit kurzer Zeit von der empirischen Politikwissenschaft überwucherte – *normative* Traditionslinie unserer Disziplin. Diese letztere wirkt zunächst ja viel plausibler als das Vorhaben empirischer Politikanalyse: Es kommt doch wirklich eher darauf an, die Welt zum Besseren zu verändern, als sie ein weiteres Mal nur zu beschreiben und zu interpretieren; und im Bereich dessen, was es da an Zusammenhängen zu kennen oder in Rechnung zu stellen gilt, meinen sich Politiker und politische Beobachter in der Regel ohnehin sachkundig genug. Also mag gar mancher statt vermeintlich langweiliger Fakten- und Zusammenhangskunde viel lieber allerlei normativ aufgeladene Kritik an der

Politik und an den Politikern hören, als dass er bereit ist, sein eigenes Bild von der Lebenswelt und Funktionslogik des Politischen korrigieren zu lassen.

Doch den Wunsch, das eigene Weltbild Störendes erlassen zu bekommen, erfüllt Machiavelli gerade nicht. Denn wenn er – wie so oft – Politiker kritisiert, dann meist gerade für solche Dinge, die Außenseiter des politischen Gewerbes gerne loben. Umgekehrt rühmt Machiavelli immer wieder, was politisch korrekt daherkommende Insider der politischen Klasse ihresgleichen nicht minder vorwerfen als das allgemeine Publikum den Politikern überhaupt. Ganz quer stehen nämlich Machiavellis Kategorien meist zu dem, was auf politische Korrektheit geeichte Ohren an politisch Schicklichem hören wollen. Dabei verdienen es jene Kategorien des Politischen sehr wohl, bis heute und noch übermorgen für das Verständnis von Politik und zur Formulierung sinnvoller Erwartungen an Politiker herangezogen zu werden. Zwei von jenen Kategorien – die *virtù* und die *fortuna* des Politikers – haben in der Tat große Karriere gemacht. Die dritte hingegen, die *occasione*, scheint zu praxisnah, die vierte indessen – die *necessità* – zu analytisch zu sein, als dass sie ebenso leicht den Weg in jene theoretisierende Halbdistanz zur Politik gefunden hätte, in der die Kategorien der *virtù* und der *fortuna* dem politischen Mit- und Nachdenken so inspirierende Hilfsmittel sind. Beginnen wir darum mit den eher missachteten Kategorien, mit welchen Machiavelli höchst fruchtbar vielerlei Eigentümlichkeiten der Politik sowie an Politikern wünschenswerte Merkmale zu erschließen versteht.

Politisches Handeln vollzieht sich – wie das Fernand Braudel in seiner Theorie der Zeitstrukturen ausdrücken würde – auf der Ebene der „histoire événementielle" (Braudel 1976: 189-215). Es ist aktualitätsbezogen, kurzfristig, oft auch kurzsichtig. Es gleicht der Führung eines Schiffes, das sich wohl steuern lässt, welches aber getragen und auch geworfen wird vom Wogengang jener großen Wellen, die Braudel die „conjoncture" nennt. Diesen Wogengang formen, um im Bild zu bleiben, grundlegende Meeresströme und Küstenstrukturen nicht minder als ein stabiles Großklima. Braudel würde diesen Teil des Bildes als die „longue durée" bezeichnen, ein Sozialwissenschaftler als das langfristige Wirken kultureller Muster und von ihnen geprägter institutioneller Formen. Das Schiff politischen Handelns gilt es nun auf Kurs zu halten, und zwar angesichts und innerhalb von Rahmenbedingungen, auf die seine Besatzung selbst keinen Einfluss hat. Eben diese nicht straflos zu ignorierenden Rahmenbedingungen bezeichnet Machiavelli an vielen Stellen der „Discorsi" und des „Principe" als *necessità*, als Notwendigkeit.[15] Diese Notwendigkeiten – und zwar im Bereich natürlicher, technischer, institutioneller und kultureller Funktionszusammenhänge – zu erkennen, ihre Rolle für das eigene Handeln zu verstehen, sie selbst als Handlungsrahmen zu akzeptieren und obendrein für deren Akzeptanz seitens der Bürgerschaft zu werben: Das ergibt sich hieraus als Forderung an Politiker, als Beschreibung wünschenswerter Politikermerkmale. Solche Fähigkeiten lassen sich gewiss lehrbar machen und durch politische Bildung – und sei es in Form der Vorbereitung auf Fernsehduelle – an die politische Klasse vermitteln.

Langfristige Entwicklungen – vom Wertewandel bis zum demographischen Niedergang Ostdeutschlands nach der Wiedervereinigung – sind dabei nicht die einzigen ob-

---

15 Als *anánke* ist die *necessità* dem altgriechischen mythologischen und philosophischen Denken, wenngleich mit metaphysischem Überschuss, wohlvertraut.

jektiven, hier und jetzt unverfügbaren Gegebenheiten, mit denen politisches Handeln und die politische Klasse zurechtkommen müssen. Da sind desgleichen anthropologische Konstanten aller Art sowie die Funktionslogik institutioneller Strukturen und institutioneller Mechanismen. Auf sie muss sich ganz einfach einlassen, wer nicht scheitern will. Sie nur zu kennen und auch in Rechnung zu stellen, braucht aber noch überhaupt nicht zu gelingender politischer Gestaltung zu führen. Die *necessità* erfasst nämlich nur die *notwendigen* Bedingungen erfolgreichen politischen Handelns, doch keineswegs die *hinreichenden*. Diesen nähert man sich erst mit dem Praktikerkonzept der *occasione*, der sich bietenden Gelegenheit, die man nutzen oder verstreichen lassen kann. In der Tat braucht es nun einmal das Zusammentreffen verschiedener Entwicklungsströme, damit – eher geringe Ressourcen eigenen Antriebs vorausgesetzt – ein bestimmter Kurs des politischen Schiffleins überhaupt möglich wird. Auch muss es schon mehr als nur eine einzige Flamme geben, damit sich glühendes Eisen wirklich schmieden lässt. Als der *kairós*, als der – dank des an sich vielleicht ganz unwahrscheinlichen Zusammentreffens mehrerer Faktoren – nunmehr erfolgversprechende und dennoch so leicht zu verkennende Augenblick für die Wahl eines zielführenden Wegs im pfadabhängigen geschichtlichen Werden (Mahoney 2000) ist uns durchaus vertraut, was Machiavelli – selbst ein eher unglücklich agierender politischer Praktiker – da mit dem Konzept der *occasione* meint. Als „Gelegenheitsstruktur" kennen auch etliche sozialwissenschaftliche Theorien rationalen Handelns, was Machiavelli ausdrücken wollte. Und praktischen Politikern ist ohnehin bestens bekannt, dass höchst folgenreich für persönlichen Erfolg oder Misserfolg vor allem ist, ob und wie gut die sich bietenden Chancen erkannt und genutzt wurden, es also gleichsam den „Mantel der Geschichte" zu erhaschen gelang. Diese Fähigkeit als wünschenswertes Merkmal von Politikern ist gewiss nicht lehrbar zu machen. Immerhin kann historische Bildung einige Voraussetzungen dafür schaffen, dass wenigstens eine Haltung gespannter Erwartung auf solche Chancen und ein halbwegs verlässliches Gefühl für sie entsteht. In genau diesem Sinn macht, in einer berühmten Formel, Geschichte „weise" (wenn auch wohl doch nicht „für alle Zeit"), doch gewiss nicht schon verlässlich „klug für den Tag". Und schon gar nicht muss sich dem Erkennen der *occasione* auch noch eigene Tatkraft und Unterstützung seitens anderer hinzugesellen, weswegen historische Bildung – obschon plausiblerweise ein Soll für Politiker – ihnen noch lange nicht wirklich nützen muss.

Denn nun erst – zur *necessità* möglicherweise kompatibel und ohne *occasione* der meisten Chancen bar – setzt das Wirken jenes Faktors ein, den Machiavelli nicht müde wird, als die eigentliche Politikerqualität zu rühmen: nämlich das Wirken der *virtù*, der kompetenten und ergebnisorientierten Tatkraft, entfalte sie sich nun – entlang Machiavellis Metaphorik – in der Rolle des Löwen oder des Fuchses. Selbst wenn das Eisen glüht und auf dem Amboss liegt, mag dem Arm ja die Kraft für das Werk des Hammers fehlen – so dass ein Schmied ohne entsprechende *virtù* selbst bei bester Ausbildung und in der schönsten Werkstatt allzu wenig zustande bringen wird. Schaffen kann man zwar auch mit *virtù* nur das, was die *occasione* verfügbar macht und die *necessità* erlaubt. Ohne *virtù* aber entsteht eben nichts weiter – weder Deutschlands Einheit aus der friedlichen Revolution im Ostblock noch die Annexion des Sudentenlandes aus dem faulen Appeasement der Westmächte. Dieses Beispielspaar verdeutlicht im Übrigen bestens den für viele von jeher verstörenden Charakter des Konzepts der *virtù*. Es geht hier nämlich nicht um ein moralisches gut oder schlecht, sondern nur um rein handwerkliches „gekonnt" oder „missraten", und es geht nicht um eine Art wertgebundener Seelenstärke von Politikern, sondern allein um politische „power" und um politischen „drive" im Dienste *gleich welchen* Ziels.

Zweierlei Verantwortlichkeit gilt es am Handeln des Politikers somit zu unterscheiden: die Verantwortlichkeit hinsichtlich seiner Ziele – und die Verantwortlichkeit bezüglich seiner Kompetenz und Tatkraft in der Wahl und Nutzung zielführender Mittel. Gewissermaßen handelt die Kategorie der *virtù* von jenem ingenieurhaften „*Unter*maßverbot", das in der Politik nicht minder wichtig ist als das normative *Über*maßverbot im Rechtsstaat. Anerziehen lässt sich *virtù* der politischen Klasse wohl nicht, allenfalls als Leitbild vor Augen stellen. Erst und vor allem die Ausgestaltung des politischen Rekrutierungs- und Selektionssystems eines Landes bestimmt, welche Ausprägungsarten von *virtù* in welchem Umfang in dessen politischer Klasse am Werk sein werden. Besonders schlechte Leistungen scheinen in dieser Hinsicht solche politischen Systeme zu erbringen, in denen ein Großteil wichtiger Ämter erblich ist oder käuflich erworben werden kann oder sich der Zugang zu Ämtern erdienern, vielleicht auch erdienieren lässt. Gut bei der Rekrutierung und Auswahl von Politikern mit *virtù* scheinen hingegen solche politische Systeme abzuschneiden, die bei der Besetzung von Ämtern auf Wettbewerb und persönliches Durchsetzungsvermögen bauen.

Und freilich nützte auch alle *virtù* nichts, selbst nicht angesichts gegebener *occasione* und in die eigenen Segel blasender *necessità*, wenn sich nicht auch im Detail alles günstig zusammenfügte. Da mag in der Eskalationsphase einer politischen Krise ein wichtiges Telefongespräch verpasst oder zu spät geführt werden, da mag ein Übersetzungsfehler diplomatische Verwirrungen auslösen – oder es mag jede derartige Störung auch erspart bleiben und sich ein erfolgreicher Gang der Dinge wie von selbst einstellen. Dies alles waltet *fortuna*, ihrerseits Machiavellis vierte Kategorie und inhaltsgleich mit jener „Fortüne", die der Alte Fritz von seinen Generalen verlangte. Sie waltet im Übrigen schon darin, ob einem Politiker mit *virtù* überhaupt jene *occasione* der Zeitumstände begegnet, doch auch jene *occasione* des Zeitgeistes, ohne die er nichts Großes wird leisten können. Und *fortuna* waltet auch darin, ob ein Politiker auf seinem Posten bei aller *virtù* obendrein noch jene empirische Bescheidenheit besitzt, gerade nicht – da gewiss vergeblich – gegen die *necessità* anzukämpfen, sich aber sehr wohl aufrafft, im riskanten Wechselspiel von Versuch und Irrtum mit der *necessità* und der *occasione* zu *experimentieren*. Denn *fortuna* ist, wie das Machiavelli im 25. Kapitel des „Principe" ins Bild fasst, ein „Weib, das sich eher dem Stürmischen als dem kalt Berechnenden" ergibt (Machiavelli 1961: 138): Jenem also, der den Wagemut besitzt, es mit intuitiv veränderten Ansätzen zu versuchen, wenn der erste, wohlkalkulierte Anlauf misslungen ist. An der *necessità* kommt man gleichwohl nicht vorbei: Sie ist – in Machiavellis Metaphern – weder ein Weib zum Erobern noch ein Mann zum Niederkämpfen, sondern jene „Natur der Sache", die sich nicht hier und jetzt ändern, sondern nur zum eigenen Nachteil und allenfalls für einige Zeit ignorieren lässt. Ob freilich an konkret jenen Positionen, auf die es jetzt ankommt, auch solche Politiker zugange sind, die – gleich ob in der Umwelt-, Sicherheits- oder Wirtschaftspolitik – die „Natur der Sache" zu begreifen, zu akzeptieren und dann mit ihr zu experimentieren in der Lage sind, ob sie aufkommende Gelegenheiten zu erkennen und dann voller Tatkraft zu nutzen vermögen: Das alles verdankt sich eben *fortuna*, d. h. weitgehend dem Zufall. Auf dessen Wirken kann man positiv wohl keinen anderen Einfluss nehmen als den, dass man für Rekrutierungs- und Selektionssysteme sorgt, welche eine große Verbreitung von *virtù* unter der politischen Klasse zeitigen und obendrein die Chancen dafür steigern, dass zumal historisch gebildete und auf neugierige Belehrung durch empirische Befunde ansprechende Personen den Weg in die Politik finden.

Mit diesen vier Machiavellischen Grundkategorien des Politischen – der *necessità* und der *occasione*, der *virtù* und der *fortuna* – lässt sich durch Praktiker, Analytiker und Beobachter immer noch zugleich knapp und höchst erhellend erfassen, was wohl in der Politik warum wie wirkt, wenn politische Handlungen sich erfolgreich verketten oder ins Scheitern geraten. Doch ist dieses Raster nicht nur der Möglichkeit, sondern auch seiner *tatsächlichen Nutzung* nach ein Instrument, mit dem sich Regierende und Regierte gemeinsam über die Eigentümlichkeiten der ihr gemeinsames Schicksal prägenden Politik in Kenntnis setzen? Das ist gewiss nicht der Fall. Am unbeliebtesten scheint unter Politikern wie Bürgern die Kategorie der *necessità* zu sein: Sie kommt dem seit der Aufklärung hochgeschätzten Glauben an eine weitgehende politische Disponibilität der Menschen und der Dinge immer wieder in die Quere und rät allzu penetrant ab von immer wieder verlockenden voluntaristischen Konstruktionsversuchen politischer Wirklichkeit (Patzelt 1998). Im Zeitalter der Ideologien, also gerade auch im 20. Jahrhundert, war das Grund genug für die Verbannung dieser Kategorie: Wusste man sie nicht als „historische Notwendigkeit" auf seiner Seite, so wurde die *necessità* vom „Sachzwang" zum „*vorgeblichen* Sachzwang" zurecht- und wegdefiniert.

Listiger war allerdings der weit verbreitete gedankliche Trick, das Politische sich in Wirtschaft und Gesellschaft auflösen zu sehen. Damit trägt man einesteils der doch schwer zu übersehenden Tatsache Rechnung, dass in globalisierter Wirtschaft und transnational verflochtener Gesellschaft die *necessità* heute nicht minder wirkt als zu den von Machiavelli studierten Zeiten. Und andernteils kann man dann trotzdem weiterhin die Hoffnung hegen, es gäbe Politik frei von den Fesseln der *necessità*, wenn sie denn wieder zu sich kommen wolle und sich aus sozioökonomischer Interaktionsdiffusität aufs Neue zu ihrem vermeintlichen Proprium verdichte. Dieses Proprium aber sei: Wirtschaft und Gesellschaft, und warum nicht auch Kultur und Wissenschaft, so zu formen wie eine ganz den persönlichen Formgebungswünschen unterworfene Knetmasse. Eine solche „Plastilin-Theorie" der Politik[16] ist zwar ziemlich naiv in ihrem Glauben, die politische Kraft zur Herstellung und Durchsetzung allgemein verbindlicher Entscheidungen schließe deswegen auch schon die Potenz ein, Wirtschaft und Gesellschaft nach politischen Zielvorgaben sowohl umzuschaffen als auch funktionstüchtig zu erhalten. Doch es ist wohl gerade diese Naivität, verbunden freilich mit begründeter Einsicht in die Notwendigkeit vielfältigen Umsteuerns, welche solches Ignorieren der *necessità*, und die vielfältigen Rationalisierungen solcher Ignoranz, so populär macht. Sicher *kann* man politisches Handeln wenigstens zeitweilig auf derartige Wirklichkeitsvergessenheit gründen. Doch in der heimtückischen Gestalt ungeplanter Nebenfolgen geplanten politischen Handelns wird die *necessità* immer wieder zurückkehren, zurückwirken und alles das einreißen, was zuvor, unter oft gewaltigem Ressourceneinsatz, ihr entgegen errichtet wurde.

---

16 Ihr ließe sich, gerade aus der Warte einer sozialwissenschaftlichen Evolutionstheorie, eine Art „Biotop-Theorie" des Politischen gegenüberstellen.

Noch könnten zwar die Spuren der realsozialistischen Experimente schrecken. Doch viel lieber schiebt man es *fortuna* in die Schuhe, wenn – wie dort – alle *virtù* nichts ausrichtete. Oder man beklagt den Mangel an *occasione*, an dem sich dann schon politisch Schuldige werden finden lassen. Und wenn sonst gar nichts mehr die eigenen Wunschvorstellungen retten kann, dann muss es eben doch an *virtù* gefehlt haben – ob beim Aufbau des ostdeutschen Sozialismus oder von ostdeutscher Marktwirtschaft. In Wirklichkeit camoufliert sich so immer wieder der politische Ignorant, d. h. der leichtfertige oder unbedarfte Verächter unverfügbarer funktionslogischer *necessità*. Welcher Politiker aber erfolgreich davon ablenken kann, dass er seinem Handeln ein falsches Weltbild, eine missweisende Landkarte von – gar nicht gegebenen – Handlungsoptionen zugrunde legte, der hat sich um den größten Teil seiner Verantwortung schon herumgemogelt. Allerdings darf er meist sogar mit Lob dafür rechnen, dass er unbeugsam „seinen Idealen folgte" und „lieber scheiterte", als die Welt so zu sehen und zu behandeln, wie sie ihm seine Gegner – die *necessità* im Blick – lange schon beschrieben. Statt Machiavellis zwei andere Denkkategorien kritisch zu benutzen, rühmt man also lieber die *virtù* des bewunderten Versagers und hält dessen Ideale, Ideologie und Ideen für immer noch gut, weil sie doch nur an widrigen Umständen scheiterten: eben an *fortunas* Laune. Besser wäre es freilich, politisches Handeln nicht nur zwischen *virtù* und *fortuna* zu verorten, sondern jene Komplexität und jenen Realismus seiner Analyse zu praktizieren, auch von unseren Politikern zu verlangen und an immer neue Generationen weiterzugeben, die bei Machiavelli, gleichsam im klaren Licht der Renaissancemalerei, schon einmal erreicht waren.

6. Funktionsanforderungen und Praktikererfahrungen als Quelle von Urteilsmaßstäben

6.1 Der normativ-heuristische Wert von Funktionsanforderungen

Begriffe wie „Funktionslogik" und „Funktionsanforderungen" drücken in zeitgenössischer Fachsprache aus, was Machiavelli mit *necessità* meinte. Freilich denkt man Funktionen heute unmittelbar mit jenen Strukturen zusammen, die sie erfüllen. Das lenkt den Blick rasch auf konkrete Systemkonfigurationen und jene zeitspezifischen Professionalitätsanforderungen an politische Akteure, denen die Erfüllung von Funktionen doch am Ende ganz persönlich anvertraut ist. Was bei Ableitungen aus der Repräsentations- und Agentur- bzw. Delegationstheorie, auch bei der Inspiration aus politischen Tugendlehren und Fürstenspiegeln noch oft im Halbkonkreten bleibt, wird bei der Betrachtung solcher alltagspraktischen Funktionsanforderungen an die politische Klasse so richtig anschaulich. Setzt man dann außerdem – ganz in hobbesianischer Tradition – die Aufrechterhaltung der Funktionstüchtigkeit des Gesamtsystems als zwar nicht einziges, doch auf alle Fälle zu erreichendes Ziel politischen Handelns, dann wird von dieser technischen Seite des politischen Getriebes her wirklich schnell klar, was für Politiker wir bräuchten. Und blickt man dann auch noch auf die Risiken und Nebenwirkungen einzelner, für sich selbst durchaus funktionserfüllender Handlungsstrategien, dann gewinnt eine solche Betrachtungsweise sogar noch jene kritische Distanz, die man an ihr zunächst gar nicht vermutet.

Freilich gerät eine den Klugheitsregeln des Praktikerwissens so nahe Beschreibung von Funktionsanforderungen rasch in den Stil einer How-to-do-Abhandlung oder eines stellen- und aufgabenbezogenen Ratgebers. Das schadet aber auch nicht, solange die höchst konkreten Sollensaussagen in den größeren repräsentations-, agentur- und tugendtheoretischen Argumentationszusammenhang eingefügt sind, der hier entfaltet wurde. Nur verlangt dann eine das Essayistische übersteigende Antwort auf die Frage, was wir für Politiker bräuchten, auch schon eine ganze Reihe von Abhandlungen zu ganz konkreten Politikerrollen, etwa als Stadtrat, Landtagsabgeordneter, Vorsitzender eine Bundestagsfraktion, Minister oder Staatsoberhaupt. Vor die Klammer ziehen kann man allerdings immer noch Hinweise auf angemessene Anpassungen an jene besonderen Herausforderungen, die etwa unsere Parteienstaatlichkeit, unsere verhandlungsdemokratischen Strukturen sowie die auf unser ganzes politisches Leben einwirkende Medialisierung an Politiker und professionelles politisches Handeln richten. Das alles abzuhandeln ist hier freilich nicht der rechte Ort, sondern findet seinen Platz in vielen anderen Beiträgen dieses Bandes.

6.2 Einschätzungen politischer Praktiker

Dennoch lässt sich eine abschließende Synthese aus normativer Praktikersicht versuchen. Die nachstehend erörterten Befunde stammen aus einer schriftlichen Befragung aller – seinerzeit rund 2800 – deutschen Abgeordneten, die 1994 vom Verfasser durchgeführt wurde (zentrale Ergebnisse in Patzelt 1996 und ders. 1997) und an der sich damals ein gutes Drittel der Parlamentarier beteiligte.[17] Hinsichtlich der abgefragten Items auf Ergebnissen qualitativer Vorstudien aufbauend, wurden die Parlamentarier damals gefragt: „Nicht jeder wird wohl für das Amt eines Abgeordneten gleich gut geeignet sein. Im Folgenden finden Sie eine Reihe von Merkmalen, die für das Persönlichkeits- und Arbeitsprofil eines Abgeordneten wichtig sein könnten. Bitte geben Sie an, für wie wichtig Sie die einzelnen Merkmale halten und in welchem Grad Sie meinen, die einzelnen Merkmale selbst zu besitzen!" Die Antworten waren anhand fünfstufiger Beurteilungsskalen zu erteilen;[18] die Ergebnisse finden sich in der nachstehenden Tabelle. Zwar sind deren Befunde inzwischen fast zwei Jahrzehnte alt. Doch einesteils sind dem Verfasser keine neueren Daten dieser Art und inhaltlichen Spannweite verfügbar; und andernteils ist nicht zu vermuten, dass sich seither die normativen

---

17 Diese „Deutsche Abgeordnetenstudie" wurde, finanziert von der Deutschen Forschungsgemeinschaft, im Frühjahr 1994 in Form einer schriftlichen Befragung unter allen gut 2800 deutschen Landes-, Bundes- und Europaparlamentariern durchgeführt. Die Rücklaufquote betrug ein gutes Drittel (n = 856), wobei durch Gewichtung u. a. nach Partei, Mandat und Geschlecht für eine möglichst akzeptable Repräsentativität des Rücklaufs für die Grundgesamtheit gesorgt wurde. Im Folgenden werden nur die Angaben der Landtags- und Bundestagsabgeordneten näher betrachtet (n = 815). Da der Fragebogen in vier thematisch spezialisierten Versionen entwickelt wurde und je einer durch systematische Zufallsauswahl gezogenen Teilstichprobe von je einem Viertel der Parlamentarier zugeschickt wurde, hängt die konkrete – und in der Tabelle ausgewiesene – Fallzahl stets davon ab, ob eine Frage in einer, zwei, drei oder allen vier Versionen des Fragebogen enthalten war, wobei kleinere Fallzahlen gerade keine systematische Verzerrung der Stichprobe anzeigen.
18 1 meinte „sehr wichtig" bzw. „besitze ich voll", 5 „unwichtig" bzw. „besitze ich nicht".

Theorien und Selbsteinschätzungen von Abgeordneten grundlegend geändert hätten. Weil Abgeordnete obendrein einen sehr großen Teil der deutschen politischen Klasse ausmachen und sich die Inhaber politischer Spitzenämter zu einem noch viel größeren Anteil aus deren Reihen rekrutieren, wird es insgesamt nicht unnütz, ja vielleicht sogar ein Impuls für überprüfende weiterführende empirische Studien sein, abschließend auch noch auf die einschlägigen Urteile wichtiger Mitglieder der politischen Klasse zu blicken.

Tabelle: Für das Amt des Abgeordneten wichtige Merkmale

Kategorien, geordnet nach der zugeschriebenen Wichtigkeit der genannten Politikereigenschaften	Wichtig-keit (Mittel)	Selbstein-schätzung (Mittel)	Ist-Überschuss/Ist-Defizit	n
abgeschlossene Berufsausbildung samt ersten beruflichen Erfahrungen	1,3	1,1	0,2	210/212
Fähigkeit, Positionen überzeugend vertreten zu können	1,4	1,9	−0,5	210/212
Bereitschaft, Konflikte auszutragen	1,6	1,8	−0,2	210/212
integerer Lebenswandel	1,7	1,7	0,0	196/204
Einfühlungsvermögen in die Belange der Bürger; Empfindung persönlicher Betroffenheit von deren Problemen	1,7	1,8	−0,1	210/211
praktische Erreichbarkeit des Abgeordneten: er ist im Prinzip stets für die Bürger zugänglich	1,7	1,8	−0,1	210/212
Entschlussfreude	1,7	1,8	−0,1	210/212
Durchsetzungsvermögen	1,7	2,0	−0,3	210/212
„öffentliche Sichtbarkeit" des Abgeordneten; Resonanz seines politischen Auftretens zumindest in der Öffentlichkeit seines Wahlkreises	1,8	2,0	−0,2	210/211
gesicherte wirtschaftliche und soziale Stellung auch ohne politisches Mandat	1,9	1,9	0,0	209/212
inhaltliche Arbeit in der eigenen Partei, durch die man als Abgeordneter die politischen Positionen der Partei mitprägt	1,9	1,9	0,0	210/212
rednerische Begabung	1,9	2,2	−0,3	210/212
Kompetenz, größere Zusammenhänge zu überblicken und Expertenkenntnisse politisch zu bündeln („Generalist")	1,9	2,2	−0,3	207/209
Fähigkeit zu taktischem, auch Kompromisse und Umwege akzeptierendem Konfliktmanagement	1,9	2,2	−0,3	210/211
Bereitschaft zu Tätigkeiten wie Erledigung von Post, Lektüre von Akten und Vorlagen, Zeitungs- und Zeitschriftenstudium	2,1	2,0	0,1	210/211

Kategorien, geordnet nach der zugeschriebenen Wichtigkeit der genannten Politikereigenschaften	Wichtigkeit (Mittel)	Selbsteinschätzung (Mittel)	Ist-Überschuss/ Ist-Defizit	n
Freude daran, durch Nutzung der mit dem Abgeordnetenamt verbundenen Möglichkeiten politisch und gesellschaftlich Einfluss zu nehmen	2,2	2,2	0,0	210/211
Erfahrungen aus sozialen Aktivitäten, etwa in Vereinen, Bürgerinitiativen etc. (sog. „vorpolitischer Raum")	2,4	2,2	0,2	210/212
persönlicher politischer Ehrgeiz	2,5	2,8	−0,3	208/210
Übernahme von und längere Tätigkeiten in verschiedenen Funktionen in den Basisorganisationen der eigenen Partei, bevor ein Parlamentssitz angestrebt wird	2,5	2,0	0,5	210/212
Erfahrungen aus eigener Betätigung im Bereich der großen gesellschaftlichen Organisationen bzw. Verbände	2,6	2,5	0,1	210/212

Legende: Angegeben sind arithmetische Mittel und Mittelwertdifferenzen, die sich auf fünfstufige Skalen beziehen.

Es zeigt sich: Ein Abgeordneter – und wohl allgemein auch ein Politiker – soll nach Ansicht eines wichtigen Teils von Deutschlands politischer Klasse beruflich erfahren und abgesichert sein; er braucht Führungskraft und Responsivitätsbereitschaft; er muss zugleich fachkompetent und zum generalistischen Überblick fähig sein; er benötigt Verwurzelung in seiner Partei sowie Erfahrungen aus der Kommunalpolitik. Insgesamt kreisen jene normativen Vorstellungen, die Politiker selbst von ihren durch Rekrutierung und Sozialisation sicherzustellenden Merkmalen hegen, um Führungskraft, praktizierte Responsivität und gesellschaftliche Verwurzelung.[19] Das ist funktionslogisch unter den Bedingungen eines demokratisch-repräsentativen Regierungssystems auch völlig angemessen. Nach diesen Gesichtspunkten wird denn auch, wie einschlägige Studien zeigen, wirklich rekrutiert und sozialisiert. Weil solchermaßen die äußeren Selektionsbedingungen von Politikern („Wer erfüllt die faktischen Rekrutierungs-, Selektions- und Wiederwahlanforderungen?") recht gut mit den inneren Selektionsbedingungen unseres Regierungssystems („Welche Rekrutierungs-, Selektions- und Wiederwahlanforderungen passen zu unseren politisch-institutionellen Leitideen?") zusammenpassen, muss die erhebliche Übereinstimmung zwischen den normativen Vorstellungen der Befragten und der Selbstzuschreibung entsprechender Merkmale weder überraschen noch einfach auf Ausstrahlungseffekte beim Antwortverhalten zurückgeführt werden. Wenn sich hier aber eine im Grunde nachhaltig stabile Situation ausdrückt, ist um so aufschlussreicher, worin die Selbstzuschreibungen der Befragten – und zumal dann, wenn sie vom Sog hin zu „sozial erwünschten" Antworten systematisch verzerrt sein sollten – von ihren normativen (und womöglich in die gleiche Richtung verzerrten) Vorstellun-

---

19 So die Befunde einer anhand der Soll-Items durchgeführten Faktorenanalyse. Ein ausführliches Analysepapier ist vom Verfasser erhältlich.

gen deutlich abweichen und dergestalt gleichsam evolutionäre „Fitnessstörungen" unseres politischen Systems bzw. seiner politischen Klasse anzeigen.

Erstens gibt es Merkmale, die durch die vorwaltenden Rekrutierungsmechanismen für Politiker klar stärker ausgeprägt sind, als das die Abgeordneten für nötig halten. Zu diesen Merkmalen gehört vor allem die „Ochsentour" in den Parteien sowie, wenigstens ein Stück weit, das gleichermaßen für den Weg zum Mandat typische Emporarbeiten aus dem vorpolitischen Raum oder aus der Verbandsarbeit. Auch der Zwang zum Expertentum sowie zur dafür nötigen „Papierarbeit" scheint den Abgeordneten über das Angemessene hinauszugehen. Außerdem halten sie eine abgeschlossene Berufsausbildung samt ersten beruflichen Erfahrungen und eine gesicherte Stellung auch ohne Mandat normativ für weniger wichtig, als das die Praxis verlangt. Der Weg zum Mandat ist zu lange und zu zeitraubend, die Ausübung des Mandats zu detailbesessen: So lässt sich zusammenfassen, was in den Befunden als Ist-Überschuss zum Ausdruck kommt. Man wird das auf einen Großteil der politischen Klasse verallgemeinern können. Zumal der oft lange und meist mühsame Weg ins Parlament schreckt viele potenziell für politisches Engagement zu gewinnende Leistungsträger ab, die einer rein politischen Laufbahn zunächst eine Karriere in Wirtschaft und Gesellschaft vorziehen und später dann keine Chance mehr haben, ihre dort gewonnene Lebenserfahrung und Sachkompetenz in den Dienst der Politik zu stellen. Dergestalt erklärt die *Tabelle* auch ein Stück weit die vom Gesellschaftsaufbau so klar abweichende Zusammensetzung deutscher Parlamente.

Im Übrigen bleibt die tatsächliche Praxis der Abgeordneten, vielleicht auch von Politikern insgesamt, vielfach hinter dem zurück, was Parlamentarier selbst als wichtig erachten. Vor allem gelingt es ihnen nicht so gut, wie das ihrer Einschätzung nach der Fall sein sollte, Positionen überzeugend zu vertreten und sich durchzusetzen. Das hat teils mit nicht ausreichender Konfliktbereitschaft und Führungstechnik, teils – aufgrund des allzu nötigen Expertentums – mit unzulänglich ausgebildeten Fähigkeiten zu tun, als Generalist zu wirken. Hinzu kommen unzureichende rednerische Begabung und zu geringer Ehrgeiz. Obendrein erreichen die Abgeordneten, so ihre eigenen Angaben, bei der Öffentlichkeitsarbeit nicht, was anzustreben wäre. Hauptdefizite legen die Parlamentarier also im Bereich der politischen Führung offen. Anscheinend privilegieren die deutschen Rekrutierungs- und Selektionsmechanismen solche Bewerber, die zur langjährigen Arbeit in Partei und vorpolitischem Raum bereit und sowohl fleißig als auch lernbegierig sind; doch im Parlament angekommen, erleben sie im Bereich der politischen Führungsaufgabe eine Kluft zwischen dem, was sie mitbringen, und dem, was eigentlich wünschenswert wäre.

Aus einem anderen Blickwinkel wird hier erneut die Vermutung nahegelegt, dass die langen und allzu mühsamen politischen Karrierewege besonders führungsfähige und ehrgeizige Angehörige gesellschaftlicher Leistungseliten durchaus vom Weg in die Parlamente und somit in die professionelle Politik abhalten. Stimmt das, so wird unser grundsätzlich verfügbarer Rekrutierungspool nicht gut genug ausgeschöpft, was womöglich schlechtere Führungs- und Steuerungsleistungen im Regierungssystem nach sich zieht, als wir sie eigentlich haben könnten. Zwar wird, wer normalerweise in die deutsche Politik gelangt und dort sein „training on the job" erfährt, den gestellten Anforderungen im Großen und Ganzen schon gerecht; anders wäre die Erfolgsbilanz unseres Landes schwer zu erklären. Doch die Angaben der Abgeordneten selbst verweisen auf eine Lücke zwischen dem Realisierten und dem Wünschenswerten, die in ihrem systematischen Charakter die im Durchschnitt stets zu erwartenden Abweichungen zwischen dem Soll und dem Ist allem Anschein nach übersteigt. Ist das aber so, dann scheinen die bei uns wirksamen Prozesse professioneller politischer *Sozialisation* mancherlei strukturell begründete *Rekrutierungs*defizite zwar zu mildern, nicht aber zu beseitigen. Diese wirken sich – anders als das oft vermutet wird – weniger im Bereich der Basisbindung und Responsivität von Politikern aus als vielmehr dort, wo Politik ihre ganz spezifische Leistung zu erbringen hat: bei der politischen Führungsarbeit. Es sollte wundern, wenn die demoskopisch so verlässlich gemessene Verdrossenheit über Steuerungsdefizite unseres politischen Systems sowie die populäre Vermutung, unseren Politiker fehle es an Können zur Bewältigung gesellschaftlicher und wirtschaftlicher Probleme, nicht gerade hier eine wichtige Ursache hätte.

7. Konsequenzen?

Haben wir also die Politiker, die wir brauchen? In vieler Hinsicht wohl ja, in anderer eher nicht. Das Politiktechnische gelingt unserer politischen Klasse oft recht gut; die Stiftung von Vertrauen darauf, dass sie ihre privilegierte Position nicht selbstsüchtig ausnutze und sich in erster Linie um „gutes Regieren" bemühe, gelingt schon weniger. Institutionell haben wir die von Prinzipal-Agent-Ansatz recht klar aufgeschlüsselten „Agenturkosten" unseres politischen Betriebs wohl im Griff; doch ob unsere Rekrutierungsmechanismen auf jene Art von Innenleitung der politischen Klasse hinwirken, die wir uns wünschen sollten, lässt sich mehr und mehr mit guten Gründen bezweifeln.

In dieser Lage kann man – an den klassischen Umgang mit politischen Tugendkatalogen anknüpfend – einesteils die im Grunde nie endende Politikersozialisation dadurch ergänzen, dass zumal die Wortführer der politikkritischen öffentlichen Meinung unseren Politikern klar öfter als bislang mit den Ansprüchen der klassischen Tugendkataloge kommen und viele Bürger es auch ernst meinen mit Urteilen etwa über die Weisheit der Handlungen unserer politischen Klasse oder über das von ihr zu verlangende Maßhalten beim wechselseitigen Umgang. Ernstgemeinte Urteile sind freilich nur solche, die nicht ohne Folgen bleiben.

Also wären andernteils – hier ebenfalls nur anzudeuten – auch solche Veränderungen unserer politischen Rekrutierungsmechanismen zu erwägen, die den „Prinzipalen" des politischen Betriebs größeren Einfluss auf ihre „Agenten" erschlössen. Mehr noch als plebiszitäre Instrumente, mit denen sich *punktuell* auf politische *Positionen* einwirken lässt, könnten sich womöglich offene Vorwahlen für alle Bewerber um ein parlamentarisches Mandat als ein aussichtsreicher Weg zum Ziel erweisen, die durchschnittliche *Zusammensetzung* unserer politischen Klasse und die für den Aufstieg in sie wichtigen *Persönlichkeitsmerkmale* in wünschenswerter Weise zu verändern. Nicht auf die Parteimitglieder begrenzte Vorwahlen zwängen nämlich gerade den Kern unserer politischen Klasse im verlässlichen Takt der Legislaturperioden zur Absicherung ihrer Machtstellung nicht nur „nach innen", nämlich in die Parteien hinein, sondern auch „nach außen", hin zum Bürger. Das wiederum dürfte nicht nur die an den Tag zu legenden Merkmale von auf Wahlämter angewiesenen Politikern anders akzentuieren als bislang, sondern ganz systematisch die politische Karriere solcher Bewerber erleichtern, die auch kraft *eigener Leistung* und *Persönlichkeit* sich bei vielen Bürgern Respekt und Zustimmung erwerben könnten, also nicht in erster Linie darauf bauen müssen, dass ihre Parteien sie herausstellen und mit gleichsam *geliehener* Autorität ausstatten. Der anzustrebenden – stets mit Responsivität gekoppelten – Führungskraft unserer politischen Klasse wäre damit sogar geholfen.

Das Volk kann freilich dann immer noch genau jene politische Klasse haben, die es – sozusagen – „auch verdient". Die Bürgerschaft besäße aber wohl mehr Chancen als bislang, nicht nur zu *beurteilen,* ob wir die Politiker haben, die wir brauchen, sondern *selbst* auf einen möglichst positiven Befund *hinzuwirken.* Politikwissenschaftler sollten ihrerseits nie um Ratschläge darüber verlegen sein, anhand welcher Maßstäbe eine Bürgerschaft ihre politische Klasse am sinnvollsten beurteilen und sich dann selbst an die Verbesserung bestehender Zustände machen kann. Wer außerdem nicht glaubt, dass wir bereits in der best*möglichen* aller politischen Welten lebten, der wird wohl auch nur skizzenhaft umrissene Reformanregungen wie die obigen erst einmal näher bedenken wollen, statt gleich zum – womöglich ja falschen – Schluss überzugehen, es sei eben doch nicht zu bekommen, was wir an Politikern eigentlich bräuchten.

Literatur

Anton, Hans Hubert, 2006: Fürstenspiegel der frühen und hohen Mittelalters (= Ausgewählte Quellen zur deutschen Geschichte des Mittelalters, Freiherr-vom-Stein-Gedächtnisausgabe 45). Darmstadt: Wissenschaftliche Buchgesellschaft.
Berges, Wilhelm, 1938: Die Fürstenspiegel des hohen und späten Mittelalters (= MGH-Schriften 2). Leipzig: K. W. Hiersemann (Nachdruck).
Braudel, Fernand, 1976: Geschichte und Sozialwissenschaften. Die ‚longue durée', in: *Wehler, Hans-Ulrich* (Hrsg.), Geschichte und Soziologie. Köln: Kiepenheuer & Witsch, 189-215.
Ebers, Mark/Gotsch, Winfried, 1999: Institutionenökonomische Theorien der Organisation, in: *Kieser, Alfred* (Hrsg.), Organisationstheorien. Stuttgart: Kohlhammer, 199–251.
Gilardi, Fabrizio/Braun, Dietmar, 2002: Delegation aus der Sicht der Prinzipal-Agent-Theorie, in: Politische Vierteljahresschrift 43, 147-161.
Machiavelli, Niccolò, 1961: Der Fürst. Mit einer Einleitung von Hans Freyer. Stuttgart: Reclam.
Machiavelli, Niccolò, 1997: Discorsi. Gedanken über Politik und Staatsführung. Deutsche Gesamtausgabe; übersetzt, eingeleitet und erläutert von Rudolf Zorn. 2., verb. Aufl. Stuttgart: Kröner.
Mahoney, James, 2000: Path Dependence in Historical Sociology, in: Theory and Society 29, 507-548.
McCrone, Donald J./Kuklinski, James H., 1979: The Delegate Theory of Representationin: American Journal of Political Science 23, 278-300.
Mühleisen, Hans-Otto/Philipp, Michael/Stammen, Theo (Hrsg.), 1997: Fürstenspiegel der Frühen Neuzeit (= Bibliothek des deutschen Staatsdenkens 6). Frankfurt a. M./Leipzig: Insel-Verlag.
Münkler, Herfried, 1996: Bürgerreligion und Bürgertugend. Debatten über die vorpolitischen Grundlagen politischer Ordnung. Baden-Baden: Nomos.
Neuhaus, Helmut (Hrsg.), 1997: Zeitalter des Absolutismus 1648-1789 (=Deutsche Geschichte in Quellen und Darstellung 5). Stuttgart: Reclam.
Patzelt, Werner J., 1996: Deutschlands Abgeordnete. Profil eines Berufsstandes, der weit besser ist als sein Ruf, in: Zeitschrift für Parlamentsfragen 27, 462-502.
Patzelt, Werner J., 1997: German MPs and Their Roles, in: Journal of Legislative Studies 3, 55-78.
Patzelt, Werner J., 1998: Ein latenter Verfassungskonflikt? Die Deutschen und ihr parlamentarisches Regierungssystem, in: Politische Vierteljahresschrift 39, 725-757.

Patzelt, Werner J., 1998: Wirklichkeitskonstruktion im Totalitarismus. Eine ethnomethodologische Weiterführung der Totalitarismuskonzeption von Martin Drath, in: *Siegel, Achim* (Hrsg.), Totalitarismustheorien nach dem Ende des Kommunismus. Köln/Weimar: Böhlau, 235-271.

Patzelt, Werner J., 2006: Parliaments and their symbols. Topography of a field of research, in: *Crewe, Emma/Müller, Marion G.* (Hrsg.), Rituals in Parliaments. Frankfurt a. M. u. a.: Campus, 159-182.

Patzelt, Werner J., 2007: Einführung in die Politikwissenschaft. 6. Aufl. Passau: Wissenschaftsverlag Rothe.

Pitkin, Hanna F., 1967: The Concept of Representation. Berkeley/Los Angeles: University of California Press.

Simon, Thomas, 2004: „Gute Policey". Ordnungsbilder und Zielvorstellungen politischen Handelns in der frühen Neuzeit. Frankfurt a. M: Vittorio Klostermann-Verlag.

Singer, Bruno, 1981: Die Fürstenspiegel in Deutschland im Zeitalter des Humanismus und der Reformation (= Humanistische Bibliothek, Reihe 1, Abh. 34). München: Fink.

Strøm, Kaare, 2000: Delegation and Accountability in Parliamentary Democracies, in: European Journal of Political Research 37, 261-289.

II.

Politikerkarrieren in der Bundesrepublik Deutschland

Professionalisierung der Kommunalpolitik?
Empirische und normative Befunde

Lars Holtkamp

Die Diskussion über die Professionalisierung der Kommunalpolitik hat in der lokalen Politikforschung eine lange Tradition. Schon in den 1970er Jahren wurde in der Politikwissenschaft eine stärkere Professionalisierung der Kommunalpolitik postuliert. Neuerdings wird auch für alle Mittel- und Großstädte ein unaufhaltsamer empirischer Trend zur stärkeren Professionalisierung konstatiert.[1] Dabei bezieht sich die Diskussion vor allem auf zwei Dimensionen des Professionalisierungskonzepts. Erstens wurde Professionalisierung, vorwiegend in den 1970er Jahren, als Prozess verstanden, in dem die Kommunalparlamentarier durch Fortbildung und parteienstaatliche Sozialisation zu konkurrenzdemokratischen Verhaltensmustern qualifiziert werden sollten. Zweitens wurde Professionalisierung als ein schleichender Prozess der Verberuflichung des kommunalen Ehrenamts gedeutet (Reiser 2006). Die dritte Dimension des Professionalisierungsbegriffs als „Professionswerdung" (Borchert 2003: 24), die aus demokratietheoretischer Sicht durchaus problematische Prozesse der Kartellbildung einschließt, wurde demgegenüber in der lokalen Politikforschung bisher weniger thematisiert.

In diesem Beitrag sollen alle drei Dimensionen des Professionalisierungsbegriffs berücksichtigt werden. In einem ersten Schritt sollen unterschiedliche normative Konzepte von kommunaler Selbstverwaltung, die mit der Professionalisierungsdiskussion in der lokalen Politikforschung eng verknüpft sind, vorgestellt werden. Neben dem von der nationalen Ebene übertragenen normativen Konzept der Konkurrenzdemokratie (starke Parlamentarisierung, Konkurrenz von Mehrheits- und Oppositionsfraktionen, starke Professionalisierung) wird in der juristisch dominierten kommunalwissenschaftlichen Diskussion aufgrund der institutionellen Besonderheiten der lokalen Ebene das Konzept der Konkordanzdemokratie präferiert, in dem in Bezug auf die kommunale Vertretungskörperschaft konsensuale Entscheidungen und eine geringere Professionalisierung angestrebt werden. Diese sollen kombiniert werden mit einem dominanten direkt gewählten Bürgermeister. Vorbild hierfür ist häufig die baden-württembergische Kommunalpolitik, während die Akteurskonstellationen in nordrhein-westfälischen Städten eher als konkurrenzdemokratisch gelten (Holtkamp 2008). Allerdings ist der Professionalisierungsgrad der Kommunalpolitik bisher noch nicht bundesländervergleichend untersucht worden. Dies wird im zweiten Kapitel, ausgehend von einer Sekundäranalyse qualitativer Fallstudien und landesweiter Befragungen der Fraktionsvorsitzenden, angestrebt. Im anschließenden Kapitel werden die Probleme der Professionalisierung als Kartellbildung analysiert und in Bezug zu konkurrenzdemokratischen Akteurskonstellationen sowie zu den anderen Dimensionen des Professionalisierungsbegriffs gesetzt.

---

1 Vgl. dazu auch den Beitrag von Marion Reiser in diesem Sonderheft.

Kernthese des Beitrages ist, dass die Expansion professionell betriebener Politik kein Naturgesetz moderner Kommunalpolitik ist, sondern in nicht wenigen Kommunen ein geringerer Professionalisierungsgrad realisiert wird und dieser in normativer Sicht unter Berücksichtigung kommunaler Spezifika, auch eher empfehlenswert ist.

1. Modelle kommunaler Selbstverwaltung und ihre Bezüge zur Professionalisierungsdebatte

Die Debatte um den Parteieneinfluss auf kommunaler Ebene ist gekennzeichnet durch eine hohe normative Aufladung – einige Autoren sprechen sogar von einem „Bekenntnisstreit" (Holtmann 1998: 208) – zwischen dem politikwissenschaftlichen und dem juristischen Mainstream.

1.1 Das konkurrenzdemokratische Konzept

In der deutschen Politikwissenschaft galt nach 1945 lange die Konkurrenzdemokratie britischer Prägung mit ihrer ausgeprägten funktionalen Gewaltenteilung (zwischen Opposition und Regierung) als Vorbild. Diese Vorstellungen flossen in den 1970er Jahren auch vermehrt in die lokale Politikforschung ein. Jene kritisierte an den damals in den meisten Kommunen dominierenden konkordanzdemokratischen Mustern, die sich insbesondere durch einstimmige Ratsbeschlüsse bei einer dominanten Verwaltungsspitze auszeichneten, dass die Verwaltung kaum kontrolliert werde. Faktisch würde das Kommunalparlament zu einem Ratifikationsorgan für die Verwaltung herabgestuft (Frey/Naßmacher 1975: 200). Demgegenüber könne im Zuge einer stärkeren konkurrenzdemokratischen Strukturierung der Kommunalparlamente durch eine klare Trennung zwischen Regierungs- und Oppositionsfraktionen bei ausgeprägter Fraktionsdisziplin die demokratische Kontrolle der Verwaltung stärker gewährleistet und die Innovationsfähigkeit und die Berücksichtigung der „gesellschaftlich Unterprivilegierten" (Naßmacher 1972: 63) im kommunalpolitischen System erhöht werden. Damit die Opposition jenseits des interessengeleiteten „Sachverstands" der Verwaltung Alternativen entwickeln und die Mehrheitsfraktion die Verwaltung effektiv steuern kann, wird vor allem eine Professionalisierung der Ratsarbeit gefordert. Allerdings wurde in der Regel nicht die professionelle (formal verberuflichte), sondern die professionalisierte Wahrnehmung von Ratsaufgaben empfohlen (Schäfer/Vogler 1977: 75). Zur Professionalisierung wurde empfohlen, dass die Parteien und Fraktionen stärker die Schulung und Sozialisation der Ratsmitglieder (gerade auch vor der eigentlichen Ratskarriere) übernähmen. Darüber hinaus wurde durchweg die Einstellung von Fraktionsassistenten empfohlen (Schäfer/Vogler 1977: 76).

Seit Mitte der 1980er Jahre wurde in der lokalen Politikforschung zunehmend argumentiert, dass im Zuge des Industrialisierungs- und Modernisierungsprozesses seit den 1970er Jahren soziale und ökologische Probleme in vielen Kommunen entstanden seien, die zu verstärkten öffentlichen Auseinandersetzungen führen würden, in die sich dann auch die Parteien kontrovers einbringen müssten. Eine zunehmende Parteipolitisierung ergäbe sich hieraus zwangsläufig und sei auch empirisch immer wieder konstatiert worden. Der Streit um die Rolle von Parteien in der kommunalen Selbstverwaltung sei damit weitgehend obsolet, weil die Konkurrenzdemokratie nun in der Verfassungsrealität dominiere und Alternativen hierzu in modernen Kommunen kaum denkbar seien. Es wird im Kern also mit der „normativen Kraft des Faktischen" argumentiert, wobei immer wieder durchschimmert, dass diese Entwicklung durchaus begrüßt wird (Holtmann 1992: 13). Ähnliches wird neuerdings auch in Bezug auf die Professionalisierung (im Sinne der informellen Verberuflichung) der Kommunalpolitik postuliert. Danach ist zumindest eine ehren- oder nebenamtliche Ausübung des Ratsmandats aufgrund steigender Problemkomplexität und parteipolitischer Strukturierung zwangsläufig in „den Großstädten unrealistisch" (Reiser 2006: 257). Diese Verberuflichung sei bereits weitgehend für mittelgroße Städte zu konstatieren und könne beispielsweise die Qualität der Ratsarbeit und die Unabhängigkeit der Mandatsträger von der Verwaltung fördern (Reiser 2006: 69).

1.2 Das konkordanzdemokratische Konzept

Gegen diese „normative Kraft des Faktischen" wurde allerdings schon früh von einigen (wenigen) Politikwissenschaftlern eingewendet, dass „die Expansion parteimäßig betriebener Politik kein Naturgesetz der modernen Demokratie" (Lehmbruch 1975: 8) sei. Mit Verweis auf Baden-Württemberg wurde festgestellt, dass Kommunalpolitik empirisch durchaus anders organisiert sein könne. Probleme würden dort nach der Maxime des „gütlichen Einvernehmens" im Stadtrat unter einem starken Bürgermeister geklärt. Anders als die Konkordanzdemokratie auf nationaler Ebene werde dieses gütliche Einvernehmen aber gerade nicht durch den Ämterproporz starker Parteiorganisationen bestimmt, sondern stehe infolge des geringen Grades der Parteipolitisierung das Harmoniebedürfnis des einzelnen Ratsmitglieds und nicht die Fraktionsdisziplin im Vordergrund. Im Nahraum der Kommune sei das Einvernehmen der Ratsmitglieder als „Rücksichtnahme auf die persönlichen Beziehungen, die man mit jedermann unterhält" (Lehmbruch 1975: 5) zu interpretieren. Aus Sicht von Hans-Georg Wehling sind konkordanzdemokratische Konstellationen sogar durchaus positiv zu bewerten, weil aufgrund geringer kommunaler Handlungsspielräume eigentlich ein Mangel an parteipolitisch besetzbaren Streitthemen bestehe (Wehling 2003: 33). Diese normative Position wird von der juristisch geprägten Kommunalwissenschaft voll geteilt: Die Parteien werden weitgehend als notwendig, zum Teil auch nur als „notwendiges Übel", in der kommunalen Selbstverwaltung anerkannt; aber ein Pochen auf Parteidisziplin und Fraktionstreue würde „in der Tat dem Sachelement im kommunalen Entscheidungsprozess auf die Dauer Gewalt antun" (Püttner 2007: 386). Das System der parlamentarischen Demokratie mit seinen Gegensätzen von Regierung und Opposition passe wegen der sehr begrenzten kommunalen Handlungsspielräume nicht in die Rathäuser. Stattdessen solle aufgrund der Nähe der Kommunen zu ihren Bürgern vor allem die direkte Partizipation ausgebaut werden, während die Interessenvermittlungsfunktion der Parteien in den Kommunen weitgehend eine nur untergeordnete Rolle spiele. Zudem solle in der kommunalen Selbstverwaltung der direktgewählte, parteineutrale Bürgermeister als zentraler Ansprechpartner für die Bürger die Szenerie dominieren (exekutive Führerschaft), der zugleich durch effizientes Verwaltungsmanagement dafür sorge, dass die kommunalen Handlungsspielräume für die Umsetzung der Bürgerwünsche erhalten blieben. Dadurch würden gleichzeitig mehr direkte Partizipation *und* Effizienz gewährleistet (Banner 1989). Aus dieser Perspektive wird eine Professionalisierung der Kommunalpolitik also nicht befürwortet; Kommunalpolitik sei danach dem Grundsatz der Ehrenamtlichkeit verpflichtet.

Abbildung 1: Das Konzept der Konkurrenz- und Konkordanzdemokratie

	Konkurrenzdemokratie	**Konkordanzdemokratie**
Besonderheiten der lokalen Ebene:	Kaum ausgeprägte Besonderheiten.	„Nähe" der Kommunen als Beteiligungsauftrag; kaum Vermittlungsleistungen von Parteien nötig.
	Nationale Konkurrenzdemokratie soll übertragen werden.	Durch geringe Handlungsspielräume ist die Konkurrenzdemokratie dysfunktional.
Ziele:	Demokratische Kontrolle, Innovationsfähigkeit und Berücksichtigung unterprivilegierter Interessen.	Direkte Partizipation und Effizienz.
Präferierte Entscheidungsstrukturen:	Starke Konkurrenz zwischen Opposition und Regierung (Mehrheitsregel) mit stark ausgeprägter Fraktionsdisziplin.	Konsens im Stadtrat (Einstimmigkeitsregel) mit geringer ausgeprägter Fraktionsdisziplin.
	Keine exekutive Führerschaft.	Starke exekutive Führerschaft.
Angestrebte Professionalisierung der Kommunalpolitik:	Starke Professionalisierung.	Geringe Professionalisierung.
Konstatierte empirische Trends:	Unaufhaltsame Parteipolitisierung und Professionalisierung macht normative Debatte zunehmend obsolet.	Offene Entwicklungstrends bei Betonung der geringen Parteipolitisierung in Baden-Württemberg.

Quelle: Eigene Darstellung.

1.3 Verhandlungsdemokratische Muster in baden-württembergischen und nordrhein-westfälischen Kommunen

Das konkordanzdemokratische Konzept bezieht sich hauptsächlich auf Akteurskonstellationen in baden-württembergischen Kommunen. In vielen empirischen Studien hat sich gezeigt, dass Kommunalpolitik in Baden-Württemberg, und zwar aufgrund ihrer weiterhin differierenden Ausprägung in Bezug auf Kommunalverfassung und -wahlrecht, Gemeindegröße und Organisationsgrad der Parteien, durchschnittlich eher als konkordanzdemokratisch, Kommunalpolitik in NRW aber eher als konkurrenzdemokratisch eingestuft werden kann. In fast allen baden-württembergischen Kommunen dominieren die direktgewählten Bürgermeister bei einer geringer ausgeprägten Parteipolitisierung sowie einer Einstimmigkeitsregel im Stadtrat, während in nordrhein-westfälischen Kommunen eher konkurrenzdemokratische Strukturen mit einem weniger dominanten Verwaltungschef und Mehrheitsprinzip im Kommunalparlament anzutreffen sind (Simon 1988; Holtkamp 2006; Holtkamp 2008). Folgt man den normativen Konzepten, die einen starken Zusammenhang von verhandlungsdemokratischen Mustern und Professionalisierungsgrad aufweisen, wäre auch empirisch zu erwarten, dass baden-württembergische im Vergleich zu nordrhein-westfälischen Kommunen einen niedrigeren Professionalisierungsgrad der Kommunalparlamente aufweisen. Der Professionalisierungsgrad würde somit nicht nur von der Gemeindegröße, sondern auch von solchen Akteurskonstellationen vor Ort abhängen, die durch institutionelle Rahmenbedingungen mitgeformt werden.

2. Professionalisierung in baden-württembergischen und nordrhein-westfälischen Städten

Zur Erfassung des Professionalisierungsgrads in den Kommunen von NRW und Baden-Württemberg im Querschnittsvergleich wird – erstens – eine Sekundäranalyse aller seit 1945 vorliegenden Untersuchungen zu Kommunalparlamenten und kommunalpolitischen Laufbahnen durchgeführt. Zweitens wird auf eine Befragung der Fraktionsvorsitzenden der CDU und SPD in allen Gemeinden über 20 000 Einwohnern in beiden Bundesländern zurückgegriffen, deren Daten in Bezug auf die Professionalisierungsgrade der Kommunalpolitik bei konstant gehaltenem Einfluss der Gemeindegröße neu ausgewertet wurden (Holtkamp 2008).[2]

2.1 Verberuflichung

Das Ratsmandat und der Fraktionsvorsitz sind nach den Gemeindeordnungen grundsätzlich ehrenamtlich wahrzunehmen und können deshalb im formalen Sinne nicht als Beruf gelten. Prozesse der Verberuflichung der Kommunalpolitik sind daher in der Regel als informelle Professionalisierung zu deuten (Reiser 2006: 61), wie sie beispielsweise für das deutsche Kaiserreich beschrieben wurden, als die Abgeordneten noch nicht über Diäten verfügten und bei ihrer zunehmenden parlamentarischen Tätigkeit über die Mitgliedsbeiträge der Parteien als „Parteibeamte" oder über die Verbände abgesichert wurden.

In einigen Bundesländern werden die Aufwandsentschädigungen für Ratsmitglieder weitgehend von den Landesgesetzgebern festgelegt und sind deutlich zu niedrig bemes-

---

2 Im Vergleich zu anderen kommunalen Elitestudien erzielten wir bei unserer im Jahre 2003 durchgeführten Befragung der Fraktionsvorsitzenden von CDU und SPD in allen Städten über 20 000 Einwohnern in Baden-Württemberg und Nordrhein-Westfalen eine sehr hohe Rücklaufquote. In der landesweiten schriftlichen Befragung betrugen die Rücklaufquoten bei den Fraktionsvorsitzenden der CDU 72 Prozent, bei der SPD 75 Prozent. Es waren keine gravierenden selektiven Ausfälle zu verzeichnen, so dass die Befragung auch nach Prüfung des Rücklaufs nach Gemeindegröße und Bundesland als repräsentativ gelten kann. Der Signifikanztest gibt dementsprechend darüber Auskunft, ob die Ergebnisse der Antwortenden auf alle Fälle verallgemeinerbar sind. Bei der durchgeführten Regressionsanalyse mit der Gemeindegröße und dem Bundesland als unabhängige Variable traten nach der Kollinearitätsdiagnose keine Multikollinearitätsprobleme auf. Zudem wiesen die Variablen „Bundesländer" und „Gemeindegröße" untereinander keine signifikanten Zusammenhänge auf.

sen, um hiervon ausschließlich (und gar dem hohen Bildungsstand der Kommunalparlamentarier und den damit möglichen Alternativkarrieren entsprechend) zu leben, insbesondere wenn man die dann zusätzlich noch zu leistenden privaten Kranken- und Rentenversicherungsbeiträge berücksichtigt. Die Höhe der Aufwandsentschädigung eignet sich damit nur wenig, um über sie bzw. ihre strategische Nutzung Professionalisierungsgrade in der Kommunalpolitik zu erfassen,[3] zumal die rechtlichen Rahmenbedingungen für diesen Bundesländervergleich zu stark variieren. So kommt auch Marion Reiser in ihrer Dissertation zur Professionalisierung der Kommunalpolitik zum nachvollziehbaren Fazit:

„Teilweise legen die Innenministerien der Bundesländer Höchstgrenzen oder sogar – wie in Nordrhein-Westfalen – genaue Beträge fest, während etwa in Baden-Württemberg, Bayern und Hessen die Räte selbst für ihre Entscheidung verantwortlich sind. Dies sind genau jene Bundesländer, in denen die untersuchten Großstädte über die höchsten Aufwandsentschädigungen verfügen und in denen die Aufwandsentschädigungen im Zeitraum zwischen 1984 und 2002 ... überdurchschnittlich angestiegen sind. Während daher die Ratsmitglieder dieser Kommunalparlamente auf den hohen Zeitaufwand durch eine Erhöhung der Aufwandsentschädigung selbst reagieren können, sind die Ratsmitglieder in Nordrhein-Westfalen und Niedersachsen auf eine Anpassung durch die Innenministerien angewiesen" (Reiser 2006: 137).

Ein demgegenüber aussagekräftigerer Indikator für kommunal beeinflussbare Professionalisierungsstrategien ist der Zeitaufwand für die Ratstätigkeit. Wenn dieser in Richtung einer Halbtags- oder Vollzeitbetätigung tendiert, kann dies zutreffend als informelle Professionalisierung eingeordnet werden.

In unseren landesweiten Befragungen der Fraktionsvorsitzenden der CDU und SPD bestätigte sich grundsätzlich dieses Bild. In NRW wenden gerade in den größeren Städten ab 50 000 Einwohnern fast alle Fraktionsvorsitzenden mindestens 15 Stunden pro Woche für ihr Mandat auf und nähern sich damit einer Halbtagsbeschäftigung. Fast 30 Prozent dieser Funktionsträger liegen sogar über einer 30-Stunden-Woche für ihr Mandat. In Baden-Württemberg ist der Zeitaufwand für die Fraktionsvorsitzenden auch bei Kontrolle der Variable Gemeindegröße, die stark positiv mit dem Zeitaufwand korreliert, signifikant niedriger als in Nordrhein-Westfalen.[4] Baden-Württemberg hat also, wie dies schon anhand der normativen Modelle angenommen wurde, bei diesem Indikator einen geringeren Professionalisierungsgrad als NRW zu verzeichnen.

Wie die Fraktionsvorsitzenden ihr zum Teil sehr zeitintensives Ehrenamt mit ihrem Hauptberuf vereinbaren, ist in quantitativen Befragungen nur schwer zu erheben. Zumindest sind mit 3,3 Prozent nur sehr wenige der befragten Fraktionsvorsitzenden zugleich als Landtags- und Bundestagsabgeordnete Berufspolitiker, für die ein kommuna-

---

3 Für NRW beträgt die Pauschale für Ratsmitglieder pro Monat in Städten zwischen 20 000 und 50 000 Einwohnern 252 Euro, in Kommunen zwischen 50 000 und 150 000 336 Euro, in Kommunen zwischen 150 000 und 450 000 Einwohnern 418 Euro und in Kommunen über 450 000 Einwohner 501 Euro. Die zusätzliche Aufwandsentschädigung der Fraktionsvorsitzenden beträgt das 2- oder 3-Fache (je nach Größe der Fraktion) der Ratspauschale. Bis auf einen sehr niedrigen Freibetrag ist die Aufwandsentschädigung voll zu versteuern; vgl. Innenministerium NRW: Verordnung über die Entschädigung kommunaler Vertretungen und Ausschüsse, vom 19. Dezember 2007.

4 Bundesländervariable beta 0,25, sig. 0,00; Gemeindegröße beta 0,38; sig. 0,00.

Abbildung 2: Zeitaufwand der Fraktionsvorsitzenden

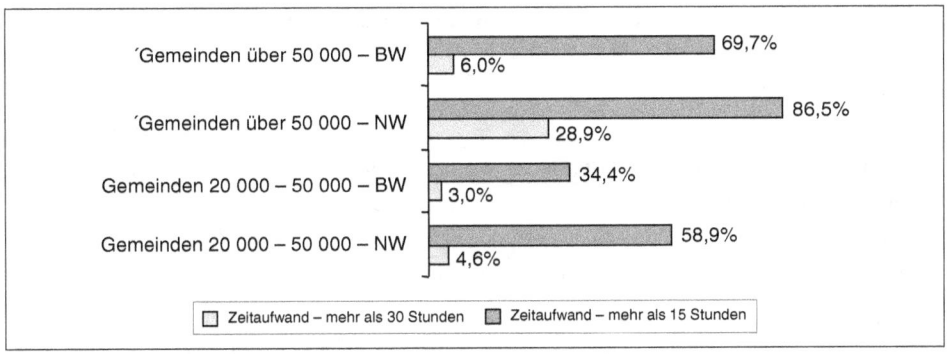

Quelle: Fraktionsvorsitzendenbefragung 2003; Holtkamp (2008).

les Mandat nicht selten die Einstiegsvoraussetzung für ihre hauptberufliche Karriere ist und sich somit als Investition „auszahlen" könnte. Auch die im Kaiserreich für den Reichstag typischen Formen der informellen Verberuflichung sind selten bei den Fraktionsvorsitzenden anzutreffen. Nur 3,6 Prozent der Fraktionsvorsitzenden sind nach eigenen Angaben in Parteien und Verbänden hauptamtlich beschäftigt. Auf kommunaler Ebene scheint es kaum möglich zu sein, die ehrenamtlichen Kommunalpolitiker als „Parteibeamte" abzusichern. Dies dürfte auch auf eine weitere Besonderheit der kommunalen Ebene zurückzuführen sein. So gibt es auf kommunaler Ebene keine staatliche Rückerstattung von Wahlkampfkosten. Spätestens seit der Einführung der Direktwahl des Bürgermeisters in allen Bundesländern und den damit einhergehenden kapitalintensiven Wahlkämpfen können die lokalen Parteien als chronisch unterfinanziert gelten. So bekommen die Ratsmitglieder auch von den Lokalparteien in der Regel keine Zusatzverdienste, sondern sie müssen ganz im Gegenteil zu deren Finanzierung und zur Unterhaltung der Fraktion häufig erhebliche Teile der Aufwandsentschädigung als „Parteisteuer" abführen (Kaufner 1990: 361-317), so dass man noch weniger davon ausgehen kann, dass Kommunalpolitiker ausschließlich von den Aufwandsentschädigungen leben könnten.

Klaus Simon hat Ende der 1980er Jahre das Zeitbudget von Ratsmitgliedern in jeweils fünf größeren Städten in Baden-Württemberg und in NRW untersucht und dabei genauer den Zeitbedarf für unterschiedliche Aufgaben erhoben. Die tabellarische Aufstellung zeigt, dass die Ratsmitglieder in NRW eine stärkere zeitliche Belastung aufweisen als ihre Ratskollegen in Baden-Württemberg. Dies ist auch auf den höheren Zeitaufwand für die Fraktionsarbeit und die Parteiveranstaltungen zurückzuführen, während die baden-württembergischen Ratskollegen stärker im Rat als in der Fraktion „sozialisiert" werden.

Die konkreten Strategien, wie Ratsmitglieder und Fraktionsvorsitzende ehrenamtliches Mandat und Beruf für sich durchaus gewinnbringend verbinden können, werden in den nächsten Kapiteln anhand vorliegender Fallstudien zu erörtern sein. Hier ist nur festzuhalten, dass der weit überwiegende Teil der Fraktionsvorsitzenden in beiden Bundesländern eine Berufstätigkeit im öffentlichen Dienst bzw. in öffentlichen Unternehmen (49 Prozent) sowie in der Privatwirtschaft als Selbständige (17,4 Prozent) oder als

Abbildung 3: Monatlicher Zeitaufwand von Ratsmitgliedern

	Baden-Württemberg	NRW
Ratssitzungen	7,6	5,6
Ausschusssitzungen	13,8	12,2
Fraktionsarbeit	15,7	18,1
Gespräche mit Verwaltung, Bürgern etc.	12,0	15,5
Parteiveranstaltungen	5,5	7,7
Gesamtaufwand	54,6	59,1

Quelle: Simon (1988), eigene Zusammenstellung aufgrund von Daten aus dem Text, Zeitaufwand angegeben in Stunden.

Angestellte (16,7 Prozent) angibt. Während der Anteil der im öffentlichen Dienst und in der Privatwirtschaft Erwerbstätigen über die Gemeindegrößenklassen und zwischen den Bundesländern relativ konstant bleibt, kommt es zu etwas stärkeren Verschiebungen bei den privatwirtschaftlich Erwerbstätigen mit zunehmender Gemeindegröße. Der Prozentanteil der Angestellten nimmt mit steigender Gemeindegröße deutlich ab; der Anteil der Selbständigen unter allen Fraktionsvorsitzenden, unter die u. a. Bauunternehmer, Rechtsanwälte und Architekten rubriziert wurden, steigt demgegenüber von 15,4 Prozent in den Städten zwischen 20 000 und 50 000 Einwohner auf immerhin 27,8 Prozent in den (überwiegend nordrhein-westfälischen) Großstädten an. Dies ist vor dem Hintergrund des hohen Zeitaufwands in den Großstädten von in der Regel mehr als 20 Stunden pro Woche für das Mandat und der in dieser Selbständigkeit bei sehr hohem Bildungsniveau zu realisierenden Verdienstmöglichkeiten pro Stunde gewiss bemerkenswert. Insgesamt scheint sich aber für die Fraktionsvorsitzenden aus dieser hohen Zeitbelastung keine große Unzufriedenheit zu ergeben. Immerhin 70 Prozent der befragten Fraktionsvorsitzenden in beiden Bundesländern geben an, mit dem politisch Erreichten auch unter Berücksichtigung des Zeitaufwandes zufrieden zu sein.

Als einen weiteren Indikator für die Verberuflichung führt Marion Reiser (2006) insbesondere die Beschäftigung von Fraktionspersonal an, wohl auch weil sie in qualitativen Fallstudien feststellen konnte, dass einige wenige Fraktionsvorsitzende gleichzeitig hauptamtlich als Fraktionsgeschäftsführer angestellt waren. Zur Erhebung des Professionalisierungsgrades (durchaus auch im Sinne einer Qualifizierung für parlamentarische Aufgaben) haben wir uns in den landesweiten Befragungen der SPD- und CDU-Fraktionsvorsitzenden auf die allgemeine Personalausstattung der Fraktionen beschränkt. Gerade in nordrhein-westfälischen Kommunen über 50 000 Einwohner zeigen sich deutlich höhere Ausstattungen mit Fraktionspersonal und damit ein höherer Professionalisierungsgrad der Kommunalpolitik als in Baden-Württemberg. Hier ist die Fraktionsausstattung hinsichtlich der Geschäftsführer und des Sekretariatspersonals auch bei Kontrolle der Variable Gemeindegröße, die sehr stark positiv mit der Fraktionsausstattung korreliert, signifikant niedriger als in Nordrhein-Westfalen.[5]

---

5 Für die Fraktionsgeschäftsführer: Bundesländervariable beta 0,15, sig. 0,00; Gemeindegröße beta 0,47; sig. 0,00; für das Sekretariatspersonal: Bundesländervariable beta 0,17, sig. 0,00; Gemeindegröße beta 0,62; sig. 0,00.

Abbildung 4: Fraktionspersonal im Bundesländervergleich

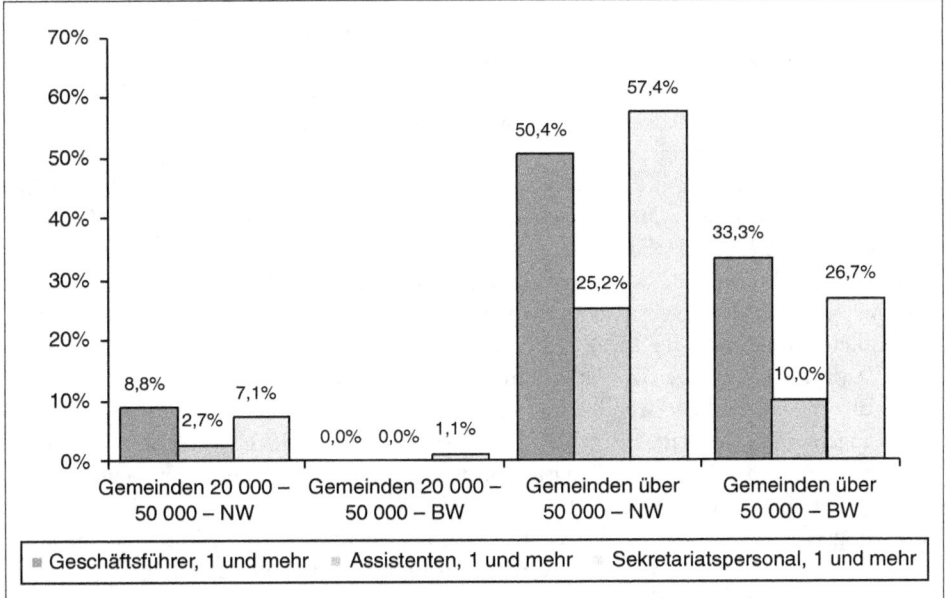

Quelle: Fraktionsvorsitzendenbefragung 2003; Holtkamp (2008).

2.2 Ehrenamtliche Politikkarriere als Qualifizierungsprozess

Unter Professionalisierung der Kommunalpolitik werden allerdings nicht nur die informellen Muster der Verberuflichung diskutiert, sondern auch Nominierungsmuster und kommunalpolitische Laufbahnen. Ein langjähriges Parteiengagement der Ratskandidaten als Voraussetzung zur Mandatsübernahme wird aus dieser eher konkurrenzdemokratischen Perspektive als wichtiger informeller Ausbildungsweg gedeutet, um die Funktionen des Parlamentes und der Fraktionen besser erfüllen zu können (Geißel 2006). Eine längere innerparteiliche Karriere vor der Mandatsausübung vermittelt demzufolge wichtige politische Qualifikationen sowie die Fähigkeit, „Mehrheiten für ein politisches Konzept zu bilden und eine Vertrauensbasis zu sichern" (Herzog 1982: 100).

Um als Ratsmitglied in den großen Volksparteien aufgestellt zu werden, muss man in NRW, nach in der Regel längerer Parteimitgliedschaft, zunächst für Parteiämter auf Orts- oder Kreisebene gewählt worden sein (Überall 2007: 97-98; vgl. für weitere Literaturhinweise Holtkamp 2008). Die zentrale Rolle insbesondere der OV-Vorsitzenden ergibt sich aus dem Nominierungsverlauf. Dieser weist in nordrhein-westfälischen Großstädten häufig drei Stufen auf. Die Direktkandidaten der Wahlbezirke werden zunächst von den Mitgliederversammlungen der Ortsverbände aufgestellt. Die Direktkandidatur ist, wie bei Landtags- und Bundestagskandidaten, meist eine notwendige Voraussetzung dafür, um auch auf der Reserveliste aussichtsreich platziert zu werden, die in einem zweiten Schritt vom Kreisverbands- bzw. Unterbezirksvorstand erarbeitet wird. Die Wahlvorschläge werden dann in einem dritten Schritt einer Delegiertenversammlung auf Kreisverbands- und Unterbezirksebene präsentiert. Die Auswahl der Direktkandidaten wird von den Ortsvorständen absolut dominiert, so dass sich hier gerade die Vorsitzenden erfolgreich als Kandidaten ins Spiel bringen können. Diese zentrale Rolle des OV-Vorstands zeigt sich auch in den späteren Phasen. So gehört ein Teil der OV-Vorstandsmitglieder dem Kreisverbands- und Unterbezirksausschuss an, und weitgehend alle Vorstandsmitglieder sind Delegierte auf der endgültigen Nominierungsveranstaltung, womit sie zu einem guten Teil über ihre eigenen Vorschläge abstimmen. Neben den Ortsvorständen hat eine enge Führungsgruppe auf Kreisverbands- und Unterbezirksebene, zu der v. a. der Fraktionsvorsitzende, der Kreisverbandsvorsitzende und der Parteigeschäftsführer gehören, über die Platzierung der Bewerber auf der Reserveliste entscheidenden Einfluss auf den Nominierungsprozess. Wesentliches Kriterium für die Kandidatur ist neben einem Amt im OV-Vorstand vor allem Loyalität gegenüber der Partei- und Fraktionsführung.

In diesen informellen Gremien auf Kreisebene überschneiden sich häufiger die Entscheidungen über die Platzierung auf der Ratsliste sowie auch die Vergabe von Direktmandaten an Bundes- und Landtagsabgeordnete. So bilanziert auch der heutige Bundestagspräsident Norbert Lammert in seiner Dissertation eine Konzentration der Nominierungsentscheidungen auf drei führende Personen: Diesem Triumvirat „gehören der Kreisvorsitzende, der Vorsitzende der Ratsfraktion sowie der Landtagsabgeordnete an, der wegen seiner Mitgliedschaft im Landesvorstand und Präsidium seiner Partei vor allem für überregionale Kontakte unentbehrlich ist. Von diesem informellen, in seinen Vereinbarungen unverbindlichen Gremium wurden z. B. die wesentlichen personalpolitischen Weichenstellungen für Kommunal- und Landtagswahlen mehr als ein halbes Jahr früher als eine Debatte im Vorstand zum gleichen Thema vorgenommen" (Lammert 1976: 74).

In kleineren und mittleren Kommunen in Baden-Württemberg wird, einigen Fallstudien zufolge, hingegen die „Ochsentour" weniger prämiert. Dies kann darauf zurückgeführt werden, dass, aufgrund der bei geringer Gemeindegröße viel höheren Zahl zu besetzender Mandate im Verhältnis zur Einwohnerzahl sowie aufgrund des geringen Organisationsgrads der Parteien in Baden-Württemberg, gar nicht genügend Interessenten mit langer Parteizugehörigkeit im Nominierungsprozess zur Verfügung stehen. Die Nominierung relativ parteiunabhängiger Kandidaten ist in diesen Fällen also eher eine „Verlegenheitslösung". Sie kann aber auch eine bewusste Strategie sein, gerade wenn die Parteien davon ausgehen, dass sich die Nominierung parteidistanzierter Honoratioren auf dem Wählermarkt auszahlen wird. Damit ist insbesondere zu rechnen, wenn ein personenorientiertes Ratswahlrecht dominiert (Holtkamp 2008).

In unseren landesweiten Befragungen der Fraktionsvorsitzenden konnten erstmals quantitativ vergleichend die Nominierungsmuster in baden-württembergischen und nordrhein-westfälischen Kommunen miteinander verglichen werden, wobei im Kern die Ergebnisse der hier zusammengefassten Fallstudien bestätigt wurden. Auf die Frage, welche Kriterien bei der Auswahl der neuen Ratskandidaten 1999 wichtig waren, ergab sich (unter Kontrolle der Gemeindegröße), dass in Baden-Württemberg das Parteienengagement in signifikantem Maße weniger wichtig war als in NRW.[6] Signifikant wichti-

---

6 Bundesländervariable beta –0,167, sig. 0,00; Gemeindegröße beta –0,24; sig. 0,00.

ger waren demnach in Baden-Württemberg das Vereinsengagement der Kandidaten und deren hoher Bekanntheitsgrad in der Öffentlichkeit.[7]

In Bezug auf die Ratskarriere der Befragten kann festgestellt werden, dass die baden-württembergischen Fraktionsvorsitzenden zum Zeitpunkt ihrer ersten Nominierung signifikant kürzer in ihrer Partei Mitglied waren,[8] dafür aber auch deutlich seltener als in Nordrhein-Westfalen direkt im ersten Anlauf in den Stadtrat gewählt wurden. So mussten in baden-württembergischen Kommunen zwischen 20 000 und 50 000 Einwohnern immerhin 41 Prozent der befragten Fraktionsvorsitzenden zumindest einmal „nachsitzen" und kamen erst bei den folgenden Kommunalwahlen in den Rat. In NRW-Kommunen dieser Gemeindegrößenklasse waren das hingegen nur 16 Prozent der Fraktionsvorsitzenden. Auch dieses Ergebnis deutet darauf hin, dass sich potentielle Ratsmitglieder in baden-württembergischen Kommunen im Vergleich mit NRW stärker bei der Wählerschaft profilieren müssen als durch langjähriges Engagement in der Partei.

Abbildung 5: Politische Laufbahn der Fraktionsvorsitzenden (in Jahren)

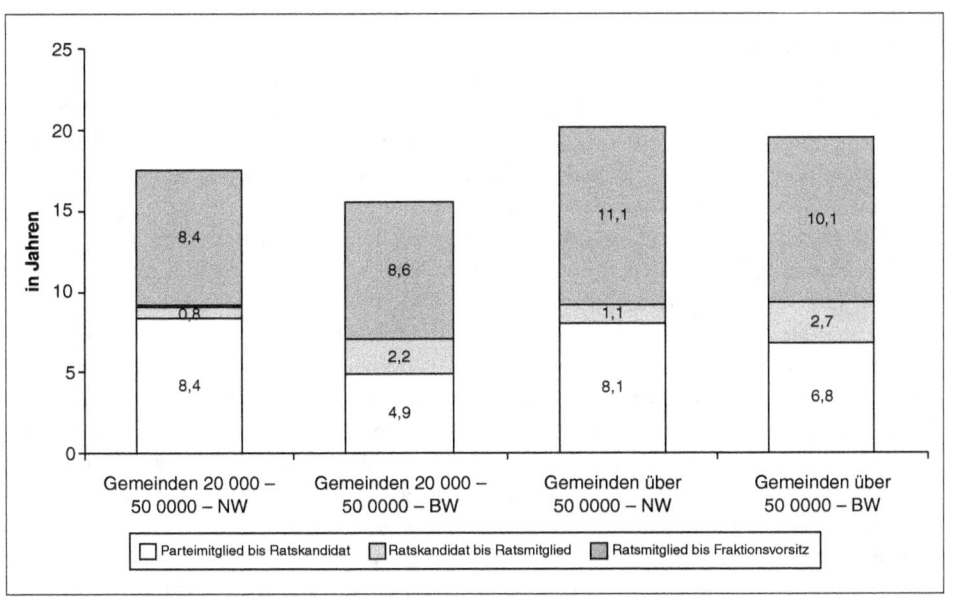

Quelle: Fraktionsvorsitzendenbefragung 2003; Holtkamp (2008).

Zum Zeitpunkt der Befragung übten auch signifikant weniger Fraktionsvorsitzende in Baden-Württemberg ein kommunales Parteiamt aus als in Nordrhein-Westfalen.[9] Diese

---

7 Zum Engagement in Sportvereinen: Bundesländervariable beta 0,18, sig. 0,00; Gemeindegröße beta 0,17; sig. 0,00; zum hohen Bekanntheitsgrad in der Öffentlichkeit: Bundesländervariable beta 0,34, sig. 0,00; Gemeindegröße beta 0,16; sig. 0,00.
8 Bundesländervariable beta 0,19, sig. 0,00; Gemeindegröße beta 0,12, sig 0,01.
9 Zum Amt im aktuellen Kreisvorstand; Bundesländervariable beta 0,18, sig. 0,00; Gemeindegröße beta 0,26, sig. 0,00.

„horizontale Ämterkumulation" (Herzog 1982: 97) ist als Machtbasis zentral und kann die Aufstiegschancen in die Berufspolitik vergrößern.

3. Professionell im Kartell?

Mit dem Begriff der Professionalisierung kann auch das kritische Phänomen der sozialen Schließung thematisiert werden. Im Mittelpunkt der Analyse stehen dann Mechanismen der innerparteilichen Kontrolle (wie bereits am Beispiel der Nominierungsprozesse skizziert) sowie der parteiübergreifenden Kooperation, die insbesondere gegen Abwahl absichern und weitere Aufstiegschancen ermöglichen. Es handelt sich hierbei auf der nationalen Ebene um ein „Kartell der Etablierten" (Borchert 2003), die durch Institutionen wie das Wahlrecht und die staatliche Parteienfinanzierung *sich gegen Abwahl* und Vertrauensentzug der Mitglieder und Wähler versichern.

Auf kommunaler Ebene geht es demgegenüber vor allem um Versicherung für den Fall der Wahl als Ratsmitglied und des Aufstiegs zum Fraktionsvorsitzenden, weil die Aufwandsentschädigungen in der Regel nicht ausreichen, um von dieser Halb- bzw. Fast-Vollbeschäftigung in mittleren und großen konkurrenzdemokratischen Städten zu leben. Die meisten Fraktionsvorsitzenden sind, wie gezeigt, im öffentlichen Dienst bzw. in öffentlichen Unternehmen und in der Privatwirtschaft beschäftigt bzw. als Selbständige tätig. Angesichts des hohen Zeitaufwands für das Mandat sind für die Arbeitgeber von Ratsmitgliedern hohe Nachteile zu erwarten; aber auch die Aufstiegschancen der ehrenamtlichen Mandatsträger dürften durch ihr kommunalpolitisches Engagement beeinträchtigt werden. Für Selbständige wären erhebliche Umsatzeinbußen zu erwarten. Wie die Ratsmitglieder durch individuelle Strategien versuchen, Mandat und den angegebenen Hauptberuf zu vereinbaren, hat Marion Reiser anhand der einwohnerstärksten Großstädte Deutschlands analysiert. In den in ihrer Dissertation untersuchten Großstädten werden die Ratsmitglieder häufig weit über die Rats- und Ausschusssitzungen hinaus von den sie beschäftigenden privaten und öffentlichen Unternehmen freigestellt: Nicht weniger als 35 Prozent der Befragten gaben an, 80 bis 100 Prozent ihrer Arbeitszeit freigestellt zu werden (Reiser 2006). Demgegenüber gestaltete sich die Freistellung im öffentlichen Dienst schwieriger. Eine umfassende Freistellung ist aus Sicht der Interviewten vor allem durch zwei individuelle Strategien möglich: erstens durch „Versorgungsposten" in zum Teil privatisierten kommunalen Unternehmen und zweitens durch Unternehmen, die ein Interesse daran haben, einen Stadtrat in ihren Reihen zu haben, also etwa „Wohnungsgesellschaft, karitative Verbände, Architekten und Bauunternehmer" (Reiser 2006: 167).

„Aufgrund dieser individuellen Strategien können viele Ratsmitglieder das existierende Dilemma individuell für sich lösen und zwar jeweils auf jene Art und Weise, wie es für sie persönlich am attraktivsten ist. Aufgrund dieser individuellen Lösungen können die Kommunalparlamente weiterhin ihre Funktionen erfüllen" (Reiser 2006: 244).

Normative Probleme solcher Strategien werden in dieser Studie nicht vertiefend analysiert, zumal in der Praxis auch kein dringender Reformbedarf gesehen wird. Letzeres ist wohl darauf zurückzuführen, dass ohnehin eine starke, nahezu zwangsläufige Professionalisierung in allen Mittel- und Großstädten konstatiert wird und anscheinend auch alle Funktionen des jeweiligen Kommunalparlaments erfüllt werden (Informationsfunktion, Kontrollfunktion etc.), wobei die dies ermöglichenden „individuellen" Strategien häufig wohl in informellen Führungsgruppen und in parteiübergreifenden Kartellen realisiert werden.

Für eine nähere Untersuchung der kartellähnlichen Versorgungsstrukturen zur Absicherung informeller Verberuflichung eignet sich im Besonderen die Stadt Köln. Als größte Stadt Nordrhein-Westfalens wurde sie in diesem Bundesland am häufigsten in der lokalen Politikforschung untersucht. Der lange Zeit überwiegend positiv besetzte Begriff des Klüngels in Köln hat zudem bewirkt, dass diese Versorgungsstrukturen in aller „Unschuld" von den Akteuren öffentlich präsentiert wurden (Überall 2007) und somit relativ leicht empirisch untersucht werden konnten.

Bei der Beschreibung jener Versorgungsstrukturen kann zunächst auf die Ergebnisse der Untersuchung von Erwin K. und Ute Scheuch (1994) verwiesen werden. Sie beschreiben die Kölner Kommunalpolitik als ein kleines Netzwerk von Berufspolitikern, die vor allem über die parteipolitische Versorgungspatronage erhebliche Vorteile aus ihrem Engagement ziehen. Solche Versorgungspatronage führe dazu, dass entgegen den Bestimmungen der Gemeindeordnung nicht wenige Ratsmitglieder ihr Mandat nicht mehr ausschließlich ehrenamtlich ausüben bzw. zumindest am Ende der Ausübung ihres Mandates durch Patronage abgesichert werden. Die Autoren belegen an vielen Beispielen, dass Ratsmitglieder bzw. Fraktionsgeschäftsführer durch Aufsichtsratspositionen und Geschäftsführertätigkeiten in ausgegründeten Betrieben der Stadtverwaltung mit sehr gut dotierten Positionen versorgt wurden. Weitere Einnahmequellen wurden für Ratsmitglieder dadurch erschlossen, dass sie öffentliche Bauaufträge der Stadt Köln nach Fraktionsproporz übernehmen (Scheuch/Scheuch 1994: 73).

Dieses parteiübergreifende Patronagesystem setzt eine starke Fraktionsdisziplin voraus, damit die interfraktionell in kleiner Runde geschnürten Pakete nicht scheitern (Scheuch/Scheuch 1994: 104). Damit ist dieses Versorgungssystem auch von konkurrenzdemokratischen Strukturen abhängig, die eine hohe Fraktionsdisziplin gewährleisten.

In seiner aktuell vorgelegten politikwissenschaftlichen Dissertation über den Klüngel in Köln bestätigt Frank Überall diese kartellähnlichen Versorgungsstrukturen auch für die neuere Zeit. Neben weiterhin konstanter Versorgungspatronage in den von der Stadt kontrollierten Unternehmen gingen beispielsweise in den Jahren 2000 bis 2002 ca. 80 Prozent aller Aufträge für Rechtsvertretung und -gutachten der Stadt Köln an die Anwaltsbüros aktueller und ehemaliger Kommunalpolitiker. Faktisch bestand ein Pool für solche Aufträge bei der Stadtverwaltung, aus dem sich die Ratsmitglieder – zumindest der großen Fraktionen – bedienen durften, um den vermeintlichen Nachteil auszugleichen, dass sie als Mandatsträger nicht mehr rechtsanwaltlich gegen die Stadt klagen konnten (Überall 2007: 107). Dieser komfortable Ausgleich für vermeintliche Nachteile führte aus Sicht einiger interviewter Akteure dazu, dass Rechtsanwälte verstärkt in den Kölner Stadtrat drängten, um an diesem Pool partizipieren zu können. Auch der jeweilige Oberbürgermeister der Stadt wird in parteiübergreifende Absprachen der Ämterpatronage einbezogen. So hatte ein Oberbürgermeister beispielsweise zusammen mit den Partei- und Fraktionsspitzen der SPD und CDU ein Papier unterzeichnet, in dem die Neustrukturierung und -besetzung der Dezernate gemeinsam nach Proporz geregelt wurde (Überall 2007: 203).

In seiner eingehenden Untersuchung des Kölner Müllskandals verdeutlicht Frank Überall, dass es sich nicht ausschließlich um einen Skandal der SPD gehandelt habe. In den Spendenskandal, in dem es im Kern um den Bau einer überdimensionierten Müllverbrennungsanlage ging, motiviert durch Bestechungsgelder und maßgeblich veranlasst durch ein marktbeherrschendes Entsorgungsunternehmen, waren zunächst über Spendenzahlungen der SPD-Fraktionsvorsitzende, der OB-Kandidat und der Schatzmeister verwickelt. Da die Spenden des Entsorgungsunternehmens nicht offiziell nach dem Parteiengesetz ausgewiesen werden sollten, stellte der Schatzmeister für Ratsmitglieder und andere Kommunalpolitiker Spendenquittungen aus, die erhebliche steuerliche Vorteile für die Ratsmitglieder erbringen konnten, ohne dass sie real gespendet hatten. Solche Spenden des Entsorgungsunternehmens aus dem Müllskandal dienten überwiegend zur Finanzierung des OB-Wahlkampfs der SPD.

Wenig später wurde aber deutlich, dass im Zusammenhang mit der Teilprivatisierung der Kölner Abfallwirtschaft zu Gunsten dieses Entsorgungsunternehmens auch CDU-Mandatsträger in den Müll-Skandal involviert waren. Ein CDU-Ratmitglied soll im Jahr 2000 einen Beratervertrag in Höhe von ca. 1,5 Mio. Euro von dem Entsorgungsunternehmen erhalten haben (Überall 2007: 141). Ähnliche Honorare seitens des Entsorgungsunternehmens sind gerichtlich auch für die Anwaltskanzlei des CDU-Fraktionsvorsitzenden festgestellt worden (Überall 2007: 140). Der anlässlich des Kölner Müllskandals beim Innenministerium NRW gegründete Untersuchungsstab „Antikorruption" kam in seinem unveröffentlichten Abschlussbericht zum Fazit, dass auch in vielen anderen Vergabeverfahren im Zusammenhang mit Müllverbrennungsanlagen eine ähnlich enge parteiübergreifende Verflechtung zwischen Ratsmitgliedern und der Entsorgungswirtschaft vor Ort zu konstatieren sei (Innenministerium NRW 2003: 44). Dagegen sind in anderen Bundesländern nicht annähernd so viele Korruptionsfälle in der Entsorgungsbranche ermittelt worden.[10]

Im Anschluss an diese Ermittlungen wurden einige führende Kommunalpolitiker in weiteren nordrhein-westfälischen Städten verhaftet (z. B. Bonn, Rhein-Sieg-Kreis, Essen, Wuppertal) und zum Teil auch verurteilt, weil sie als leitende Angestellte öffentlicher Unternehmen oder über Beratertätigkeiten im Zusammenhang mit dem Bau von Müllverbrennungsanlagen sowie anderen Bautätigkeiten bzw. Privatisierungsvorhaben mehrere Millionen als Bestechungsgelder erhalten haben sollen (Hippe 2004; Gehne 2008). Dabei wurde deutlich, dass diese kommunalen Spitzenpolitiker ihre Partei und Fraktion stark dominierten und so auf ausgeprägte Fraktionsdisziplin bauen konnten. Bereits im Zusammenhang mit dem Kölner Müllskandal wurde ein weiterer allgemeiner Faktor deutlich, der in einigen nordrhein-westfälischen Kommunen Korruptionsnetzwerke forciert hat: Die Einführung der Direktwahl des Oberbürgermeisters ging in den nordrhein-westfälischen Großstädten einher mit einer starken Professionalisierung des Wahlkampfes. Damit stiegen die Wahlkampfkosten erheblich, gerade auch aufgrund der Einschaltung von Werbeagenturen sowie Meinungsforschungsinstituten und

---

10 Als Schwerpunkt der Korruption in dieser Branche stellt sich auch nach BKA-Angaben Nordrhein-Westfalen dar, vgl. BKA 2004: Abfallwirtschaftskriminalität im Zusammenhang mit der EU-Osterweiterung, Ms.

wegen der Beschäftigung hauptamtlicher Wahlkämpfer. Die meisten Bürgermeisterkandidaten in NRW haben, wie eine landesweite Befragung der Kandidaten zeigte, diese Kosten auch durch Spenden und Sponsoren finanziert, was für die vorherigen Ratswahlkämpfe in den meisten Fällen unüblich war (Holtkamp 2008). Die häufig im lokalen Parteienmilieu verwurzelten Kandidaten konnten hierbei auf Netzwerke und persönliche Beziehungen auch auf der Parteiebene vor Ort zurückgreifen, was in einigen Städten später zu Korruptionsverdachtsfällen führte. Am bekanntesten ist neben dem Kölner Müllskandal der Fall des damaligen Wuppertaler Oberbürgermeisters. Insgesamt lassen die Höhe der Wahlkampfkosten und die Art ihrer Finanzierung in nordrhein-westfälischen Großstädten befürchten, dass es sich hierbei nicht um vernachlässigbare Einzelfälle handelte (Naßmacher 2006). In Wuppertal wurde der OB-Kandidat mit 500 000 DM von einem dortigen Bauunternehmer unterstützt, der sich davon ein Entgegenkommen des Verwaltungschefs bei einem Bauprojekt versprach. In Baden-Württemberg hingegen zahlen die häufig von auswärts stammenden, parteidistanzierteren Bürgermeister ihren weniger aufwendigen Wahlkampf überwiegend allein, um Abhängigkeiten zu vermeiden (Roth 1998: 130).

Aus den hier nur kurz skizzierten Fällen, die in Gerichtsurteilen gut dokumentiert sind,[11] sollte man sicherlich nicht gleich schließen, die meisten Fraktionsvorsitzenden in NRW engagierten sich nur deshalb stark, weil sie sich davon andere erhebliche Vergünstigungen über Versorgungspatronage und Korruption versprächen. Aber zumindest begünstigt dieses starke Engagement die Einstellung, dass einem angesichts vieler in Kauf genommener Nachteile auch einige Vergünstigungen „zustünden". Diese Umdeutung hat, wie die allgemeine Literatur zur Korruptionsforschung zeigt, zur Folge, dass die Täter häufig kein Unrechtsbewusstsein haben und nur so auch den mit stark abweichendem Verhalten einhergehenden Stress bewältigen können (von Alemann 2005: 31). Je höher die zeitliche Belastung und die damit eigentlich zu erwartenden Einkommensverluste bzw. Aufstiegsprobleme im Beruf sind, desto anfälliger dürften kommunale Mandatsträger für Korruption und Versorgungspatronage sein.

Die gerichtlich dokumentierten nordrhein-westfälischen Fälle der letzten Jahre zeigen zudem, dass vorwiegend solche Ratsmitglieder, die über Patronage Geschäftsführer kommunaler Unternehmen geworden bzw. als Rechtsanwälte, Architekten und Bauunternehmer tätig sind, auch in Korruption und Versorgungsnetzwerke verwickelt sind. Der sehr hohe Selbständigenanteil unter den Fraktionsvorsitzenden in den nordrhein-westfälischen Großstädten könnte vor diesem Hintergrund nicht unproblematisch sein.

Aus den hier skizzierten Beispielen lässt sich insgesamt die Hypothese ableiten, dass die konkurrenzdemokratischen Strukturen in mittleren und großen nordrhein-westfälischen Kommunen einerseits über ausgeprägte Fraktionsdisziplin, starke parteipolitische Einbindung des Bürgermeisters und den bei starkem Parteienwettbewerb gegebenen kapitalintensiven Direktwahlkampf das Entstehen und die Aufrechterhaltung der beschriebenen Versorgungsnetzwerke erheblich begünstigen. Andererseits dürfte aufgrund des sehr hohen Zeitaufwands dieser konkurrenzdemokratischen Strukturen die Absicherung der formal ehrenamtlichen Mandatsträger in Spitzenpositionen aus Sicht der Akteure häufig als notwendig bzw. legitim erscheinen.

---

11 Vgl. LG Wuppertal 22KLs 37/03; LG Dortmund 14 V P 3/05, LG Bonn 1 O 517/32.

4. Fazit

Neben dem zu erwartenden starken Zusammenhang zwischen dem Professionalisierungsgrad und der Gemeindegröße haben die empirischen Untersuchungen auch erhebliche Unterschiede hinsichtlich der Professionalisierung in Baden-Württemberg und Nordrhein-Westfalen bei konstant gehaltener Gemeindegröße ergeben. Die stärker konkurrenzdemokratischen Kommunen in Nordrhein-Westfalen weisen einen höheren Professionalisierungsgrad auf als die eher konkordanzdemokratischen Städte in Baden-Württemberg. Die Fraktionsvorsitzenden in NRW haben einen höheren Zeitaufwand, verfügen über mehr Fraktionspersonal und haben eine intensivere parteipolitische Ausbildung hinter sich als ihre Kollegen in Baden-Württemberg. Zudem ist in Nordrhein-Westfalen eine starke Professionalisierung des Bürgermeisterwahlkampfs zu verzeichnen.

Dieser hohe Professionalisierungsgrad in nordrhein-westfälischen Kommunen ist aus normativer Sicht teilweise als problematisch zu beurteilen. Aus institutionellen Gründen ist die kommunale Ebene strukturell unterfinanziert. Dies gilt für die kommunalen Haushalte insbesondere in Nordrhein-Westfalen, für die lokalen Parteien aufgrund nicht vorhandener kommunaler Wahlkampfkostenrückerstattung sowie für das ehrenamtliche Ratsmandat in Bezug auf die Aufwandsentschädigung in Relation zur zeitlichen Belastung. Wenn man aufgrund empirischer Analysen insbesondere in nordrhein-westfälischen Kommunen nicht von einer kontinuierlichen „Selbstausbeutung" aller führenden Kommunalpolitiker ausgeht, dann ist hoher Professionalisierungsgrad nur dann erwartbar, wenn die institutionellen Begrenzungen der kommunalen Ebene durch parteiübergreifende Kartelle, Versorgungspatronage und oligarchische Parteistrukturen bei Nominierungsprozessen zeitweise überbrückt werden. Solche informelle Verberuflichung forciert die soziale Schließung und Kartellierung und steigert das Korruptionspotential in diesen Kommunen, welches bereits aufgrund der räumlichen Nähe von Wirtschaft, Verwaltung und Politik, der hohen öffentlichen Investitionen und der ausgeprägten privaten Bautätigkeit bei nur schwacher öffentlicher Kontrolle durch die Lokalpresse besonders groß ist.

Literatur

Alemann, Ulrich von, 2005: Politische Korruption. Ein Wegweiser zum Stand der Forschung, in: *Alemann, Ulrich von* (Hrsg.), Dimensionen politischer Korruption (PVS-Sonderheft 35). Wiesbaden: VS Verlag für Sozialwissenschaften, 13-49.
Banner, Gerhard, 1989: Kommunalverfassungen und Selbstverwaltungsleistungen, in: *Schimanke, Dieter* (Hrsg.), Stadtdirektor oder Bürgermeister. Basel: Birkhäuser, 37-61.
Banner, Gerhard, 2006: Führung und Leistung der Kommune, in: Deutsche Zeitschrift für Kommunalwissenschaften 45, 57-69.
Borchert, Jens, 2003: Die Professionalisierung der Politik. Zur Notwendigkeit eines Ärgernisses. Frankfurt a. M.: Campus.
Bovermann, Rainer, 1999: Die reformierte Kommunalverfassung in Nordrhein-Westfalen. Welchen Unterschied machen institutionelle Arrangements in der Kommunalpolitik? Habil-Schr.: Bochum.
Frey, Rainer/Naßmacher, Karl-Heinz, 1975: Parlamentarisierung der Kommunalpolitik?, in: Archiv für Kommunalwissenschaften 14, 195-212.

Gehne, David, 2008: Bürgermeisterwahlen in Nordrhein-Westfalen. Diss. Wiesbaden: VS Verlag für Sozialwissenschaften.
Geißel, Brigitte, 2006: (Un-)Geliebte Profis? Politikerverdrossenheit und Politikerprofessionalität. Daten von der lokalen Ebene, in: Zeitschrift für Parlamentsfragen 37, 80-96.
Haus, Michael/Heinelt, Hubert, 2002: Modernisierungstrends in lokaler Politik und Verwaltung aus der Sicht leitender Kommunalbediensteter. Eine vergleichende Analyse, in: *Bogumil, Jörg* (Hrsg.), Kommunale Entscheidungsprozesse im Wandel. Opladen: Leske + Budrich, 111-136.
Herzog, Dietrich, 1982: Politische Führungsgruppen. Darmstadt: Wissenschaftliche Buchgesellschaft.
Hippe, Wolfgang, 2004: Lokaltermin – Kassen, Konten & Karrieren. Korruption und Modernisierung in der Kommunalpolitik. Essen: Klartext.
Holtkamp, Lars, 2000: Kommunale Haushaltspolitik in NRW – Haushaltslage – Konsolidierungspotentiale – Sparstrategien. Diss. Opladen: Leske + Budrich.
Holtkamp, Lars, 2006: Parteien und Bürgermeister in der repräsentativen Demokratie. Kommunale Konkordanz- und Konkurrenzdemokratie im Vergleich, in: Politische Vierteljahresschrift 47, 641-661.
Holtkamp, Lars, 2008: Kommunale Konkordanz- und Konkurrenzdemokratie. Parteien und Bürgermeister in der repräsentativen Demokratie. Habil-Schrift. Wiesbaden: VS Verlag für Sozialwissenschaften.
Holtmann, Everhard, 1992: Politisierung der Kommunalpolitik, in: Aus Politik und Zeitgeschichte 42, 13-22.
Holtmann, Everhard, 1998: Parteien in der lokalen Politik, in: *Wollmann, Hellmut/Roth, Roland* (Hrsg.), Kommunalpolitik. Politisches Handeln in der Gemeinde, Opladen: Leske + Budrich, 208-226.
Innenministerium NRW, 2003: Untersuchungsstab Antikorruption „Abschlussbericht". Düsseldorf: unveröffentlichtes Ms.
Kaufner, Thomas, 1990: Öffentliche Zuschüsse an Rathausfraktionen. Ein Problemaufriß zur kommunalen Ebene in der Parteienfinanzierung, in: *Wewer, Göttrik* (Hrsg.), Parteienfinanzierung und politischer Wettbewerb. Rechtsnormen, Realanalysen, Reformvorschläge. Opladen: Westdeutscher Verlag, 358-388.
Lammert, Norbert, 1976: Lokale Organisationsstrukturen innerparteilicher Willensbildung. Bonn: Eichholz.
Lehmbruch, Gerhard, 1975: Der Januskopf der Ortsparteien. Kommunalpolitik und das lokale Parteiensystem, in: Der Bürger im Staat 25, 3-8.
Naßmacher, Hiltrud, 2006: Baustelle Stadt. Wiesbaden: VS Verlag für Sozialwissenschaften.
Naßmacher, Karl-Heinz, 1972: Parteien im kommunalpolitischen Zielfindungsprozeß, in: Österreichische Zeitschrift für Politikwissenschaft 1, 39-65.
Püttner, Günter, 2007: Zum Verhältnis von Demokratie und Selbstverwaltung, in: *Mann, Thomas/ Püttner, Günter* (Hrsg.), Handbuch der kommunalen Wissenschaft und Praxis. Bd. 1. Berlin: Springer, 381-390.
Reiser, Marion, 2006: Zwischen Ehrenamt und Berufspolitik. Professionalisierung der Kommunalpolitik in deutschen Großstädten. Diss. Wiesbaden: VS Verlag für Sozialwissenschaften.
Ronge, Volker, 1994: Der Zeitaspekt ehrenamtlichen Engagements in der Kommunalpolitik, in: Zeitschrift für Parlamentsfragen 25, 267-282.
Roth, Norbert (Hrsg.), 1998: Position und Situation der Bürgermeister in Baden-Württemberg. Stuttgart: Kohlhammer.
Rügemer, Werner, 2002: Korruption in der Kommune. Das Beispiel Wuppertal, in: *netzwerk recherche, Transparency International und Bund der Steuerzahler* (Hrsg.), Korruption: Schatten der demokratischen Gesellschaft. Wiesbaden, 69-72.
Schäfer, Rudolf/Volger, Gernot, 1977: Kommunale Vertretungskörperschaften. Ein Literaturbericht, in: Archiv für Kommunalwissenschaften 16, 68-82.
Scheuch, Erwin K., 2003: Korruption in Politik und Verwaltung, in: *Arnim, Hans Herbert von* (Hrsg.), Korruption. Netzwerke in Politik, Ämtern und Wirtschaft. München: Droemer Knaur, 31-75.

Scheuch, Erwin K./Scheuch, Ute, 1994: Cliquen, Klüngel und Karrieren. Über den Verfall der politischen Parteien. Hamburg: Rowohlt.
Simon, Klaus, 1988: Repräsentative Demokratie in großen Städten. Forschungsberichte Konrad-Adenauer-Stiftung 65. Sankt-Augustin: Knoth.
Überall, Frank, 2007: Der Klüngel in der politischen Kultur Kölns. Bonn: Bouvier.
Wehling, Hans-Georg, 2003. Kommunalpolitik in Baden-Württemberg, in: *Kost, Andreas/Wehling, Hans-Georg* (Hrsg.), Kommunalpolitik in deutschen Ländern. Eine Einführung. Opladen: Westdeutscher Verlag, 23-40.

Ressourcen- oder mitgliederbasiert? Zwei Formen politischer Professionalisierung auf der lokalen Ebene und ihre institutionellen Ursachen

Marion Reiser

1. Einleitung

Seit Max Weber 1919 in seinem Vortrag über „Politik als Beruf" gesprochen hat, fand ein (formaler) Professionalisierungsprozess in Deutschland statt – zuerst auf der nationalen Ebene und dann auch auf der Länderebene bis zur (Teil-)Professionalisierung des „Feierabendparlaments" des Stadtstaats Hamburg im Jahr 1995. Heutzutage finden wir auf diesen Ebenen des politischen Systems eine Gruppe von professionellen Politikern, die – in Max Webers Worten – nicht nur „für die Politik", sondern auch „von der Politik" leben (Weber 1988: 513). Bei der Analyse der historischen Entwicklung der Professionalisierung in Deutschland lässt sich somit eine Tendenz vom Ehrenamt zur Berufspolitik feststellen. Dabei wurde der formale Wechsel vom ehrenamtlichen zum professionellen Status jeweils damit begründet, dass aufgrund der hohen inhaltlichen Komplexität und des hohen Zeitaufwands der Mandatsträger eine ehrenamtliche Ausübung nicht mehr möglich sei. Dieser formellen Festschreibung ging jedoch eine lange Phase voraus, in der das Parlament zwar formal eine Amateurinstitution und die Mandatsträger formal ehrenamtlich tätig waren, Institution und Abgeordnete aber *de facto* bereits professionalisiert waren (vgl. Reiser 2006: 52 ff.; Burmeister 1993).

Während die formale Professionalisierung auf nationaler Ebene und Länderebene also bereits vollzogen und allgemein akzeptiert ist, existiert auf der lokalen Ebene nach wie vor das normative Leitbild des ehrenamtlichen Feierabendpolitikers. Dabei ist jedoch auch dort in den letzten Jahrzehnten – insbesondere in den Großstädten – ein steter Anstieg der Komplexität der Aufgaben und des Zeitaufwands der formal ehrenamtlichen Ratsmitglieder zu beobachten. So zeigen Studien zum Zeitaufwand (vgl. u. a. Reiser 2006; Ronge 1994; Naßmacher/Naßmacher 1999), dass ein wöchentlicher Zeitaufwand von durchschnittlich 25 bis 60 Stunden für die Ausübung eines Ratsmandats in Großstädten erforderlich ist. Angesichts dieses hohen zeitlichen Aufwands wird das „Dilemma zwischen (formal) ehrenamtlicher Tätigkeit in der kommunalen Vertretungskörperschaft und dem dafür (tatsächlich) erforderlichen Zeitaufwand" (Naßmacher/Naßmacher 1999: 277) beklagt. Dies führe dazu, dass ein Mandat in einer Großstadt nicht mehr ehrenamtlich auszuüben ist und sich die Kommunalparlamente mit ihren Mandatsträgern de facto professionalisieren. Im Rahmen der Arbeit „Zwischen Ehrenamt und Berufspolitik" (Reiser 2006, 2007) wurde erstmalig systematisch anhand der zwölf deutschen Großstädte mit mehr als 400 000 Einwohnern der (informelle) Professionalisierungsprozess untersucht. Insgesamt zeigte die Analyse zum einen, dass der *Professionalisierungsgrad* der Stadtparlamente relativ hoch ist, dass allerdings auch überraschend große Differenzen im Ausmaß der Professionalisierung zwischen den Städten existieren. Zum anderen haben sich unterschiedliche *Professionalisierungsarten* herausgebildet: einerseits die mitgliederbasierte Professionalisierung, die durch eine Professionalisierung des Amtes gekennzeichnet ist, andererseits die ressourcenbasierten Professionalisierung, bei der sich vor allem die Institution professionalisiert, nämlich durch hauptamtliche Mitarbeiterstäbe und weitere Ressourcen (vgl. Reiser 2006).

Ausgehend von diesen Erkenntnissen stellen sich die folgenden untersuchungsleitenden Fragestellungen: (1) Ist die festgestellte Professionalisierung nur ein Phänomen von Städten über 400 000 Einwohnern, oder handelt es sich hierbei um eine allgemeine Entwicklungstendenz in Großstädten? Welche Faktoren beeinflussen dabei den Professionalisierungsgrad? (2) Können unterschiedliche Professionalisierungsarten flächendeckend festgestellt werden, und welche Faktoren erklären ihre Existenz? Zur Beantwortung dieser Fragen werden im Folgenden zunächst die theoretischen und konzeptionellen Grundlagen von Professionalisierung diskutiert sowie die zentralen Hypothesen entwickelt. Im ersten empirischen Teil des Beitrages wird die Professionalisierung der Kommunalparlamente und ihrer Ämter untersucht; im zweiten empirischen Teil folgt eine Analyse der Einflussfaktoren auf Grad und Art der Professionalisierung. Als solche Faktoren werden die Gemeindegröße, die institutionellen und sozio-ökonomischen Rahmenbedingungen sowie die kommunalpolitische Tradition untersucht.

2. Konzeptionelle Grundlagen und Untersuchungsdesign

Unter politischer Professionalisierung wird im Rahmen dieser Analyse – angelehnt an Max Weber – der Prozess der Verberuflichung verstanden, also die Entwicklung von einem Ehrenamt zu einer Vollzeiterwerbstätigkeit (Weber 1988: 511 ff.). Politische Professionalisierung kann sich dabei auf verschiedenen, miteinander verbundenen Ebenen vollziehen, die analytisch zu trennen sind: Die Ebene des individuellen Politikers, des politischen Amtes, der Institution sowie des gesamten politischen Systems (vgl. Borchert 1999; Eliassen/Pedersen 1978). Um den Professionalisierungsprozess auf kommunaler Ebene zu untersuchen, stehen im Folgenden die Ebene des politischen Amtes und die der politischen Institution im Zentrum der Betrachtung.[1]

Die Professionalisierung politischer Ämter bemisst sich an den materiellen und immateriellen Infrastrukturen des Amtes. Dazu zählen insbesondere das aus dem Amt bezogene Einkommen und der notwendige Zeitaufwand für die Ausübung des Amtes. Ein Parlamentsmandat ist somit als professionalisiert zu betrachten, wenn es ein einträgliches Einkommen bietet und aufgrund der zeitlichen Belastung eine andere berufliche Tätigkeit ausschließt bzw. stark einschränkt. Eine professionalisierte Institution zeichnet sich durch einen hohen Anteil professionalisierter Ämter, eine differenzierte Binnenstruktur mit zeitaufwendigen Verfahren sowie durch ein im Vergleich zu Amateurinstitutionen höheres Budget aus (Borchert 1999: 16 f.). Bei der Professionalisierung einer Institution können zwei Arten unterschieden werden: die mitgliederbasierte Professionalisierung und die ressourcenbasierte Professionalisierung (vgl. Reiser 2006: 63-65). Die Höhe des Professionalisierungsgrads der Institution bestimmt sich

---

[1] Die individuelle Professionalisierung bestimmt sich durch das Verhältnis von beruflicher und politischer Tätigkeit. Damit stellt vor allem der Professionalisierungsgrad des Amtes den Rahmen für die individuelle Professionalisierung dar (vgl. dazu Reiser 2006: 157-198).

Abbildung 1: Professionalisierung politischer Institutionen

	geringe Ressourcen	hohe Ressourcen
hoher Professionalisierungsgrad des Amtes	III semiprofessionelle Institution durch mitgliederbasierte Professionalisierung	IV professionalisierte Institution
niedriger Professionalisierungsgrad des Amtes	I Amateurinstitution	II semiprofessionelle Institution durch ressourcenbasierte Professionalisierung

Quelle: Reiser (2006: 64).

dann durch das Zusammenwirken dieser beiden Professionalisierungsarten (vgl. *Abbildung 1*).

Die analytische Trennung der Professionalisierung von Amt und Institution sowie die konzeptionelle Unterscheidung der Professionalisierungsarten sind gerade für die vorliegende Untersuchung wichtig. So haben die Ergebnisse zur Professionalisierung in den zwölf größten Städten Deutschlands gezeigt, dass sich die Professionalisierung von Amt und Institution nicht parallel entwickelt haben und dadurch in den Bundesländern unterschiedlichen Professionalisierungsarten entstanden sind: In den süddeutschen Städten sind die politischen Ämter eher hoch professionalisiert und die personellen und sachlichen Ressourcen gering, während es in den nord- und westdeutschen Großstädten umgekehrt ist (vgl. Reiser 2006: 128-134; Reiser 2007). Dies spricht dafür, dass es sich bei diesen beiden Professionalisierungsarten zumindest teilweise um funktionale Äquivalente handelt: Während das Ziel beider Professionalisierungsarten in der Erfüllung der Ratsaufgaben liegt, haben sich jeweils unterschiedliche Arten der Zielerreichung herausgebildet.

Konzeptionell wird zur Analyse von Professionalisierung auf die US-amerikanische Forschung zurückgegriffen, die vor allem in den vergangenen 30 Jahren eine Vielzahl von Messgrößen für die Untersuchung der Professionalisierung von Parlamenten entwickelt hat (vgl. u. a. Mooney 1995; King 2000; Squire 1993). Übereinstimmend wird dabei festgestellt: Das Professionalisierungskonzept „generally refers to the enhancement of the legislature's capacity to perform its role in the policy-making process with an expertise, seriousness and effort" (Mooney 1995: 48). Entsprechend wird ein Index zur Untersuchung des Professionalisierungsgrades verwendet, der sich aus den drei Hauptindikatoren „Einkommen der Parlamentarier", „Länge der Sessionen" und „Kosten für die Infrastruktur der Parlamente" zusammensetzt (Mooney 1995; Franklin 2002: 8 ff.; Squire 1993). In der vorliegenden Studie wird ein ähnlicher Index verwendet, der allerdings hinsichtlich der spezifischen Situation in den deutschen Kommunalparlamenten modifiziert wurde. Die drei Indikatoren sind „Zeitaufwand und zeitliche Organisation", „Entschädigung der Ratsmitglieder" und die „Aufwendungen für das Kommunalparlament". Diese drei Indikatoren stehen nicht unverbunden nebeneinander, sondern sind aufeinander bezogen und zur Messung des Grads der Professionalisierung sowohl des Amtes als auch der Institution geeignet. Die zeitliche Beanspruchung der Ratsmitglieder erzeugt nämlich einen Professionalisierungsdruck, der prinzipiell auf zwei Arten gelöst werden kann: erstens durch Erhöhung der Vergütung und damit durch die „Befreiung" der Ratsmitglieder aus der Notwendigkeit, ihrem eigentlichen Beruf als Einkommensquelle nachzugehen, also durch eine Professionalisierung des Amtes; oder zweitens durch eine Erhöhung der Mitarbeiterzahl und bessere technische Ausstattung der Fraktionsgeschäftsstellen, um die Ratsmitglieder so zeitlich zu entlasten, also durch institutionelle Professionalisierung.

Die Untersuchung zur Professionalisierung in den Städten mit mehr als 400 000 Einwohnern zeigte, dass Grad und Art der Professionalisierung sehr stark zwischen den einzelnen Städten differieren. Analysen zur Untersuchung möglicher Einflussfaktoren gibt es jedoch bisher nicht (vgl. zu ersten Hypothesen Reiser 2006: 136 ff.; vgl. auch Holtkamp in diesem Sonderheft). Es wird vermutet, dass der Grad der Professionalisierung durch strukturelle, institutionelle und sozio-ökonomische Rahmenbedingungen beeinflusst wird, während die Art der Professionalisierung insbesondere durch die kommunalpolitische Tradition erklärt werden kann. Erstens wird in der politikwissenschaftlichen Diskussion ein starker Einfluss der *Gemeindegröße* auf den Grad der Professionalisierung angenommen. Studien zeigen, dass die zeitliche Belastung der Ratsmitglieder für die Ratstätigkeit in den Großstädten bei mindestens einer Halbtagstätigkeit liegt (vgl. Naßmacher/Naßmacher 1999; Simon 1988; Ronge 1994). Dabei steigt der Aufwand überproportional zur Einwohnerzahl an, wobei insbesondere in Großstädten ein sehr starker Anstieg zu beobachten ist. Daher wird angenommen, dass die Einwohnerzahl einen starken Einfluss auf den Grad der Professionalisierung hat, dieser also mit der Einwohnerzahl ansteigt.

Zweitens soll untersucht werden, inwiefern *institutionelle Rahmenbedingungen* auf den Grad der Professionalisierung wirken. Darunter fällt insbesondere die *Handlungsautonomie* der Stadtparlamente in Entschädigungsfragen. Während die Kommunalparlamente in allen Bundesländern selbst über die personelle und sachliche Ausstattung ihrer Fraktionsgeschäftsstellen entscheiden können, gibt es hinsichtlich der Aufwandsentschädigung in den Bundesländern unterschiedliche Handlungsspielräume der Räte. In einem Teil der Bundesländer legen die Innenministerien der Bundesländer Höchstgrenzen oder sogar genaue Beträge für die Aufwandsentschädigung der Mandatsträger fest. Dabei findet eine Staffelung nach Ortsgröße statt. Diese Regelung trifft für die sechs Bundesländer Mecklenburg-Vorpommern, Nordrhein-Westfalen, Niedersachsen, Schleswig-Holstein, Sachsen-Anhalt und Thüringen zu. In den anderen sieben Bundesländern – Baden-Württemberg, Bayern, Brandenburg, Hessen, Rheinland-Pfalz, Saarland und Sachsen – können die Stadtparlamente selbst über die Höhe ihrer Entschädigung entscheiden.[2] Es wird vermutet, dass der Professionalisierungsgrad in jenen Städten höher ist, wo die Stadträte selbst über ihre Entschädigung entscheiden können.[3]

---

2 Diese muss lediglich dem Anspruch der Angemessenheit, der in den Gemeindeordnungen verankert ist, standhalten.

3 Aufgrund dieser unterschiedlichen Handlungsspielräume der Kommunalparlamente in Entschädigungsfragen klammert Lars Holtkamp (vgl. seinen Beitrag in diesem Sonderheft) die Aufwandsentschädigung als Indikator für die Professionalisierung aus, da sie seines Erachtens nicht als endogene Variable trägt. Die Ausklammerung des Indikators „Aufwandsentschädigung" aus der Analyse wird hier jedoch als nicht zielführend angesehen, da er einen sehr zentralen Indikator für die Professionalisierung darstellt, so dass Ergebnisse ohne diesen Indikator nur eingeschränkt aussagekräftig sind und möglicherweise Erkenntnisse verzerren (siehe dazu

Als dritter Einflussfaktor auf den Grad der Professionalisierung werden die *sozio-ökonomische Rahmenbedingungen* in den jeweiligen Städten untersucht. Die Ergebnisse zur Professionalisierung in den zwölf größten Städten zeigen, dass Stadtparlamente bei gleicher Ortsgröße und gleichen institutionellen Rahmenbedingungen dennoch unterschiedlich hohe Professionalisierungsgrade aufweisen. Es wird angenommen, dass sich diese Varianzen teilweise durch die unterschiedlichen sozio-ökonomischen Rahmenbedingungen erklären lassen. So sind Erhöhungen der Entschädigungen und der Zuwendungen für die Fraktionen der Öffentlichkeit gegenüber legitimierungsbedürftig und werden ähnlich wie Diätenerhöhungen in der Öffentlichkeit kontrovers diskutiert (vgl. Reiser 2006: 137). Entsprechend kann vermutet werden, dass es dort legitimer erscheint, solche Aufwendungen zu erhöhen, wo die sozio-ökonomischen Rahmenbedingungen gut sind. Dabei sind zwei unterschiedliche Einflussfaktoren denkbar. Zum einen kann ein unmittelbarer Zusammenhang zwischen der Haushaltslage der Stadt und dem Professionalisierungsgrad für die Kommunalvertretungen vermutet werden: Je geringer die *Verschuldung des städtischen Haushalts*, desto eher können die Stadträte der Öffentlichkeit gegenüber argumentieren, eine Erhöhungen der Aufwendungen für sie sei legitim. Zum anderen kann aber auch ein mittelbarer Zusammenhang zwischen der wirtschaftlichen Lage der Stadt und dem Professionalisierungsgrad vermutet werden: Es lässt sich annehmen, dass nicht die Verschuldung des städtischen Haushalts in der öffentlichen Wahrnehmung entscheidend ist, sondern die allgemeine wirtschaftliche Lage der Stadt. Als Indikatoren werden das *Bruttoinlandsprodukt je Einwohner* (BIP) sowie die *Arbeitslosenquote*[4] der jeweiligen Stadt überprüft.

Insgesamt wird also vermutet, dass auf den *Grad der Professionalisierung* die Ortsgröße, die Handlungsautonomie sowie die sozio-ökonomische Situation der Städte einwirken. Im Gegensatz dazu wird angenommen, dass die *Art der Professionalisierung* nicht durch diese aktuellen Rahmenbedingungen, sondern durch die *kommunalpolitischen Traditionen* geprägt ist.

Eine Analyse zum Professionalisierungsprozess im Zeitraum zwischen 1984 und 2003 zeigte dann auch für Großstädte mit mehr als 400 000 Einwohnern, dass unterschiedliche Professionalisierungsarten in den jeweiligen Städten existieren und sich diese in einem Zeitraum von knapp 20 Jahren sogar weiter auseinanderentwickelt haben (vgl. Reiser 2006: 128 ff.) – und dies, obwohl sich die institutionellen Rahmenbedingungen insbesondere in den 1990er Jahren einander angeglichen haben. Es wird jedoch vermutet, dass sich durch das Zusammenwirken der rechtlichen und institutionellen Rahmenbedingungen in den ersten Jahrzehnten der Bundesrepublik in den jeweiligen Bundesländern spezifische Professionalisierungsarten herausgebildet haben (vgl. auch schon Kempf 1989: 123), die aufgrund von Pfadabhängigkeiten nach wie vor wirken.

---

ausführlicher 3.4). Die fehlende Handlungsautonomie ist unter Umständen gerade Ursache für unterschiedliche Professionalisierungsgrade und auch für die Entstehung der unterschiedlichen Professionalisierungsarten. Eine schlichte Ausklammerung der Entschädigung verhindert aber gerade eine solche differenzierte Analyse. Die Ergebnisse der vorliegenden Untersuchung (vgl. 3.2, 3.4 und 3.5) zeigen zudem, dass die Autonomie weder auf die Höhe der Entschädigung, den Professionalisierungsgrad noch auf die Art der Professionalisierung einen signifikanten Einfluss hat.

4 Die Arbeitslosenquote wird lediglich für kreisfreie Städte gesondert erhoben und liegt somit nur für 46 der 79 Städte vor.

Zur Erfassung dieser rechtlichen und institutionellen Rahmenbedingungen werden die drei zentralen Dimensionen des ehemaligen Kommunalrechts[5] – die ehemaligen Kommunalverfassungen, das Kommunalwahlrecht sowie erneut die Handlungsautonomie des Rates – in die Untersuchung einbezogen. So führten die *ehemaligen Kommunalverfassungen*[6] mit ihrem Institutionen- und Machtgefüge zu unterschiedlichen Formen politischen Handelns (vgl. Gabriel 1984; Holtkamp 2006) und haben dadurch vermutlich auch die Professionalisierung der Kommunalparlamente mittelbar beeinflusst. Gabriel begründet diesen Zusammenhang vor allem durch die unterschiedliche Stellung der politischen Parteien in der Institutionenordnung: „In dem Maße, in dem die politischen Parteien in der Kommunalpolitik einen eigenen Geltungsanspruch erheben und Alternativen zur Verwaltungspolitik entwickeln möchten, wird eine Professionalisierung der Ratsarbeit, zumindest auf der Führungsebene, dringlicher" (Gabriel 1984: 115). Entsprechend vermutet Gabriel im konkurrenzdemokratischen Modell kommunaler Selbstverwaltung eine stark professionalisierte Ratsarbeit, während eine schwache Professionalisierung im „Geltungsbereich der süddeutschen Ratsverfassung, die sich dem Modell der Konkordanzdemokratie wesentlich stärker annähert als jede andere in der Bundesrepublik institutionalisierte Gemeindeordnung" (Gabriel 1984: 115), zu erwarten sei. Gabriel (1984; ähnlich Holtkamp in diesem Sonderheft) geht also von einem mittelbaren Einfluss der Kommunalverfassungstypen auf den Professionalisierungsgrad insgesamt aus.

Abweichend davon wird hier jedoch die Auffassung vertreten, dass sich der vermutete Zusammenhang nur auf die Ebene der Institution im engeren Sinne, nicht jedoch auf die Ebene der politischen Ämter bezieht: So ist es nachvollziehbar, dass eine höhere Parteipolitisierung und Parlamentarisierung zu einem höheren Professionalisierungsgrad hinsichtlich der finanziellen und personellen Ausstattung der Fraktionsgeschäftsstellen führt, da dadurch die Fraktionen in ihrer Position – auch gegenüber der Verwaltung – gestärkt sind. Eine höhere Professionalisierung auf der Ebene der politischen Ämter, insbesondere der „normalen Ratsmitglieder", wird hingegen dort gerade nicht erwartet.[7] Zum einen sind Ratsmitglieder vermutlich aufgrund der besseren personellen Ausstattung der Fraktionsgeschäftsstellen und der damit verbundenen inhaltlichen Zuarbeit zeitlich entlastet. Zum anderen haben Ratsmitglieder in den süddeutschen Bundesländern eine unabhängigere Stellung gegenüber den Fraktionen, so dass hier eine höhere Professionalisierung des Amtes zu erwarten ist (vgl. Kempf 1989; Simon 1988).

---

5 Für diesen Hinweis danke ich dem anonymen Gutachter.
6 Man unterschied bis zu den grundlegenden Reformen der 1990er Jahre vier Idealtypen von Kommunalverfassungen (vgl. u. a. Schmidt-Eichstaedt 1989; Bogumil 2002): die Norddeutsche Ratsverfassung (Nordrhein-Westfalen, Niedersachsen), die Süddeutsche Ratsverfassung (Baden-Württemberg, Bayern), die Bürgermeisterverfassung (Rheinland-Pfalz, Saarland, Landgemeinden in Schleswig-Holstein) und die Magistratsverfassung (Hessen, Städte in Schleswig-Holstein).
7 Eine Ausnahme – zumindest bezogen auf den Zeitaufwand – nehmen die Fraktionsvorsitzenden in Bundesländern mit hoher Parteipolitisierung ein, da sie eine zentrale politische Stellung in der Fraktion innehaben und zentrale Steuerungsfunktionen wahrnehmen (vgl. Banner 1972). In Bundesländern mit niedriger Parteipolitisierung haben Fraktionsvorsitzende hingegen nicht jene herausgehobene Stellung innerhalb der Fraktion.

Als zweite Dimension des Kommunalrechts wird angenommen, dass auch das *(frühere) kommunale Wahlrecht* die Entwicklung der Professionalisierungsarten beeinflusste. Grundsätzlich kann dabei zwischen dem geschlossenen listenorientierten und dem personenorientierten Wahlrecht, welches das Kumulieren und Panaschieren erlaubt, unterschieden werden. Die Forschung zeigt, dass bei personenorientiertem Wahlrecht die Stellung der einzelnen Ratsmitglieder gegenüber Partei und Fraktion deutlich gestärkt ist (vgl. Wehling 1999; Holtkamp 2006). Parteien haben dann einen höheren Anreiz, parteiunabhängigere Kandidaten zu rekrutieren, weil gewählt wird, „wer etwas ist und etwas gilt, Honoratioren also" (Wehling 1999: 180). Die Ratsmitglieder haben entsprechend ein höheres Interesse an persönlicher Profilierung und treten zum Teil im Wahlkampf sogar gegen ihre Fraktionskollegen an. Entsprechend wird beim personenorientiertem Wahlrecht eine mitgliederbasierte Professionalisierung erwartet, da die Ratsmitglieder kein Interesse an einer gut ausgestatteten Fraktionsgeschäftstelle haben, sondern eine hohe Aufwandsentschädigung präferieren.

Im Gegensatz dazu haben Fraktion und Partei bei geschlossenem Listenverfahren eine starke Stellung gegenüber dem einzelnen Ratsmitglied, so dass hier eine ressourcenbasierte Professionalisierung erwartet wird, die durch die personelle und finanzielle Ausstattung der Fraktionen gestärkt wird. Bis 1980 galt lediglich in den beiden Bundesländern Bayern und Baden-Württemberg ein personenorientiertes Wahlrecht, während in allen anderen Bundesländern die geschlossene Listenwahl angewendet wurde. Im Jahr 1981 wurde in Niedersachsen ein personenorientiertes Wahlrecht eingeführt, in Rheinland-Pfalz im Jahr 1989 und in Hessen 2001. Zudem besteht in allen ostdeutschen Bundesländern die Möglichkeit zum Kumulieren und Panaschieren. Lediglich in Nordrhein-Westfalen, im Saarland und in Schleswig-Holstein gilt nach wie vor die geschlossene Listenform. Insofern bestehen Unterschiede im kommunalen Wahlrecht nicht nur zwischen den Bundesländern, sondern auch im Zeitverlauf, was im Rahmen der Analyse berücksichtigt wird.

Fraglich ist drittens, ob die *Handlungsautonomie* des Rates, selbst über die Höhe der Entschädigungen entscheiden zu können, auch Auswirkungen auf die Art der Professionalisierung haben wird. Es könnte vermutet werden, dass sich vor allem in jenen Bundesländern eine mitgliederbasierte Professionalisierung herausbildet, in denen die Aufwandsentschädigungen von den Stadträten selbst festgelegt werden. In den anderen Bundesländern hingegen wird eher eine ressourcenbasierte Professionalisierung erwartet, da die Stadträte lediglich über die Ressourcen für die Fraktionsgeschäftsstellen autonom entscheiden können.

Insgesamt wird die These vertreten, dass durch das Zusammenwirken der drei rechtlichen Rahmenbedingungen – also der Kommunalverfassungen, des kommunalen Wahlrechts und der Handlungsautonomie – kommunalpolitische Traditionen entstanden sind, die zur Herausbildung unterschiedlicher Professionalisierungsarten geführt haben. Als Extremfall wird auf der einen Seite in den süddeutschen Städten eine mitgliederbasierte Professionalisierung erwartet: Dort nehmen die einzelnen Ratsmitglieder aufgrund des personenorientierten Wahlrechts im Vergleich zur Fraktion eine starke Stellung ein und haben kein Interesse an gut ausgestatteten Fraktionsgeschäftsstellen. Gleichzeitig führt die Süddeutsche Ratsverfassung eher zu einer verwaltungsorientierten Kommunalpolitik mit niedriger Parteipolitisierung, was ebenfalls einen niedrigen Professionalisierungsgrad bezogen auf die Ausstattung der Fraktionen vermuten lässt. Zudem verfügen die Stadträte über Handlungsautonomie bezüglich der Höhe ihrer Entschädigung, was ihnen den Handlungsrahmen für eine mitgliederbasierte Professionalisierung ermöglicht.

In den nord- und westdeutschen Städten wird hingegen durch das Zusammenwirken der Faktoren eine ressourcenbasierte Professionalisierung erwartet: Die Norddeutsche Ratsverfassung und die Magistratsverfassung zeichnen sich eher durch konkurrenzdemokratische Muster und eine hohe Parlamentarisierung und Politisierung aus, was zu einer starken Stellung der Parteien und Fraktionen führt. Zudem fand bis 1981 in allen diesen Bundesländern das geschlossene Listenverfahren Anwendung, was ebenfalls zu einer Stärkung der Parteien führte. Inwiefern die Änderung des Wahlsystems in Niedersachsen 1981 und Hessen 2001 zu einer Änderung der Professionalisierungsart in den jeweiligen Bundesländern führte, wird geprüft werden. Eine Handlungsautonomie der Räte, selbst über die Entschädigung zu entscheiden, besteht in Hessen, während in den anderen Bundesländern die Entschädigungen von den Innenministerien festgelegt werden. Inwiefern dies einen Einfluss auf die Art der Professionalisierung hat, wird ebenfalls betrachtet.

Diese Erläuterungen gelten in erster Linie für die westdeutschen Städte. Für die ostdeutschen Städte lassen sich zwei alternative Annahmen entwickeln, die sich auf die Ausgangsbedingungen der Wendezeit beziehen. Die Ratsmitglieder waren nach der Friedlichen Revolution dort überwiegend Politikneulinge (vgl. Becher 1997). Aufgrund ihrer mangelnden politischen Erfahrung wurden die Fraktionen in ostdeutschen Kommunalparlamenten in Form von Fachreferenten mit Know-how aus dem Westen überproportional gut ausgestattet. Geht man auch hier von einer Pfadabhängigkeit aus, wäre eine ressourcenbasierte Professionalisierung zu vermuten. Die Unterstützung der Fraktionen fand nun aber im Rahmen des Institutionentransfers von West nach Ost statt. Dabei hatte jedes ostdeutsche Bundesland westdeutsche Partnerländer, aus denen überwiegend auch die Verwaltungsfachleute für die Fraktionen kamen. Also kann alternativ auch vermutet werden, dass diese die ihnen bekannte Organisation der Fraktionsarbeit aus ihrem jeweiligen Bundesland in die ostdeutschen Stadtparlamente übertragen haben. Entsprechend wäre zu vermuten, dass in den ostdeutschen Städten jeweils jene Professionalisierungsarten vorzufinden sind, die in ihren westdeutschen Partnerländern vorherrschen. Niedersachsen war Partnerland von Sachsen-Anhalt, Schleswig-Holstein von Mecklenburg-Vorpommern, Nordrhein-Westfalen von Brandenburg; Baden-Württemberg und Bayern waren das für Sachsen; und Thüringen pflegte bis 1992 einen Austausch mit Hessen und anschließend mit Bayern.

Die vorliegende Studie umfasst eine Analyse der Professionalisierung der Kommunalparlamente in allen deutschen Großstädte mit mehr als 100 000 Einwohnern (N = 79).[8] Dabei ist jedoch zu beachten, dass die Großstädte sehr ungleichmäßig verteilt sind: Während es in Nordrhein-Westfalen 30 Großstädte mit mehr als 100 000 Einwohnern gibt, haben die Bundesländer Mecklenburg-Vorpommern, Saarland, Sachsen-Anhalt und Schleswig-Holstein jeweils lediglich ein bis zwei Städte in dieser Grö-

---

8 Die drei Stadtstaaten Hamburg, Bremen und Berlin haben einen institutionellen Sonderstatus in ihrer Doppelfunktion als Bundesland und Kommune. Zudem sind die Parlamente in diesen Stadtstaaten formal auch (semi-)professionell, so dass sie in dieser Untersuchung nicht berücksichtigt werden.

ße. Daher sind nur eingeschränkt Vergleiche zwischen den einzelnen Bundesländern möglich. Eine Ausweitung der Fallzahl um Städte mit geringeren Einwohnerzahlen ist jedoch inhaltlich nicht überzeugend, da dort nur eine niedrige Professionalisierung zu erwarten wäre.

Empirisch basiert die Studie in erster Linie auf einer Dokumentenanalyse, mit der die entwickelten Indikatoren für den Grad der Professionalisierung für das Jahr 2006 untersucht werden. Die zentralen Dokumente sind dabei die Haushaltspläne der Städte, Satzungen über Entschädigungen, Sitzungspläne und weitere Dokumente des Stadtrats, die Gemeindeordnungen sowie die Landesverordnungen über die Aufwandsentschädigungen. In einer Stichprobe von 27 Städten wurde auch eine telefonische Befragung der Ratsmitglieder zur Höhe ihres kommunalpolitischen Zeitaufwands durchgeführt.[9] Zusätzlich wurden im Jahr 2004 in neun Städten persönliche Interviews mit Ratsmitgliedern und Fraktionsvorsitzenden geführt (n = 45), die zur Interpretation der Ergebnisse herangezogen wurden.[10]

3. Empirische Analyse zur Professionalisierung in den deutschen Großstädten

Im Folgenden werden die drei Indikatoren „Zeitaufwand und zeitliche Organisation", „Entschädigung der Ratsmitglieder" und die „Aufwendungen für das Kommunalparlament" (3) analysiert. Die Zusammenführung der drei Indikatoren erlaubt dann Aussagen über Professionalisierungsgrad und -arten in den deutschen Großstädten. Daran anschließend werden mittels multivariater Regression Einflussfaktoren auf Grad und Art der Professionalisierung untersucht.

3.1 Zeitaufwand und zeitliche Organisation

Der erste Indikator zur Analyse des Professionalisierungsgrads ist neben der reinen Höhe des Zeitaufwands für das Mandat[11] auch die tageszeitliche Verteilung der Ratstätigkeiten. So sollte die Arbeitsorganisation eines Feierabendparlaments auf die Berufstätigkeit der Mandatsträger Rücksicht nehmen, damit diese Beruf und ehrenamtliches Mandat vereinbaren können (vgl. Heuvels 1986: 8 ff.). Eine zeitliche Organisation der

---

9 Die Daten wurden im Rahmen des Projekts „Kommunale Wählergemeinschaften in Ost- und Westdeutschland" des SFB 580 im Jahr 2006 erhoben. Die Auswahl erfolgte auf Basis einer Zufallsstichprobe innerhalb dieser Ortsgrößenklasse. Die Städte sind: Heidelberg, Karlsruhe, Mannheim, Stuttgart (Baden-Württemberg); München, Nürnberg, Würzburg (Bayern); Potsdam (Brandenburg); Darmstadt, Frankfurt am Main, Offenbach (Hessen); Aachen, Bergisch Gladbach, Essen, Gelsenkirchen, Hagen, Herne, Köln, Krefeld, Moers, Mülheim an der Ruhr (NRW), Mainz (Rheinland-Pfalz), Dresden, Leipzig (Sachsen), Halle (Sachsen-Anhalt), Erfurt, Jena (Thüringen). Insgesamt wurden 411 Interviews realisiert. Auch in dieser Stichprobe spiegelt sich die Ungleichverteilung der Großstädte in den einzelnen Bundesländern.

10 Die Städte, in denen persönliche Leitfadeninterviews durchgeführt wurden, sind Wiesbaden, Mainz, Karlsruhe, Stuttgart, Mannheim, Heidelberg, Frankfurt am Main, Nürnberg, Hannover, Halle (Saale) und Rostock.

11 Hinsichtlich der Höhe des Zeitaufwands werden sowohl die Ratstätigkeit im engeren Sinne als auch die so genannten Mandatsnebentätigkeiten berücksichtigt.

Ratstätigkeiten, welche die Ausübung eines Berufes stark einschränkt oder unmöglich macht, ist hingegen Ausdruck von Professionalisierung.

Insgesamt zeigt die Analyse, dass normale Ratsmitglieder in den Großstädten durchschnittlich 24,4 Stunden pro Woche für ihr Ratsmandat und die damit zusammenhängenden Aufgaben aufwenden. Dabei entfallen knapp 13 Stunden auf Sitzungstätigkeiten, knapp sieben Stunden auf deren Vorbereitung sowie fünf Stunden auf Repräsentationsaufgaben. Es zeigt sich zum einen ein mittelstarker, positiver Zusammenhang zwischen der Ortsgröße und dem Zeitaufwand (r = 0,62**):[12] In den Städten mit 100 000 bis 200 000 Einwohnern beträgt der Zeitaufwand 20,5 Stunden und entspricht bereits einer Halbtagstätigkeit. In den Städten mit 200 000 bis 400 000 Einwohnern sind es durchschnittlich 25 Stunden, in jenen mit mehr als 400 000 sogar 32,5 Stunden pro Woche. Damit reicht dieser Aufwand bereits fast an den Zeitaufwand einer Vollzeitbeschäftigung heran. Dieses Ergebnis stimmt in der Tendenz mit anderen Studien zur Höhe des Zeitaufwands in größeren Städten überein (vgl. Ronge 1994; Naßmacher/Naßmacher 1999). Zudem bestätigen sich Befunde, wonach sich der Zeitaufwand der einzelnen Ratsmitglieder auch nach Bundesland bzw. differenziert nach den ehemaligen Kommunalverfassungen deutlich voneinander unterscheidet. Am höchsten ist der durchschnittliche Zeitaufwand in den Städten mit dem Süddeutschen Ratsmodell, während er in den Städten, in denen früher das Norddeutsche Ratsmodell Anwendung fand, am niedrigsten ist: In der Ortsgrößenklasse ab 400 000 Einwohnern beträgt er in den süddeutschen Städten durchschnittlich 39,5 Stunden und liegt damit im Vergleich zu den Städten Niedersachsens und Nordrhein-Westfalens – dort sind es 29,7 Stunden – um ungefähr zehn Stunden höher.[13]

Aber nicht nur der Zeitaufwand schwankt stark, sondern auch die zeitliche Organisation der Rats- und Ausschusssitzungen, die je nach Stadt zwischen 9 Uhr und 18 Uhr beginnen. In 60 Prozent der Städte beginnen die Sitzungen in der Regel nach 16

---

12 Im Rahmen des Beitrages bedeutet *, dass die Korrelation auf dem Niveau von 0,05 (2-seitig) und **, dass sie auf dem Niveau von 0,01 (2-seitig) signifikant ist. Alle Korrelationen sind ausgedrückt durch Pearsons r.

13 Dieses Ergebnis stellt keinen Widerspruch zu der Erkenntnis von Lars Holtkamp dar (vgl. den Beitrag in diesem Sonderheft). Holtkamp untersucht in seinem Beitrag den Zeitaufwand der Fraktionsvorsitzenden in Nordrhein-Westfalen und Baden-Württemberg. Er kommt dabei zum Ergebnis, dass die Fraktionsvorsitzenden in NRW einen höheren wöchentlichen Zeitaufwand haben als jene in Baden-Württemberg. Die hier vorliegende Untersuchung fokussiert aber nicht auf die Fraktionsvorsitzenden, sondern analysiert alle Ratsmitglieder. Für die „normalen" Ratsmitglieder ergibt die vorliegende Studie das gegenteilige Bild. Wie erläutert haben Fraktionsvorsitzende in NRW, aber auch generell in den Bundesländern mit hoher Parteipolitisierung, eine zentrale politische Stellung in der Fraktion inne und nehmen zentrale Steuerungsfunktionen wahr. Dadurch haben sie einen sehr hohen Zeitaufwand. „Normale" Ratsmitglieder hingegen haben dort einen vergleichsweise niedrigeren Zeitaufwand, u. a. da sie aufgrund der gut ausgestatteten Fraktionsgeschäftsstellen organisatorische und inhaltliche Zuarbeit erhalten (vgl. dazu 3.3 und Reiser 2006). In Baden-Württemberg und anderen Bundesländern mit niedriger Parteipolitisierung hingegen haben Fraktionsvorsitzenden nicht jene herausgehobene Stellung innerhalb der Fraktion inne und entsprechend auch weniger Steuerungsfunktionen. Dies spiegelt sich auch im niedrigeren Zeitaufwand. Hier hat das einzelne Ratsmitglied – auch aufgrund des personalisierten Wahlsystems – eine größere Eigenverantwortlichkeit und Bedeutung als in NRW. Hinzu kommt die geringere personelle Ausstattung der Fraktionsgeschäftsstellen und dadurch eine niedrigere inhaltliche Zuarbeit (vgl. hierzu Reiser 2006: 84 ff.).

Uhr, in 21 Prozent bereits am Nachmittag und in 17 Prozent der Städte sogar überwiegend schon am Vormittag. Bei dieser Verteilung zeigt die Analyse erstens, dass die Sitzungen mit ansteigender Ortsgröße tendenziell früher stattfinden (r = 0,46**). Zweitens lassen sich auch Unterschiede je nach ehemaliger Kommunalverfassung nachweisen, die nicht auf die Ortsgröße zurückzuführen sind. So beginnen in den süddeutschen Städten die Sitzungen durchschnittlich deutlich früher als in den anderen Bundesländern: In zwei Drittel der Städte fangen die Sitzungen bereits vor 14 Uhr an, also während der üblichen Arbeitszeit. In den Städten mit Magistratsverfassung hingegen beginnen die Sitzungen selbst in großen Städten wie Frankfurt am Main frühestens um 16 Uhr. In den ostdeutschen Städten sowie in den Städten mit ehemaliger Norddeutscher Ratsverfassung ist das Bild uneinheitlich: Es gibt in allen vier Ortsgrößenklassen sowohl Städte, in denen die Sitzungen erst nach der üblichen Arbeitszeit, als auch solche, in denen sie bereits am Vormittag beginnen. Insgesamt finden somit in der Hälfte der untersuchten Großstädte die Sitzungen während der üblichen Arbeitszeit statt. Dies erschwert die Vereinbarkeit von Beruf und Mandat und damit eine ehrenamtliche Ausübung.

3.2 Entschädigung der Ratsmitglieder

Der zweite Indikator zur Ermittlung des Professionalisierungsgrads ist die Entschädigung der Ratsmitglieder durch das Mandat. Sie gibt Aufschluss darüber, wie professionalisiert das politische Amt ist, weil der einzelne Mandatsträger davon leben kann. In den Gemeindeordnungen und Entschädigungsregelungen aller Bundesländer ist festgelegt, dass Mandatsträger Anspruch auf Ersatz von mandatsbedingten Unkosten haben. Die Richtlinien und die Handlungsautonomie divergieren dabei, wie oben erläutert, zwischen den einzelnen Bundesländern. Durchschnittlich erhält ein normales Ratsmitglied im Jahr 2006 in einer deutschen Großstadt monatlich 521 Euro an Gesamtaufwandsentschädigung aus Pauschale und/oder Sitzungsgeld, wobei die Höhe stark variiert: Die niedrigste Aufwandsentschädigung erhalten die Erfurter Stadträte mit lediglich 187 Euro pro Monat, die höchste die Stuttgarter Stadträte mit 2 460 Euro pro Monat. Damit hat die Aufwandsentschädigung in Stuttgart – und ähnlich in München – eine Höhe, die an die Diäten der Hamburger Bürgerschaftsabgeordneten heranreicht und von der die Ratsmitglieder – zumindest teilweise – leben können.

Tabelle 1: Monatliche Aufwandsentschädigung pro Ratsmitglied

Einwohner	durchschnittliche Entschädigung	Minimum	Maximum
100 000 – 200 000 (N = 45)	414 Euro	187 Euro	1 034 Euro
200 000 – 300 000 (N = 17)	462 Euro	260 Euro	1 085 Euro
300 000 – 400 000 (N = 5)	526 Euro	406 Euro	650 Euro
> 400 000 EW (N = 12)	1 001 Euro	466 Euro	2 460 Euro
Gesamt (N = 79)	521 Euro	187 Euro	2 460 Euro

Quelle: Eigene Erhebungen.

Was erklärt die Differenzen bei der monatlichen Aufwandsentschädigung? Ebenso wie beim Zeitaufwand besteht ein starker Zusammenhang zwischen der Einwohnerzahl der Stadt und der Höhe der Aufwandsentschädigung: Mit jedem Einwohner steigt die Entschädigung um 0,01 Cent an (vgl. *Tabelle 2*). Die in *Tabelle 1* ausgewiesenen Minimal- und Maximalwerte zeigen jedoch eine sehr große Spannbreite innerhalb der jeweiligen Ortsgrößenklassen: Es variiert beispielsweise die Höhe der Aufwandsentschädigung in der kleinsten Ortsgrößenklasse zwischen 187 (Erfurt) und 1 034 Euro (Regensburg), in jener über 400 000 Einwohnern zwischen 466 (Hannover) und 2 460 Euro (Stuttgart).

Die Analyse zeigt auch einen Einfluss der früheren *Kommunalverfassungen*. Die Referenzkategorie wird dabei von den Ländern mit dem ehemals Norddeutschen Ratsverfassungsmodell gebildet. Die Ratsmitglieder ostdeutscher Städte erhalten demnach die niedrigsten Aufwandsentschädigungen, während jene der süddeutschen Städte deutlich die höchsten Entschädigungen bekommen. Dort hat die Entschädigung häufig ein Niveau erreicht, von dem die Ratsmitglieder halbwegs leben können. Überraschenderweise erklärt hingegen die *Handlungsautonomie* des Rates in Entschädigungsfragen die Differenzen in der Höhe der Entschädigung nicht: Entgegen der anfänglichen Vermutung zeigt die multivariate Analyse keinen signifikanten Zusammenhang zwischen der Autonomie des Rates und der Höhe der Aufwandsentschädigung (vgl. *Tabelle 2*).

Tabelle 2: Erklärung der Höhe der Entschädigung

unabhängige Variablen	beta	b	Konst.	R^2
Süddeutsche Ratsverfassung	0,50**	377,17		
Ostdeutsche Tradition	−0,18*	−154,16		
Magistratsverfassung	0,02	23,20	134,99**	0,73
Bürgermeisterverfassung	−0,05	−64,49		
Einwohner	0,52**	0,00		
Handlungsautonomie	0,12	71,99		

Abhängige Variable: Höhe der Aufwandsentschädigung pro Monat/Ratsmitglied. * = Die Korrelation ist auf dem Niveau von 0,05 (2-seitig) signifikant; ** = die Korrelation ist auf dem Niveau von 0,01 (2-seitig) signifikant.
Quelle: Eigene Berechnungen.

3.3 Aufwendungen für das Kommunalparlament

Als dritter Indikator für den Grad der Professionalisierung werden die Aufwendungen für das Kommunalparlament untersucht. Dabei handelt es sich um Aufwendungen, welche die Fraktionen in den Stadtparlamenten zur Ausübung der Fraktionsgeschäfte und zur Unterstützung der Ratsmitglieder erhalten. Durch diese Ressourcen verbessert sich die Qualität der Ratsarbeit, auch werden die Fraktionen unabhängiger von der Verwaltung und anderen Akteuren (vgl. Pound 1992: 15; Mooney 1995: 52 f.). Neben der Höhe dieser Aufwendungen wird im Folgenden auch untersucht, welche Auswirkung die Höhe des Budgets auf die personelle Ausstattung der Fraktionsgeschäftsstellen hat. Dieser Indikator ermöglicht Aussagen über den Grad der Professionalisierung dieser Institution.

Durchschnittlich erhält eine Fraktion in den deutschen Großstädten im Jahr 2006 pro Fraktionsmitglied Zuwendungen in Höhe von 9 289 Euro. Wie bei der Aufwandsentschädigung zeigt sich jedoch auch hier eine breite Streuung: Die höchste Zuwendung pro Mitglied erhalten die Fraktionen in Frankfurt am Main mit jährlich 30 612 Euro pro Stadtverordnetem, während die Heilbronner Fraktionen die niedrigsten Zuwendungen mit lediglich 612 Euro bekommen.

Tabelle 3: Aufwendungen für die Fraktionsgeschäftsstellen pro Ratsmitglied

Einwohner	durchschnittliche Aufwendungen	Minimum	Maximum
100 000 – 200 000 (N = 44)	5 992 Euro	612 Euro	13 612 Euro
200 000 – 300 000 (N = 17)	10 039 Euro	1 844 Euro	18 889 Euro
300 000 – 400 000 (N = 5)	13 739 Euro	2 904 Euro	23 576 Euro
> 400 000 (N = 12)	18 461 Euro	5 700 Euro	30 612 Euro
Gesamt (N = 78)	9 289 Euro	612 Euro	30 612 Euro

Quelle: Eigene Erhebungen.

Angesichts dieser Differenzen stellt sich auch hier die Frage nach den Einflussfaktoren. Die Analyse zeigt zwei Haupteinflussfaktoren. Zum einen übt die Gemeindegröße einen starken positiven Einfluss auf die Zuwendungen für die Fraktionsgeschäftsstellen aus: Jeder Einwohner einer Stadt erhöht die jährlichen Zuwendungen pro Ratsmitglied um 2,1 Cent. Allerdings zeigt die Analyse – ebenso wie bei der Aufwandsentschädigung – eine große Spannweite in den jeweiligen Ortsgrößenklassen (vgl. *Tabelle 3*). So schwanken die Zuwendungen z. B. in der kleinsten Ortsgrößenklasse sehr deutlich zwischen 612 Euro in Heilbronn und 13 612 Euro in Mülheim an der Ruhr, wo die Fraktionen pro Ratsmitglied mehr als das 22fache der Heilbronner Fraktionen erhalten. Wie vermutet haben die sozio-ökonomischen Rahmenbedingungen der Städte, gemessen am BIP, einen signifikanten positiven Einfluss auf die Höhe der Zuwendungen für die Fraktionsgeschäftsstellen. Die dahinterliegende Vermutung, dass eine Erhöhung der Zuwendungen der Öffentlichkeit dort leichter zu vermitteln ist, in denen die öffentliche Haushaltslage gut ist, scheint für die Fraktionszuwendungen zuzutreffen.

Darüber hinaus haben die ehemaligen Kommunalverfassungstypen klaren Einfluss auf diese Differenzen. Die Referenzkategorie wird dabei von Städten mit dem früheren Norddeutschen Ratsverfassungsmodell gebildet (vgl. *Tabelle 4*). Die höchsten Zuwendungen haben die Fraktionen in Städten mit der Magistratsverfassung. Dort erhalten die Fraktionen über 4 000 Euro mehr pro Ratsmitglied als in den Städten mit dem früheren Norddeutschen Ratsmodell. In starkem Kontrast dazu stehen die Fraktionen in den Städten mit dem Süddeutschen Ratsmodell, die deutlich die niedrigsten Zuwendungen haben. In Städten mit Bürgermeisterverfassung und in den ostdeutschen Städten gibt es also niedrigere Zuwendungen in Relation zur Referenzkategorie, jedoch höhere als in solchen mit Süddeutscher Ratsverfassung, wobei der Effekt allerdings insignifikant ist.

Wie erwartet wirkt sich die Höhe der finanziellen Zuwendungen auch auf die personelle Ausstattung der Fraktionsgeschäftsstellen aus (r = 0,74**). Entsprechend haben sich in den deutschen Großstädten zwei grundsätzlich unterschiedliche Unterstützungs-

Tabelle 4: Erklärung der Höhe der Zuwendungen für die Fraktionsgeschäftsstellen

unabhängige Variablen	beta	b	Konst.	R²
Einwohner	0,66**	0,02	1 723,01**	0,63
BIP	0,22*	0,11		
Süddeutsche Ratsverfassung	−0,23*	−3 613,59		
Magistratsverfassung	0,19*	4 143,40		
Bürgermeisterverfassung	−0,06	−1 765,96		
Ostdeutsche Tradition	−0,03	−446,75		

Abhängige Variable: Höhe der Zuwendungen an die Fraktionsgeschäftsstellen pro Jahr/Ratsmitglied. * = Die Korrelation ist auf dem Niveau von 0,05 (2-seitig) signifikant; ** = die Korrelation ist auf dem Niveau von 0,01 (2-seitig) signifikant.

Quelle: Eigene Berechnungen.

arten herausgebildet: In Städten mit geringerer personeller Ausstattung werden die Ratsmitglieder lediglich in organisatorischen Dingen unterstützt, während ihnen durch große Fraktionsgeschäftsstellen nicht nur organisatorisch, sondern vor allem inhaltlich zugearbeitet wird.

3.4 Einflüsse auf den Professionalisierungsgrad

Die Analyse der drei Indikatoren Zeitaufwand, zeitliche Organisation, Entschädigung und Aufwendung für das Kommunalparlament zeigt große Unterschiede im Professionalisierungsgrad. Sie werden besonders dann deutlich, wenn man die Gesamtzuwendungen pro Jahr und Ratsmitglied – bestehend aus der Entschädigung und den Aufwendungen für die Fraktionen – betrachtet: Die Stadt mit den niedrigsten Gesamtaufwendungen – Jena – gibt pro Ratsmitglied mit 4 000 Euro lediglich ein Zwölftel der Summe von Stuttgart aus, wo es knapp 48 000 Euro sind.

Tabelle 5: Professionalisierungsgrad – Gesamtaufwendungen pro Jahr und Ratsmitglied

Einwohner	Gesamt-aufwendungen	Minimum	Maximum
100 000 – 200 000 (N = 44)	11 004 Euro	4 010 Euro	18 868 Euro
200 000 – 300 000 (N = 17)	15 587 Euro	7 100 Euro	25 009 Euro
300 000 – 400 000 (N = 5)	20 058 Euro	9 738 Euro	30 410 Euro
> 400 000 (N = 12)	30 471 Euro	15 703 Euro	47 814 Euro
Durchschnitt (N = 78)	15 578 Euro	4 010 Euro	47 814 Euro

Quelle: Eigene Erhebungen.

Welche Faktoren beeinflussen also den Professionalisierungsgrad in den deutschen Großstädten? Was erklärt die festgestellten Differenzen? Dazu werden die in Kapitel 2 hergeleiteten Hypothesen zum Einfluss auf die Höhe der Gesamtzuwendungen pro Ratsmitglied und Jahr (vgl. *Tabelle 5*) überprüft.[14]

---

14 Der Zeitaufwand liegt lediglich für eine Stichprobe von 27 Städten vor (vgl. Kapitel 2). Daher stützen sich die folgenden Analysen zum Professionalisierungsgrad und den Professionalisie-

Der größte Einflussfaktor auf den Professionalisierungsgrad ist die *Gemeindegröße*. Die Analyse der drei Indikatoren machte deutlich, dass Zeitaufwand, Aufwandsentschädigung sowie die Aufwendungen für die Fraktionsgeschäftsstellen sehr stark mit der Ortsgröße ansteigen. Dies spiegelt sich auch beim Professionalisierungsgrad wider: Bivariat zeigt sich ein starker positiver Zusammenhang zwischen Ortsgröße und Professionalisierungsgrad ($r = 0{,}83^{**}$). Auch im multivariaten Analysemodell hat die Einwohnergröße den stärksten Einfluss: Jeder Einwohner einer Stadt erhöht die jährlichen Gesamtzuwendungen pro Ratsmitglied um 3,4 Cent. Die Ergebnisse in *Tabelle 5* zeigen jedoch, dass es innerhalb der einzelnen Ortsgrößenklassen trotz des starken Zusammenhangs von Einwohnerzahl und Professionalisierungsgrad wiederum große Streuungsbreiten innerhalb der Gesamtzuwendungen gibt.

Bei den *sozio-ökonomischen Rahmenbedingungen* der Städte zeigt die Analyse keinen signifikanten Zusammenhang zwischen der Verschuldung der städtischen Haushalte und dem Grad der Professionalisierung. Die dahinterliegende Vermutung, eine Erhöhung der Zuwendungen sei insbesondere in jenen Städten schwer der Öffentlichkeit vermittelbar, in denen die öffentliche Haushaltslage schlecht ist, scheint unzutreffend zu sein. Es zeigt sich jedoch bivariat ein Zusammenhang zwischen dem Professionalisierungsgrad und den beiden untersuchten *sozio-ökonomischen Strukturmerkmalen* der Städte, der Arbeitslosenquote und dem BIP: Wir finden einen positiven Zusammenhang zwischen dem BIP und dem Professionalisierungsgrad ($r = 0{,}37^{**}$). Die multivariate Analyse bestätigt diesen bivariaten Befund: Mit jedem Euro, den eine Stadt mehr an BIP pro Einwohner hat, steigen die Gesamtzuwendungen für das Stadtparlament um 13,4 Cent. Die Arbeitslosenquote und der Professionalisierungsgrad haben einen geringen negativen Zusammenhang ($r = -0{,}32^{*}$); multivariat bestätigt sich dieser bivariate Zusammenhang jedoch nicht. Dies hängt wohl auch damit zusammen, dass Arbeitslosigkeit und BIP nicht voneinander unabhängig sind, sondern zwischen beiden ein mittlerer negativer Zusammenhang besteht ($r = -0{,}57^{**}$). Insofern ist tatsächlich der Professionalisierungsgrad der Kommunalparlamente in jenen Städten höher, in denen die sozio-ökonomische Lage besser ist.

Die Annahme, der Professionalisierungsgrad sei in jenen Städten höher, in denen die Ratsmitglieder über die *Handlungsautonomie* verfügen, selbst über die Höhe ihrer Entschädigungen zu entscheiden, bestätigt sich überraschenderweise nicht. Die Autonomie wirkt nicht einmal bivariat auf den Professionalisierungsgrad. Dies ist vor allem deshalb überraschend, weil es für die Gesamtkosten der Ratsarbeit keine institutionellen Beschränkungen gibt. Räte könnten also in den Bundesländern, in denen sie über die Autonomie verfügen, sich sowohl eine hohe Aufwandsentschädigung als auch eine hohe Fraktionszuweisung bewilligen. Dass die Stadtparlamente dies augenscheinlich nicht tun, spricht für die Existenz *verschiedener* Professionalisierungsarten (vgl. dazu ausführlich 3.5).

Wie erläutert (vgl. 2.), wird in der kommunalpolitischen Forschung teilweise von unterschiedlich hohen Professionalisierungsgraden je nach *Kommunalverfassungstyp* aus-

---

rungsarten lediglich auf die beiden Indikatoren Entschädigung der Ratsmitglieder und Aufwendungen für das Kommunalparlament. Entsprechend beziehen sich die folgenden Analysen auf alle 79 deutschen Städte mit mehr als 100 000 Einwohnern. Die Erkenntnisse bezüglich des Zeitaufwandes werden jedoch in die Interpretation der Ergebnisse eingeflochten.

gegangen (vgl. Gabriel 1984: 115). Etwa kommt die Analyse von Lars Holtkamp (vgl. seinen Beitrag in diesem Sonderheft) zum Ergebnis, dass der Professionalisierungsgrad in Nordrhein-Westfalen höher ist als jener in Baden-Württemberg. Holtkamp klammert jedoch die Aufwandsentschädigung als Indikator für den Grad der Professionalisierung aus (vgl. Fußnote 3). Auf Grundlage des hier gewählten Ansatzes (vgl. 2.), der die Entschädigung als zentralen Indikator in die Analyse integriert, zeigt sich hingegen weder zwischen der ehemaligen Kommunalverfassung noch zwischen dem ehemaligen Wahlsystem und dem Professionalisierungsgrad ein signifikanter bivariater Zusammenhang. Somit sind die die unterschiedlichen Ergebnisse zum Professionalisierungsgrad wohl auf unterschiedliche Konzeptionen von Professionalisierung zurückzuführen.

Tabelle 6: Erklärung des Professionalisierungsgrads

unabhängige Variablen	beta	b	Konst.	R²
BIP	0,20**	0,13	2.469,53**	0,73
Einwohner	0,79**	0,03		

Abhängige Variable: Gesamtzuwendungen pro Jahr und Ratsmitglied in Euro (Summe aus Entschädigung pro Jahr und Stadtrat und Zuwendungen an die Fraktionen pro Jahr und Stadtrat).
Quelle: Eigene Berechnungen.

Das multivariate Regressionsmodell hat mit einer Varianzaufklärung von 73 Prozent hervorragende Erklärungskraft (vgl. *Tabelle 6*). Somit beeinflussen vor allem die Größe und die sozio-ökonomische Lage einer Stadt, gemessen am BIP pro Einwohner, die Höhe des Professionalisierungsgrads. Die kommunalpolitische Tradition, die Handlungsautonomie, das – aktuelle und ehemalige – Wahlrecht und die finanzielle Lage des öffentlichen Haushalts hingegen erklären den Professionalisierungsgrad nicht.

3.5 Einflüsse auf die Professionalisierungsart

Neben dem *Grad* der Professionalisierung stellt dieser Beitrag die zweite zentrale Frage, ob sich flächendeckend unterschiedliche Professionalisierungs*arten* in den deutschen Großstädten herausgebildet haben und, falls ja, durch welche Faktoren sich die Herausbildung der Professionalisierungsarten erklären lässt. Ein Kommunalparlament wird dann als *mitgliederbasiert* professionalisiert angesehen, wenn mindestens 60 Prozent der Gesamtjahresausgaben pro Ratsmitglied für die Aufwandsentschädigung ausgegeben werden. Korrespondierend dazu werden bei einer *ressourcenbasierten* Professionalisierung mindestens 60 Prozent der Gesamtjahresausgaben pro Ratsmitglied für die Finanzierung der Fraktionsgeschäftsstellen ausgegeben. Eine Aufteilung der Gesamtressourcen zwischen diesen beiden Grenzwerten wird als Anzeichnen einer gleichgewichtigen Professionalisierung verstanden.[15]

---

15 Entsprechend wird in der folgenden Analyse die Ratio von Zuwendungen für die Fraktionsgeschäftsstellen im Verhältnis zu den Gesamtaufwendungen als abhängige Variable verwendet. Eine Ratio von 0 bis 0,4 bedeutet, dass eine mitgliederbasierte Professionalisierung, eine Ratio von >0,4 bis <0,6, dass eine gleichgewichtige Professionalisierung und eine Ratio von 0,6 und mehr, dass eine ressourcenbasierte Professionalisierung vorliegt. Die bi- und multivariaten Ana-

Dies soll an einem Beispiel verdeutlicht werden. Das Stadtparlament der Stadt Nürnberg erhält jährlich 23 820 Euro pro Stadtratsmitglied an Zuwendungen. Diese Gesamtressourcen setzen sich aus 18 120 Euro an Aufwandsentschädigung und 5 700 Euro für die Fraktionsgeschäftsstellen zusammen. Das Verhältnis der Aufwendungen für die Fraktionen zu den Gesamtressourcen beträgt somit 0,24; folglich handelt es sich nach der vorliegenden Definition um eine mitgliederbasierte Professionalisierung. Die fast genau gegenteilige Aufteilung zeigt sich beim Stadtrat in Hannover. Hier ist der Professionalisierungsgrad mit 24 430 Euro pro Stadtrat und Jahr ähnlich hoch wie in Nürnberg. Allerdings setzen sich diese Gesamtressourcen aus 5 592 Euro an persönlicher Aufwandsentschädigung und 18 838 Euro an Aufwendungen für die Fraktionen zusammen. Bei einem Verhältnis von 0,78 liegt also eine ressourcenbasierte Professionalisierung vor. Während in diesen beiden ähnlich großen Städten der Professionalisierungsgrad somit gleich hoch ist, unterscheidet sich die Aufteilung der Ressourcen und damit die Art der Professionalisierung sehr deutlich. Die Gesamtanalyse zeigt, dass sich in den deutschen Großstädten tatsächlich flächendeckend unterschiedliche Professionalisierungsarten herausgebildet haben (vgl. *Tabelle 7*). Vorherrschend ist dabei die ressourcenbasierte Professionalisierung, die in etwas mehr als der Hälfte (53,8 Prozent) der untersuchten Großstädte vorzufinden ist. In 20,5 Prozent der Städte findet sich eine mitgliederbasierte Professionalisierung, während sich in 25,6 Prozent eine gleichgewichtige Professionalisierung zeigte.

Tabelle 7: Arten der Professionalisierung (in Prozent)

Art der Professionalisierung	Ost	Süddeutsche Ratsverfassung	Bürgermeisterverfassung	Norddeutsche Ratsverfassung	Magistratsverfassung	Gesamt
ressourcenbasiert	58,3	23,5	25,0	60,5	100,0	53,8
gleichgewichtig	33,3	11,8	75,0	28,9	0,0	25,6
mitgliederbasiert	8,3	64,7	0,0	10,5	0,0	20,5

Quelle: Eigene Erhebungen.

Was erklärt die Existenz der verschiedenen Professionalisierungsarten? Die Vermutung geht dahin, dass sich die Professionalisierungsarten in den westdeutschen Städten (N = 66) nicht durch die aktuellen institutionellen, strukturellen und sozio-ökonomischen Rahmenbedingungen, sondern vor allem durch die kommunalpolitischen Traditionen erklären lassen, welche aufgrund von Pfadabhängigkeiten nach wie vor wirken.

Erwartungsgemäß zeigt die bivariate Analyse keinen signifikanten Zusammenhang zwischen der Art der Professionalisierung und der *Einwohnergröße* der Stadt. Somit besteht zwar ein sehr großer Einfluss der Größe einer Stadt auf den Professionalisierungsgrad der Kommunalparlamente, jedoch nicht auf die Verteilung in Entschädigungen für die einzelnen Mandatsträger und der Zuwendungen für die Fraktionen. Zwischen den *sozio-ökonomischen Faktoren* Verschuldung des öffentlichen Haushalts, Arbeitslosenquote und Art der Professionalisierung besteht ebenfalls, wie erwartet, kein signifikanter Zusammenhang. Bivariat zeigt sich jedoch ein niedriger negativer Zusammenhang

---

lysen beziehen sich ebenso wie beim Professionalisierungsgrad wiederum auf die beiden Indikatoren Entschädigung und Aufwendungen für das Kommunalparlament; die Ergebnisse zum Zeitaufwand werden lediglich zur Erklärung und Interpretation herangezogen.

zwischen dem BIP und der Art der Professionalisierung (r = −0,27*). Dies bedeutet, dass in Städten mit hohem BIP eher eine mitgliederbasierte Professionalisierung vorzufinden ist. Die multivariate Analyse zeigt jedoch (vgl. *Tabelle 8*), dass dieser sozio-ökonomische Faktor kein signifikanter Prädiktor ist und der Zusammenhang nur vordergründig besteht. Ausschlaggebender Faktor für die Professionalisierungsart sind vielmehr die Kommunalverfassungstraditionen, wie im Folgenden ausgeführt werden wird. Es erklärt sich der bivariate Zusammenhang nämlich vor allem dadurch, dass die mitgliederbasierte Professionalisierung in erster Linie in den beiden süddeutschen Bundesländern Baden-Württemberg und Bayern vorzufinden ist, wo im Vergleich zu den anderen Bundesländern auch das BIP vergleichsweise hoch ist.[16]

Ein mittelstarker, negativer Zusammenhang besteht gemäß der bivariaten Analyse zudem zwischen der *Handlungsautonomie* und der Art der Professionalisierung (r = −0,42**). So liegt beim Handlungsrecht des Rates, selbst über die Höhe der Entschädigung entscheiden zu können, eher eine mitgliederbasierte Professionalisierung vor. Dieser bivariate Zusammenhang wird jedoch im multivariaten Regressionsmodell nicht bestätigt (vgl. *Tabelle 8*). Er ist vielmehr darauf zurückzuführen, dass in den beiden Bundesländern Bayern und Baden-Württemberg diese Handlungsautonomie besteht und dort (vgl. *Tabelle 7*) eher die mitgliederbasierte Professionalisierung vorliegt. Allerdings zeigt die Analyse auch, dass in den anderen westdeutschen Bundesländern, in denen die Handlungsautonomie beim Rat liegt (Hessen, Saarland und Rheinland-Pfalz), dennoch keine mitgliederbasierte Professionalisierung besteht. Somit ist Handlungsautonomie zwar eine notwendige, aber keine hinreichende Voraussetzung für eine mitgliederbasierte Professionalisierung.

Hinsichtlich der *ehemaligen Kommunalverfassungen* wurde vermutet (vgl. 2.), dass in den Städten, in denen die Magistratsverfassung und das Norddeutsche Ratsmodell Anwendung fanden bzw. finden, aufgrund der institutionellen Rahmenbedingungen und der damit einhergehenden größeren Parlamentarisierung und Parteipolitisierung eine ressourcenbasierte Professionalisierung besteht. In jenen Städten, in denen das Süddeutsche Ratsmodell gilt, wurde hingegen eine mitgliederbasierte Professionalisierung erwartet. Ein klarer Einfluss der kommunalpolitischen Tradition wird tatsächlich sichtbar. Bereits die gemeinsame Betrachtung der drei Indikatoren Zeitaufwand und zeitliche Lage der Sitzungen, Aufwandsentschädigung sowie Zuwendungen für die Fraktionsgeschäftsstellen (vgl. hierzu 3.) weist auf deutliche Unterschiede zwischen den einzelnen Regionen hin.

So ist in den *süddeutschen Städten* einerseits der Zeitaufwand für die Ratstätigkeit im Vergleich zu den anderen Städten hoch, wobei die zeitliche Lage der Sitzungen eine Vereinbarkeit von Beruf und Mandat erschwert. Gleichzeitig liegen dort die Aufwandsentschädigungen auf einem vergleichsweise hohen Niveau. Andererseits sind die Zuwendungen für die Fraktionsgeschäftsstellen niedrig. Dies entspricht im hier verwendeten Ansatz einer mitgliederbasierten Professionalisierung (vgl. 2.). Sie spiegelt sich auch in der Verteilung der Professionalisierungsarten[17] in den süddeutschen Städten: In

---

16 Zwischen der Höhe des BIP und dem Süddeutschen Ratsmodell besteht ein Zusammenhang von r = 0,54**:
17 Diese werden wegen der Datenlage lediglich auf Basis der beiden Indikatoren Aufwandsentschädigungen und Zuwendungen für die Fraktionsgeschäftsstellen errechnet.

knapp zwei Dritteln der Städte (64,7 Prozent) sind die Kommunalparlamente mitgliederbasiert professionalisiert, während lediglich 23,5 Prozent der Stadtparlamente ressourcenbasiert professionalisiert sind. Bivariat zeigt sich ein mittelstarker signifikanter Zusammenhang zwischen der Professionalisierungsart und den Städten in der kommunalpolitischen Tradition der Süddeutschen Ratsverfassung (r = –0,59**).

Im Gegensatz dazu weisen die Analysen zu den drei Indikatoren in den Städten mit Magistratsverfassung und in den nord-westdeutschen Großstädten deutlich auf eine ressourcenbasierte Professionalisierung hin: Der Zeitaufwand für die einzelnen Ratsmitglieder ist dort deutlich niedriger, die Sitzungen beginnen frühestens am späten Nachmittag, und die Aufwandsentschädigungen sind auf einem vergleichsweise niedrigem Niveau. Das Amt ist also gering professionalisiert. Die Fraktionsgeschäftsstellen hingegen sind sachlich und – vor allem – personell gut ausgestattet: Referenten können den einzelnen Ratsmitgliedern zuarbeiten und sie dadurch entlasten. Tatsächlich findet sich in allen Städten, in denen die Magistratsverfassung gilt, ressourcenbasierte Professionalisierung (vgl. *Tabelle 7;* r = 0,33**). Auch in 60,5 Prozent der Städte, in denen die Norddeutsche Ratsverfassung galt, kann entsprechend der Grundannahme eine ressourcenbasierte Professionalisierung nachgewiesen werden, während sich mitgliederbasierte Professionalisierung nur in 10,5 Prozent dieser Städte findet. Bivariat zeigt sich ein positiver Zusammenhang zwischen der Norddeutschen Ratsverfassung und dem Typ der Professionalisierung (r = 0,34**).

Drei Viertel der Stadtparlamente mit einstiger Bürgermeisterverfassung sind gleichgewichtig professionalisiert, so dass sich bivariat kein signifikanter Zusammenhang zwischen dieser Ratsverfassung und einer spezifischen Professionalisierungsart zeigt.

Insgesamt lässt sich somit feststellen, dass es vor allem in süddeutschen Städten mit Süddeutscher Ratsverfassung zur mitgliederbasierten Professionalisierung kam. In jenen Bundesländern hingegen, wo die Magistratsverfassung oder die Norddeutsche Ratsverfassung Anwendung fand bzw. findet, sind die Kommunalparlamente überwiegend ressourcenbasiert professionalisiert. Damit bestehen dort nach wie vor jene Professionalisierungsarten, die bereits in den 1980er Jahren in den jeweiligen Bundesländern dominierten (vgl. Kempf 1989; Reiser 2006) – und dies, obwohl die Kommunalverfassungstypen im Laufe der 1990er Jahre zum Teil grundlegend verändert wurden (vgl. auch 2.).

Neben den Kommunalverfassungstypen mit ihren institutionellen Arrangements wird auch ein Einfluss des *kommunalen Wahlsystems* auf die Herausbildung bzw. die Existenz der Professionalisierungsarten vermutet (vgl. 2.): Beim geschlossenem Listensystem habe die Fraktion bzw. Partei einen zentralen Stellenwert, so dass hier eine ressourcenbasierte Professionalisierung zu erwarten sei, während beim personenorientierten Wahlsystem das einzelne Ratsmitglied im Vordergrund stehe. Wie erläutert, hat sich das Kommunalwahlrecht in den einzelnen Bundesländern im Lauf der Jahre teils erheblich verändert, weshalb hier drei Zeitpunkte (1980, 1989 und 2006) analysiert werden. Bis zum Jahr 1981 fand das personalisierte Wahlrecht lediglich in den beiden süddeutschen Bundesländern Bayern und Baden-Württemberg Anwendung, während in allen anderen westdeutschen Bundesländern per geschlossener Listenwahl gewählt wurde. Die Analyse zeigt, dass dort, wo 1980 mit dem geschlossenen Listenverfahren gewählt wurde, noch im Jahr 2006 63 Prozent der Kommunalparlamente ressourcenbasiert und 29 Prozent gleichgewichtig professionalisiert waren. Mitgliederbasierte Professionalisierung hingegen fand sich lediglich in vier Städten (8 Prozent). In den beiden süddeutschen Bundesländern, in denen 1980 das personalisierte Wahlsystem bereits seit Jahrzehnten Anwendung fand, ist die Verteilung hingegen genau spiegelverkehrt: Knapp zwei Drittel der Städte (64,7 Prozent) sind mitgliederbasiert professionalisiert, lediglich 23,5 Prozent ressourcenbasiert und 11,8 Prozent gleichgewichtig professionalisiert. Die bivariate Analyse zeigt einen mittelstarken negativen Zusammenhang zwischen dem Wahlrecht von 1980 und der Professionalisierungsart im Jahr 2006 (r = −0,59**). Dies bedeutet, dass dort, wo 1980 das personenorientierte Wahlsystem Anwendung fand, auch aktuell eher eine mitgliederbasierte Professionalisierung vorliegt.

Nun wurde 1981 in Niedersachsen und 1989 in Rheinland-Pfalz das personalisierte Wahlrecht eingeführt (vgl. 2.). Der Zusammenhang zwischen dem im Jahr 1989 gültigen Wahlrecht – also *nach* den Wahlrechtsreformen in Niedersachsen und Rheinland-Pfalz – und der Professionalisierungsart ist im Vergleich zum bivariaten Zusammenhang zwischen dem Wahlrecht 1980 und der Professionalisierungsart dort niedriger (r = 0,43**). Dies erklärt sich vor allem daraus, dass in 75 Prozent der niedersächsischen Städte trotz der Wahlrechtsänderung von 1981 eine ressourcenbasierte Professionalisierung vorzufinden ist. Im Zuge des Wandels der Kommunalverfassungen der 1990er Jahre und seither kam es zu weiteren Änderungen im Kommunalwahlrecht. Die bivariate Analyse zeigt allerdings keinen signifikanten Zusammenhang zwischen dem *aktuellen* Wahlrecht und der aktuellen Professionalisierungsart. Durch die Veränderung des Wahlrechts in den verschiedenen Bundesländern haben sich die Professionalisierungsarten also bislang nicht verändert. Doch bivariat zeigen sich mittelstarke Zusammenhänge sowohl zwischen den *ehemaligen* Kommunalverfassungen und der Professionalisierungsart als auch zwischen dem *ehemaligen* kommunalen Wahlrecht und der Professionalisierungsart. Dabei ist zu beachten, dass die Variablen der Kommunalverfassungen und des kommunalen Wahlrechts teils hoch miteinander korrelieren. Dies trifft insbesondere auf das Wahlrecht 1980 und die Süddeutsche Ratsverfassung zu, da bis 1981 lediglich in Bundesländern mit Süddeutscher Ratsverfassung ein personenorientiertes Wahlrecht Anwendung fand.

Tabelle 8: Erklärung der Professionalisierungsarten

unabhängige Variablen	beta	b	Konst.	R^2
Süddeutsche Ratsverfassung	−0,55**	−0,23	0,619**	0,39
Magistratsverfassung	0,21*	0,13		

Abhängige Variable: Verhältnis von Zuwendungen für die Fraktionsgeschäftsstellen zu den Gesamtzuwendungen pro Jahr/Ratsmitglied.

Jenes Regressionsmodell, welches das Süddeutsche Ratsmodell und die Magistratsverfassung als zwei zentrale kommunalpolitische Traditionen enthält, kann die Professionalisierungsarten mit einer erklärten Varianz von 39 Prozent gut erklären. Wie aus *Tabelle 8* ersichtlich, ist das Verhältnis von Zuwendungen an die Fraktionsgeschäftsstellen zu den Gesamtzuwendungen pro Jahr/Ratsmitglied dort höher, wo gerade nicht die kommunalpolitische Tradition der Süddeutschen Ratsverfassung gilt. Hinsichtlich der Magistratsverfassung verhält es sich anders herum: In jenen Städten, wo die Magistratsverfassung nicht gilt, ist das Verhältnis größer als in den anderen Städten. Somit können die Professionalisierungsarten am besten durch die Kommunalverfassungen der Magistratsverfassung und der Süddeutschen Ratsverfassung sowie aus dem bis 1980 in den jeweiligen Bundesländern gültigem Wahlrecht erklärt werden.

Insgesamt hat sich die mitgliederbasierte Professionalisierung vor allem in den süddeutschen Bundesländern Baden-Württemberg und Bayern herausgebildet. Dort hat das einzelne Ratsmitglied im Vergleich zu Fraktion und Partei – insbesondere aufgrund des personenorientierten Wahlrechts – traditionell einen höheren Stellenwert sowie ein größeres Interesse an persönlicher Profilierung. Die Handlungsautonomie des Rates, selbst über die Höhe der Entschädigungen zu entscheiden, bot darüber hinaus den Handlungsspielraum, die Ämter zu professionalisieren. In Hessen und Schleswig-Holstein, wo die Magistratsverfassung Gültigkeit hatte, sowie in Nordrhein-Westfalen und Niedersachsen, wo die Norddeutsche Ratsverfassung Anwendung fand, sind die Kommunalparlamente hingegen überwiegend ressourcenbasiert professionalisiert. Der Grund: Sowohl die durch die Kommunalverfassungen bestimmte Institutionenordnung als auch das Kommunalwahlrecht führen dort zu einer stärkeren Parteipolitisierung sowie Parlamentarisierung (vgl. 2.), und deren Anforderungen entspricht die ressourcenbasierte Professionalisierung. Die Analyse zeigte somit für die westdeutschen Städte, dass – wie erwartet – nicht die aktuellen Rahmenbedingungen die Art der Professionalisierung beeinflussen, sondern sich durch das Zusammenwirken der früheren institutionellen Rahmenbedingungen Professionalisierungsarten herausgebildet haben, die aufgrund von Pfadabhängigkeiten nach wie vor in den einzelnen Bundesländern überwiegend vorzufinden sind, und zwar trotz der Tatsache, dass sich insbesondere in den 1990er Jahren die institutionellen Rahmenbedingungen zum Teil stark verändert haben.

In den ostdeutschen Städten lassen sich hingegen bestimmte Professionalisierungsarten (noch) nicht finden. Wie aus *Tabelle 7* ersichtlich, sind dort mehr als die Hälfte (58 Prozent) der Kommunalparlamente ressourcenbasiert professionalisiert, während lediglich ein einziges Stadtparlament mitgliederbasiert professionalisiert ist. Die bivariaten Analysen zeigen dabei keine signifikanten Zusammenhänge zwischen der Professionalisierungsart und den sozioökonomischen Faktoren BIP, Arbeitslosenquote und Verschuldung pro Einwohner sowie der Ortsgröße der Stadt, ihrer Handlungsautonomie und dem aktuellen Wahlrecht. Die Vermutung, dass sich in den ostdeutschen Städten flächendeckend eine ressourcenbasierte Professionalisierung entwickelt habe, kann allerdings nicht eindeutig bestätigt werden. Auch die alternative Hypothese, die davon ausgeht, Verwaltungsfachleute aus dem Westen, die nach der Friedlichen Revolution in ostdeutschen Städten die Parlaments- und Fraktionsarbeit unterstützen, hätten die Professionalisierungsarten aus ihrem jeweiligen Herkunftsland importiert, lässt sich nicht wirklich bestätigen. Die Verteilung ist allzu uneinheitlich: In Mecklenburg-Vorpommern (N = 1) und Sachsen-Anhalt (N = 2) sind die Kommunalparlamente ressourcenbasiert professionalisiert, in Brandenburg (N = 2) und Sachsen (N = 4) ist je die Hälfte ressourcenbasiert und die andere Hälfte gleichgewichtig professionalisiert, und in Thüringen (N = 3) ist schließlich kein Muster zu erkennen, weil das eine Stadtparlament ressourcenbasiert, das andere gleichgewichtig und das dritte mitgliederbasiert professionalisiert ist. Insgesamt lässt die geringe Fallzahl von zwölf Städten in fünf Bundesländern ohnehin keine detaillierte und aussagekräftige Analyse und Bewertung zu. Die

Verteilungen in den einzelnen Bundesländern lassen jedoch vermuten, dass sich bislang keine spezifischen Professionalisierungsarten in den ostdeutschen Städten herausgebildet haben.

4. Fazit

Ziel dieses Beitrages war es, die Professionalisierung der Stadtparlamente und ihrer Ämter in den deutschen Großstädten mit mehr als 100 000 Einwohnern zu analysieren und zu erklären. Die vorliegende Untersuchung zeigt, dass der Professionalisierungsgrad der Kommunalparlamente in den deutschen Großstädten zwischen reinen Amateurinstitutionen mit Feierabendpolitikern und semiprofessionellen Parlamenten schwankt. Der zentrale Erklärungsfaktor für diese Differenzen ist die Gemeindegröße: Je größer die Stadt, desto höher ist der Professionalisierungsgrad des Kommunalparlaments. Daneben zeigt sich als zweiter wichtiger Einflussfaktor das Bruttoinlandsprodukt je Einwohner und damit die in den jeweiligen Städten vorherrschende sozio-ökonomische Lage. Dieser Zusammenhang wird darauf zurückgeführt, dass Erhöhungen der Öffentlichkeit gegenüber legitimierungspflichtig sind und sich in Städten mit guter wirtschaftlicher Lage besser rechtfertigen lassen. Die öffentliche Haushaltslage der Städte und die Handlungsautonomie der Räte in Entschädigungsfragen wirken hingegen nicht auf den Professionalisierungsgrad, was durchaus überrascht.

Zweitens bestätigte die Analyse erstmals die flächendeckende Existenz unterschiedlicher Professionalisierungsarten in den deutschen Kommunalparlamenten: 54 Prozent der Stadtparlamente sind ressourcenbasiert professionalisiert, haben also Fraktionsgeschäftsstellen mit guter finanzieller und personeller Ausstattung, während die Ämter der Ratsmitglieder eher niedrig professionalisiert sind. Im Gegensatz dazu sind 20 Prozent der Stadtparlamente mitgliederbasiert professionalisiert, was sich durch eine hohe Professionalisierung des Amtes bei gleichzeitig niedriger Professionalisierung der Institution zeigt.

Multivariate Analysen zeigen, dass die Professionalisierungsarten am besten durch die ehemaligen Kommunalverfassungen und die ehemaligen kommunalen Wahlsysteme erklärt werden können. Durch Zusammenwirken der damaligen institutionellen Rahmenbedingungen haben sich Professionalisierungsarten herausgebildet, die aufgrund von Pfadabhängigkeiten weiterbestehen, obwohl sich die institutionellen Rahmenbedingungen zum Teil stark verändert haben. Es ist kurzfristig nicht zu erwarten, dass sich diese Professionalisierungsarten angleichen werden, zumal die Ratsmitglieder jeweils ihr „eigenes Modell" bevorzugen. Sie werden nämlich in die vorgefundene Institutionenordnung hinein sozialisiert: Ratsmitglieder in den süddeutschen Städten lehnen beispielsweise einen weiteren Ausbau der Fraktionsgeschäftsstellen durch mehr Personal überwiegend ab, da in ihrem Selbstverständnis Aufgaben wie die inhaltliche Vorbereitung der Sitzungen zu ihren Kernfunktionen zählen (vgl. dazu ausführlicher Reiser 2006: 199-244). Längerfristig stellt sich jedoch die Frage, ob die Eigenlogik der beiden Professionalisierungsmodelle weiterhin Bestand haben kann, wenn jene institutionelle Konfiguration, die sie hervorgebracht hat, schon lange nicht mehr existiert. Derlei widerspräche eine ganze Reihe (neo-)institutionalistischer Annahmen über den Zusammenhang von Institutionen und politischem Verhalten.

Literatur

Banner, Gerhard, 1972: Politische Willensbildung und Führung in Großstädten mit Oberstadtdirektor-Verfassung, in: *Grauhan, Rolf-Richard* (Hrsg.), Großstadtpolitik. Texte zur Analyse und Kritik lokaler Demokratie. Gütersloh: Bertelsmann Fachverlag, 162-180.

Becher, Kathrin Susann, 1997: Mandatsniederlegungen auf kommunaler Ebene. Untersuchungen von Austrittsursachen am Beispiel der Stadtparlamente Leipzig und Frankfurt/Main. Opladen: Leske + Budrich.

Bogumil, Jörg, 2002: Kommunale Entscheidungsprozesse im Wandel – Stationen der politik- und kommunalwissenschaftlichen Debatte, in: *Bogumil, Jörg* (Hrsg.), Kommunale Entscheidungsprozesse im Wandel. Theoretische und empirische Analysen. Opladen: Leske + Budrich, 7-51.

Borchert, Jens, 1999: Politik als Beruf: Die politische Klasse in westlichen Demokratien, in: *Borchert, Jens* (Hrsg.), Politik als Beruf: Die politische Klasse in westlichen Demokratien. Opladen: Leske + Budrich, 7-39.

Burmeister, Kerstin, 1993: Die Professionalisierung der Politik am Beispiel des Berufspolitikers im parlamentarischen System der Bundesrepublik Deutschland. Berlin: Duncker & Humblot.

Eliassen, Kjell A./Pedersen, Mogens N., 1978: Professionalization of Legislatures. Longterm Change in Political Recruitment in Denmark and Norway, in: Comparative Studies in Society and History 20, 286-318.

Franklin, Daniel P., 2002: Legislative Professionalism and the Delivery of Public Goods. A Comparative View from the States. New Orleans: Annual Meeting of the Southwest Social Science Association.

Gabriel, Oscar W., 1984: Parlamentarisierung der Kommunalpolitik, in: *Gabriel, Oscar W./Haungs, Peter/Zender, Matthias* (Hrsg.), Opposition in Großstadtparlamenten. Melle: Knoth, 101-147.

Heuvels, Klaus, 1986: Diäten für Ratsmitglieder? – Zur Frage der Übertragbarkeit der Grundsätze des „Diäten-Urteils" des Bundesverfassungsgerichts auf den kommunalen Bereich. Köln: Kohlhammer.

Holtkamp, Lars, 2006: Parteien in der kommunalen Demokratie. Konkordanz- und Konkurrenzdemokratie im Zeichen von Kommunalverfassungsreform, Parteienwandel und Haushaltskrise. FernUniversität Hagen.

Kempf, Thomas, 1989: Organisation der Fraktionsarbeit, in: *Naßmacher, Hiltrud/Kempf, Thomas/ Kodolitsch, Paul von* (Hrsg.), Die Arbeitssituation von Ratsmitgliedern. Verbesserungsmöglichkeiten durch Fortbildung. Organisation der Fraktionsarbeit und Einrichtung von Stadtteilvertretungen. Berlin: Deutsches Institut für Urbanistik, 111-157.

King, James D., 2000: Changes in Professionalism in U.S. State Legislatures, in: Legislative Studies Quarterly XXV, 327-342.

Mooney, Christopher Z., 1995: Citizens, Structures, and Sister States. Influences in State Legislative Professionalism, in: Legislative Studies Quarterly 20, 47-67.

Naßmacher, Hiltrud/Naßmacher, Karl-Heinz, 1999: Kommunalpolitik in Deutschland. Opladen: Leske + Budrich.

Pound, William, 1992. State Legislative Careers. Twenty-Five Years of Reform, in: *Moncrief, Gary/ Thompson, Joel A.* (Hrsg.), Changing Patterns in State Legislative Careers. Ann Arbor: University of Michigan Press.

Reiser, Marion, 2006: Zwischen Ehrenamt und Berufspolitik. Professionalisierung der Kommunalpolitik in deutschen Großstädten. Wiesbaden: VS Verlag für Sozialwissenschaften.

Reiser, Marion, 2007: Berufs- statt Feierabendparlamente? Eine vergleichende Untersuchung der Kommunalparlamente in deutschen Großstädten, in: *Pähle, Katja/Reiser, Marion* (Hrsg.), Lokale politische Eliten und Fragen der Legitimation. Baden-Baden: Nomos, 45-60.

Ronge, Volker, 1994: Der Zeitaspekt ehrenamtlichen Engagements in der Kommunalpolitik, in: Zeitschrift für Parlamentsfragen 25, 267-282.

Schmidt-Eichstaedt, Gerd, 1989: Grundformen der inneren Gemeindeverfassung in der Bundesrepublik Deutschland, in: *Gabriel, Oscar W.* (Hrsg.), Kommunale Demokratie zwischen Politik und Verwaltung. Beiträge zur Kommunalwissenschaft 29. München: Minerva-Publikation, 17-33.

Simon, Klaus, 1988: Repräsentative Demokratie in großen Städten. Melle: Knoth.
Squire, Peverill, 1993: Professionalization and Public Opinion of State Legislatures, in: Journal of Politics 55, 479-491.
Weber, Max, 1988: Politik als Beruf, in: *Weber, Max:* Gesammelte politische Schriften. 5. Auflage, Tübingen: J.C.B. Mohr, 505-560.
Wehling, Hans-Georg, 1999: Wer wird gewählt? Das Auswahlverhalten von Wählerinnen und Wählern bei Kommunalwahlen in Baden-Württemberg, in: Der Bürger im Staat 49, 180–183.

Parteikarrieren im föderalen Mehrebenensystem. Zur Verknüpfung von öffentlichen Mandaten und innerparteilichen Führungspositionen

Klaus Detterbeck

1. Einleitung

Politische Karrieren in Deutschland sind – in erster Linie – Karrieren *in* und *mittels* Parteien. In aller Regel ist der innerparteiliche Aufstieg – oftmals entlang der berühmten, langwierigen „Ochsentour" über die unteren Ebenen der Parteiorganisationen – konstitutiver Teil des Werdegangs führender Parlamentarier und Regierungsmitglieder (Herzog 1975; von Beyme 1993). Es lassen sich mindestens drei Gründe anführen, warum Parteien in Deutschland für die individuellen Karrieren von Politikern eine zentrale Bedeutung zukommt.

Zum ersten sind Parteien in Deutschland, wie in allen starken Parteiendemokratien, „gate-keepers", die den Zugang zu öffentlichen politischen Ämtern monopolartig kontrollieren. Parlamentarische und gouvernementale Rekrutierung wird stark über die Selektionsmechanismen der Parteien gesteuert. Ob es um die parteiinterne Nominierung für ein „sicheres" Direktmandat oder einen guten Listenplatz geht, um die Besetzung von führenden Positionen in der Fraktion oder um die Berücksichtigung für einen Kabinettsposten – die Hausmacht eines Politikers in den entscheidenden Auswahlgremien der Partei stellt eine wichtige Ressource für den politischen Aufstieg und für die Sicherung von politischen Karrieren dar. Parteiämter bieten somit für ambitionierte Politiker im Sinne des beruflichen Eigeninteresses einen wichtigen Schutz ihrer Karriere in den staatlichen Institutionen (von Beyme 1993; Borchert/Stolz 2003).

Zum zweiten sind die deutschen Parteien Schlüsselakteure im politischen Entscheidungsprozess. Parteien bestimmen über ihre programmatischen Angebote die politischen Alternativen und Konfliktlinien im elektoralen Wettbewerb; sie strukturieren innerhalb der Parlamente die Mehrheitsbildungen und sie wirken entscheidend an der Herstellung und Durchsetzung von Politikprojekten mit. Bei all diesen Prozessen spielen die außerparlamentarischen Führungsgremien der deutschen Parteien eine wichtige Rolle: Die Positionen einer Partei zu wichtigen Sachfragen sowie zu strategischen Optionen im politischen Wettbewerb werden in deren Präsidien und Vorständen debattiert bzw. entschieden (Haungs 1991; Herzog 1997; Detterbeck 2002).

Selbst wenn es zutrifft, dass Spitzenpolitiker ihre Medienpräsenz zunehmend nutzen, um Themen über Parteigremien hinweg zu bestimmen, sind sie doch darauf angewiesen, ihre Lösungsansätze gegen innerparteiliche Vetomöglichkeiten durchzusetzen. Die Führungsgremien üben sowohl Lenkungs- wie Kontrollfunktionen aus. Es gibt daher (weiterhin) starke Anreizstrukturen für führende Parlamentarier, in Vorständen und Präsidien vertreten zu sein, oder – besser noch – Dominanz auszuüben. Parteiämter sind daher aus machtpolitischen Erwägungen heraus eine wichtige Ressource für jene Berufspolitiker, die als Mitglieder der „politischen Elite" an politischer Steuerung interessiert sind (von Beyme 1993).

Zum dritten stellen die deutschen Parteien zentrale Akteure des föderalen Mehrebenensystems dar. Bundes- und Landesparteien sind, analog zum verflochtenen Bundesstaat, eng miteinander verwoben. Dies erlaubt nicht nur parteiinterne Aushandlungen über gemeinsame sachpolitische Positionen, sondern ermöglicht auch eine starke innerparteiliche Koordination bundesstaatlicher Prozesse, etwa über die Führungsgremien der Parteien oder Parteirunden im Vorfeld von Bundesratssitzungen. Die komplexen Verhandlungsprozesse des kooperativen Föderalismus werden durch innerparteiliche Scharniere zusammengehalten, wobei dies jedoch auch Blockademöglichkeiten eröffnet (Renzsch 1998; Lehmbruch 2000; Leonardy 2004). Für die Karrieremuster deutscher Politiker stellt die starke Verflechtung der politischen Ebenen jedenfalls eine wichtige institutionelle Rahmenbedingung dar.

Vor diesem Hintergrund möchte der folgende Beitrag die Karrieremuster von Parteipolitikern im föderalen Mehrebenensystem der Bundesrepublik näher beleuchten. Die zentrale Fragestellung lautet, in welcher Weise Parteien den Verlauf politischer Karrieren strukturieren. Dabei werde ich insbesondere auf die Verknüpfung von innerparteilichen Positionen und öffentlichen Mandaten eingehen. Karrieren werden dabei als ein „Prozess des Handelns von Personen im Kontext sozialstruktureller und organisatorischer Möglichkeiten" verstanden (Herzog 1975: 5). Ich gehe somit von einer institutionellen Rahmung individueller Karrieren aus, bei der neben den föderalen Arrangements auch den organisatorischen Strukturen der Parteien besondere Bedeutung zukommt.

Der Beitrag umreißt zunächst einen theoriegeleiteten Analyserahmen, bei dem die Kategorien der Sukzession und Kumulation von Ämtern im Mittelpunkt stehen. Anschließend werden empirische Befunde zu diesen beiden Kategorien präsentiert, die durch Untersuchungen von Parteikarrieren in den einzelnen Parteien untermauert werden. Im Mittelpunkt stehen dabei CDU und SPD, die als führende Regierungsparteien besondere Bedeutung für föderale Koordinationsprozesse haben. Das Augenmerk liegt jedoch auch auf den kleineren Bundesparteien und der Frage, ob diese von den Volksparteien abweichende Muster parteipolitischer Karrieren aufweisen. Im Fazit möchte ich auf gemeinsame Entwicklungstendenzen hinweisen, jedoch auch die Bedeutung parteispezifischer Faktoren herausarbeiten.

2. Das analytische Konzept der „Linkages"

Innerparteiliche Karrieren können, wie oben gezeigt, jenen Selbsterhaltungs- und Steuerungsinteressen dienen, die wir professionellen Politikern zuschreiben. Parteiämter stellen in dieser Hinsicht eine Ressource dar, die – in den Weberschen Kategorien – einerseits den längerfristigen Verbleib sowie den Aufstieg in der Berufspolitik sichern („von der Politik leben"), andererseits jedoch auch den Einfluss auf politische Entscheidungen steigern kann („für die Politik leben"; von Beyme 1993; Borchert 2003). Es stellt sich somit die Aufgabe, die Verknüpfung von parteiinternen Ämtern und öffentlichen Mandaten empirisch zu erfassen. Das analytische Werkzeug dafür bietet die „Linkage"-Perspektive, die drei Dimensionen aufweist (Borchert 2001):

- die Verknüpfung von Institutionen
- die Sequenz politischer Positionen
- die räumliche Ausdehnung politischer Karrieren.

Politische Karrieren können sich innerhalb einer einzigen *Institution*, etwa des Parlaments, abspielen oder verschiedene Institutionen umfassen. Neben persönlichen Motiven von Politikern können auch starre Grenzen zwischen Institutionen, große Arbeitsteilung in einem politischen System oder kurze Verweildauern in der Politik dazu führen, dass politische Karrieren auf eine einzige Institution konzentriert werden. Verknüpfungen ergeben sich dann, wenn Politiker Ämter und Mandate zugleich in Parteien, Parlamenten, Regierungen oder anderen politischen Institutionen innehaben. Solche Verknüpfungen stellen ein wesentliches Element der Parteiendemokratie dar, indem sie Parteien direkten Zugang zu staatlichen Institutionen ermöglichen. Wendet man den Blick in die andere Richtung, signalisiert die Dominanz von öffentlichen Amts- und Mandatsträgern in der Parteiführung die innerparteiliche Vorherrschaft der „party in public office" (Katz/Mair 1993; Poguntke 2001).

In der zweiten Dimension stellt sich die Frage nach der *zeitlichen Sequenz von Positionen*. Sofern Politiker im Laufe ihrer Karriere unterschiedliche Ämter und Mandate einnehmen, lassen sich die Modi der Sukzession und der Kumulation unterscheiden.[1] Bei einem *sukzessiven Karrieremuster* wechseln Politiker von einer Position in eine andere, ohne die zuerst innegehabte Position aufrechtzuerhalten. Von einer Verknüpfung kann dann gesprochen werden, wenn ihre politischen Erfahrungen und persönlichen Kontakte, die mit der vorgehenden Aufgabe verbunden waren, mit in das neue Berufsfeld eingebracht werden.

Deutlicher fällt die Verknüpfung im Falle von *akkumulativen Karrieremustern* aus. Hierbei nehmen Politiker mehrere Ämter und/oder Mandate gleichzeitig ein. Kumulation kann dabei sowohl individuell als auch strukturell motiviert sein. Auf der individuellen Ebene kann die simultane Besetzung mehrerer Positionen zu einer stärkeren Machtbasis, zusätzlichen Ressourcen und zu höherer öffentlicher Bekanntheit beitragen. Kumulation verstärkt somit Tendenzen zur „Schließung" der Politik, indem sie es potentiellen Konkurrenten erschwert, Amtsinhaber zu verdrängen (Borchert 2003). Auf struktureller Ebene kann die Kumulation durch innerparteiliche Regeln gefördert werden. Parteien nutzen akkumulative Verknüpfungen, um ihre Handlungsfähigkeit als integrierte Mehrebenenorganisationen zu erhöhen. Die Integration der Parteiebenen kann sich dabei auf das binnenorientierte Management der Mitgliederorganisation, auf die Koordination von Wahlkämpfen und elektoralen Strategien sowie auf die Abstimmung bundesstaatlicher Politiken beziehen.

Bei den deutschen Parteien lässt sich zeigen, wie die Bekleidung eines bestimmten Parteiamtes oder eines öffentlichen Mandates regelmäßig oder gar automatisch – durch *ex officio*-Bestimmungen – zur Mitgliedschaft in einem anderen Parteigremium führt. Das Parteiengesetz von 1967 hat etwa bei den Christdemokraten zur Reduzierung,

---

[1] Dies ist natürlich nicht zwingend so. Mit Schlesinger (1966) lassen sich statische und dynamische Karriereambitionen unterscheiden. Während letztere nach progressiver Bewegung zwischen Institutionen, Ämtern und Mandaten oder politischen Ebenen streben, sind statische Karrieren darauf gerichtet, die zuerst gewonnene professionelle Funktion (i.S. einer hauptamtlichen Erwerbstätigkeit) bis zum Ausscheiden aus der Politik beizubehalten.

doch gerade nicht zur Beseitigung solcher Regelungen geführt (Poguntke 2001: 263 f.; siehe unten). Die Einbindung von führenden Landespolitikern und Vertretern der europäischen Ebene, der Spitzen von Fraktion und Regierung, aber auch der Repräsentanten von Sonder- und Nebenorganisationen der Partei in die Parteivorstände auf Bundesebene wird nämlich aus Gründen rechtzeitiger Politikkoordination angestrebt (Herzog 1997; Poguntke 2001). Allerdings schwächen solche Positionsverflechtungen das verfassungsrechtlich normierte und demokratietheoretisch begründbare Gebot innerparteilicher Demokratie. Kumulation schränkt nämlich den Zugang zu innerparteilichen Führungspositionen ein und fördert die Dominanz etablierter Parteieliten gegenüber der breiteren Mitgliederbasis. Sie erschwert zudem die Transparenz und Kontrolle innerparteilicher Entscheidungsprozesse, indem sie Repräsentanten der verschiedenen Parteisegmente in Verhandlungen und Kompromisse einbindet, auf diese Weise konkrete Verantwortlichkeit diffus macht und autonomes Handeln begrenzt.

Als dritte Dimension ist die *räumliche Ausdehnung politischer Karrieren* zu untersuchen. Wir können unterscheiden zwischen *horizontalen Karrieremustern*, bei der Berufspolitiker im Verlauf ihrer professionellen Tätigkeit auf einer einzigen territorialen Ebene verbleiben, und *vertikalen Karrieremustern*, bei der Berufspolitiker auf eine andere politische Ebene wechseln oder eine weitere Funktion auf einer anderen Ebene übernehmen (Herzog 1997: 311-313). Mit dieser Unterscheidung lassen sich interessante Differenzen zwischen Mehrebenensystemen herausarbeiten (Borchert 2001; Stolz 2003).[2] Aus der US-amerikanischen Forschung stammt die These, dass Positionen in den Gliedstaaten als Sprungbrett für nationale Ämter und Mandate dienen. Unter der Annahme einer eindeutigen Hierarchie der politischen Ebenen gilt es für ambitionierte Politiker „to climb up the political ladder" (Francis/Kenny 2000). Ein Blick ins benachbarte Kanada zeigt hingegen horizontale Karrieremuster, d. h. eine weitgehende Trennung von Karrieren auf Provinz- und Bundesebene (Docherty 1997).

Für Europa kann von einer Vervielfältigung der territorialen Karrieremuster gesprochen werden. Die zeitgleich ablaufende Stärkung des Europäischen Parlaments und der von Dezentralisierungspolitiken profitierenden Regionalparlamente hat die Möglichkeiten für professionelle Karrieren ober- und unterhalb der nationalen Ebene verstärkt. Für die subnationalen Parlamente scheinen distinkte regionale Identitäten, institutionelle Kontexte und die vertikalen Strukturen von Parteien entscheidende Faktoren dafür zu sein, ob sich eigenständige, horizontale Karrieremuster auf regionaler Ebene ergeben oder Politiker zwischen den Ebenen wechseln (Stolz 2003).

3. Muster parteipolitischer Karrieren in Deutschland

Die drei Dimensionen der „Linkage"-Perspektive lassen sich analytisch trennen, können jedoch für eine empirische Untersuchung auch wieder fruchtbar verknüpft werden. Für unseren Forschungsgegenstand, die Muster parteipolitischer Karrieren im deutschen Mehrebenensystem, steht dabei die Verbindung von bundes- und landespolitischer Ebene und somit die Dimension der räumlichen Ausdehnung von Karrieren im Mittelpunkt. Der Fokus der Analyse liegt dabei auf der institutionellen Verknüpfung

---

2 Vgl. auch den Beitrag von Jens Borchert in diesem Sonderheft.

von Parteiämtern und öffentlichen Mandaten, die anhand der Möglichkeiten einer zeitlichen Sequenzierung betrachtet werden. Ich beschäftige mich zunächst mit der zeitlichen Abfolge politischer Positionen (3.1.), bevor es dann um die parallele Kumulation von Ämtern und Mandaten gehen wird, die sich als die wichtigere Form des „Linkage" erweist (3.2.).

3.1 Die Sukzession politischer Positionen: vom Einstieg auf der lokalen Ebene bis zum Verbleib auf dem professionellen Spielfeld

Professionelle politische Karrieren starten meist auf der lokalen Ebene. Die Vorerfahrung in den Orts- und Kreisvorständen der Parteien sowie die Übernahme von Wahlämtern in der Kommunalpolitik kann als Ansammlung „repräsentativen Kapitals" verstanden werden, das vor dem Eintritt in die Landes- oder Bundespolitik erworben wird (Best/Jahr 2006: 72). Dieses Kapital besteht in der Förderung des eigenen Bekanntheitsgrades unter den Parteiselektoren, in der Etablierung innerparteilicher Netzwerke sowie in der Erlangung des politischen „Handwerkszeugs", also der Fähigkeit zur Arbeit in politischen Gremien und zur Vermittlung eigener Positionen.

Empirische Studien zeigen, dass zwischen 60 und 75 Prozent der Abgeordneten in den Landtagen und im Bundestag über Erfahrung in der lokalen Politik verfügen; nur bei den deutschen Repräsentanten im Europaparlament ist dieser Anteil mit etwa 40 Prozent geringer. Im Durchschnitt sind die Abgeordneten bereits um die 15 Jahre herum Mitglied ihrer Partei, bevor sie ein Mandat in Land, Bund oder Europa erlangen (Best/Jahr 2006: 73).

Lokale Parteiämter stellen ebenso wie öffentliche Wahlämter auf kommunaler Ebene die Basis für eine Karriere als Berufspolitiker auf Landes-, Bundes-, oder europäischer Ebene dar. Herzog (1975) hatte dieses Muster schon in Befragungen Ende der 1960er Jahre als „Standardkarriere" herausgearbeitet, der die meisten Berufspolitiker folgen. Jüngere Studien belegen, dass ein solcher Karriereverlauf weiterhin typisch bleibt. Borchert und Stolz (2003: 156-158) haben ermittelt, dass von den knapp 2 000 Landtagsabgeordneten im Jahr 2000 75 Prozent zuvor in der Kommunalpolitik tätig gewesen waren. Von diesen hielten knapp 77 Prozent ein Amt in kommunalen Exekutiven oder ein parlamentarisches Mandat, während 61 Prozent über ein Parteiamt verfügen. Die Mehrzahl der „Aufsteiger" in die Landespolitik hatte also zuvor Parteifunktionen und öffentliche Wahlämter auf lokaler Ebene kombiniert.

Lokale Parteiämter und kommunalpolitische Mandate stellen für den *Einstieg* in die Berufspolitik die zentralen Positionen dar; für den *Verbleib* in der Berufspolitik, die Absicherung der professionellen Karriere, gewinnen hingegen Parteiämter in den entscheidenden Selektionsgremien an Bedeutung, während lokale Mandate tendenziell eher an Relevanz verlieren (siehe unten).

Die beiden anderen von Herzog (1975) identifizierten Karrieremuster sind weiterhin nur für eine Minderheit der Politiker kennzeichnend: Die „Cross-Over-Karriere", also der Seiteneinstieg von einer führenden Position im „zivilen" Beruf in ein politisches Spitzenamt, bleibt die (mitunter spektakuläre) Ausnahme; und die „rein politische Karriere", die schon früh zu einer ersten Berufstätigkeit im politischen Bereich führt, etwa als Mitarbeiter eines Abgeordneten oder einer Partei bzw. Fraktion, hat zwar an Bedeutung gewonnen, wurde jedoch noch nicht dominant (Herzog 1997: 320). Nach Borchert und Golsch (1999: 127) umfasste die letztere Gruppe rund 23 Prozent der Abgeordneten des 13. Deutschen Bundestages (1994-1998).

Für die meisten Politiker vollzieht sich der Schritt in die Berufspolitik abgesehen von hauptamtlichen Positionen, etwa dem Amt eines Bürgermeisters oder Landrats, erst mit der Übernahme einer Position oberhalb der kommunalen Ebene. Während lokale Politik in der Regel mit der Ausübung eines „bürgerlichen" Berufes verbunden wird, führt die Übernahme eines parlamentarischen Mandates meistens dazu, dass die politische Arbeit hinsichtlich Zeitaufwand und Entlohnung zum Mittelpunkt der Erwerbstätigkeit wird.[3] Dieser Wechsel in die Berufspolitik erfolgt relativ spät, im Durchschnitt mit Mitte 40, so dass die Zeit in der Politik vielfach weiterhin als „zweite berufliche Karriere" zu verstehen ist (Best/Jahr 2006: 69-70).

Während die Sukzession von der lokalen Politik auf die höheren Ebenen des politischen Systems eine wichtige Rolle spielt, ist die Mobilität zwischen Landtagen, Bundestag und Europaparlament erstaunlich gering. Die große Mehrzahl der Berufspolitiker verweilt für den Verlauf ihrer Karriere in ihrer ursprünglichen parlamentarischen Arena. Dieser Trend hat sich über die letzten Jahrzehnte sogar verstärkt. Kam in den 1960er Jahren noch rund ein Viertel der Bundestagsmitglieder aus den Landtagen, betrug dieser Anteil in den 1990er Jahren nur noch 15 Prozent. Noch geringer ist die Zahl derjenigen, die vom Bundestag in die Landtage wechselten (Stolz 2003: 230-235): Nach Best und Jahr (2006: 72 f.) wechselten im Zeitraum von 1990 bis 2004 nur 7 Prozent der deutschen Abgeordneten die parlamentarische Ebene. 27 Prozent der deutschen Europapabgeordneten und 16 Prozent der Bundestagsabgeordneten saßen zuvor in einem anderen Parlament; hingegen hatten nur 3 Prozent der Landtagsabgeordneten vorherige Erfahrung auf Bundes- oder Europaebene.

Die personelle Verknüpfung der Ebenen des deutschen Mehrebenensystems ist somit kaum mit Mustern der Sukzession zu erfassen. Für die überwiegende Mehrzahl der Berufspolitiker führt zwar der Schritt aus der lokalen Politik heraus auf das parlamentarische Spielfeld, wo sie dann für die Dauer ihrer politischen Karriere verbleiben. Doch folgt daraus, dass wir es mit einer relativen Trennung des politischen Personals nach politischen Ebenen zu tun haben? Hierzu bringt der zweite Modus in der zeitlichen Sequenz politischer Positionen näheren Aufschluss; nämlich die über Parteien organisierte horizontale und vertikale Kumulation von Ämtern und Mandaten als wichtigste Form personeller Mehrebenenverknüpfung.

3.2 Die horizontale und vertikale Kumulation politischer Positionen: innerparteiliche Verknüpfungen von Institutionen sowie von Bundes- und Landespolitik

Die simultane Besetzung mehrerer Positionen auf unterschiedlichen politischen Ebenen, die vertikale Kumulation, spielt in zweierlei Hinsicht eine wichtige Rolle. Zum einen behalten viele Berufspolitiker eine lokale „Basisposition" bei. Die Aufrechter-

---

3 Vgl. allerdings die Beiträge von Holtkamp und Reiser in diesem Band, die auf eine „informelle Verberuflichung" und „Semi-Professionalisierung" der Kommunalpolitik in Deutschland hinweisen.

haltung des Sitzes in der kommunalen Bürgervertretung, mehr noch aber die Mitgliedschaft im lokalen Parteivorstand, trägt für Bundes- wie Landespolitiker zur Präsenz im Heimatwahlkreis bei. Nach der Studie von Borchert und Stolz (2003) übten im Jahre 2000 rund die Hälfte der Landtagsabgeordneten zeitgleich ein lokales Wahlamt, v. a. in Stadt- und Gemeinderäten sowie Kreistagen, aus. Noch mehr, nämlich 58 Prozent, hatten parallel ein Parteiamt inne. Hierbei dominierte mit 45 Prozent klar der Vorsitz in einer lokalen Parteigliederung. Die Autoren stellen ein deutliches „Streben in das Amt des Parteikreisvorsitzenden bzw. seines Stellvertreters" fest, der eine zentrale strategische Rolle beim innerparteilichen Nominierungsprozess spielt (Borchert/Stolz 2003: 164 f.).

Bei den Bundestagsabgeordneten ist es nur noch eine Minderheit von (immerhin) etwa 20 Prozent, die ein lokales Wahlamt beibehält, wohingegen die Verankerung auf den unteren Ebenen der Parteihierarchie ähnlich stark ist wie bei den Landesparlamentariern (Borchert/Golsch 1999: 130; Best/Jahr 2006: 72 f.). Bei dieser Form der vertikalen Kumulation politischer Positionen, die weite Verbreitung findet, lässt sich von einer „parteipolitischen Verbleibsstrategie" sprechen (Borchert/Stolz 2003: 167): Landes- und Bundespolitiker erhalten eine starke Präsenz auf der lokalen Parteiebene aufrecht und sichern damit ihre privilegierte Stellung in den wichtigen Gremien der Kandidatenselektion.

Spricht die lokale Verankerung der Politiker für deren Versuche, Abwahlrisiken zu minimieren, so relativiert sie zugleich übertriebene Annahmen einer „völligen Abkoppelung" der Berufspolitiker von ihrer gesellschaftlichen Basis. Allerdings bleibt zu bedenken, dass die in den Parteien anzutreffende Basis aufgrund von Mitgliederschwund und Überalterungserscheinungen spezifische Schieflagen aufweist.

Zum anderen aber – und dies bezieht sich auf eine zahlenmäßig sehr viele kleinere Anzahl von Spitzenpolitikern – finden wir Formen vertikaler Ämterkumulation zwischen Landes- und Bundesebene. Führende Landespolitiker sind in die Bundesgremien ihrer Partei eingebunden. Die deutschen Parteien zeigen hier deutlich ihre funktionale Rolle als Scharniere eines verflochtenen föderalen Systems. Als rationale Strategie eines korporativen Akteurs begriffen, stellt die starke vertikale Integration der deutschen Parteien sowohl eine Anpassung an ihr politisches Umfeld als auch eine gestaltende Rahmung dar, die den zentralen Stellenwert der Parteien im politischen Prozess festigt. Die Führungsgremien der Parteien bieten einen Ort, an dem die Parteieliten der verschiedenen politischen Ebenen zusammengeführt werden und Aushandlungen über Strategien und Politiken möglich sind (Schüttemeyer 1999: 56-59; Detterbeck/Renzsch 2008: 50-52).

Ich möchte mich dem Phänomen der vertikalen Kumulation politischer Positionen im Folgenden empirisch nähern. Zunächst gilt der Blick den *Satzungen* der fünf relevanten Parteien auf Bundesebene. Finden sich formale Vorgaben zur Verklammerung der Führungsebenen von Bundes- und Landesparteien? Anschließend betrachte ich die aktuelle personelle Zusammensetzung der *Parteivorstände* als erweiterten Leitungsgremien der Bundesparteien. Wie stark sind Landespolitiker auf der höheren Parteiebene repräsentiert? Finden sich hier Unterschiede zwischen den Parteien? Diese Fragen werden im nächsten Schritt auf die *Parteipräsidien* angewandt, die aufgrund ihrer häufigeren, wöchentlichen bis monatlichen Treffen und ihrer geringeren Personenzahl als die politisch bedeutsameren Gremien gegenüber den Vorständen angesehen werden können. Auch hier habe ich die aktuelle personelle Zusammensetzung aller fünf Parteien ausgewertet. Zusätzlich werde ich einen diachronen Vergleich der Bundespräsidien von SPD und CDU durchführen, der bis in die 1960er Jahre zurückreicht. Der Blick auf die beiden Volksparteien begründet sich durch deren herausragende Stellung im exekutivlastigen Bundesstaat.

3.2.1 Formale Bestimmungen

Eine Synopse der aktuellen Satzungsregelungen zur Struktur von Präsidien und Vorständen der deutschen Bundesparteien, auf die sich die folgenden Ausführungen stützen, findet sich im Anhang. Sie zeigt, dass die Parteien in unterschiedlichem Maße von der Möglichkeit Gebrauch machen, neben direkt von den Parteitagen gewählten Mitgliedern – dies sind in der Regel die Parteivorsitzenden, ihre Stellvertreter, Generalsekretäre und Schatzmeister sowie eine Anzahl von Beisitzern – wichtige Repräsentanten kraft ihres Amtes in die Führungsgremien zu integrieren.

Die CDU weist dabei den stärksten Grad an Formalisierung auf. Sie bindet ihre parlamentarischen Spitzenvertreter in Bund und Europa, die christdemokratischen Ministerpräsidenten, die Landesvorsitzenden und die Vorsitzenden der innerparteilichen Vereinigungen in Präsidium und/oder Bundesvorstand ein.[4] Die FDP wiederum schafft eine formale Verklammerung von Bundes- und Landesparteien durch die feste Praxis, dass für die ersten 16 Beisitzer des Parteivorstandes die Landesverbände das alleinige Vorschlagsrecht haben. Im Parteijargon ist hier jovial von den „Kurfürsten" die Rede; die anderen 18 Beisitzer kommen hingegen aus der „freien Wildbahn".[5] Wie bei der CDU sind auch im Vorstand der Liberalen *ex officio*-Mitgliedschaften führender Mandatsträger vorgesehen.

Bei der SPD werden bis auf zwei beratende Mitglieder alle Vorstandsvertreter durch den Parteitag gewählt. Wie bei der CDU ist es auch bei der SPD schon seit den 1950er Jahren üblich, die der Partei angehörenden Ministerpräsidenten zu Sitzungen der Parteiführung einzuladen (Detterbeck 2002: 66). Obwohl es formal keine *ex officio*-Mitgliedschaften gibt, stellt – wie bei den anderen Parteien auch – die mitunter hart umkämpfte Balance von Landesparteien, politischen Flügeln und sozialen Gruppierungen ein konstituierendes Merkmal der sozialdemokratischen Parteiführung dar (Lösche/Walter 1992; Poguntke 2001). Bei der Linken werden ebenfalls nahezu alle Mitglieder des Präsidiums (Geschäftsführender Vorstand) und des Bundesvorstandes vom Parteitag bestimmt. Allerdings gehören dem Präsidium auch einige wenige Funktionsträger kraft Amtes an, etwa die Fraktionsvorsitzenden im Bundestag. Nach der Fusion von Linkspartei.PDS und WASG im Jahr 2007 ist der erste Parteivorstand der neuen Partei paritätisch besetzt worden. Jede der beiden Vorgängerparteien konnte 22

---

4 Die hier nicht weiter behandelte CSU weist in ihrem Parteivorstand interessante formale Positionsverflechtungen zwischen der Partei in Bayern, einschließlich der Vorsitzenden der einzelnen Bezirksverbände, der Fraktion im Landtag, der bayerischen Staatsregierung sowie der CSU-Landesgruppe in der Bundestagsfraktion auf (Poguntke/Boll 1992: 334 f.; siehe auch den Anhang).

5 Vgl. die Beschreibung des Parteiaufbaus auf der offiziellen Website der FDP (www.fdp-bundespartei.de).

Mitglieder vorschlagen; zudem wird die Linke bis 2010 von zwei Vorsitzenden geleitet (Satzung der Partei Die Linke, § 19 und Übergangsbestimmungen).

Trotz der mittlerweile abgeschafften oder modifizierten Elemente einer neuen Organisationskultur (etwa dem ursprünglichen Rotationsprinzip und der dogmatischen Trennung von Amt und Mandat) weichen Bündnis 90/Die Grünen immer noch am stärksten von den Organisationsstrukturen der anderen Parteien ab. So fehlt etwa ein den Bundesvorständen der anderen Parteien ähnliches größeres Entscheidungsgremium. Der nach der Parteireform von 1991 umstrukturierte Länderrat dient als „kleiner Parteitag", analog zu den Parteiräten der anderen Parteien als Diskussionsforum zwischen den verschiedenen organisatorischen Segmenten der Grünen. Eigentliches Führungsgremium der Partei, vergleichbar den Präsidien der anderen Bundesparteien, ist der von der Bundesdelegiertenkonferenz gewählte *Parteirat* mit maximal 16 Mitgliedern, dem auch die sechs Mitglieder des Bundesvorstandes, darunter die beiden Bundesvorsitzenden, angehören. Der Parteirat wurde 1998 eingerichtet, um eine bessere Verzahnung zwischen Mandatsträgern und Parteivertretern sowie zwischen den Parteiebenen zu erreichen. Die Trennung von Mandat und Amt ist für dieses Gremium aufgehoben. Der *Bundesvorstand* ist gewissermaßen als „geschäftsführendes Präsidium" zu betrachten. Dort dürfen nicht mehr als zwei Abgeordnete sitzen; auch die Mitgliedschaft von Fraktionsvorsitzenden oder Ministern auf Bundes- oder Landesebene ist untersagt. Bis zu einer Urabstimmung im Jahr 2003 galt für den Vorstand eine völlige Trennung von Parteiamt und parlamentarischem Mandat. Im Übrigen werden alle Mitglieder von Bundesvorstand und Parteirat durch den Parteitag gewählt (Satzung von Bündnis 90/ Die Grünen, §§ 14-15; Probst 2007: 183-186).

3.2.2 Personelle Zusammensetzungen der Parteivorstände

Für die Betrachtung der personellen Zusammensetzung der Führungsgremien der fünf relevanten bundesweit agierenden Parteien habe ich folgende Kategorien gebildet:

- „Bund": Hierbei handelt es sich um Mandatsträger auf der Bundesebene, also um Mitglieder der Bundesregierung oder um Abgeordnete des Deutschen Bundestages. Als Vertreter der nationalen „party in public office" (Katz/Mair 1993) verknüpfen sie in *horizontaler Kumulation* die Bundespartei mit dem Parlament und/oder der Regierung.
- „Länder": Die Vertreter der Landesverbände der Parteien besitzen entweder ein öffentliches Mandat auf der subnationalen Ebene, d. h. sind als Verteter der subnationalen „party in public office" Mitglied einer Landesregierung oder eines Landtages, oder sitzen zugleich im Landesvorstand ihrer Partei *(vertikale Kumulation).*
- „Europa": Als Vertreter der supranationalen Ebene, und somit als Sonderfall der *vertikalen Kumulation,* habe ich die Mitglieder des Europäischen Parlamentes und der Europäischen Kommission aufgeführt.
- „Andere": In dieser Residualkategorie finden sich Mitarbeiter von Parteizentralen (v. a. Generalsekretäre und Schatzmeister) und Stiftungen, Repräsentanten von Sonderorganisationen der Parteien, Ehrenmitglieder oder auch Vertreter von nahestehenden Interessenverbänden bzw. sozialen Bewegungen, die über kein öffentliches Man-

dat auf europäischer, nationaler oder subnationaler Ebene verfügen und auch keinem Parteivorstand auf Landesebene angehören.[6]

Der Blick gilt zunächst den Parteivorständen, die aufgrund ihrer höheren Mitgliederzahl gegenüber den lenkenden Parteipräsidien als geeigneter Ort für die Integration der verschiedenen territorialen Ebenen angesehen werden können. Ich habe an dieser Stelle die Grünen ausgeklammert, da sie über kein Gremium verfügen, das in Größe und Funktion den Vorständen der anderen Parteien ähnelt (siehe oben). Für die übrigen Parteien habe ich die aktuelle Zusammensetzung der erweiterten Führungsgremien (Stand: April 2008) anhand von biographischen Angaben der Vorstandsmitglieder auf den Websites der Parteien analysiert.

Die stärkste Repräsentation von Landespolitikern findet sich, wie schon durch die formalen Satzungsbestimmungen nahegelegt, bei den Christdemokraten. Derzeit besitzen knapp 40 Prozent der Mitglieder des CDU-Bundesvorstandes zeitgleich ein Amt in einer Landesregierung, ein Mandat in einem Landesparlament oder sitzen in einem Landesvorstand ihrer Partei. Aber auch bei den anderen Parteien ist die Landesebene stark in die Bundesvorstände integriert. Etwa 30 Prozent der Vorstandsmitglieder von SPD, FDP und der Linken haben ein führendes Parteiamt oder ein parlamentarisches Mandat in einem Bundesland inne.

Tabelle 1: Personelle Zusammensetzung der Bundesvorstände deutscher Parteien, 2008

	CDU (64 Mitglieder)	SPD (45 Mitglieder)	FDP (45 Mitglieder)	Linke (44 Mitglieder)
Bund	38 %	51 %	53 %	18 %
Länder	39 %	29 %	33 %	30 %
Europa	8 %	2 %	5 %	2 %
Andere	16 %	18 %	9 %	50 %

Quelle: Eigene Darstellung, basierend auf den Websites der Parteien (Stand: Oktober 2008).

In allen Parteien, bis auf die Linke, spielt die nationale „party in public office" eine wichtige Rolle. Die horizontale Kumulation verknüpft das parlamentarisch-gouvernementale System auf Bundesebene mit den Führungsgremien der Parteien. Während sich nur wenige Europaparlamentarier in den Spitzengremien der Bundesparteien finden, gibt es bei den drei „Altparteien" eine kleinere Gruppe („Andere"), die den Radius des Bundesvorstandes über parlamentarische Amts- und Mandatsträger und Landesvorstände hinaus erweitern. Eine Ausnahme bildet hier die Linkspartei, bei der die Hälfte des Vorstandes weder der (nationalen und subnationalen) „party in public office" noch den Landesführungen der Partei angehört.[7] Dies mag allerdings einer Son-

---

6 Diese Kategorie wird systematisch etwas unterbewertet. Alle Mitglieder der Parteiführung, die über ein öffentliches Mandat verfügen, sind der „party in public office" zugerechnet worden. Dies entspringt der Annahme, dass Parlamente und Regierungen den zentralen Orientierungspunkt für Berufspolitiker darstellen (Katz/Mair 1993; Borchert/Stolz 2003). Gerade für langjährige Parteifunktionäre oder Interessenvertreter, die zugleich ein öffentliches Amt ausüben, ist diese Prämisse aber problematisch.

7 Im ersten Vorstand der Linken (2007-2008) zählten 22 der 44 Mitglieder zu der von mir gebildeten Residualkategorie. Diese setzten sich vor allem aus Gewerkschaftsfunktionären, Aktivis-

dersituation der noch frischen Parteifusion geschuldet sein, die nach Paritätsregeln viele Vertreter der nicht-etablierten WASG in den Parteivorstand gebracht hat. Zudem gab es bereits in der PDS eine Tradition der Repräsentation der innerparteilichen Gruppierungen über die Parlamente hinaus (Koß/Hough 2006).

Generell bestätigt der Überblick durchaus die Annahme, dass die Bundesvorstände als Ort verstanden werden können, an dem sich die Parteieliten aus Bund und Ländern – weniger der europäischen Ebene – treffen, um Politiken und Strategien für die Gesamtpartei auszuhandeln oder diese zumindest zu bestätigen.[8]

Wer sind nun diese Vertreter der Landesebene in den einzelnen Parteien? Bei SPD und CDU sind es zunächst die Ministerpräsidenten, die als gewählte Mitglieder oder kraft Amtes in die Führungsgremien ihrer Bundesparteien eingebunden sind. Diese sind oftmals, wie auch die Oppositionsführer in den Landtagen, in Personalunion Landesvorsitzende ihrer Parteien. Bei der CDU sind alle 17 Landesvorsitzende gewählte oder *ex officio*-Mitglieder des Bundesvorstandes; im SPD-Vorstand finden sich etliche, wenn auch nicht alle (derzeit acht von 16) Landesvorsitzenden der Partei wieder. Für beide Parteien zeigt sich zudem, dass die in dieses Gremium einbezogenen Landesvorsitzenden in aller Regel der „party in public office" angehören, also in Regierungen oder Parlamenten auf Landes- oder Bundesebene sitzen. Schließlich gibt es auch einige „einfache" Landtagsabgeordnete oder Mitglieder von Landesvorständen in den Bundesvorständen von CDU und SPD.

Ein ähnliches Bild zeigt sich im Bundesvorstand der FDP. Die ihm angehörenden Landespolitiker setzen sich aus Landesministern, (führenden) Landtagsabgeordneten, Landesvorsitzenden oder ihren Stellvertretern zusammen. Bei den 16 von den Landesverbänden vorgeschlagenen Beisitzern („Kurfürsten") ist jedes Bundesland mit einem Repräsentanten vertreten. Hier finden sich überwiegend, in derzeit elf von 16 Fällen, die Landesvorsitzenden der FDP (oder deren Stellvertreter) wieder, die meist zugleich Bundestagsabgeordnete oder Landesparlamentarier sind. Insgesamt sind 14 der 16 liberalen Landesvorsitzenden Mitglieder des Bundesvorstandes.

Bei der Linken entstammen die Vertreter der Landesebene (13 von 44) ebenso den Landtagen oder den Landesvorständen. Im Vergleich ungewöhnlich ist hingegen die geringe Verklammerung von Partei und Fraktion: Unter den neun Landtagsabgeordneten gehört nur einer einem Landesvorstand der Partei an; vier Mitglieder des Bundesvorstandes sitzen zwar auch in einem Landesvorstand, bekleiden aber kein öffentliches Amt. Derzeit ist nur ein einziger Landesvorsitzender Mitglied des Bundesvorstandes.[9] Die Verknüpfungen zwischen den Ebenen und den Institutionen sind somit bei der Linken (bislang) weniger eng gewoben als bei den drei „Altparteien".

---

ten in sozialen Bewegungen und Parteimitarbeitern zusammen (http://die-linke.de/partei/orga ne/parteivorstand).

8 Herzog (1997: 308-310) verweist zudem auf eine beträchtliche personelle Kontinuität in den Führungsgremien von SPD und CDU, die bei den kleineren Parteien geringer ausfällt. Aus seiner Sicht befördert solche Kontinuität die längerfristige Strategieverfolgung und Handlungsfähigkeit der Vorstände, wobei zugleich aber genügend Fluktuation gegeben sei, um politischer Immobilität vorzubeugen.

9 In den zehn Bundesländern, in denen die Linke derzeit im Parlament vertreten ist, gibt es in der Mehrzahl der Fälle (derzeit sieben) eine Verbindung zwischen der Landtagsfraktion und zumindest einem der Landessprecher, die oftmals als Doppelspitze oder Sprecherteams die Landesparteien lenken.

Aus der snychronen Analyse der Bundesvorstände ergibt sich insgesamt, dass die Landesparteien in erster Linie durch ihr Spitzenpersonal repräsentiert sind. Die meisten Landespolitiker werden aufgrund ihres Amtes oder Mandates auf der subnationalen Ebene in die Bundesführung gewählt oder kraft ihres Amtes berufen. Daher ist es naheliegend, dass in der Abfolge der Positionen überwiegend zunächst der Aufstieg auf Landesebene erfolgt, bevor diese Position dann mit einem Sitz im Bundesvorstand der Partei verbunden wird.

3.2.3 Personelle Zusammensetzungen der Parteipräsidien

Die Präsidien der Parteien sind stärker als die Vorstände für die operative Leitung der Partei verantwortlich. Mit kleinerer Teilnehmerzahl und höherem Sitzungsrhythmus sind sie für die permanente Koordination zwischen der Partei im parlamentarisch-gouvernementalen Raum und der außerparlamentarischen Parteiführung besser geeignet als die Vorstände, und ein Sitz in diesem Gremium ermöglicht direkteren Zugang oder unmittelbarere Beteiligung an politischen Entscheidungsprozessen. Wie steht es nun um die Beteiligung der Landesverbände der Parteien in den Präsidien?

Tabelle 2: Personelle Zusammensetzung der Bundespräsidien deutscher Parteien, 2008

	CDU (24 Mitglieder)	SPD (16 Mitglieder)	FDP (16 Mitglieder)	B90/Grüne (16 Mitglieder)	Die Linke (12 Mitglieder
Bund	42 %	38 %	56 %	50 %	42 %
Länder	50 %	44 %	13 %	24 %	8 %
Europa	4 %	6 %	6 %	6 %	0
Andere	4 %	13 %	25 %	19 %	50 %

Quellen: Eigene Darstellung, basierend auf den Websites der Parteien (Stand: Oktober 2008).

Während wir bei den Bundesvorständen zwischen den Parteien relativ ähnliche Ausmaße und Muster der Integration der Landesparteien in die Bundesparteien (mit lockerer Koppelung bei der Linken) festgestellt haben, zeigen sich bei den Präsidien Unterschiede zwischen den beiden Volksparteien und den drei kleineren Parteien. Die stärkere Einbindung von Landespolitikern in die Bundespräsidien von CDU und SPD hängt mit der engen Koppelung der Ebenen im verflochtenen Bundesstaat zusammen, die bei den führenden Regierungsparteien einen höheren Stellenwert einnimmt. Einschränkend muss angemerkt werden, dass wir es mit relativ kleinen Gremien zu tun haben, bei denen quantitative Betrachtungen problematisch sind; zudem wäre eine Betrachtung im Zeitverlauf interessant, die ich daher im Folgenden zumindest für die beiden Volksparteien vornehme.

Bei CDU und SPD ist die Landesebene auch in den Präsidien stark vertreten. Im aktuellen Präsidium der Christdemokraten, gewählt im Dezember 2008, stellt die Landesebene der Union die Hälfte der Mitglieder (12 von 24 Sitzen). Zehn Ministerpräsidenten gehören diesem Gremium an; drei davon dienen als stellvertretende Vorsitzende. Hinzu kommen noch ein Landesminister und ein MdL. Die Bundesebene stellt zehn Vertreter – sechs Mitglieder der Bundesregierung, vier MdB, und schließlich sind noch der Vorsitzende der EVP und der Bundesgeschäftsführer kraft Amtes Mitglied des

Präsidiums. Bis auf Letzteren verfügen somit alle Präsidiumsmitglieder über ein öffentliches Mandat und stellen somit institutionelle und ebenenübergreifende Brücken (Linkages) zwischen Partei, Regierungen und Parlamenten der einzelnen territorialen Ebenen her.

Die Landesparteien stellten in dem Ende 2007 gewählten Parteipräsidium der SPD mit sieben der 16 Mitglieder knapp die größte Gruppe. Dabei handelt es sich vorwiegend um Landesvorsitzende, die als Oppositionsführer in den Landtagen agieren.[10] Sechs Vertreter, darunter die drei Stellvertreter des Vorsitzenden, besitzen ein öffentliches Mandat auf Bundesebene; zwei Oberbürgermeister und ein Europaparlamentarier, der Fraktionsvorsitzende der SPE, komplettieren die engere Führungsriege.

Bei den Liberalen und den Grünen sind die Landesparteien hingegen in den Präsidien nur schwach vertreten. Es überwiegen vielmehr die Bundestagsabgeordneten. Bei der FDP sind neun der 16 Präsidiumsmitglieder MdB und neben den drei Ehrenvorsitzenden wird das Präsidium komplettiert durch eine Europaabgeordnete, den Bundesschatzmeister sowie zwei Landespolitiker, die den jeweiligen Landesvorsitz mit einem Ministeramt bzw. Fraktionsvorsitz kombinieren.

Bei den Grünen sind derzeit acht der 16 Mitglieder des Parteirates Bundestagsabgeordnete. Die Landesparteien sind durch vier Personen vertreten. Drei davon gehören Landtagen an; zwei amtieren als Landesvorsitzende. Hinzu kommen eine MdEP und drei Parteiräte ohne parlamentarischen Sitz, darunter einer der beiden Bundesvorsitzenden und die Generalsekretärin. Im Gegensatz zu den Liberalen, deren Landesverbände im Bundesvorstand stark repräsentiert sind, fehlt es den Grünen weiterhin an einem effizienten Gremium zur stärkeren Verflechtung der Parteiebenen. Auf Landesebene ist zudem die für diese Partei traditionelle Trennung von Fraktion und Parteiführung noch deutlicher ausgeprägt als im Bund.[11]

Bei den Linken sind die Landesparteien nur mit einer MdL, die nicht dem Landesvorstand ihrer Partei angehört, im Geschäftsführenden Vorstand vertreten. Dem linken Präsidium gehört auch kein Landesvorsitzender an. Es dominieren Bundestagsabgeordnete (5) und Mitglieder ohne öffentliches Amt oder Mandat (6). Hierbei handelt es sich, wie schon beim Vorstand, um Gewerkschaftsfunktionäre, Sozialaktivisten und Parteimitarbeiter.

3.2.4 Die personelle Zusammensetzung der Parteipräsidien von CDU und SPD seit den 1960er Jahren

Wir haben bei der aktuellen Zusammensetzung der Bundespräsidien von CDU und SPD eine starke Präsenz von führenden Landespolitikern festgestellt. Gerade bei den Christdemokraten sind föderale Verknüpfungen durch die Rolle der Ministerpräsidenten bei einer derzeit klaren Dominanz der Union im Bundesrat augenscheinlich. Doch

---

10 Hierzu zählen die Vorsitzenden und/oder Fraktionsvorsitzenden der großen Landesverbände Baden-Württemberg, Bayern, Hessen und Nordrhein-Westfalen. Hinzu kommt der thüringische Landesvorsitzende sowie der SPD-Parteichef in Schleswig-Holstein, dessen Partei bis zur Neuwahl 2009 an einer Großen Koalition beteiligt war.
11 Die Grünen sind derzeit – 2008 – in elf Landtagen vertreten. Von den Landesvorsitzenden (als Doppelspitzen institutionalisiert) sind aber nur vier (zwei davon in Hessen) Mitglieder eines Landtages; hinzu kommt noch ein Bundestagsabgeordneter.

wie stellt sich dies im Zeitverlauf dar? Bemerken wir Veränderungen und Unterschiede zwischen den beiden Volksparteien?

Eine Längsschnittanalyse zeigt eine wichtige Verschiebung im Verhältnis der Parteiebenen zueinander auf. Während die nationalen Führungsgremien der Parteien in den 1960er Jahren die Domäne von Bundesministern und Bundestagsabgeordneten waren, konnten führende Landespolitiker ab den 1970er Jahren wichtige Positionen in den Bundesparteien erobern. Die Stellung der Landesparteien in den Bundesgremien war jedoch im Zeitverlauf aufschlussreichen Schwankungen unterworfen. Sowohl die CDU (in den 1970er Jahren und zwischen 1998-2005) als auch die SPD (in den 1980er und 90er Jahren) weisen in Oppositionszeiten, in denen es der Bundespartei an Macht und Ressourcen fehlt, einen stärkeren Anteil von Landespolitikern auf.

Relativ unverändert blieb allerdings der Personenkreis, der die Verbindung zwischen Landes- und Bundesebene herstellt. Es handelt sich dabei vorwiegend um Ministerpräsidenten, Landesminister oder Fraktionsvorsitzende in den Landtagen, die zugleich im engeren Landesvorstand der Partei wichtige Ämter innehaben. Die vertikale Integration der deutschen Volksparteien ist daher gekennzeichnet durch die Einbindung von „Regionalfürsten" in die Bundesparteien (Schmid 1990: 158-166; Herzog 1997: 311-318; Detterbeck 2002: 57-68).

Im Einzelnen zeigt die *Tabelle 3* die personelle Zusammensetzung des Bundespräsidiums der CDU seit den 1960er Jahren. Bei der Gründung des zunächst noch relativ schwachen Parteipräsidiums im Jahre 1962 war die Vorherrschaft der nationalen „party in public office" eindeutig: Bis auf einen Vertreter der Landesverbände waren dort nur Mitglieder der Bundesregierung und der Bundestagsfraktion versammelt. Erst unter dem neuen Parteivorsitzenden Helmut Kohl, vor seiner Amtsübernahme im Jahr 1973 und bis 1976 selbst als Ministerpräsident Vertreter der Landesebene, änderte sich die personelle Zusammensetzung des – im Zuge der „nachgeholten Parteibildung" – politisch gestärkten Präsidiums (Detterbeck 2002: 108-110). Es finden sich nunmehr verstärkt regionale Mandatsträger, oftmals Ministerpräsidenten, im CDU-Präsidium. Dies hat sicherlich mit der ursprünglich schwachen Position Kohls in der Bundespartei, speziell der Fraktion, zu tun. Es ist aber auch Ausdruck dessen, dass die Ministerpräsidenten in dieser Phase der Opposition an politischem Gewicht auf Bundesebene zulegen konnten. Ausgestattet mit den Ressourcen der Landesregierungen und dem wichtigen Stimmrecht im Bundesrat, der in dieser Phase von einer Unionsmehrheit geprägt war, stieg ihr Einfluss auf die Bundespartei (Haungs 1991; Schüttemeyer 1999). 1977/78

Tabelle 3: Zusammensetzung der CDU-Parteipräsidien, 1960-2007 (in ausgewählten Jahren)

	63/64	68/69	74/75	77/78	84/85	88/89	92/93	98/99	03/04	06/07	Ø
Bund	86 %	90 %	58 %	57 %	43 %	50 %	76 %	45 %	26 %	42 %	57 %
Länder	14 %	10 %	33 %	43 %	36 %	29 %	18 %	41 %	61 %	50 %	34 %
Europa	0	0	0	0	7 %	7 %	6 %	5 %	4 %	4 %	3 %
Andere	0	0	8 %	0	14 %	14 %	0	9 %	9 %	4 %	6 %
Mitglieder	7	10	12	14	14	14	17	22	23	24	100 %

Quellen: Jahrbücher der Parteien und aktuelle Websites (Stand: Oktober 2008); Detterbeck (2002).

verfügten Vertreter der Landesparteien fast über die Hälfte der Sitze, nämlich sechs von 14, im nationalen Parteipräsidium.

Nach der Regierungsübernahme 1982 änderte sich zunächst wenig an der starken Präsenz führender Landespolitiker in der nationalen Parteiführung der CDU. Erst Ende der 1980er Jahre kam es durch die Parallelität von Niederlagen bei Landtagswahlen, des gescheiterten „Putsches" gegen Kohl im Sommer 1989, an dem Landespolitiker führend beteiligt waren, und der deutschen Vereinigung zu einer Machtverschiebung zugunsten der Bundesebene (Haungs 1991; Lösche 1998). 1992/93 betrug der Anteil nationaler Parlamentarier und Kabinettsmitglieder im Präsidum wieder 76 Prozent (13 von 17 Sitzen): Die Landesparteien hatten an Kraft, die Bundespartei (mit-) zu bestimmen, wieder verloren.

Nach dem Machtverlust 1998 wendete sich das Blatt jedoch erneut. Die politische Erneuerung der CDU in der Opposition sollte wesentlich durch Impulse aus den Landesverbänden erfolgen (Bösch 2005). Dieser Trend wurde durch die Untiefen des Spendenskandals, der zu einem personellen Generationenwechsel führte, und durch den Siegeszug der CDU in den Landtagswahlen der Ära Schröder noch verstärkt (Detterbeck 2002: 66 f.). 2003/04 stellte die Landesebene mit 14 von 23 Präsidiumsmitgliedern bemerkenswerte 61 Prozent; alle vier Stellvertreter der Parteivorsitzenden Angela Merkel waren Landespolitiker.[12] Wie bereits erwähnt, ist der Anteil der Landesparteien bei der Neuwahl des Gremiums 2006 leicht gesunken, beträgt aber immer noch 50 Prozent. Die „Regionalfürsten" prägen also das Erscheinungsbild der Bundespartei weiterhin entscheidend mit.

Ähnlich den Christdemokraten dominierten bei der SPD in den 1960er und frühen 1970er Jahren die nationalen Regierungs- und Fraktionsvertreter, die etwa drei Viertel aller Sitze im Präsidium einnahmen (siehe *Tabelle 4*). Sie wurden ergänzt durch einen oder zwei Vertreter der Landes- und Bezirksparteien sowie durch einen Mitarbeiter der Parteizentrale.[13] Erst gegen Ende der Kanzlerschaft von Helmut Schmidt wurden ab 1978 vermehrt führende Landespolitiker, auch bei der SPD durchweg Ministerpräsidenten, Landesminister oder Oppositionsführer in den Landtagen, ins Präsidium gewählt.[14] Dies lässt sich durchaus auch als Reaktion auf die strategische Nutzung der Bundesratsmehrheit seitens der Union verstehen (Lehmbruch 1976).

Nach dem Gang in die Opposition 1982 setzte sich diese Tendenz einer stärkeren Einbindung der regionalen Ebene in die Bundesführung fort. Die gesamten 1980er Jahre hindurch, und bis in die 1990er Jahre hinein, bestand das Präsidium zu einem Drittel aus Landespolitikern, die auch regelmässig als stellvertretende Vorsitzende fun-

---

12 Die Vertreter der Landesparteien setzten sich zusammen aus acht Ministerpräsidenten, drei Landesministern, zwei Oppositionsführern in den Landtagen und einem „gewöhnlichen" Landtagsabgeordneten (als Vertreter der Sozialausschüsse). Dieser Personenkreis stellte zudem zehn Vorsitzende von Landesparteien. Die europäische Ebene war hingegen mit nur einem Vertreter eher schwach in die nationale Parteiführung integriert (Detterbeck 2004).
13 Mit Willy Brandt, Parteivorsitzender von 1963 bis 1987, der erst 1966 ein öffentliches Amt auf Bundesebene übernahm, und dem langjährigen Schatzmeister Alfred Nau als Vertreter der Parteizentrale waren jedoch zwei wichtige Größen im SPD-Präsidium der frühen 1960er Jahre nicht Teil der nationalen „party in public office".
14 Allerdings ging auch die SPD früh dazu über, dem Präsidium nicht direkt angehörende Ministerpräsidenten als Gäste zu den Sitzungen einzuladen.

Tabelle 4: Zusammensetzung der SPD-Parteipräsidien, 1960-2007
(in ausgewählten Jahren)

	62/63	68/69	72/73	78/79	82/83	86/87	92/93	98/99	03/04	07/08	Ø
Bund	78 %	82 %	73 %	58 %	50 %	67 %	64 %	77 %	69 %	38 %	66 %
Länder	11 %	9 %	18 %	33 %	33 %	33 %	29 %	15 %	15 %	44 %	24 %
Europa	0	0	0	0	0	0	0	0	0	6 %	1 %
Andere	19 %	9 %	9 %	8 %	17 %	0	7 %	8 %	15 %	13 %	10 %
Mitglieder	9	11	11	12	12	12	14	13	13	16	100 %

Quellen: Jahrbücher der Parteien und aktuelle Websites (Stand: Oktober 2008); Detterbeck (2002).

gierten. Das hohe Gewicht der „Regionalfürsten" in der langen Oppositionszeit der SPD zeigt sich auch daran, dass in den 1990er Jahren drei aufeinander folgende Vorsitzende (Engholm, Scharping, Lafontaine) ihr führendes Parteiamt jeweils aus der Position eines Ministerpräsidenten heraus erlangten. Gerhard Schröder konnte sich durch seinen „Vorwahlsieg" bei der niedersächsischen Landtagswahl 1998 gar die Kanzlerkandidatur sichern und übernahm dann 1999 als Bundeskanzler auch den Parteivorsitz.[15]

Nach Rückkehr in die Bundesregierung verlor die Landesebene ab 1998 an personeller Repräsentation in der Bundespartei. Schon das Präsidium von 1998/99 wies mit 77 Prozent einen sehr hohen Anteil an Bundespolitikern auf; dabei war insbesondere die Dominanz von Regierungsmitgliedern, die sechs von 13 Plätzen einnahmen, auffällig. Dem standen nur noch zwei Vertreter der regionalen Ebene gegenüber (Detterbeck 2002: 68). Dieser feste Griff der nationalen „party in public office" war auch 2003/04 noch spürbar und hatte sich allenfalls etwas gelockert: Neun Vertretern der Bundesregierung und Bundestagsfraktion standen nun zwei Vertreter der Landesparteien, eine Oberbürgermeisterin sowie eine (kurzzeitig mandatslose) Repräsentantin der Parteilinken gegenüber.

Als entscheidender Faktor der Veränderung kann die Machtbalance zwischen der (parlamentarischen) Bundespartei und der regionalen Parteiebene betrachtet werden. Während die Partei im Bund bis 2005 Kanzler und Regierung stellte, waren die Landesparteien durch Wahlniederlagen geschwächt. Zuvor hatte sich die SPD als Oppositionspartei auf die Ressourcen ihrer „Regionalfürsten" gestützt; doch nun als Regierungspartei war die Vormacht der nationalen „party in public office" eindeutig (Detterbeck 2004). Das aktuelle Parteipräsidium zeugt hingegen von einem personellen Umbruch nach Ende der Ära Schröder sowie der Großen Koalition, bei welchem den Landesparteien als Ort der Erneuerung offensichtlich wieder größere Bedeutung zukommt. Hierbei spielen die Landesvorsitzenden, oftmals auf den Oppositionsbänken in den Landtagen, eine herausragende Rolle.

---

15 Es ist bemerkenswert, dass von den sieben Parteivorsitzenden der SPD seit 1991 nur Franz Müntefering, der die Partei zwischen Februar 2004 und November 2005 sowie 2008/09 lenkte, nicht das Amt eines Ministerpräsidenten innehatte.

4. Fazit

Parteikarrieren im föderalen Mehrebenensystem stellen wichtige Verknüpfungen zwischen den politischen Institutionen und den politischen Ebenen dar. Berufspolitiker in Deutschland bewegen sich, wie unsere Betrachtung der Ämtersukzession gezeigt hat, nur wenig zwischen den parlamentarischen Arenen. Lokale Parteiämter stellen sowohl für den Einstieg in die Berufspolitik als auch für den individuellen Verbleib eine wichtige Ressource dar. Und den außerparlamentarischen Führungsgremien der Parteien auf Bundesebene kommt für die personelle und politische Verflechtung von Bundes- und Landespolitik eine besondere Bedeutung zu. Im Übrigen kann die Kumulation von Parteiämtern und öffentlichen Mandaten mittels einer horizontalen und einer vertikalen Perspektive erfasst werden.

Die *horizontale Kumulation* ermöglicht die Koordination von Parteiführungen mit den Mitgliedern von Regierungen und Parlamenten. Wir haben gesehen, dass auf nationaler Ebene die öffentlichen Amts- und Mandatsträger eine wichtige Stellung in den Bundespräsidien aller fünf relevanten Parteien einnehmen. Solche Verknüpfungen stellen ein wesentliches Element der Parteiendemokratie dar, indem sie einerseits Parteien direkten Zugang zu staatlichen Institutionen ermöglichen, andererseits den parlamentarisch-gouvernementalen Eliten der Parteien eine herausgehobene Stellung in den Parteigremien einräumen. Verlierer solcher Positionsverflechtungen ist jedoch das normative Leitbild der innerparteilichen Demokratie.

Auch auf Landesebene können wir von engen horizontalen Verbindungen zwischen Parteispitze und parlamentarischer Führung ausgehen. Ministerpräsidenten, Landesminister und Vertreter der Landtagsfraktionen stellen demnach einen Großteil der Mitglieder in den regionalen Parteiführungen (Detterbeck 2004). Von diesem Muster weichen allein die Grünen ab, die auf Landesebene noch deutlicher als im Bund weiterhin einer Trennung von Amt und Mandat verpflichtet sind.

Die *vertikale Kumulation* ist geprägt durch die Einbeziehung führender Landespolitiker in die nationalen Führungsgremien der Parteien. Bei den Bundesvorständen haben wir eine zwischen den Parteien relativ ähnliche Integration der Landesverbände gesehen. Dies bezieht sich sowohl auf den quantitativen Umfang, bei dem nur die CDU etwas nach oben abweicht, als auch auf den Mechanismus der Verknüpfung, bei dem die Linke eine gewisse Sonderstellung einnimmt. Das Fehlen eines äquivalenten Gremiums bei den Grünen trägt dort zu einer verhältnismäßig klaren Trennung von Landesführung und Bundesführung bei. Hingegen sind es bei den anderen Parteien vor allem bestimmte Positionen auf der Landesebene (das Amt des Ministerpräsidenten, das Amt des Vorsitzenden der Landespartei oder eine führende Funktion in der Landtagsfraktion), denen eine zentrale Scharnierfunktion zukommt. Gerade bei den drei „Altparteien" (CDU, FDP, SPD) werden diese Ämter auf Landesebene oftmals in Personalunion miteinander verknüpft. Sie stellen dann die Basis für den Einzug in die Bundesführung der Partei dar. Bei den Präsidien fanden wir hingegen, zumindest was die aktuelle Zusammensetzung anbetrifft, eine starke Rolle der Vertreter der Landesparteien bei CDU und SPD, hingegen eine klare Dominanz der nationalen „party in public office" bei den drei kleineren Parteien, wobei es wiederum Besonderheiten bei der Linken gibt.

Die enge Verknüpfung von Landes- und Bundesparteien, insbesondere bei den großen Parteien auf beiden Ebenen, legt einen institutionellen Erklärungsansatz nahe. Die Führungsgremien der deutschen Parteien eröffnen nämlich *intrastaatliche* Aushandlungskanäle, die von Eliten der verschiedenen politischen Ebenen genutzt werden, um die Arbeitsfähigkeit des kooperativen föderalen Systems zu erhöhen. Dies gilt, auch mit Blick auf Abstimmungsprozesse im Bundesrat, in höherem Maße für CDU und SPD als für die anderen Parteien. Zugleich machen die Parteien damit zu ihren eigenen Gunsten die parteipolitische Steuerung des Bundesstaates ganz unverzichtbar (Jeffery 1999; Renzsch 2000). Die verstärkte Einbindung der „Regionalfürsten" ab den 1970er Jahren, parallel zum weiteren Ausbau der föderalen Verflechtung nach 1969, belegt die These institutioneller Anreize für eine starke innerparteiliche Koordination (Detterbeck/Renzsch 2008).

Eine vergleichende Perspektive stärkt den institutionellen Erklärungsansatz. Während in den beiden großen österreichischen Parteien, die ebenfalls in einem stark verflochtenen föderalen System agieren, die Verknüpfung zwischen den Ebenen wie in Deutschland über Spitzenpolitiker der Landesebene erfolgt, zeigen sich deutlich andere Muster in den dualen und kompetitiven Föderationen Australiens und Kanadas. Die dortigen Parteiorganisationen haben kaum Bedeutung für bundesstaatliche Aushandlungsprozesse. Die vertikale Integration der Parteien ist schwächer oder, im Fall der kanadischen Konservativen, gänzlich aufgehoben. Wo eine Verknüpfung zwischen den Ebenen erfolgt, sind es in erster Linie die Generalsekretäre und Parteimanager (party presidents) der regionalen Parteigliederungen, die den Gremien der Bundesparteien angehören. Hieraus lässt sich schließen, dass die vertikale Integration der Ebenen in erster Linie der Organisation und Adminstration des Parteilebens dient, also etwa der Ausrichtung von Parteitagen und Wahlkämpfen. Bei näherem Blick zeigen sich allerdings auch feinere Nuancen zwischen den Parteien eines Landes. So sind etwa die einzelstaatlichen Parteiführer (party leaders) der australischen Liberal Party kraft Amtes Mitglieder im Bundesvorstand, während dies bei der Australian Labor Party weder formal noch informell der Fall ist (Detterbeck 2004).

Solche Nuancen haben sich auch bei den deutschen Parteien gezeigt. Vor allem die Muster von Parteikarrieren sind nur unter Einbeziehung parteispezifischer Aspekte zu verstehen. Dies wurde etwa bei der Betrachtung der (relativ schwächeren) Verflechtungsmuster bei den Grünen oder der neuen Linkspartei augenscheinlich. Aber auch der Längsschnitt bei den Präsidien von CDU und SPD zeigt dies. Interessant ist in dieser Hinsicht, dass es bei beiden Parteien deutliche Schwankungen in der Rolle führender Landespolitiker auf Bundesebene gab, obgleich die föderale Verflechtung nach 1969 bis zur Föderalismusreform 2006 strukturell konstant blieb.

Zum einen spielen Parteitraditionen eine wichtige Rolle. Die basisdemokratischen Ideale der Grünen speisen weiterhin eine Skepsis gegenüber elitären Positionsverflechtungen. Und die CDU weist tendenziell eine stärkere Verflechtung zwischen den Parteiebenen auf als die SPD: Im langjährigen Mittel stellen die Landespolitiker etwa ein Drittel der christdemokratischen Präsidiumsmitglieder, aber nur ein Viertel bei den Sozialdemokraten. Dies hat mit dem föderalen Selbstverständis der Christdemokraten zu tun, aber auch mit der historischen Entwicklung der Union als Zusammenschluss bereits politisch agierender Landesparteien. Die „Kurfürsten" im Bundesvorstand der FDP sind ebenfalls mit der Genese der Partei in Verbindung zu bringen. Die stärkere

Machtstellung der regionalen Parteieinheiten findet ihren Ausdruck in ihrer höheren und formal stärker abgesicherten Repräsentation in der nationalen Parteiführung.

Zum anderen hat aber auch der aktuelle Status der Partei großen Einfluss. In Oppositionszeiten auf nationaler Ebene kommt den Landesparteien ein stärkeres Gewicht zu. Die Balance zwischen Bundespartei und Landesparteien reflektiert also die Verteilung von Macht, Prestige und Ressourcen in föderalen Parteien, die – je nach elektoraler Fortüne – im Zeitverlauf variabel ist. Wir haben auch gesehen, dass in Zeiten des personellen Umbruchs, vor allem des Abtritts einer ganzen politischen Elitengeneration, die Landesparteien als Pool an neuen Kräften dienen und ihr Führungspersonal Chancen auf stärkere nationale Beteiligung hat.

Parteikarrieren in einem föderalen Mehrebenensystem sind somit offensichtlich nicht nur durch inividuelle Ambitionen bestimmt, sondern ebenso durch die institutionellen und parteibezogenen Rahmenbedingungen der Politik (Schlesinger 1966; Borchert 2003). Vor allem Parteien strukturieren die Muster politischer Karrieren, indem sie institutionelle Opportunitätsstrukturen interpretieren und dabei über organisatorische Strukturen vermittelte parteispezifische Verknüpfungen zwischen den politischen Institutionen und zwischen den politischen Ebenen herstellen.

Anhang: Strukturen der Führungsgremien der Parteien

Synopse der Satzungsregelungen, Stand Juni 2008

	CDU	CSU	SPD
Präsidium			
vom Parteitag direkt gewählte Mitglieder	Vorsitzender 4 Stellvertreter 7 Beisitzer Generalsekretär Schatzmeister	Vorsitzender 4 Stellvertreter 2 Schatzmeister 2 Schriftführer	Vorsitzender 3 Stellvertreter Generalsekretär Schatzmeister
Mitglieder kraft Amtes	Ehrenvorsitzende Bundeskanzler (Vize-)Präsident des Bundestages Vorsitzender der Bundestagsfraktion Präsident des EP Vorsitzender der EVP-ED-Fraktion (sofern CDU-Mitglieder)	Generalsekretär Landesgeschäftsführer Vorsitzender der Finanzkommission (werden vom Vorstand berufen) der Vorstand wählt aus seiner Mitte sieben weitere Mitglieder des Präsidiums	der Vorstand wählt aus seiner Mitte weitere Mitglieder des Präsidiums (derzeit zehn weitere Mitglieder; Zahl legt der Vorstand fest)
beratende Mitglieder kraft Amtes	CDU-Ministerpräsidenten der Länder Bundesgeschäftsführer	beratende Gäste auf Einladung des Vorsitzenden	SPD-Ministerpräsidenten der Länder (informelles Gastrecht)

	CDU	CSU	SPD
Vorstand			
Mitglieder des Präsidiums	alle Mitglieder des Präsidiums	alle Mitglieder des Präsidiums	alle Mitglieder des Präsidiums
vom Parteitag direkt gewählte Mitglieder	26 weitere Mitglieder	30 weitere Mitglieder (bei angemessener Vertretung aller Bezirksverbände)	weitere Mitglieder (derzeit 39 weitere Mitglieder; Zahl legt der Parteitag fest, max. 45 Vorstandsmitglieder)
Mitglieder kraft Amtes	Vorsitzende der Landesverbände (falls nicht durch andere Mitglieder repräsentiert)	Bayr. Ministerpräsident CSU-Mitglied der Bundesregierung Vorsitzender der CSU-Gruppe (EP) Vorsitzender der CSU-Gruppe (Bundestag) Vorsitzender der CSU-Fraktion (Landtag) Landesvorsitz JU Landesvorsitz Frauen-Union	*keine*
beratende Mitglieder kraft Amtes	Vorsitzende der Landesverbände Vorsitzende der Bundesvereinigungen Vorsitzender der CDU/CSU-Gruppe (EP) Vorsitz Evang. AK	*keine*	Vorsitzender des Parteirates Vorsitzender der Kontrollkommission

	FDP	B90/Grüne	Die Linke
Präsidium			
vom Parteitag direkt gewählte Mitglieder	Vorsitzender 3 Stellvertreter 3 Beisitzer Generalsekretär Schatzmeister	**(Bundesvorstand)** 2 Vorsitzende Geschäftsführer Schatzmeister 2 weitere Mitglieder **(Parteirat)** beide Vorsitzende Geschäftsführer weitere Mitglieder (derzeit 13 weitere Mitglieder; Zahl legt der Parteitag fest)	Vorsitzender (derzeit 2 Vorsitzende) Stellvertretende Vorsitzende (derzeit 4) Geschäftsführer Schatzmeister weitere Mitglieder aus dem Vorstand (derzeit 4)

	FDP	B90/Grüne	Die Linke
Mitglieder kraft Amtes	Ehrenvorsitzende Vorsitzender der Bundestagsfraktion Vertreter der Liberalen Fraktion (EP)	*keine*	*keine*
beratende Mitglieder kraft Amtes	Bundesgeschäftsführer	*keine*	Vorsitzende der Bundestagsfraktion Vertreter der Linken Gruppe (EP) Vertreter des Jungendverbandes Parteitag kann weitere beratende Mitglieder bestimmen
Vorstand			
Mitglieder des Präsidiums	alle Mitglieder des Präsidiums	*kein den anderen Parteien entsprechendes Gremium zwischen der engeren Parteiführung in Bundesvorstand und Parteirat einerseits und dem als Parteirat („kleiner Parteitag") fungierenden Länderrat andererseits*	alle Mitglieder des Präsidiums
vom Parteitag direkt gewählte Mitglieder	34 Beisitzer: a.) 16 Vertreter der Landesverbände b.) 18 weitere Beisitzer		32 weitere Mitglieder
Mitglieder kraft Amtes	Bundesminister Ministerpräsidenten EU-Kommissare (sofern FDP-Mitglieder)		
beratende Mitglieder kraft Amtes	Mitglieder des Rates der ELDR Vorsitzende der Jungen Liberalen, der Liberalen Kommunalpolitiker, der Liberalen Frauen und der Liberalen Senioren		

Quelle: Basierend auf Herzog (1997: 316 f.); Aktualisierung durch den Autor.

Literatur

Best, Heinrich/Jahr, Stefan, 2006: Politik als prekäres Beschäftigungsverhältnis. Mythos und Realität der Sozialfigur des Berufspolitikers im wiedervereinten Deutschland, in: Zeitschrift für Parlamentsfragen 37, 63-79.
Beyme, Klaus von, 1993: Die politische Klasse im Parteienstaat. Frankfurt a. M.: Suhrkamp.
Bösch, Frank, 2005: Oppositionszeiten als Motor der Parteireform? Die CDU nach 1969 und 1998 im Vergleich, in: *Schmid, Josef/Zolleis, Udo* (Hrsg.), Zwischen Anarchie und Strategie. Der Erfolg von Parteiorganisationen. Wiesbaden: VS Verlag für Sozialwissenschaften, 172-185.
Borchert, Jens, 2001: Movement and Linkage. Individual Ambition and Institutional Repercussions in a Multi-Level Setting. Grenoble: ECPR Joint Sessions.

Borchert, Jens, 2003: Die Professionalisierung der Politik. Zur Notwendigkeit eines Ärgernisses. Frankfurt a. M.: Suhrkamp.

Borchert, Jens/Golsch, Lutz, 1999: Deutschland. Von der „Honoratiorenzunft" zur politischen Klasse, in: *Borchert, Jens/Zeiss, Jürgen* (Hrsg.), Politik als Beruf. Die politische Klasse in westlichen Demokratien. Opladen: Leske + Budrich, 114-140.

Borchert, Jens/Stolz, Klaus, 2003: Die Bekämpfung der Unsicherheit. Politikerkarrieren und Karrierepolitik in der Bundesrepublik Deutschland, in: Politische Vierteljahresschrift 44, 148-173.

Docherty, David, 1997: Mr. Smith goes to Ottawa. Life in the House of Commons. Vancouver: University of British Columbia Press.

Detterbeck, Klaus, 2002: Der Wandel politischer Parteien in Westeuropa. Opladen: Leske + Budrich.

Detterbeck, Klaus, 2004: Party Careers in Federal Systems. A Comparison between Austria, Germany, Canada and Australia. Papier beim Workshop „Political careers in multi-level systems". Kloster Seeon.

Detterbeck, Klaus/Renzsch, Wolfgang, 2008: Symmetrien und Asymmetrien im bundesstaatlichen Parteienwettbewerb, in: *Jun, Uwe/Haas, Melanie/Niedermayer, Oskar* (Hrsg.), Parteien und Parteiensysteme in den deutschen Ländern. Wiesbaden: VS Verlag für Sozialwissenschaften, 39-56.

Francis, Wayne/Kenny, Lawrence, 2000: Up the Political Ladder. Career Paths in US Politics. Thousand Oaks: Sage.

Haungs, Peter, 1991: Parteipräsidien als Entscheidungszentren der Regierungspolitik. Das Beispiel der CDU, in: *Hartwich, Hans-Hermann/Wewer, Göttrik* (Hrsg.), Regieren in der Bundesrepublik II. Opladen: Leske + Budrich, 113-124.

Herzog, Dietrich, 1975: Politische Karrieren. Selektion und Professionalisierung politischer Führungsgruppen. Opladen: Westdeutscher Verlag.

Herzog, Dietrich, 1997: Die Führungsgremien der Parteien. Funktionswandel und Strukturentwicklungen, in: *Gabriel, Oscar.W./Niedermayer, Oskar/Stöss, Richard* (Hrsg.), Parteiendemokratie in Deutschland. Bonn: Bundeszentrale für politische Bildung, 301-322.

Jeffery, Charlie, 1999: Party Politics and Territorial Representation in the Federal Republic of Germany, in: *Brzinski, Joanne B./Lancaster, Thomas D./Tuschhoff, Christian* (Hrsg.), Compounded Representation in West European Federations. Special Issue of West European Politics. London: Cass, 130-166.

Katz, Richard S./Mair, Peter, 1993: The Evolution of Party Organizations in Europe. The Three Faces of Party Organization, in: American Review of Politics 14, 593-617.

Koß, Michael/Hough, Dan, 2006: Landesparteien in vergleichender Perspektive. Die Linkspartei.PDS zwischen Regierungsverantwortung und Opposition, in: Zeitschrift für Parlamentsfragen 34, 312-333.

Lehmbruch, Gerhard, 1976: Parteienwettbewerb im Bundesstaat. Stuttgart: Kohlhammer.

Lehmbruch, Gerhard, 2000: Parteienwettbewerb im Bundesstaat. Regelsysteme und Spannungslagen im politischen System der Bundesrepublik Deutschland. Wiesbaden: Westdeutscher Verlag.

Leonardy, Uwe, 2004: Federalism and Parties in Germany. Organizational Hinges between Constitutional and Political Structures, in: *Hrbek, Rudolf* (Hrsg.), Political Parties and Federalism. An International Comparison. Baden-Baden: Nomos, 183-202.

Lösche, Peter, 1998: Kanzlerwahlverein? Zur Organisationskultur der CDU, in: *Dürr, Tobias/Soldt, Rüdiger* (Hrsg.), Die CDU nach Kohl. Frankfurt a. M.: Fischer, 68-84.

Lösche, Peter/Walter, Franz, 1992: Die SPD. Klassenpartei – Volkspartei – Quotenpartei. Darmstadt: Wissenschaftliche Buchgesellschaft.

Poguntke, Thomas, 2001: Parteiorganisationen in der Bundesrepublik Deutschland. Einheit in der Vielfalt, in: *Gabriel, Oscar.W./Niedermayer, Oskar/Stöss, Richard* (Hrsg.), Parteiendemokratie in Deutschland. Bonn: Bundeszentrale für politische Bildung, 253-267.

Poguntke, Thomas/Boll, Bernhard, 1992: Germany, in: *Katz, Richard S./Mair, Peter* (Hrsg.), Party Organizations. A Data Handbook on Party Organizations in Western Democracies, 1960-90. London: Sage, 317-388.

Probst, Lothar, 2007: Bündnis 90/Die Grünen, in: *Decker, Frank/Neu, Viola* (Hrsg.), Handbuch der deutschen Parteien. Wiesbaden: VS Verlag für Sozialwissenschaften, 173-188.

Renzsch, Wolfgang, 1998: Parteien im Bundesstaat: Sand oder Öl im Getriebe?, in: *Männle, Ursula* (Hrsg.), Föderalismus zwischen Konsens und Konkurrenz. Baden-Baden: Nomos, 93-100.

Renzsch, Wolfgang, 2000: Bundesstaat oder Parteienstaat. Überlegungen zu Entscheidungsprozessen im Spannungsfeld von föderaler Konsensbildung und parlamentarischem Wettbewerb, in: *Holtmann, Everhard/Voelzkow, Helmut* (Hrsg.), Zwischen Wettbewerbs- und Verhandlungsdemokratie. Analysen zum Regierungssystem der Bundesrepublik Deutschland. Wiesbaden: Westdeutscher Verlag, 53-78.

Schlesinger, Joseph A., 1966: Ambition and Politics. Chicago: Rand McNally.

Schmid, Josef, 1990: Die CDU. Organisationsstrukturen, Politiken und Funktionsweisen einer Partei im Föderalismus. Opladen: Leske + Budrich.

Schüttemeyer, Suzanne S., 1999: Fraktionen und ihre Parteien in der Bundesrepublik Deutschland. Veränderte Beziehungen im Zeichen professioneller Politik, in: *Helms, Ludger* (Hrsg.), Parteien und Fraktionen. Ein internationaler Vergleich. Opladen: Leske + Budrich, 39-66.

Stolz, Klaus, 2003: Moving up, Moving down. Political Careers across Territorial Levels, in: European Journal of Political Research 42, 223-248.

Karrieremuster und Karrierekalküle deutscher Parlamentarier

Heinrich Best / Stefan Jahr / Lars Vogel

1. Einleitung

Die Analyse des politischen Personals und seiner Karrierewege hat in der politikwissenschaftlichen Forschungspraxis eine lange Tradition. Als Teildisziplin der Elitenforschung war die Diskussion politischer Karrieren überwiegend auf die Untersuchung politischer Führungsgruppen und ihrer Rekrutierung fokussiert. Im Vordergrund standen die Bedeutung von individuellen Faktoren wie Herkunft, Bildung, Geschlecht, politischer Erfahrung oder persönlichen Kontakten sowie die Funktion der Parteien als Zugangskanäle zu politischen Positionen (Matthews 1954; Schwartz 1969; Putnam 1976). Die aktuelle wissenschaftliche Debatte politischer Karrieren wird vornehmlich unter dem Blickwinkel der Professionalisierung der politischen Institutionen und Ämter sowie der Politiker geführt (Herzog 1990; Borchert 1999; 2003; Borchert/Stolz 2003; Geißel et al. 2004; Edinger 2009; 2010). Während der Professionalisierungsprozess der politischen Institutionen und Ämter jenes Ensemble von sozialen Prozessen, informellen Strukturen und verfassungsmäßig verankerten Kriterien und Verfahrensweisen beschreibt, welches die Übernahme von politischen Wahlämtern steuert, ein Insider-Outsider-Gefälle erzeugt und das Aggregat der Personen stabilisiert, die den Zugang einmal geschafft haben (Best/Jahr 2006: 64-65), erfasst die individuelle Professionalisierung jenen Lern- und Qualifikationsprozess politischer Novizen, der sie befähigt, die Markteintrittsbarrieren zu überwinden und sich im „inneren Zirkel" der Mandats- und Amtsinhaber zu etablieren (Herzog 1990; Best 2003; Best/Jahr 2006; Verzichelli/ Lo Russo 2009). Beide Professionalisierungsperspektiven legen damit ihr Hauptaugenmerk auf den Prozess der „Verberuflichung" von Politik und auf die Bestrebungen der Politiker, sich den von Elektorat und Selektorat auferlegten Handlungsbeschränkungen zu entziehen (Borchert 1999: 16-17; Squire 1988: 60-70; 1992: 176 ff.; Fiorina 1994; Mooney 1994; Borchert/Golsch 1995: 621; Linder/Z'graggen 2004: 14).

Allerdings stehen diese Autonomisierungsbestrebungen des politischen Personals in einem Spannungsverhältnis mit der in repräsentativen Demokratien zeitlich befristeten Herrschaftsübertragung und der damit verbundenen Notwendigkeit, sich der (Wieder-)Wahl zu stellen. Tatsächlich hat die Demokratisierung, verstanden als Etablierung und Ausweitung sozialer und politischer Partizipationsrechte, das Bestreben des politischen Kollektivs gleich miterzeugt, sich durch soziale und politische Schließung gegen eine Reduzierung ihrer Freiheitsgrade bei der (dauerhaften) Besetzung von Macht- und Entscheidungspositionen zu immunisieren. Im Kontext einer konventionellen politikwissenschaftlichen Analyse würden sich die beobachtbaren Karriereverläufe des politischen Personals als Resultat der gegenläufigen und sich wie Licht und Schatten begleitenden Prozesse von Demokratisierung und Professionalisierung verstehen lassen (Best 2007). Eine solche traditionelle Sichtweise misst jedoch den wechselseitigen Erwartungen, Kalkülen und Motiven des Elektorates, des Selektorates und der Repräsentanten als den

Akteuren der Professionalisierungs- und Demokratisierungsprozesse eine zu geringe Bedeutung bei (Borchert 2003: 19; Best 2005: 102; Best/Jahr 2006: 79). Um die Karrierestrukturen als Resultanten der jeweiligen Interessenslagen erkennbar werden zu lassen, werden wir das spannungsgeladene Verhältnis zwischen Professionalisierung und Demokratisierung auf der Ebene der beteiligten Akteure rekonstruieren.

Den Ausgangspunkt unserer Überlegungen bildet der bereits in Ansätzen von Max Weber formulierte und prominent von Joseph Schumpeter fortgeführte Gedanke, dass die Bürger durch die Möglichkeit der Wahl und insbesondere der Abwahl ihrer Repräsentanten den Elitenwandel induzieren und damit ein Element der Responsivität in den Rekrutierungsprozess einführen. Da aber die Interessen der Wähler und der gewählten Volksvertreter nicht immer deckungsgleich sind, sind diese Repräsentationsbeziehung und die Karrieren der Politiker durch beiderseitiges Misstrauen stets gefährdet. Um die Auswirkungen dieser wechselseitigen Skepsis auf die Karrierestrukturen der Parlamentarier sichtbar zu machen, schlagen wir den theoretischen Rückgriff auf die Prinzipal-Agent-Theorie vor (Grossman/Hart 1983; Strøm 2006; Best 2007, 2009).

Nach der Prinzipal-Agent-Theorie überträgt der Prinzipal dem Agenten das Recht, in seinem Namen und Interesse zu handeln. Die Notwendigkeit dieser Übertragung ergibt sich aus einem Vorsprung an Informationen und Ressourcen, welche die Agenten gegenüber den Prinzipalen besitzen oder zu besitzen vorgeben. Bedingt durch diese Asymmetrie besteht die Gefahr der Ausnutzung der Kooperationsbeziehung durch den Agenten *(moral hazard)*. Daher ist der Prinzipal immer geneigt, seinen jeweiligen Agenten genau kennenzulernen und sich zugleich Sanktionsmöglichkeiten bei einem Vertrauensmissbrauch durch den Agenten zu schaffen. Im Interesse der Agenten liegt es hingegen, Autonomie gegenüber dem Prinzipal zu erlangen, da sie sich selbst bei bester Absicht nie sicher sein können, dass sich der Prinzipal in ihren Handlungen repräsentiert sieht. Dieses Problem wirkt sich umso prekärer aus, je stärker der Agent in ökonomischer Hinsicht vom Fortbestand seines Agentenstatus abhängig ist. Übertragen auf das Verhältnis zwischen Wählern und Parlamentariern ist in modernen parlamentarischen Demokratien keine direkte Gleichsetzung der Bevölkerung mit dem Prinzipal und der Politiker mit den Agenten möglich. Vielmehr ist von einer Delegationskette auszugehen, die von den Wählern über die Parteien, die Abgeordneten im Parlament und die Minister im Kabinett bis hin zur Ministerialverwaltung reicht. Mit Ausnahme der Wähler ist jedes Glied der Delegationskette zugleich Agent des jeweils vorherigen sowie Prinzipal des jeweils folgenden Gliedes (Müller et al. 2006: 3-4; Strøm 2006: 64). In diesem Sinne bedeutet die Kandidatennominierung durch die Parteien, dass die Wähler als Prinzipal den Parteien als Agenten das Recht übertragen, eine Vorauswahl an Kandidaten zu treffen. Da sich also der Wählerwille vornehmlich über die Parteien vermittelt auf die personelle Komposition der Parlamente auswirkt und die Parlamente als interner Arbeitsmarkt der Parteien gelten können (Weege 2003; Best/Jahr 2006; Müller et al. 2006: 3), konzentrieren wir uns bei der Erklärung der temporalen Strukturen parlamentarischer Karrieren auf die Rekonstruktion des Prinzipal-Agent-Verhältnisses zwischen dem Selektorat (d. h. den Parteien) und den Repräsentanten. Die Bedingungen für parlamentarische Karrieren, welche sich aus den Rationalitäten der

Wähler ergeben (Downs/Wildenmann 1968), bleiben aber ein stets präsenter Hintergrund bei der Ergebnisinterpretation.[1]

Die empirische Durchdringung des Prinzipal-Agent-Verhältnisses und der damit einhergehenden subjektiven Karrieremotivationen und objektiven Karrierestrukturen ist erst möglich, wenn beide Teilaspekte in ihrem Zusammenhang untersucht werden können. Das von uns genutzte Untersuchungsdesign integriert daher beide Arten von Daten (Best et al. 2002: 107-108, 2004: 5, 2008: 3 ff.):

1. Karrierestrukturdaten von über 4 500 Novizen aus 15 Landesparlamenten,[2] dem Deutschen Bundestag und dem Europäischen Parlament seit 1990, die nach einem standardisierten Erhebungsraster überwiegend aus prosopographischen Quellen, Handbucheinträgen und Parlamentsakten gewonnen wurden.
2. Ergebnisse zweier telefonischer Befragungen deutscher Landes-, Bundes- und Europaparlamentarier aus den Jahren 2003/4 (969 realisierte Interviews in zehn Landesparlamenten,[3] im Deutschen Bundestag und im Europaparlament) und 2007 (1 222 realisierte Interviews in 13 Landesparlamenten,[4] im Deutschen Bundestag und im Europaparlament), welche Informationen zu wichtigen Stationen der präparlamentarischen politischen und beruflichen Laufbahn, den Umständen der politischen Rekrutierung, den weiteren Karriereambitionen sowie dem Rollenverständnis und der Mandatsausübung enthalten. Beide Befragungen wurden zu einem zweistufigen kumulativen Panel verbunden und stellen Daten über den zeitlichen

---

1 Das Wahlsystem und die zwischen den Parteien differierenden Opportunitätsstrukturen werden von uns als Einflussfaktoren behandelt, die nur graduelle, jedoch keine prinzipiellen Unterschiede in der grundlegenden Struktur des Verhältnisses von Parteien und Abgeordneten erzeugen. Im Folgenden soll kurz auf weiterführende Arbeiten verwiesen werden, die das Wahlsystem und Parteiunterschiede explizit analysieren. Das Wahlsystem selbst, das bei international komparativen Studien erhebliche Unterschiede für die Karrierestrukturen und Motivationen von Abgeordneten erzeugt, ist für die deutschen Abgeordneten ohnehin im Wesentlichen konstant und daher hier von nachrangigem Interesse. Hingegen wurde die Wirkung des Wahlmodus, also des Unterschieds zwischen direkt und über die Landesliste gewählten Kandidaten, auf die Motivationsstruktur und Rollenwahrnehmung von Abgeordneten bereits an anderer Stelle von Best/Vogel (2010) untersucht. Eine beträchtliche Wirkung auf Karrierestrukturen und -kalküle entfaltet die Fünf-Prozent-Sperrklausel vor allem bei elektoral kleineren Parteien. Dass nicht nur deren Größe, sondern auch z.B. deren sozialstrukturelle Zusammensetzung Unterschiede in den Karriereambitionen erzeugt, zeigt das Beispiel der FDP. Im Vergleich zu den übrigen Parteien üben die Abgeordneten der FDP überproportional häufig eine weitere berufliche Tätigkeit neben ihrem Mandat aus. Dies kann durch ihren hohen Anteil an Selbständigen erklärt werden, für welche die Notwendigkeit besteht, den Kontakt zur ihrem Ursprungsberufsfeld aufrechtzuerhalten. Bei Best/Jahr (2006) und Jahr (2008) werden diese Unterschiede zwischen den Parteien untersucht.
2 Analysiert wurden die Abgeordneten der Landesparlamente von Baden-Württemberg, Bayern, Brandenburg, Hessen, Mecklenburg-Vorpommern, Niedersachsen, Nordrhein-Westfalen, Rheinland-Pfalz, des Saarlandes, Sachsen, Sachsen-Anhalt, Schleswig-Holstein, Thüringen sowie des Berliner Abgeordnetenhauses und der Bremischen Bürgerschaft.
3 Befragt wurden die Abgeordneten der Landesparlamente von Baden-Württemberg, Brandenburg, Hessen, Mecklenburg-Vorpommern, dem Saarland, Sachsen, Sachsen-Anhalt, Schleswig-Holstein, Thüringen und des Abgeordnetenhauses von Berlin.
4 Befragt wurden neben den Abgeordneten aus den Parlamenten der ersten Befragungswelle (siehe Fußnote 3) die Abgeordneten aus Niedersachsen, Nordrhein-Westfalen und Rheinland-Pfalz.

Wandel karrierebezogener Einstellungen und Ambitionen von 491 Abgeordneten bereit, die zu beiden Befragungszeitpunkten ein Mandat ausübten.

2. Abbau wechselseitiger Informationsasymmetrie auf dem Weg zum Mandat

In Deutschland ist eine parlamentarische Karriere ohne die Unterstützung der Parteien praktisch unmöglich, weil diese als Gatekeeper des parlamentarischen Arbeitsmarktes noch vor der Wahlbevölkerung entscheiden, welcher Kandidat eine Chance auf ein Abgeordnetenmandat erhält (Weege 2003: 7). Bei der Auswahl der Kandidaten sehen sich die Parteien unter anderem mit der Herausforderung konfrontiert, Personen zu finden, die eine zuverlässige Vertretung ihrer Interessen im Parlament sicherstellen, die Parteikohäsion nicht gefährden und in der Lage sind, Wählerstimmen zu gewinnen (Edinger 2009a). Vor der Nominierung der Kandidaten für ein Parlamentsmandat müssen die Selektorate daher versuchen, durch intensives Testen ihr Informationsdefizit über die Qualitäten der potenziellen Mandatsträger zu reduzieren. Diesem sogenannten Screeningprozess durch die Parteien steht auf der Kandidatenseite ein Signalisierungsprozess gegenüber, in dem die potenziellen Mandatsträger ihrerseits versuchen, den parteiinternen Selektoraten ihre Qualitäten zu präsentieren und sich als Mandatsträger zu empfehlen (zu den notwendigen Qualifikationen siehe u. a. Herzog 1990). Gewöhnlich findet das gegenseitige Signalisieren und Evaluieren während der als *Ochsentour* oder *cursus honorum* bezeichneten, langwierigen Bewährung und Qualifikation in den lokalen und regionalen Parteistrukturen sowie in kommunalen Volksvertretungen statt.

Betrachtet man die Länge der wechselseitigen Screening- und Signalisierungsaktivitäten, lässt sich der relative Wert der Mandate auf den unterschiedlichen territorialen Ebenen des parlamentarischen Systems ermessen: Westdeutsche Bundestagsabgeordnete waren durchschnittlich 17 Jahre, Ostdeutsche zehn Jahre Mitglieder ihrer Parteien, ehe sie erstmals erfolgreich nominiert wurden.[5] Ein Sitz im Europäischen Parlament war für Parlamentarier aus Ost und West hingegen bereits nach durchschnittlich gut neun Jahren Parteimitgliedschaft erreichbar. Dazwischen rangieren die Mandate auf der Landesebene, denen in den neuen Bundesländern eine siebenjährige und in den alten Bundesländern eine 15jährige Parteimitgliedschaft vorausging.[6] Die Folge der ausgedehnten Screening- und Signalisierungsphase ist ein nur minimal zwischen den parlamentarischen Ebenen und Regionen schwankender Beginn der Mandatskarriere im durchschnittlichen Alter von 42 bis 45 Jahren.[7] Ist der Mandatseinstieg geglückt, werden die errungenen Mandate im Mittel für zwei bis drei Legislaturperioden gehalten und die

---

5 Bei dieser Berechnung sind für die ostdeutschen Abgeordneten der CDU die Mitgliedschaften in der CDU-Blockpartei und für die Abgeordneten der PDS/Die Linke in der SED berücksichtigt worden.
6 Aufgrund der im Vergleich dünneren Personaldecke kleiner Parteien wie B90/Die Grünen, FDP und PDS/Die Linke errangen deren Mitglieder signifikant schneller ein Mandat als die Angehörigen der beiden Volksparteien CDU und SPD.
7 Der Mittelwert über alle betrachteten Parlamente betrug 44 Jahre und die Standardabweichung 8,8 Jahre.

Abbildung 1: Karrierestrukturdaten deutscher Parlamentarier (1990-2008)

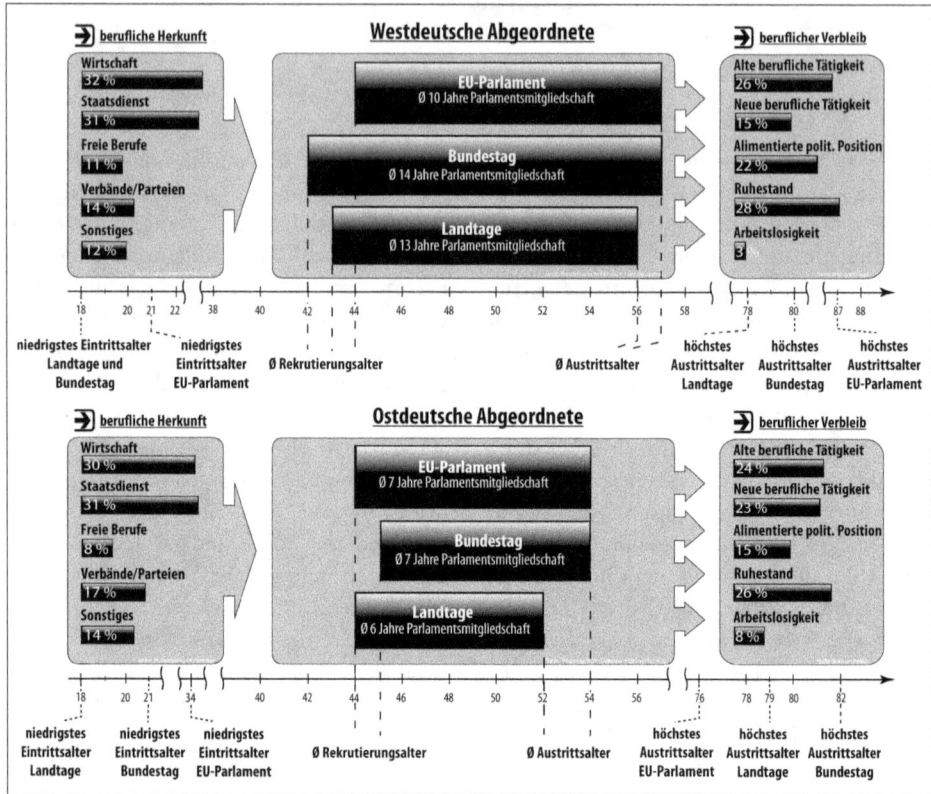

parlamentarischen Karrieren mit durchschnittlich 55 Jahren beendet (siehe *Abbildung 1*).[8]

Bis zum ersten Einzug in ein Parlament müssen sich die kandidaturwilligen Parteimitglieder eine gefestigte Stellung innerhalb der Parteiorganisation sowie das notwendige repräsentative Kapital[9] erarbeiten. Dabei kommt den Parteifunktionen auf der lokalen Ebene eine entscheidende Rolle zu: Obwohl die Parteien in Deutschland hochbürokratisierte Organisationen sind, betreiben sie keine systematische Nachwuchspflege oder treffen überregional zentralisierte Personalentscheidungen, sondern überlassen die Kandidatenauswahl den lokalen und regionalen Parteigremien sowie den Delegiertenversammlungen. Durch diese Funktion im Selektionsprozess üben die Mitglieder lokaler Parteiführungsgremien einen wirkungsvollen Einfluss auf die Nominierung der Wahlkreis- und Listenkandidaten aus und werden zu den „wichtigsten Filtern im poli-

---

8 Diese Karrierestrukturdaten lassen sich bei geringen Schwankungen, welche Regimewechseln geschuldet sind, in historischer Tiefe bis ins 19. Jahrhundert und in geographischer Breite für viele Politien West- und Mitteleuropas feststellen. In den noch jungen Demokratien der osteuropäischen Länder verbleiben die Abgeordneten durchschnittlich nur ein bis zwei Legislaturperioden in den nationalen Parlamenten (Best/Cotta 2000; Cotta/Best 2007).
9 Zum Begriff „repräsentatives Kapital" vgl. Godmer (2002).

tischen Auswahlprozess" (Herzog 1975: 84; Scheuch/Scheuch 1995: 116 ff.; Golsch 1998: 152; Weege 2003: 7). Entsprechend hatte mindestens[10] jeder dritte Parlamentsnovize erste Erfahrungen im Parteivorstand auf der Orts- oder Kreisebene gesammelt; Mitglied im Landes- oder Bundesvorstand war jeder zehnte, und weitere knapp neun Prozent kumulierten Parteiführungspositionen auf allen territorialen Ebenen. Ebenso wie die Unterschiede in den Anwartschaftszeiten auf ein Mandat variieren die vor der ersten Mandatserringung besetzten rekrutierungsrelevanten Parteipositionen zwischen den Ebenen des politischen Systems: Während die Novizen auf der europäischen Ebene überproportional häufig in den Parteivorständen auf Landes- oder Bundesebene verankert waren und die Parlamentsneulinge auf der Landesebene vor dem ersten Mandatsantritt eine durchschnittliche Verankerung in den Orts- oder Kreisvorständen ihrer Parteien zeigten, waren die Bundestagsnovizen überdurchschnittlich stark auf allen Parteiebenen vernetzt (siehe *Tabelle 1*).

Tabelle 1: Mitgliedschaft im Parteivorstand vor dem ersten Mandatsantritt (in Prozent)

	keine	Orts- oder Kreisvorstand	Landes- oder Bundesvorstand	Orts- oder Kreisvorstand und Landes- oder Bundesvorstand
Europaparlamentarier (n = 119)	46,2	31,1	11,8	10,9
Bundesparlamentarier (n = 890)	33,6	43,0	10,3	13,0
Landesparlamentarier (n = 3 519)	44,7	38,7	9,1	7,5
Gesamt (n = 4 528)	42,6	39,4	9,4	8,7

Als zweite Komponente des repräsentativen Kapitals hat jeder zweite Parlamentarier vor seinem ersten Mandat erste politische Erfahrungen in den kommunalen Volksvertretungen der Gemeinden, Städte oder Landkreise gesammelt. Häufig wurde der Sitz im Gemeinde- bzw. Stadtrat oder Kreistag mit dem Parteivorsitz auf Orts- oder Kreisebene verbunden und indiziert so den prototypischen Kommunalpolitiker (69,8 Prozent). Obwohl auch jeder zweite spätere Bundestagsabgeordnete Erfahrungen in Gemeinde- und Stadträten sowie Kreistagen gesammelt hat, bleiben die kommunalen Vertretungskörperschaften aber eine Domäne der Landespolitiker: Fast zwei Drittel von ihnen waren vor ihrem ersten Mandat Abgeordnete auf lokaler Ebene.

---

10 Golsch (1998: 152) äußert erhebliche Zweifel an der Vollständigkeit der biographischen Quellen bei der Angabe von Vorstandspositionen im Orts- oder Kreisverband. Er vermutet, dass Parlamentarier ihre Vorstandserfahrungen auf Orts- oder Kreisebene der Parteien in ihren Biographien auslassen. Tatsächlich erscheinen die von ihm ermittelten 60 Prozent von Parlamentariern ohne Vorstandserfahrung in Orts- oder Kreisverbänden als zu hoch. Der Vergleich der in *Tabelle 1* berichteten Populationswerte mit dem über Parteiarchive und externe Quellen vollständig recherchierten Thüringer Landesparlament zeigt jedoch, dass die erhobenen Daten eine reliable Basis bieten (Thüringer Landtag 2005 – Tabellenanhang).

3. Erträge und Risiken parlamentarischer Karrieren

Während des umfangreichen und langwierigen Qualifikationsprozesses vom einfachen Parteimitglied zum Abgeordneten evaluieren nicht nur die Parteien die potenziellen Mandatsträger, auch die späteren Abgeordneten bewerten die Möglichkeiten und Risiken eines Parlamentsmandats. Entsprechend der Prinzipal-Agent-Theorie ist dabei ein Prozess der *adverse selection* wirksam, der eine Selbstselektion von Vertragspartnern beschreibt (Gerlach/Schmidt 1989; Milgrom/Roberts 1992). Übertragen auf die Entscheidung, eine parlamentarische Karriere aufzunehmen oder aufrechtzuerhalten, werden sich alle diejenigen Kandidaten aus dem Bewerberpool zurückziehen, denen die erwarteten Erträge der Mandatsausübung zu gering oder die Risiken zu hoch sind.

Befragt man die Parlamentarier zunächst nach den wahrgenommenen Gewinnen aus ihrer Mandatstätigkeit, gaben 52 Prozent der interviewten Abgeordneten an, per saldo mehr als in ihrem früheren Beruf zu verdienen. Unter den Mitgliedern des Europäischen Parlamentes und des Bundestages haben rund 60 Prozent, und unter den Landesparlamentariern noch knapp 50 Prozent durch das Mandat einen Einkommenszuwachs verzeichnet. Neben den monetären Erträgen speist sich die Attraktivität der Mandatstätigkeit auch aus immateriellen Anreizen. Wir nutzen hierfür das Berufsprestige des Parlamentsmandats, welches von den Abgeordneten im Vergleich zu ihren bürgerlichen Berufen eingeschätzt werden sollte. Demnach empfanden mehr als 43 Prozent der gewählten Abgeordneten einen Prestigegewinn gegenüber dem eigenen vorparlamentarischen Beruf. Besonders häufig nahmen nichtstudierte Angestellte aus der freien Wirtschaft und dem öffentlichen Dienst sowie die Angehörigen manueller Berufe einen Prestigezuwachs durch das Mandat wahr.

Weil das parlamentarische Mandat mit einer selbstberichteten wöchentlichen Arbeitszeit zwischen durchschnittlich 47 und 67 Stunden zur Haupterwerbsquelle und Grundlage des ökonomischen Lebens der Parlamentarier wird,[11] speist sich die Attraktivität einer parlamentarischen Karriere auch aus ihrer Verlässlichkeit. Eine erste allgemeine Einschätzung der Risiken im Karriereverlauf erlaubt die Unterscheidung der Abgeordneten, die seit 1990 ihr Amt aufgegeben oder verloren haben, nach der Anzahl der von ihnen wahrgenommenen Mandate.[12] Danach übten mehr als 59 Prozent der

---

11 Das Diätenurteil des Bundesverfassungsgerichts vom 5.11.1975 bestätigte erstmals, dass es sich bei den gezahlten Diäten um „eine Alimentation des Abgeordneten und seiner Familie" handelt und diese mit einem „Entgelt für die Inanspruchnahme des Abgeordneten durch sein zur Hauptbeschäftigung gewordenes Mandat" gleichzusetzen ist. In der Urteilsbegründung betonten die Verfassungsrichter noch einmal den hauptberuflichen Charakter eines Abgeordnetenmandates. Bei der Festlegung der Rahmenbedingungen der Abgeordnetenalimentierung muss der Gesetzgeber also davon ausgehen, dass mit der Übernahme eines Mandates, sieht man von den Halbtagsparlamenten der Stadtstaaten und Baden-Württembergs ab, die Diäten zur finanziellen Haupteinnahmequelle des Mandatsträgers werden. Daher ist nach der Begründung des „Diätenurteils" durch das Bundesverfassungsgericht und nach Artikel 48, Abs. 3 des Grundgesetzes die Höhe der Entlohnung der Mandatstätigkeit so festzulegen, dass im Weberschen Sinne ein Leben *von* der Politik möglich ist.

12 Werden nur die Mandatszeiten der gegenwärtig in Parlamenten befindlichen Abgeordneten zugrunde gelegt, ergibt sich daraus ein methodisches Problem, da auf dieser Basis nicht vorhergesagt werden kann, wie sich die künftigen Verbleibzeiten entwickeln werden. Besser – und auch wir sind so verfahren – ist es, die Mandatszeiten der aus den Parlamenten ausgeschiedenen Ab-

ostdeutschen und etwa 46 Prozent der westdeutschen Abgeordneten nur ein einziges Mandat aus. Der hohe Wert unter den ostdeutschen Mandatsträgern ist zu einem großen Teil den besonderen Umständen nach der Wiedervereinigung 1990 zuzuschreiben. Viele Abgeordnete der „ersten Stunde" kehrten der professionellen Politik den Rücken, nachdem die „Institutionen der repräsentativen Demokratie in Ostdeutschland" installiert waren (Lock 1998; Best/Jahr 2006: 74 f.). Diese Interpretation wird durch zwei empirische Fakten gestützt. Erstens schmilzt der Anteil der ostdeutschen Mandatsträger mit einer Parlamentszugehörigkeit von einer Legislaturperiode auf knapp 33 Prozent, wenn das Datenmaterial um die Wendezeitpolitiker bereinigt wird. Zweitens wurden nur rund 30 Prozent der Karrieren der Wendepolitiker aufgrund einer erfolglosen Kandidatur unfreiwillig beendet und damit um gut 15 Prozentpunkte weniger als unter den Abgeordneten mit nur einer Mandatsepisode in späteren Legislaturperioden.[13]

Die relative Mehrheit der westdeutschen (48 Prozent) und ostdeutschen Abgeordneten (39 Prozent)[14] schied nach zwei bis drei Legislaturperioden aus den Parlamenten aus. Werden die Verweildauern zusätzlich nach der parlamentarischen Ebene differenziert, waren Kurzkarrieren von der Dauer einer Legislaturperiode besonders für die ehemaligen Mitglieder des Europäischen Parlamentes und der westdeutschen Landtage charakteristisch. Die Mehrzahl der west- und ostdeutschen parlamentarischen Werdegänge im Bundestag (West: 53 Prozent; Ost: 64 Prozent) und auch der Großteil der Mandatsbiographien der Mitglieder der Landesparlamente in den neuen Bundesländern (58 Prozent) umfassten einen Zeitraum von zwei bis drei Legislaturperioden.

Die charakteristische Risikoarithmetik parlamentarischer Karrieren wird deutlicher, wenn man statt der Abgangshäufigkeiten die Verläufe der Hazardfunktionen[15] für die verschiedenen Parlamentstypen[16] betrachtet. Der Vergleich der in *Abbildung 2* abgetragenen Risikofunktionen zeigt, dass die Novizen des Bundestages relativ unabhängig

---

geordneten zugrunde zu legen. Da es aber keine Altershöchstgrenze für die Wahrnehmung eines Mandates gibt, ist man auch bei dieser Selektion der Untersuchungspopulation nicht ganz auf der sicheren Seite. Letztlich können nur die Karriereverläufe von bereits verstorbenen Abgeordneten sicheren Aufschluss über die Karrierestrukturen geben. Für Kausalanalysen der Karrierelänge sind aber die statistischen Modelle der Verlaufsdatenanalyse nutzbar, welche in adäquater Weise mit den nicht abgeschlossenen (rechtszensierten) Karrieren von aktuellen Parlamentariern umgehen können (Andreß et al. 1991).

13 Der hohe Anteil an freiwillig beendeten Karrieren ist zudem nur bei knapp 12 Prozent der befragten Parlamentarier eine vorweggenommene Konsequenz einer aussichtslosen Kandidatur. Rund 43 Prozent der interviewten ehemaligen Abgeordneten der ersten Stunde wollten sich aus der Berufspolitik zurückziehen, und weitere 16 Prozent strebten politische Ämter im außer-parlamentarischen Bereich an.

14 Der Anteilswert der ostdeutschen Abgeordneten erhöht sich auf 61 Prozent, wenn die „Parlamentarier der ersten Stunde" ausgeschlossen werden.

15 Die Hazardrate in einem bestimmten Untersuchungszeitraum (hier Parlamentsmitgliedschaft in Legislaturperioden) bestimmt sich als Quotient aus der Anzahl der Personen, die im betrachteten Zeitintervall in den Zielzustand überwechseln (hier Mandatsverlust) und der mit der Intervallbreite (hier eine Legislaturperiode) multiplizierten Anzahl der Personen, die das betrachtete Zeitintervall erreicht haben. Aufgrund dieser Berechnung lassen sich die Hazardraten als das „momentane" Risiko der Mandatsträger ihr Mandat zu verlieren, interpretieren (Ludwig-Mayerhofer 1994; Andreß et al. 1991: 181).

16 Die ostdeutschen Aktivisten der ersten Stunden wurden aufgrund ihrer bereits beschriebenen Besonderheiten bei der Hazardberechnung nicht berücksichtigt.

Abbildung 2: Risikoverlauf der Mandatsbeendigung

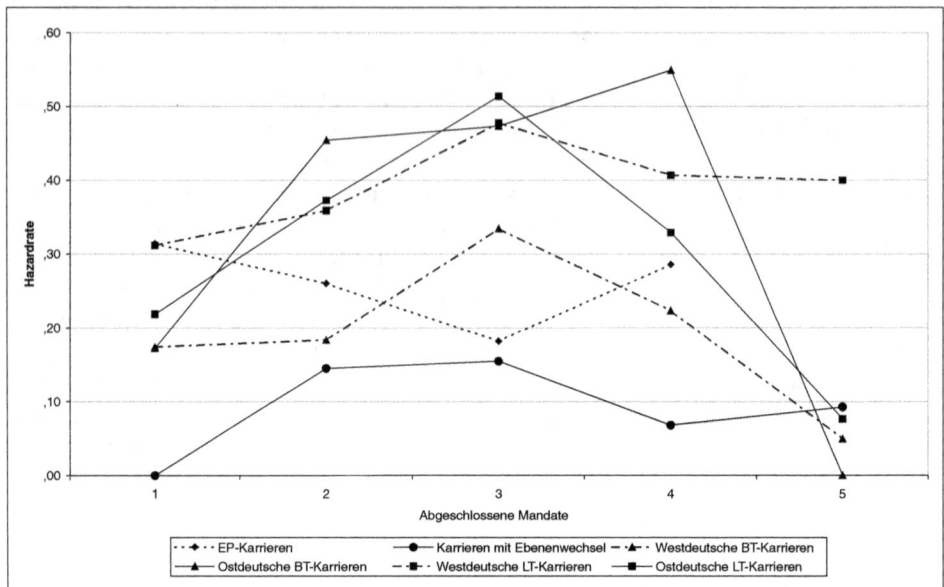

von ihrer regionalen Herkunft die erste Wiederwahl überstehen.[17] Bereits nach der Beendigung der ersten Amtszeit zeigen sich die unterschiedlichen Risiken der Abgeordnetentätigkeit für ost- und westdeutsche Volksvertreter auf der Bundesebene. Während unter den ostdeutschen Parlamentsmitgliedern nach Beendigung des zweiten Mandates nur noch knapp die Hälfte ihre Karriere fortsetzt, sind es unter ihren westdeutschen Parlamentskollegen noch 70 Prozent. Mit den Werten der Hazardfunktion ausgedrückt, ist das Risiko des Mandatsverlustes nach der zweiten absolvierten Legislaturperiode unter ostdeutschen Bundestagsabgeordneten immer noch mehr als doppelt so hoch, als für westdeutsche Mitglieder der höchsten nationalen Vertretungskörperschaft. Auch wenn nach dem dritten Mandat das Risiko des Karriereendes unter den westdeutschen Bundestagsabgeordneten einen Sprung auf gut das 2,5-fache seines Ausgangsniveaus macht, bleibt es immer noch deutlich unter jenem der ostdeutschen Bundestagsabgeordneten.

Die Novizen in den westdeutschen Landtagen und dem Europäischen Parlament weisen die größte Wahrscheinlichkeit auf, ihr Mandat bereits nach einer einzigen Legislaturperiode wieder zu beenden.[18] Im weiteren Karriereverlauf steigen für die Mitglie-

---

17 Definitionsgemäß haben die Parlamentarier mit Karrieren über verschiedene parlamentarische Ebenen hinweg das geringste Risiko des Mandatverlustes, da ein Parlamentswechsel im hier verstandenen Sinne eine Karrieredauer von mindestens zwei Legislaturperioden voraussetzt.
18 Würden die ostdeutschen Aktivisten der ersten Stunde in der Berechnung der Hazardraten berücksichtigt, zeigten sich die Novizen der ostdeutschen Landtage und des Bundestag am stärksten von einem Mandatsverlust bedroht. Definitionsgemäß weisen die Mandatsträger mit Ebenenwechslerkarrieren nach der ersten Legislaturperiode kein Risiko des Mandatsverlustes auf, da ein Wechsel der parlamentarischen Ebenen eine Karrierelänge von mind. zwei Mandaten voraussetzt.

der der westdeutschen Landesparlamente die Abgangsraten bis zur vollendeten dritten Legislaturperiode und verbleiben danach auf einem vergleichsweise hohen Niveau. Ihre Kollegen in den Parlamenten der neuen Bundesländer sehen sich einem ähnlichen Risikoverlauf ausgesetzt, mit dem Unterschied, dass nach dem „Überleben" der dritten Mandatsperiode ihre Abgangswahrscheinlichkeit innerhalb von zwei weiteren Legislaturperioden unter das Ausgangsniveau absinkt.

Unter den betrachteten deutschen Abgeordneten des Europäischen Parlamentes reduziert sich nach einer vergleichsweise unsicheren Anfangsphase das Risiko des Mandatsverlustes kontinuierlich bis zu einem Mandatsalter von drei vollendeten Legislaturperioden – also 15 Jahren Parlamentsmitgliedschaft. Nach vier vollendeten Legislaturperioden erreicht die Abgangrate unter den deutschen EU-Parlamentariern wieder ihr Ausgangsniveau.

Damit die Abgeordnetenmandate fähige und parteiloyale Kandidaten anziehen, liegt es im Interesse der Parteien, den Einfluss des Elektorates auf die beschriebenen Mandatsdauern und Risikoverläufe zu minimieren und den Abgeordneten zumindest für einen beschränkten Zeithorizont einen gewissen Grad an Planungssicherheit zu bieten. Fahnden wir in den Karrieredaten nach Indikatoren für diese Parteikalküle, so werden wir auf recht eindeutige Weise fündig: Mehr als zwei Drittel der interviewten Parlamentsmitglieder haben ihr erstes Mandat im ersten Anlauf errungen, und die Wiederwahlquote für erneut antretende Mandatsträger liegt bei über 70 Prozent. Offenbar bilden die Parteien tatsächlich einen Rekrutierungskontext, der die Kandidaten durch Koordination und Pazifizierung des Kampfes um Mandate einem kalkulierbaren Risiko aussetzt.

Die Kontrolle der Kandidatennominierung ist allerdings nicht nur ein Instrument der Attraktivitätssteigerung eines Abgeordnetenmandates. Ebenso können die Parteien dadurch die Wiederwahl eines Abgeordneten mit einem markanten Zweifel belegen, um so auch nach der Mandatserringung ihre Rolle als Prinzipal zu behaupten und das Risiko eines *moral hazard* zu mindern (Best/Jahr 2006: 79). Zwei Beispiele aus der jüngeren Vergangenheit zeigen allerdings, dass trotz dieser Sanktionsmöglichkeiten die Gefahr von nicht parteikonformem Verhalten nie ausgeschlossen werden kann. So haben beim Scheitern von Heide Simonis bei der Wahl zur Ministerpräsidentin von Schleswig-Holsteins im Jahr 2005 vermutlich, und 2008 beim Versuch von Andrea Ypsilanti in Hessen Regierungschefin zu werden nachweislich Mitglieder der eigenen Fraktion die Gefolgschaft verweigert. Dass alle der vier hessischen Abweichler weder als Direkt- noch als Listenkandidaten für die vorgezogenen Landtagswahlen von 2009 nominiert wurden, sondern vielmehr gegen sie Parteiausschlussanträge gestellt bzw. Parteiordnungsverfahren eingeleitet wurden und sie teilweise auch ihre lokalen Parteifunktionen aufgeben mussten, verdeutlicht, wie harsch auf ein individuelles Unterlaufen von Parteiinteressen reagiert wird.

Angesichts dieser Abhängigkeit der Mandatsträger von den Selektoraten ist davon auszugehen, dass die Abgeordneten gemeinsam und parteiübergreifend alles Erdenkliche versuchen werden, um die asymmetrisch verteilte Kontrolle über den Karrierezugang und -erhalt möglichst zu ihren Gunsten zu verschieben und die Risiken und Gefahren der Mandatsausübung zu minimieren. Ihre Bestrebungen dabei lassen sich nach Borchert und Stolz (2003: 51) in drei Punkten zusammenfassen: (1) *Verbesserung der Arbeitsbedingungen* durch materielle und immaterielle Vergütungen der Abgeordnetentätigkeit sowie durch Erweiterung der Sachmittel- und Personalausstattung; (2) *Sicherung des Karriereerhalts* durch die soziale Abschließung des parlamentsinternen Positionenmarktes gegenüber Außenseitern bzw. Schutz vor der Abwahl durch Bürger und Selektorat, sowie (3) *Schaffung von Aufstiegs- und Rückfalloptionen.*

4. Strategien der Mandatserhaltung

Während Versuche der Abgeordneten, ihre Arbeitsbedingungen zu verbessern, in der Öffentlichkeit meist kritisch bewertet werden, bieten sich ihnen bei der Absicherung ihrer Karriere bessere Möglichkeiten. Eine erste beobachtbare Strategie besteht in der Abschottung des parlamentsinternen Positionenmarktes gegenüber möglichen Herausforderern durch Besetzung nominierungsrelevanter Schlüsselpositionen in der Parteiorganisation. Knapp 40 Prozent aller seit 1990 in einem der Untersuchungsparlamente vertretenen Mandatsträger waren während ihrer Abgeordnetentätigkeit Mitglied in den Parteiführungsgremien auf Orts- oder Kreisebene; weitere 12 Prozent waren darüber hinaus noch auf der Landes- oder Bundesebene Mitglieder in den Parteivorständen. Trotz der deutlichen Konzentration auf die lokale Parteiführung variieren die eingenommenen Positionen zwischen den Mandatsträgern unterschiedlicher Parlamentsebenen. Während unter den Mitgliedern des Bundestages und der Landesparlamente die Positionen in den Parteivorständen auf Orts- oder Kreisebene vermehrt wahrgenommen wurden, konzentrierten sich die deutschen Mitglieder des Europäischen Parlaments vergleichsweise stark auf die Landes- oder Bundesebene. Besonders hohes Gewicht haben die Positionen im Landes- oder Bundesparteivorstand, wenn die festen Ebenengrenzen der gegeneinander abgeschotteten parlamentarischen Karrierearenen durchbrochen werden sollen (Best/Jahr 2006: 72). Mehr als ein Viertel jener Mandatsträger,[19] deren Karrieren über die Grenzen der parlamentarischen Ebenen hinweg verliefen, hatten während ihrer parlamentarischen Laufbahn Positionen im Landes- oder Bundesvorstand übernommen (siehe *Tabelle 2*).

Aus der Sicht der Parteien ist die Strategie der Mandatsträger, ihre parlamentarische Karriere durch die Besetzung von nominierungsrelevanten Schlüsselpositionen innerhalb des Parteiapparates abzusichern, als ambivalent zu beurteilen. Als Prinzipale müssen sie fürchten, dass sich ihre Patronage- und Sanktionsmöglichkeiten verringern, wenn die Mandatsträger zunehmend Kontrolle über ihre (Re-)Nominierung gewinnen. Andererseits definieren die Amtsinhaber durch ihre Abschottungsstrategien jene Qualifikationsanforderungen, die potenzielle Herausforderer bzw. Nachfolger während des Screening durch die Parteien beweisen müssen, und initiieren so einen Prozess der individuellen Professionalisierung und Selbstselektion (Prewitt 1965: 100 ff.). Gleichzeitig bestimmt das von den Amtsinhabern erzeugte Insider-Outsider-Gefälle und die

---

19 Knapp 60 Prozent der Karrieren mit Ebenenwechsel sind Aufstiege von den Landesparlamenten in den Bundestag. Weitere neun Prozent beschreiben einen Wechsel von der Landes- auf die Europäische Ebene, und nicht ganz fünf Prozent wechselten aus dem Bundestag in das Europäische Parlament. Im Vergleich dazu war die Landesebene für 18 Prozent der auf Bundesebene und für nur zwei Prozent der auf europäischer Ebene begonnenen Karrieren das Ziel.

Tabelle 2: Parteiführungspositionen während der Mandatsausübung (in Prozent)

	keine	Orts- oder Kreisvorstand	Landes- oder Bundesvorstand	Orts- oder Kreisvorstand und Landes- oder Bundesvorstand
Europaparlamentarier (n = 109)	37,6	29,4	20,2	12,8
Bundesparlamentarier (n = 850)	32,5	41,4	12,4	13,8
Landesparlamentarier (n = 3 423)	38,8	40,2	9,5	11,5
Karrieren mit Ebenenwechsel (n = 146)	33,6	24,7	27,4	14,4
Gesamt (n = 4 528)	37,4	39,7	10,8	12,0

zu dessen Überwindung erforderliche Dauer der innerparteilichen Bewährung die untere Grenze des Zeitfensters für die Mandatsausübung.

Der relativ späte Karriereeinstieg sowie ein – mit dem Alter zunehmender – Ermüdungseffekt determinieren die zeitliche Obergrenze der Mandatsausübung. Der Ermüdungseffekt wird sichtbar, wenn wir nicht die Hazardraten betrachten, sondern die von den Mandatsträgern selbst bekundete Wiederwahlabsicht gegen das Lebens- und Mandatsalter abtragen. Bis zu einem Alter von 55 Jahren bekunden mehr als 90 Prozent der befragten Parlamentarier ihre Absicht, sich einer Wiederwahl zu stellen. Unter den Mandatsträgern im Alter zwischen 56 und 60 Jahren wollen noch ca. 70 Prozent, von den Volksvertretern mit mehr als 60 Lebensjahren rund 35 Prozent ihr Mandat für mindestens eine weitere Legislaturperiode fortsetzen.[20] Dieser bereits von Andreß et al. (1991) unter den Abgeordneten der deutschen Reichstage zwischen 1867 und 1918 diagnostizierte Ermüdungseffekt mündet überwiegend in einer freiwilligen Mandatsaufgabe. Aus der senioritätsbedingten Amtsmüdigkeit der Abgeordneten ergibt sich für die Parteien der positive Nebeneffekt eines zwar trägen, aber in seiner Wirkung unausweichlichen Korrektivs für einen eventuellen Verlust parteilicher Patronagemacht. Das durch den Ermüdungseffekt beschränkte Zeitfenster der Mandatswahrnehmung verleiht den Parteien die Gewissheit, dass einmal vergebene Mandate nicht auf unabsehbare Zeit von den Amtsinhabern blockiert werden und potenziellen Kandidaten glaubhaft als Belohnung für loyale Parteiarbeit offeriert werden können.

Die bisher berichteten Daten haben gezeigt, dass die Zugangshürden zum parlamentarischen Beruf vergleichsweise hoch sind und die überwiegende Zahl der Mandatsträger viele Jahre in die Basis- und Parteiarbeit investieren musste, um die von den Amtsinhabern etablierten Zugangsbarrieren zu überwinden. Angesichts dieser langwie-

---

20 Frageformulierung: „Haben Sie die Absicht, für weitere Legislaturperioden zu kandidieren?"; Antwortkategorien: „Ja, sicher", „Ja, vielleicht" und „Nein". „Ja, sicher" und „Ja, vielleicht" zusammengefasst.

rigen Bewährungsphase überrascht es nur wenig, dass die Mehrzahl der späteren Parlamentsabgeordneten ihre politischen Werdegänge anfänglich nur nachgeordnet zum privat-bürgerlichen Beruf verfolgte und sich auch außerhalb des politischen Betriebes recht erfolgreich eine (ökonomische) Existenzgrundlage schuf: Mehr als 65 Prozent der befragten Volksvertreter wechselten aus einer leitenden Position in der staatlichen Verwaltung oder der Privatwirtschaft in die Berufspolitik. Ist aber der Sprung in ein Mandat geglückt, zwingen die bereits getätigten Investitionen in die politische Karriere zu einer hinreichend langen Mandatsdauer, um die Kosten der Mandatserringung zu amortisieren (Black 1972). Dieser in der Literatur als „einfangender Charakter" bekannte Effekt von Karrieren wird durch eine unvermeidbare De-Professionalisierung im privat-bürgerlichen Beruf verstärkt. Gleichzeitig ermöglichen die Sicherungsstrategien der Mandatsinhaber einen längerfristigen Verbleib in der parlamentarischen Tätigkeit, sodass es nach Überwindung der Schwelle zum innerparlamentarischen Positionenmarkt größtenteils der individuellen Abwägung des Abgeordneten obliegt, ob die Mandatskarriere fortgesetzt wird oder nicht (Jahr 2008). In unserem Datenmaterial wird der einfangende Charakter einer politischen Karriere sichtbar, wenn wir ausgewählte Determinanten der Mandatsverhaftung in ihrer zeitlichen Veränderung erfassen.

5. Individuelle Determinanten der Mandatsverhaftung

5.1 Allgemeine Mandatszufriedenheit

Als Indikator der individuellen Mandatsverhaftung dient uns die von den Abgeordneten geäußerte Wiederwahlabsicht. Durch die Kombination der 2003 und 2007 gegebenen Antworten können wir feststellen, ob die Wiederwahlabsicht zwischen den zwei Befragungswellen aufgegeben wurde, gesunken, gestiegen oder stabil geblieben ist.[21] Parallel dazu werden verschiedene mögliche Determinanten der Wiederwahlabsicht sowie deren Veränderungen untersucht. Dabei wurden eine gestiegene, aber auch eine stabile und damit von negativen Aspekten der Abgeordnetentätigkeit weitgehend unabhängige Wiederwahlabsicht, als Indikator des einfangenden Charakters parlamentarischer Karrieren betrachtet.

Zunächst ist festzuhalten, dass 62 Prozent der im Panel befragten Abgeordneten sowohl 2003 als auch 2007 erneut kandidieren wollten und diese Absicht für fast zehn

---

[21] Frageformulierung siehe Fußnote 20. Die Antworten auf diese Frage geben die Wiederwahlabsicht zuverlässig wieder, da drei Viertel der Parlamentarier mit sicherer Kandidaturabsicht in 2003 in der folgenden Wahl auch erneut kandidierten, während mit 90 Prozent die meisten Abgeordneten, die sich zum ersten Befragungszeitpunkt für einen Ausstieg aus der parlamentarischen Karriere entschieden hatten, diese Absicht auch verwirklichten. Daher wurden ebenfalls die zehn Abgeordneten, die zu beiden Zeitpunkten angaben, nicht erneut kandidieren zu wollen, von der Analyse ausgeschlossen, wodurch die Angaben von 410 Abgeordneten zu beiden Zeitpunkten zur Verfügung stehen. Als aufgegebene Wiederwahlabsicht (ja/nein) gilt, wenn 2007 mit „Nein" geantwortet wurde, aber 2003 noch nicht. Als gesunkene Wiederwahlabsicht (gesunken) gilt, wenn 2007 mit „Ja, vielleicht" geantwortet wurde, aber 2003 noch mit „Ja, sicher". Als gestiegene Wiederwahlabsicht (gestiegen) gilt, wenn 2003 mit „Nein" und 2007 mit „Ja, vielleicht" oder „Ja, sicher" geantwortet wurde oder 2003 mit „Ja, vielleicht" und 2007 mit „Ja, sicher".

Prozent sogar gestiegen war. Obwohl die Wiederwahlabsicht für insgesamt 28 Prozent der Mandatsträger gesunken war, hatten nur 17 Prozent sich innerhalb von vier Jahren gegen eine erneute Kandidatur entschieden. Bereits diese Zahlen verdeutlichen, dass die Mehrheit der befragten Abgeordneten ihr Mandat fortsetzen wollte. Betrachtet man alle Parlamentarier, die in 2003 bzw. 2007 an der Jenaer Abgeordnetenbefragung teilnahmen, gaben gleichfalls nur 15 Prozent an, keine erneute Kandidatur zu beabsichtigen. Hieraus wird deutlich, dass der hohe Grad der Mandatsverhaftung nicht darauf zurückzuführen ist, dass an der Paneluntersuchung ohnehin nur Personen teilnehmen, die mindestens einmal erneut kandidierten.[22]

Obwohl die Mandatsverhaftung generell hoch und stabil war, stellt sich die Frage, welche Faktoren die Wiederwahlabsicht verändern könnten. Als Summe der gegeneinander abgewogenen negativen und positiven Aspekte ihrer Tätigkeit gaben die Abgeordneten durch ihre Mandatszufriedenheit gleichsam eine Gesamtbewertung ab, die geeignet erscheint, das Urteil über eine Fortsetzung ihrer parlamentarischen Karriere zu beeinflussen.[23]

Zunächst können wir feststellen, dass der vor der ersten erfolgreichen Nominierung wirkende Prozess der *adverse selection* ein erwartungsgemäß recht zufriedenes Kollektiv von Amtsinhabern geschaffen hat: 77 Prozent der Abgeordneten sind sehr oder weitgehend mit ihrer Tätigkeit zufrieden. Für fast 80 Prozent der Abgeordneten hatte sich an dieser Einschätzung auch binnen vier Jahren nur sehr wenig geändert: 68 Prozent der Befragten blieben kontinuierlich zufrieden. Zehn Prozent sahen ihre eigene Tätigkeit seit 2004 als unverändert unbefriedigend an, hatten aber trotzdem erfolgreich erneut kandidiert und das Mandat angetreten. Weitere 13 Prozent bekundeten in der Befragung 2007 weniger Gefallen an ihrer Mandatstätigkeit als in der Befragung vier Jahre zuvor. Mit dieser Enttäuschung ging auch ein starker Wunsch nach Mandatsaufgabe einher (siehe *Abbildung 3*). Auch unter jenen, die seit 2003/4 mit ihrem Mandat *kontinuierlich* unzufrieden waren, befanden sich überproportional viele Volksvertreter, die ihre Karriere im Parlament entweder nicht mehr oder nur noch vielleicht fortsetzen wollten. Offensichtlich führt eine generelle Unzufriedenheit mit der Mandatstätigkeit vor allem dann zur Mandatsaufgabe, wenn sie über einen längeren Zeitraum besteht. Dieses Verhältnis unterstreicht den *beruflichen* Charakter der Politik, da die Sicherung des Lebensunterhalts nicht ohne weiteres aufgegeben werden kann, sobald der ausgeübte Beruf als nicht mehr vollständig befriedigend empfunden wird. Ein Blick auf die statistischen Zusammenhangsmaße unterstützt diese Einschätzung, denn der signifikante Zusammenhang zwischen Mandatszufriedenheit und Wiederwahlabsicht ist relativ schwach ausgeprägt (Cramers V = 0,14, $p < 0,01$).

---

22 Das gilt nicht für die Abgeordneten aus Hessen, die zweimal in derselben Legislaturperiode befragt wurden.
23 Frageformulierung: „Einmal ganz allgemein betrachtet: Wie befriedigend ist für Sie persönlich Ihre Tätigkeit als Parlamentarier(-in): Ist sie sehr befriedigend, weitgehend befriedigend, einigermaßen befriedigend oder eher unbefriedigend?" Hierbei wurden „sehr/weitgehend befriedigend" sowie „einigermaßen/eher unbefriedigend" zusammengefasst.

Abbildung 3: Wandel der Wiederwahlabsicht nach Wandel der Mandatszufriedenheit

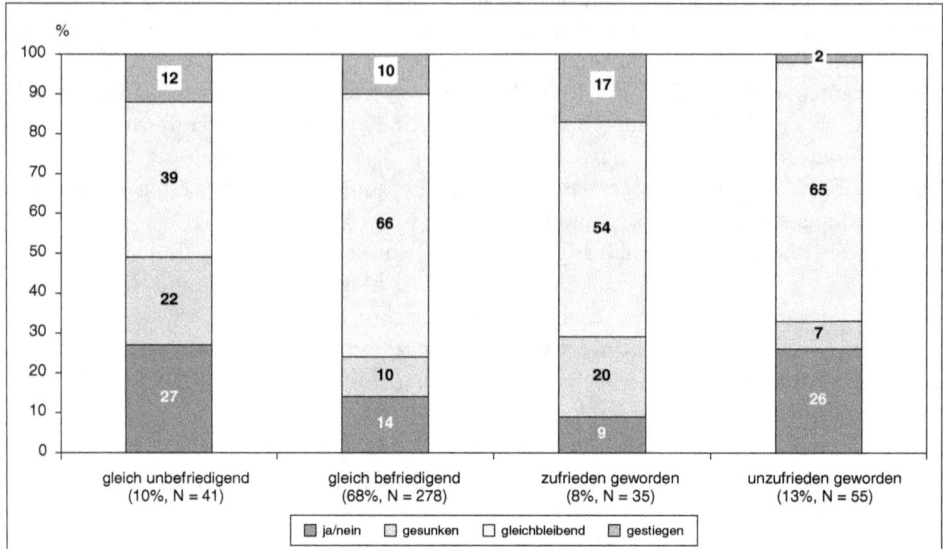

5.2 Das Mandat als Beruf

Die generelle Mandatszufriedenheit lässt nur schwer erkennen, *welche* Aspekte der Mandatsausübung die befragten Parlamentarier in die Bewertung einbezogen haben. Deshalb prüfen wir, welche *konkreten* Opportunitätsfaktoren der individuellen Mandatsausübung die Wiederwahlabsicht determinieren. In einer ersten Annäherung kann zwischen einer beruflichen und einer politischen Dimension der Abgeordnetentätigkeit differenziert werden. Unter den beruflichen Aspekten verstehen wir solche Merkmale der politischen Tätigkeit, welche auch nicht-politische Berufe kennzeichnen, wobei hier die Vereinbarkeit von Beruf und Privatleben im Mittelpunkt steht. Die genuin politische Dimension wird über die Einschätzung des eigenen politischen Gestaltungsspielraums untersucht.

In der parlamentarischen Arbeit stellt es ebenso wie in sonstigen Professionen mit vergleichbaren Qualifikationsprofilen eine Herausforderung dar, die berufliche Beanspruchung und das Privatleben miteinander in Einklang zu bringen. Zunächst empfand eine Mehrheit von 53 Prozent der befragten Abgeordneten beider Erhebungswellen die Vereinbarkeit von Beruf und Privatleben unverändert als großes oder sehr großes Problem.[24] Allerdings zeigten die Parlamentarier ein erstaunlich hohes Maß an Toleranz gegenüber privaten Beeinträchtigungen. Selbst die Abgeordneten, die in einem Vierjahresintervall unverändert über eine erhebliche Beeinträchtigung ihres Privatlebens klag-

---

24 Frageformulierung: „Ist zu wenig Zeit für das Privatleben ein sehr großes, ein großes, ein kleineres oder kein Problem?" Anschließend wurden die Antwortvorgaben „sehr großes/großes Problem" und „kleineres/kein Problem" zusammengefasst.

Abbildung 4: Wandel der Wiederwahlabsicht nach Wandel der Vereinbarkeit von Beruf und Privatleben

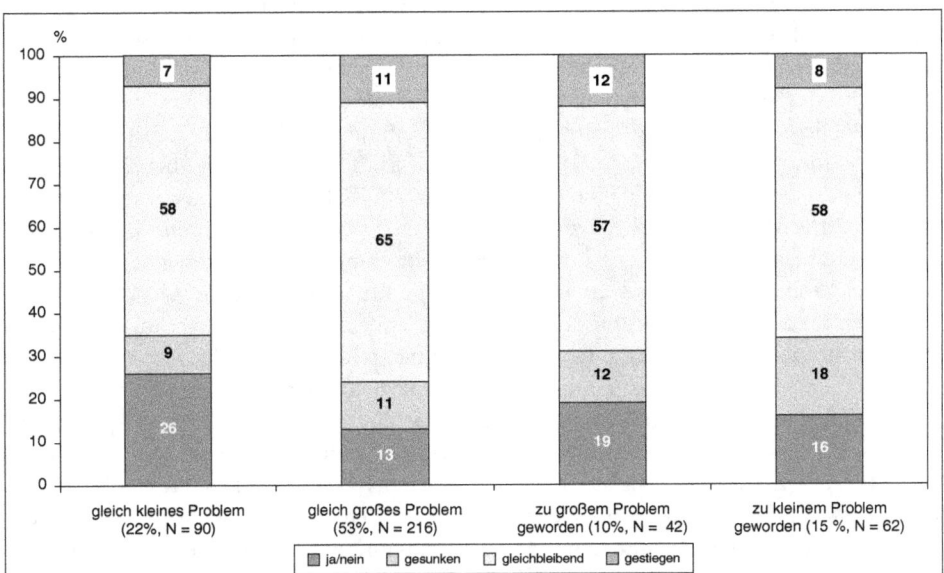

ten, wollten überwiegend ihre Karriere fortsetzen. Überraschend ist der leicht überdurchschnittlich ausgeprägte Wunsch nach Beendigung der Karriere unter jenen Mandatsträgern, die keine Beeinträchtigung des Privatlebens durch ihre politische Tätigkeit beklagten. Offensichtlich zieht die Wahrnehmung, zu wenig Zeit für das Privatleben zu haben, selten eine Beendigung der parlamentarischen Karriere nach sich. Vielmehr scheint die mangelnde Freizeit ein Indikator für ein gesteigertes Engagement im Dienst von Mandat und Partei zu sein. Äußern die Parlamentarier hingegen eine hohe oder gestiegene Kompatibilität zwischen Privatleben und Mandat, scheint das ein Hinweis auf ein geringeres Engagement und damit auf die beabsichtigte Beendigung der parlamentarischen Karriere zu sein. Ist aber ein Ausstieg aus der parlamentarischen Laufbahn noch nicht geplant, dann hindert auch ein beeinträchtigtes Privatleben nicht an der Fortsetzung des Mandats. Allerdings ist der Zusammenhang sehr schwach und nicht signifikant (Cramers V = 0,10, p > 0,05), wodurch sich erneut ein großes Ausmaß an Mandatsverhaftung auch unter persönlich belastenden Bedingungen der Berufsausübung zeigt.

5.3 Das Mandat als politische Gestaltungsmöglichkeit

Die Ausübung eines Abgeordnetenmandats ist explizit durch den Anspruch auf Mitgestaltung politischer Entscheidungen und gesellschaftlicher Prozesse gekennzeichnet. Abgeordnete leben nämlich nicht nur *von*, sondern auch *für* die Politik, und es liegt nahe, dass sie in den Möglichkeiten der Politikgestaltung eine zentrale Motivation ihrer parlamentarischen Tätigkeit sehen. Wenn dies zutrifft, können wir davon ausgehen, dass die Parlamentarier umso eher an die Beendigung ihrer Karriere denken, je geringer sie ihre Gestaltungsmöglichkeiten einschätzen.

Eine relative Mehrheit von 45 Prozent der Abgeordneten sah zu beiden Befragungszeitpunkten ihre Erwartungen über den Umfang des eigenen Gestaltungsspielraums erfüllt; rund ein Drittel der Abgeordneten war unzufrieden; und fast ein Fünftel gab sich angesichts der durch das Mandat gebotenen Mitwirkungsmöglichkeiten positiv überrascht.[25] Diese Einschätzung unterlag jedoch einem starken Wandel: Rund 40 Prozent der Abgeordneten revidierten im Jahre 2007 ihre Einschätzung gegenüber 2003. Dabei schätzten 20 Prozent ihre Möglichkeiten im Jahr 2007 als größer ein, während sich die anderen 20 Prozent im Vergleich zu ihren früheren Erwartungen nun enttäuscht gaben. Daraus ergibt sich eine nahezu unveränderte Verteilung auf der Aggregatebene bei einem gleichzeitig hohen Grad an individueller Fluktuation. Sind die Gestaltungsmöglichkeiten in der Wahrnehmung der befragten Mandatsträger zurückgegangen, so sinkt tendenziell auch die Wiederwahlabsicht. Allerdings scheinen sich die Abgeordneten an ihren geringeren Gestaltungsspielraum gewöhnen zu können, da sich unter jenen, die schon länger von ihren Einflussmöglichkeiten enttäuscht sind, nicht mehr potenzielle Karriereabbrecher (14 Prozent) als im Durchschnitt befinden (17 Prozent). Auch der Blick auf das Zusammenhangsmaß (Cramers V = 0,10, p > 0,05) bestätigt die Vermutung, dass die Enttäuschung über den unzureichenden Gestaltungsspielraum im Zeitverlauf nicht in einer bekundeten Karrierebeendigung resultiert, wie dies bei abnehmender Mandatszufriedenheit der Fall war. Offenbar wird die Mandatsverhaftung nicht entscheidend durch die politischen Gestaltungsmöglichkeiten des Mandats beeinflusst. Möglicherweise trägt dazu die beschriebene Fluktuation in der Einschätzung der eigenen Einflussmöglichkeiten bei, denn enttäuschte Abgeordnete können durchaus mit einer späteren Erweiterung ihres Gestaltungsspielraums rechnen.

5.4 Spitzenpositionen in Parlament und Regierung

Herausgehobene Positionen in Parlament oder Regierung bedeuten in verschiedener Hinsicht eine Verbesserung gegenüber dem einfachen Mandat. Neben den höheren monatlichen Bezügen, die je nach ausgeübter Position das Anderthalbfache bis Doppelte der Grunddiäten betragen, sind solche Führungspositionen auch mit einer größeren öffentlichen Wahrnehmung und mit einem höheren Prestige verbunden. Der Verlust einer parlamentarischen Führungsfunktion bedeutet oftmals eine Verschlechterung der individuellen politischen Position, die dennoch selten zu einer freiwilligen Mandatsbeendigung führen dürfte. Denn aufgrund der hohen Konkurrenz um die wenigen verfügbaren Spitzenpositionen kann davon ausgegangen werden, dass Spitzenpolitiker im Vergleich zu Hinterbänklern umfangreichere Karriereinvestitionen tätigen mussten und deshalb ein stärkeres Interesse an ihrer parlamentarischen Karriere und am Verbleib in der Berufspolitik haben (Herzog 1975; Golsch 1998; Vogel 2009).

---

25 Frageformulierung: „Wenn Sie Ihre derzeitigen Gestaltungsmöglichkeiten als Parlamentarier mit Ihren ursprünglichen Erwartungen vergleichen: Sind Ihre Gestaltungsmöglichkeiten heute größer als erwartet, genau so wie erwartet oder geringer als erwartet?"

In unserer Paneluntersuchung hatten 30 der 2003/4 als Spitzenpolitiker befragten Mandatsträger bis zur Befragung von 2007 ihre herausgehobene Stellung im Parlament verloren. Besonders ehemalige Ausschussvorsitzende sowie Mitglieder der Fraktionsvorstände fanden keine statusadäquate Anschlussverwendung innerhalb des parlamentarischen Positionenmarktes. Insgesamt gaben überdurchschnittliche 26 Prozent der ehemaligen Spitzenpolitiker an, nach der laufenden Legislaturperiode ihre Mandatskarriere beenden zu wollen. Weitere 13 Prozent waren sich dieses letzten Schrittes noch nicht sicher, spielten aber bereits mit dem Gedanken, ihre Parlamentslaufbahn nicht fortzusetzen. Andererseits bedeuten die genannten Zahlen auch, dass 60 Prozent der ehemaligen Spitzenpolitiker trotz Statusverlust keine verringerte Wiederwahlambition äußerten und nach wie vor an ihrem Mandat festhielten. Eine Erklärung für die bekundete Mandatsverhaftung wird erkennbar, wenn man die Regelungen für den Anspruch auf Altersbezüge in den untersuchten Parlamenten mit dem Lebens- und Mandatsalter dieser ehemaligen Spitzenpolitiker vergleicht: Mit durchschnittlich 50 Jahren und einem Mandatsalter von drei Legislaturperioden fehlte den meisten Abgeordneten dieser Gruppe nur noch eine Legislaturperiode, um ohne verringerte Pensionsbezüge in den Ruhestand zu treten.[26]

Auf den ersten Blick kontraintuitiv ist die überproportional stark gesunkene Wiederwahlabsicht unter den gerade in eine Top-Position aufgestiegenen Abgeordneten. Eine detaillierte Analyse dieser Abgeordneten zeigt allerdings, dass es sich bei jenen, die ihre Mandatskarriere definitiv nicht fortsetzen wollten, überwiegend um Mitglieder von Regierungsfraktionen handelt, welche nach einer Mandatskarriere von drei bis vier Legislaturperioden im durchschnittlichen Alter von mehr als 58 Jahren ihre parlamentarische Karriere als Mitglieder des Fraktionsvorstandes abschließen können.

Die bisher geschilderten beruflichen und politischen Aspekte der Mandatsausübung sowie ihre geringe Erklärungskraft für die Fortsetzung der politischen Karriere legen die Vermutung nahe, dass mit der Mandatsausübung verbundene *Probleme* selten zu einer freiwilligen Aufgabe der politischen Karriere führen.

5.5 Der Reiz der Mandatsalternativen

Der in den vorangegangen Ausführungen angedeutete berufliche Charakter der parlamentarischen Tätigkeit wird auch von den Abgeordneten mehrheitlich bestätigt. Bezieht man alle befragten Abgeordneten ein, so bezeichneten rund 80 Prozent ihre Tätigkeit als einen richtigen Beruf. An dieser Einschätzung änderte sich für mehr als 90 Prozent der Befragten auch nichts zwischen den Befragungswellen.[27] Selbst eine große Mehrheit von 71 Prozent der Abgeordneten, die sich zum Zeitpunkt der ersten Befragung als Neulinge im Parlament befanden, nahm ihre Tätigkeit nicht erst im Verlauf der letzten vier Jahre, sondern von Beginn an als richtigen Beruf wahr. Dieser Wahrnehmung entspricht es, dass nur 25 Prozent aller 2003 und 2007 befragten Abge-

---

26 Siehe hierzu die Regelungen der parlamentarischen Altersversorgungsleistungen Jahr (2008).
27 Itemformulierung: „Abgeordnete(r) sein ist ein richtiger Beruf." „Trifft eher zu" und „trifft voll und ganz zu" wurde dabei zusammengefasst. Weitere Antwortmöglichkeiten waren „trifft eher nicht zu" und „trifft gar nicht zu".

ordneten nach eigenen Angaben einer weiteren Erwerbstätigkeit nachgingen.[28] Daran änderte sich auch im Zeitverlauf nur wenig: Rund sieben Prozent beendeten ihre außerparlamentarische Nebentätigkeit, fünf Prozent nahmen eine solche auf. Diejenigen, die kontinuierlich einer Erwerbstätigkeit außerhalb des Parlaments nachgingen, äußerten überdurchschnittlich häufig (72 Prozent) eine unverändert positive Wiederwahlabsicht. Die Entscheidung fällt also *vor* Antritt des Mandats: Personen, die ihre privatbürgerliche berufliche Tätigkeit nicht aufgeben möchten, treten nur dann ein Mandat an, wenn sie diese Doppelbelastung auf Dauer bewältigen können. Eine dauerhafte Nebentätigkeit stellt demnach keine Alternative zum Parlamentsmandat dar und verringert somit die Mandatsverhaftung nicht. Dagegen ist eine erst während des Mandats begonnene Nebentätigkeit durchaus Indikator einer gesunkenen Mandatsverhaftung, da sie mit einem leichten Anstieg der selbst bekundeten Karrierebeendigung einhergeht (23 Prozent). Insgesamt sind die Zusammenhänge jedoch schwach und nicht signifikant (Cramers V = 0,10, p > 0,05).

Entscheidender für die Wiederwahlabsicht sind die sich bietenden Karrierealternativen *nach* der Mandatsbeendigung. Bezieht man alle Parlamentarier ein und fragt, welche berufliche Perspektive sie nach einem möglichen Ausstieg aus der Politik verfolgen wollen, steht dabei sowohl 2003 als auch 2007 die Rückkehr in den Herkunftsberuf mit 36 Prozent an erster Stelle – dicht gefolgt von der Aufnahme einer neuen beruflichen Tätigkeit (32 Prozent).[29] Rund ein Viertel aller Mandatsträger strebt hingegen einen direkten Wechsel von der Mandatstätigkeit in den Ruhestand an.[30] Bei den hier im Zentrum stehenden wiederholt befragten Abgeordneten hat sich dieser Anteil zwischen 2003 und 2007 sogar auf 32 Prozent erhöht – ein Hinweis auf das um vier Jahre gestiegene Durchschnittsalter dieser Gruppe.

Die Möglichkeit, nach der Beendigung des Mandats in den Ruhestand zu treten, verringert die Wiederwahlabsicht dramatisch: Bei 44 Prozent der Abgeordneten, die diesen Schritt bereits seit 2003/4 vor Augen hatten, besteht vier Jahre später keine Wiederwahlabsicht mehr, und unter denjenigen, die erst 2007 angaben, nach ihrem Mandat in Rente zu gehen, wollten überdurchschnittliche 23 Prozent ebenfalls nicht mehr erneut kandidieren. Umgekehrt planen unterdurchschnittlich (9 Prozent) wenige Abgeordnete, die auch 2007 noch keine Aussicht auf Ruhestand haben, eine Beendigung ihrer parlamentarischen Karriere. Hierbei erweist sich der Zusammenhang als mittelstark und signifikant (Cramers V = 0,21, p < 0,01).

Neben den genannten außerpolitischen Alternativen ist es für die Abgeordneten auch möglich, andere politische Positionen anzustreben, wobei diese nur dann eine echte Mandatsalternative darstellen, wenn sie ein Leben *von* der Politik ermöglichen. Allerdings stellt diese Art der Fortsetzung einer politischen Laufbahn eine Ausnahme für jene dar, die zur Beendigung ihrer parlamentarischen Karriere gewillt sind: Gerade einmal 15 Prozent aller 2003 und 2007 befragten Abgeordneten streben nach dem Mandat überhaupt eine weitere politische Position an, wobei fast zwei Drittel von ih-

---

28 Frageformulierung: „Üben Sie neben Ihrem Mandat noch eine Erwerbstätigkeit aus?" Antwortmöglichkeiten: „Ja", „Nein".
29 Vergleiche dazu die Angaben zum beruflichen Verbleib der befragten ehemaligen Parlamentarier in *Abbildung 1*.
30 Sonstiges" als Residualkategorie haben jeweils rund fünf Prozent gewählt.

nen lediglich ein kommunales Mandat, also eine formal ehrenamtliche Funktion, übernehmen will.

Mit der Beendigung ihrer Mandatstätigkeit beabsichtigen die meisten Abgeordneten also auch einen Ausstieg aus der gesamten hauptberuflichen Politik, wobei dies oft mit einem Übergang vom Berufsleben in die Pensionierung oder Rente verbunden ist. Für diesen Übergang ist entscheidend, dass Pensionsansprüche geltend gemacht werden können. Da die Abgeordneten durchschnittlich acht bis zwölf Jahre im Parlament tätig waren, bilden die aus dieser Zeit resultierenden Pensionsansprüche einen wichtigen Bestandteil ihrer Altersversorgung. Der Vergleich der Karrierestrukturdaten mit den in den Abgeordnetengesetzen fixierten Fristen für den Bezug einer Altersentschädigung offenbart, dass es den Parlamentariern und Parteien vor allem in den westdeutschen Landtagen und im Bundestag gelungen ist, ein System der Mandatsvergabe zu etablieren, welches fast zwei Drittel der Volksvertreter so lange im Parlament hält, bis sie Ansprüche auf Altersversorgungsleistungen erworben haben. Nur aufgrund des historisch bedingt hohen Anteils an Kurzkarrieren unter den Parlamentariern der ersten Stunde schieden die Parlamentarier in Berlin und in den neuen Bundesländern – außer in Thüringen – überproportional häufig ohne Pensionsansprüche aus ihrer Mandatskarriere aus (siehe *Tabelle 3*).

Tabelle 3: Anteil der Karrieren mit Pensionsanspruch

Parlament	Mindestzugehörigkeit für Pensionsanspruch (in Jahren)[1]	Anteil an Karrieren mit Pensionsanspruch (in Prozent)
Bundestag	8	71,8
Europaparlament	8	65,3
Baden-Württemberg	8 bzw. 10[1]	69,2
Hessen	6	67,8
Saarland	10	55,4
Schleswig-Holstein	8	65,4
Berlin	7 bzw. 9[1]	41,6
Brandenburg	8	36,4
Mecklenburg-Vorpommern	8 bzw. 1[1]	50,8
Sachsen	8 bzw. 10[1]	33,9
Sachsen-Anhalt	6 bzw. 1[1]	51,1
Thüringen	4 bzw. 6[1]	85,7
insgesamt[2]		61,2

[1] Die zweite Jahreszahlangabe bezieht sich auf die Neuregelung der jeweiligen Fristen im Untersuchungszeitraum (für Details siehe Jahr 2008). Die Neuregelungen wurden bei der Berechung des Anteils an pensionsberechtigten Karrieren (Spalte 3) aber nur berücksichtigt, wenn die Zeitspanne zwischen dem Inkrafttreten der Gesetzesänderung und dem Ende des Untersuchungszeitraums länger als die Mindestdauer für die Anwartschaft war.
[2] Nach der Parlamentsgröße gewichtet.

Quelle: Strukturdatensatz SFB/580 Projekt A3.

6. Fazit

Die berichteten Daten charakterisieren eine parlamentarische Karriere mit früheren Befunden übereinstimmend als episodisch, anspruchsvoll in den Zugangsvoraussetzungen und durch die Parteien beeinflusst (Weege 2003; Borchert/Stolz 2003; Cotta/Best 2007: 13 ff.; Best/Jahr 2006). Das hohe Einstiegsalter in den parlamentarischen Beruf ist dabei vor allem auf die kollektiven und die individuellen Mandatssicherungsstrategien der Amtsinhaber *und* ihrer Parteien zurückzuführen. Der daraus resultierende *cursus honorum* bis zum Einstieg in das Mandat dient jedoch – gemäß den Annahmen der Prinzipal-Agent-Theorie – nicht allein dem Kandidatenscreening. Vielmehr ermöglicht die langjährige Bewährungsfrist einen längeren Verbleib der Abgeordneten in ihrem Parlamentsmandat, weil durch sie die Anzahl potenzieller Nachfolger begrenzt wird. Zugleich bietet der *cursus honorum* den potenziellen Abgeordneten die Möglichkeit, ihren Parteien zu zeigen, dass sie in der Lage und willens sind, im Interesse der Partei zu handeln.

Die Position der Parteien in der Delegationskette bedingt, dass sie sowohl Agenten ihrer Wähler als auch Prinzipale ihrer Abgeordneten sind, womit unterschiedliche Kalküle einhergehen. Als Agenten müssen die Parteien darum bemüht sein, solche Abgeordnete zu selektieren, die in den Augen der Wähler zur Mandatsausübung geeignet erscheinen. Um dies beurteilen und demonstrieren zu können, werden den potenziellen Agenten im Verlauf des *cursus honorum* nach und nach mehr Positionen, Aufgaben und Einflussmöglichkeiten übertragen. Parallel dazu durchlaufen sie eine berufliche Karriere, die sie zum Zeitpunkt der erstmaligen Rekrutierung oftmals in eine etablierte berufliche Position geführt hat. Abgeordnete, die ihre Partei erfolgreich gegenüber den Wählern vertreten können, haben deshalb meistens politisches und symbolisches Kapital akkumuliert und ihren Einfluss auf ihre Partei erweitert. Daran kann den Parteien in ihrer zweiten Funktion als Prinzipale der Abgeordneten jedoch wenig gelegen sein, sind sie doch an Abgeordneten interessiert, deren Loyalität und Parteidisziplin durch politische und ökonomische Abhängigkeit gesichert sind.

Somit ergibt sich eine Situation, die zunächst als Dilemma für die Parteien erscheint: Je wichtiger ihnen die erworbenen und unter Beweis gestellten Qualifikationen sind, desto eher müssen sie Agenten selektieren, die weitreichende Autonomie in ihrer Lebensgestaltung besitzen und vergleichsweise unabhängig von ihrer Partei sind. Diese Situation stellt aber nur dann ein Dilemma für die Parteien dar, wenn nicht berücksichtigt wird, dass sich im Verlauf des Screenings ein Vertrauensverhältnis zwischen Prinzipal und Agent aufbaut, das dann entsteht, wenn sich die zukünftigen Abgeordneten loyal zu ihrer Partei verhalten haben. Zugleich wird die Unterscheidung zwischen Prinzipal und (zukünftigem) Agenten teilweise aufgehoben, da die Abgeordneten Führungspositionen innerhalb der Parteien einnehmen. Dadurch sinkt die Wahrscheinlichkeit divergierender Interessen zwischen Partei und Abgeordneten und verringert die Gefahr eines *moral hazard*, also eines Zuwiderhandelns des Agenten gegen die Interessen seines Prinzipals.

Oftmals bewähren sich im Screeningprozess jedoch Personen, für die ein parlamentarisches Mandat nicht zwingend – und oft auch nicht faktisch – eine materielle Verbesserung ihrer beruflichen Situation darstellt. Damit die von der Partei als geeignet empfundenen Agenten in dieser Lage ein Mandat antreten, wird offensichtlich stillschweigend eine hinreichend lange Parlamentsmitgliedschaft und dadurch unter anderem der Anspruch auf Altersversorgungsleistungen der Parlamente in Aussicht gestellt. Die Parteien können also die *ultima ratio* einer Verweigerung der Re-Nominierung nicht allzu oft einzusetzen, wenn sie in der Lage bleiben wollen, fähige Mandatsträger zu rekrutieren.

Im Wesentlichen obliegt daher den Abgeordneten die Entscheidung, ob sie ihr Mandat fortsetzen wollen. Somit gelangen die Determinanten der selbstgewählten, d. h. nicht durch die Partei oder das Elektorat bedingten, Mandatsbeendigung ins Blickfeld. Als wichtigste Determinante wurde die „einfangende Karriere" erkannt: Der Prozess des Screenings mit seinen notwendigen Investitionen und die mit fortdauernder parlamentarischer Tätigkeit anhaltende De-Professionalisierung im bürgerlichen Beruf bedingen, dass Abgeordnete erst dann aus der Mandatstätigkeit ausscheiden wollen, wenn sich ihre Investitionen amortisiert haben bzw. die eigene ökonomische Basis auch nach dem Mandat gesichert ist. Solange diese Situation nicht eingetreten ist, führen auch ungünstige Bedingungen und Widrigkeiten der Mandatsausübung nur selten – und vor allem nicht sofort – zu einer freiwilligen Beendigung der parlamentarischen Karriere.

Literatur

Andreß, Hans-Jürgen/Best, Heinrich/Sombert, Kurt, 1991: Die Mandatsdauer in den deutschen Reichstagen 1867-1918. Eine Anwendung neuer Methoden der Analyse historischer Verlaufsdaten, in: *Best, Heinrich/Thome, Helmut* (Hrsg.), Neue Methoden der Analyse historischer Daten. St. Katharinen: Scripta-Mercaturae-Verlag, 171-200.

Best, Heinrich, 2003: Der langfristige Wandel politischer Eliten in Europa 1867-2000. Auf dem Weg der Konvergenz?, in: *Hradil, Stefan/Imbusch, Peter* (Hrsg.), Oberschichten. Eliten. Herrschende Klassen. Opladen: Leske + Budrich, 369-399.

Best, Heinrich, 2005: Auf dem Weg zum Berufspolitiker? Die partielle Professionalisierung der Thüringer Parlamentarier, in: *Thüringer Landtag* (Hrsg.), Der Thüringer Landtag und seine Abgeordneten 1990-2005. Studien zu 15 Jahren Landesparlamentarismus. Weimar: Hain Verlag, 101-112.

Best, Heinrich, 2007: New Challenges, New Elites. Changes in Recruitment and Career Patterns of European Representative Elites, in: Comparative Sociology 6, 85-113.

Best, Heinrich, 2009: Associated Rivals. Antagonism and Cooperation in the German Political Elite, in: Comparative Sociology 8, 419-439.

Best, Heinrich/Cotta, Maurizio (Hrsg.), 2000: Parliamentary Representatives in Europe 1848-2000. Legislative Recruitment and Careers in Eleven European Countries. Oxford: Oxford University Press.

Best, Heinrich/Edinger, Michael/Jahr, Stefan/Schmitt, Karl, 2002: Arbeits- und Ergebnisbericht des Teilprojektes A3. Herausgegeben von SFB 580. DFG. Jena.

Best, Heinrich/Edinger, Michael/Jahr, Stefan/Schmitt, Karl, 2004: Zwischenauswertung der Deutschen Abgeordnetenbefragung 2003/04. Herausgegeben von SFB 580 Projekt A3, Jena. www.sfb580.uni-jena.de/typo3/uploads/media/Gesamtergebnis.pdf. 12.11.2009.

Best, Heinrich/Edinger, Michael/Vogel, Lars, 2008: Zweite Deutsche Abgeordnetenbefragung 2007. Ausgewählte Ergebnisse, herausgegeben von SFB 580. Projekt A3, Jena. www.sfb580.uni-jena. de/typo3/uploads/media/Abgeordnetenbefragung_2007.pdf. 12.11.2009.

Best, Heinrich/Jahr, Stefan, 2006: Politik als prekäres Beschäftigungsverhältnis. Mythos und Realität der Sozialfigur des Berufspolitikers im wiedervereinten Deutschland, in: Zeitschrift für Parlamentsfragen 37, 63-79.

Best, Heinrich/Vogel, Lars, 2010: The Emergence and Transformation of Representative Roles, in: *Rozenberg, Olivier/Blomgren, Magnus* (Hrsg.), Bringing Legislative Roles back in. Routledge (im Erscheinen).
Black, Gordon S., 1972: A Theory of Political Ambition. Career Choices and the Role of Structural Incentives, in: American Political Science Review 66, 144-159.
Borchert, Jens (Hrsg.), 1999: Politik als Beruf. Die politische Klasse in westlichen Demokratien. Unter Mitarbeit von *Jürgen Zeiß.* Opladen: Leske + Budrich.
Borchert, Jens, 2003: Die Professionalisierung der Politik. Frankfurt a. M. u. a.: Campus.
Borchert, Jens/Golsch, Lutz, 1995: Die politische Klasse in westlichen Demokratien: Rekrutierung, Karriereinteressen und institutioneller Wandel, in: Politische Vierteljahresschrift 35, 609-629.
Borchert, Jens/Stolz, Klaus, 2003: Die Bekämpfung der Unsicherheit. Politikerkarrieren und Karrierepolitik in der Bundesrepublik Deutschland, in: Politische Vierteljahresschrift 44, 148-173.
Cotta, Maurizio/Best, Heinrich (Hrsg.), 2007: Democratic Representation in Europe. Diversity, Change, and Convergence. Oxford: Oxford University Press.
Downs, Anthony/Wildenmann, Rudolf, 1968 (erstmals 1957): Ökonomische Theorie der Demokratie. Tübingen: Mohr.
Edinger, Michael, 2009a: Parteikohäsion und Parteidistanzen. Intrafraktionelle Geschlossenheit und interfraktionelle Unterschiede im Thüringer Landtag, in: *Liedhegener, Antonius/Schmitt, Karl* (Hrsg.), Parteiendemokratie in der Bewährung. Festschrift für Karl Schmitt. Baden-Baden: Nomos, 297-316.
Edinger, Michael, 2009b: Profil eines Berufsstands: Professionalisierung und Karrierelogiken von Abgeordneten im vereinten Deutschland, in: *Schöne, Helmar/Blumenthal, Julia von* (Hrsg.), Parlamentarismusforschung in Deutschland. Ergebnisse und Perspektiven 40 Jahre nach Erscheinen von Gerhard Loewenbergs Standardwerk zum Deutschen Bundestag. Baden-Baden: Nomos, 177-215.
Edinger, Michael, 2010: Elite Formation and Democratic Elitism in Central and Eastern Europe: A Comparative Analysis, in: *Best, Heinrich/Highley, John* (Hrsg.), Democratic Elitism: New Theoretical and Comparative Perspectives. Leiden, Boston: Brill, 129-151.
Fiorina, Morris P., 1994: Divided Government in the American States. A Byproduct of Legislative Professionalism?, in: American Political Science Review 88, 304-316.
Geißel, Brigitte/Edinger, Michael/Pähle, Katja, 2004: Die Professionalisierung politischer Eliten, in: *Rabe-Kleberg, Ursula* (Hrsg.), Der gesellschaftliche Umgang mit der Ungewissheit. Berufe und Professionen als Beispiel. Jena: Universität Jena/SFB 580 (SFB-Mitteilungen, 13), Bd. 13, 37-51.
Gerlach, Knut/Schmidt, Elke Maria, 1989: Unternehmensgröße und Entlohnung, in: Mitteilungen aus der Arbeitsmarkt- und Berufsforschung 22, 355-373.
Godmer, Laurent, 2002: Les mutations du capital representatif. la selection des representants regionaux. Paris: o. N.
Golsch, Lutz, 1998: Die politische Klasse im Parlament. Politische Professionalisierung von Hinterbänklern im Deutschen Bundestag. Baden-Baden: Nomos.
Grossman, Sanford J./Hart, Oliver D., 1983: An Analysis of the Principal Agent Problem, in: Econometrica 51, 7-46.
Herzog, Dietrich, 1975: Politische Karrieren. Selektion und Professionalisierung politischer Führungsgruppen. Opladen: Westdeutscher Verlag.
Herzog, Dietrich, 1990: Der moderne Berufspolitiker. Karrierebedingungen und Funktion in westlichen Demokratien, in: *Wehling, Hans-Georg/Hoffmann-Lange, Ursula* (Hrsg.), Eliten in der Bundesrepublik Deutschland. Stuttgart: Kohlhammer, 28-51.
Jahr, Stefan, 2008: Verlaufsmuster parlamentarischer Karrieren. Eine Analyse der parlamentarischen Karrieren deutscher Europaparlamentsabgeordneter, Bundes- und Landesparlamentarier. Dissertation. Jena: Friedrich-Schiller-Universität, Institut für Soziologie.
Linder, Wolf/Z'graggen, Heidi, 2004: Professionalisierung der Parlamente im internationalen Vergleich. Studie im Auftrag der Parlamentsdienste der Schweizerischen Bundesversammlung. Herausgegeben von der Schweizerischen Bundesversammlung. Institut für Politikwissenschaft Universität Bern. www.parlament.ch/ed-pa-prof-parl-int.pdf.

Lock, Stefan, 1998: Ostdeutsche Landtagsabgeordnete 1990-1994. Vom personellen Neubeginn zur politischen Professionalisierung? Berlin: Verlag für Wissenschaft und Forschung.

Ludwig-Mayerhofer, Wolfgang, 1994: Statistische Modellierung von Verlaufsdaten in der Analyse sozialer Probleme. Teil I + II: Datenauswertung, in: Zeitschrift für Soziale Probleme und soziale Kontrolle 5, 115-143, 229-263.

Matthews, Donald R., 1954: The Social Background of Political Decision-Makers. Garden City. New York: Doubleday.

Milgrom, Paul R./Roberts, John, 1992: Economics, Organization and Management. Englewood Cliffs, NJ: Prentice-Hall.

Mooney, Christopher Z., 1994: Measuring U.S. State Legislative Professionalism. An Evaluation of Five Indices., in: State and Local Government Review 26, 70-78.

Müller, Wolfgang C./Bergman, Torbjörn/Strøm, Kaare, 2006: Parliamentary Democracy: Promise and Problems, in: *Strøm, Kaare/Müller, Wolfgang C./Bergman, Torbjörn* (Hrsg.), Delegation and Accountability in parliamentary Democracies. Oxford: Oxford University Press, 3-32.

Prewitt, Kenneth, 1965: Political Socialization and Leadership Selection, in: Annals of the American Academy of Political and Social Science 361, 96-111.

Putnam, Robert D., 1976: The Comparative Study of Political Elites. Englewood Cliffs N.J.: Prentice-Hall.

Scheuch, Erwin Kurt/Scheuch, Ute, 1995: Bürokraten in den Chefetagen. Deutsche Karrieren. Spitzenmanager und Politiker heute. Reinbek bei Hamburg: Rowohlt.

Schwartz, David C., 1969: Toward a Theory of Political Recruitment, in: The Western Political Quarterly 22, 552-571.

Squire, Peverill, 1988: Career Opportunities and Membership Stability in Legislatures, in: Legislative Studies Quarterly 13, 65-82.

Squire, Peverill, 1992: Legislative Professionalization and Membership Diversity in State Legislatures, in: Legislative Studies Quarterly 17, 69-79.

Strøm, Kaare, 2006: Parliamentary Democracy and Delegation, in: *Strøm, Kaare/Müller, Wolfgang C./Bergman, Torbjörn* (Hrsg.), Delegation and Accountability in Parliamentary Democracies. Oxford: Oxford University Press, 55-106.

Thüringer Landtag (Hrsg.), 2005: Der Thüringer Landtag und seine Abgeordneten 1990-2005. Studien zu 15 Jahren Landesparlamentarismus. Weimar: Hain Verlag.

Verzichelli, Luca/Lo Russo, Michele, 2010: Reshaping Political Careers in Post-transition Italy. A Synchronic Analysis, in: *Edinger, Michael/Jahr, Stefan* (Hrsg.), Political Careers in Europe. Career Patterns in Multi-Level Systems. Baden-Baden: Nomos.

Vogel, Lars, 2009: Der Weg ins Kabinett. Karrieren von Ministern in Deutschland. Frankfurt a. M.: Peter Lang Verlag.

Weege, Wilhelm, 2003: Karrieren, Verhaltensmerkmale und Handlungsorientierungen von Bundestagsabgeordneten. Herausgegeben von den Wissenschaftlichen Diensten des Deutschen Bundestages. Deutscher Bundestag. Berlin (WD1 – 069/03).

Wie gewonnen, so zerronnen?
Selektions- und Deselektionsmechanismen in den Karrieren deutscher Bundesminister

Jörn Fischer / André Kaiser

1. Einleitung*

Karrieren von Berufspolitikern besitzen eine triviale Gemeinsamkeit: Sie beginnen und sie enden. Diese beiden Aspekte stehen im Mittelpunkt des vorliegenden Beitrags. Dabei konzentrieren wir uns auf ein Amt, das von vielen Berufspolitikern als Karrierehöhepunkt angestrebt wird: das des Bundesministers. Auf welchen Pfaden gelangen Bundesminister in ihr Amt? Unter welchen Umständen geben sie es wieder auf? Und welcher Zusammenhang ist erkennbar zwischen der Selektion und der Deselektion? Unser Hauptaugenmerk gilt dabei der Frage, inwiefern für Bundesminister standardisierte Karrierepfade erkennbar sind, und ob diese von den Parteien streng kontrollierten Zugangswege aus dem Rekrutierungspool in ein Ministeramt und wieder hinaus eher homogen oder heterogen strukturiert sind.

Bis heute gibt es in der Ministerforschung kaum einen Beitrag über die Karriereverläufe von Regierungsmitgliedern, der auf Blondels Zitat „the study of ministers and of ministerial careers is in its infancy" (1985: 8) verzichten und ihm nicht ungebrochene Aktualität bescheinigen würde. Mag diese Aussage zumindest für den internationalen Vergleich peu à peu an Gültigkeit verlieren (zuletzt Dowding/Dumont 2009a), so kann sie für den Stand der bundesdeutschen Ministerforschung bedenkenlos aufrecht erhalten werden. Die geringe Beschäftigung der deutschen Politikwissenschaft mit dem gouvernementalen Personal ist in der Tat auffällig, zumal vor dem Hintergrund der Bedeutung, die der Ressource Personal in anderen Disziplinen wie der Betriebswirtschaftslehre oder der Verwaltungswissenschaft zukommt (Plöhn 2001: 18). Einen Beitrag zur Behebung dieses Defizits leisten Kempf und Merz (2001, 2008) mit zwei Kompendien zu den Kurzbiographien sämtlicher Regierungsmitglieder von 1949 bis 2006, die sich allerdings auf die Datenpräsentation, nicht auf deren Analyse konzentrieren. Schüttemeyer (1998: 231-247) untersucht die Bundestagsfraktionen als mögliche Durchgangsstationen auf dem Weg in ein Regierungsamt. Solcher Abgrenzung des Untersuchungsgegenstands entsprechend, muss dann freilich die in jüngster Zeit wachsende Gruppe von Ministern, deren Kabinettsmitgliedschaft eben keine Parlamentskarriere auf Bundesebene voranging, weitgehend unberücksichtigt bleiben. Rücktritte von Ministern stehen im Mittelpunkt von Fischer, Kaiser und Rohlfing (2006), wo anhand von über hundert Rücktrittsdiskussionen aus den Jahren 1969 bis 2005 deren Ausgang, also Rücktritt oder Nichtrücktritt, zu erklären versucht wird. Zwei weitere erwähnenswerte Beiträge mit Bezug zu Ministerrücktritten rücken die Ministerverantwortlichkeit ins Zentrum ihrer Betrachtung (Badura 1980; Wengst 1984). Die Abläufe, die Minister-

---
* Für Hinweise danken wir Simon Franzmann.

rücktritten bzw. -entlassungen vorangehen, thematisiert Plöhn (2001) umfänglich im Rahmen eines Ländervergleichs ausgewählter Administrationen in Deutschland (Brandt, Schmidt) und den USA (Nixon, Ford, Carter). Dabei beleuchtet er diese insbesondere vor dem theoretischen Hintergrund von Verantwortung und Vertrauen. Klassiker der länderübergreifenden Ministerforschung sind die Publikationen von Blondel (1985, 1991 [mit Thiébault], 1997 [mit Müller-Rommel]). Es verfügt jedoch nur die letztere Publikation über ein eigenes Länderkapitel zu Deutschland (Müller-Rommel 1997), das die Arbeits- und Funktionsweise des Kabinetts in historischer Perspektive behandelt, aber kaum auf Karrierepfade eingeht. Ähnliches gilt für Müller-Rommel (1994). Die zahlreichen Arbeiten Derliens (u. a. 1997, 2001, 2003, 2005 [mit Lang]) zielen weniger auf die politische Elite der Minister, sondern ganz überwiegend auf die Verwaltungseliten und die Ministerialbürokratie.

Die Forschung zu den Karrierewegen von deutschen Bundesministern steht also ganz am Anfang. Entsprechend haben wir sämtliche Daten entweder selbst erhoben (v. a. zur Deselektion bzw. zur Verweildauer von Ministern und zu Rücktrittsdiskussionen) oder für unsere Zwecke aufbereitet und auf den neuesten Stand (Januar 2009) gebracht. Ausgangspunkte für die Analyse der Selektion sind die Daten in Kempf und Merz (2001), Schüttemeyer (1998), Schindler (1999) und Syed Ali (2003).[1] Der Forschungslage entsprechend, geht es uns in diesem Beitrag nicht darum, spezifische Hypothesen zu formulieren und zu prüfen.[2] Vielmehr soll zunächst der Gesamtzusammenhang von Ministerkarrieren – von der Ernennung bis zum Ausscheiden – in den Blick genommen werden. Es zeigen sich Karrieremuster, die darauf hindeuten, dass sowohl die Selektion als auch die Deselektion von Bundesministern keineswegs in das Benehmen der Bundeskanzler gestellt ist, wie das Grundgesetz suggeriert, sondern die drei Strukturprinzipien des deutschen Regierungssystems – Parteienstaat, Koalitionsdemokratie, Verbundföderalismus – auf solche Personalentscheidungen informell einwirken. Für ambitionierte Politiker ist damit der Weg in das Kabinett in der Regel lang und mühsam. Sind sie aber erst einmal im Amt, können sie – den Verbleib ihrer Partei an der Regierung vorausgesetzt – mit einer langen Verweildauer rechnen.

2. Selektion

„Die Bundesminister werden auf Vorschlag des Bundeskanzlers vom Bundespräsidenten ernannt und entlassen." So sieht es das Grundgesetz in Artikel 64, Abs. 1 vor. Mit diesem kurzen Satz ist das formale Verfahren, das am Ende eines Selektions- bzw. Deselektionsprozesses steht, bereits erschöpfend beschrieben. Die einer Ernennung bzw. einer Entlassung vorangehenden Mechanismen sind durch diese Norm jedoch nicht erfasst. Das Ende der Amtszeit eines einzelnen Ministers regelt das Bundesministergesetz nur wenig ausführlicher als die Verfassung: „Das Amtsverhältnis der einzelnen Bundes-

---

1 Die für diesen Beitrag erhobenen Datensätze werden auf Anfrage zur Verfügung gestellt.
2 In einer Analyse der Rücktrittsdiskussionen, die im Hinblick auf deutsche Kabinettsminister geführt wurden, haben wir die Hypothese geprüft, dass das Konzept der Ministerverantwortlichkeit wenig erhellend ist, sondern politische Kalküle dominieren (Fischer/Kaiser/Rohlfing 2006).

minister endet außerdem mit ihrer Entlassung. Die Bundesminister können jederzeit entlassen werden und ihre Entlassung jederzeit verlangen" (BMinG § 9, Abs. 2). Ein Misstrauensvotum gegen einzelne Regierungsmitglieder ist, anders als in einigen Landesverfassungen, nicht vorgesehen. Der Bundespräsident, dem die formale Ernennung und Entlassung der Bundesminister „auf Vorschlag des Bundeskanzlers" vorbehalten ist, ist dem Grundsatz nach verpflichtet, die vom Bundeskanzler vorgeschlagenen Personen zu ernennen. Die Frage nach der Existenz eines Weigerungsrechts hat Verfassungsrechtler, Politikwissenschaftler und auch die Staatspraxis zwar in den 1950er und 1960er Jahren beschäftigt. In der Praxis ist heutzutage aber schon der öffentliche Versuch der Ablehnung eines Ministerkandidaten durch den Bundespräsidenten aus politischen oder persönlichen Gründen höchst unwahrscheinlich. Analog gilt für den Fall der Entlassung, dass der Bundespräsident dem Entlassungsvorschlag des Bundeskanzlers nachzukommen hat und einen Minister nicht etwa gegen den Willen des Regierungschefs im Amt belassen kann.

Die formalen Regelungen hinsichtlich von Selektion bzw. Deselektion lassen also breiten Spielraum für intra- und interparteiliche Verhandlungen im Kabinettsbildungsprozess und gewähren dem Kanzler zumindest formell einen hohen Grad an Autonomie, wenn es um die Entlassung von Ministern geht. Dass die *de jure* nahezu uneingeschränkte Entscheidungsmacht des Bundeskanzlers *de facto* durch zahlreiche Beschränkungen eingehegt wird, werden die nächsten Abschnitte zeigen. Ferner liegt es auf der Hand, dass die rechtlichen Grundlagen nicht dazu geeignet sind, die auf dem Weg ins Ministeramt einzuschlagenden Karrierepfade zu identifizieren und zu erklären.

Von allen Stationen der Regierungsbildung hat sich die Personalauswahl in der Geschichte der Bundesrepublik mehr als einmal als die komplizierteste Phase entpuppt (Schüttemeyer 1998: 243). Trotzdem haben personalpolitische Entscheidungen im Regierungsbildungsprozess im Vergleich zur parteipolitischen Zusammensetzung der Regierung, zum Koalitionsprogramm und zur Verteilung der Ressorts bisher die geringste wissenschaftliche Aufmerksamkeit erfahren (De Winter 2005). Dies ist umso erstaunlicher, als die Frage „Do politicians matter?" erstens durchaus Gegenstand einer ganzen Reihe politikwissenschaftlicher Untersuchungen ist und zweitens nicht durchgehend verneint wird (Carlyle 1840; Blondel 1987; Kavanagh 1990; Blondel/Müller-Rommel 1993; Elcock 2001; Chabal 2003).

Welche Kriterien für die Personalauswahl fließen in das Anforderungsprofil eines Bundesministers ein? Sicherlich lässt sich anhand fachlicher und charakterlicher Kriterien ein ideales Anforderungsprofil erstellen (Dowding/Dumont 2009b). Komplexe strategische Überlegungen des Regierungschefs, etwa hinsichtlich des Umgangs mit potenziellen Rivalen oder der Notwendigkeit der Repräsentation bestimmter Gruppen im Kabinett, machen eine vorwiegend aus derart zusammengestellten Idealministern gebildete Regierung aber unwahrscheinlich. Selbst wenn der Bundeskanzler sein Kabinett ausschließlich mit aus seiner Sicht perfekten Ministern besetzen wollte: Informelle Beschränkungen hindern ihn an einer Personalallokation nach ureigenem Gusto. Wer und was entscheiden also in Deutschland überhaupt über die Kabinettszugehörigkeit?

Parteien stellen in Deutschland „the most important screening mechanisms for parliamentary and ministerial candidates" (Saalfeld 2003: 349) dar, die selbst im Vergleich zu anderen europäischen Demokratien den Zugang zu Regierungsämtern streng kontrollieren. Dieser *ex ante*-Kontrollmechanismus, der Ministeranwärter einem umfangreichen „casting" unterwirft, ist ein wesentlicher Beitrag zur Reduzierung von Problematiken im Zusammenhang mit „adverse selection" (Strøm 2000). Allerdings ist die Reichweite der Zugangskontrolle der Parteien begrenzt: Neben dem Parteienstaat schränkt das Strukturprinzip der Koalitionsdemokratie die formale Entscheidungsfreiheit des Kanzlers stark ein. Denn die wichtigste ungeschriebene Regel bei der Auswahl des ministeriellen Personals lautet: Jede Regierungspartei verfügt hinsichtlich der Besetzung der ihr zugesprochenen Ressorts über weitgehende Autonomie. Während unter Helmut Kohl das Aussprechen dieser ungeschriebenen Regel zu erheblichen Dissonanzen im Verhältnis der Koalitionspartner führte,[3] wurde den Koalitionsparteien der Regierung Merkel ein Vorschlagsrecht für die ihnen zugesprochenen Ressorts sogar schriftlich im Koalitionsvertrag von 2005 eingeräumt. Die faktische Überlassung der Personalbesetzung der Ressorts des Koalitionspartners wird höchstens durch ein Ablehnungsrecht in schweren Fällen extremer politischer oder persönlicher Inkompatibilität gemindert; ansonsten ist der Gestaltungsspielraum des Kanzlers stark eingeschränkt. Er kann auch innerhalb der eigenen Partei über die Verteilung von Ministerposten keineswegs frei befinden, wobei sich die Entscheidungsmechanismen innerhalb der beiden großen Parteien dabei nur wenig unterscheiden. Eine zentrale Rolle kommt den Fraktionen zu, die schließlich den Kanzler wählen, ihn im Amt halten und so seine Regierungsfähigkeit parlamentarisch absichern.

Auch wenn Personalentscheidungen in aller Regel ohne *formelle* Beteiligung von Fraktion und Partei[4] getroffen werden, so müssen deren vielfältige Forderungen und Interessen gleichwohl berücksichtigt werden, damit eine Repräsentation der Vielzahl von Strömungen, und damit auch ihre Folgebereitschaft, in der Regierung gesichert ist. Dabei sieht sich der Kanzler konfrontiert mit den Ansprüchen der Träger dieser Strömungen, oft genauso verdiente wie ehrgeizige Politiker, deren Forderungen er um so weniger ignorieren kann, je stärker deren Hausmacht und Ansehen in Fraktion und Partei ist (Ismayr 2000: 207). Nicht immer in der Geschichte der Bundesrepublik gelang es den designierten Bundeskanzlern, den entsprechenden Ansprüchen der eigenen Fraktion friedlich-antizipatorisch gerecht zu werden; zuweilen bedurfte es erst massiven Drucks seitens der jeweiligen Fraktion (Schüttemeyer 1998: 242). Das Selektorat besteht dabei nicht allein aus den Fraktionsspitzen; auch die Führungszirkel der Parteien und Vertreter der wichtigsten Landesverbände sind in die Personalentscheidungen involviert.

Wurde bislang die Bedeutung der Parteien und Fraktionen für das Selektorat dargestellt, wird nun ein Blick auf die Ministrablen geworfen. Auf welcher Route erreicht ein Berufspolitiker mit dem Karriereziel Bundesminister überhaupt die Aufnahme in den Kreis der potenziell Ernennbaren? Auch hier spielen die Parteien eine Schlüsselrolle, wie schon ein kurzer Blick auf die extrem geringe Zahl der parteilosen Regierungs-

---

3 So geschehen 1993 bei der Nachfolge des zurückgetretenen FDP-Ministers Jürgen W. Möllemann, als seitens der FDP ein Nachfolger bestimmt und öffentlich erklärt wurde, nun habe der Kanzler diese Entscheidung „nachzuvollziehen". Kohls Insistieren auf seinem verfassungsmäßigen Recht zur Ernennung von Bundesministern änderte nichts an der Tatsache, dass – wie von der FDP beschlossen – Günter Rexrodt wenige Tage später als Bundeswirtschaftsminister vereidigt wurde.

4 1998 kam es zur Ausnahme von der Regel: Die Zusammensetzung der Bundesregierung wurde von den Parteitagen der Koalitionspartner bestätigt.

mitglieder zeigt: Von den 191 bis Ende 2008 ernannten Ministern[5] sind lediglich vier niemals Mitglied einer Partei gewesen (Ludwig Erhard,[6] Ludger Westrick, Hans Leussink, Werner Müller); zwei weitere traten ihrer Partei erst kurz nach der Ministerernennung bei (Siegfried Balke, CSU; Klaus Kinkel, FDP).[7] Verlässliche Daten darüber, in welchem Umfang spätere Minister bereits in einem frühen Stadium ihrer Karriere Parteiposten auf lokaler Ebene bekleideten, sind schwer erhältlich. Zu vermuten ist, dass sich ein Großteil auf lokaler und regionaler Ebene für höhere Parteiämter, etwa auf Landesebene, empfahl. Schließlich haben immerhin 59 Prozent aller Bundesminister vor ihrem Amtsantritt eine Parteifunktion auf Landesebene ausgeübt (Daten in diesem Abschnitt: eigene Berechnungen auf Grundlage der Daten von Syed Ali 2003). In Übereinstimmung mit der föderativen Struktur und der damit einhergehenden relativ großen innerparteilichen Bedeutung der regionalen Untergliederungen in der CDU (Schmid 1990) hatten 63 Prozent der CDU-Minister einen Parteiposten auf Landesebene inne. Bei der SPD liegt deren Anteil bei lediglich 52 Prozent. Die FDP erreicht 66 Prozent, und alle vier von Bündnis 90/Grünen gestellten Bundesminister hatten zuvor ein Amt in der Landespartei. Einleuchtend ist der hohe Anteilswert in den kleinen Parteien vor dem Hintergrund, dass dort die Landeslisten die einzige realistische Möglichkeit für einen Einzug in den Bundestag sind. Auf Bundesebene reduziert sich die Häufigkeit der vor dem Ministeramt bekleideten Parteiposten etwas: 54 Prozent aller Minister hatten dort ein Parteiamt inne; ein Prozentsatz, von dem die Werte von CDU und SPD nur geringfügig abweichen.

Hohe Ämter in der Partei, sei es auf Bundes- oder Landesebene, stellen einen möglichen Karrierepfad dar, sind aber kein Muss – zumal eine bedeutende Parteifunktion oft ergänzend zu anderen Ämtern und Mandaten ausgeübt wird. Dabei wird insbesondere der Bundestag häufig als Sprungbrett ins Kabinett betrachtet; schließlich fungieren Parlamente in Westeuropa für angehende Minister als „major socialization agent" (De Winter 1991: 44), wo sie sich Kenntnisse und Fähigkeiten für mögliche Kabinettsaufgaben aneignen. „General political skills are learned in parties and legislatures" (Kaiser/Fischer 2009: 143). Die Rekrutierung eines Großteils der Minister aus dem Parlament stärkt außerdem den responsiven und repräsentativen Charakter der Regierung – ein Effekt, der dadurch verstärkt wird, dass viele Bundesminister ihr Mandat auch als Regierungsmitglied sowie oft auch nach ihrem Ausscheiden aus dem Kabinett beibehalten.

Von den 191 Ersternennungen seit 1949 kamen 135 Minister (71 Prozent) aus dem Bundestag. Dabei stellen die Fraktionen für alle Parteien zwar den wichtigsten Rekrutierungspool dar, allerdings in unterschiedlichem Ausmaß (FDP: 77 Prozent von 31 Ministern; CDU/CSU: 76 Prozent von 85; SPD: 70 Prozent von 61; und Bündnis 90/Die Grünen: 50 Prozent von 4). Ancienität ist durchaus ein Kriterium: Etwa 70 Prozent derer, die vor ihrer Ernennung zum Minister ein Bundestagsmandat ausübten, wa-

---

5 Minister werden nur einmal gezählt, auch wenn sie mehrere Ressorts innehatten. Nach dieser Zählweise sind es 191 Personen, die seit 1949 ein Ministeramt auf Bundesebene bekleideten.
6 Erst im April 2007 wurde publik, dass Ludwig Erhard der CDU wohl zu keinem Zeitpunkt formal beigetreten ist.
7 Einige Minister änderten ihre Parteizugehörigkeit während ihrer Amtszeit oder zwischen zwei Ressorts. Das war allerdings ein vorübergehendes Phänomen, das den Auflösungen einiger Parteien in den Nachkriegsjahren geschuldet war.

ren bereits acht Jahre oder länger Mitglied des Parlaments.[8] Innerhalb der Fraktionen herrschen klare Hierarchien. Wer dem Führungszirkel einer Fraktion, namentlich deren Vorstand angehört, für den erhöhen sich die Chancen auf ein Ministeramt deutlich: 65 Prozent derer, die aus dem Parlament in das Kabinett einzogen, kamen aus dem Fraktionsvorstand[9] – ein Anteil, der bei Konzentration auf den engeren Kreis des geschäftsführenden Fraktionsvorstandes auf etwa 40 Prozent sinkt.

Inwiefern sind politische Aktivitäten auf lokaler und regionaler Ebene Ausgangspunkt des Wegs in Richtung Bundeskabinett? Thiébault identifiziert Deutschland als Ausreißer in der Gruppe der westeuropäischen Länder, nämlich mit einem Anteil von nicht weniger als 82 Prozent der Kabinettsmitglieder, die vor ihrer Ministerkarriere eine gewählte Position auf lokaler oder regionaler Ebene innehatten (1991: 33).[10] Vor dem Hintergrund, dass politisches Engagement in jungen Jahren zumeist auf lokaler und regionaler Ebene beginnt und sich häufig auch in Ämtern äußern kann, erscheint diese Zahl jedoch nicht unbedingt als überraschend.

Welche Rolle spielen die Landesregierungen als Rekrutierungsbasis? Wie gestaltet sich im föderalen Mehrebenensystem der Zusammenhang zwischen der Mitgliedschaft in der Exekutive eines Bundeslandes und einer möglichen Berufung ins Bundeskabinett? Von 1949 bis 2008 waren 40 der 191 ersternannten Minister (21 Prozent) zuvor Mitglied einer Landesregierung gewesen, entweder als Ministerpräsident (bzw. Bürgermeister in den Stadtstaaten) oder als Minister (Senator). In Anbetracht des Verbundcharakters des deutschen Föderalismus ist dies keine Überraschung; schließlich sind die Ministerpräsidenten der Länder konstant eingebunden in die auf der Bundesebene laufenden Politikprozesse. Viele von ihnen erwerben dabei ein deutschlandweites Profil und üben auch als Chef einer Landesregierung erheblichen Einfluss auf die Bundespolitik aus.

Im Kontext der Länderregierungen ist auffällig, dass deren Bedeutung als Rekrutierungspool in den letzten Jahren merklich zunimmt, während die Relevanz der Bundestagsfraktionen eher abgenommen hat. Dieser Trend lässt sich bei allen seit 1998 regierenden Parteien beobachten. Über die Hälfte (19 von 36) der seitdem erstmalig ernannten Minister hat eine Vergangenheit als Mitglied eines Landeskabinetts. Manchen gelang der unmittelbare Sprung von Exekutive zu Exekutive (z. B. Karl-Heinz Funke); bei anderen erfolgte er mit einer Zeitverzögerung von mehreren Jahren (Joschka Fischer etwa verließ das hessische Kabinett 1994 und gelangte 1998 ins Amt des Außenministers). Einen Erklärungsansatz dafür liefert der Umstand, dass Deutschland seitdem einen vollständigen und einen teilweisen Regierungswechsel erfahren hat, die beide eine Zusammenstellung neuer Regierungsmannschaften erforderlich machten. Gerade die rot-grüne Koalition sicherte sich dadurch nach langer Zeit auf den Oppositionsbänken die notwendige Regierungserfahrung einiger Landespolitiker. Gerhard Schröder als ehemaliger niedersächsischer Ministerpräsident vertraute dabei teilweise den ehema-

---

8 Im europäischen Vergleich errechnet De Winter für deutsche Minister eine eher kurze durchschnittliche „Wartezeit" im Parlament von 7,7 Jahren (De Winter 1991: 48; umfasst aber lediglich die Jahre 1949-1984).
9 Damit ist bei den Fraktionen von SPD und CDU/CSU der erweiterte Fraktionsvorstand gemeint; bei den kleinen Fraktionen von Bündnis 90/Die Grünen und der FDP gibt es die Trennung zwischen erweitertem und geschäftsführendem Fraktionsvorstand nicht.
10 Der durchschnittliche Anteil in 14 westeuropäischen Staaten beträgt lediglich 52,3 Prozent.

ligen Ministern seines Landeskabinetts (Karl-Heinz Funke, Jürgen Trittin). Eine Welle von Ministerrücktritten begleitete allerdings seine erste Wahlperiode, und im gleichen Zeitraum erfolgte die Abwahl einiger SPD-Ministerpräsidenten, für welche die vakanten Posten im Bundeskabinett gerade zur rechten Zeit kamen (Hans Eichel, Reinhard Klimmt, später Sigmar Gabriel). Damit übernimmt die Bundespolitik eine Auffangfunktion für prominente Landespolitiker. Deren Berufung kann auch verstanden werden als Kompensation für solche Macht- und Stimmenverluste auf Landesebene, die einem unvorteilhaften Einfluss der Bundespolitik zugeschrieben werden. Dahinter steckt die Hoffnung, die jeweiligen Landesverbände „ruhigzustellen" (Manow 2005a: 259). Angela Merkel war in ihrer Fraktion, der sie von 2002 bis 2005 vorstand, stark verwurzelt; dennoch nahm sie einige Novizinnen der Bundespolitik in ihr Kabinett auf. Doch Annette Schavan und Ursula von der Leyen hatten sich als Länderministerinnen in Baden-Württemberg bzw. Niedersachsen bereits ein nationales Profil für die ihnen dann zugeteilten Politikfelder erarbeitet.

Die Ernennung von Seiteneinsteigern, die vor dem Antritt des Ministeramts weder Mitglied des Bundestags noch einer Landesregierung waren, ist in der Geschichte der Bundesrepublik ein seltenes Phänomen geblieben. Quereinsteiger wie Rita Süßmuth, Ursula Lehr (beide CDU), Hans Leussink (parteilos) und Horst Ehmke (SPD) hatten einen ausgeprägten fachlichen bzw. wissenschaftlichen Bezug zu den von ihnen übernommenen Ressorts. Die Bestellung des parteilosen Managers Werner Müller als Wirtschaftsminister in Gerhard Schröders erstem Kabinett mag als symbolischer Akt einer Öffnung gegenüber der Wirtschaft interpretiert werden, der auf der anderen Seite allerdings ausgeglichen wurde durch die Ernennung des Gewerkschafters Walter Riester zum Arbeitsminister. Unter dem Strich bestehen für den Kanzler kaum Anreize zur Ernennung von Seiteneinsteigern ins Bundeskabinett: Derlei verursacht Enttäuschung in der Fraktion und muss ihr gegenüber als Hauptrekrutierungspool besonders gerechtfertigt werden.

Tabelle 1: Karrieremuster deutscher Bundesminister 1949 – 2008

Position im Deutschen Bundestag	vorher nie Mitglied einer Landesregierung	vorher Mitglied einer Landesregierung
Abgeordneter und Parlamentarischer Staatssekretär	23*	0
Abgeordneter und Mitglied des Fraktionsvorstands	67	10
nur Abgeordneter	31	4
nie Abgeordneter	29	27

Quelle: Eigene Auszählung.
* Davon waren elf Minister auch im Fraktionsvorstand.

In der Gesamtschau der Karriereverläufe der 191 Bundesminister zwischen 1949 und 2008 zeigt sich, dass mit 121 Fällen die direkte Rekrutierung aus dem Bundestag – ohne eine Zwischenstation in einer Länderexekutive – klar überwiegt, wenn sich auch in jüngster Zeit die Gewichte zugunsten von Ministern mit Erfahrung in einer Landesregierung deutlich verschoben haben. Weiterhin fällt auf, dass innerhalb des Bundestags als Rekrutierungspool solche Abgeordneten für eine Ministerkarriere besonders in Frage kommen, die in ihren Fraktionen hervorgehobene Funktionen ausgefüllt haben. Die Funktion als Parlamentarischer Staatssekretär ist dabei aber, anders als von vielen bei ihrer Einführung 1967 angenommen, keine wesentliche Stufe auf der Karriereleiter. Während noch ein Drittel der bis 1977 ernannten Parlamentarischen Staatssekretäre später zu Bundesministern ernannt wurde (Schindler 1999: 1114), brach dieser Trend danach abrupt ab (Manow 2005b: 18).

Auch wenn Helmut Schmidt im Zusammenhang mit der fachlichen Qualifikation von Bundesministern der Ausspruch „mit etwas überdurchschnittlicher Intelligenz kann man das" zugeschrieben wird (Bahr 1996: 464), sollte hier eine kurze Erörterung der Frage „Experte oder Generalist?" und des beruflichen und Ausbildungshintergrundes von Kabinettsmitgliedern nicht fehlen. Schmidts Zitat wirft ein klares Licht auf die geringe Bedeutung fachlicher Expertise. Heutzutage überwiegt zwar die Vorstellung vom Bundesminister als Generalisten; dies war jedoch nicht immer der Fall. So hatten nach Blondel (1985: 277) bis 1981 deutsche Kabinette mit 43 Prozent einen vergleichsweise hohen Anteil an Spezialisten, also an solchen Ministern, deren Ressortzuständigkeit mit dem zuvor ausgeübten Beruf zusammenhing (Blondel 1985: 23). Auch Armbruster (1973) beklagt in seiner Analyse der frühen deutschen Kabinette noch einen Mangel an Generalisten. Seither ist jedoch eine unverkennbare Entwicklung hin zum Generalisten feststellbar. Mittlerweile ist nicht einmal mehr das Landwirtschaftsressort, für über 50 Jahre fest in der Hand von Agrarfachleuten, eine Expertendomäne. Nur im Justizministerium wird ein entsprechender fachlicher Hintergrund weiterhin als unerlässlich betrachtet – wobei es im Kabinett ohnehin nie an Juristen mangelt. Zwar ist der Anteil der Minister, die zwei oder mehr Ressorts innehatten, relativ gering (28 Prozent); aber als Beweis für einen Mangel an Generalisten ist diese Zahl ungeeignet. Sie sollte eher interpretiert werden als Ausdruck einer allgemeinen Reserviertheit gegenüber ihre Ressorts wechselnden Ministern.

Die Tendenz hinsichtlich des Bildungsgrades der Kabinettsmitglieder bewegte sich kontinuierlich in Richtung Akademisierung: Weniger als ein Fünftel (19 Prozent) aller Minister bis 1998 haben keinen Hochschulabschluss (bis 1969: 22 Prozent), 43 Prozent sind promoviert (bis 1969: 47 Prozent), 28 Prozent verfügen „nur" über einen ersten Studienabschluss, und 10 Prozent sind habilitiert (Kempf 2001: 15; Lange 1973: 140). Unter den im Januar 2009 im Amt befindlichen Bundesministern im Kabinett Merkel hatten lediglich die CSU-Minister Glos und Aigner keinen Hochschulabschluss (entspricht 13 Prozent der Kabinettsmitglieder). Hinsichtlich der Berufsrichtung sticht in deutschen Kabinetten schon immer die Bedeutung der Juristen hervor, gefolgt von Verwaltungsbeamten und Professoren bzw. Wissenschaftlern.

Den besonderen „Königsweg" ins Ministeramt gibt es also nicht. Die besten Chancen bestehen für diejenigen, die sich Ebene für Ebene in die Führungszirkel von Fraktion und Bundespartei hinaufgearbeitet haben. Der direkte Sprung von der Landes- in die Bundespolitik ist doch eher die Ausnahme als die Regel. Zwar deutet sich hier eine Trendwende an; doch es bleibt abzuwarten, ob sich diese verstetigt oder als ein auf eher situative Faktoren wie Wahlniederlagen auf Landesebene reagierendes Phänomen entpuppt. Es muss betont werden, dass sich diese Wege keineswegs gegenseitig ausschließen, sondern sich im Gegenteil ergänzen können. Helmut Schmidt und Gerhard Schröder sind prominente Beispiele für den mehrfachen Ebenenwechsel: Einzug in den

Bundestag in relativ jungen Jahren, Wechsel in eine Landesregierung, Rückkehr in die Bundesregierung.

Die Zugehörigkeit zum Kreis der potenziell Berufbaren bedeutet aber noch lange nicht die Aufnahme ins Kabinett. An die Mechanismen der Selbstselektion, also ans Beschreiten günstiger Karrierepfade, um in den Pool der Ministrablen zu gelangen, schließen sich Logiken der Fremdselektion an, die zwischen Ministrablen und Ministern stehen. Zahlreiche Unwägbarkeiten spielen eine Rolle bei der Frage, ob der Sprung ins Regierungsamt gelingt. Vor allem müssen die Repräsentation von unterschiedlichsten Gruppen und Parteiinteressen, die vielfältigen Anforderungen an den Amtsträger sowie die persönlichen Eigenschaften und Fähigkeiten miteinander in Einklang gebracht werden. „Proporz" heißt noch immer das Schlüsselwort, wenn es gilt, das Kabinett nach Kriterien wie Parteiflügel, regionaler Herkunft und (mit sinkender Bedeutung) Konfessionszugehörigkeit zu komponieren, wobei die Kriterien natürlich von Partei zu Partei variieren.

Die Berücksichtigung von Vertretern unterschiedlicher ideologischer Strömungen einer Partei ist notwendig, um einerseits parteiinterne Unzufriedenheit zu vermeiden, andererseits aber auch strategisch geboten, um ein möglichst breites Spektrum an Wählern anzusprechen. Regionale Repräsentation erhält ihre Bedeutung durch die Macht der Landesverbände der Parteien, insbesondere derer aus den stark bevölkerten Flächenstaaten. Die Präsenz von „Landesfürsten" (oder deren Vertrauten) im Kabinett garantiert diesen einen direkten oder indirekten Einfluss auf bundespolitische Belange. Umgekehrt ermöglicht die Einbeziehung dieser Politikergruppe mit ausgeprägt regionalem Profil dem Kanzler zumindest einen gewissen Grad an Kontrolle über deren Handlungen. Seit es Angela Merkel 2005 versäumte, einen CDU-Minister aus Nordrhein-Westfalen in das Bundeskabinett zu bestellen, sagt man Jürgen Rüttgers nach, er sei sowohl innerparteilich als auch bezüglich der Bundespolitik auf Kollisionskurs mit der Kanzlerin. Seit der Wiedervereinigung ist auch die Präsenz zumindest eines einzigen ostdeutschen Politikers in der Bundesregierung ein Muss. Zwischen 1991 und 2007 waren acht Minister ostdeutscher und 60 Minister westdeutscher Herkunft; Thomas de Maizière hat diesbezüglich einen gemischten Hintergrund. Typischerweise kommt der Verkehrsminister, der in Personalunion „Beauftragter der Bundesregierung für die neuen Länder" zu sein pflegt, auch von dort her.

Konfessionszugehörigkeit war bis in die späten 1960er Jahre ein wichtiger Faktor in der Kabinettsarithmetik christdemokratisch geführter Regierungen. In den ersten fünf Bundesregierungen waren katholische und protestantische Minister fast zu gleichen Teilen repräsentiert (Lange 1973: 138). In diesen Zeiten konnte die Konfessionszugehörigkeit der entscheidende Faktor für die Beförderung (oder die Verhinderung) einer Ministerkarriere sein. Andere Parteien legten und legen hingegen weniger Wert auf den religiösen Aspekt in der Zusammensetzung des Kabinetts; für die Sozialdemokratie war z. B. ein entsprechender Anteil des Gewerkschaftsflügels an den Ministerämtern ein funktionales Äquivalent. Einhergehend mit gesellschaftlichen Veränderungen haben Faktoren wie die Konfessionszugehörigkeit oder die Einbindung hoher Gewerkschaftsfunktionäre heutzutage stark an Bedeutung verloren.[11]

---

11 Die schwindende Bedeutung der Religionszugehörigkeit zeigt auch die Tatsache, dass in Gerhard Schröders erstem Kabinett erstmals mehr als ein Drittel der Minister konfessionslos war

Die Berufung von Frauen in das Kabinett war nicht immer eine Selbstverständlichkeit. Elisabeth Schwarzhaupt war 1961 die erste weibliche Ministerin; sie stand dem Familienministerium vor. Bis 1998 hatte sie nicht mehr als 15 Nachfolgerinnen im Kabinett, die überwiegend als „frauenspezifisch" betrachtete Ressorts wie das Gesundheits- oder Familienministerium leiteten. Seit 1998 hat sich die Situation deutlich verändert: Die rot-grüne Regierung zählte zu Beginn fünf weibliche Mitglieder, was einem Anteil von einem Drittel entsprach. Die weibliche Präsenz stieg in der zweiten Regierung Schröder sogar auf einen Rekordanteil von 45 Prozent, fiel jedoch in der seit 2005 regierenden Großen Koalition unter Kanzlerin Merkel wieder etwas ab. Gender-Aspekte fließen heute ganz selbstverständlich in die Kabinettsarithmetik ein.

Zusammenfassend ist festzustellen, dass Proporz in der Kabinettsarithmetik auch heute noch eine ganz entscheidende Rolle spielt – auch wenn sich die Kriterien verschieben, also etwa die Konfessionszugehörigkeit zugunsten von Gender-Aspekten an Bedeutung verliert. Doch selbst wenn ein Ministrabler unter Proporz-Aspekten perfekt in ein in Entstehung befindliches Kabinett passen sollte – einen Posten hat er damit noch lange nicht sicher. Ob er Minister wird oder nicht, hängt ganz wesentlich davon ab, ob seine Partei in den Koalitionsverhandlungen die für ihn geeigneten Ressorts zugesprochen bekommt. Gewiss wird eine potenzielle Schlüsselfigur zur Not auch „irgendein" Ministerium übernehmen, zumal aufgrund des vorherrschenden Konzepts des Generalisten. Doch *de facto* steht vor dem Ministerglück noch die Portfolioallokation.

3. Portfolioallokation

Aus der Perspektive der Ministrablen ist die Frage, wie die Ministerien unter den Regierungsparteien aufgeteilt werden, in zweierlei Hinsicht von Bedeutung. Zum einen hängen ihre Ernennungschancen davon ab, wie *viele* Ressorts ihre Partei in den Koalitionsverhandlungen zugesprochen bekommt; zum anderen spielt für die einzelnen Aspiranten eine Rolle, *welche* Ressorts ihre Partei erhält.

Mehrere vergleichende Analysen haben bestätigt (Browne/Franklin 1973; Warwick/Druckman 2001, 2006), was William Gamson schon früh theoretisch hergeleitet hatte (Gamson 1961): Die Verteilung der Kabinettsposten erfolgt fast völlig proportional zum Anteil der Sitze der Regierungsparteien in der Legislative.[12] Dass dieser als „Gamson's Law" in die Literatur eingegangene Zusammenhang auch für Deutschland gilt, zeigten bereits Budge/Keman (r = 0,98; Budge/Keman 1990: 130; sehr kursorisch auch Schindler 1983). Dieses Resultat wird durch aktuelle Forschungen sowohl für die Bundes- als auch für die Landesebene untermauert (Linhart/Pappi/Schmitt 2008: 53; Schniewind 2008: 141-146). Auch dort findet sich die aus der international vergleichenden Forschung bekannte leichte Überrepräsentation kleiner Koalitionspartner. Die weitgehend proportionale Verteilung ist allerdings aus Sicht der formalen Koalitionstheorie alles andere als zu erwarten. Die auf der nicht-kooperativen Spieltheorie auf-

---

bzw. sich nicht öffentlich zu einer Religion bekannte (sechs Minister zu Beginn der Wahlperiode 1998; Kempf/Gloe 2008: 15).
12 Browne/Franklin (1973): r = 0,93; Warwick/Druckman (2001): r = 0,93; Warwick/Druckman (2006): r = 0,94.

bauenden Modelle lassen nämlich erwarten, dass die mit der Regierungsbildung beauftragte Partei, der Formateur, aus der privilegierten Verhandlungssituation Kapital schlägt und deshalb ein deutlicher „formateur bias" auftritt. Linhart, Pappi und Schmitt führen die tatsächlich aber proportionale Ämteraufteilung auf eine Kooperationsnorm zurück, die sich im Lauf der Zeit etabliert hat (2008: 57). Aufgrund dieser Regelmäßigkeit können die Anwärter auf einen Kabinettsposten stabile Erwartungshaltungen darüber ausbilden, wie groß die Anzahl der Ressorts sein wird, die zur parteiinternen Verteilung gelangen, obwohl die Frage der Ressortverteilung traditionell erst ganz am Ende der Koalitionsverhandlungen behandelt wird und Personalfragen gar erst in informellen Gesprächen in den Parteiführungen besprochen werden.

Warwick und Druckman haben in jüngster Zeit versucht, dieses „portfolio allocation paradox" auf andere Weise aufzulösen. Auf der Grundlage von Expertensurveys haben sie gezeigt, dass die verschiedenen Ämter sehr unterschiedliche Salienzen, also taktisch-praktische Wichtigkeit besitzen. So werden Ämter wie das der Regierungschefin oder des Wirtschaftsministers als erheblich wertvoller eingeschätzt als das des Landwirtschaftsministers. Und in der Tat verringert sich der „small party bias" deutlich, wenn man die Ressorts nach ihrer Salienz gewichtet.[13]

Der Grundgedanke von Warwick und Druckman, dass die zu verteilenden Ressorts unterschiedlich wertvoll sind, ist sicher richtig. Allerdings ist zweifelhaft, dass die Salienz etwa des Ressorts Arbeit und Soziales für die einzelnen Parteien in einem Land gleich hoch ist.[14] Hier setzt der „portfolio allocation"-Ansatz der Koalitionstheorie an (Budge/Keman 1990: 89-133; Laver/Shepsle 1996). Dieser postuliert, dass Parteien die Besetzung derjenigen Ressorts anstreben, über deren Themen sie die Meinungs- und Gestaltungshoheit anstreben.[15] Damit eröffnet sich nicht nur eine fruchtbare Perspektive zur Weiterentwicklung von „Gamson's Law"; es wird auch deutlich, worin die behauptete Salienz von Ämtern eigentlich besteht. Es geht für die Parteien darum, solche Ressorts zu kontrollieren, die für ihre Wählerunterstützung von besonderer Relevanz und damit nutzbringend sind. Die empirische Validität dieses Arguments kann hier nicht ausführlich geprüft, sondern nur knapp illustriert werden. Wir haben für die rot-grünen Kabinette Schröder I (1998-2002) und II (2002-2005) sowie für die Große Koalition unter Angela Merkel (2005-2009) anhand der jeweiligen Wahlprogramme zunächst ermittelt, bei welchen Themen die Parteien durch eine besondere Betonung für sich ein „issue ownership" reklamieren können (zum Analyseverfahren vgl. Franzmann 2006: 580-586). Von der Verteilung der „issue ownerships", also der Kernthemen, haben wir für die jeweils an der Regierung beteiligten Parteien abgeleitet, welche Ministerien sie anstreben müssten, wenn sie sich policy-orientiert verhielten, und schließlich diese Prognose mit der tatsächlich erfolgten Ressortverteilung verglichen.

Die Ergebnisse sprechen eindeutig dafür, dass der postulierte Zusammenhang zwischen Themensalienz und Ressortverteilung eine erhebliche, in der Koalitionsforschung

---

13 Warwick/Druckman (2006: 649): r = 0,99.
14 Ganz ähnlich argumentieren Pappi, Schmitt und Linhart (2008) in einer Analyse zur Aufteilung der Ministerien in deutschen Landesregierungen.
15 Dabei kommt es in der Praxis immer wieder vor, dass zwischen den Ressorts Aufgaben und Zuständigkeiten verschoben werden, um über eine solchermaßen betriebene Feinjustierung die jeweiligen Wünsche der Parteien auszutarieren (Kropp 2001: 111).

bislang noch nicht genügend berücksichtigte Rolle spielt (so auch Pappi/Schmitt/Linhart 2008: 340).[16] Sieht man vom Amt des Bundeskanzlers ab, so trifft für die Regierung Schröder I unsere Prognose in zehn von 14 Fällen zu; falsch liegen wir bei der Besetzung des Justizressorts sowie der Ministerien für Familie, Senioren, Frauen und Jugend, dann Gesundheit und schließlich Wirtschaftliche Zusammenarbeit und Entwicklung. In den letzten beiden Fällen ist aber der Unterschied zwischen Grünen und SPD bei der Betonung der Kernthemen in ihren Wahlprogrammen sehr gering; das Familienministerium umfasst programmatisch derart viele Themen, dass eine Vorhersage sehr schwierig ist; und allein die Zuweisung des Justizministeriums ist aus der Perspektive unseres Portfolioallokationsansatzes überraschend. Auch für die Regierung Schröder II erzielen wir zehn Treffer bei 14 Portfolios; und wieder liegen wir bei der Besetzung des Justizressorts und der Ministerien für Familie, Senioren, Frauen und Jugend sowie Wirtschaftliche Zusammenarbeit und Entwicklung daneben. Während wir diesmal die Besetzung des Gesundheitsressorts richtig prognostizieren, versagt unser Ansatz hinsichtlich des – allerdings nun neu zugeschnittenen – Ministeriums für Ernährung, Landwirtschaft und Verbraucherschutz. Noch besser liegen wir bei der Vorhersage der Ressortverteilung in der Regierung Merkel I. In diesem Fall prognostizieren wir elf von 14 Ressorts richtig; falsch liegen wir nur bei den Ministerien für Familie, Senioren, Frauen und Jugend sowie Verkehr, Bau und Stadtentwicklung. Im letzteren Fall ist aber der Salienzvorsprung der CDU vor der SPD nur gering. Schließlich liegen wir bei der Besetzung des Außenministeriums falsch. Hier spielen aber offensichtlich neben den Policy-Orientierungen der Parteien Fragen der Machtbalance eine große Rolle. Aus der Perspektive der Ministrablen bedeutet der Umstand, dass ihre Parteien nicht nur möglichst viele, sondern auch ganz bestimmte Ressorts anstreben, dass es sich trotz allen Generalistentums lohnen kann, in ein spezifisches Policy-Profil zu investieren.

4. Deselektion

In der Demokratie ist jedes Amt ein Amt auf Zeit. Für Minister gilt dies in besonderem Maße. Nicht nur laufen sie Gefahr, ihr Amt durch den demokratischen Prozess zu verlieren, sobald ihre Partei aus der Regierung ausscheidet. Sie können auch jederzeit und ohne Angabe von Gründen entlassen werden, was offensichtlich zum Berufsrisiko eines Ministers gehört: „Departures are viewed as parts of the hazards of the job, and colleagues will carry on the next day as if nothing had happened" (Blondel 1985: 3). Auch wenn eine eindeutige Zuordnung in feste Kategorien zuweilen schwierig ist, soll hier zunächst eine Typologisierung der Amtsbeendigungen vorgenommen werden. Zwar existieren in der Literatur bereits einige Versuche einer Typenbildung; doch entweder sind diese nicht differenziert genug (z. B. Blondel 1991: 156-160) oder decken nicht alle Arten von Demissionen ab.

---

16 Für eine systematische Prüfung dieses Arguments in zwölf westeuropäischen Demokratien vgl. Bäck/Dumont/Debus (2008).

4.1 Amtsbeendigungen

Der Begriff der Amtsbeendigung schließt jegliche Form der Aufgabe eines Ministeramtes ein und ist somit der inhaltlich umfassendste Begriff. Jedes Ausscheiden aus dem Amt ist eine Amtsbeendigung. Diese lässt sich unterscheiden in zwei Typen: die gewöhnliche Amtsbeendigung und den Rücktritt. Letzterer ist dadurch charakterisiert, dass er außerplanmäßig und vorzeitig erfolgt (Fischer 2004: 22; Fischer/Kaiser/Rohlfing 2006: 712). Alle anderen Amtsaufgaben gelten als gewöhnliche Amtsbeendigung. Zur Erfüllung des Attributs „gewöhnlich" genügt es, wenn die Amtsaufgabe zu einem für Minister „rechtlich verbindlichen Diskontinuitätspunkt", also zum Wechsel der Bundestagswahlperiode oder zum Kanzlerwechsel (Plöhn 2001: 752) erfolgt oder sie im Rahmen einer während der Legislaturperiode vorgenommenen Kabinettsumbildung stattfindet. Folgende, sich selbst erklärende Fälle fallen demnach in diese Kategorie: Nichtwiederberücksichtigung bei einer Kabinettsbildung nach allgemeinen Wahlen bzw. Ausscheiden im Rahmen einer Kabinettsumbildung („Shuffle Out"); Ressortwechsel nach Wahlen bzw. im Rahmen einer Kabinettsumbildung („Reshuffle"); sowie das Ausscheiden der Partei des Ministers aus der Regierung. Änderungen im Ministerpersonal durch „Reshuffle" und „Shuffle Out" stehen stets in irgendeinem Zusammenhang mit dem aktuellen Amtsträger, während ihn im Falle des Endes der Regierungsbeteiligung seiner Partei lediglich der Automatismus des Verfahrens das Amt kostet.

Grundsätzlich können vier Typen von Rücktritten unterschieden werden: Der Push-Rücktritt wird ausgelöst durch Pannen oder Skandale; bei einem Pull-Rücktritt[17] hingegen wird dem Minister die Übernahme eines anderen politischen Mandats angetragen bzw. er übernimmt aus eigener Initiative einen neuen Posten außerhalb des Kabinetts. Ein Protest-Rücktritt hat seinen Grund in als unüberwindlich empfundenen politischen Differenzen zwischen dem Minister und der Regierung oder seiner eigenen Partei. Dem neutralen Rücktritt schließlich liegen sonstige Anlässe wie etwa eine alters- oder gesundheitlich bedingte Amtsaufgabe zugrunde.

Eine eindeutige Kategorisierung ist dennoch nicht immer einfach, denn „of course, resignations are not always what they seem" (Marshall 1989: 127). Inwiefern Pull-Rücktritte nicht lediglich verschleierte Push-Rücktritte sind, die den Tatbestand des „Weglobens" erfüllen, ist im Einzelfall schwer zu beurteilen. Dass einzig und allein die Vakanz eines Postens außerhalb des Kabinetts zu einem Pull-Rücktritt führt, ist wenig wahrscheinlich, und so weist Blondel auch darauf hin, dass die Gründe eines Rücktritts in der Tat „mixed" (Blondel 1991: 158) sein können.

---

17 Die Nutzung der Begriffe „push" und „pull" in diesem Zusammenhang ist der Migrationsforschung entlehnt, in der sie als Push- bzw. Pull-Faktoren die Auswanderungsmotive von Migranten bezeichnen (vgl. Lee 1972).

4.2 Analyse der Amtsbeendigungen

Von den 238 zwischen 1949 und Ende 2008 erfolgten Amtsbeendigungen[18] fallen 180 (76 Prozent) in die Kategorie „gewöhnlich" im oben beschriebenen Sinne. 63 Kabinettsmitglieder schieden nach einer Bundestags- oder Kanzlerneuwahl komplett aus dem Kabinett aus, obwohl ihre Partei auch danach an der Regierungsmacht blieb. Darunter befinden sich acht Minister, die nicht erneut ernannt werden konnten, da ihr Ressort abgeschafft bzw. dessen Zuständigkeit anderen Portfolios zugeordnet wurde. 29 Minister verließen nach einer Wahl zwar ihr Ressort, verblieben jedoch im Kabinett als Leiter eines anderen Ministeriums. 49 Fälle sind dem Ausscheiden der Partei des Ministers aus der Regierungsverantwortung geschuldet. Die verbleibenden gewöhnlichen Fälle verteilen sich auf 19 Ressortwechsel und 20 „Shuffles Out"[19], die sich im Rahmen einer Kabinettsumbildung während der Wahlperiode ereigneten. Mit nur sechs Revirements seit 1949 (1956, 1962, 1978, 1982, 1989 und 1993) verfügt Deutschland über keine Tradition systematischer „Mid-term Reshuffles" wie etwa Großbritannien. Vielmehr werden sie in spezifischen Situationen eingesetzt, etwa als „Wiederbelebungsversuch" einer passiv wirkenden Regierung, um nämlich amtsmüde Minister zu ersetzen und gleichzeitig vielversprechende Talente in bedeutendere Ressorts zu berufen. Kabinettsumbildungen mögen von der Bundeskanzlerin auch als willkommene Gelegenheit genutzt werden, um „Problemminister" auf geräuschlose Art aus dem Kabinett zu befördern. Als Problemminister gelten insbesondere solche, die eine oder mehrere Rücktrittsdiskussionen zwar ohne Amtsverlust überstanden haben, aber aus diesen politisch angeschlagen hervorgegangen sind (Fischer 2004; Dewan/Myatt 2007). Dass ein Minister des Koalitionspartners ohne vorige Absprache mit dessen Führungsspitzen Opfer einer Kabinettsumbildung wird, ist nahezu ausgeschlossen.

In theoretischer Perspektive verfolgen Kabinettsumbildungen sowohl das Ziel der positiven Beeinflussung der Wählergunst als auch einer Verbesserung der Policy-Performanz. Beide Faktoren spielen in Deutschland eine Rolle. Allerdings scheinen entsprechende Aktivitäten zum großen Teil vom persönlichen Führungsstil der Kanzler abzuhängen; immerhin haben vier Kanzler gar keine Kabinettsumbildung vorgenommen: Ludwig Erhard, Kurt-Georg Kiesinger, Willy Brandt und Gerhard Schröder.

Politisch interessanter als die gewöhnlichen Amtsbeendigungen sind zumeist die vorzeitigen und außerplanmäßigen Amtsaufgaben, also die Rücktritte. Mit 58 Fällen in 59 Jahren (1949-2008) sind sie jedoch ein relativ seltenes Phänomen und stellen nur knapp ein Viertel (24 Prozent) aller Amtsaufgaben. Die Rücktritte teilen sich auf in 17 Push- und 19 Pull-Rücktritte; elf erfolgten aus Protest und weitere elf aus diversen anderen Gründen, worunter sich auch drei Fälle des Ablebens im Amt befinden. Eine ungewöhnliche Häufung von Push-Rücktritten verzeichnete der Zeitraum von 1990 bis 2002, in dem sich zehn Minister nach einem Skandal gezwungenermaßen aus dem Amt verabschiedeten. Das entspricht 59 Prozent aller Push-Rücktritte. Besonders betroffen war Gerhard Schröders erste Regierung mit fünf Fällen, deren Häufung sich

---
18 Dies beinhaltet auch „Reshuffles", also Fälle, in denen ein Minister lediglich in ein anderes Ressort wechselte, aber nicht aus dem Kabinett ausschied.
19 In diese Kategorie wurde auch der eine Fall rubriziert, in dem der Minister sein Amt aufgrund der Abschaffung seines Ressorts während der Legislaturperiode verlor.

mit dem vollständigen Regierungswechsel und einer auf Bundesebene gänzlich unerfahrenen Regierungsmannschaft erklären lässt. Im Kontrast dazu beendete Schröder, ein Jahr verfrüht zwar, seine zweite Amtszeit mit der gleichen Besetzung, mit welcher er begonnen hatte.

Pull-Rücktritte, also jene, die zumindest offiziell aufgrund der Aufnahme eines anderen Amts erfolgen, genießen den zweifelhaften Ruf, oft in Wahrheit nur notdürftig kaschierte Push-Rücktritte zu sein. Eindeutig zweideutig unter den Pull-Rücktritten war nur der von Schröders Kanzleramtsminister Bodo Hombach: Von Teilen der Partei, insbesondere dem linken Flügel, verantwortlich gemacht für erhebliche Koordinierungsmängel innerhalb der Regierung und verstrickt in eine „Hausbau-Affäre", übernahm Schröders „bester Mann"[20] den Posten als EU-Sonderkoordinator des Stabilitätspakts für Südosteuropa.

Die Anlässe für Protest-Rücktritte variieren; die meisten ereigneten sich aufgrund von unüberbrückbaren Differenzen zwischen den Politikvorstellungen des Ministers im Hinblick auf sein eigenes Ressort und der Regierungspolitik. Diese Art der „ehrenwerten" Rücktritte scheint überwiegend ein Phänomen der 1960er und 1970er Jahre zu sein. Protest-Rücktritte aufgrund von politischen Differenzen in einem Politikfeld, das nicht in der eigenen Verantwortung liegt, sind die Ausnahme. Gleiches gilt für gravierende Konflikte mit der eigenen Partei, die zu einem Rücktritt führen. Das Finanzministerium, aus dem auch Oskar Lafontaine 1999 so spektakulär ausschied, scheint interessanterweise besonders anfällig für Protest-Rücktritte.

Ein Parteienvergleich des Push-Rücktritts und des „Shuffle Out" während der Wahlperiode bringt zu Tage, dass für große und kleine Parteien hinsichtlich dieser zwei potenziell konfliktiven Amtsaufgaben ähnliche Spielregeln herrschen. Besondere Spielregeln scheinen aber für jene Minister zu gelten, die auf dem Weg ins Kabinett sowohl im Bundestag als auch in einer Landesregierung Station gemacht haben und dabei offensichtlich ein Sicherungsnetz geknüpft haben: Niemand aus dieser Personengruppe ist je einem Push-Rücktritt oder einem Shuffle Out zum Opfer gefallen.

Die Erklärung von Push-Rücktritten steht im Fokus der Betrachtung der noch jungen Rücktrittsforschung. Sie beschäftigt sich nicht nur mit der Frage, warum in Skandale verwickelte Politiker zurücktreten oder im Amt bleiben, sondern sie versucht auch Faktoren zu identifizieren, die überhaupt erst dazu führen, dass gegen einen Minister eine Rücktrittsforderung erhoben wird. Denn das Risiko eines Ministers, einem Push-Rücktritt zum Opfer zu fallen, setzt sich aus zwei prinzipiell voneinander unabhängigen Komponenten zusammen: erstens der Gefahr, in eine Rücktrittsdiskussion verwickelt zu werden („Latentgefährdung"), und zweitens dem Risiko, in deren Verlauf tatsächlich zurücktreten zu müssen („Akutgefährdung").

Bei der Latentgefährdung steht die Frage im Zentrum, welche strukturellen, attributiven und situativen Faktoren rund um Amt und Amtsträger das Eintreten eines Ereignisses begünstigen, das als Auslöser für eine Rücktrittsdiskussion fungieren kann. So sind etwa die Amtsinhaber des Verteidigungsministeriums (im Schnitt 0,45 Rücktrittsdiskussionen jährlich im Zeitraum vom Beginn der 6. Wahlperiode 1969 bis Ende 2007), des Finanz- und des Innenministeriums (je durchschnittlich 0,34 Rücktrittsdis-

---

20 Gerhard Schröder, zitiert in: Hombach verlässt das Bonner Kanzleramt, Süddeutsche Zeitung vom 25. Juni 1999, S. 1

kussionen/Jahr) einer viel stärkeren Latentgefährdung ausgesetzt als ihre Kabinettskollegen im Justiz- (0,05), Post- (0,06) oder Forschungsministerium (0,08). Bezogen auf die Parteimitgliedschaft ergibt sich für die Minister, die mit oder nach Amtsantritt Willy Brandts ins Kabinett eintraten und bis Ende 2007 aus ihrem Amt ausschieden, ein sehr unterschiedliches Bild: Während jeder Minister von Bündnis 90/Die Grünen im Durchschnitt 0,52 mal jährlich in eine Rücktrittsdiskussion verwickelt war, liegt dieser Wert für die anderen Parteien zum Teil deutlich darunter: 0,24 (SPD), 0,20 (FDP) und 0,15 (Union).

Im Gegensatz zur Latentgefährdung stellt die zweite Stufe des Rücktrittsrisikos *in toto* die Akutgefährdung in einer bereits laufenden Rücktrittsdiskussion dar. Inwiefern kann die vielzitierte Ministerverantwortlichkeit als theoretischer Ausgangspunkt für die Erklärung eines (Nicht-)Rücktritts dienen? Schließlich sehen sich Minister in ihrer Rolle als Ressortverantwortliche häufig mit Rücktrittsforderungen konfrontiert, die als Aufforderung zur „Übernahme der politischen Verantwortung" verklausuliert werden. Das Ressortprinzip (Art. 65 GG, Satz 2: „Innerhalb dieser Richtlinien [denen des Bundeskanzlers] leitet jeder Bundesminister seinen Geschäftsbereich selbständig und unter eigener Verantwortung") fungiert hier als „der zentrale Anknüpfungspunkt für die Ministerverantwortlichkeit im Grundgesetz" (Mehde 2001: 13). Damit ist das Konzept der Verantwortlichkeit des Ministers nicht eindeutig und abschließend normiert. Es lässt keinerlei juristische Schlüsse auf eine „Rücktrittsverpflichtung" des Ministers zu. Allerdings kann ein Rücktritt dennoch als die offensichtliche und am meisten zugespitzte Folge der „politischen Verantwortung" bezeichnet werden, die allerdings nicht rechtlich, sondern politisch veranlasst ist.

Diese Erkenntnis diente als Ausgangspunkt für unsere Untersuchung von Push-Rücktritten auf der Basis von 111 Rücktrittsdiskussionen[21] der Jahre 1969 bis 2005 (Fischer/Kaiser/Rohlfing 2006). Die in den Rücktrittsdiskussionen erkannten Muster sprechen dafür, dass Rücktritte dann erfolgen, wenn erwartet wird, dass die politischen Kosten eines Verbleibs im Amt für die Regierung insgesamt höher liegen als der daraus entstehende Nutzen. Auch deuten die Befunde der Analyse darauf hin, dass der Bundeskanzler und die Partei des Ministers in einer Rücktrittsdiskussion die entscheidenden Akteure sind, von denen das Schicksal des gefährdeten Ministers abhängt. Aus einer bivariaten Perspektive spielt daneben auch die Position von Medien und Öffentlichkeit eine wichtige Rolle. Diese verlieren aber in einer konfigurativen „Qualitative Comparative Analysis" (QCA) ihre Bedeutung.

5. Verweildauer

Die durchschnittliche Verweildauer eines bundesdeutschen Ministers in einem Ressort („Ressortzeit") gab noch Blondel (1985: 226) mit einem im internationalen Vergleich recht hohen Wert von 4,5 Jahren an; wir errechneten hingegen eine aktuelle durchschnittliche Ressortzeit von 3,8 Jahren für alle bis Ende 2007 aus dem Kabinett ausge-

---

21 Eine Rücktrittsdiskussion ist in diesem Kontext definiert als eine auf den Seiten eins oder zwei der Frankfurter Allgemeinen Zeitung dokumentierten Rücktrittsforderung gegen einen Minister.

schiedenen Ressortminister (N = 245). Dabei sind zwischen den Portfolios durchaus Unterschiede festzustellen. Personelle Kontinuität herrscht insbesondere im Arbeitsministerium und im Auswärtigen Amt, in denen ein Minister im Durchschnitt je 6,1 Jahre amtiert. Besonders kurze Amtszeiten hingegen weisen mit durchschnittlich 1,4 Jahren die überwiegend situativ ernannten Bundesminister für besondere Aufgaben[22] auf, die etwa 1953 zur Erlangung einer Machtbalance im Kabinett und 1990 im Zuge der deutschen Einheit ernannt wurden. Dass Minister, die per Rücktritt aus dem Amt scheiden, eine kürzere Verweildauer im Ressort haben (3,3 Jahre) als solche, die ihr Amt auf gewöhnliche Art und Weise beenden (3,9 Jahre), ist nicht überraschend.

Hinsichtlich der „Lebensdauer" von Ministern aussagekräftiger als die Ressortzeit scheint jedoch die durchschnittliche Verweildauer im Kabinett zu sein („Kabinettszeit"), die im Falle von Ministern, die zwei oder mehr Portfolios innehatten, die Ressortzeiten der Minister zusammenfasst.[23] Sie liegt im Durchschnitt bei 4,9 Jahren (N = 191). Minister der Unionsparteien und die von Bündnis 90/Die Grünen verfügten über eine überdurchschnittliche Kabinettsdauer (jeweils 5,3 Jahre), FDP-Minister verweilten im Durchschnitt 4,5 Jahre in der Regierung, sozialdemokratische Kabinettsmitglieder 4,3 Jahre. Bei den bürgerlichen Koalitionspartnern kam es also, zumindest aggregiert über den gesamten Erhebungszeitraum bis Ende 2007, bei der großen Partei zu überdurchschnittlichen Verweildauern, während es bei Rot-Grün umgekehrt war. Dass parteilose Minister[24] einen harten Stand haben, zeigt auch ihre kurze Kabinettszeit von durchschnittlich nur 2,9 Jahren. Die intuitiv naheliegende Vermutung, die Kabinettszeit eines individuellen Ministers korreliere mit der Regierungsdauer seiner Partei, ist freilich nur die halbe Wahrheit: Das Beispiel der Grünen zeigt, dass personelle Kontinuität auch in einer vergleichsweise kurzen Zeit der Regierungsbeteiligung erreicht werden kann. Gleichzeitig ist unbestritten, dass sich häufige Regierungswechsel negativ auf die Kabinettszeit der Minister auswirken.

Huber und Martinez-Gallardo (2008) zeigen aktuell, was bereits Budge/Keman annahmen (1990: 51): Anhand einer Untersuchung von 19 parlamentarischen Demokratien verdeutlichen sie, dass die aus der Konstellation einer Koalitionsdemokratie resultierenden Restriktionen für die dann in ein Amt Gelangten zugleich einen stabilisierenden Effekt auf ihre Verweildauer haben: „The likelihood of leaving the cabinet is reduced by almost 40 Prozent for ministers in a coalition government when we compare them to ministers in single-party majority governments (the baseline category)" (Huber/Martinez-Gallardo 2008: 176). Ohne dass dies dort explizit würde, sind die Resultate einer empirischen Forschungsnotiz zur Amtsdauer deutscher und britischer Minister geeignet, diesen Zusammenhang zu bestätigen (Helms 2001: 566).

---

22 Die im Ministerialjargon auch „Bundesminister für besondere Aufgaben/Chef des Bundeskanzleramts" genannten Kanzleramtsminister sind in diesen Zahlen *nicht* berücksichtigt.
23 Es gelten jedoch nur Ressortzeiten in direkter zeitlicher Abfolge. „Comeback-Minister", also solche, die nach einem Ausscheiden aus dem Kabinett später erneut zu Ministern berufen wurden, wurden zweimal gezählt, da zum Zeitpunkt ihres ersten Ausscheidens aus dem Kabinett eine Wiederberufung nicht vorhersehbar war. Amtszeiten von Bundeskanzlern, die aus einem Ministeramt direkt in die Rolle des Regierungschefs wechselten, gehen in die Kabinettszeit mit ein.
24 Allerdings ohne Ludwig Erhard, vgl. Fußnote 6.

Unser Anliegen, eine Verbindung vom Anfang einer ministeriellen Karriere zu ihrem Ende zu schlagen, erweist sich auch hinsichtlich der Verweildauer als erkenntnisbringend: Die Minister, die in ihrer vorministeriellen Karriere sowohl Bundestagsabgeordnete als auch Mitglieder einer Landesregierung waren, verfügen mit durchschnittlich 6,1 Jahren auch über die längste Verweildauer im Kabinett. Zwischen den Rekrutierungsreservoirs Fraktionsvorstand (5,4 Jahre) und Landesregierung (5,6 Jahre) ist diesbezüglich kaum ein Unterschied festzustellen. Überraschend erscheint hingegen, dass die Kabinettszeit von Ministern, die abseits der ausgetretenen Karrierepfade in ihr Amt gelangten, länger ist (4,2 Jahre) als die derer, die eine Vergangenheit als gewöhnliche Bundestagsabgeordnete haben (4 Jahre).

6. Wie gewonnen, so zerronnen? Zum Verhältnis von Selektion und Deselektion

In der Gesamtschau auf die bei der personellen Besetzung der deutschen Bundesregierungen zur Anwendung kommenden Selektions- und Deselektionsmechanismen wird deutlich, dass die gleichen informellen Muster, denen die Auswahl des ministeriellen Personals im *ex ante-*„screening" unterliegt, auch bei der Amtsbeendigung wirken. Beide Seiten sind kaum verfassungsrechtlich und gesetzlich normiert. Das bedeutet aber keineswegs, dass der Bundeskanzler völlig unumschränkte Ernennungsmacht besitzt. Vielmehr wirken sich hier drei Strukturprinzipien des deutschen Regierungssystems restringierend aus: Parteienstaat, Koalitionsdemokratie und Verbundföderalismus.

Von ganz wenigen Ausnahmen abgesehen, ist der Weg vom Politiker zum Ministrablen durch die hierarchischen innerparteilichen Strukturen der deutschen Parteien vorgezeichnet. Außenseiter – Parteilose wie Seiteneinsteiger – sind selten, und die Erfahrungen mit ihnen sprechen eher dagegen, dass sich dies in Zukunft ändern wird. Insofern sind die Karrierepfade sehr homogen. Allerdings scheint sich in diesem Rahmen in jüngerer Zeit eine Pluralisierung der Karrieremuster anzudeuten. Es ist nicht mehr allein die Bundestagsfraktion, und darin vor allem der Fraktionsvorstand, die als Rekrutierungspool fungieren. Vielmehr eröffnen sich im deutschen Verbundföderalismus Zugangswege auch über die Länderexekutiven. Da der Bundesrat erheblichen Einfluss auf die Bundesgesetzgebung nimmt, ist es von Vorteil, wenn wenigstens einige Minister politische und möglichst auch Regierungserfahrung auf der Länderebene aufweisen. Sollte sich dieser Trend fortsetzen, kann von einer Heterogenisierung gesprochen werden. Insgesamt muss das Personaltableau, das die Parteien präsentieren, auch weiterhin vielfältige parteispezifisch definierte Proporzansprüche erfüllen. Im Übrigen darf nicht übersehen werden, dass in Deutschland auf der Bundesebene Koalitionsregierungen gebildet werden. Letztlich wachen die beteiligten Koalitionspartner eifersüchtig darauf, ihre personellen Entscheidungen autonom zu treffen.

Für die Ministrablen bedeutet das in allererster Linie, dass die Eintrittshürden in ein Regierungsamt sehr hoch und vielfältig sind. Sind Minister aber erst einmal im Amt, sorgen die gleichen Mechanismen dafür, dass sie relativ geschützt agieren können. Für jeden Minister, der ausgewechselt werden soll, muss schließlich ein Nachfolger parat stehen, der den gleichen oder ähnlichen Anforderungen genügen kann. Regelmäßiger Personalaustausch, also „cabinet reshuffles", und damit die Gefahr, dass sorgsam austarierte Personaltableaus infragegestellt werden, findet zumal unter den Bedingungen einer Koalitionsregierung nur in Ausnahmefällen statt. Auch externer Druck durch die Opposition und/oder die Medien kann Ministern im Regelfall nichts anhaben, solange der Bundeskanzler und die Parteiführung zu ihnen stehen. Letztlich ist ihr individuelles Schicksal also zumeist an das kollektive Schicksal ihrer Partei in der Regierung und bei Wahlen gebunden.

Literatur

Armbruster, Frank, 1973: Ressort-Rotationen in Großbritannien und in der Bundesrepublik. Minister: Fachmann oder Politiker?, in: Zeitschrift für Parlamentsfragen 4, 95-110.
Badura, Peter, 1980: Die parlamentarische Verantwortlichkeit der Minister, in: Zeitschrift für Parlamentsfragen 11, 573-582.
Bäck, Hanna/Dumont, Patrick/Debus, Marc, 2008: Who Gets What in Coalition Governments? Predictors of Portfolio Allocation in Parliamentary Democracies. Konferenzpapier, vorgestellt auf dem Annual Meeting of the American Political Science Association (APSA). Boston, Mass., USA, August 2008.
Bahr, Egon, 1996: Zu meiner Zeit. München: Blessing.
Blondel, Jean, 1985: Government Ministers in the Contemporary World. London: Sage.
Blondel, Jean, 1987: Political Leadership. Towards a General Analysis. London: Sage.
Blondel, Jean/Thiébault, Jean-Louis (Hrsg.), 1991: The Profession of Government Minister in Western Europe. Basingstoke: Macmillan.
Blondel, Jean/Müller-Rommel, Ferdinand (Hrsg.), 1993: Governing Together. The Extent and Limits of Joint Decision-making in Western European National Cabinets. London: Macmillan.
Blondel, Jean/Müller-Rommel, Ferdinand (Hrsg.), 1997: Cabinets in Western Europe. 2. Aufl. London: Macmillan.
Browne, Eric C./Franklin, Mark, 1973: Aspects of Coalition Payoffs in European Parliamentary Democracies, in: American Political Science Review 67, 453-469.
Budge, Ian/Keman, Hans, 1990: Parties and Democracy. Coalition Formation and Government Functioning in Twenty States. Oxford: Oxford University Press.
Carlyle, Thomas, 1840: On Heroes, Hero-Worship, and the Heroic in History. London: Chapman and Hall.
Chabal, Pierre M., 2003: Do Ministers Matter? The Individual Style of Ministers in Programmed Policy Change, in: International Review of Administrative Sciences 69, 29-49.
Derlien, Hans-Ulrich, 1997: Ministerialarbeit zwischen Bonn und Berlin, in: *König, Klaus* (Hrsg.), Ministerialorganisation zwischen Berlin und Bonn. Speyerer Forschungsberichte 173. Speyer: Forschungsinstitut für Öffentliche Verwaltung, 45-61.
Derlien, Hans-Ulrich, 2001: Personalpolitik nach Regierungswechseln, in: *Derlien, Hans-Ulrich/ Murswieck, Axel* (Hrsg.), Regieren nach Wahlen. Opladen: Leske + Budrich, 39-57.
Derlien, Hans-Ulrich, 2003: Mandarins or Managers? The Bureaucratic Elite in Bonn, 1970 to 1987 and Beyond, in: Governance 16, 401-428.
Derlien, Hans-Ulrich/Lang, Florian, 2005: Verwaltungseliten in der Bundesrepublik Deutschland und in der V. Französischen Republik, in: *Heyen, Erk Volkmar* (Hrsg.), Verwaltungseliten in Westeuropa (19./20. Jh.). Jahrbuch für europäische Verwaltungsgeschichte, Band 17. Baden-Baden: Nomos, 109-147.
Dewan, Torun/Myatt, David P., 2007: Scandal, Protection, and Recovery in the Cabinet, in: American Political Science Review 101, 63-77.
De Winter, Lieven, 1991: Parliamentary and Party Pathways to the Cabinet, in: *Blondel, Jean/Thiébault, Jean-Louis* (Hrsg.), The Profession of Government Minister in Western Europe. Basingstoke: Macmillan, 44-69.

De Winter, Lieven, 2005: Parties and Government Formation, Portfolio Allocation and Policy Formation, in: *Luther, Kurt Richard/Müller-Rommel, Ferdinand* (Hrsg.), Political Parties in the New Europe. Political and Analytical Challenges. Oxford: Oxford University Press, 171-206.
Dowding, Keith/Dumont, Patrick (Hrsg.). 2009a: The Selection of Ministers in Europe. Hiring and Firing. London: Routledge.
Dowding, Keith/Dumont, Patrick, 2009b: Structural and Strategic Factors Affecting the Hiring and Firing of Ministers, in: *Dowding, Keith/Dumont, Patrick* (Hrsg.), The Selection of Ministers in Europe: Hiring and Firing. London: Routledge, 1-20.
Elcock, Howard, 2001: Political Leadership. Cheltenham: Edward Elgar.
Fischer, Jörn, 2004: Ministerrücktritte in der Bundesrepublik Deutschland von 1983-2002. Eine quantitative Analyse. Unveröffentlichte Diplomarbeit. Universität zu Köln.
Fischer, Jörn/Kaiser, André/Rohlfing, Ingo, 2006: The Push and Pull of Ministerial Resignations in Germany 1969-2005, in: West European Politics 29, 709-735.
Franzmann, Simon, 2006: Parteistrategien auf oligopolistischen Issue-Märkten. Eine empirische Analyse der Wahlprogrammatik in Deutschland, Dänemark, Österreich und den Niederlanden mit Hilfe des Gutenberg-Modells, in: Politische Vierteljahresschrift 47, 571-594.
Gamson, William A., 1961: A Theory of Coalition Formation, in: American Sociological Review 26, 373-382.
Helms, Ludger, 2001: Kabinettsminister und Kabinettsumbildungen in der Bundesrepublik Deutschland und in Großbritannien (1945/49-2000). Eine empirische Forschungsnotiz, in: Die Verwaltung 34, 561-571.
Huber, John D./Martinez-Gallardo, Cecilia, 2008: Replacing Cabinet Ministers. Patterns of Ministerial Instability in Parliamentary Democracies, in: American Political Science Review 102 (2), 169-180.
Ismayr, Wolfgang, 2000: Der Deutsche Bundestag im Politischen System der Bundesrepublik Deutschland. Opladen: Leske + Budrich.
Kaiser, André/Fischer, Jörn, 2009: Linkages between Parliamentary and Ministerial Careers in Germany , 1949 – 2008. The Bundestag as Recruitment Pool, in: German Politics 18, 140-154.
Kavanagh, Dennis, 1990: Personalities and Politics. London: Macmillan.
Kempf, Udo, 2001: Die Regierungsmitglieder als soziale Gruppe, in: *Kempf, Udo/Merz, Hans-Georg* (Hrsg.), Kanzler und Minister 1949-1998. Opladen: Westdeutscher Verlag, 7-35.
Kempf, Udo/Gloe, Markus, 2008: Die Regierungsmitglieder der rot-grünen Bundesregierungen: Sozialstruktur und Karriereverläufe, in: *Kempf, Udo/Merz, Hans-Georg* (Hrsg.), Kanzler und Minister 1998-2005. Biografisches Lexikon der deutschen Bundesregierungen. Wiesbaden: VS Verlag für Sozialwissenschaften, 10-33.
Kempf, Udo/Merz, Hans-Georg (Hrsg.), 2001: Kanzler und Minister 1949-1998. Biografisches Lexikon der deutschen Bundesregierungen. Opladen: Westdeutscher Verlag.
Kempf, Udo/Merz, Hans-Georg (Hrsg.), 2008: Kanzler und Minister 1998-2005. Biografisches Lexikon der deutschen Bundesregierungen. Wiesbaden: VS Verlag für Sozialwissenschaften.
Kropp, Sabine, 2001: Regieren in Koalitionen. Handlungsmuster und Entscheidungsbildung in deutschen Landesregierungen. Wiesbaden: Westdeutscher Verlag.
Lange, Rolf-Peter, 1973: Auslesestrukturen bei der Besetzung von Bundesämtern, in: *Dittberner, Jürgen/Ebbighausen, Rolf* (Hrsg.), Parteiensystem in der Legitimationskrise. Opladen: Westdeutscher Verlag, 132-171.
Laver, Michael/Shepsle, Kenneth A., 1996: Making and Breaking Governments. Cabinets and Legislatures in Parliamentary Democracies. Cambridge: Cambridge University Press.
Lee, Everett S., 1972: Eine Theorie der Wanderung, in: *Széll, György* (Hrsg.), Regionale Mobilität. München: Nymphenburger Verlag, 115-129.
Linhart, Eric/Pappi, Franz Urban/Schmitt, Ralf, 2008: Die proportionale Ministerienaufteilung in deutschen Koalitionsregierungen. Akzeptierte Norm oder das Ausnutzen strategischer Vorteile?, in: Politische Vierteljahresschrift 49, 46-67.
Manow, Philip, 2005a: Die politische Kontrolle der Ministerialbürokratie des Bundes. Die Rolle der Landesebene, in: *Ganghof, Steffen/Manow, Philip* (Hrsg.), Mechanismen der Politik – strategische Interaktion im deutschen Regierungssystem. Frankfurt a. M.: Campus, 245-276.

Manow, Philip, 2005b: „Will Junior Ever Grow Up?" or Where and When Do Junior Ministers Become Senior Ministers? An Empirical Investigation for 23 OECD Countries. 1949–2003. Unveröffentlichtes Konferenzpapier, ECPR Joint Sessions of Workshops, Granada.

Marshall, Geoffrey (Hrsg.), 1989: Ministerial Responsibility. Oxford: Oxford University Press.

Mehde, Veith, 2001: Die Ministerverantwortlichkeit nach dem Grundgesetz. Dogmatischer Kernbestand und aktuelle Herausforderungen, in: Deutsches Verwaltungsblatt 116, 13-19.

Müller-Rommel, Ferdinand, 1994: The Role of German Ministers in Cabinet Decision-Making, in: *Laver, Michael/Shepsle, Kenneth* (Hrsg), Cabinet Ministers and Parliamentary Government. Cambridge: Cambridge University Press, 150-168.

Müller-Rommel, Ferdinand, 1997: Federal Republic of Germany. A System of Chancellor Government, in: *Blondel, Jean/Müller-Rommel, Ferdinand* (Hrsg.), Cabinets in Western Europe. 2. Aufl., London: Macmillan, 171-191.

Pappi, Franz Urban/Schmitt, Ralf/Linhart, Eric, 2008: Die Ministeriumsverteilung in den deutschen Landesregierungen seit dem Zweiten Weltkrieg, in: Zeitschrift für Parlamentsfragen 39, 323-342.

Plöhn, Jürgen, 2001: Vertrauen und Verantwortung in den politischen Systemen westlicher Demokratien. Eine gouvernemental-vergleichende Analyse Deutschlands und der USA unter ergänzender Einbeziehung Großbritanniens und der Schweiz. Habilitationsschrift, Martin-Luther-Universität Halle-Wittenberg.

Saalfeld, Thomas, 2003: Germany. Multiple Veto Points, Informal Coordination, and Problems of Hidden Action, in: *Strøm, Kaare/Müller, Wolfgang C./Bergman, Torbjörn* (Hrsg.), Delegation and Accountability in Parliamentary Democracies. Oxford: Oxford University Press, 347-375.

Schindler, Peter, 1983: Zur Mandatsstärke der Koalitionsparteien und ihrem Anteil an Kabinettsmitgliedern 1949-1982, in: Zeitschrift für Parlamentsfragen 14, 36 f.

Schindler, Peter, 1999: Datenhandbuch zur Geschichte des Deutschen Bundestages 1949-1999, Dreibändige Gesamtausgabe, Band 1. Baden-Baden: Nomos.

Schmid, Josef, 1990: Die CDU. Organisationsstrukturen, Politiken und Funktionsweisen einer Partei im Föderalismus. Opladen: Leske + Budrich.

Schniewind, Aline, 2008: Regierungen, in: *Freitag, Markus/Vatter, Adrian* (Hrsg.), Die Demokratien der deutschen Bundesländer. Opladen/Farmington Hills: Verlag Barbara Budrich, 111-160.

Schüttemeyer, Suzanne S., 1998: Fraktionen im Deutschen Bundestag 1949-1997. Empirische Befunde und theoretische Folgerungen. Wiesbaden: Westdeutscher Verlag.

Strøm, Kaare, 2000: Delegation and Accountability in Parliamentary Democracies, in: European Journal of Political Research 37, 261-289.

Syed Ali, Anwar, 2003: Karrierewege und Rekrutierungsmuster bei Regierungsmitgliedern auf Bundesebene von 1949-2002. Dissertation, Martin-Luther-Universität Halle-Wittenberg.

Thiébault, Jean-Louis, 1991: Local and Regional Politics and Cabinet Membership, in: *Blondel, Jean/Thiébault, Jean-Louis* (Hrsg.), The Profession of Government Minister in Western Europe. Basingstoke: Macmillan, 31-43.

Warwick, Paul V./Druckman, James N., 2001: Portfolio Salience and the Proportionality of Payoffs in Coalition Governments, in: British Journal of Political Science 31, 627-649.

Warwick, Paul V./Druckman, James N., 2006: The Portfolio Allocation Paradox. An Investigation into the Nature of a Very Strong But Puzzling Relationship, in: European Journal of Political Research 45, 635-665.

Wengst, Udo, 1984: Ministerverantwortlichkeit in der parlamentarischen Praxis der Bundesrepublik Deutschland. Eine historische Bestandsaufnahme, in: Zeitschrift für Parlamentsfragen 15, 539-551.

Politik als Beruf – auch ohne Mandat

Sebastian Bukow

1. Einleitung

Die Verberuflichung der Politik ist kein neues Thema politikwissenschaftlicher Forschung. Schon Weber betonte die Verknüpfung des modernen Berufspolitikertums mit der Demokratisierung der Politik (vgl. Weber 1992: 43). Mittlerweile gilt der Parlamentsabgeordnete[1] als Normalfall des Berufspolitikers (vgl. Reiser 2006: 49 f.). Die Professionalisierungsforschung konzentriert sich zumeist auf die Karrieren und Rekrutierung von Berufsparlamentariern auf Landes- und Bundesebene (u. a. Herzog 1975; Burmeister 1993; Borchert/Golsch 1995; Rebenstorf 1995; Golsch 1998; Borchert 2003; Demuth 2004) und neuerdings auf kommunaler Ebene (u. a. Reiser 2006; Maier/Schmitt 2008). Ebenfalls Gegenstand der Forschung sind die zentralen Organisationen des politischen Systems, die politischen Parteien. Vor allem die Professionalisierung der Parteiorganisationen wird thematisiert. Diskutiert werden zudem das mögliche Ende der Mitgliederparteien, der Dualismus zwischen Partizipation und Professionalität und Antworten auf die Frage nach künftigen Organisationstypen (u. a. Grabow 2000; von Beyme 2002; Jun 2004; Schmid/Zolleis 2005; Wiesendahl 2006; Donges 2008).

Nachfolgend werden die Verberuflichung der Politik und der Wandel der Parteien miteinander in Beziehung gesetzt. Im Mittelpunkt der Analyse steht das *Party Central Office* (vgl. Katz/Mair 1993; Sorauf 1967), das – so die These – Parteimitarbeitern die Möglichkeit bietet, Politik ohne Mandat als Beruf zu betreiben. Unterschiedliche Fragestellungen lassen sich daran anknüpfen, etwa nach der Bedeutung innerparteilicher Einflussnahme durch Parteiangestellte, die zugleich Berufspolitiker sind, oder nach deren besonderen Karrierewegen und -mustern. Dieser Beitrag konzentriert sich auf die Parteimitarbeiter. Über sie ist in der Forschung wenig bekannt, obwohl gerade in Deutschland gut organisierte Parteiapparate mit ihren Mitarbeitern eine zentrale Rolle spielen und von einer „völligen Dominanz" (Detterbeck 2002: 346) der Parlamentarier keine Rede sein kann. Die Bedeutung der Organisationsmitarbeiter dürfte angesichts sinkender Mitgliederzahlen und zunehmender organisationaler Professionalisierung künftig sogar steigen. Die Voraussetzungen für einen eigenständigen innerparteilichen berufspolitischen Arbeitsmarkt sind dabei gegeben: Professionalisierung einerseits (vgl. 2.2), und eine ausreichende Finanzausstattung der Parteiorganisationen andererseits (vgl. Adams 2005; Koß 2008). Es ist daher notwendig, die Organisationsmitarbeiter der Parteien in die Berufspolitikforschung einzubeziehen.

Nachfolgend wird zunächst diskutiert, welches Verständnis von Berufspolitik und der politischen Klasse den weiteren Überlegungen zu Grunde liegt und welche Rolle Parteimitarbeitern, die zugleich Berufspolitiker sind, zukommt. Daran schließen Über-

---

[1] Hauptberufliche Parlamentarier, Teilzeitparlamentarier und Freizeitpolitiker sind unbedingt zu unterscheiden (vgl. u. a. Heuvels 1986).

legungen zur Professionalisierung der Parteien an. Diese stellt nämlich die Grundlage des skizzierten Berufsfeldes dar, und zudem bieten sich hier Anschlussmöglichkeiten an die Debatte um die Zukunft der Mitgliederparteien. Anknüpfend an neoinstitutionalistische Überlegungen wird dann geprüft, ob sich überparteilich einheitliche Leitbilder etabliert haben (vgl. Bukow 2009b), sich also über das gemeinsame Merkmal *Parteimitarbeiter* hinaus kulturelle Gemeinsamkeiten erkennen lassen. Zudem ist zu klären, ob sich in den Parteiapparaten Mitarbeitergruppen finden lassen, die sich in ihren zentralen Einstellungen unterscheiden, was aus Sicht der Parteien- und Professionalisierungsforschung von Interesse wäre.

2. Theoretische Bezugspunkte

2.1 Zentrale Merkmale des Berufspolitikers und der politischen Klasse

Die *politische Klasse*[2] erfasst zunächst die „Gesamtheit der politischen Akteure, die Politik als Beruf betreiben" (Golsch 1998: 53). Verberuflichung, die Voraussetzung einer politischen Klasse, meint dabei nach Weber das Leben *von* der und *für* die Politik (vgl. Weber 1992: 16). In der Bundesrepublik hat sich der Typus des Berufspolitikers, der von der Politik lebt, durchgesetzt (vgl. Reiser 2006: 52-59). Die Möglichkeit der Lebensunterhaltssicherung durch Politik stellt somit die Basis jedweder Berufspolitik dar. Honoratioren, die ausschließlich *für* die Politik leben, spielen – von der lokalen Ebene abgesehen – parlamentarisch nur noch eine untergeordnete Rolle. Aus dem gemeinsamen Merkmal *Leben von der Politik* ergibt sich das zweite Bestimmungsmerkmal der politischen Klasse: Deren Angehörige entwickeln ein Selbsterhaltungsinteresse und handeln als „Interessengruppe für sich selbst" (von Beyme 1993: 25-39), um sich individuell dauerhaft abzusichern. Die politische Klasse wird somit „als eine strukturell durch Professionalisierung geprägte Gruppe [verstanden], die gleichzeitig als kollektiver Akteur auftritt" (vgl. von Beyme 1993: 56; Borchert/Golsch 1995: 14; Golsch 1998).

Der ökonomische Aspekt ist eng mit der Professionalisierung der politischen bzw. parlamentarischen Ämter und Institutionen verbunden (vgl. Reiser 2006: 62-64).[3] Die Einführung und Anhebung von Diäten war die Voraussetzung einer Verberuflichung der Parlamentarier (vgl. Borchert 2003: 88; Geißel 2006: 85 f.): So wurde das Mandat zur zentralen und mithin lukrativsten Möglichkeit (vgl. Best/Jahr 2006: 68), von der

---

[2] Zum Begriff vgl. Pareto (1955), von Beyme (1993), Borchert (1999), Golsch (1998), Klingemann et al. (1991), Leif et al. (1992), Rebenstorf (1995) sowie den Beitrag von Klaus Stolz in diesem Sonderheft. Das Konzept findet sich in Deutschland vor allem in der Elitenforschung (in Abgrenzung zur politischen Elite) und der Parteienforschung (als spezifisches Merkmal der Parteiendemokratie). Für Weßels sind „gemeinsame biographische Faktoren" und die „Aufgabe der politischen Steuerung" relevant (Weßels 1992: 542); so lässt sich die politische Elite von der politischen Klasse abgrenzen (vgl. Borchert/Golsch 1995: 612-615; Golsch 1998: 23 f.). Herzog (1992: 126 f.) lehnt eine strikte Trennung ab. Dieser Sichtweise wird hier der Vorzug gegeben, da Politiker meist mehreren Kategorien angehören (vgl. von Beyme 1993: 29).

[3] Zur dadurch möglichen individuellen Professionalisierung (v. a. Erwerb spezifischer Qualifikationen und Deprofessionalisierung im Hauptberuf) vgl. Herzog (1975), Burmeister (1993), Borchert/Golsch (1995) sowie Reiser (2006).

Politik zu leben. Solche Verberuflichung ist auf Landes-, Bundes- und Europaebene, in indirekten Formen sogar teilweise auf kommunaler Ebene, zum Normalfall geworden (vgl. Meyer 1994: 104; Maier/Schmitt 2008; siehe auch die Beiträge von Holtkamp und Reiser in diesem Sonderheft). Daher stehen Parlamentarier gerade im deutschen Mehrebenensystem im Fokus der Professionalisierungsforschung. In allen westlichen Demokratien sind die Parlamente inzwischen der „Kristallisationspunkt der politischen Klasse" (Borchert/Golsch 1995: 610). Der Parteibeamte dagegen wurde nicht, wie von Weber einst angenommen, zum „Archetyp des Berufspolitikers" (Borchert 1999: 9).

Stellt man das *Leben von der Politik* in den Vordergrund, dann ist die Professionalisierung der *Institutionen* bzw. Organisationen bedeutsam. Erst der Ausbau professioneller Mitarbeiterstäbe in Parlamenten und Parteien ermöglicht den Mitarbeitern ein Leben von der Politik ohne Wahlamt. Insofern verwundert es, dass nur selten thematisiert wird, „ob zur politischen Klasse außer den Bundestags- und Landtagsabgeordneten auch die Spitzenfunktionäre der Parteien und Verbände hinzuzurechnen sind oder nicht" (Meyer 1994: 105). Sieht man im *Leben von der Politik* das zentrale Bestimmungsmerkmal, so sind „Regierungsmitglieder, die hauptamtlichen Parteifunktionäre (...) sowie die Mitarbeiter von Abgeordneten und Fraktionen" (Borchert/Golsch 1995: 613) klar in den Kernbereich der politischen Klasse mit einzubeziehen.[4] Aus Professionalisierungs- und Parteienforschungssicht ist diese Berufspolitik ohne Mandat von zentraler Bedeutung, wenngleich es sich um keine neue Möglichkeit handelt. Schon seit dem Ende des 19. Jahrhunderts ist in den Parteiapparaten eine Professionalisierung und Ausdifferenzierung des politischen Personals als Strukturphänomen klar erkennbar (vgl. Best/Jahr 2006: 65). Das Berufsfeld *Party Central Office* ist allerdings bedeutsamer und aus Sicht der individuellen Karriereplanung unabhängiger von den Parlamenten geworden: Die staatliche Parteienfinanzierung[5] erweitert und verstetigt die Finanzausstattung der Parteien, erlaubt so einen Ausbau der Apparate und auf diesem Weg eine zunehmende Professionalisierung. Zugleich sorgt die Verberuflichung der Parlamentarier für finanzielle Freiräume, da die Abgeordneten durch mandatsbezogene Sonderabgaben verstärkt zur Parteienfinanzierung beitragen (vgl. Adams 2005) und so die Einstellung von (weiteren) Parteimitarbeitern ermöglichen.[6] Auch müssen die Parteien die Arbeit ihrer Parlamentarier nicht mehr aus eigenen Mitteln unterstützen, wie es etwa in der Sozialdemokratie der Weimarer Zeit notwendig war (vgl. Kamm 1927: 53; Schröder 2001). Parteien können dadurch verstärkt Personal einstellen, das von der Politik lebt, ohne eine parlamentarische Karriere zu verfolgen. Damit sind Parteiorganisationsmitarbeiter eindeutig Teil der politischen Klasse. Da ohne die Professionalisierung der Parteiapparate organisationsinterne politische Karrieren im *Party Central Office* kaum im heutigen Umfang möglich wären, ist diese nun zu betrachten.

---

4 Zu den Mitarbeitern der Abgeordneten und Fraktionen im Deutschen Bundestag vgl. den Beitrag von Helmar Schöne in diesem Sonderheft.
5 Vgl. zur Bedeutung der staatlichern Parteienfinanzierung in der Kartellparteienthese Katz/Mair (1995, 1996).
6 Die institutionelle Professionalisierung der Parlamente ermöglicht zudem eine auch für die Parteien relevante zunehmende Zahl parlamentarischer Mitarbeiter.

2.2 Die Professionalisierung der Parteien: das Berufsfeld *Party Central Office*

Grundvoraussetzung für organisationsinterne Karrieren ist der Wandel der Parteien, verbunden mit ihrer Professionalisierung (dazu Donges 2008: 97-100; Jun 2009). Der Parteienwandel wurde bereits vielfach diskutiert, etwa hinsichtlich der Krise der Mitgliederparteien (vgl. Wiesendahl 2006), der typologischen Weiterentwicklung und Kommunikationsprofessionalisierung (u. a. Grabow 2000; von Beyme 2002; Jun 2004; Donges 2008), der Bedeutung der Organisation (vgl. Schmid/Zolleis 2005) oder des Dualismus zwischen Professionalisierung und Grassroots-Demokratie (z. B. Schieren 1996). Vielfach waren die Mitglieder selbst Gegenstand der Forschung (z. B. Meyer 2000; Walter-Rogg/Mößner 2004; Biehl 2004, 2005, 2006; Klein 2006). Zentral für die Parteien nach der Ära der Volksparteien (zur Volkspartei Kirchheimer 1965) sind eine Professionalisierung der Parteiführungen und -apparate (vgl. Panebianco 1988) sowie ein Trend zur Zentralisierung (vgl. Mair et al. 1999). Von Beyme (2002) betont dabei die Dominanz der Berufspolitiker, denen vor allem an der Karriereabsicherung gelegen sei, während für Jun (2004) vor allem eine professionalisierte Kommunikation der Parteien von Bedeutung ist. Unabhängig von den typologischen Details ist maßgeblich, dass mit dem Wandel eine „growing strength of central party organizations" (Farrell/Webb 2000: 115) einhergeht, also eine Bedeutungszunahme des Party Central Office und der dort tätigen Mitarbeiter, und zwar nicht zuletzt auf Kosten der mittleren Parteiebene (vgl. Farrell/Webb 2000: 117).

Dass die staatliche Parteienfinanzierung und die zunehmende Professionalisierung die Möglichkeit eröffnet, in den Apparaten dauerhaft und auf hohem Qualifikations- und Qualitätsniveau Politik als Beruf zu betreiben, ohne zugleich ein Mandat anzustreben, wurde aber noch ebenso wenig thematisiert wie die Auswirkungen von Professionalisierungsmaßnahmen auf die Einstellungen der Mitarbeiter. War vor der parlamentarischen Professionalisierung die Partei oft nur ein Weg zur *parlamentarischen* Berufstätigkeit (vgl. Reiser 2006: 55), so hat sich dies nun geändert: Parteiorganisationen sind nicht länger nur Hilfsapparate der parlamentarischen Berufspolitiker oder Versorgungsstellen für nicht alimentierte Abgeordnete, sondern gerade in Deutschland dauerhaft organisierte Mitgliederorganisationen mit einem eigenständigen Organisationskern,[7] dem *Party Central Office*.

Ein zweiter Aspekt sind die Parteiziele, nämlich Vote-, Office- und Policy-Seeking (vgl. Strøm 1990; Budge/Keman 1990; Laver/Schofield 1990; Lösche/Walter 1992; Harmel/Janda 1994; Strøm/Müller 1999; Wolinetz 2002). In den vergangen Jahren haben Selbsterhaltung (vgl. Jun 2004: 125) und Wahlerfolg (vgl. von Beyme 2002) an Bedeutung gewonnen, hingegen ideologische Positionierungen, innerparteiliche Demokratie sowie Mitglieder(-interessen) an Bedeutung verloren. Letzteres vor allem weil „Parteien nur noch einen geringen Bedarf an den Leistungen haben, die von den Mitgliedern erbracht werden könnten" (Detterbeck 2005: 65). Ob eine solche Zielverschiebung von den Mitarbeitern auch geteilt wird, ist bislang nicht geklärt. Dabei sind

---

7 Sie haben sich damit teilweise von ihren parlamentarischen Wurzeln gelöst, vor allem im Vergleich mit früheren Erscheinungsformen, etwa der „Honoratiorenpartei" (Weber 1980) oder der „liberalen Repräsentationspartei" (Neumann 1965), die beide nicht auf eine breite Mitgliederbasis abzielten.

Antworten auf diese Frage hinsichtlich der normativ durchwirkten Debatte um die Zukunft der Mitgliederpartei von größter Wichtigkeit.

Insgesamt kommt der organisationstypologischen Veränderung der Parteien hinsichtlich der Bedeutung des Berufsfeldes *Party Central Office* eine wesentliche Rolle zu. Insbesondere die einsetzende Professionalisierung der internen Organisationsstrukturen (u.a. zentrale Mitgliederverwaltungen und Kundenmanagementsysteme) sowie des Human Ressource Management ist zu erwähnen. Im Ergebnis sind Parteigeschäftsstellen mehr als reine Verwaltungsapparate, nämlich eigenständiger Kern der Parteiorganisation. Somit tritt neben das Berufsfeld *Party in Public Office* das eigenständige Berufs-/Karrierefeld *Party Central Office*. Parteiorganisationskarrieren sind so eine attraktive Möglichkeit der Berufspolitik geworden.

Berufspolitiker mit und ohne Mandat werden meist über die aktive Parteimitgliedschaft rekrutiert. Doch nur erstere sind direkt wahlabhängig. Der Beruf des Parlamentariers ist dadurch „ungesichert, episodisch, unscharf in der Bestimmung des Berufsfeldes, der qualifikatorischen Voraussetzung und des Karriereverlaufs" (Best/Jahr 2006: 79). Den Organisationsmitarbeitern ist es dagegen oftmals gelungen, die wahlbedingte Unsicherheit zu reduzieren. Insbesondere ein Kernbestand an Mitarbeitern dürfte auf Dauer in der Partei arbeiten und damit trotz spezifischer Mechanismen der Parteienfinanzierung nicht unmittelbar, sondern höchstens mittelbar von Wahlen und Wahlergebnissen abhängig sein. Der Annahme, dass Parlamente „Teil des inneren Arbeitsmarktes der Parteien" (Best/Jahr 2006: 79) seien, ist somit zu widersprechen. Vielmehr ist von eher getrennten Arbeitsmärkten auszugehen: Politische Karrieren unterscheiden sich durchaus danach, ob sie als Mitarbeiterkarriere oder als Mandats- bzw. Amtsträgerkarriere verfolgt werden. Die doppelte Tätigkeit als abhängig beschäftigter Mitarbeiter und unabhängiger Berufsparlamentarier ist lediglich in den politischen Organisationsspitzen üblich.

Daran schließt sich eine zweite Unterscheidung innerhalb der Gruppe der *Mitarbeiter* an, die sich aus der strukturellen Zuordnung ergibt: Mitarbeiter arbeiten entweder primär im staatsnahen *parlamentarischen* Bereich oder im *parteiorganisationsinternen* Bereich (Parteiapparat). Überschneidungen sind allerdings denkbar, und ein Wechsel zwischen diesen beiden Bereichen dürfte nicht unüblich sein. Im Fokus dieses Beitrags stehen die Parteiorganisationsmitarbeiter, also jene, die direkt von den Parteien beschäftigt werden, damit der berufsprofessionelle Kern der *Mitgliederorganisation Partei* sind und nicht, wie die meisten parlamentarischen Mitarbeiter, in einem mandatsträgerabhängigen Arbeitsverhältnis stehen.

Parteimitarbeiter sind im letzten Schritt hinsichtlich der innerparteilichen Einflussoptionen erneut zu unterscheiden. Diejenigen, die lediglich von der Parteiarbeit leben, sind von jenen zu trennen, die zusätzlich Parteiämter oder Mandate übernehmen und so über den Beruf hinaus Politik betreiben. Zum Berufspolitiker ohne Mandat wird, wer den Parteiberuf zum Leben *von* der Politik nutzt und darüber hinaus etwa als Amts- oder Mandatsträger *für* die Politik lebt (zu Loyalitätsbeziehungen/-konflikten von Amtsträgern vgl. von Blumenthal 2001). Insbesondere die Doppelfunktion „Mitarbeiter" und „innerparteilicher Amtsträger" ist für das innerparteiliche Machtgefüge interessant, da diese Mitarbeiter in besonderer Weise über die eigenen Arbeitsbedingungen mitentscheiden und durch ihr Engagement geprägt sein können.

2.3 Institutionelle Prägungen der Berufspolitiker im *Party Central Office*

In Folge ihrer institutionellen Sozialisierung könnten unterschiedliche Faktoren die Parteimitarbeiter prägen: die ehrenamtliche Arbeit, das Leitbild Mitgliederpartei, das Leitbild Professionalisierung und parteispezifische Organisationsvorstellungen. Gerade Professionalität im Arbeitsalltag dürfte einen hohen Stellenwert besitzen, wobei sich durch den zunehmenden Parteienwettbewerb und auf Grund institutioneller Erwartungen ein parteiübergreifendes Professionalitätsverständnis entwickelt haben dürfte. Zeitgleich werden durch den institutionellen Druck zur partizipativen Mitgliederpartei entsprechende Zielvorstellungen anzutreffen sein.

Um zu klären, welche Einflussfaktoren tatsächlich auf die Parteiorganisationen und deren Mitarbeiter wirken, ist ein Rückgriff auf neoinstitutionalistische Überlegungen hilfreich. In ihrer organisationssoziologischen Ausprägung legen diese einerseits die Annahme überparteilicher Organisationsleitbilder nahe und erklären andererseits organisationsinterne Widersprüche. Entscheidend ist, dass die deutschen Parteien in einem „Parteienkartell" (Detterbeck 2008) agieren und zugleich ihre existenziellen Ressourcen weitgehend von außen sowie freiwillig beziehen (v. a. staatliche Mittelzuweisungen und Wählerstimmen), wodurch sie institutionellen Erwartungen ausgesetzt sind. So können „Vorstellungen, Regeln und Annahmen, wie effektive und effiziente Organisationen ausgestaltet sein sollen" (Walgenbach 2006: 319), die Organisation prägen. Der Einfluss von Institutionen ist dabei nicht als deterministisch aufzufassen: Parteien können selektiv, aber nicht völlig frei auf institutionelle Vorgaben reagieren (vgl. Hasse/Krücken 1996: 98). Sie verfügen gleichsam über einen „Bausatz" (Mense-Petermann 2006: 66). Diese „Schablonen des Organisierens" (Walgenbach 2006: 320), ihrerseits strukturprägende „kulturelle Muster", werden zunächst von den Organisationsspitzen adaptiert. Im Ergebnis sind Parteien und die von ihren Mitarbeitern getragenen Leitbilder als Abbild auch institutionalisierter Überzeugungen sowie funktioneller Anforderungen ihrer Umwelten zu deuten (zum übergreifenden Theorieansatz siehe Patzelt 2007). Sie können insbesondere darüber verfügen, welche Erwartungen organisationswirksam und welche nur symbolisch implementiert werden. So schaffen sie notwendige Gestaltungsspielräume (vgl. Bukow 2009). Diese Spielräume braucht es, um gegensätzliche Erwartungen (z. B. innerparteiliche Beteiligungsoptionen vs. Professionalität) zu erfüllen. Die Rahmenbedingung „Parteienkartell" und der zugleich klar wahrnehmbare Parteienwettbewerb führen dabei zu einer Angleichung der Parteien: „Once a field becomes well established, however, there is an inexorable push towards homogenization." Dies liegt daran, dass „Organizations in a structured field (…) respond to an environment that consists of other organizations responding to an environment of organizations' responses" (DiMaggio/Powell 1983: 148 f.). Damit tritt eine Abschottungstendenz ein, die in den Mitarbeiterstäben ein institutionell geprägtes, überparteiliches Leitbild einer professionell gemanagten Partei zulässt. Somit dürften sich von außen geprägte, d. h. analoge Ähnlichkeiten in den Organisationsvorstellungen zeigen, von innen geprägte Ähnlichkeiten (sogenannte „homologe" Ähnlichkeiten) aber die Ausnahme darstellen. Widersprüche zwischen externen Funktionsanforderungen und internen Leitbildern sind nicht auszuschließen. Bei ihrer Handhabung dürfte der Wunsch nach Professionalität dominieren. In diesem Fall würde sich zeigen, dass Parteimitarbeiter *ein* Berufsbild teilen und sich eine *gemeinsame* professionelle Kultur ausbildet, die durch „Standards politischer Professionalität" bestimmt wird (Meyer 1994: 105). Wenn dies der Fall ist, wären in der Folge mittelfristig nicht nur neue Wege der Elitenrekrutierung, sondern auch neue Karrierestrategien zu erwarten.

Jedenfalls ist „Politik als Beruf" nicht nur als Parlamentarier möglich. Durch die Professionalisierung der Parteiapparate hat sich vielmehr ein eigenständiges Berufsfeld *Party Central Office* entwickelt, das sich im Karriereverlauf mit dem der vollberuflichen Parlamentarier nur wenig überschneiden dürfte. Dabei sollte eine vorherige oder gleichzeitige ehrenamtliche Parteitätigkeit ein wichtiger Bezugspunkt der berufspolitischen Tätigkeit sein.

3. Datenbasis und Methodik

3.1 Datenbasis

Eine im Oktober/November 2007 durchgeführte standardisierte Online-Befragung stellt die Grundlage der empirischen Untersuchung dar (Nacherhebung November/Dezember 2007). Die Befragung richtete sich an die Geschäftsstellenmitarbeiter auf Bundes- und Landesebene (bei der SPD gegebenenfalls auch auf Bezirksebene) der im Bundestag vertretenen Parteien. Sie wurde als Vollerhebung konzipiert, da gerade in den Geschäftsstellen der kleineren Parteien mit oft nur wenigen Mitarbeitern eine Stichprobenziehung nicht sinnvoll ist. Im Bund wurde bei Die Linke und Bündnis 90/ Die Grünen eine Vollerhebung durchgeführt; bei FDP und SPD wurden ausgewählte Abteilungen (SPD: Abteilung „Parteiorganisation"; FDP: Abteilung „Kampagnen") befragt. CDU und CSU verweigerten die Teilnahme,[8] wobei die CSU davon unabhängig als organisationssoziologischer Sonderfall gelten muss. Eine Verallgemeinerung der Befunde ist damit nur eingeschränkt möglich.[9] Auf Landesebene konnten zahlreiche Parteigeschäftsstellen befragt werden.[10] Insgesamt wurden auf Bundes- und Landesebene 167 Mitarbeiter befragt; der Rücklauf liegt bei 47,7 Prozent.[11] Bei der FDP konnten

---

8 Das ist bedauerlicherweise kein neues Phänomen (vgl. Walter-Rogg/Gabriel 2004): Man teile die Intention des Forschungsprojektes nicht und befürchte „negative Forschungsresultate" – so Vertreter der Leitungsebenen der Bundes- und Landesverbände.
9 Um sie zumindest in ersten Ansätzen zu ermöglichen, wird mitlaufend geprüft, ob signifikante Unterschiede in Abhängigkeit zur politischen Selbstverortung der Befragten auf einer Links-Rechts-Skala feststellbar sind. Soweit dies nicht der Fall ist, kann angenommen werden, dass die individuelle politische Ausrichtung nur eine untergeordnete Rolle spielt. Sollten sich zudem keine parteispezifischen Unterschiede feststellen lassen, so ist – wie theoretisch begründet – anzunehmen, dass die Mitarbeiter der CDU den übrigen Parteimitarbeitern ähnliche Einstellungen aufweisen dürften.
10 SPD: Berlin, Brandenburg, Bremen, Hannover, Hessen-Nord, Mecklenburg-Vorpommern, Niedersachsen, Rheinland-Pfalz, Sachsen-Anhalt; FDP: Baden-Württemberg, Saar, Sachsen, Sachsen-Anhalt; Grüne: Baden-Württemberg, Bayern, Berlin, Brandenburg, Bremen, Hamburg, Hannover, Hessen, Mecklenburg-Vorpommern, Niedersachsen, Nordrhein-Westfalen, Sachsen, Sachsen-Anhalt, Schleswig-Holstein, Thüringen; Linke: Bayern, Brandenburg, Hamburg, Mecklenburg-Vorpommern, Niedersachsen, Nordrhein-Westfalen, Sachsen-Anhalt. Befragte Mitarbeiter: SPD 55, FDP 12, Grüne 54, Linke 46.
11 Im Detail: SPD-Bund 37 Prozent, SPD-Land 57 Prozent; FDP-Bund 75 Prozent, FDP-Land

allerdings nur vier Landesparteien zur Teilnahme gewonnen werden, weshalb trotz des hohen Rücklaufs hier fallzahlbedingt Interpretationen nur mit Vorsicht möglich sind. Die geringe Mitarbeiterzahl in vielen Landesgeschäftsstellen lässt aus Gründen des Datenschutzes tiefergehende Einzelländeranalysen ohnehin nicht zu. Die Daten zur Mitarbeiterausstattung der Landes- bzw. Bezirksgeschäftsstellen wurden telefonisch erhoben (Stand: 31.12.2007).

3.2 Methodik, Vorgehen und untersuchte Aspekte

Für die Analysen wird als zentrale unabhängige Variable (UV) die arbeitgebende Partei herangezogen. Der Test auf parteispezifische Unterschiede erfolgt einfaktoriell mittels Varianzanalyse (ANOVA), wobei nur in Einzelfällen parteispezifische Unterschiede erwartet wurden. Weitere UV werden begleitend kontrolliert, etwa das Alter der Befragten, die Dauer der Tätigkeit im entsprechenden Bereich (gruppiert) oder die Links-Rechts-Selbsteinschätzung. Soweit nicht explizit angegeben, sind diesbezüglich keine signifikanten Unterschiede zu berichten. Fallzahlbedingt ist eine multifaktorielle Überprüfung teilweise problematisch; daher wurde auf diese verzichtet.

Ebenenspezifische Unterschiede sind, etwa als Folge von Zentralisierungstendenzen, ebenfalls denkbar und werden begleitend geprüft. Hinsichtlich der oben unterschiedenen Mitarbeitergruppen (Mitarbeiter, Parteiaktivist, Parlamentarier) wird ebenfalls auf spezifische Unterschiede geprüft. Die Daten werden erhoben durch Fragen danach, auf welchen Ebenen bzw. in welchen Bereichen der Befragte bereits aktiv war oder noch ist, etwa als Mitarbeiter auf Bundes-, Landes-, oder anderer Ebene bzw. als Mitarbeiter eines Abgeordneten oder einer Fraktion. Im Grunde werden „Erfahrungssummen" gebildet: Zunächst entstehen Summenvariablen, welche die aktuell und früher ausgeübten Tätigkeiten nach Bereichen (Mitarbeiter, Vorstand, Parlament) zusammenfassen; anschließend werden deren Werte gruppiert (0, 1–2 sowie mehr als 2 Erfahrungen je Tätigkeitsfeld).

Die zu untersuchenden Aspekte ergeben sich aus den vorherigen Überlegungen und Argumenten. Mangels aktueller Untersuchungen sind aber zunächst einmal deskriptive Analysen zur Situation der Parteimitarbeiter notwendig. Neben ihrer Beschäftigungssituation und Arbeitsmotivation ist zu prüfen, ob sich die oben eingeführte Unterscheidung zwischen „einfachen Mitarbeitern" und „innerparteilichen Berufspolitikern ohne Mandat" wirklich bestätigt. Im zweiten Schritt werden normativ geprägte Einstellungen zu Parteizielen und -aufgaben geprüft. Anschließend werden Items geprüft, die auf eine professionalitätsorientierte Einstellung bzw. auf eine Mitgliederorientierung hindeuten, um – möglicherweise unterschiedliche – Parteiorganisationsleitbilder zu rekonstruieren.

---

60 Prozent; Grüne-Bund 28 Prozent, Grüne-Land 54 Prozent; Linke-Bund 45 Prozent; Linke-Land 35 Prozent.

4. Befunde

4.1 Leben von der und für die Politik

Zwei von drei Mitarbeitern (68,9 Prozent) üben ihren Beruf als Vollzeitarbeitsverhältnis aus, betreiben also Politik vollumfänglich als Beruf im ökonomischen Sinn. Besonders häufig kommt dies bei Linken vor (90,9 Prozent), besonders selten bei den Grünen (42,9 Prozent). Allerdings zeigt sich, dass jeder zehnte Mitarbeiter zwei unterschiedliche Mitarbeiterfunktionen ausübt, etwa zugleich für die Partei und einen Abgeordneten tätig ist, wobei sich bis auf die FDP (dort keine doppelte Tätigkeit) keine parteispezifischen Unterschiede zeigen. Damit wird schon deutlich, dass Parteimitarbeiter ganz überwiegend *von* der Politik leben. Wie aber steht es um die subjektive Motivation? Ist die Arbeit im Parteiapparat nur eine Erwerbstätigkeit – oder wird bewusst eine Arbeit im politischen Feld gesucht und ausgeübt? Abgefragt wurden dazu fünf Items. Es erweist sich (siehe *Tabelle 1*), dass die abgefragten Aspekte im Mittel stets eher zustimmend oder gar sehr stark zustimmend bewertet werden. Die Verteilung der Werte zeigt keine Auffälligkeiten; die Standardabweichungen liegen insgesamt zwischen 0,54 und 0,83.

Tabelle 1: Arbeitsmotive im Vergleich (Mittelwerte)

"Wie wichtig sind für Sie persönlich diese Aspekte ihrer Tätigkeit?" ("sehr wichtig" = 1 bis "überhaupt nicht wichtig" = 4)					
Item	gesamt	FDP	Grüne	Linke	SPD
eigene Fachkenntnis einzubringen	1,41** (n = 158)	1,83 (n = 12)	1,47 (n = 51)	1,24 (n = 46)	1,39 (n = 49)
in einem professionellen Umfeld zu arbeiten	1,56 (n = 159)	1,75 (n = 12)	1,67 (n = 51)	1,52 (n = 46)	1,44 (n = 50)
eine angemessene Bezahlung zu erhalten	2,20** (n = 159)	2,08 (n = 12)	2,43 (n = 51)	2,30 (n = 46)	1,90 (n = 50)
für eine Partei zu arbeiten	1,96 (n = 156)	2,08 (n = 12)	2,14 (n = 49)	1,89 (n = 45)	1,80 (n = 50)
politischen Einfluss auszuüben	2,08** (n = 158)	2,58 (n = 12)	2,24 (n = 46)	1,78 (n = 46)	2,06 (n = 50)

Signifikanzniveaus (hier und nachfolgend): *** höchst signifikant ($p < .001$); ** hoch signifikant ($p < .01$); * signifikant ($p < .05$).

Ein erster Beleg für eine klar berufsprofessionelle Orientierung ist die hohe Bedeutung, die den Punkten „Fachkenntnis einbringen" und „professionelles Arbeitsumfeld" zukommt. Bei beiden Variablen fällt eine vergleichsweise geringe Standardabweichung auf (Fachkenntnis 0,54; Professionalität 0,59); außerdem misst kein einziger Mitarbeiter diesen Aspekten die Bedeutung „überhaupt nicht wichtig" zu. Auch ein professionelles Arbeitsumfeld ist für alle Mitarbeiter, unabhängig von der Partei, sehr wichtig. Noch wichtiger ist es aber, eigene Fachkenntnisse in die Mitarbeitertätigkeit einzubringen. Am wichtigsten ist dies für Mitarbeiter der Linken: Hier ist für 77,8 Prozent dieser Punkt von höchster Wichtigkeit (SPD: 61,2 Prozent; Grüne: 58,7 Prozent; FDP: 33,3

Prozent). Allein schon durch die geringere Relevanz dieses Aspekts bei den FDP-Mitarbeitern zeigen sich parteispezifische Unterschiede. Allerdings könnte es sich bei den FDP-Werten auch um eine befragungsbedingte Verzerrung handeln. Parteispezifische Unterschiede ergeben sich auch im Stellenwert einer angemessenen Bezahlung für die ausgeübte Berufstätigkeit. Von recht hoher Bedeutung ist ein angemessenes Einkommen für die SPD- und FDP-Mitarbeiter, für die Mitarbeiter von Grünen und Linken ist eine angemessene Bezahlung weniger wichtig. Also steht das ökonomische Leben von der Politik nicht für alle gleichermaßen im Vordergrund. Bezogen auf den Aspekt „Berufspolitik" sind die Items „für eine Partei arbeiten" und „politischen Einfluss ausüben" zentral. Sie zeigen, ob die Mitarbeiter nicht nur *von* der Politik leben, sondern auch bewusst für eine Partei arbeiten und durch den Wunsch nach politischer Einflussnahme auch *für* die Politik leben wollen. Tatsächlich ist „für eine Partei zu arbeiten" von beachtlicher Bedeutung, und zwar vor allem für die Mitarbeiter von SPD und Linke.

Politische Einflussnahme durch Mitarbeiter ist gerade aus Sicht der Parteiorganisationsforschung besonders interessant. Für die Befragten ist diese Möglichkeit im Durchschnitt von großer Bedeutung. Vor allem die FDP-Mitarbeiter nehmen sich dabei aber zurück, im Vergleich mit der SPD und der Linken auch jene der Grünen. Entscheidend ist, dass sich hier vor allem Unterschiede *innerhalb* der Parteien zeigen. Nicht allen Mitarbeitern ist dieser Aspekt wichtig: Etwa 25 Prozent (Linke) bis 50 Prozent (FDP) sehen in der politischen Einflussnahme „eher keinen" oder „gar keinen" Anreiz für ihre Tätigkeit. Wovon hängt nun ab, ob die politische Einflussnahme über den Beruf als wichtig erachtet wird? Es zeigen sich mehrere Erklärungsfaktoren. Insbesondere die vorhandenen Parteiamts- und Parlamentserfahrungen erklären die Unterschiede bei der Bewertung dieses Items (siehe *Tabelle 2*).

Tabelle 2: Politische Einflussnahme qua Beruf durch Berufspolitiker (Mittelwerte)

„Wie wichtig sind für Sie persönlich diese Aspekte ihrer Tätigkeit?" – „Politischen Einfluss auszuüben" („sehr wichtig" = 1 bis „überhaupt nicht wichtig" = 4)							
UV: Parteierfahrung				UV: Parlamentserfahrung			
Gesamt	0	1 – 2	> 3	Gesamt	0	1 – 2	> 3
2,04** (n = 139)	2,36 (n = 42)	2,02 (n = 41)	1,82 (n = 56)	2,04** (n = 139)	2,20 (n = 102)	1,61 (n = 36)	2,00 (n = 1)

1 – 2: Mittlere Erfahrung (2 – 3 Parteiamts- bzw. Mandatserfahrungen), 3: Hohe Erfahrung (ab 3 Parteiamts- bzw. Mandatserfahrungen).

Für die über ihren Parteiberuf hinaus politisch engagierten Mitarbeiter stellt die Möglichkeit, über ihren Beruf auch politischen Einfluss auszuüben, einen sehr wichtigen Faktor da. Hier zeigt sich die oben theoretisch herausgearbeitete Teilgruppe der politisch aktiven Mitarbeiter, die ihre Parteiberufstätigkeit als Teil ihrer politischen Arbeit betrachten und Politik als Beruf betreiben, wobei sie sich über ihren Parteijob finanzieren. Diesen Befund bekräftigt der positive Zusammenhang zwischen der Wichtigkeit, für eine Partei zu arbeiten, und der Möglichkeit, durch diesen Beruf auch politischen Einfluss auszuüben (r = 0,38, p = 0,00, n = 156). Den befragten Männern ist übrigens die politische Einflussnahme im Mittel (1,89) deutlich wichtiger als den befragten Frauen (2,23). Insgesamt zeigen sich hier erste Konturen einer berufspolitischen Mitarbeiterschaft, die sich von nicht berufspolitischen Mitarbeitern abhebt. Damit ist nun das außerberufliche Parteiengagement zu betrachten.

4.2 Engagement und vorherige Parteiarbeit

Zunächst ist der Blick auf die Rekrutierung und den Werdegang der Mitarbeiter zu richten. Im Durchschnitt arbeiten die Befragten seit 6,8 Jahren im jeweiligen Bereich; bei der FDP sind es 3,0 Jahre. Für etwa ein Viertel ist die gegenwärtige Parteimitarbeiterstelle die erste Anstellung im Parteiapparat; gut 55 Prozent hatten zuvor schon eine andere Parteimitarbeiterstelle inne. Dies zeigt, dass ein interner Arbeitsmarkt besteht und parteiorganisationsinterne Stellenwechsel nicht unüblich sind. Der Arbeitsmarktzugang erfolgt hier offensichtlich über die Parteimitgliedschaft: 94,2 Prozent der Mitarbeiter sind Parteimitglied, und dies seit durchschnittlich über 13 Jahren. Nur in wenigen Fällen, am ehesten noch bei den Grünen (17,1 Prozent), sind sie kein Parteimitglied. Kaum ein Mitarbeiter war früher, keiner ist immer noch Mitglied einer anderen Partei. Parteimitarbeiter sind somit in doppelter Funktion Organisationsangehörige: als Mitglied der Partei und als abhängig Beschäftigte. Wie aber steht es um das tatsächliche Engagement in der Partei, etwa als Parteitagsdelegierter und in innerparteilichen oder öffentlichen Wahlämtern?

Tabelle 3: Vorstandstätigkeiten und Ausübung öffentlicher Wahlämter (aktuell)

Ausübung aktuell (n = 140)			
kein Vorstand	60,7 %	kein Wahlamt	82,1 %
ein Vorstand	30,7 %	ein Wahlamt	15,7 %
2 – 3 Vorstände	8,6 %	zwei Wahlämter	2,1 %

Laut *Tabelle 3* waren zum Befragungszeitpunkt gut 40 Prozent der Mitarbeiter ergänzend zu ihrem Beruf in einem Vorstand und/oder in einem Wahlamt politisch tätig. Verbindet man diesen Befund mit der Tatsache, dass gerade die politisch engagierten Mitarbeiter über ihren Beruf politischen Einfluss ausüben möchten, so ist dies durchaus bedeutsam. Wichtig ist ferner, ob innerparteiliche Funktionen (Vorstand) oder außerparteiliche Wahlämter (Mandate) ausgeübt werden. Hier zeigt sich, dass zum Zeitpunkt der Befragung vier von zehn Mitarbeitern Parteivorständen angehörten (*Tabelle 3*, aktuell), wobei dies zu ca. 80 Prozent einen Kreis- oder Ortsvorstand betrifft. Anders formuliert: Drei von zehn Parteimitarbeitern sind neben dem Beruf direkt an der Parteibasis als ehrenamtliche Funktionäre tätig. Nicht ganz so häufig wird die zweite Möglichkeit politischen Engagements genutzt, nämlich ein öffentliches Wahlamt. Über Mandate verfügen nur 17,8 Prozent der Mitarbeiter, wovon gut zwei Drittel einem Kommunalparlament angehören. Diese geringere Beteilungsquote dürfte am vergleichsweise höheren Zeitaufwand für ein solches Wahlamt liegen. Entsprechend übt kaum ein Mitarbeiter mehr als ein einziges öffentliches Wahlamt aus, wobei sich keine parteispezifischen Unterschiede zeigen. Zwischen Vollzeitparlamentariern und Parteimitarbeitern zeichnen sich ohnehin nur wenige Übergänge ab, zumindest vom Vollzeitmandat hinein in den Parteiapparat. Insgesamt dominiert in der Gruppe der politisch aktiven Mitarbeiter das rein innerparteiliche Engagement, und rein parlamentarisches Engagement ist die Ausnahme.

Auch vor dem Befragungszeitpunkt wurden natürlich Partei- und öffentliche Wahlämter ausgeübt. Deuten sich hier politische Karrieren von Parteimitarbeitern außerhalb der Parlamente an? Über frühere Vorstandserfahrungen verfügen insgesamt knapp 43 Prozent der Mitarbeiter. Ein Wahlamt hat immerhin jeder fünfte Mitarbeiter einmal ausgeübt, und in der Summe hat etwa rund die Hälfte der Parteimitarbeiter früher einmal Erfahrungen in einer Vertretungskörperschaft oder einem Parteivorstand gesammelt.

Die untersuchten Formen des Engagements sind zeitaufwendig. Eine vergleichsweise weniger aufwendige, doch einflussträchtige Möglichkeit ist es, als Delegierter in den Entscheidungsgremien der Parteien zu wirken. Diese Möglichkeit wird von den Parteimitarbeitern recht oft genutzt: Etwa 65 Prozent geben an, mindestens einmal für einen Parteitag delegiert worden zu sein (n = 131). Auffällig ist, dass kaum ein Mitarbeiter kraft (Vorstands-)Amtes delegiert war und die wenigsten Mitarbeiter nur ein einziges Mal delegiert wurden. Das heißt: Die Mitarbeiter wurden entweder gar nicht oder mehrfach delegiert – was üblicherweise nur bei dauerhafter Präsenz und Mitarbeit in den Verbänden vor Ort gelingt. Nach den möglichen Parteitagsebenen Kreis – Land – Bund differenziert, waren von allen Mitarbeitern 16,8 Prozent auf einer, 21,4 Prozent auf zwei und 27,5 Prozent auf allen drei Ebenen delegiert.

4.3 Parteiziele und Mitgliederorientierung

Abschließend ist der Blick auf die zentralen Parteiziele *(Tabelle 4)* und auf die Haltung der Mitarbeiter bei einer Wahl zwischen Professionalitäts- vs. Mitgliederorientierung *(Tabellen 5 und 6)* zu richten.

Auffällig ist die hohe Bedeutung, die der Aufgabe „dem Allgemeinwohl dienen" zugeschrieben wird. Das bestätigt institutionelle Erwartungen, ist dies doch ein zentrales Legitimationsargument für den Bestand und die Förderung politischer Parteien. Es überrascht auch nicht, das die Aufgabe, Ort der Debatte zu sein, ebenfalls von hoher Bedeutung ist. Hier zeigen sich allerdings klare Parteieffekte, hinter denen noch bedeutsamere parteiinterne Differenzen stehen. Insbesondere die SPD-Mitarbeiter sind in dieser Frage gespalten, was direkt mit einer weiteren Einschätzung zusammenhängt: Der Frage nämlich, welche Bedeutung das Ziel „Regierungsverantwortung übernehmen" habe. Es zeigt sich, dass einer Gruppe von SPD-Mitarbeitern (47,8 Prozent) die Debatte eher wichtig und die Regierungsbeteiligung eher weniger wichtig ist, es sich aber bei einer zweiten, kleineren Gruppe (26,0 Prozent) gegenläufig verhält. Dabei treten die höchsten Unterschiede in der Bewertung von „Regierungsverantwortung übernehmen" bei der Links-Rechts-Selbsteinschätzung auf: Je linker, umso weniger wird Regierungsverantwortung gesucht.

Tabelle 4: Parteiziele (Mittelwerte)

„Parteien können verschiedene Ziele verfolgen. Welche sind aus Ihrer Sicht wichtiger, welche weniger wichtig?" (Ranking 1 – 6, 1 = höchste Bedeutung)					
Item	gesamt (n = 133)	FDP (n = 8)	Grüne (n = 43)	Linke (n = 39)	SPD (n = 43)
Parteien sollen von ihren Grundwerten ausgehend dem Allgemeinwohl dienen.	1,94	2,00	2,02	2,03	1,77
Parteien sollen ein Ort der Debatte sein und die politische Beteiligung fördern.	2,30*	2,13	1,95	2,31	2,67
Parteien sollen die Anliegen und Interessen ihrer Mitglieder vertreten.	3,53**	2,75	4,12	3,15	3,44
Parteien sollen Regierungsverantwortung übernehmen und politisches Führungspersonal rekrutieren.	4,08	4,13	3,84	4,64	3,81
Parteien sollen in gesellschaftlichen Institutionen mitwirken.	4,50	5,50	4,30	4,33	4,67
Parteien sollen eine möglichst breite Unterstützung in Wahlen erreichen.	4,53	4,50	4,72	4,33	4,51

Der oben erörterte Dualismus in den Parteizielen zeichnet sich damit auch klar in den Parteien ab. Dabei ist auffällig, dass in allen Parteien die Übernahme von Regierungsverantwortung,[12] die Mitwirkung in gesellschaftlichen Institutionen und das Ziel, Unterstützung in Wahlen zu erreichen, nur nachgeordnete Bedeutung haben. Entgegen pauschaler Annahmen über die Ziele von Parteien scheinen diese Aspekte für die Organisationsmitarbeiter keine persönlich vorrangigen Ziele ihrer Organisation zu sein. Das könnte damit zusammenhängen, dass der *direkte* Nutzen eines Wahlerfolgs und einer Regierungsbeteiligung für die Mehrheit der Mitarbeiter eher gering sein dürfte: In Regierungszeiten dominiert die Exekutive auch das parteiorganisationale Handeln.

Auch lässt sich aus den Befunden nicht schließen, die Parteimitarbeiter würden ihre Organisationen primär als Interessenvertreter ihrer Mitglieder sehen. Mit Ausnahme der FDP-Mitarbeiter stufen das alle als bestenfalls durchschnittlich wichtig ein. Allerdings zeigen sich wieder parteiinterne Spaltungslinien. Für sie finden sich in den Daten keine erklärenden Variablen. Selbst die Unterscheidung von einfachen Mitarbeitern und Berufspolitikern ohne Mandat hat hier keine Erklärungskraft.

Aller Professionalisierung zum Trotz messen die Parteimitarbeiter den Mitgliedern weiterhin recht hohe Bedeutung zu und gewichten berufsprofessionelle Aspekte insgesamt geringer. Das gilt sogar für die professionelle Wahlkampagne, einem Kernstück kommunikativer Professionalisierung. Bei zwei Items zeigen sich auffällige parteispezifische Unterschiede. In der SPD wird die Bedeutung von Mitgliedern für die alltägliche

---
12 Hier ist die geringe Fallzahl bei der FDP problematisch: Schließt man diese aus ergibt sich durch die sehr geringe Bewertung bei der Linken ein signifikanter parteispezifischer Unterschied.

Tabelle 5: Mitglieder- und Professionalitätsorientierung im Vergleich (Mittelwerte)

Item	gesamt	FDP	Grüne	Linke	SPD
Mitgliederorientierung (F1)	(n = 151)	(n = 12)	(n = 48)	(n = 45)	(n = 46)
I Mitglieder bringen ihre Partei inhaltlich voran.	2,19	2,00	2,13	2,20	2,28
II Mitglieder bringen ihre Partei organisatorisch voran.	2,56	2,58	2,79	2,28	2,59
III Mitglieder spielen in der alltäglichen Arbeit auf Landes-/Bezirks-/Bundesebene eine zentrale Rolle.	2,50**	2,25	2,48	2,20	2,89
Professionalitätsorientierung (F2)	(n = 152)	(n = 12)	(n = 48)	(n = 46)	(n = 46)
IV Professionelle Mitarbeiter/-innen sind im Parteialltag für die Handlungsfähigkeit wichtiger als die Mitglieder.	2,84**	2,75	2,52	3,17	2,85
V Der Erfolg eines Wahlkampfes hängt vor allem von der zentralen Wahlkampagne ab, nicht vom Engagement des einzelnen Mitglieds.	3,16*	2,33	3,17	3,33	3,20
VI Letztlich hängt der Erfolg einer Partei von der Arbeit der Parlamentarier und Regierungsmitglieder ab.	2,57	2,00	2,54	2,78	2,52

F1: „Nachfolgend einige Aussagen über Parteimitglieder. Inwieweit treffen diese Ihrer Meinung nach zu?"
(„trifft voll und ganz zu" = 1 bis „trifft überhaupt nicht zu" = 5)
F2: „Und inwieweit stimmen Sie diesen Einschätzungen zu?"
(„stimme voll und ganz zu" = 1 bis „stimme überhaupt nicht zu" = 5)

Arbeit auf den dort mit professionalisierten Mitarbeitern ausgestatteten Ebenen klar geringer eingeschätzt als in den anderen Parteien (Item III). Dies ist vermutlich eine Folge der relativ großzügigen Mitarbeiterausstattung der Partei bis auf die Unterbezirksebene, dank der in großem Umfang auf eine hauptamtliche Organisationsstruktur zurückgegriffen werden kann. Den Gegenpol bilden in der Professionalitätsorientierung (Item IV) die Mitarbeiter der Linken: Sie halten sich im Parteialltag im Vergleich zu den Mitgliedern für weniger wichtig, als dies die Mitarbeiter der anderen Parteien tun. Und noch in einem weiteren Punkt machen sich organisatorische Unterschiede bemerkbar: Weil die FDP ihre Bundesgeschäftsstelle vorwiegend als Kampagnenagentur aufgestellt und die klassische Parteiadministration in eigenständige Unternehmen ausgelagert hat, zeigt sich eine von den anderen Parteien klar abweichende Einschätzung zentraler Wahlkampagnen (Item V). Im Übrigen gibt es bei den Items II, III und IV deutliche Unterschiede zwischen Bundes- und Landesmitarbeitern (siehe *Tabelle 6*).

Im Gesamtvergleich zeigt sich, dass auf Bundesebene die Mitgliederbedeutung höher angesetzt wird als auf Landesebene (Item II, III). Dies könnte daraus resultieren, dass sich Parteimitglieder, als Folge der Zentralisierung und ermöglicht durch neue Kommunikationsangebote, zunehmend direkt an die Bundesgeschäftsstellen wenden. Auch kommt der Bundesebene in der Außenwirkung eine größere Bedeutung zu, so dass hier möglicherweise stärker auf Mitgliederbelange geachtet wird als in den oft eher administrativ ausgerichteten Landesgeschäftsstellen. Damit korrespondiert die geringere

Tabelle 6: Mitglieder- und Professionalitätsorientierung im Ebenenvergleich (Mittelwerte)

Item	gesamt	Bund	Land
II Mitglieder bringen ihre Partei organisatorisch voran.	2,56* (n = 150)	2,36 (n = 55)	2,67 (n = 95)
II Mitglieder spielen in der alltäglichen Arbeit auf Landes-/Bezirks-/Bundesebene eine zentrale Rolle.	2,50** (n = 150)	2,19 (n = 54)	2,68 (n = 96)
IV Professionelle Mitarbeiter/-innen sind im Parteialltag für die Handlungsfähigkeit wichtiger als die Mitglieder.	2,84** (n = 151)	3,13 (n = 55)	2,67 (n = 96)

Bewertung der Rolle von Mitgliedern für die innerparteiliche *Alltagsarbeit* (Item IV). Wiederum finden sich große innerparteiliche Unterschiede. Etwa meinten knapp ein Drittel der Befragten, dass professionelle Mitarbeiter für die Handlungsfähigkeit der Partei wichtiger seien als die Mitglieder, während jeder fünfte dieser Einschätzung widerspricht. Es zeigen sich somit sehr differente, fast schon konfligierende Einstellungsmuster. Ein relevanter Anteil der Mitarbeiter ist zudem hinsichtlich einer „Entscheidung" zwischen Mitglieder- und Professionalitätsorientierung indifferent. Jedenfalls lässt sich jene klare „Wählerorientierung", wie sie die aktuelle Literatur zur Parteienforschung häufig postuliert, mit Blick auf die *Party Central Offices* nicht bestätigen.

5. Zusammenführung und Ausblick

Einleitend war überlegt worden, ob Parteimitarbeiter als „Berufpolitiker ohne Mandat" verstanden werden könnten. In der Regel ist das wirklich so: Sie leben meist vollberuflich von der Politik, legen hohen Wert auf Professionalität, und ein relevanter Teil ist über die Mitarbeiterstelle hinaus auch innerparteilich oder in öffentlichen Wahlämtern politisch aktiv. Zugleich zeigt sich, dass gerade für diese Mitarbeiter die Möglichkeit der politischen Einflussnahme qua Beruf von sehr großer Bedeutung ist. Dabei trennt man die Rollen Angestellter und Politiker eher nicht, sondern nutzt die ökonomische Absicherung durch die Mitarbeiterstelle, um Politik als Beruf zu betreiben. Diese „Berufspolitiker ohne Mandat" sind für künftige Untersuchungen in der Professionalisierungs- und Parteienforschung von großem Interesse.

Hinsichtlich Mitarbeiterkarrieren wurde gezeigt, dass innerparteiliche Stellenwechsel üblich sind, also ein organisationsinterner Arbeitsmarkt besteht. Dabei ist ein politischer „Unternehmenswechsel" selten. Auch kommt es trotz aller Professionalität nicht vor, dass man für eine andere als die eigene Partei arbeitet. Eben das ist Ausdruck der engen Verknüpfung von (aktiver) Parteimitgliedschaft und Berufskarriere. Dennoch ermöglichen Parteiorganisationen auch „normale Berufskarrieren", in deren Verlauf der Arbeitgeber „Partei" ehrenamtliches politisches Engagement fördert. Ergänzend wurde gezeigt, dass berufsparlamentarische und parteiinterne Karrierewege weitgehend getrennt verlaufen: Kaum ein Mitarbeiter hatte zuvor ein Landtags- oder Bundestagsmandat inne; vielmehr erfolgt das Engagement für Wahlämter im ehrenamtlichen kommunalen Bereich.

Aus der Perspektive der Parteienforschung stehen daher vor allem innerparteiliche Einflussoptionen im Blickfeld: Gerade bei rückläufigen Mitgliederzahlen und an Bedeutung zunehmenden Parteizentralen dürften Mitarbeiter, die ihre Arbeit als Berufspolitik mit Gestaltungswillen verstehen und zudem in vielfältiger Weise innerparteilich aktiv sind, an Macht- und Einflussoptionen gewinnen. Dies ist umso bedeutsamer, als jetzt schon fast die Hälfte der befragten Mitarbeiter in diese Gruppe der „Berufspolitiker ohne Mandat" einzuordnen ist.

Dabei kann von einer dominanten Wahl- oder Wählerorientierung seitens der Mitarbeiter in den *Party Central Offices* professionalisierter Mitgliederparteien keine Rede sein, vielmehr zeigt sich sehr deutlich eine innerparteiliche Teilung der Mitarbeiterschaft. Dass folglich nicht von einem dominierenden Leitbild gesprochen werden kann, sondern sich vielmehr unterschiedliche – und möglicher Weise konfligierende – Einstellungsgruppen abzeichnen, spricht ebenfalls für die Notwendigkeit weiterer Forschung auf diesem Feld. Im Fokus sollten dabei neben den zentralen Einstellungsmustern und der Nutzung innerparteilicher Einflussoptionen auch die Rekrutierung und der weitere Karriereverlauf der *Berufspolitiker ohne Mandat* stehen.

Literatur

Adams, Karl-Heinz, 2005: Parteienfinanzierung in Deutschland. Entwicklung der Einnahmestrukturen politischer Parteien oder eine Sittengeschichte über Parteien, Geld und Macht. Marburg: Tectum Verlag.
Best, Heinrich/Jahr, Stefan, 2006: Politik als prekäres Beschäftigungsverhältnis: Mythos und Realität der Sozialfigur des Berufspolitikers im wiedervereinigten Deutschland, in: Zeitschrift für Parlamentsfragen 37, 63-79.
Beyme, Klaus von, 1993: Die politische Klasse im Parteienstaat. Frankfurt a. M.: Suhrkamp.
Beyme, Klaus von, 2002: Parteien im Wandel. Von den Volksparteien zu den professionalisierten Wählerparteien. Wiesbaden: Westdeutscher Verlag.
Biehl, Heiko, 2004: Parteimitglieder neuen Typs? Sozialprofil und Bindungsmotive im Wandel, in: Zeitschrift für Parlamentsfragen 35, 681-699.
Biehl, Heiko, 2005: Parteimitglieder im Wandel. Partizipation und Repräsentation. Wiesbaden: Verlag für Sozialwissenschaften.
Biehl, Heiko, 2006: Kleinere Parteien – exklusivere Mitgliedschaften? Über den Zusammenhang von Parteigröße und Mitgliederstruktur, in: *Jun, Uwe/Kreikenbom, Henry/Neu, Viola* (Hrsg.), Kleine Parteien im Aufwind. Zur Veränderung der deutschen Parteienlandschaft. Frankfurt a. M.: Campus, 75-96.
Blumenthal, Julia von, 2001: Amtsträger in der Parteiendemokratie. Wiesbaden: Westdeutscher Verlag.
Borchert, Jens, 1999: Politik als Beruf: Die politische Klasse in westlichen Demokratien, in: *Borchert, Jens/Zeiß, Jürgen* (Hrsg.), Politik als Beruf. Die politische Klasse in westlichen Demokratien. Opladen: Leske + Budrich, 7-39.
Borchert, Jens, 2003: Die Professionalisierung der Politik. Zur Notwendigkeit eines Ärgernisses. Frankfurt a. M.: Campus.
Borchert, Jens/Golsch, Lutz, 1995: Die politische Klasse in westlichen Demokratien: Rekrutierung, Karriereinteressen und institutioneller Wandel, in: Politische Vierteljahresschrift 36, 609-629.
Budge, Ian/Keman, Hans, 1990: Parties and Democracies: Coalition Formation and Government Functioning in Twenty States. Oxford: Oxford University Press.

Bukow, Sebastian, 2009: Parteien auf dem Weg zur mitgliederbasierten Leitorganisation, in: *Wetzel, Ralf/Aderhold, Jens/Rückert-John, Jana* (Hrsg.), Die Organisation in unruhigen Zeiten. Über die Folgen von Strukturwandel, Veränderungsdruck und Funktionsverschiebung. Heidelberg: Carl-Auer Verlag, 105-124.
Bukow, Sebastian, 2009b: Parteiorganisationsreformen zwischen funktioneller Notwendigkeit und institutionellen Erwartungen, in: *Jun, Uwe/Niedermayer, Oskar/Wiesendahl, Elmar* (Hrsg.), Die Zukunft der Mitgliederpartei. Leverkusen: Barbara Budrich, 211-228.
Burmeister, Kerstin, 1993: Die Professionalisierung der Politik am Beispiel des Berufspolitikers im parlamentarischen System der Bundesrepublik Deutschland. Berlin: Duncker & Humblot.
Demuth, Christian, 2004: Neue Rekrutierungs- und Professionalisierungsstrategien der Parteien: Fort- und Weiterbildung der Mitglieder, in: Zeitschrift für Parlamentsfragen 35, 700-716.
Detterbeck, Klaus, 2002: Der Wandel politischer Parteien in Westeuropa. Eine vergleichende Untersuchung von Organisationsstrukturen, politischer Rolle und Wettbewerbsverhalten von Großparteien in Dänemark, Deutschland, Großbritannien und der Schweiz, 1960 – 1999. Opladen: Leske + Budrich.
Detterbeck, Klaus, 2005: Die strategische Bedeutung von Mitgliedern für moderne Parteien, in: *Schmid, Josef/Zolleis, Udo* (Hrsg.), Zwischen Anarchie und Strategie. Der Erfolg von Parteiorganisationen. Wiesbaden: Verlag für Sozialwissenschaften, 63-76.
Detterbeck, Klaus, 2008: Party Cartel and Cartel Parties in Germany, in: German Politics 17, 27-40.
DiMaggio, Paul J./Powell, Walter W., 1983: The Iron Cage Revisited: Institutional Isomorphism and Collective Rationality in Organizational Fields, in: American Sociological Review 48, 147-160.
Donges, Patrick, 2008: Medialisierung politischer Organisationen. Parteien in der Mediengesellschaft. Wiesbaden: Verlag für Sozialwissenschaften.
Farrell, David M./Webb, Paul, 2000: Political Parties as Campaign Organizations, in: *Dalton, Russell J./Wattenberg, Martin P.* (Hrsg.), Parties without Partisans. Political Change in Advanced Industrial Industries. Oxford: Oxford University Press, 102-128.
Geißel, Brigitte, 2006: (Un-)Geliebte Profis? Politikerverdrossenheit und Politikerprofessionalität. Daten von der lokalen Ebene, in: Zeitschrift für Parlamentsfragen 37, 80-96.
Golsch, Lutz, 1998: Die politische Klasse im Parlament. Politische Professionalisierung von Hinterbänklern im Deutschen Bundestag. Baden-Baden: Nomos Verlagsgesellschaft.
Grabow, Karsten, 2000: Abschied von der Massenpartei. Die Entwicklung der Organisationsmuster von SPD und CDU seit der deutschen Vereinigung. Wiesbaden: Deutscher Universitäts-Verlag.
Harmel, Robert/Janda, Kenneth, 1994: An Integrated Theory of Party Goals and Party Change, in: Journal of Theoretical Politics, 259-287.
Hasse, Raimund/Krücken, Georg, 1996: Was leistet der organisationssoziologische Neo-Institutionalismus? Eine theoretische Auseinandersetzung mit besonderer Berücksichtigung des wissenschaftlichen Wandels, in: Soziale Systeme 2, 91-112.
Herzog, Dietrich, 1975: Politische Karrieren. Selektion und Professionalisierung politischer Führungsgruppen. Opladen: Westdeutscher Verlag.
Herzog, Dietrich, 1992: Zur Funktion der politischen Klasse in der sozialstaatlichen Demokratie, in: *Leif, Thomas/Legrand, Hans-Josef/Klein, Ansgar* (Hrsg.), Die politische Klasse in Deutschland. Bonn et al.: Bouvier, 126-149.
Heuvels, Klaus, 1986: Diäten für Ratsmitglieder? Zur Frage der Übertragbarkeit der Grundsätze des „Diäten-Urteils" des Bundesverfassungsgerichts auf den kommunalen Bereich. Köln: Kohlhammer.
Jun, Uwe, 2004: Der Wandel von Parteien in der Mediendemokratie. SPD und Labour Party im Vergleich. Frankfurt a. M.: Campus.
Jun, Uwe, 2009: Parteien, Politik und Medien. Der Wandel der Politikvermittlung unter den Bedingungen der Mediendemokratie, in: *Marcinkowski, Frank/Pfetsch, Barbara* (Hrsg.), Politik in der Mediendemokratie (PVS Sonderheft 42). Wiesbaden: Verlag für Sozialwissenschaften, 270-298.

Kamm, Walter, 1927: Abgeordnetenberuf und Parlament. Die berufliche Gliederung der Abgeordneten in den deutschen Parlamenten im 20. Jahrhundert. Karlsruhe: G. Braun.
Katz, Richard S./Mair, Peter, 1993: The Evolution of Party Organizations in Europe: Three Faces of Party Organization, in: American Review of Politics 14, 593-617.
Katz, Richard S./Mair, Peter, 1995: Changing Models of Party Organization and Party Democracy: The Emergence of the Cartel Party, in: Party Politics 1, 5-28.
Katz, Richard S./Mair, Peter, 1996: Cadre, Catch-All or Cartel? A Rejoinder, in: Party Politics 2, 525-534.
Kirchheimer, Otto, 1965: Der Wandel des westeuropäischen Parteiensystems, in: Politische Vierteljahresschrift 6, 20-41.
Klein, Markus, 2006: Partizipation in politischen Parteien. Eine empirische Analyse des Mobilisierungspotenzials politischer Parteien sowie der Struktur innerparteilicher Partizipation in Deutschland, in: Politische Vierteljahresschrift 47, 35-61.
Klingemann, Hans-Dieter/Stöss, Richard/Wessels, Bernhard, 1991: Politische Klasse und politische Institutionen, in: *Klingemann, Hans-Dieter/Stöss, Richard/Wessels, Bernhard* (Hrsg.), Politische Klasse und politische Institutionen. Probleme und Perspektiven der Elitenforschung. Opladen: Westdeutscher Verlag, 9-36.
Koß, Michael, 2008: Staatliche Parteienfinanzierung und politischer Wettbewerb. Die Entwicklung der Finanzierungsregimes in Deutschland, Schweden, Großbritannien und Frankreich. Wiesbaden: Verlag für Sozialwissenschaften.
Laver, Michael/Schofield, Norman, 1990: Multiparty Government: The Politics of Coalition in Europe. Oxford: Oxford University Press.
Leif, Thomas/Legrand, Hans-Josef/Klein, Ansgar (Hrsg.), 1992: Die politische Klasse in Deutschland. Eliten auf dem Prüfstand. Bonn: Bouvier.
Lösche, Peter/Walter, Franz, 1992: Die SPD: Klassenpartei – Volkspartei – Quotenpartei. Zur Entwicklung der Sozialdemokratie von Weimar bis zur deutschen Vereinigung. Darmstadt: Wissenschaftliche Buchgesellschaft.
Maier, Jürgen/Schmitt, Karl, 2008: Kommunales Führungspersonal im Umbruch. Austausch, Rekrutierung und Orientierungen in Thüringen. Wiesbaden: Verlag für Sozialwissenschaften.
Mair, Peter/Müller, Wolfgang C./Plasser, Fritz, 1999: Die Antworten der Parteien auf Veränderungen in den Wählermärkten in Westeuropa, in: *Mair, Peter/Müller, Wolfgang C./Plasser, Fritz* (Hrsg.), Parteien auf komplexen Wählermärkten: Reaktionsstrategien politischer Parteien in Westeuropa. Wien: Signum, 391-401.
Mense-Petermann, Ursula, 2006: Das Verständnis von Organisationen im Neo-Institutionalismus, in: *Senge, Konstanze/Hellmann, Kai-Uwe* (Hrsg.), Einführung in den Neo-Institutionalismus. Wiesbaden: Verlag für Sozialwissenschaften, 62-74.
Meyer, Thomas, 1994: Die Transformation des Politischen. Frankfurt a. M.: Suhrkamp.
Meyer, Thomas, 2000: Mitglieder wofür? Thesen zu einer zeitgemäßen Parteireform, in: Berliner Republik 4.
Neumann, Sigmund, 1965: Die Parteien der Weimarer Republik. Stuttgart: Kohlhammer.
Panebianco, Angelo, 1988: Political Parties. Organization and Power. Cambridge u. a.: Cambridge University Press.
Pareto, Vilfredo, 1955: Allgemeine Soziologie. Tübingen: Mohr Siebeck.
Patzelt, Werner J., 2007: Institutionalität und Geschichtlichkeit in evolutionstheoretischer Perspektive, in: *Patzelt, Werner J.* (Hrsg.), Evolutorischer Institutionalismus. Würzburg: Ergon, 287-374.
Rebenstorf, Hilke, 1995: Die politische Klasse. Zur Entwicklung und Reproduktion einer Funktionselite. Frankfurt a. M.: Campus.
Reiser, Marion, 2006: Zwischen Ehrenamt und Berufspolitik. Professionalisierung der Kommunalpolitik in deutschen Großstädten. Wiesbaden: Verlag für Sozialwissenschaften.
Schieren, Stefan, 1996: Parteiinterne Mitgliederbefragungen: Ausstieg aus der Professionalität? Die Beispiele der SPD auf Bundesebene und in Bremen sowie der Bundes-F.D.P., in: Zeitschrift für Parlamentsfragen 27, 214-229.
Schmid, Josef/Zolleis, Udo (Hrsg.), 2005: Zwischen Anarchie und Strategie. Der Erfolg von Parteiorganisationen. Wiesbaden: Verlag für Sozialwissenschaften.

Schröder, Wilhelm, 2001: „Genosse Herr Minister": Sozialdemokraten in den Reichs- und Länderregierungen der Weimarer Republik 1918/19-1933, in: Historical Social Research 26, 4-87.
Sorauf, Frank J., 1967: Political Parties and Political Analysis, in: *Chambers, William Nisbet/ Burnham, Walter Dean* (Hrsg.), The American Party Systems. Stages of Political Development. New York: Oxford University Press, 33-55.
Strøm, Kaare, 1990: A Behavioral Theory of Competitive Political Parties, in: American Journal of Political Science 34, 565-598.
Strøm, Kaare/Müller, Wolfgang C., 1999: Political Parties and Hard Choices, in: *Müller, Wolfgang C./Strøm, Kaare* (Hrsg.), Policy, Office or Votes? How Political Parties in Western Europe Make Hard Decisions. Cambridge: Cambridge University Press, 1-35.
Walgenbach, Peter, 2006: Neoinstitutionalistische Ansätze in der Organisationstheorie, in: *Kieser, Alfred/Ebers, Mark* (Hrsg.), Organisationstheorien. Stuttgart: Kohlhammer, 353-401.
Walter-Rogg, Melanie/Gabriel, Oscar W., 2004: Parteien, Parteieliten und Mitglieder in einer Großstadt. Wiesbaden: Verlag für Sozialwissenschaften.
Walter-Rogg, Melanie/Mößner, Alexandra, 2004: Vielfach gefordert, selten verwirklicht: Parteimitglieder und das Thema Parteireformen, in: *Walter-Rogg, Melanie/Gabriel, Oscar W.* (Hrsg.), Parteien, Parteieliten und Mitglieder in einer Großstadt. Wiesbaden: Verlag für Sozialwissenschaften, 149-181.
Weber, Max, 1980: Wirtschaft und Gesellschaft. Grundriss der verstehenden Soziologie. Tübingen: Mohr.
Weber, Max, 1992: Politik als Beruf. Stuttgart: Reclam.
Weßels, Bernhard, 1992: Zum Begriff der „Politischen Klasse", in: Gewerkschaftliche Monatshefte 9, 541-549.
Wiesendahl, Elmar, 2006: Mitgliederparteien am Ende? Eine Kritik der Niedergangsdiskussion. Wiesbaden: Verlag für Sozialwissenschaften.
Wolinetz, Steven B., 2002: Beyond the Catch-All Party: Approaches to the Study of Parties and Party Organization in Contemporary Democracies, in: *Gunther, Richard/Montero, José R./Linz, Juan J.* (Hrsg.), Political Parties:Old Concepts and New Challenges. Oxford: Oxford University Press, 136-165.

Politik als Beruf: Die zweite Reihe. Zur Rolle von Mitarbeitern im US-Kongress und im Deutschen Bundestag

Helmar Schöne

1. Einleitung

Der Kongress der Vereinigten Staaten von Amerika und der Deutsche Bundestag gehören zu den Parlamenten mit den am weitesten ausdifferenzierten Ausschusssystemen sowie den größten parlamentarischen Hilfsdiensten (Loewenberg 1990: 62). Die Entwicklung spezialisierter Ausschüsse und Hilfsdienste ist eine Folge der zunehmenden Komplexität politischer Probleme und der funktionalen Differenzierung moderner Gesellschaften. Ohne die Unterstützung durch Spezialisten könnten Parlamente ihren Aufgaben in einer mehr und mehr technisierten und immer komplexeren Umwelt nicht gerecht werden. Das Anwachsen von Mitarbeiterstäben und von Organisationseinheiten zur Unterstützung von Abgeordneten wird dann auch als ein Indikator für die Professionalisierung der Institution Parlament verstanden (Squire/Hamm 2005). Im US-Kongress hat zwischen Mitte der 1940er und Mitte der 1980er Jahre eine regelrechte Explosion der Mitarbeiterzahlen stattgefunden. Auch in den Fraktionen des Deutschen Bundestags ist die Anzahl der Mitarbeiter seit dem Ende der 1960er Jahre überproportional angewachsen. Mit der Expansion der Mitarbeiterstäbe im Parlament hat sich natürlich auch der Bereich professioneller Politik ausgedehnt: Zu jenen, für die Politik zum hauptamtlichen Beruf – auf Dauer, mit verlässlichen Einkünften und mit Karrierechancen – geworden ist, gehören heute zweifellos auch die Angestellten von Abgeordneten, Fraktionen und Parlamentsverwaltungen.[1]

Während aber ein detailliertes Bild vom sozialen Hintergrund, der Tätigkeit und dem Amtsverständnis von Abgeordneten als bestimmenden Typ des Berufspolitikers gezeichnet werden kann, weist das empirisch gesicherte Wissen über die Rekrutierungsmuster und Karrierewege, Aufgabenfelder und Rollenverständnisse sowie über die politischen Einflussmöglichkeiten der Mitarbeiter in den deutschen Parlamenten nach wie vor große Lücken auf. Auf diese Leerstelle wurde bereits vor zwanzig Jahren in der großen vergleichenden Studie über den US-Kongress und den Deutschen Bundestag von Thaysen et al. (1988) hingewiesen. Gefüllt wurde diese Forschungslücke aber bisher nicht. Auch in jüngeren Publikationen ist wiederholt auf dieses Desiderat aufmerksam gemacht worden (Kranenpohl 1999: 363; Schwarzmeier 2001: 387; Oertzen 2006: 233). Vor diesem Hintergrund unternimmt der folgende Beitrag einen empirischen Vergleich der Rolle von Mitarbeitern im US-Kongress und im Deutschen Bundestag. Ein solches Vorhaben liegt aus zwei Gründen nahe: Erstens zählen beide Parlamente „zu den mächtigsten Volksvertretungen der Welt" (Thaysen 1988: 2) und zu den Parlamenten mit den im internationalen Vergleich größten Mitarbeiterzahlen. Oft wird der

---

1 Gleiches gilt für die Angestellten der Parteien, die Sebastian Bukow in seinem Beitrag für dieses Sonderheft untersucht.

Kongress mit dem Ausbau seiner Mitarbeiterstäbe als Vorreiter betrachtet, dem andere Parlamente gefolgt sind. Etwa hat Loewenberg gezeigt, dass das US-amerikanische Parlament als Vorbild für den Ausbau der Hilfsdienste in Deutschland, Kanada und sogar Großbritannien verstanden werden kann (1989: 9). Zweitens bietet sich ein Vergleich an, weil die Forschung zum „legislative staff" in den Vereinigten Staaten – anders als in Deutschland – schon ein etabliertes Forschungsfeld darstellt. Die beeindruckende Fülle an amerikanischen Publikationen zu den Mitarbeitern der Parlamente ist aber in Deutschland bislang kaum rezipiert worden und hat in der Literatur wenig Beachtung gefunden. Daher liefert der vorliegende Beitrag erstmals einen systematischen Überblick über das Forschungsfeld sowie über die bisherigen Befunde der deutschen und der amerikanischen Forschung. Doch auch in der US-amerikanischen Literatur fehlt ein Vergleich der Rolle von Mitarbeitern im Kongress und im Bundestag, obwohl er wichtige systemübergreifende Einsichten in den Professionalisierungsprozess von Parlamenten und in die Ausdifferenzierung des Bereichs professioneller Politik eröffnet.

Im Mittelpunkt steht hier die Frage, ob und inwiefern verschiedene Mitarbeitergruppen Einfluss auf politische Entscheidungen nehmen bzw. den parlamentarischen Willensbildungsprozess beeinflussen können. Welchen konkreten Anteil haben die Mitarbeiterstäbe an der Politikformulierung im Parlament? Ist dieser Einfluss aus demokratie- und repräsentationstheoretischer Sicht irgendwie problematisch? Ist es gerechtfertigt, die Mitarbeiter als „ungewählte Repräsentanten" zu bezeichnen, wie es in einem in den USA viel beachteten Buch heißt (Malbin 1980)?

Der Fokus dieses Beitrages liegt dabei nicht auf dem Personal der Parlamentsverwaltungen (im Kongress: congressional support staff), sondern auf jenen Mitarbeitern, die für einzelne Abgeordnete bzw. Fraktionen tätig sind. Dazu zählen im Kongress die persönlichen Mitarbeiter von Abgeordneten (personal staff) sowie die Mitarbeiter der Ausschüsse (committee staff). Anders als in deutschen Parlamenten, wo die sogenannten Ausschusssekretäre Beamte der Parlamentsverwaltung sind, bestimmen in den USA allein die Kongressparteien die Zusammensetzung des Ausschusspersonals. Im Deutschen Bundestag richtet sich das Augenmerk einerseits auf die persönlichen Mitarbeiter von Abgeordneten und andererseits, der Funktionslogik des parlamentarischen Regierungssystems entsprechend, auf das Personal der Fraktionen und nicht auf die Ausschussmitarbeiter. Weil nämlich die Fraktionen in Deutschland der eigentliche Träger der Parlamentsarbeit sind (Schüttemeyer 1998), arbeiten ihre Mitarbeiter an der zentralen Stelle des parlamentarischen Entscheidungsprozesses.

Der Vergleich zwischen beiden Parlamenten erfolgt unter drei Aspekten. Erstens werden die Mitarbeiterstruktur und die Entwicklung der Mitarbeiterzahlen dargestellt, um einen Überblick über die in den Parlamenten angestellten Personen zu erhalten. Zweitens werden soziale Merkmale und Karrierewege der Mitarbeiter untersucht. Über welche Ausbildungen und beruflichen Erfahrungen verfügen diese? Wie gelangen sie in ihre Positionen? Sind ihre Laufbahnen eher fachlich-administrativ, eher wissenschaftlich oder eher politisch? Lassen sich, wie bei Abgeordneten, festgelegte Karrieremuster identifizieren? Es ist dabei naheliegend, dass die Parteizugehörigkeit im von Fraktionen geprägten deutschen Parlament für die Rekrutierung von Mitarbeitern eine sehr bedeutende Rolle spielt. Schließlich erfolgt, drittens, die Analyse der Aufgabenbereiche und politischen Einflussmöglichkeiten der Mitarbeiter. Was tun die Mitarbeiter im parlamentarischen Arbeitsalltag? Wem arbeiten sie zu, wem sind sie verantwortlich, wer sind ihre wichtigsten Rollenpartner? Ist ihre Tätigkeit eher administrativ-organisatorisch oder eher konzeptionell-inhaltlich? Und nicht zuletzt: Wie verstehen sie selbst ihre Tätigkeit, wie schätzen sie ihre Möglichkeiten der politischen Einflussnahme ein? Sind sie eher „policy-maker" – oder setzen sie in erster Linie politische Vorgaben um?

Die Analyse stützt sich im Fall des US-Kongresses auf eine systematische Auswertung der seit den 1970er Jahren erschienenen Literatur. Für die Untersuchung des deutschen Falls wurden einesteils Sekundärdaten herangezogen, wie sie etwa das Datenhandbuch zur Geschichte des Bundestages (Schindler 1999; Feldkamp 2005) zur Verfügung stellt. Vor allem aber wird auf eigene empirische Arbeiten zurückgegriffen, die ihren Ursprung in einem DFG-Projekt zur Abgeordnetenforschung unter der Leitung von Werner J. Patzelt haben. Einbezogen werden Daten aus der teilnehmenden Beobachtung von Fraktions- und Parlamentsgremien während der 14. Legislaturperiode des Deutschen Bundestages (1998-2002) und – vergleichend – der 3. Wahlperiode des Sächsischen Landtages (1999-2004) sowie aus leitfadengestützten Experteninterviews mit vierzehn wissenschaftlichen Referenten von Fraktionsarbeitskreisen. Ergänzend wurden Interviews mit den Leitern der Fraktionsverwaltungen, also den Vorgesetzten der Referenten, sowie mit den Vorsitzenden und den Abgeordneten jener Arbeitskreise geführt, denen die befragten Referenten zugeordnet waren (zu Datenbasis und Methode vgl. ausführlich Schöne 2005 und Oertzen 2006). Anhand der Leitfadeninterviews konnte nicht nur Einblick in den Arbeitsalltag und in die Aufgabenbereiche der Mitarbeiter, sondern auch in ihr Rollenverständnis und in ihre Selbstwahrnehmung gewonnen werden; und die teilnehmende Beobachtung ermöglichte es, diese Selbstsicht mit tatsächlichem Rollenverhalten zu kontrastieren. Die Konzentration auf die Arbeitskreisreferenten erfolgt, weil sie an einem Ort tätig sind, an dem in deutschen Parlamenten wichtige fachpolitische Entscheidungen getroffen werden. In den Mehrheitsfraktionen findet in den Arbeitskreisen nicht nur die Beratung von in den Ministerien vorbereiteten Vorlagen statt, sondern werden auch fraktionseigene Anträge bearbeitet. Oppositions-Arbeitskreise sind ohnehin zur Erarbeitung eigener Vorlagen gezwungen. Die Fraktionsversammlungen folgen dann meist den Vorschlägen ihrer Arbeitskreise, und in den Ausschüssen werden die von den Fraktionen getroffenen Entscheidungen dann fast wie im Plenum vertreten. Korrekturen von Vorlagen in den Fraktionssitzungen beziehen sich meist nur auf Details (Oertzen 2006; Schöne 2010; Schüttemeyer 1998).

2. Mitarbeiter im US-Kongress

2.1 Mitarbeiterstruktur und Mitarbeiterzahlen

In den ersten hundert Jahren seines Bestehens musste der Kongress ohne aus öffentlichen Kassen bezahlte Mitarbeiter auskommen. Erstmals stellte das Repräsentantenhaus 1893 Mittel für die Anstellung persönlicher Mitarbeiter von Abgeordneten bereit. Mit dem Beginn des 20. Jahrhunderts ist dann ein kontinuierlicher Anstieg der Anzahl sowohl der persönlichen Mitarbeiter von Kongress-Mitgliedern als auch der Mitarbeiter von Ausschüssen und Unterausschüssen zu verzeichnen.

Abbildung 1: Anzahl der Mitarbeiter von Abgeordneten und Ausschüssen im US-Kongress

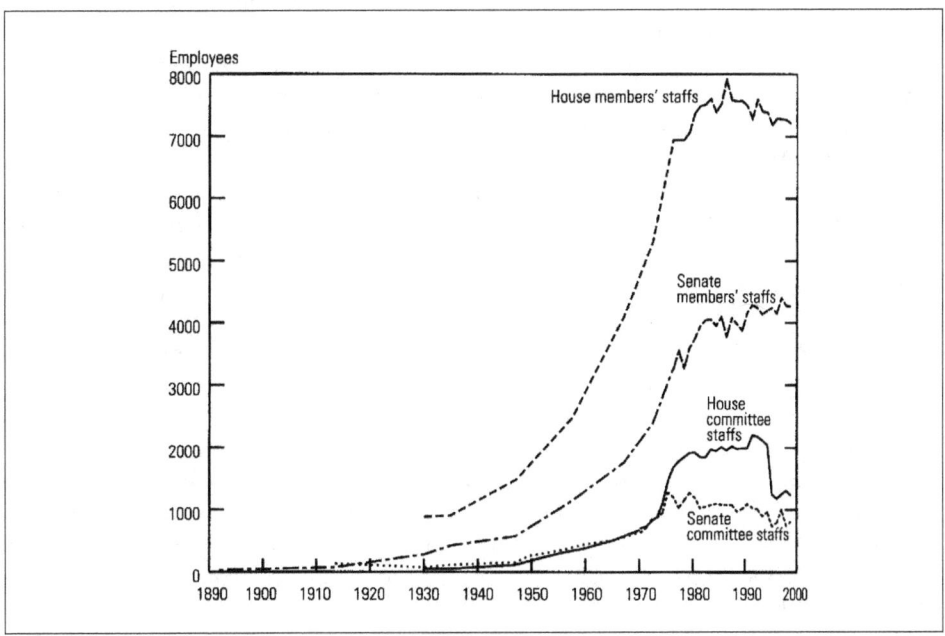

Quelle: Ornstein (2000: 132).

Das beachtliche Anwachsen beider Beschäftigtengruppen zeigt die *Abbildung 1*. Große Steigerungsraten gab es in den 1960er und 1970er Jahren; seit den 1980ern verlief die Entwicklung stabiler. Im Repräsentantenhaus sank die Zahl der Ausschuss-Mitarbeiter Mitte der 1990er Jahre sogar deutlich. Grund war eine Initiative zur Reduktion der Ausschussmitarbeiter durch die republikanische Mehrheit im 104. Kongress. Im Jahr 1999 gab es in beiden Häusern über 11.000 persönliche Mitarbeiter und mehr als 2000 Beschäftigte von Ausschüssen (Ornstein 2000).

Im Repräsentantenhaus ist die Anzahl der persönlichen Mitarbeiter, die Abgeordnete anstellen können, durch Gesetz (2 U.S.C. § 92) auf 18 Vollzeitkräfte und vier Teilzeitkräfte begrenzt. Die ständigen Ausschüsse dürfen nach der Geschäftsordnung (Rule X, Clause 9) höchstens 30 Mitarbeiter beschäftigen, 18 davon Referenten, die übrigen Bürokräfte (Deering/Smith 1997: 163). Ausnahmen bestätigen die Regel: Der Haushaltsausschuss (Committee on the Budget) und der Investitionsausschuss (Committee on Appropriations) sind von der Beschränkung ausgenommen, und die Aufstockung des Personals für temporäre Aufgaben ist in allen Ausschüssen möglich. Der Minderheit garantiert die Geschäftsordnung, dass sie ein Drittel von deren regulären Mitarbeiter auswählen und damit kontrollieren kann.

Im Senat ist die Zahl der persönlichen Mitarbeiter, die ein Senator einstellen kann, nicht limitiert. Eine faktische Begrenzung erfährt sie allerdings durch die Finanzmittel, welche die Senatoren zur Verfügung haben und die von der Bevölkerungszahl der repräsentierten Staaten abhängen. Senatoren größerer Staaten haben daher mehr Personal als ihre Kollegen aus bevölkerungsarmen Bundesstaaten. Auch die Anzahl der Ausschussmitarbeiter unterliegt keiner Grenze. Die Geschäftsordnung (Rule XXVII) sieht lediglich vor, dass sich in der Zusammensetzung des Ausschuss-Personals das relative Stärkeverhältnis zwischen Mehrheit und Minderheit abbilden soll. Weil viele Senatoren Vorsitzende eines Ausschusses oder Unterausschusses sind, können sie zusätzlich zu ihren persönlichen Mitarbeitern über die Ausschuss-Angestellten verfügen. So machen Smith et al. (2008) darauf aufmerksam, dass einem Senator aus einem großen Bundesstaat, der einem Ausschuss vorsitzt, bis zu 100 Beschäftigte zuarbeiten können.

Mit dem Anstieg der Mitarbeiterzahlen seit den 1960er Jahren konnten die Volksvertreter immer mehr Mitarbeiter in ihren Wahlkreisen bzw. Heimatstaaten einsetzen. In der letzten Dekade haben ein Drittel der persönlichen Mitarbeiter von Senatoren und zeitweise fast die Hälfte der persönlichen Mitarbeiter von Mitgliedern des Repräsentantenhauses in den jeweiligen Heimatregionen gearbeitet. Damit besteht für die Washingtoner Mitarbeiter die Möglichkeit, sich ganz auf die Gesetzgebungsarbeit zu konzentrieren, weil sie von Servicefunktionen für ihre Wahlkreise entlastet sind. Im Einsatz des Personals lassen sich unterschiedliche Strategien beobachten: Während etwa Volksvertreter in ihrer ersten Amtszeit dazu tendieren, viel Personal in ihren Wahlkreisen einzusetzen, um ihre Widerwahl sicherzustellen, führen bei länger gedienten Abgeordneten wachsende Verantwortlichkeiten am Regierungssitz dazu, mehr Mitarbeiter in Washington zu haben. Andererseits können Ausschussvorsitzende für die Parlamentsarbeit auf ihre Ausschussmitarbeiter zurückgreifen und haben so mehr Personalressourcen für die Wahlkreisarbeit zur Verfügung. Das ist vor allem im Repräsentantenhaus der Fall (Smith 2008).

2.2 Soziale Merkmale und Karrierewege

Wichtige Referenzwerke zum „congressional staff", auf die in der Literatur bis heute immer wieder Bezug genommen wird, sind mit der wachsenden Zahl von Mitarbeitern und mit der Ausdifferenzierung ihrer Aufgaben Ende der 1970er Jahre entstanden. Fox and Hammond (1977) zeigen, dass die Abgeordneten- und Ausschussmitarbeiter fast ausschließlich akademisch gebildet sind. Die meisten von ihnen haben Studienabschlüsse als Geistes- und Sozialwissenschaftler oder als Juristen. Waren Frauen unter ihnen in den 1970er Jahren noch unterrepräsentiert, hat sich deren Anteil unter den Ausschuss-Mitarbeitern im Laufe der Jahre erhöht – und zwar auch in Führungsfunktionen sowie allen Politikfeldern (Friedmann/Nakamura 1991). Mit einem Durchschnittsalter von etwa 40 Jahren sind die Mitarbeiter zwar jünger als die gewählten Repräsentanten, stehen aber nicht mehr am Beginn ihrer Berufslaufbahn. Generell sind für die Rekrutierung persönliche Kontakte zu Repräsentanten oder Empfehlungen wichtig, denn Mitarbeiterpositionen im Kongress werden nicht auf dem Markt ausgeschrieben. Die meisten persönlichen Mitarbeiter von Abgeordneten stammen aus jenen Bundesstaaten, aus denen auch die Volksvertreter kommen, für die sie arbeiten. Für die Tätigkeit in Ausschüssen bilden die persönlichen Mitarbeiter ein wichtiges Rekrutierungsreservoir. Ein knappes Drittel der Ausschussmitarbeiter stammt aus Abgeordnetenbüros, ein weiteres Drittel aus Bundesbehörden. Unter den Ausschussmitarbeitern finden sich so nur wenige Berufseinsteiger (Henschen/Sidlow 1986). Während die Fluktuation unter Abgeordneten-Mitarbeitern relativ hoch ist und die Aufstiegswege innerhalb eines Abgeordnetenbüros kurz sind, verstetigen sich die Laufbahnen von Ausschuss-Mitarbeitern: „Committee staff jobs are seen as more stable, more predictable, more prestigious, and more reliant on policy-focused, specialized knowledge" (Romzek/Utter 1996). Angesichts der Bedeutung persönlicher Beziehungen für die Rekrutierung sowohl von Abgeordneten- wie Ausschussmitarbeitern überrascht es nicht, dass es in der Regel eine große Übereinstimmung in den politischen Einstellungen und Werten zwischen den Repräsentanten und ihren Mitarbeitern gibt. Die Zusammenarbeit zwischen beiden ist durch gegenseitigen Respekt, enge Kooperation und rege Kommunikation geprägt (Fax/Hammond 1977: 33, 146).

2.3 Aufgabenbereiche und politische Einflussmöglichkeiten

Kaum ein Aufgabenbereich, den ein Senator oder ein Mitglied des Repräsentantenhauses zu erfüllen hat, kommt heute ohne die Unterstützung von hauptamtlichen Mitarbeitern aus. Sie sind als „interactor" (Netzwerker, Kommunikator), „supporter" (Redenschreiber, wissenschaftlicher Mitarbeiter), „corresponder" (Bürokraft, Sekretär), „advertiser" (Pressesprecher, Kampagnenleiter) und „investigator" (Gesetzesexperte) tätig (Fox/ Hammond 1977: 93). Ihre Mitarbeit erstreckt sich so auf alle Phasen des parlamentarischen Prozesses: auf die Themenentwicklung und das Agenda-Setting, auf die Gesetzesformulierung sowie auf die Kontrolle der Regierung. Darüber hinaus sind die Mitarbeiter für die Kommunikationsfunktion unverzichtbar: Einesteils liegt der Wahlkreisservice und die Kampagnenorganisation fast vollständig in ihren Händen, anderenteils sind sie für die Vertreter von Interessengruppen wichtige Ansprechpartner.

Sowohl in der veröffentlichten Meinung (Deering/Smith 1997: 163) als auch in der Politikwissenschaft wird die Frage nach dem politischen Einfluss von Mitarbeitern im US-Kongress kontrovers diskutiert. Während die einen warnen, dass wichtige politische Initiativen von Mitarbeitern erarbeitet würden, die keinerlei Kontrolle durch gewählte Repräsentanten unterlägen, betonen die anderen die Loyalität der Mitarbeiter gegenüber den Abgeordneten und die Abhängigkeit der Angestellten von den Weisungen der Volksvertreter. Beide Positionen werden im Folgenden anhand zentraler Arbeiten dargestellt.

Malbin (1980, 1981) argumentiert, dass die Mitarbeiterstäbe die deliberative Funktion des Kongresses gefährden. Ihr Einfluss sei allumfassend, angefangen bei der Entwicklung politischer Initiativen über das Agenda-Setting in den Ausschüssen bis hin zu abschließenden Verhandlungen, in denen die Details von Gesetzestexten ausgearbeitet werden. Darin lägen vor allem drei Probleme. Erstens distanzierten die Mitarbeiter die von ihnen unterstützten Volksvertreter voneinander: Statt der Abgeordneten führen ihre Angestellten die politischen Beratungen und Verhandlungen.

„A representative system would require elected members from one district, with one set of needs and interests, to talk to members from districts with different needs and interests, if the members hoped to achieve anything. Indirect communications, such as we see today, was not what was envisioned: direct communications among elected members was considered essential to informed deliberation" (Malbin 1980: 241).

Ähnlich berichten Salisbury und Shepsle (1981), dass Abgeordnete, die sich bei der Problemlösung auf ihre Mitarbeiter verlassen, sowohl die Verbindung zu anderen Repräsentanten als auch zu ihren Wahlkreisen verlieren. Zweitens verschlimmern die Mitarbeiter eher das Problem der Arbeitslast, welche die Abgeordneten zu tragen haben, als dass sie es lösen. Mehr Mitarbeiter entwickeln nämlich auch mehr Ideen und schaffen neue Aufgaben. Kurzum: Die Mitarbeiterstäbe reduzierten die Funktion politischer Repräsentanten auf die von Büroleitern. Drittens verstärkten die Mitarbeiter das Problem der ungleichen Repräsentationschancen gesellschaftlicher Interessen. Weil Interessenorganisationen potentielle Arbeitgeber sind, ermöglichen Mitarbeiter solchen Lobbyisten den Zugang zum politischen Prozess, die sonst kaum eine Chance auf Berücksichtigung ihrer Interessen hätten: Ihr Einfluss beruhe allein darauf, dass ihnen parlamentarische Mitarbeiter Gehör schenkten.

Diese Thesen haben vielfältigen Widerspruch ausgelöst. Patterson (1981) mahnte, die Beschränkungen, denen Mitarbeiter in ihrer Tätigkeit unterlägen, nicht außer Acht zu lassen: Loyalität gegenüber den Abgeordneten, Kompetenzschranken, Führung durch die Abgeordneten, auch die Logik parlamentarischer Arbeitsteilung. Darin bestätigten ihn Studien, die sich explizit der Definition, Messung und Analyse des Einflusses von Mitarbeitern annahmen. DeGregorio (1988) etwa untersuchte, inwiefern sogenannte „staff directors" von Unterausschüssen des Kongresses parteilich bzw. überparteilich agieren (partisanship), inwiefern sie für verschiedene Abgeordnete zugänglich sind (accessibility), ob sie in ihrer beratenden Tätigkeit alternative Entscheidungsmöglichkeiten aufzeigen (objectivity), und in welchem Maße sie sich als Dienstleister (deference) der gewählten Repräsentanten verstehen. Mit einer Cluster-Analyse identifizierte sie verschiedene Typen von Mitarbeitern. „Politicos", die etwa ein Viertel der Untersuchungsgruppe ausmachen, verhalten sich parteilich, indem sie sich exklusiv dem Ausschussvorsitzenden verpflichtet fühlen, als dessen Erfüllungsgehilfe sie sich verstehen. Der leicht geforderten „Objektivität" messen die „politicos" für ihre Arbeit eine geringe Bedeutung bei. „Technicians" dagegen arbeiten für Vertreter *beider* Parteien, sind also für alle Abgeordnete unabhängig von deren Rang oder Parteizugehörigkeit zugänglich, und die Informationen, welche sie aufbereiten, berücksichtigen verschiedene Standpunkte. Bei Meinungsverschiedenheiten stellen sie ihre Ansichten hinter die der Abgeordneten zurück. Diese Gruppe von Mitarbeitern umfasst ebenfalls ein knappes Viertel. Andere Cluster sind hinsichtlich der vier Dimensionen so uneinheitlich, dass sie keinem „Idealtypen" zugeordnet werden können. Am auffälligsten aber ist, dass kein Cluster die Merkmale aufweist, die für den Typ des „entrepreneurs" zu erwarten gewesen wäre, also eines Angestellten, der zuerst danach strebt, seine eigenen politischen Positionen zur Geltung zu bringen: hohe Werte bei Parteilichkeit, niedrige aber bei Zugänglichkeit, Objektivität und Dienstleistungsbewusstsein. DeGregorio schlussfolgerte, dass die Vorsitzenden die politischen Entscheidungen ihrer Ausschüsse sehr wohl beeinflussten und kontrollierten. Es gäbe nur wenige Mitarbeiter, die sich nicht als Dienstleister verstünden und ihre eigenen politischen Positionen durchzusetzen versuchten. Typischerweise seien die Ausschussmitarbeiter als verlängerter Arm ihrer – gewählten – Vorgesetzten tätig. Wenn Mitarbeiter sich für die Durchsetzung einer bestimmten Position stark machten, unternähmen sie das in der Regel auf Geheiß ihrer Ausschussvorsitzenden (DeGregorio 1988: 473).

Andere Studien verglichen, ob Abgeordnete und ihre Angestellten den Einfluss letzterer auf die politische Entscheidungsfindung ähnlich einschätzten. Dafür wurden Mitarbeiter gefragt, wie ihre Vorgesetzten die Bedeutung typischer Mitarbeiter-Aufgaben bewerteten, und parallel wurden die Abgeordneten über die wichtigsten Aufgaben ihrer Angestellten befragt (DeGregorio 1995). Es stellte sich große Übereinstimmung heraus. Einerseits wird von den Mitarbeitern deutlich mehr erwartet, als nur Informationen zu liefern und Rat zu erteilen. Andererseits sind die Grenzen klar definiert, welche die Mitarbeiter nicht überschreiten dürfen, wenn sie im Namen ihrer Vorgesetzten handeln. Letztere bestimmen die Grundlinien der Politik. Wichtige Verhandlungen behalten sie sich selbst vor oder delegieren sie nur in seltenen Fällen an solche Mitarbeiter, auf deren Loyalität sie sich verlassen können. Darüber hinaus zeigten multivariate Tests, welche Einflussfaktoren die Unterschiede in der Beteiligung von Mitarbeitern erklären. Die Angestellten von Abgeordneten bzw. Gremien, die eine höhere Arbeitslast tragen, sind etwa öfter mit der Bewertung wichtiger Informationen sowie mit der Verhandlungsführung im Namen ihrer Vorgesetzten betraut. Wechselseitiges Vertrauen und eine lange Dauer der Zusammenarbeit erhöhen ebenfalls die Einflussmöglichkeiten der Mitarbeiter. Die wichtigste Schlussfolgerung lautet: Die verbreitete Überschätzung der Einflussmöglichkeiten von Kongress-Mitarbeitern rührt aus der Nichtbeachtung der vielfältigen situativen Faktoren, die das Verhältnis von Abgeordneten und Mitarbeitern prägen. Auch wenn Mitarbeiter von Kongressausschüssen von Rollenpartnern außerhalb des Parlaments oft als „issue leaders" wahrgenommen werden (DeGregorio/Snider 1995, DeGregorio 1996), ist es die *Beziehung* zwischen Abgeordneten und Mitarbeitern, welche verhindert, dass die Angestellten unabhängig bzw. unkontrolliert handeln können. Daher ist es in weiteren Forschungsarbeiten nötig, drei mögliche Faktoren zu untersuchen, die den Grad der Einflussnahme von Mitarbeitern erklären können: individuelle Ambitionen, das persönliche Verhältnis zwischen Repräsentanten und Hauptamtlichen sowie die jeweilige Arbeitsumgebung (DeGregorio 1995: 275).

Whiteman (1995) trägt der Tatsache, dass die Arbeit eines Parlamentariers nicht als „Ein-Personen-Betrieb" geleistet werden kann, mit einer sogenannten „enterprise perspective" Rechnung. Ein Kongress-Abgeordneter und seine persönlichen Mitarbeiter sowie jene Ausschussmitarbeiter, die zuerst diesem Abgeordneten zuarbeiten, bilden gemeinsam eines von 535 „Kongress-Unternehmen", deren interne Kommunikationsprozesse sich untersuchen lassen. Obgleich sich die Hierarchien, die Arbeitsteilung und die Autonomie der Mitarbeiter in diesen „congressional enterprises" unterscheiden (Whiteman differenziert nach „collegial", „corporate", „folk" und „formal" enterprises), lassen sich generalisierbare Befunde über die Einflussmöglichkeiten der Mitarbeiter festhalten. Der Entscheidungsprozess in diesen Unternehmen besteht aus drei Teilen: der Beobachtung und Identifizierung politischer Probleme; der Entscheidung über den Grad des Engagements bei spezifischen Themen; sowie der Erarbeitung von Entscheidungsalternativen und Vorlagen zu den ausgewählten Problemen. In allen drei Entscheidungsphasen spielen die Mitarbeiter eine wichtige Rolle; dabei agieren sie aber niemals autonom. In Abgrenzung zu Malbin formulierte dann Whiteman: „Policy analysts are seldom in a position to be too influential. Staff members, whatever their level of autonomy, seem to operate fairly securely within the confines of the enterprise ideology" (Whiteman 1995: 188).

2.4 Zwischenfazit

In der US-amerikanischen Literatur über Mitarbeiter im Parlament bildet sich die Entwicklung der Politikwissenschaft insgesamt ab. Die Perspektivenvielfalt hat über die Jahre sowohl hinsichtlich der Forschungsfragen als auch der eingesetzten Methoden der Datenerhebung und Datenanalyse zugenommen: Insbesondere hat ein Wandel von deskriptiven Studien hin zu hypothesentestenden Verfahren stattgefunden, die auf der systematischen Sammlung quantitativer Daten beruhen. Quantitative Fragebogenstudien, die sich auf Zufallsstichproben aus einer Grundgesamtheit (z. B. dem Kongress) oder auf Vollerhebungen (z. B. Mitarbeiter eines Ausschusses) beziehen, sind heute die vorherrschende Methode. Daneben finden sich auch Arbeiten, die auf qualitativen Interviews oder Beobachtungsverfahren beruhen. Das Erscheinen kommentierter Literaturübersichten, die sich allein auf das Thema „legislative staff" beziehen, zeigt an, welchen Umfang die Forschung in den USA inzwischen angenommen hat (Hammond 1984 und 1996). Reichhaltige empirische Ergebnisse finden sich zu den sozialstrukturellen Merkmalen, den Aufgaben und Einsatzfeldern sowie dem Rollenverständnis von Mitarbeitern. Auch die systematische Analyse des Einflusses der Mitarbeiterstäbe auf den parlamentarischen Prozess ist seit dem Ende der 1980er Jahre verstärkt in den Fokus der Forschung gerückt. Anhand empirischer Modelle und mit multivariaten Analysen wird nach Erklärungsfaktoren für den Einfluss unterschiedlicher Mitarbeitergruppen gesucht. Seit Mitte der 1990er Jahre hat die Zahl der Publikationen über Parlamentsmitarbeiter allerdings abgenommen. Das liegt aber weniger am erreichten Forschungsstand als vielmehr an wissenschaftlichen Konjunkturen. Trotz ihrer Vielfalt lässt sich eine Konzentration der Forschung allein auf den US-Kongress und ein Mangel an vergleichenden Analysen feststellen, und zwar sowohl zwischen dem Kongress und den Staatenparlamenten (Ausnahmen sind: Lattimer 1985; Jewell/Whicker 1994; Squire/Hamm 2005) als auch zwischen verschiedenen nationalen Parlamenten.

3. Mitarbeiter im Deutschen Bundestag

3.1 Mitarbeiterstruktur und Mitarbeiterzahlen

Für alle drei im Deutschen Bundestag anzutreffenden Mitarbeitergruppen – das Personal der Parlamentsverwaltung, die Mitarbeiter von Fraktionen und die persönlichen Mitarbeiter von Abgeordneten – gilt, dass ihre Anzahl seit der ersten Legislaturperiode kontinuierlich angestiegen ist. Hier spiegelt sich derselbe Trend wider, der auch die Entwicklung des US-Kongresses kennzeichnet: die zunehmende parlamentarische Professionalisierung und Verwissenschaftlichung der Parlamentsarbeit. Die folgende Darstellung konzentriert sich auf die beiden letztgenannten Gruppen (zu den heute etwa 2 300 Mitarbeitern der Parlamentsverwaltung vgl. Blischke 1981; Winter 2006). Durch die so genannte „Kleine Parlamentsreform" von 1969 wurde erstmals jedem Mitglied des Deutschen Bundestags die Möglichkeit eröffnet, mit einem monatlichen Fixbetrag Hilfskräfte anzustellen (Ismayr 2001: 82). Vorher war die Verfügung über persönliche Mitarbeiter das Privileg weniger Abgeordneter, vor allem der Inhaber von Parlaments- oder Fraktionsämtern. Noch im Jahr 1969 waren 398 persönliche Mitarbeiter bei Bundestagsabgeordneten beschäftigt, fünf Jahre später waren es bereits 917 und wieder ein halbes Jahrzehnt später lag ihre Zahl bei über 1 300 (Blischke 1981: 551). In der 16. Wahlperiode betrug der den Abgeordneten verfügbare Betrag zur Anstellung von Mitarbeitern 13 660 Euro (Arbeitnehmerbrutto), den die Mandatsträger allerdings nicht selbst erhalten, sondern der von der Bundestagsverwaltung direkt an die eingestellten Mitarbeiter gezahlt wird (Deutscher Bundestag 2007). Diese Summe ermöglicht die Beschäftigung mehrerer Personen, so dass Bundestagsabgeordnete üblicherweise über Mitarbeiter sowohl in ihren Berliner Parlamentsbüros als auch in ihren Wahlkreisbüros verfügen. Knapp die Hälfte (44,8 Prozent) der rund 4500 im Jahr 2002 bei Bundestagsabgeordneten beschäftigen Mitarbeiter war am Parlamentssitz, die andere in den Wahlkreisen (55,2 Prozent) eingesetzt. Der ganz überwiegende Teil (70 Prozent) arbeitete auf der Basis von Teilzeitverträgen (Feldkamp 2005: 736). Unabhängig von Vollzeit- oder Teilzeitbeschäftigung sind aufgrund der parlamentarischen Diskontinuität alle Arbeitsverträge jeweils auf die Dauer einer Legislaturperiode befristet. Pilz (2004) hat auf jene prekäre Beschäftigungssituation aufmerksam gemacht, die daraus für die persönlichen Mitarbeiter resultiert. Während die Arbeit in den Wahlkreisbüros meist von Sekretariatskräften erledigt wird, sind in den Parlamentsbüros sowohl Bürohilfskräfte als auch Sachbearbeiter bzw. wissenschaftliche Mitarbeiter beschäftigt. Die Bürohilfskräfte machten 2002 knapp die Hälfte aller Mitarbeiter aus (43,9 Prozent), während sich die andere Hälfte aus Sachbearbeitern (26,4 Prozent) und wissenschaftlichen Mitarbeitern (21,6 Prozent) zusammensetzte (Feldkamp 2005: 737). Beide Aufgabenbereiche überschneiden sich natürlich im Arbeitsalltag eines Abgeordnetenbüros.

Auch das Anwachsen der Fraktionshilfsdienste begann Mitte der 1960er Jahre. Zum Ende der zweiten Wahlperiode, 1957, gab es nicht mehr als 25 Beschäftigte von Fraktionen. Eine Dekade später (April 1968) war ihre Zahl bereits auf 131 angestiegen und nochmals zehn Jahre weiter (Oktober 1977) waren es 265 (Schindler 1999: 1007). In den letzten drei Wahlperioden betrug die Zahl aller Fraktionsmitarbeiter jeweils um die 800. Finanziert werden die Fraktionsangestellten aus jenen Zuschüssen, welche die Fraktionen aus dem Haushalt des Bundestags erhalten. Der Großteil dieser Zuschüsse wird für die Löhne und Gehälter von Mitarbeitern verwendet; im Jahr 2002 waren es 47 Mio. von 62 Mio. Euro (Feldkamp 2005: 273, 731). In der 14. Wahlperiode verteilten sich die 873 Fraktionsmitarbeiter, von denen 314 im höheren Dienst beschäftigt waren, wie folgt auf die Fraktionen: CDU/CSU 301, SPD 287, FDP 78, Grüne 94 und PDS 77. Gemessen an der Anzahl ihrer Mandate verfügen die kleinen Fraktionen über deutlich mehr Angestellte als die beiden großen Fraktionen. Mit ihren wenigen Abgeordneten sind sie stärker auf Zuarbeiten von Mitarbeitern angewiesen, um ihre Aufgaben erfüllen zu können. Inwiefern sich damit auch die Tätigkeitsbereiche und Einflusschancen von Fraktionsmitarbeitern kleiner und großer Fraktionen unterscheiden, ist eine noch zu klärende Frage. Schüttemeyer (1998: 42) hat darauf aufmerksam gemacht, dass der Ausbau der Fraktionshilfsdienste unabhängig vom Status als Mehrheits- oder Oppositionsfraktionen erfolgt ist. Zwar zeigt sich, dass die Unionsfraktion bei ihrem Wechsel in die Opposition 1969 die Zahl ihrer Mitarbeiter deutlich erhöhte (von 40 auf 113); die Zahl ihrer Mitarbeiter stieg aber auch nach der Regierungsübernahme 1982 weiter an. Zudem hat keine Fraktion beim Wechsel in die Regierung ihren Mitarbeiterstamm verkleinert. Der Anstieg der Zahlen der Fraktionsmitarbeiter ist also unabhängig von der parlamentarischen Rolle.

Alle Fraktionen sind gleichermaßen auf organisatorisch-administrative, inhaltliche und technische Unterstützung bei der Erfüllung der Parlamentsfunktionen angewiesen. Zu den fraktionseigenen Mitarbeiterstäben, die heute regelrechte Verwaltungs- und Dienstleistungsapparate in der Größe von Klein- und Mittelunternehmen sind, an deren Spitze die Leiter der Fraktionsverwaltungen stehen, zählen vor allem folgende Beschäftigtengruppen:

- Sekretariats- und Schreibkräfte, administrative und technische Hilfskräfte;
- persönliche Referenten, vor allem von Mitgliedern der Fraktionsvorstände;
- Mitarbeiter der fraktionseigenen Pressestellen;
- Mitarbeiter der Fraktionsarbeitsgruppen und -kreise (Sekretariatskräfte und Sachbearbeiter, vor allem aber wissenschaftliche Referenten).

Für die Analyse des Beitrages der Mitarbeiterstäbe zur politisch-konzeptionellen Arbeit der Fraktionen sind vor allem die für die Bearbeitung einzelner Politikfelder zuständigen wissenschaftlichen Referenten von Bedeutung. Die Mitarbeiter der Pressestellen hingegen sind weniger für die Herstellungsseite, sondern vor allem für die Darstellungsseite von Politik verantwortlich. Ohnehin vernachlässigbar ist der inhaltliche Einfluss des Sekretariatspersonals und der technischen Mitarbeiter.

3.2 Soziale Merkmale und Karrierewege

Persönliche Mitarbeiter

Hinsichtlich der Rekrutierung und der Karrieren von Abgeordnetenmitarbeitern im Bundestag finden sich Ähnlichkeiten zum US-Kongress. Das zeigen die Ergebnisse einer Online-Umfrage zum Sozialprofil, zur Rekrutierung und zum Berufsbild der persönlichen wissenschaftlichen Mitarbeiter von Bundestagsabgeordneten (Bröchler/Elbers 2001). Die Position eines wissenschaftlichen Mitarbeiters setzt einen Studienabschluss voraus. Viele Mitarbeiter verfügen über sozial-, geistes- oder rechtswissenschaftliche Abschlüsse; das am weitesten verbreitete Studienfach ist Politikwissenschaft. Frauen und Männer besetzen die Mitarbeiterstellen etwa zu gleichen Teilen. Die Rekrutierung erfolgt üblicherweise aus dem politischen Umfeld der Abgeordneten. Persönliche Kontakte spielen eine wichtige Rolle. Daher überrascht es nicht, dass über 50 Prozent der Mitarbeiter der Partei „ihrer" Abgeordneten angehören, obwohl eine Parteimitgliedschaft keine zwingende Voraussetzung für eine Einstellung ist. Nicht unüblich ist der Wechsel zwischen verschiedenen Abgeordnetenbüros einer Fraktion. Das Durchschnittsalter der Mitarbeiter liegt bei Mitte 30. Die Stellen sind also nicht nur mit reinen Berufsanfängern besetzt; doch für viele Mitarbeiter war eine Anstellung bei einem Abgeordneten die erste Tätigkeit nach dem Abschluss des Studiums. Da mehr als zwei Drittel der Mitarbeiter erst eine Legislaturperiode oder kürzer bei einem Abgeordneten arbeiten, handelt es sich bei diesen Positionen offenbar um Durchlaufstationen.

Attraktiv ist die Position eines persönlichen Mitarbeiters von Abgeordneten vor allem für Berufseinsteiger und zwar deshalb, weil sie Aufstiegsmöglichkeiten in andere politische Institutionen bieten. Sie eröffnet vorzügliche Möglichkeiten, um mit politischen Akteuren im Parlament, in Regierungsorganisationen und in Verbänden in Kontakt zu kommen. Diejenigen unter den Mitarbeitern, die selbst ein politisches Mandat anstreben, können zwar nicht auf die parallele „Ochsentour" in ihren Parteien verzichten; ihre Berufstätigkeit bietet ihnen aber zusätzliche Möglichkeiten der politischen Professionalisierung, welche im Nominierungswettbewerb von großem Vorteil sein können. Auf einem anderen Blatt steht, dass die Beschäftigung als Abgeordnetenmitarbeiter aufgrund der persönlichen Abhängigkeit von einer Person sowie angesichts ungeregelter und langer Arbeitszeiten, ungewisser Zukunftsaussichten und schlechter sozialer Absicherung alles andere als anziehend ist.

Arbeitskreisreferenten

Während unter den persönlichen Mitarbeitern von Abgeordneten auch Berufseinsteiger zu finden sind, werden die Positionen von Arbeitskreisreferenten – ähnlich wie der „committee staff" in den USA – üblicherweise mit bereits erfahrenen Personen besetzt. Die Rekrutierungswege zeigen, dass die Stellung eines Arbeitskreisreferenten aus verschiedenen Gründen als eine sehr attraktive Position gilt. Es lassen sich drei verschiedene Karrieretypen unterscheiden: die *Fraktionskarriere*, die *Cross-over-Karriere* und die *Ministerialkarriere*. Die Fraktionskarriere vollzieht sich als Aufstieg innerhalb der Fraktion, wenn ein Mitarbeiter beispielsweise aus einem Abgeordnetenbüro in einen Arbeitskreis wechselt. Solchen Aufsteigern bietet die Anstellung bei der Fraktion den Vorteil, der Abhängigkeit von einem Abgeordneten zu entgehen und ihre Zugangsmöglichkeiten zu anderen Inhabern politischer Führungsfunktionen zu verbessern. Cross-over-Karrieren sind solche, in der von einer zwar fachverwandten, aber politikfernen Beschäftigung, etwa an einer Hochschule, in eine Fraktion gewechselt wird. Hierfür ist das Motiv häufig, politisch gestalterisch tätig sein und theoretisches Wissen in die Praxis einbringen zu wollen. Mit Ministerialkarrieren schließlich wird der – durch Beurlaubung bewerkstelligte – Wechsel aus einem Ministerium in den Beratungsdienst einer Fraktion bezeichnet (vgl. Jekewitz 1995). Das ist eine überraschend häufig – und obendrein nicht nur in Regierungsfraktionen – anzutreffende Laufbahn. Die Motive dieser Ministerialbeamten erlauben bereits erste Rückschlüsse auf das Einflusspotenzial von Arbeitskreisreferenten. Übereinstimmend berichten übergewechselte Beamte von großen politischen Einflussmöglichkeiten und vielfältigen und abwechselungsreichen Aufgaben, die sie nun als Fraktionsreferenten hätten:

„Ich mach das hier auch sehr gerne, weil es karrierdienlich ist. Also, wenn ich da meine Kollegen im Ministerium sehe, ist das für die schon schwieriger, (...) sowohl von der Beförderung her, in dem Tempo vorwärts zu kommen, als auch von der Außenwirkung her. Da haben Sie natürlich als Referent einer Oppositionsfraktion im Grunde genommen einen gewissen Stellenwert, den im Ministerium – soll jetzt nicht arrogant klingen – aber doch eigentlich nur der Staatssekretär bzw. die Abteilungsleiter haben" (Arbeitsgruppenreferent der CDU/CSU-Fraktion im Deutschen Bundestag).

In der Ministerialbürokratie sind die Beamten hingegen in einen hierarchischen Apparat eingebunden und nur für eingegrenzte Themenbereiche verantwortlich. Die Fraktionen profitieren ihrerseits von Ministerialbeamten, weil diese aus den Ministerien nicht nur Fachwissen, sondern auch persönliche Kontakte in den Apparat der Fraktion mitbringen. Für die Beamten bedeutet die Annahme einer Fraktionsstelle im Übrigen keinerlei Risiko, weil sie bei Erfolglosigkeit in der Fraktion aus ihrer Beurlaubung wieder in den Staatsdienst zurückkehren können.

Der Beruf des wissenschaftlichen Referenten in einer Fraktion wird ausschließlich von Hochschulabsolventen ausgeübt. Unter ihnen sind, ähnlich wie unter den Abgeordneten selbst, Mitarbeiter mit juristischen sowie staats- und verwaltungswissenschaftlichen Abschlüssen besonders zahlreich anzutreffen. Andere verfügen über Studienabschlüsse in jenen Themenfeldern, auf denen sie nun als Berater tätig sind: ein Agraringenieur im Arbeitskreis für Landwirtschaftspolitik, ein Volkswirt im Arbeitskreis für Wirtschaftspolitik. Nicht zu den zwingenden Einstellungsvoraussetzungen von Referenten gehört eine Parteimitgliedschaft. Viele Fraktionsmitarbeiter verfügen aber nicht nur über eine ohnehin notwendige innere Affinität zu ihren Arbeitgebern, sondern auch über entsprechende Parteibücher.

3.3 Aufgabenbereiche und politische Einflussmöglichkeiten

Gleichermaßen für die Mitarbeiter von Abgeordneten und Fraktionen gilt, dass ihr Einfluss auf den parlamentarischen Entscheidungsprozess bislang nicht systematisch untersucht worden ist.

Persönliche Mitarbeiter

Hinweise auf Einflussmöglichkeiten der persönlichen Mitarbeiter enthält die Studie von Bröchler und Elbers (2001). Die Autoren beantworten die Frage, ob wissenschaftliche Mitarbeiter in Abgeordnetenbüros eher Politikberater oder Bürohilfskräfte sind, mit einem Sowohl-als-auch. Die Bedeutung der Mitarbeiter für die Abgeordneten läge vor allem in drei Bereichen. Erstens unterstützten die Mitarbeiter die Netzwerkaktivitäten der Abgeordneten, d. h. sie koordinierten Termine und kommunizierten für ihre Abgeordneten mit Rollenpartnern in Parlament, Wahlkreis und Partei. Zweitens erfüllten sie wichtige Aufgaben bei der Beschaffung, Filterung und Aufarbeitung von Informationen. Drittens wären sie Ideen- und Impulsgeber, welche die politischen Positionen und Handlungsstrategien ihrer Abgeordneten beeinflussen könnten. Auch aus Patzelts Studie über das Amtsverständnis und die Wahlkreisarbeit von Abgeordneten ist Aufschluss über den Einsatz der Mitarbeiter in den Wahlkreisbüros zu gewinnen (Patzelt 1993: 290). Aufgrund der häufigen Abwesenheit des Abgeordneten sicherten sie die Ansprechbarkeit und Sichtbarkeit des Abgeordneten vor Ort. Entsprechend gehörten zu ihren Aufgaben die lokale bzw. regionale Pressearbeit, die Bearbeitung von Anfragen, die in den Wahlkreisbüros eingingen sowie die Koordination der Termine für die Wahlkreisarbeit. Nicht selten seien die Wahlkreisbüros auch wichtige infrastrukturelle Stützen der lokalen Parteiarbeit. Auf diese Weise könnten die Mitarbeiter in den Wahlkreisen zwar keinen Einfluss auf die politischen Positionen der Abgeordneten nehmen, doch insbesondere in Wahlkampfzeiten könnten sie die strategische Ausrichtung der Öffentlichkeitsarbeit der Mandatsträger beeinflussen. Mitarbeiter von Abgeordneten sind also, wie im US-amerikanischen Fall, für die verschiedensten Tätigkeitsbereiche von Parlamentariern von Bedeutung.

Arbeitskreisreferenten

Arbeitskreise bzw. Arbeitsgruppen sind jene Gremien, in denen sich die für ein oder mehrere Fachgebiete zuständigen Parlamentarier einer Fraktion zusammenfinden.[2] Große Fraktionen können ihre Arbeitskreise entsprechend der Ausschussstruktur organisieren. Dann bilden Abgeordnete, die einem Ausschuss angehören, in der Fraktion einen Arbeitskreis. Kleinere Fraktionen haben zu wenige Abgeordnete, um für alle Politikfelder einen eigenen Arbeitskreis zu bilden. Sie fassen deshalb verschiedene Themen und Mitglieder verschiedener Ausschüsse in einem Arbeitskreis zusammen. Erfreulicherweise sind in der letzten Zeit die Arbeitskreise etwas stärker in den Fokus politikwissenschaftlicher Forschung gerückt. Galten sie bislang als vorbereitende Gremien für die Arbeit von Fraktionen und der Ausschüsse, wird nun stärker jene zentrale Rolle betont, die sie im Entscheidungsprozess der Fraktionen sowie für die Funktionserfüllung eines Parlaments haben (Algasinger 2004; Oertzen 2006; Petersen/Kaina 2007; Schöne 2010). Im Bundestag unterscheidet sich die Zahl der den Arbeitskreisen zugeordneten Mitarbeiter (wissenschaftliche Referenten bzw. Sachbearbeiter und Sekretariatskräfte) sowohl innerhalb der Fraktionen in Abhängigkeit von der Bedeutung und der Arbeitslast der einzelnen Politikfelder als auch zwischen den Fraktionen. In den beiden großen Fraktionen, CDU/CSU und SPD, finden sich ein bis sechs Arbeitskreisreferenten (Petersen/Kaina 2007: 251). Die Arbeitskreise der kleinen Fraktionen benötigen hingegen schon deshalb eine größere Anzahl Referenten, weil sie mehrere Politikfelder umfassen; ihre Zahl beträgt zwischen drei und acht.

Zentrale Aufgabe der Arbeitskreisreferenten ist die Organisation der Arbeitskreissitzungen sowie die Betreuung der Politikfelder, die ihren Arbeitskreisen zugeordnet sind. Arbeitskreisreferenten sind dergestalt „Policy-Experten". In enger Abstimmung mit den Arbeitskreisvorsitzenden erstellen sie die Tagesordnung, laden Gäste ein und formulieren Vorlagen – interne Positionspapiere ebenso wie Anträge, Gesetzesinitiativen und Anfragen für das Plenum. Ein Gutteil des Tagungsprogramms eines Arbeitskreises ergibt sich zwar aus der Tagesordnung der nächsten Ausschusssitzung. Für die mittel- und langfristige Themenplanung aber können die Referenten Vorschläge unterbreiten und damit eigene Akzente setzen. Als Experten und ständige Beobachter eines Politikfeldes sind sie nicht nur für die Informationsversorgung der Abgeordneten zuständig, sondern auch der Entwurf neuer Initiativen wird ausdrücklich von ihnen erwartet.

Formal sind die Referenten mit der Zuständigkeit für einen Arbeitskreis betraute Fraktionsangestellte; in der Praxis aber arbeiten sie zuerst dem Arbeitskreisvorsitzenden zu und unterstützen dessen Tätigkeit. Indem die Referenten fachpolitische Positionen

---

2 Im Bundestag werden diese Gremien in der CDU/CSU- und der SPD-Fraktion als Arbeitsgruppen bezeichnet, in den Fraktionen von FDP und Bündnis90/Die Grünen als Arbeitskreise. In der PDS-Fraktion war bis in die 14. Wahlperiode die Bezeichnung Arbeitsgruppen gebräuchlich; die Fraktion Die Linke verwendete in der 16. Legislaturperiode dann den Begriff Arbeitskreise. Der Einfachheit halber wird hier, wenn nicht explizit von einzelnen Fraktionen die Rede ist, einheitlich die Bezeichnung Arbeitskreise (AKs) benutzt.

formulieren, Redetexte entwerfen sowie Pressemitteilungen erstellen und Pressekonferenzen organisieren, leisten sie einen wichtigen Beitrag, um den Vorsitzenden, der für die Vertretung des Arbeitskreises nach außen zuständig ist, in der Fraktions-, Parlaments- und Medienöffentlichkeit möglichst gut zu präsentieren. Mit ihrer Tätigkeit tragen die Referenten zum Ressourcen- und Wissensvorsprung der Arbeitskreisvorsitzenden bei, die in ihren Fraktionen zu den einflussreichen Abgeordneten gehören. Zwischen den Leitern der Arbeitskreise und ihren Referenten herrscht meist, und auch idealerweise, ein vertrauensvolles und eingespieltes Miteinander. Dass langes Zusammenwirken und wechselseitiges Vertrauen die Einflussmöglichkeiten der Mitarbeiter erhöhen, hat DeGregorio (1995) auch für den US-Kongress gezeigt. Enge Zusammenarbeit zwischen Arbeitskreisleitern und -referenten bedeutet aber nicht, dass die einfachen Abgeordneten von diesen Mitarbeitern nicht profitieren würden: Auch sie werden bei der Erstellung von Vorlagen unterstützt sowie mit Informationen und Unterlagen versorgt, die ihnen als Grundlage für anstehende Entscheidungen dienen.

Ähnlich der Arbeit der gewählten Volksvertreter ist auch die Tätigkeit der AK-Referenten vom parlamentarischen Sitzungsrhythmus bestimmt, da sie an vielen Gremiensitzungen teilnehmen. Während der Arbeitskreissitzungen stehen sie für ergänzende Informationen zur Verfügung, führen Protokoll und nehmen Arbeitsaufträge entgegen. Bisweilen beteiligen sich die Referenten in den Arbeitskreisen sogar auch an den Diskussionen und arbeiten wie gleichberechtigt mit. Ohne Mandat haben sie zwar kein Stimmrecht, können aber inhaltliche und strategische Vorschläge unterbreiten, ggf. Anträge stellen, Anfragen vorstellen und ihre Vorlagen gegen Kritik verteidigen. Solche Beteiligungsmöglichkeiten der Referenten hängen nicht nur von der Fraktionsgröße ab (in kleineren Fraktionen gewinnen sie an Gewicht, weil die Abgeordneten eine größere Themenbandbreite abdecken müssen), sondern auch von der politischen Kultur und vom Arbeitsklima in einer Fraktion bzw. einem Arbeitskreis. An den Fraktionsversammlungen und den Ausschusssitzungen nehmen die Referenten regelmäßig als Zuhörer teil, um über die Diskussionen in ihren Fraktionen sowie im Ausschuss informiert zu sein. Zu den Ausschusssekretären sind sie um gute Kontakte bemüht, um unbürokratisch Auskünfte einholen zu können. Nicht unüblich ist es auch, dass sich Referenten über die Fraktionsgrenzen hinweg mit Informationen aushelfen. Ihre Beziehungen untereinander sind weniger als die der Abgeordneten durch den politischen Wettbewerb bestimmt. An den Plenartagen sind die Referenten mit dafür verantwortlich, die Anwesenheit „ihrer" Abgeordneten bei wichtigen Abstimmungen zu sichern.

Die Referenten von Koalitionsfraktionen nehmen ferner an den politikfeldbezogenen Treffen der Koalitionspartner teil, und in den Ministerien sind die jeweiligen Parlamentsreferenten ihre natürlichen Ansprechpartner. Mit ihnen kooperieren sie insbesondere bei der Vor- und Nachbereitung der Arbeitskreissitzungen.

Ferner sind die Arbeitskreisreferenten für die gesellschaftliche Vernetzung ihrer Arbeitskreise zuständig: Sie halten Kontakt zu den entsprechenden Parteien, Arbeitskreisen sowie zu jenen Verbänden, Vereinen, öffentlichen Einrichtungen oder Unternehmen, die für ihr Politikfeld relevant sind. In der Begleitung von Arbeitskreismitgliedern oder alleine nehmen sie auch an Kongressen, Informationsveranstaltungen und sogenannten Parlamentarischen Abenden teil. Hier bieten sich ihnen vielfältige Kontaktmöglichkeiten zu den verschiedensten politischen und gesellschaftlichen Eliten.

Einflussnahme auf die fachpolitischen Positionen ihrer Fraktionen ist den Arbeitskreisreferenten in den folgenden Bereichen möglich: als Informationsmittler und -filter für die Abgeordneten, als Berater der Arbeitskreisvorsitzenden, als Beteiligte am Agenda-Setting in den Arbeitskreisen, als Verfasser parlamentarischer Vorlagen sowie als Verbindungspersonen zu anderen Entscheidungsträgern innerhalb und außerhalb ihrer Fraktionen. Häufig sind die Referenten sogar früher und umfangreicher über aktuelle Entwicklungen auf ihren Sachgebieten informiert als die Parlamentarier, weil letztere neben der fachpolitischen Arbeit auch als Generalisten, etwa in der Kommunalpolitik, oder als regionale Parteiführer gefordert sind. Die hauptamtlichen Mitarbeiter können sich hingegen ganz auf die Fachpolitik konzentrieren. Sie haben daher auch die Aufgabe eines Filters zu erfüllen, der in der unübersichtlichen Flut von Anfragen und Materialien für die Abgeordneten Wichtiges von Unwichtigem trennt und nur relevante Informationen weiterleitet. Darüber hinaus verfügen langjährige Mitarbeiter häufig über mehr Funktionswissen als neu ins Parlament gewählte Abgeordnete.

Sachkundige Referenten üben aber nicht nur als Informationsmittler Einfluss aus, sondern entscheiden auch über die Zusammensetzung der Tagesordnung des Arbeitskreises mit oder stellen sie sogar selbst zusammen. Auch bei der Erarbeitung parlamentarischer Vorlagen, etwa von Anträgen, Anfragen und Gesetzesentwürfen, oder bei der Formulierung von Stellungnahmen und Schreiben, setzen sie inhaltliche Akzente. Viele Referenten handeln dabei nicht nur nach Weisung, sondern auch auf Eigeninitiative, und präsentieren die Ergebnisse ihrem Arbeitskreisvorsitzenden. Jener ist das erste Nadelöhr, durch das die Vorschläge und Entwürfe der Mitarbeiter müssen, um im Arbeitskreis die Zustimmung der Abgeordneten zu finden. Zwar treten die Referenten in Gremiensitzungen in der Regel zurückhaltend auf und äußern sich nur, wenn sie um eine Stellungnahme gebeten werden; außerhalb der Gremiensitzungen sind sie aber als aktive Persönlichkeiten zu erleben, die im Gespräch mit den gewählten Politikern für ihre Positionen werben. Weitere Einflussmöglichkeiten eröffnen sich bei der Vernetzung der Arbeitskreise mit gesellschaftlichen Gruppen und anderen politischen Institutionen. Als „Büroleiter" der Arbeitskreise sind die Referenten Ansprechpartner für Anfragen und Angebote verschiedener Interessen- und Lobbygruppen, mit denen sie in ständigem Austausch stehen. Sie können so deren Zugang zu den Abgeordneten kanalisieren – beispielsweise, indem sie bei der Planung von Anhörungen Vorschläge für einzuladende Sachverständige unterbreiten. Angestellte von Interessenverbänden betonen besonders die Bedeutung dieser Arbeitsebene der Fraktionen für ein erfolgreiches Lobbying von der anderen Seite her (Klingenburg 2003, ähnlich für den Kongress DeGregorio/Snider 1995). Insbesondere die AK-Referenten der Mehrheit halten außerdem den Kontakt in die Ministerien, um über entstehende Gesetze und Verordnungen informiert zu sein und sie rechtzeitig beeinflussen zu können. Folgende Interviewäußerung zeigt wie unter einem Brennglas die Einflussmöglichkeiten von Arbeitskreismitarbeitern der Regierungsmehrheit:

„Wenn ich da irgendwelche Ideen habe, dann ist es meistens eigentlich so, dass ich sie [... dem Arbeitskreisvorsitzenden] plausibel machen kann, und dann schreibt er einen Brief, den ich natürlich diktiere, an den Parlamentarischen Staatssekretär (...) mit der Bitte, doch mal dieses und jenes zu prüfen, und wir würden uns dann dafür einsetzen. (...) Und dann können die natürlich in der Fachabteilung sagen: ‚Wir halten nichts davon, das ist Quatsch.' (...) Aber ich begleite das dann natürlich auch noch dadurch, dass ich dann dort beispielsweise anrufe und dem Abteilungsleiter sage: ‚Also da wird demnächst was auf Sie zukommen; wir haben da geschrieben, es ist uns eine wichtige Angelegenheit. Also Sie sollten vielleicht nicht dazu tendieren, das gleich von vornherein abzuwürgen (...)' Ich spreche aber auch runter bis zu der Ebene der Referatsleiter und der Referenten mit den Leuten, weil das ist meine Erfahrung aus dem Ministerium ... Es gibt ja hier Kollegen, die nach Möglichkeit auf der höchsten Ebene telefonieren; das bringt nicht so viel, [denn] sie müssen die Leute beeinflussen, die die Entwürfe machen. (...). Ich spreche natürlich, um das dazu zu sagen, auch mit den Verbänden teilweise, also der (Verband xy) hat dann gleich, als ich hier Referent (...) war, sich zum Besuch bei mir angekündigt und mich zum Essen eingeladen, (...) um seinerseits auf mich Einfluss nehmen zu können. Aber andererseits geht es natürlich auch in die Gegenrichtung" (Arbeitsgruppenreferent der SPD-Fraktion im Deutschen Bundestag).

Für das Ausmaß des politisch-konzeptionellen Einflusses der Mitarbeiter auf die Entscheidungen ihrer Arbeitskreise sind Akteurskonstellationen ein wichtiger Erklärungsfaktor. Der Einfluss der Referenten ist beispielsweise vom Leitungsstil der Arbeitskreisvorsitzenden abhängig. Auch die Bedeutung, welche der Arbeitskreisleiter der Parlamentsarbeit im Vergleich zur Wahlkreisarbeit beimisst, entscheidet mit über die Gestaltungsmöglichkeiten der Referenten. Diese sind darüber hinaus von den intellektuellen Kapazitäten und der Arbeitsmotivation der übrigen Abgeordneten im Arbeitskreis abhängig. *Zwischen* verschiedenen Fraktionen aber unterscheiden sich das Tätigkeitsprofil und die Einflussmöglichkeiten der Referenten eigentlich nur hinsichtlich ihrer aktiven Mitwirkung in den Arbeitskreissitzungen. In allen Fraktionen können die Referenten durch die inhaltliche Vorbereitung der Arbeitskreissitzungen erheblichen Einfluss auf die fachpolitischen Vorhaben und Positionen ihrer Arbeitskreise nehmen. Im Vergleich zu den Ausschusssekretären, für die Oertzen mit einer Rollenanalyse gezeigt hat, dass sie „organisieren", „protokollieren" und „überprüfen", aber keinen inhaltlichen Einfluss nehmen (Oertzen 2006: 225), geht die Rolle der Arbeitskreisreferenten über die von Verwaltern und Verfahrensmanagern weit hinaus (anders noch Beyme 1997: 197). Ob sich die Vorschläge der Arbeitskreisreferenten durchsetzen, ist allerdings davon abhängig, wie sie die Diskussion und Kompromissbildung in den Fraktionsgremien, beginnend im eigenen Arbeitskreis, überstehen.

Darüber hinaus stehen einer unkontrollierten Einflussnahme der Arbeitskreismitarbeiter in der Regel ihr Rollenverständnis und die Loyalitätsbeziehungen zu den Abgeordneten entgegen. Ähnlich wie die persönlichen Mitarbeiter betonen auch die Arbeitskreisreferenten, dass sie „Serviceleister" oder „Dienstleistungsunternehmen" sind. Als vorrangige Aufgabe betrachten sie es, die Arbeitskreise bei der Entscheidungsfindung zu unterstützen und „ihren" Abgeordneten die Grundlage für kluge und politisch durchsetzbare Entscheidungen zur Verfügung zu stellen: Der Arbeitskreis und seine Akteure sollen innerhalb der Fraktion und nach außen gut dastehen.

4. Vergleichendes Fazit und Forschungsperspektiven

Die Beschäftigung mit der Rolle von Mitarbeitern in deutschen Parlamenten – seien es die persönlichen Mitarbeiter von Abgeordneten, das Personal der Fraktionen oder die Angestellten der Parlamentsverwaltungen – steht noch ganz am Beginn und legt weiteren Forschungsbedarf nahe. Gleichwohl zeichnen sich mancherlei zu vergleichende

Muster ab. Trotz Systemunterschieden, unterschiedlichen Mitarbeiterzahlen (bei einer geringeren Abgeordnetenzahl finden sich im US-Kongress weitaus mehr Mitarbeiter) und Differenzen in der institutionellen Zuordnung der Beschäftigten fällt eine Fülle an Gemeinsamkeiten zwischen den Mitarbeitern im US-Kongress und im Deutschen Bundestag auf. Die Rekrutierung der persönlichen Mitarbeiter von Abgeordneten erfolgt in beiden Parlamenten fast ausschließlich über persönliche Kontakte oder über Empfehlungen Dritter; externe Besetzungen sind selten. In den USA stammen persönliche Mitarbeiter häufig aus den Heimatstaaten der Abgeordneten; in Deutschland aber sind, unabhängig von der regionalen Herkunft, parteipolitische Verbindungen wichtiger. Viele Mitarbeiter kommen hier im Übrigen von den Hochschulen des Regierungssitzes (Bröchler/Elbers 2001: 19).

Persönliche Mitarbeiterstellen sind nicht aufgrund ihrer Arbeitsbedingungen attraktiv (persönliche Abhängigkeit von einzelnen Parlamentariern, hohe Arbeitslast und mangelnde soziale Absicherung), sondern aufgrund der Aufstiegsmöglichkeiten, die sie eröffnen: In den USA wie in Deutschland stellen sie eine Eingangstür für berufliche Laufbahnen in politischen Institutionen und Organisationen dar. Außerdem bieten sie eine Möglichkeit der politischen Professionalisierung und Netzwerkpflege, die zur späteren Erringung eines eigenen politischen Mandats von Vorteil sein können. Verschiedene Studien zeigen, dass Angestellte von Fraktionen oder Abgeordneten zunehmend zum Rekrutierungsreservoir für politische Wahlämter geworden sind (Borchert/Golsch 1999: 130; Borchert/Stolz 2003; Hammond 1987).

Die Position eines Ausschussmitarbeiters im US-amerikanischen Fall und eines Fraktionsmitarbeiters im deutschen Fall stellt im Vergleich zur Stellung eines persönlichen Mitarbeiters von Abgeordneten einen Aufstieg und eine Verstetigung der beruflichen Laufbahn dar. Das zeigt sich auch darin, dass diese Positionen nicht nur von Aufsteigern aus Abgeordnetenbüros besetzt werden, sondern auch für Angestellte aus Bundesbehörden attraktiv sind, die für eine solche Anstellung ins Parlament wechseln. Während Abgeordnetenmitarbeiter auch Bürohilfskräfte sind, die bisweilen obendrein Sekretariats- und Betreuungsaufgaben wahrnehmen und deren Bedeutung von der ihrer Arbeitgeber in der Fraktionshierarchie abhängt, sind die Ausschussmitarbeiter im Kongress bzw. die Fraktionsreferenten im Bundestag an zentralen Orten der parlamentarischen Entscheidungsfindung tätig. Sie arbeiten Parlamentariern zu, die einflussreiche Positionen besetzen. Ferner ermöglicht ihnen ihre regelmäßige Teilnahme an Sitzungen von Fraktionsgremien bzw. Ausschüssen einen umfangreichen Informationsstand. Außerdem sind sie wichtige Verbindungspersonen in die Exekutive und zu Verbänden bzw. Interessengruppen.

Vielfältige Parallelen zwischen Kongress und Bundestag finden sich auch in der Beurteilung der politischen Einflussmöglichkeiten von Mitarbeitern und ihrer Prägefaktoren. Generell lässt sich festhalten, dass es heute keinen Bereich der Abgeordnetenarbeit mehr gibt, der nicht von Mitarbeitern unterstützt wird. Immer mehr nehmen sie auch einen Großteil der Servicefunktion von Abgeordneten in den regionalen Wahlkreisbüros wahr und gewährleisten durch organisatorische Unterstützung und als Ansprechpartner vor Ort die gesellschaftliche Vernetzung der Abgeordneten. Bislang waren in Deutschland zwar die Parteien und ihre aktiven Mitglieder wichtige Träger der Wahlkampagnen. Doch aufgrund der zurückgehenden Mitgliederzahlen und der Organisationsschwäche der Parteien spielen angestellte Kräfte auch in diesem Bereich eine immer wichtigere Rolle. Und während der Parlamentsarbeit sind Mitarbeiter ohnehin in alle Phasen des politischen Entscheidungsprozesses involviert: in die Problemidentifizierung und Ideenfindung, in die Erarbeitung von Vorlagen, sowie in die Durchsetzung dieser Initiativen. Dabei stehen sie mit allen relevanten Rollenpartnern der Parlamentarier (andere Abgeordnetenbüros, Regierungsvertreter, Lobbyisten) in ständigem Kontakt. Es gibt keinen Zweifel: Sie sind wichtige Informationsmittler und Netzwerkakteure.

In der US-amerikanischen Politikwissenschaft führte der Anstieg der Mitarbeiterzahlen dann auch zu – unter repräsentationstheoretischen Gesichtspunkten geführten – Diskussionen über die Verselbständigung der Mitarbeiterstäbe. Mittlerweile überwiegen differenzierende Sichtweisen, die auf Erklärungsfaktoren für Unterschiede im politischen Einfluss von Mitarbeitern aufmerksam machen. Zunächst erfordert die Größe der Mitarbeiterstäbe von US-Abgeordneten, die intern viel stärker spezialisiert und hierarchisiert sind als ihre Pendants in Deutschland, eine Unterscheidung verschiedener Mitarbeitergruppen. Ferner ist wohl zwischen Politikfeldern zu unterscheiden (Sidlow/ Henschen 1985). Vor allem aber erklärten Faktoren wie die persönlichen Beziehungen zwischen Abgeordneten und ihren Angestellten, beider individuelle Ambitionen sowie die Arbeitsatmosphäre einen recht unterschiedlichen Einfluss von Mitarbeitern auf den Gesetzgebungsprozess. Üblicherweise verhinderten auch die Aufgabenteilung und die dichte Kommunikation zwischen Parlamentariern und Angestellten, ferner das dienstleistungsorientierte Rollenverständnis sowie die Loyalität letzterer ohnehin eine zu große Autonomie in den Entscheidungen der Mitarbeiter. Außerdem könne aufgrund der flachen Hierarchien in den Mitarbeiterstäben der Abgeordneten, des Fehlens starrer Zuständigkeiten, der hohen Personalfluktuation sowie der Arbeitseinstellungen der Beschäftigten, trotz der erreichten Größe der Mitarbeiterapparate – die Parlamentsverwaltung ausgenommen – nicht von einer Bürokratisierung des Kongresses die Rede sein.

In eine ähnliche Richtung weisen auch die empirischen Befunde zum Personal in den Fraktionen deutscher Parlamente. Sie zeigen, dass Akteurskonstellationen und die Aufgabenteilung im konkreten Einzelfall wichtige Erklärungsfaktoren für das Ausmaß des politisch-konzeptionellen Einflusses von Mitarbeitern sind. Wenig deutet darauf hin, dass es der Institutionentyp (Bundestag bzw. Landtag), parlamentsübergreifende fraktionsspezifische Eigenarten oder Politikfelder sind, welche die Einflussmöglichkeiten von Mitarbeitern erklären. Im Fall der Arbeitskreisreferenten wird ihr Einfluss vom Leitungsstil der Arbeitskreisleiter geprägt, desgleichen dadurch, wie jene ihren Einsatz zwischen Parlamentsarbeit und Wahlkreisarbeit verteilen. Die Gestaltungsmöglichkeiten der Referenten sind ferner sowohl von ihren eigenen intellektuellen bzw. kommunikativen Fähigkeiten und ihrer Arbeitsmotivation als auch von den Kompetenzen und Ambitionen der Abgeordneten im Arbeitskreis abhängig. Im Fall der – an anderer Stelle untersuchten – Verwaltungsleiter der Fraktionen (Schöne 2005) hängt deren Einfluss von Organisationsentscheidungen der geschäftsführenden Fraktionsvorstände und vom Anteil der ihnen übertragenen politischen Managementaufgaben im Vergleich zu den administrativen Aufgaben ab. Ferner sind die Beziehungen zwischen dem Ersten Parlamentarischen Geschäftsführer und dem Leiter der Fraktionsverwaltung ein wichtiger Prägefaktor. Die Arbeitskreisreferenten und die Verwaltungsleiter verbindet im Übrigen ein Selbstverständnis als Dienstleister und Unterstützer ihrer Abgeordneten. Loyalität zur eigenen Fraktion sowie zu den jeweiligen Vorgesetzten ist eine notwendige Voraussetzung für erfolgreiche Arbeit und damit für die eigenen Karriereaussichten. Einer Bezeichnung der Fraktionsmitarbeiter als „ungewählten Repräsentanten" steht ihr eigenes Rollenverständnis ebenso entgegen wie die Tatsache, dass im komplizierten Geflecht der fraktionsinternen Entscheidungsfindung eine Verselbständigung ihrer Vorschläge und Vorlagen kaum möglich ist. Von einer demokratietheoretisch problematischen Verlagerung von Entscheidungen auf die Mitarbeiterstäbe kann daher nicht wirklich die Rede sein.

Weil die für den deutschen Fall vorgestellten Forschungsergebnisse zum großen Teil noch explorativen Charakter tragen, ist es nötig, sie durch repräsentative Studien zu den sozialen Merkmalen, zu den Karrierewegen, zum Tätigkeitsprofil und zum Rollenverständnis von Fraktionsbeschäftigten zu erweitern. Bevor an eine systematische Überprüfung von Einflussfaktoren, welche die Tätigkeit und die Gestaltungsmöglichkeiten der Mitarbeiter beeinflussen, gedacht werden kann, bedarf es also der Sammlung weiterer empirischer Daten. Einzelfallstudien zu verschiedenen Gesetzgebungsprojekten könnten ein erster Weg sein, um die Frage nach dem Einfluss von Abgeordneten- und Fraktionsmitarbeitern auf die parlamentarische Entscheidungsfindung vertiefend zu analysieren. Für die Untersuchung des Einflusses der Mitarbeiterstäbe auf den parlamentarischen Prozess enthalten jedenfalls die skizzierten Forschungsansätze US-amerikanischer Politikwissenschaftler vielfältige Anregungen.

Zudem ist die Untersuchung auf weitere Beschäftigtengruppen in den Fraktionen und im Parlament auszudehnen. In künftigen Forschungsprojekten wäre beispielsweise die Frage naheliegend, ob die persönlichen Referenten von Fraktionsvorstandsmitgliedern wohl ebenso Generalisten sind wie ihre Vorgesetzten. Wie unterscheidet sich ferner das Aufgabenprofil zwischen Vorstandsreferenten sowie den hier näher betrachteten Arbeitskreisreferenten? Und darüber hinaus: Welchen Einfluss haben die Mitarbeiter der Pressestellen mit ihren Empfehlungen für ein publikumstaugliches Image auf den thematischen Auswahlprozess in den Fraktionen und auf die Chancen verschiedener Abgeordnetengruppen, in der Öffentlichkeit wahrgenommen zu werden? Besondere Aufmerksamkeit ist auf die Mitarbeiter von Mehrheitsfraktionen als Schnittstellenakteure zu richten, weil sie eine wichtige Funktion für die Kommunikation und die Vernetzung zwischen Parlament und Regierung haben. Wie unterscheiden sich außerdem Ministerialbeamte von Fraktionsmitarbeitern und wie nehmen sie jeweils Einfluss (zu den Differenzen zwischen „congressional staff" und Ministerialbediensteten in den USA vgl. Freudenburg 1986)?

Auf der Grundlage einer so erweiterten empirischen Basis müssten dann Vergleiche zwischen verschiedenen Beschäftigtengruppen, zwischen unterschiedlichen Politikfeldern, zwischen Bundestag und Landtagen sowie mit Parlamenten anderer Regierungssysteme geführt werden. Und ohne eine solch vertiefte Beschäftigung mit den Angestellten politischer Organisationen bleibt die Analyse von Politik als Beruf gewiss unvollständig.

Literatur

Algasinger, Karin/Oertzen, Jürgen von/Schöne, Helmar, 2004: Wie das Parlament die Regierung kontrolliert. Der Sächsische Landtag als Beispiel, in: Holtmann, Everhard/Patzelt, Werner J. (Hrsg.), Kampf der Gewalten? Parlamentarische Regierungskontrolle – gouvernementale Parlamentskontrolle. Theorie und Empirie. Wiesbaden: VS Verlag für Sozialwissenschaften, 107-147.

Beyme, Klaus von, 1997: Der Gesetzgeber. Der Bundestag als Entscheidungszentrum. Opladen: Westdeutscher Verlag.

Blischke, Werner, 1981: Parliamentary Staffs In the German Bundestag, in: Legislative Studies Quarterly 6, 533-558.

Borchert, Jens/Stolz, Klaus, 2003: Die Bekämpfung der Unsicherheit. Politikerkarrieren und Karrierepolitik in der Bundesrepublik Deutschland, in: Politische Vierteljahresschrift 44, 148-173.

Borchert, Jens/Golsch, Lutz, 1999: Deutschland. Von der „Honoratiorenzunft" zur politischen Klasse, in: Borchert, Jens (Hrsg.), Politik als Beruf. Die politische Klasse in westlichen Demokratien. Opladen: Westdeutscher Verlag, 114-140.

Bröchler, Stephan/Elbers, Helmut, 2001: Hochschulabsolventen als Mitarbeiter des Parlaments: Politikberater oder Bürohilfskräfte? Ergebnisse einer internetgestützten Befragung der persönlichen wissenschaftlichen Mitarbeiter des Deutschen Bundestages. Polis-Arbeitspapiere aus der Fernuniversität Hagen, Hagen.

Deering, Christopher J./Smith, Steven S., 1997: Committees in Congress. 3. Auflage, Washington, DC: Congressional Quarterly.

DeGregorio, Christine, 1988: Professionals in Congress. An Analysis of Working Styles, in: Legislative Studies Quarterly 13, 459-476.

DeGregorio, Christine, 1995: Patterns of Senior Staff Use in Congressional Committees, in: Polity 28, 261-275.

DeGregorio, Christine, 1996: Networks of Champions. Leadership, Access, and Advocacy in the U.S. House of Representatives. Ann Arbor: University of Michigan Press.

DeGregorio, Christine/Snider, Kevin, 1995: Leadership Appeal in the U.S. House of Representatives. Comparing Officeholders and Aides, in: Legislative Studies Quarterly 20, 491-511.

Deutscher Bundestag, 2007: Mitarbeiter. www.bundestag.de/mdb/mdb_diaeten/1334d.html. 04.10.2007.

Feldkamp, Michael F., 2005: Datenhandbuch zur Geschichte des Deutschen Bundestages 1994 bis 2003. Baden-Baden: Nomos.

Fox, Harrison W./Hammond, Susan Webb, 1977: Congressional Staffs. The Invisible Force in American Lawmaking. New York: The Free Press.

Friedmann, Sally/Nakamura, Robert T., 1991: The Representation of Women on U.S. Senate Committee Staffs, in: Legislative Studies Quarterly 16, 407-427.

Freudenburg, William R., 1986: Sociology in Legis-Land. An Ethnographic Report on Congressional Culture, in: The Sociological Quarterly 27, 313-326.

Hammond, Susan Webb, 1984: Legislative Staffs, in: Legislative Studies Quarterly 9, 271-317.

Hammond, Susan Webb, 1987: From Staff Aide to Election. The Recruitment of U.S. Representatives, in: Clark, Harold D./Czudnowski, Moshe (Hrsg.), Political Elites in Anglo-American Democracies. DeKalb: Northern Illinois University Press, 209-230.

Hammond, Susan Webb, 1996: Recent Research on Legislative Staffs, in: Legislative Studies Quarterly 21, 543-576.

Henschen, Beth M./Sidlow, Edward I., 1986: The Recruitment and Career Patterns of Congressional Committee Staffs. An Exploration, in: Western Political Quarterly 39, 701-708.

Ismayr, Wolfgang, 2001: Der Deutsche Bundestag im politischen System der Bundesrepublik Deutschland. 2. Auflage, Opladen: Leske + Budrich.

Jewell, Malcom E./Whicker, Marcia Lynn, 1994: Legislative Leadership in the American States. Ann Arbor: University of Michigan Press.

Jekewitz, Jürgen, 1995: Das Personal der Parlamentsfraktionen. Funktion und Status zwischen Politik und Verwaltung, in: Zeitschrift für Parlamentsfragen 26, 395-423.

Klingenburg, Konrad, 2003: Dagegen sein ist nicht alles. Gewerkschaftliche Interessenvertretung in Berlins neuer Unübersichtlichkeit, in: *Leif, Thomas/Speth, Rudolf* (Hrsg.), Die stille Macht. Lobbyismus in Deutschland. Wiesbaden: Westdeutscher Verlag, 271-280.
Kranenpohl, Uwe, 1999: Mächtig oder machtlos? Kleine Fraktionen im Deutschen Bundestag 1949 bis 1994. Opladen/Wiesbaden: Westdeutscher Verlag.
Lattimer, John N., 1985: The Changing Role of Legislative Staff in the American State Legislature, in: State and Local Government Review 17, 244-250.
Loewenberg, Gerhard, 1990: Der Bundestag. Eine Bilanz nach 40 Jahren, in: *Porzner, Konrad/Oberreuter, Heinrich/Thaysen, Uwe* (Hrsg.), 40 Jahre Deutscher Bundestag. Baden-Baden: Nomos, 50-64.
Loewenberg, Gerhard, 1989. The Functioning of Congress: What can other Western Democracies learn? Konferenzbeitrag: „Service to the Congress: The Congressional Research Service at 75", Washington, D.C.
Malbin, Michael J., 1980: Unelected Representatives. Congressional Staff and the Future of Representative Government. New York: Basic Books.
Malbin, Michael J., 1981: Delegation, Deliberation and the New Role of Congressional Staff, in: *Mann, Thomas E./Ornstein, Norman J.* (Hrsg.), The New Congress. Washington, DC: AEI Press, 134-177.
Oertzen, Jürgen von, 2006: Das Expertenparlament. Abgeordnetenrollen in den Fachstrukturen bundesdeutscher Parlamente. Baden-Baden: Nomos.
Ornstein, Norman J./Mann, Thomas E./Malbin, Michael J., 2000. Vital Statistics on Congress 1999-2000. Washington, DC: AEI Press.
Patterson, Samuel, 1981: Book Review: Unelected Representatives. Congressional Staff and the Future of Representative Government, in: The American Political Science Review 75, 498-499.
Patzelt, Werner J., 1993: Abgeordnete und Repräsentation. Amtsverständnis und Wahlkreisarbeit. Passau: Wissenschaftsverlag Rothe.
Petersen, Anne Sophie/Kaina, Viktoria, 2007: „Die Fäden habe ich in der Hand". Arbeitsgruppenvorsitzende der SPD- und CDU/CSU-Bundestagsfraktion, in: Zeitschrift für Parlamentsfragen 38, 243-260.
Pilz, Volker, 2004: Moderne Leibeigenschaft? Berufsbild und soziale Absicherung der persönlichen Mitarbeiter der Bundestagsabgeordneten, in: Zeitschrift für Parlamentsfragen 35, 667-681.
Romzek, Barbara S./Utter, Jennifer A., 1996: Career Dynamics of Congressional Legislative Staff. Preliminary Profile and Research Questions, in: Journal of Public Administration Research and Theory 6, 415-442.
Salisbury, Robert H./Shepsle, Kenneth A., 1981: U.S. Congressmen as Enterprise, in: Legislative Studies Quarterly 6, 559-576.
Schindler, Peter, 1999: Datenhandbuch zur Geschichte des Deutschen Bundestages 1949 bis 1999. Baden-Baden: Nomos.
Schöne, Helmar, 2005: Fraktionsmitarbeiter. Tätigkeitsprofil, Karrierewege und Rollenverständnis, in: Zeitschrift für Parlamentsfragen 36, 791-808.
Schöne, Helmar, 2010: Alltag im Parlament. Parlamentskultur in Theorie und Empirie. Baden-Baden: Nomos.
Schüttemeyer, Suzanne S., 1998: Fraktionen im Deutschen Bundestag 1949-1997. Empirische Befunde und theoretische Folgerungen. Opladen/Wiesbaden: Westdeutscher Verlag.
Schwarzmeier, Manfred, 2001: Parlamentarische Mitsteuerung. Strukturen und Prozesse informalen Einflusses im Deutschen Bundestag. Wiesbaden: Westdeutscher Verlag.
Sidlow, Eward I./Henschen, Beth, 1985: The Performance of House Committee Staff Functions. A Comparative Exploration, in: Western Political Quarterly 38, 485-494.
Smith, Steven S./Roberts, Jason/Wielen, Ryan Vander, 2008: The American Congress. 5. Auflage, New York: Cambridge University Press.
Squire, Peverill/Hamm, Keith E., 2005: 101 Chambers. Congress, State Legislatures, and the Future of Legislative Studies. Columbus: The Ohio State University Press.
Thaysen, Uwe/Davidson Roger H./Livingston, Robert G. (Hrsg.), 1988: US-Kongress und Deutscher Bundestag. Bestandsaufnahmen im Vergleich. Opladen: Westdeutscher Verlag.

Whiteman, David, 1995: Communication in Congress. Members, Staff, and the Search for Information. Lawrence: University Press of Kansas.

Winter, Thomas von, 2006: Die wissenschaftlichen Dienste des Deutschen Bundestages, in: *Falk, Svenja/Rehfeld, Dieter/Römmele, Andrea/Thunert, Martin* (Hrsg.), Handbuch Politikberatung. Wiesbaden: VS Verlag für Sozialwissenschaften, 198-214.

„Ochsentour? Das hab' ich nicht nötig!"*
Rekrutierung, Karriere und Rollenkonzeptionen von NGO-Politikern

Christiane Frantz

1. Einleitung

Politik als Beruf (Weber 1992 [1919]) findet nicht mehr nur in bzw. für Parteien statt. Ergänzend zu Parteien haben sich vielmehr die – früher einfach international agierende „Interessengruppen" genannten – Nichtregierungsorganisationen (NGOs) zu wichtigen politischen Organisationen entwickelt. Bei der Betrachtung der politischen Wirksamkeit der NGOs als politische Akteure muss neben programmatischen und organisationssoziologischen Parametern auch auf den Personalfaktor das Augenmerk gerichtet werden. Politik gestaltet sich nämlich nicht von selbst, sondern wird von konkret handelnden Personen „gemacht". Die Parteienforschung der vergangenen Jahre hat denn auch in empirischen Zugriffen entlang von Wahlanalysen und demoskopischer Forschung zeigen können, dass der personelle Faktor für Gefolgschaft und Erfolg beim Wettbewerb um politische Gestaltungsmittel eine große Rolle spielt.

Die NGO-Forschung hingegen hat sich bislang zwar ausführlich mit der Wirksamkeit und Gestaltungskraft der NGOs auf einzelnen Politikfeldern auseinandergesetzt (vgl. Brunnengräber 2001; Heins 2008) sowie die konzeptionelle Dimension und die damit in Verbindung stehende Legitimationsfrage aus der Perspektive der Demokratieforschung in den Blick genommen. Sie hat aber bislang den Personalfaktor kaum systematisch, sondern allenfalls in Einzelanalysen beachtet (Frantz 2005; Meyer 2008). Die konkreten politischen Gestalter, die Positionseliten in NGOs, sind also bislang unerforscht. An dieser Lücke setzt der vorliegende Beitrag an, wobei gerade die Schnittstelle von NGO-Forschung und politischer Elitenforschung in den Blick genommen wird.

Den Hintergrund für die Ausführungen dieses Beitrags bilden zwei Grundüberlegungen. Erstens gibt es bislang ein Defizit empirisch basierter Analysen, die darüber Aufschluss geben könnten, wer die NGO-Politiker sind und welche Motivation sie in NGOs hineinführt. Ebenso wenig ist – zweitens – geklärt, ob diese Karriereentscheidung nachhaltig ist oder ob NGOs eher eine organisationelle Zwischenstation auf dem Weg in nationale parteipolitische Ämter oder in internationale Regierungsorganisationen darstellen.

Wer sind also die Politiker in NGOs, über welche Rekrutierungswege gelangen sie in ihre Position und wie können sie typisiert werden? Bilden NGO-Politiker eine eigenständige politische (Teil-)Elite in einem eigenständigen politischen Subsystem oder sind NGOs ein zusätzliches Rekrutierungsbecken für Positionen in Parteien und internationalen Regierungsorganisationen? Zudem stellt sich die Frage, wie sich der Organisationsrahmen für Politik als Beruf in Parteien vs. Politik als Beruf in NGOs in der Wahrnehmung und bezogen auf das Rollenverständnis der NGO-Politiker auswirkt.

---
* Das Eingangszitat ist einer Karrierestudie über NGO-Personal entnommen (Frantz 2005).

2. Konzeption und methodisches Vorgehen

Der Begriffsraum „Politik als Beruf" ist durch die Weberschen Ausführungen in der Politikwissenschaft weitgehend reserviert für die politischen Mandatsträger sowie die Funktionäre der Parteien, und zwar in historischer Abgrenzung zu Akteuren in Honoratiorenparteien. Dieses Verständnis von „Politik als Beruf" wird im Folgenden aufgebrochen und auf den politischen Organisationsrahmen der NGOs bezogen. Ein solcher Transfer einer überkommenen Begriffskonstellation in einen neuen Organisationskontext kann nicht ohne Reibungsverluste erfolgen. Politik als Beruf in Parteien ist nämlich ein politisches Gestaltungsvorhaben, das mit dem Weberschen Begriff der Durchsetzungsmacht ebenso verbunden ist wie mit einem institutionalisierten, auf staatliche Gestaltung im Regierungssystem bezogenen Organisationsrahmen. Demgegenüber sind NGOs anders aufgestellt. Sie handeln unabhängig vom Staat, unter Umständen in zweckgebundener Allianz mit dessen Akteuren, gehen mit diesen durchaus Projektpartnerschaften ein, bleiben aber letztlich dem zivilgesellschaftlichen Sektor zugehörig, aus dem sie als Interessengruppen ja hervorgehen. Politikgestaltung in NGOs beschränkt sich daher auf die Einflussnahme im politischen Prozess sowie auf politische Akteure (vgl. Brunnengräber 1997: 14; Frantz/Martens 2006: 40-42). NGOs wirken etwa als Kampagnenführer und Agenda Setter auf die politische Tagesordnung ein, nutzen hierfür auch die Medien und haben so Einfluss auf die öffentliche Debatte und die Bürger. Sie nehmen zudem Einfluss auf die staatlichen, im Regierungssystem verankerten Politikakteure, da diese auf das Expertenwissen der NGOs zurückgreifen, sie bei der Politikformulierung einbinden, ihre Kampagnenfähigkeit einkalkulieren sowie die von NGOs mitgeprägte öffentliche Meinung in ihre Politikformulierung einbeziehen. Obwohl somit klar ist, dass NGOs nicht die gleichen Gestaltungsmittel zur Verfügung haben wie Parteien, ist konzeptionell sowie empirisch aus zahlreichen Policy-Studien hinlänglich belegt, dass NGOs dem politischen Gestaltungsraum zuzuordnen sind und auf ihn Einfluss nehmen (Gordenker/Weiss 1996). Auf der Ebene von NGO-Politikern bedeutet dies, dass sie als und wie Politiker agieren.

Auf Nachweise zum tatsächlichen Einfluss von NGOs auf politische Entscheidungsprozesse kann gewiss verzichtet werden, wenn auch Rebenstorf (2005: 120) geltend macht, dass für die Identifikation politischer Eliten immer eine konkrete Entscheidungs- und Einflussanalyse in politischen Prozessen erforderlich sei. Doch es ist schlechterdings bekannt, dass NGOs gewisse politische Effektivität besitzen. Damit wird ihr Führungspersonal entlang der Frage nach „Politik als Beruf" zum Untersuchungsgegenstand (Bürklin 1997). Zwar mag dem Begriff der „politischen Elite" durch definitorische Öffnung in außerparlamentarische Bereiche hinein Konturlosigkeit und analytische Unschärfe drohen (Nassehi 2006: 260). Doch er muss – soweit scheint Einigkeit in den Sozialwissenschaften zu herrschen – auch die veränderten Steuerungspotenziale in einer funktional differenzierten Gesellschaft widerspiegeln (Hoffmann-Lange/Bürklin 1998: 170). In dieser Hinsicht zu zeigen, welche Akteure in NGOs als Politiker bezeichnet werden können, wie sie ihre Rolle als NGO-Politiker in ihren Organisationen verstehen und welchen Rekrutierungsweg sie durchlaufen haben, ist das Kernanliegen dieses Beitrags.

Die empirische Basis dieses Beitrags bildet eine qualitative Interviewstudie mit 78 hauptamtlichen Mitarbeitern von bekenntnisgebundenen und säkularen NGOs mit

Sitz in Deutschland, vornehmlich aus den Politikfeldern Umwelt, Frieden, Entwicklung und Menschenrechte (Frantz 2005). Der Fokus der Untersuchung lag auf den Rekrutierungswegen, der Karriereentwicklung, der Typisierung des hauptamtlichen Personals und dem Zusammenhang zwischen dem Leitbild der NGO als eines zielorientierten Unternehmens auf Organisationsebene (Strachwitz 2000) und der Motivationslage der befragten Hauptamtlichen. Aus der Gruppe der NGOs wurden im Rahmen eines theoretischen Samplings solche ausgewählt, die im Organisationsgrad eine gewisse Bandbreite aufweisen sowie in ihrer Organisation Hauptamtlichkeit und eine erkennbare Hierarchisierung verwirklichen. *Tabelle 1* gibt Aufschluss über das Sample der NGOs.

Tabelle 1: Untersuchte NGOs

	bekenntnisgebundene Organisationen	säkulare Organisationen
Umwelt		Greenpeace, WEED, germanwatch, BUND
Menschenrechte		amnesty international, terre des femmes, medica mondiale, Ärzte ohne Grenzen
Entwicklung	Misereor, missio, Brot für die Welt, Kindernothilfe, Evangelischer Entwicklungsdienst, AGEH, Renovabis, Kolping Entwicklungsdienst, world vision, caritas international	Welthungerhilfe, Plan international, Care, VENRO, Cap Anamur, Parity International
andere Themen		Transparency International, Weltfriedensdienst

Die folgenden Abbildungen zeigen, wie sich das Sample jener 78 befragten hauptamtlichen Mitarbeiter der in *Tabelle 1* zusammengestellten NGOs zusammensetzt. Die Daten wurden anhand eines Fragebogens erhoben.

Die familiäre Situation der Befragten *(Abbildung 1/2)* zeigt einige Auffälligkeiten: Beim Vergleich der Führungskräfte mit den männlichen und weiblichen Hauptamtlichen in NGOs ist ein größerer Anteil alleinlebender Frauen zu beobachten. Zudem haben mehr als 60 Prozent der befragten Frauen keine Kinder, was bei den Führungskräften und den männlichen Beschäftigten ganz anders ist *(Abbildung 1/1)*. Der Vergleich der Altersstruktur von Führungskräften und der Gesamtgruppe *(Abbildung 1/3)* zeigt, dass junge Leute – bis unter 40 Jahren – seltener als ältere Führungspositionen einnehmen. Und der Überblick über die Bildungswege *(Abbildung 1/4)* macht den hohen Bildungsstand der NGO-Politiker deutlich: Fast alle besitzen ein Diplom oder sind promoviert.

Abbildungen 1-4: NGO-Hauptamtliche im soziobiographischen Profil

(1) Keine Kinder haben ... Prozent der ...

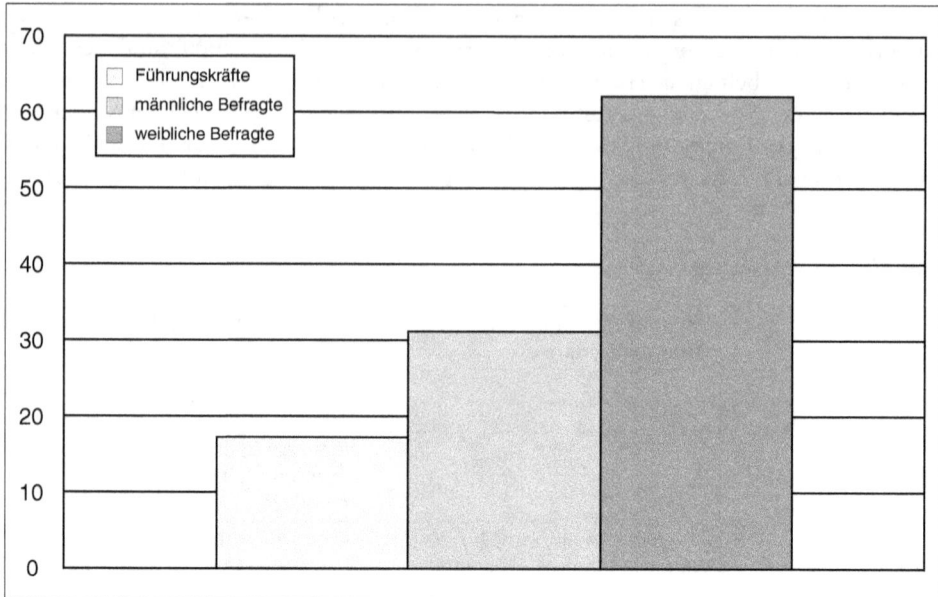

(2) Folgenden Familienstand haben ... Prozent der ...

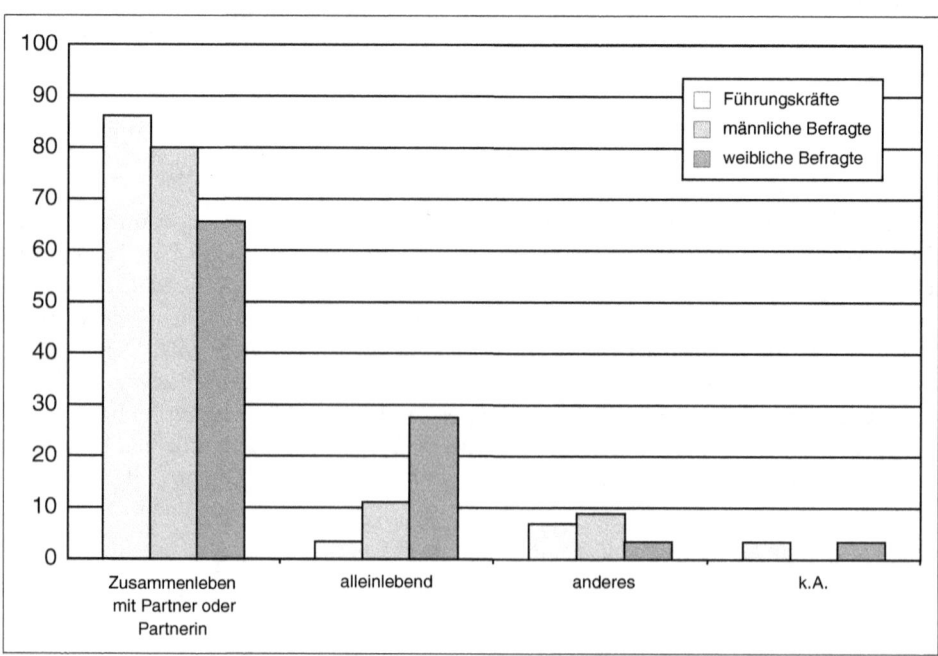

(3) Im folgenden Lebensalter befindet sich ... Prozent der ...

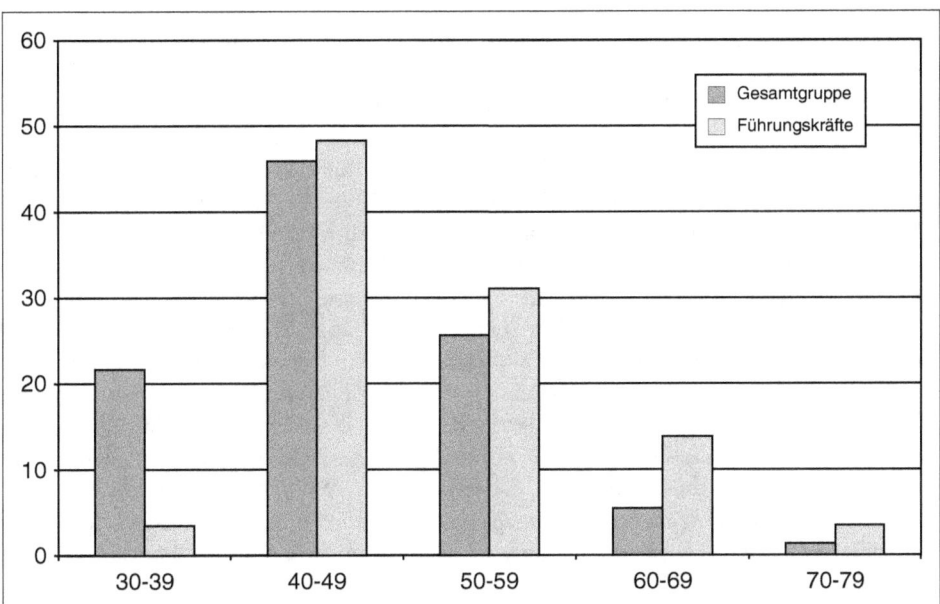

(4) Folgende höchste Bildungsabschlüsse haben ... Prozent aller Befragten

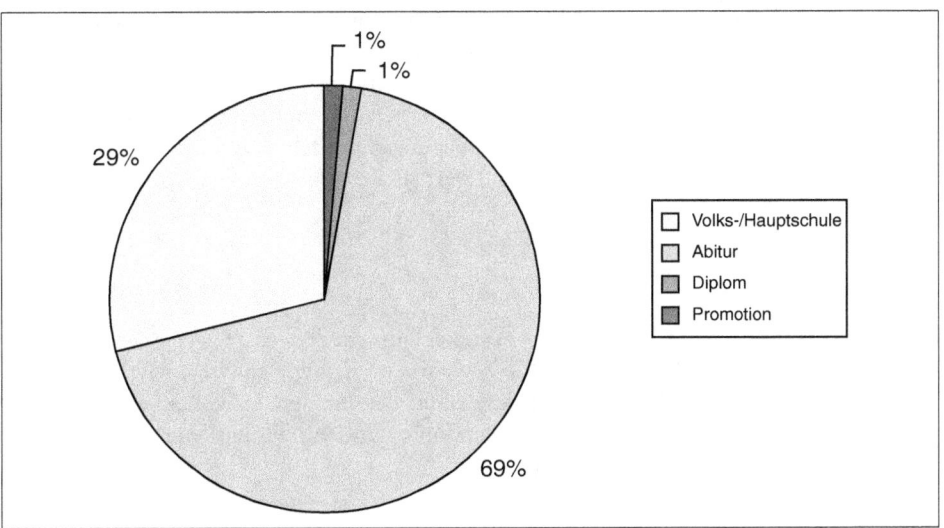

Quelle: Eigene Erhebungen (n = 78).

3. Zum Forschungsstand

Ausgangspunkt aller Forschung zu Politik als Beruf sind die Klassiker der Elitetheorie (vgl. Hartmann 2004: 16-42). Aufbauend auf den Werken etwa von Weber (1992 [1919]) und Stammer (1951) wurde die Elitenforschung durch Studien amerikanischer Politikwissenschaftler als selbstständiger Forschungszweig etabliert und später vor allem durch die Arbeiten von Dahrendorf (1965), Zapf (1965), Herzog (1975, 1982), Wildenmann (1968, 1982), Hoffmann-Lange (1986, 1989, 1992), v. Beyme (1974, 1995) und Bürklin/Rebenstorf (1997) geprägt. Im Zentrum dieser Studien standen die Sammlung sozio-struktureller Daten über die politischen Eliten und ihre Karrieren (Bürklin 1997; Herzog 1975; Rebenstorf 1995; v. Beyme 1974) sowie die Überprüfung von Vermutungen zur Rolle von Mandatsträgern (Herzog 1990; Patzelt 1993), zur politischen Kultur auf der Ebene der politischen Eliten (Lemke-Müller 1999) und zu genderspezifischen Fragestellungen (Rebenstorf 1991; Hoecker 1999). Dabei folgte die Elitenforschung weitgehend der Annahme, dass trotz gesellschaftlichen Wandels politische Karrieren ausschließlich über die politischen Parteien verwirklicht würden. Allenfalls deren Vorfeldorganisationen wie Gewerkschaften, Wohlfahrtsverbände und politische Jugendorganisationen wurden noch als relevante Verortungen politischer Eliten berücksichtigt. Doch weitgehend unbeachtet blieben bislang die politisch tätigen Hauptamtlichen in NGOs.

Allerdings wird seit den 1990er Jahren die Frage diskutiert, ob sich wohl innerhalb der Zivilgesellschaft, ausgehend von den Neuen Sozialen Bewegungen, eine Gegenelite etabliert habe (Klein 1992: 24). In der Tat erfüllen soziale Bewegungen die latente Funktion einer komplementären Elitebildung: Sie sind ein zusätzliches Reservoir für die parteipolitische Rekrutierung und bringen aufgrund ihrer Professionalisierung und Etablierung eigene Positionseliten hervor. Die hieraus entstehende Elitenkonkurrenz zwischen den Sektoren führt zu einem veränderten Machtgleichgewicht der Akteure. Geprägt wurden hierfür Begriffe wie „Bewegungsunternehmer" oder, breiter gefasst, „Bewegungselite" (Klein 1992: 24; Roth 1991: 454).

4. NGO-Politiker im Profil

Die Identifikation speziell der „NGO-Politiker" innerhalb des 78 Personen umfassenden Samples von hauptberuflichen NGO-Mitarbeitern folgte mehreren Kriterien. Entscheidend waren die Funktionen und Positionen der Befragten. Schließlich wurden 29 Personen ausgewählt, vornehmlich Geschäftsführer und Abteilungsleiter.

4.1 Typen von NGO-Politikern

In Interviews wurden das Selbst- und Rollenverständnis dieser NGO-Politiker, ihre biographische Prägung, wichtige Sozialisationsakteure und -phasen, der Berufsweg, das Politikverständnis und die Organisationsanbindung erhoben. Aus dem Material lässt sich eine Typisierung von NGO-Politikern gewinnen.

Generell kann man in NGOs Hauptamtlichkeit nach zwei Grundkriterien differenzieren. Zum einen müssen Hauptamtliche die passende Kompetenz für ein bestimmtes Aufgabenfeld mitbringen. Zum anderen lassen sich vier Typen von NGO-Hauptamtlichen nach ihrem Berufs- und Ausbildungsweg unterscheiden (Frantz 2005: 253-255). Die erste Gruppe stellen die *NGO-Technokraten* dar. Ihre Berufsgrundlage ist ein Fachstudium, etwa der Agrarwissenschaften oder der Ökologie. Eine zweite Typengruppe bilden die *NGO-Generalisten*. Das Studium absolvierten diese Personen meist im Bereich der Sozial- oder Geisteswissenschaften. Für diese Gruppe eröffneten die Erfolge von NGOs in den 1990er Jahren sowie deren Professionalisierung einen neuen Arbeitsmarkt. Seit dem Ende der 1990er Jahre sind die Einstiegschancen für solche NGO-Generalisten allerdings reduziert. Die Türen zu den NGOs öffnen sich nicht mehr allein aufgrund von Interesse und Fachkompetenz, sondern durch zahlreiche Praktika sowie die Bereitschaft, auch unterhalb eigener Qualifikation in der Organisation seinen Berufsweg zu beginnen. Die dritte Untergruppe bilden die *NGO-Theologen*. Viele NGOs in Deutschland sind nämlich bekenntnisgebundene Organisationen mit einer Anbindung an eine Kirche. Insofern bieten sie ein Berufsfeld für Theologen außerhalb der Amtskirche. Die letzte Gruppe von NGO-Hauptamtlichen stellen *Quereinsteiger* aus dem Wirtschaftsleben dar. Nach längerer Tätigkeit dort wechseln sie zu einer NGO, weil sie die Frage nach der Nachhaltigkeit und dem Sinn ihrer Arbeit im Profitsektor nicht mehr ausreichend beantwortet finden.

Bei der Samplebildung für die NGO-Politiker waren in einzelnen Fällen auch Technokraten zu berücksichtigen, etwa als Referatsleiter und Mitglieder des geschäftsführenden Vorstands bzw. des Programmvorstands. Auch aus der Gruppe der Theologen sind etliche in Spitzenpositionen tätig. Quereinsteiger spielen hier hingegen keine Rolle, was u.a. darauf zurückzuführen ist, dass sie zum Zeitpunkt der Datenerhebung erst auf eine vergleichsweise kurze berufliche Wegstrecke in NGOs zurückblicken konnten. Ausgesprochen wichtig ist unter den NGO-Politikern der Typ des Generalisten (Frantz 2005: 258-261). Meist absolvierten jene ein Studium im Bereich der Sozial- oder Geisteswissenschaften. Ihr Selbstverständnis entwickelten sie maßgeblich in ihren Berufspositionen – fundamental geprägt durch die Organisationskultur und das politische Gestaltungs- und Partizipationsverständnis ihrer jeweiligen NGO. Gerade sie haben sich seit Beginn der 1990er Jahre in den NGOs ein eigenes Berufsfeld erschlossen. Dort entwickeln sie eine Professionalität, die häufig über den engeren fachlichen Rahmen hinausgeht und sie für strategische Führungspositionen empfiehlt, zumal sie ihre Qualifikationen und Kompetenzen parallel zur Berufstätigkeit besonders im Nonprofit-Management erweitern. Aufgrund ihrer großen Affinität zum politischen Gestaltungsraum und angesichts des Einflussanspruchs auf politische Prozesse, den sie aus ihren Positionen ableiten, trifft vor allem auf diese Gruppe die Bezeichnung des „NGO-Politikers" zu.

Hauptkriterien für die Identifikation politischer Eliten in NGOs sind die folgenden: Einflusspotenziale innerhalb der Organisation mittels strategischer Richtungsentscheidungen; Beeinflussung von Leitbildern und Wertfundament der NGO; entscheidende Mitwirkung bei der Formulierung von politischen Zielen und Leitbildern. Tatsächlich sind es insbesondere die Generalisten, welche man in solchen strategischen Führungspositionen findet. Und wie steht es mit den Karrierewegen dieser neuen Generation von Positionseliten in NGOs?

Die 29 untersuchten NGO-Politiker verblieben bis auf wenige Ausnahmen während weiterer fünf Jahre nach ihrer ersten Befragung im NGO-Sektor, oft auch im selben Amt. In zwei Fällen war die weitere Verfolgung jenes Karriereweges nicht möglich; eine Person ging in den Ruhestand. Im Übrigen gab es zahlreiche Aufstiege von Positionen der zweiten Reihe in solche der Geschäftsführung oder auf die nächsthöhere Leitungsebene der NGO. In einem Fall wurde von einer rein strategischen Funktionärsposition der Wechsel in eine feldbezogene führende Tätigkeit vollzogen. Insgesamt bestätigt die Verbleibstudie die Eigenständigkeit des NGO-Sektors als Berufsmarkt und Politikgestaltungsraum.

4.2 NGO-Karrieren als politischer Karriereeinstieg?

Parteipolitische Karrieren sind in den 1970er Jahren von Dietrich Herzog in einem Rekrutierungs- und Karrieremodell abgebildet worden (Herzog 1975: 47). Dieses Modell erweist sich bis heute als tragfähig. Seit den späten 1980er Jahren stellt sich der politischen Eliteforschung jedoch eine neue Frage, weil mehr und mehr junge Funktionäre aus den Parteien heraus in parlamentarische Ämter wechselten, nachdem sie schon neben dem Studium ihre Parteikarriere verfolgt hatten. Wird also die Berufspolitik im Wechsel der Politikergenerationen mehr und mehr zu einer eigenständigen *ersten* Karriere?

Das scheint so zu sein und der Typ des NGO-Politikers könnte daran einen gewissen Anteil haben. Noch zwar umfasst die Gruppe derjenigen, die aus gesellschaftlichen bzw. politischen Organisationen in den Bundestag wechselten, insgesamt nur rund 10 Prozent der Abgeordneten. Doch der Politikprozess kennt inzwischen viel mehr Mitspieler, wobei in seinem komplexen System der Interessenaushandlung NGOs eine immer wichtigere Rolle spielen (beispielhaft Heins 2008). Obendrein betrachten NGO-Hauptamtliche auf die eine oder andere Art ihre Berufstätigkeit als politische Berufstätigkeit, nachgerade als Äquivalent zur Berufspolitik.

In ihrem Fall aber ist die politische Tätigkeit in NGOs ohnehin die *erste* Karriere. Tatsächlich hält ein Teil der NGO-Politiker einen Wechsel in den parlamentarischen Bereich als weitere Karriere nach ihrer NGO-Hauptberuflichkeit für vorstellbar. Allerdings schließt der größere Teil einen solchen Wechsel explizit aus und stünde allenfalls für eine beratende Funktion in der zweiten Reihe zur Verfügung. Zu nahe liegen vielen NGO-Politikern die Begriffe „Wahlamt", „Ochsentour" und „Parteidisziplin", als dass für sie der mögliche Weg in ein parteipolitisches oder parlamentarisches Mandat zu ernsthaften Überlegungen Anstoß gäbe. Abgerundet wird dies mit der Einschätzung, dass ein Mandat zwar persönliche Abstimmungsmacht verleihe, die parlamentarischen Gestaltungsspielräume aber deutlich schrumpften.

4.3 Prägefaktoren von NGO-Karrieren

Es besteht überwiegend schon in den Herkunftsfamilien späterer NGO-Politiker eine enge Vernetzung mit Sozialen Bewegungen in den Bereichen Umwelt, Frieden, Eine Welt, Interkulturelle Verständigung, Menschenrechte sowie anderen „bewegungsgebundenen" Themen. So ergeben sich für die späteren NGO-Politiker ganz beiläufig eigene Beteiligungsmöglichkeiten in der biographisch so stark prägenden Phase des Kind- und Jugendalters (vgl. Fogt 1982). Hinzu kommt, dass in dieser Zeit den späteren NGO-Hauptamtlichen auch zivilgesellschaftlich bzw. gesamtgesellschaftlich relevante Werte durch die Familie und andere Sozialisationsagenturen vermittelt wurden. Tatsächlich weisen die befragten NGO-Politiker ihrer Familie prägende Wirkung für ihre heutige Berufstätigkeit zu:

1. ehrenamtliche Aktivität sei in den Herkunftsfamilien von NGO-Politikern der Regelfall (gewesen);
2. zivilgesellschaftlich relevante Werte seien vermittelt worden;
3. Chancen zum eigenen bürgerschaftlichen Engagement hätten sich ganz unterschwellig ergeben;
4. und man sei gleichsam für gesellschaftspolitisches Engagement vorgeprägt worden, mit klarer Reserviertheit gegenüber der Parteipolitik.

Abbildung 5: Zivilgesellschaftliche Prägung der NGO-Hauptamtlichen im Elternhaus

Ehrenamtliches Engagement in der Familie – Gesamtgruppe

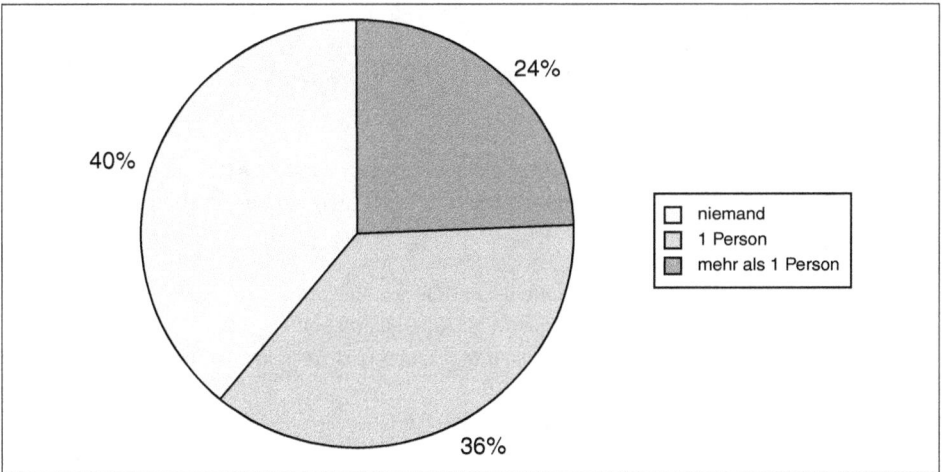

Quelle: Eigene Darstellung.

Die Übergangsphase von der Jugend zum Erwachsenenalter, verbracht als Studierende(r), wurde dann zur weichenstellenden Übergangsphase für eine spätere NGO-Karriere. Diese Phase war für die spätere Berufskarriere auch deswegen bedeutsam, weil nun zur sozialisatorisch vermittelten Grunddisposition auch Fachwissen und (ehrenamtliche) Erfahrung traten. Alles in allem lassen die biographischen Interviewbefunde den Schluss zu, dass der NGO-Sektor ebenso wie die parteipolitische Berufspolitik ein „versäultes Berufsfeld" darstellt. Insgesamt können die Ergebnisse zum Karrieremodell einer NGO-spezifischen berufspolitischen Tätigkeit wie in *Tabelle 2* zusammengefasst werden.

Tabelle 2: Prozessmodell von NGO-Politikkarrieren

Prozess	Phase	Kennzeichen/Modifikation
Biographie und Sozialisation führen zur Disposition	Kinderzeit	– Prägung durch zivilgesellschaftlich relevante Werte und Leistungswerte (Bildung) – Berührung mit Zivilgesellschaft bzw. Politik durch Ehrenamt und politische Aktivität im Elternhaus – u. U. religiöse Prägung
Biographie und Sozialisation führen zur Disposition	Schulzeit/ Jugend	– Kontakt mit (kirchlicher) Jugendarbeit; Netzwerkbildung – Lehrer u. a. Vorbilder geben Ideen, wecken Neugier auf fremde Kulturräume und das Internationale – i. d. R. hoher formaler Bildungsabschluss
Rekrutierung	Studium/ Ausbildung	– Kontakt mit Ideen und Ideologien aus der (Gesellschafts-)Politik – *peer groups* entstehen mit gesellschaftspolitischem Fokus; Netzwerkbildung – eigenes Engagement in Initiativen, NPOs, NGOs, NSB – Profilierung des fachlichen Wissens – Erwerb von „Generalkompetenz" und Netzwerkkontakte zu NGOs durch Praktika und Ehrenamt
Rekrutierung	ggf. Tätigkeit außerhalb von NGOs	Sinnfrage und ggf. Re-Orientierung
Karriere	NGO-Berufseinstieg	– Auslandserfahrung – Projekttätigkeit per Zeitvertrag für NGOs – Einstieg in NGOs, ggf. unterhalb der eigenen Qualifikationsebene – Familienentscheidungen – Entscheidung GOs vs. NGOs – Wechsel in die Inlandstätigkeit – Berufliche Profilierung und Sozialisation in NGOs
Karriere	ggf. Tätigkeit außerhalb von NGOs	Sinnfrage und ggf. Re-Orientierung
Karriere	NGO-Berufsweg	a) Verbleib in NGOs, ggf. Positionsaufstieg und Elitenstellung b) Ausstieg aus NGOs Profitsektor → Consulting Selbstständigkeit → Politikberatung Politik + NPOs

4.4 Selbstverständnis und Rollenkonzeption der NGO-Politiker

Selbstverständnis und Rollenkonzeption von NGO-Politikern sind in zwei Richtungen anschlussfähig. Einerseits gibt es die unternehmerischen Aspekte der Organisationsführung, wie sie in der Analyse von Strachwitz (2000: 29) ihren Widerhall finden, der NGOs als zielorientierte Unternehmen bezeichnet. Andererseits ist da die Nähe zu den übrigen (Interessen-)Verbänden und ihren Spitzenfunktionären. Diesbezüglich verstehen sich die NGO-Politiker als Makler der von ihnen vertretenen Organisation und haben den Anspruch, die eigene NGO „als Marke" in der Konkurrenz mit anderen Organisationen zu profilieren. Hier knüpfen Überlegungen von Zimmer (2001) an, die NGOs als (Interessen-)Verbände im globalen Zeitalter auffasst. Im Übrigen variiert die Selbstsicht von NGO-Politikern nach Maßgabe des Charakters ihrer NGO, ihrer Arbeit und ihrer Stellung innerhalb einer gesamten politischen Akteurskonstellation. Obendrein zeigen die Interviews, dass die Übernahme gesellschaftspolitischer und sozialer Verantwortung als Leitmotiv oder Lebensmotto von NGO-Politikern gelten kann. Anhand dieses Oberthemas reflektierten nämlich die Befragten ihre beruflichen Weichenstellungen und kamen rückschauend zum Befund, dass ihre Entscheidung für eine Position im Nonprofit-Sektor genau ihren persönlichen Wertmaßstäben entsprach und insbesondere die Möglichkeit großer Authentizität im Beruf bot. Das Thema „Was will man denn eigentlich mit seinem Leben – gar nicht einmal nur beruflich" spiegelte sich in den Interviews in vielen Variationen, etwa so: „Rückwirkend möchte ich sagen können: Ich habe etwas Sinnvolles gemacht!" bzw. „Ich habe meine Freiräume, die es mir ermöglichen, die Ziele zu verwirklichen, für die ich stehe."

Prägend für NGO-Politiker ist also überwiegend, dass sie gerade nicht in die Disziplin einer Partei gezwängt werden wollen. Der innerparteilich erforderlichen Sicherung von Gefolgschaft bzw. Hausmacht wollen sie vielmehr entgehen. Oft kommt das Argument, sie wollten ihre volle Konzentration, ihre ganze Energie auf konkrete, sicherlich auch auf politische Ziele richten – und dies sei am besten in einer NGO möglich, zumal in einer Partei erst einmal viele inhaltliche Positionen abgeschliffen würden. Zwar dürften empirische Studien zur internen Willensbildung und Entscheidungsfindung in NGOs zeigen, dass auch dort das einst von Robert Michels (1911) am Fall der SPD beschriebene „eherne Gesetz der Oligarchie" waltet. Doch im Bewusstsein von NGO-Politikern scheint sich dies nicht zu spiegeln. Dieses wird vielmehr durch ein „unternehmerisches Verständnis" geprägt: Nicht wenige der befragten NGO-Politiker sehen sich als politische, aber auch als soziale Unternehmer, die „ihre" Organisation nutzen, um solche Ziele zu verwirklichen, die ihnen ein politisches Anliegen sind. Eine befragte Führungskraft sieht darin den Politikstil einer in den Sozialen Bewegungen geprägten Generation, die seit den 1980er Jahren von einer gesellschaftspolitischen Aufbruchsstimmung sowie der Überzeugung angetrieben wurde, „dass die Welt verändert werden kann und zwar noch in unserer Generation, [so] dass es sich lohnt, sich zu engagieren". Eben diese Generation hat in den sich damals schnell gründenden und institutionalisierenden NGOs eine auskömmliche berufliche Plattform gefunden.

Besonderer Beachtung bedarf das berufliche Selbstverständnis derjenigen politischen oder sozialen Unternehmer, die nicht erst im Lauf ihrer Karriere in Führungspositionen hineingewachsen sind, sondern selbst Gründungsinitiatoren der Organisation gewesen sind oder schon diese Gründungsphase geschäftsführend verantwortet haben.

Von dieser Gruppe wird die Wahrung von Distanz zur eigenen Organisation als schwierig beschrieben. Die Bindung an die NGO kann so groß sein, dass sie sich bietende berufliche Veränderungen und Verbesserungen ausschlagen und die „eigene" NGO ganz und gar zum Vehikel für die persönlichen gesellschaftspolitischen Vorstellungen wird – etwa so: „Momentan ist keine Berufsalternative denkbar. Das ist mein Unternehmen. Genau so. Ich habe mich immer als Unternehmerin gesehen und auch immer so agiert und immer so gearbeitet."

Alle befragten NGO-Politiker reflektierten auch kritisch die Frage, welches Maß an Führung in der NGO von ihnen erwartet werde und mit welchen operativen Instrumenten ihre Rolle ausgestattet sein müsse, um solche Führungsleistungen verlässlich zu erbringen. Bejahte Professionalisierung verbindet die NGO-Führungskräfte durchaus mit parlamentarischen Eliten, die besonders dann hohe Berufszufriedenheit aufweisen, wenn sie die Professionalisierung der Berufspolitik auch akzeptiert haben (Best/Jahr 2006: 68 f.). Dass NGO-Politiker ein solches positives Rollenverständnis etwas leichter entwickeln und auch bewahren, mag unter anderem daran liegen, dass sie – erstens – mit einem großen Vertrauensvorschuss seitens der Bürger bedacht werden und sie kein schlechtes öffentliches Bild ihres Berufsstandes belastet (Patzelt 1993: 403-414), sowie dass sie – zweitens – nicht im gleichen Maß wie Parteipolitiker persönlich in der Öffentlichkeit stehen und sich auch nicht allgemeinen Wahlen oder öffentlichen Debatten um ihre persönliche Kompetenz und Eignung stellen müssen. Im Ergebnis zeigt sich bei den NGO-Politikern keinerlei gebrochenes Verhältnis zur Führungsrolle und der damit verbundenen Macht.

4.5 Zum Politikverständnis von NGO-Politikern

NGO-Politiker agieren in einem System vernetzter, politikfeldbezogener Zusammenarbeit mit den Akteuren staatlicher Politik, etwa den Ministerien und Parlamentsausschüssen. Zudem bestehen vielerlei fachspezifische Netzwerke mit anderen NGOs. Insgesamt kann die Politikgestaltung in und durch die NGOs nicht losgelöst werden vom Begriff der Netzwerkpflege und der vernetzten Arbeit. Bei beiden geht es um die Verfügbarkeit von Informationen sowie um deren politische Verwertung. Bei der politischen Kampagnenarbeit allerdings, einem weiteren Kernelement von Politik in und durch NGOs, sind Allianzen oder strukturierte Formen der Zusammenarbeit eher ungewöhnlich, zumal derlei den NGO-Eliten Konkurrenzverhältnisse bei ähnlicher Zielsetzung vor Augen führt. Obwohl also die notwendige Vernetzung grundsätzlich anerkannt wird und verschiedene NGOs womöglich ähnliche Aktionsrichtungen und Ziele verfolgen, wird engere Zusammenarbeit untereinander durch die Konkurrenz um Spendergunst und gegenseitige „Markenidentität" behindert bzw. gar verhindert. Das ist ganz ähnlich der Lage von Parteien, die selbst bei ähnlichen programmatischen Ansätzen auf profilierte Sichtbarkeit und klare Unterscheidbarkeit der eigenen „Marke" im Vergleich zu den Konkurrenten angewiesen sind.

Die Nähe der NGO-Politiker zum parlamentarischen und ministeriellen Feld alltäglicher Politikgestaltung stellt sie vor die Frage nach den Grenzen zwischen dem nicht-staatlichen und dem staatlichen Raum. Die Gefahr einer Abhängigkeit von staatlicher Politik, die sich schleichend aus der alltäglichen Zusammenarbeit und insbesondere bei staatlicher Mitfinanzierung ergeben kann, sehen NGO-Politiker als gegeben und nicht immer ausreichend reflektiert. Gerade hier läge eine wichtige Aufgabe politischer Integritätssicherung seitens der NGO-Politiker. Auswirkungen hat die übliche Gemengelage für einzelne bis hinein in persönliche Entscheidungen, etwa über den Beitritt in eine Partei. Während die einen, der Unabhängigkeit willen, eine Verbindung von NGO und Partei ausschließen, waren viele andere als politisch interessierte Bürger zu einem früheren Karrierezeitpunkt in der Parteipolitik ehrenamtlich engagiert. In den meisten Fällen endeten parteipolitische Aktivitäten allerdings mit dem Karriereaufstieg in eine NGO-Spitzenposition. Politisches Engagement in Parteien wird dabei vor allem von solchen NGO-Politikern nicht als Widerspruch zum NGO-Beruf gesehen, deren NGO verbandsähnliche Strukturen aufweist, faktisch also ein „ganz normaler Interessenverband" ist.

5. Fazit

Es wurde gezeigt, dass es in NGOs den Typ des NGO-Politikers gibt. Insbesondere die zivilgesellschaftliche Prägung in der Herkunftsfamilie sowie die eigene ehrenamtliche Biographie und Organisationsprägung sind für die Entscheidung, NGO-Politiker zu werden, prägend. Aus der politischen Sozialisation in Sozialen Bewegungen entwickelt sich oft auch eine gewisse Grundskepsis gegenüber der Parteipolitik. Umgekehrt wirkt das bessere Image der NGOs als positiver Motivationsfaktor. Im Vergleich mit Parteipolitikern haben NGO-Politiker einen großen Wettbewerbsvorteil: Ihr für die Öffentlichkeit sichtbares Hauptengagement liegt in anklagenden oder werbenden Kampagnen, während sie sich einer Evaluation ihrer politischen Programme in der Regel nicht stellen müssen. Insgesamt begreifen sich die befragten NGO-Akteure als *berufspolitisch* tätig. Sie leisten sich allerdings den Luxus eines eng fokussierten Gestaltungswillens. Um so leichter ist es, keine „faulen Kompromisse" vertreten zu müssen. Ihre reale Vernetzung mit der Welt der (Partei-)Politik, welche NGO-Politiker faktisch dann doch in auszuhandelnde Kompromisse einbindet, tritt eher selten an die Öffentlichkeit und gibt dann nur einer sehr kleinen, kritischen Informationselite Anlass für zweifelnde Anfragen an die Unabhängigkeit und die „reine" Zielorientierung der NGOs und ihrer Akteure.

Handelt es sich bei den NGO-Politikern nun wirklich um eine alternative politische Elite, gar um eine Gegenelite? Dem Selbstverständnis nach oft schon: „Politisches Blabla wäre nichts für mich, politische Geschwätzigkeitsbuden halte ich nicht aus, ich bin eine Macherin". Doch auch die sich hier äußernde Geschäftsführerin einer NGO ist stark vernetzt in den parteipolitischen Raum und in ihm hochgradig aktiv. Dem Selbstverständnis nach genießen NGO-Politiker wirklich einen „Vorteil höherer Moralität und größerer Freiheit" und legen Wert darauf, zwar nicht gegen, sehr wohl aber ergänzend und alternativ zur Parteipolitik zu agieren. In der Selbstwahrnehmung sind NGO-Politiker also eine alternative politische Elite. Doch auch hier mag es so sein, dass das Bewusstsein nicht dem Sein entspricht.

Literatur

Best, Heinrich/Jahr, Stefan, 2006: Politik als prekäres Beschäftigungsverhältnis. Mythos und Realität der Sozialfigur des Berufspolitikers im wiedervereinten Deutschland, in: Zeitschrift für Parlamentsfragen 37, 63-79.
Beyme, Klaus von, 1974: Die politische Elite in der BRD. München: Piper.
Beyme, Klaus von, 1995: Die Politische Klasse im Parteienstaat. Frankfurt a. M.: Suhrkamp.
Brunnengräber, Achim, 1997: Advokaten, Helden und Experten – NGOs in den Medien, in: Forschungsjournal Neue Soziale Bewegungen 10, 13-26.
Brunnengräber, Achim/Walk, Heike/Klein, Ansgar (Hrsg.), 2001: NGOs als Legitimationsressource. Opladen: Leske + Budrich.
Bürklin, Wilhelm, 1997: Die Potsdamer Elitestudie von 1995. Problemstellungen und wissenschaftliches Programm, in: *Bürklin, Wilhelm/Rebenstorf, Hilke* (Hrsg.), Eliten in Deutschland. Rekrutierung und Integration. Opladen: Leske + Budrich, 11-34.
Fogt, Helmut, 1982: Politische Generationen. Empirische Bedeutung und theoretisches Modell. Opladen: Westdeutscher Verlag.
Frantz, Christiane, 2005: Karriere in NGOs. Politik als Beruf jenseits der Parteien. Wiesbaden: VS Verlag für Sozialwissenschaften.
Frantz, Christiane/Martens, Kerstin, 2006: Nichtregierungsorganisationen (NGOs). Wiesbaden: VS Verlag für Sozialwissenschaften.
Gordenker, Leon/Weiss, Thomas (Hrsg.), 1996: NGOs, the UN and Global Government. Boulder: Lynne Rienner.
Hartmann, Michael, 2004: Elitesoziologie. Eine Einführung. Frankfurt a. M./New York: Campus.
Heins, Volker, 2008: Nongovernmental Organizations in International Society. Struggles over Recognition. New York: Palgrave.
Herzog, Dietrich, 1975: Politische Karrieren. Selektion und Professionalisierung politischer Führungsgruppen. Opladen: Westdeutscher Verlag.
Herzog, Dietrich, 1982: Politische Führungsgruppen. Probleme und Ergebnisse der modernen Elitenforschung. Darmstadt: Wissenschaftliche Buchgesellschaft.
Herzog, Dietrich/Rebenstorf, Hilke/Werner, Camilla/Weßels, Bernhard, 1990: Abgeordnete und Bürger. Opladen: Leske + Budrich.
Hitzler, Ronald, 1994: Die banale Seite der Macht. Politik als Beruf heute – und morgen, in: *Berking, Helmuth/Hitzler, Ronald/Neckel, Sighard* (Hrsg.), Politikertypen in Europa. Frankfurt a. M.: Fischer, 280-295.
Hoecker, Beate, 1999: Frauen, Männer und die Politik. Bonn: Dietz.
Hoffmann-Lange, Ursula, 1986: Eliten und Demokratie in der Bundesrepublik Deutschland, in: *Kaase, Max* (Hrsg.), Politische Wissenschaft und politische Ordnung. Opladen: Wetsdeutscher Verlag, 318-338.
Hoffmann-Lange, Ursula, 1989: Eliten in der Bundesrepublik – Kartell der Angst, Machtelite oder verantwortliche Repräsentanten, in: *Best, Heinrich* (Hrsg.), Politik und Milieu. Wahl- und Elitenforschung im historischen und interkulturellen Vergleich. St. Katharinen: Scripta-Mercaturae, 238-261.
Hoffmann-Lange, Ursula, 1992: Eliten, Macht und Konflikt in der Bundesrepublik. Opladen: Leske + Budrich.
Hoffmann-Lange, Ursula/Bürklin, Wilhelm, 1998: Eliten, Führungsgruppen, in: *Schäfers, Bernhard/Zapf, Wolfgang* (Hrsg.), Handwörterbuch zur Gesellschaft Deutschlands. Opladen: Leske + Budrich, 170-182.
Klein, Ansgar, 1992: Politische Eliten in der Demokratie. Zugänge zur Diskussion über die ‚Politische Klasse', in: *Leif, Thomas/Legrand, Hans-Josef/Klein, Ansgar* (Hrsg.), Die politische Klasse in Deutschland. Eliten auf dem Prüfstand. Bonn, Berlin: Bouvier, 16-34.
Lemke-Müller, Sabine, 1999: Abgeordnete im Parlament. Zur Parlamentskultur des Deutschen Bundestages in den neunziger Jahren. Rheinbreitbach: NDV.

Meyer, Michael/Aghammanoukjan, Anahid/Fuchs Eikhof, Doris/Leitner, Johannes/Steinbereithner, Martin, 2008: Called to Work but not for Profit? Careers in the Nonprofit Sector Between Various Forms of Organising. Unveröffentlichtes Manuskript am Institute for Organisation Studies and Organisational Behaviour an der Wirtschaftsuniversität Wien.

Michels, Robert, 1911: Zur Soziologie des Parteiwesens in der modernen Demokratie. Untersuchungen über die oligarchischen Tendenzen des Gruppenlebens. Leipzig: Klinkhardt.

Nassehi, Armin, 2006: Differenzierungseliten in der „Gesellschaft der Gegenwarten", in: *Münkler, Herfried/Straßenberger, Grit/Bohlender, Matthias* (Hrsg.), Deutschlands Eliten im Wandel. Frankfurt a. M./New York: Campus, 255-273.

Patzelt, Werner J., 1993: Abgeordnete und Repräsentation. Amtsverständnis und Wahlkreisarbeit. Passau: Rothe.

Rebenstorf, Hilke, 1991: Politische Herkunft und politische Karriere, in: *Klingemann, Hans-Dieter/Stöss, Richard/Wessels, Bernhard* (Hrsg.), Politische Klasse und politische Institutionen. Probleme und Perspektiven der Elitenforschung. Opladen/Wiesbaden: Westdeutscher Verlag, 217-234.

Rebenstorf, Hilke, 1995: Die politische Klasse. Zur Entstehung und Reproduktion einer Funktionselite. Frankfurt a. M.: Campus.

Rebenstorf, Hilke, 2005: Parteieliten – zwischen Organisationsinteressen, öffentlichem Auftrag und persönlichen Ambitionen, in: *Schmid, Josef/Zolleis, Udo* (Hrsg.), Zwischen Anarchie und Strategie. Der Erfolg von Parteiorganisationen. Wiesbaden: VS Verlag für Sozialwissenschaften, 114-129.

Roth, Roland, 1991: Gegen Eliten oder Gegeneliten? Grüne und neue soziale Bewegungen in der politischen Kultur der Bundesrepublik, in: *Klingemann, Hans-Dieter/Stöss, Richard/Wessels, Bernhard* (Hrsg.), Politische Klasse und politische Institutionen. Probleme und Perspektiven der Elitenforschung. Opladen/Wiesbaden: Westdeutscher Verlag, 434-465.

Scheer, Hermann, 2003: Die Politiker. München: Kunstmann.

Stammer, Otto, 1951: Das Elitenproblem in der Demokratie. Schmollers Jahrbuch für Gesetzgebung, in: Verwaltung und Volkswirtschaft 71, 513-540.

Strachwitz, Rupert Graf, 2000: Management und Nonprofit-Organisationen – von der Vereinbarkeit von Gegensätzen, in: *Nährlich, Stefan/Zimmer, Annette* (Hrsg.), Management in Nonprofit-Organisationen Opladen: Leske + Budrich, 23-36.

Weber, Max, 1992 (erstmalig 1919): Politik als Beruf. Stuttgart: Reclam.

Zimmer, Annette, 2001: NGOs – Verbände im globalen Zeitalter, in: *Zimmer, Annette/Weßels, Bernhard* (Hrsg.). Verbände und Demokratie in Deutschland. Opladen: Leske + Budrich, 249-283.

III.

Politik als Beruf im internationalen Vergleich

Drei Welten politischer Karrieremuster in Mehrebenensystemen: die USA, Deutschland und Brasilien im Vergleich

Jens Borchert *

1. Ambition – Institutionensystem – Karrieremuster:
   Zu einigen zentralen Kategorien der Analyse

„Ambition lies at the heart of politics." Mit dieser auch nach über 40 Jahren immer noch provokativ wirkenden Feststellung eröffnete Joseph Schlesinger 1966 sein Buch – bis heute das grundlegende Werk zu politischen Karrieren nicht nur in den USA. Was vordergründig wie eine radikale Absage an das Studium von Institutionen und von kollektiven Akteuren zugunsten eines methodologischen Individualismus erscheinen mag, war tatsächlich die Erinnerung der Politikwissenschaft daran, dass – erstens – der individuelle Wettbewerb um politische Ämter und Mandate ein wesentliches Lebenselixier der Demokratie ist, und dass – zweitens – diese Ämter und Mandate ein begehrtes, ein fast immer knappes Gut sind, um das heftig gerungen wird.

Obwohl dieser Wettbewerb um öffentliche Ämter ein immer wieder aufs Neue spannendes Schauspiel der Demokratie ist, das seinen Reiz gerade aus der Möglichkeit von Überraschungen gewinnt, folgt die Laufbahn von Politikern in einem politischen System doch bestimmten Regeln und benennbaren Mustern. Diese Regeln und Muster sind maßgeblich durch das Institutionensystem geprägt, entwickeln jedoch auch eine gewisse Eigenlogik und neigen dazu, sich zu reproduzieren. Das Ziel dieses Artikels ist es zum einen, einige grundlegende konzeptionelle und typologisierende Überlegungen über Karrieremuster in föderalen (oder stark regionalisierten) politischen Systemen anzustellen. Zum anderen sollen drei föderale Systeme (Brasilien, Deutschland und die USA) im Hinblick auf die jeweils vorherrschenden politischen Karrieremuster miteinander sowie mit den im ersten Teil entwickelten Idealtypen verglichen werden.

Bei der Analyse politischer Karrieren spielt das Thema dieses Bandes – die Frage der Beruflichkeit von Politik – eine wichtige und gerade in der US-amerikanischen Politikwissenschaft (vgl. den Überblick bei Hibbing 1999) immer noch häufig unterschätzte Rolle. Wie Max Weber in „Politik als Beruf" als erster klar erkannte, ist die Professionalisierung der Politik[1] eine notwendige, eine unausweichliche Begleiterscheinung der modernen Demokratie. Umgekehrt verändern sich mit der Verberuflichung der Politik ebenso notwendig auch die strategischen Kalküle von Politikern. Mit dem

---
* Für wichtige Hinweise und Anregungen danke ich wieder einmal Marion Reiser und den Diskussionsteilnehmern bei Vorstellungen früherer Fassungen dieses Beitrags in Toronto, Leuven und Rio de Janeiro. Dort möchte ich besonders Fabiano Santos für die Überlassung von Daten zu den brasilianischen Abgeordneten danken.
1 Professionalisierung wird hier im Sinne von „Verberuflichung" gebraucht. Für weitergehende Überlegungen zum Nutzen des soziologischen Professionalisierungskonzepts im engeren Sinne

Eintritt in die Politik als Beruf steigen der Einsatz und die potentiellen Kosten einer Niederlage dramatisch. Es geht nicht mehr nur um den Erfolg im politischen Spiel und den Status, den ein Amt oder Mandat mit sich bringen mag. Es geht vielmehr um die berufliche Existenz, die den Unwägbarkeiten des politischen Geschäfts und der demokratischen Wahl unterworfen ist. Neben diesen Verlustängsten steht der Wunsch, weiter aufzusteigen, und stehen auch Pläne und Überlegungen, wie dieser weitere Aufstieg denn zu bewerkstelligen sei.

Hierin besteht eine weitere wesentliche, durch Schlesinger maßgeblich beförderte Einsicht: Karrieren werden *geplant* (Schlesinger 1966: 6). Doch Planungen ändern sich; sie scheitern gerade im politischen Feld auch häufig. Aber selbst das Scheitern von Plänen sollte nicht mit Zufälligkeit verwechselt werden – im Gegenteil: Der prekäre Charakter des politischen Berufs (vgl. Borchert 2003: 167) wird seinerseits zum Teil der Regelhaftigkeit politischer Karrieren, indem man sich nämlich absichern und Rückfallpositionen schaffen muss. Genau in diesem Kontext ist die in einem politischen System verbreitete Abfolge und/oder Kombination professionalisierter und nicht-professionalisierter politischer Ämter und Mandate von Bedeutung.

Die relative Stabilität politischer Karrieremuster beruht insgesamt auf drei Faktoren:

- erstens auf den *institutionellen Gelegenheitsstrukturen*, den „structures of opportunity" (Schlesinger): Bestimmte politisch-institutionelle Merkmale begünstigen bzw. behindern bestimmte Karriereschritte systematisch und sorgen so für Karrieremuster, die in einem gewissen Entsprechungsverhältnis zum jeweiligen Institutionensystem stehen und es so ihrerseits wiederum stabilisieren;
- zweitens auf der unmittelbar mit den Ambitionen von Politikern verbundenen *Antizipation ihres weiteren Karriereverlaufs*, die verhaltenssteuernd wirkt;
- drittens auf den *aus Erfahrungen der Vergangenheit abgeleiteten Erwartungen anderer Akteure* darüber, welche weiteren Karriereschritte möglich und wahrscheinlich sind.

Die *institutionelle Gelegenheitsstruktur* ist der Rahmen, in dem politische Karrieren sich bewegen. So ist die Existenz eines territorialen Mehrebenensystems ein wichtiges institutionelles Merkmal einer Staatsstruktur. Wo es – wie in föderalen Systemen, aber auch in unlängst regionalisierten Ländern – neben der nationalen auch eine regionale und eine kommunale Ebene mit je eigenem Kompetenzbereich und eigenen legislativen/beratenden sowie exekutiven Institutionen gibt, steigt zunächst einmal die Zahl der verfügbaren Positionen exponentiell an.[2] Zudem entsteht auch die Möglichkeit verschiedener Wettbewerbsarenen, in denen diese Ämter und Mandate nach jeweils eigenen Regeln verteilt werden. Inwieweit diese Möglichkeit realisiert werden kann, hängt von den übrigen Elementen der Opportunitätsstruktur ab (vgl. dazu konzeptionell Borchert

---

für die Analyse von Politikern vgl. Borchert (2003: 133-201). Zur konzeptionellen Unterscheidung von Professionalisierung des Individuums, des Amtes, der Institution und des politischen Systems siehe Borchert (2003: 25-29).

2 Dies zeigt sich beim Blick auf andere Regierungssysteme: Heath und Taylor-Robinson (2003) haben etwa auf die spezifische Problematik unitarischer Länder mit Einkammerparlamenten hingewiesen, die typischerweise nur eine sehr beschränkte Zahl verfügbarer Ämter aufweisen. Prospektive Kandidatinnen und Kandidaten finden sich hier in einer Situation wieder, in der sie – in der prägnanten Formulierung der Autorinnen – „all dressed up with no place to go" sind.

2003: 46-49): der Institutionenordnung (vor allem dem Verhältnis von Exekutive und Legislative); der Organisationsstruktur der Politik (besonders Parteiensystem, Binnenstruktur der Parteien und Wahlkampffinanzierung) sowie der Repräsentationsstruktur (Wahlsystem, Selektionsmechanismen). Anknüpfend an Schlesinger kann man diese Merkmale als Anreizstrukturen und Restriktionen begreifen, die bei bestimmten institutionellen Konstellationen auch bestimmte Karrieremuster wahrscheinlicher machen.

Aus der Sicht potenzieller Kandidaten ergibt sich daraus ein Tableau, das die verschiedenen Ämter nach ihrer Verfügbarkeit, ihrer Zugänglichkeit und ihrer Attraktivität unterscheidet. *Verfügbar* ist ein Amt dann, wenn es nicht nur vorhanden, sondern für ein bestimmtes Individuum auch prinzipiell erreichbar ist. Anforderungen wie ein Mindestalter für bestimmte Ämter, ein bestimmter Wohnort (z. B. im Wahlkreis) oder eine gesetzliche bzw. parteiinterne Geschlechterquotierung können die Zahl der verfügbaren Ämter noch einmal deutlich reduzieren. Verfügbarkeit ist dabei ein absolutes Kriterium: Ein Amt ist für eine bestimmte Person entweder verfügbar oder eben nicht.

Zugänglichkeit bezeichnet im Gegensatz dazu die relative Chance, ein bestimmtes Amt oder Mandat zu erreichen. Dieser Faktor variiert typischerweise für verschiedene Ämter in einem politischen System, und zwar sowohl nach deren jeweils spezifischer Wettbewerbsstruktur (das war die Pointe in Schlesingers vergleichender Analyse der Situation in den amerikanischen Bundesstaaten) als auch für das gleiche Amt je nach Kandidatin oder Kandidat. Die *Attraktivität* einer Position bezeichnet deren persönlichen Nutzen für eine bestimmte Person. Somit kann, je nach individueller Präferenzordnung, das gleiche Amt für zwei potentielle Kandidatinnen oder Kandidaten unterschiedlich interessant sein. Typischerweise bilden sich jedoch Ämterhierarchien heraus, die auf kollektiv geteilten Einschätzungen über die Einflussmöglichkeiten, den Status und die Ausstattung bestimmter Positionen beruhen.

Am Beispiel des Mehrebenensystems zeigt sich auch, welche zentrale Bedeutung die Professionalisierung für die Verfügbarkeit attraktiver Ämter und damit für politische Karrieremuster hat. In den Ländern, die sich in den letzten Jahrzehnten regionalisiert haben, war es nicht bloß die Schaffung einer weiteren Ebene politischen Handelns, die neue Karriereoptionen geschaffen und Karrieremuster diversifiziert hat (vgl. Stolz 2003), sondern ebenso die Tatsache, dass diese Ebene in den regionalisierten Ländern bereits von vornherein als eine professionalisierte Ebene geschaffen wurde. Gleichzeitig setzte in den alten föderalen Ländern eine Ausbreitung der Professionalisierung auf die regionale und später auch auf die kommunale Ebene ein. Während dieser Professionalisierungsprozess sich in manchen alten föderalen Systemen wie der Bundesrepublik (nahezu) flächendeckend vollzog, blieb er in anderen, wie etwa den USA, partiell und asymmetrisch – mit Folgen für die Karrieremuster.

Schlesinger (1966) hat bereits hervorgehoben, wie stark das Verhalten von Karrierepolitikern auch durch jene Ämter beeinflusst wird, die sie *in der Zukunft* noch anstreben. Demnach wird sich das Stadtratsmitglied mit nationalen Ambitionen bereits frühzeitig nicht nur mit kommunalpolitischen Fragen beschäftigen und wird der Kongressabgeordnete, der mit einer Senatskandidatur liebäugelt, seine Termine, seine Medienpräsenz und sein Abstimmungsverhalten auf den gesamten Bundesstaat auszurichten versuchen. Starke Ambitionen können auf diese Weise – indem früh und zielgerichtet Kompetenzen erworben und Ressourcen mobilisiert werden – dazu beitragen, institutionelle Beschränkungen zu überwinden. Gleichzeitig stabilisieren diese Investitionen in die eigene Zukunft den einmal eingeschlagenen Karriereweg.

Dazu trägt auch der dritte Faktor entscheidend bei: Einmal entstandene Karrieremuster tragen ein hohes Potenzial zur *Selbstreproduktion* in sich. Diese Neigung ist einem einfachen Mechanismus geschuldet: Aus bereits etablierten Karrierewegen ergibt sich, wer als möglicher Kandidat für ein frei werdendes politisches Amt gilt (Schlesinger 1966: 8-9, 100-101, 193). Wenn also der abtretende Bundestagsabgeordnete zuvor im Landtag saß, wird sich der Blick bei der Suche nach einem Nachfolger häufig wieder dorthin richten. War die abtretende Abgeordnete hingegen zuvor eine erfolgreiche Bürgermeisterin, steigen die Chancen ambitionierter Kommunalpolitiker. Karrieremuster reproduzieren sich also, indem sie die Erwartungshaltungen möglicher Kandidaten, der (innerparteilichen) Selektoren, der parteipolitischen Gegner, der Medien sowie der breiten Öffentlichkeit gleichermaßen prägen. So lässt sich erklären, wie aus individuellen Präferenzen und institutionellen Rahmenbedingungen relativ stabile, nicht institutionell determinierte Karrieremuster werden, also Positionssequenzen im Sinne Herzogs (1975: 44).

Karrieremuster sind also immer auch soziale Konstruktionen. Erfolgversprechende Aufstiegswege in der Politik ergeben sich somit aus geteilten Einschätzungen der politischen Wettbewerbssituation und der Hierarchie politischer Ämter: Die Attraktivität sämtlicher individuell verfügbarer Ämter, gepaart mit Einschätzungen ihrer relativen Zugänglichkeit, begründet kollektive Bewegungsmuster zwischen politischen Ämtern. Diese Bewegungsmuster unterscheiden sich dabei nach ihrer Geschwindigkeit (Wie oft werden Positionen gewechselt?), nach ihrer Richtung (Welche Ämter werden als höherwertig angesehen?) und nach ihrer Reichweite (Wie viele verschiedene Muster finden sich in einem politischen System?).

2. Drei Welten politischer Karrieremuster in Mehrebenensystemen: eine Typologie

Nach der vorherrschenden Richtung politischer Karrieren, nach der Häufigkeit der Positionswechsel und nach der Zahl der Karrieremuster in einem System lassen sich idealtypisch „drei Welten" politischer Karrieremuster in territorialen Mehrebenensystemen unterscheiden (vgl. auch Borchert 2001; grundlegend zu Idealtypen Weber 1991 [1904]: 72-89). Logisch kann man diese drei Welten unterscheiden in eine erste, in der alle das gleiche Ziel anstreben, in eine zweite, in der verschiedene Gruppen verschiedene Präferenzen entwickeln, und in eine dritte, in der die Ämterhierarchie nicht sehr stark ausgeprägt ist.

Die erste Welt ist jene, in der man primär das klassische Muster politischer Karrieren findet: Alle wollen aufsteigen und (fast) alle haben eine gemeinsame Vorstellung davon, wo oben ist und welche Route zum Gipfel führt. Diese Vorstellung liegt Schlesingers Arbeit, aber auch neueren Studien zu politischen Karrieren zugrunde (etwa Francis/Kenny 2000). Dass es sich hierbei nahezu ausnahmslos um US-amerikanische Arbeiten handelt, ist – wie sich noch zeigen wird – kein Zufall. In dieser „ersten Welt" findet man ein Karrieremuster, das treffend als *unilinear* bezeichnet werden kann. Der Fluchtpunkt politischer Karrieren kann dabei von System zu System durchaus verschieden sein. Die allgemeine Annahme ist jedoch, dass ambitionierte Politikerinnen und

Politiker danach streben, möglichst viele Menschen zu repräsentieren bzw. zu regieren (Francis/Kenny 2000: 3). Das impliziert eine territorial definierte Positionssequenz, die auf der lokalen Ebene beginnt und über die regionale Ebene – nach Möglichkeit – in die Hauptstadt, d. h. auf die zentralstaatliche Ebene führt. Damit verbunden ist auch die Annahme, dass der Grad der Konkurrenz um politische Ämter von der kommunalen zur nationalen Ebene hin zunimmt und damit politische Karrieren aus normativer Sicht als ein Auswahlprozess angesehen werden können, in dessen Verlauf sich die Besten durchsetzen (so implizit bereits James Madison; vgl. Hamilton et al. 1982: 290).

Allerdings ist es mindestens theoretisch auch denkbar, dass ein regionales oder lokales Amt an der Spitze der Hierarchie realistischerweise erreichbarer Ämter steht. Dies würde zu völlig anderen Karrieren führen, wäre aber fraglos dem gleichen Typ von Karriere*muster* zuzurechnen, der sich durch eine pyramidenförmige Struktur mit einem gemeinsamen Fluchtpunkt auszeichnet. Insofern ist die Hegemonie eines Karrieremusters konstitutiv für diesen ersten Typ.

Nicht von vornherein klar ist hingegen die Geschwindigkeit, mit der Wechsel zwischen den verschiedenen Positionen vollzogen werden. Weil das Ziel klar ist, ergibt sich die Möglichkeit es zu erreichen aus den institutionellen Rahmenbedingungen sowie der durch sie geprägten Struktur des politischen Wettbewerbs (Wie oft wird gewählt? Wie groß sind die Vorteile der Amtsinhaber? Gibt es Amtszeitbeschränkungen?). Daneben ist zu erwarten, dass die Ausbreitung der politischen Professionalisierung in einem politischen System die Geschwindigkeit von Positionswechseln eher senkt. Eine große Zahl professionalisierter Ämter verringert nämlich tendenziell die Härte des Wettbewerbs, denn Ämter sind weniger umkämpft, wenn das Attraktivitätsgefälle zwischen ihnen abnimmt.

Die zweite Welt politischer Karrieren unterscheidet sich von der ersten dadurch, dass sie eher die Topographie einer Gebirgskette aufweist als den einsamen Gipfel. Hier gibt es nicht ein einziges, sondern mehrere Muster mit einer jeweils klaren internen Ämterhierarchie nebeneinander. Aus der Sicht aufstrebender Politiker und Politikerinnen kann man hier von *alternativen* Mustern politischer Karrieren sprechen. Es gibt dann verschiedene Wege in die und in der Politik. Die Entscheidung zwischen den verschiedenen Karrierepfaden fällt hier meist recht früh, weil im weiteren Verlauf der Karrieren deren Durchlässigkeit deutlich abnimmt. Es ist diese relative Undurchlässigkeit, die entweder durch eine institutionell bedingte Abgrenzung verschiedener Politikarenen bedingt sein kann (beschränkte Zugänglichkeit) oder aber durch eine mit der Zeit abnehmende Attraktivität von Wechseln aufgrund hoher Kosten, welche die zweite Welt politischer Karrieren prägt.

Grundlage alternativer Karrieremuster ist einerseits die Ausdifferenzierung relativ klar unterscheidbarer Arenen. Diese Arenen können entweder territorial oder institutionell definiert sein (z. B. Legislative vs. Exekutive). Ersteres würde zu einer klaren Unterscheidung zwischen Bundes-, Landes- und Kommunalpolitikern führen, letzteres etwa zu unterschiedlichen Karrierepfaden für Abgeordnete bzw. für Mitglieder der Exekutive. Natürlich sind auch Mischformen denkbar.

Andererseits beruhen alternative Karrieremuster tendenziell auf einer großen Ausbreitung politischer Professionalisierung im System. In einem politischen System, in dem die Professionalisierung politischer Ämter weit fortgeschritten ist und verschiedene territoriale Ebenen und Institutionentypen erreicht hat, werden nämlich alternative

Karrieremuster sehr viel wahrscheinlicher, da so verschiedene Ämter als annähernd gleichwertig betrachtet werden können. Sind also alternative Pfade erst einmal etabliert, werden sie auch zunehmend gegeneinander abgeschottet.

Das hat zum einen mit jenen Erwartungshaltungen zu tun, die ein solches Muster reproduzieren, zum anderen aber auch mit den bewussten Handlungen von Politikern, die kein Interesse daran haben, dass sich die Konkurrenzsituation in ihrer Arena plötzlich und unerwartet dramatisch verschärfen könnte, wenn sich die Bedingungen auf dem anderen Karrierepfad, bzw. auf einem der anderen Karrierepfade, verschlechtern sollten. Indem Wechsel zwischen den verschiedenen Politikerlaufbahnen immer schwieriger werden, verlangsamt sich auch notgedrungen das Tempo von Positionswechseln. Zum Ausgleich werden die Positionen sicherer. Wir müssten in diesem Fall also einen deutlich niedrigeren unfreiwilligen Turnover sowie eine deutlich längere Tenure beobachten können.

Die dritte Welt politischer Karrieremuster zeichnet sich primär durch das aus, was ihr fehlt: zum einen eine klare Abschottung zwischen verschiedenen Karrierewegen und zum anderen eine klare Ämterhierarchie. Viele verschiedene Ämter werden hier ähnlich hoch bewertet und prinzipiell sind (fast) alle Positionen (fast) allen zugänglich. Das Resultat sollte in der Regel eine erhebliche Beschleunigung von Positionswechseln sein. Einerseits kann man jederzeit in ein anderes Amt wechseln; andererseits sieht man sich auch häufiger neuen Herausforderern gegenüber. Die hohe Geschwindigkeit der Positionswechsel ist somit das kennzeichnende Merkmal des *integrierten* Typs von Karrieremustern.

In diesem Typus sind die professionalisierten politischen Ämter Teil einer einzigen großen Spielfläche, auf der sich nun alle Akteure tummeln. Wechselwilligkeit wird sowohl durch die individuelle Präferenzstruktur als auch durch institutionelle Vorgaben erzeugt. So ist die zeitliche Beschränkung von Amts- oder Mandatszeiten ein wesentlicher begünstigender Faktor für die Entstehung dieses Typs: Wenn sich alle Politikerinnen und Politiker nach kurzer Zeit bereits wieder nach neuen Ämtern umsehen müssen und sonst nur die Alternative haben, aus der Politik auszuscheiden, wird die Abschottung von politischen Ämtern sowohl sinnlos als auch kontraproduktiv; vielmehr erhöht ein großes Maß an Durchlässigkeit die Chancen aller, im Spiel zu bleiben.

Die Richtung solcher Wechsel erscheint dagegen zumindest für den Beobachter eher beliebig. Das schließt nicht aus, dass es bestimmte, allgemein für besonders attraktiv gehaltene Positionen gibt. Diese können jedoch nicht dauerhaft eingenommen werden, wodurch insgesamt eine rotierende Bewegung entsteht. Ähnlich wie der klassische unilineare Typ neigt auch der integrierte zur Hegemonie: Alle Akteure haben ein starkes Interesse daran, dass sich keine nach außen geschlossenen Nischen bilden.

Schematisch lassen sich die drei idealtypischen Welten politischer Karrieremuster wie folgt darstellen:

Tabelle 1: Idealtypische Karrieremuster und ihre zentralen Merkmale

Typ der Karrieremuster	Richtung von Positionswechseln	Geschwindigkeit von Positionswechseln	Reichweite eines Musters	Grad der Professionalisierung
unilinear	klar definiert	abhängig von Wettbewerbsstruktur	universell	variabel
alternativ	verschieden, aber jeweils klar definiert	eher niedrig	verschiedene Muster	hoch
integriert	unklar	hoch	universell	hoch

Anmerkung: Das jeweils zentrale Merkmal ist grau dargestellt.

Fallauswahl und Datengrundlage

Ihre Bedeutung gewinnt die oben entwickelte Typologie natürlich erst in Konfrontation mit der wirklichen Lage in tatsächlich bestehenden politischen Systemen. Für einen ersten Zugriff bieten sich alte föderale Systeme an, in denen die Aufgabenverteilung zwischen den verschiedenen territorialen Ebenen sowie der Status der verschiedenen Ämter bereits relativ klar definiert sind und Karrieremuster schon Zeit hatten sich zu entwickeln und zu verfestigen.

Untersucht werden drei Länder, die schon auf den ersten Blick eine gewisse Affinität zu den drei Idealtypen aufweisen: die USA, Deutschland und Brasilien. Indem ich im Folgenden einige grundlegende Daten zu den Karrieremustern in diesen Ländern vorstelle und diskutiere, benutze ich die oben entwickelte Typologie als Folie. Dort, wo sich die politische Praxis von der Theorie unterscheidet, stellt sich dann die Frage nach dem institutionellen und kulturellen Eigensinn der jeweiligen Karrieremuster.

Ich habe für jedes dieser drei Länder die Abgeordneten des nationalen Parlamentes untersucht.[3] Bei den Zweikammerparlamenten der USA und Brasiliens habe ich mich auf die größere Kammer beschränkt. Untersucht wurde jeweils zunächst der Karrierehintergrund, also die Vorerfahrungen der Abgeordneten, zumal in Ämtern und Mandaten auf den anderen territorialen Ebenen des Systems (lokal, regional). Das Bild, das man so erhält, blendet jedoch typischerweise aus, was die Abgeordneten nach Aufgabe ihres Mandates machen, also ob sie noch andere politische Ämter übernehmen oder wenigstens anstreben. Aus diesem Grund bin ich in einem zweiten Schritt jeweils zehn Jahre zurückgegangen und habe die Mitglieder des *damaligen* Parlamentes daraufhin untersucht, welche Ämter sie zehn Jahre später einnehmen.[4] In den beiden Ländern mit vierjährigen Legislaturperioden sind jeweils drei Wahlen erfasst, in den USA fünf.

---

3 Für Deutschland und die USA wurde als Stichtag der 18.10.2005 bzw. der 3.6.2005 gewählt, für Brasilien der 31.3.2008. Dies hatte lediglich forschungspragmatische Gründe.

4 Die jeweils zugrunde gelegten Stichtage unterscheiden sich auch hier ein wenig (USA: 19.3.1995, Deutschland: 2.5.1995, Brasilien: 4.2.1998), dürften dadurch aber das Ergebnis kaum verfälschen. Als Datenquelle dienten mir für die USA der" Almanac of American Politics" sowie die Konkurrenzpublikation „Politics in America", für Deutschland Kürschners Volkshandbuch des Deutschen Bundestages, und für Brasilien für 2008 die Internetseite der

3. Politische Karrieren in den USA: Washington als Fluchtpunkt

Politische Karrieren in den USA sind in der Tat so klar strukturiert, wie es das unilinerare Karrieremuster theoretisch erwarten lässt.[5] Da ein längerer Verbleib in exekutiven Ämtern zumeist durch rechtliche (z. B. Amtszeitbeschränkungen von Gouverneuren) oder konventionelle Restriktionen (z. B. die Praxis sehr kurzer Amtszeiten bei *Federal Secretaries*, aber auch bei den Ministern vieler Bundesstaaten) unmöglich gemacht wird, sind amerikanische politische Karrieren zumeist *legislative* Karrieren.

Abweichend von einem rein unilinearen Muster ist die kommunale Ebene dabei relativ selten der Einstiegspunkt für professionelle politische Karrieren. Nur 25 Prozent der Kongressabgeordneten beginnen ihre Laufbahn mit einem lokalen Mandat im Stadt- oder Gemeinderat oder im School Board, dem autonomen Lenkungsgremium der Schulbezirke. Zehn Prozent bringen Erfahrungen aus einem kommunalen Wahlamt mit – also in der Regel als Bürgermeister oder County Executive. Insgesamt weisen 29 Prozent der Abgeordneten im Repräsentantenhaus kommunalpolitische Erfahrungen auf.

Die häufigste Vorerfahrung amerikanischer Abgeordneter auf Bundesebene ist hingegen ein Mandat im Parlament ihres Bundesstaates (54 Prozent). Dies ist das typische „base office" (Schlesinger) im amerikanischen politischen System, wo professionelle politische Karrieren üblicherweise begonnen werden. Allerdings ist dieses regionale Mandat in den meisten Fällen selbst noch nicht professionalisiert, sondern bietet lediglich einen Einstieg in eine professionelle Karriere: Nur in acht der 50 amerikanischen Bundesstaaten kann das Staatsparlament nach Bezahlung der Abgeordneten, Mitarbeiterstab und zeitlicher Beanspruchung als überwiegend professionell bezeichnet werden.[6] Aber selbst da, wo es selbst noch keine Berufspolitikerexistenz ermöglicht und/oder erfordert, ist das Staatsparlament das wichtigste Sprungbrett für eine professionelle politische Karriere.[7]

Ein kleiner Anteil der amerikanischen Abgeordneten weist Erfahrungen als Richter, (Bezirks-)Staatsanwalt oder Sheriff auf (6,2 Prozent) bzw. gehörte der Staatsexekutive als Minister oder (stellvertreder) Gouverneur an (3,4 Prozent). Dabei ist der Justizbereich als Ausgangsbasis für politische Karrieren nur in bestimmten Regionen des

---

Abgeordnetenkammer (http://www2.camara.gov.br), für 1998 hingegen Informationen, die mir freundlicherweise vom Kollegen Fabiano Santos zur Verfügung gestellt wurden.

5 Vgl. zu politischen Karrieren in den USA u. a. Francis/Kenny (2000), Moncrief (1999), Prinz (2003), Squire (1993, 2007).

6 Der amerikanische Politikwissenschaftler Peverill Squire hat einen nach ihm benannten Index geschaffen, der den Professionalisierungsgrad der Staatsparlamente im Verhältnis zum Kongress misst. Demnach kann man von professionalisierten Parlamenten ohne Abstriche nur in Kalifornien, New York, Wisconsin und Massachusetts sprechen. Eine Teilprofessionalisierung gibt es in Michigan, Pennsylvania, Ohio und Illinois. Vgl. Squire (1993: 148, 2007: 223 f.).

7 In dieser Hinsicht ist der Unterschied zwischen Bundesstaaten mit professionalisiertem und nicht-professionalisiertem Staatsparlament nicht sehr groß: In den elf professionalisierten Bundesstaaten liegt der Anteil der Kongressabgeordneten mit einzelstaatlicher Legislativerfahrung bei 50 Prozent, in den nicht-professionalisierten bei 57 Prozent. Weitaus markanter sind erwartungsprägende einzelstaatliche Traditionen, die beispielsweise die Parlamente in Michigan und Wisconsin zu besonders guten Sprungbrettern nach Washington machen (67 bzw. 75 Prozent), während das in Illinois (37 Prozent) dazu weniger taugt.

Landes eine Alternative: Zwei Drittel der 27 Abgeordneten mit diesem Einstieg in eine politische Karriere kommen aus dem Süden, allein acht aus Texas.

Ohne nennenswerte politische Vorerfahrungen sind 27 Prozent der Abgeordneten, die somit als Seiteneinsteiger in die Politik gelten dürfen. Anwälte und Geschäftsleute machen das Gros dieser Gruppe aus, mit einzelnen Ex-Sportlern als Ergänzung. Bei acht Prozent der Abgeordneten besteht die einzige politische Erfahrung in ihrer Tätigkeit als Mitarbeiter von Abgeordneten und Senatoren oder in der Exekutive, und zwar bei der großen Mehrheit dieser Gruppe in Washington, DC. Mitarbeiter gewinnen nicht nur einen guten Zugang zum politischen Prozess und zu wichtigen Netzwerken, sondern sind in der Regel auch die Ersten, die erfahren, wann sich ihr bisheriger Chef zu Ruhe setzen oder für ein anderes Amt kandidieren will.[8] Dieses Wissen wiederum ist eine wichtige Ressource, um sich rechtzeitig um einen der wenigen freiwerdenden Plätze im Repräsentantenhaus bemühen zu können. Und nur diese freiwerdenden Mandate sind für jene, die noch nicht im Parlament sitzen, wirklich aussichtsreich zu nennen.

Vom Staatsparlament aus ist der Weg nach Washington, die Kandidatur für einen Sitz im Repräsentantenhaus, der nächste und kürzeste Schritt nach oben. Zwischenstationen bieten keinen Vorteil und werden daher in der Regel nicht angestrebt. Und auch nach dem Mandat im Kongress kommt in den meisten Fällen nicht mehr viel. Also zeichnen sich erfolgreiche politische Karrieren in den USA vor allem durch die Kürze des Karriere*weges* aus, gemessen an der Zahl der eingenommenen Positionen, bei gleichzeitig langer Verbleibs*dauer* im Kongress. Im Mittel verbleibt ein Abgeordneter fast 14 Jahre im Repräsentantenhaus, wird also insgesamt siebenmal gewählt. Diese erstaunliche Persistenz unter widrigen Bedingungen – kurze Legislaturperioden von nur zwei Jahren, ein zweistufiges Wahlverfahren mit möglichen Widersachern auf beiden Ebenen, schwache Parteien, extrem teure Wahlkämpfe – verweist auf höchst erfolgreiche Versuche, die relative Position der Amtsinhaber gegenüber den Herausforderern zu stärken.

Obwohl der Karriereweg in der Regel nur wenige Stationen umfasst, in diesem Sinne also kurz ist, sind deshalb die politischen Karrieren in den USA zeitlich gesehen recht lang. So gehörten jene Abgeordneten, die vorher ein Mandat im Staatsparlament ausübten, diesem im Durchschnitt 8,9 Jahre an. Daraus ergibt sich eine beachtliche Karrieregesamtlänge – insbesondere wenn man bedenkt, dass es vor der Übernahme eines Mandates häufig auch erfolglose Kandidaturen gibt und zudem einige Abgeordnete ihre Karriere auch nach dem Ausscheiden aus dem Repräsentantenhaus weiter fortsetzen.

Die Umstände des Ausscheidens aus dem Mandat und der weitere Verbleib von ehemaligen Abgeordneten geben weitere wichtige Hinweise auf die Struktur politischer Karrieren in den USA. Von den Abgeordneten des Jahres 1995 waren zehn Jahre später 209 (48 Prozent) immer noch, bzw. in einigen Fällen schon wieder, Mitglieder des Repräsentantenhauses. Das ist ein erstaunlich hoher Anteil. Bei den 226 inzwischen ausgeschiedenen Abgeordneten zeigte die Recherche, dass die meisten ihr Mandat freiwillig aufgegeben hatten. Knapp die Hälfte (46 Prozent) entschied sich irgendwann, nicht noch einmal anzutreten, und zog sich danach – zumindest vorläufig – aus der Politik

---

8 Vgl. hierzu auch den Beitrag von Helmar Schöne in diesem Sonderheft.

zurück. Der Median der Mandatsdauer in dieser Gruppe liegt bei 18 Jahren; aber auch 30 Jahre und mehr sind keine Seltenheit. Im Regelfall haben wir es hier also mit dem Abtritt nach einem langen, erfüllten Berufspolitikerleben zu tun, der zumeist auch erst im Rentenalter erfolgt.

Gut ein Viertel – 27 Prozent– der Abgeordneten schieden aus, um für ein anderes Wahlamt bzw. Mandat zu kandidieren oder sich in ein anderes politisches Amt ernennen zu lassen. Das zeigt in Verbindung mit den langen Verbleibszeiten derjenigen, die vom Repräsentantenhaus direkt in den Ruhestand wechseln, dass das Repräsentantenhaus zwar einen sehr hohen Rang in der Hierarchie politischer Ämter in den USA einnimmt, dass es aber aus der Sicht mancher amerikanischer Politiker durchaus noch verlockendere Tätigkeiten gibt. Hier ragen zwei Ämter heraus. Die unangefochtene Spitzenposition kommt dem *Senat* zu: 57 Prozent der 61 Abgeordneten, die ihr Mandat für eine andere Kandidatur aufgaben, strebten den Senatorenposten an – mit offenem Ausgang: Knapp die Hälfte (16 von 35) war dabei erfolgreich, die übrigen scheiterten. Die zweite interessante Option ist das Amt des *Gouverneurs* (25 Prozent). Allerdings war die Erfolgsquote hier merklich geringer als beim Senat: Nur drei der 15 wurden tatsächlich gewählt.

Insgesamt war nur knapp die Hälfte (44 Prozent) der Politiker erfolgreich, die direkt nach ihrem Ausscheiden aus dem Repräsentantenhaus andere Ämter anstrebten. Aber auch jene, die scheiterten, stiegen häufig nicht ganz aus der Politik aus. Immerhin ein Viertel derjenigen, die beim Versuch, ein anderes politisches Amt zu erringen, zunächst scheiterten, versuchten es danach noch einmal. Eine gewisse Persistenz, also ein Hang, auch nach einem vorläufigen Abschied wieder in die Politik zurückzukehren, findet sich ebenfalls in den anderen Teilgruppen – also bei denen, die freiwillig nicht wieder kandidierten, und bei jenen, die entweder in den Vorwahlen oder der eigentlichen Wahl besiegt wurden.

Sieht man sich den Verbleib der Abgeordneten nach zehn Jahren an, so wird zum einen deutlich, dass die Beharrungskräfte recht groß sind. Zum anderen ist in den USA klarer als in anderen Ländern, welches der nächste logische Karriereschritt ist: 45 Prozent derjenigen, die nicht mehr im Repräsentantenhaus, aber noch in der aktiven Politik waren, saßen inzwischen im Senat. Dass nur elf Prozent einen Gouverneursposten einnahmen, ist sicher nicht nur auf Präferenzen der Abgeordneten zurückzuführen, sondern ebenso darauf, dass Abgeordnete des Repräsentantenhauses sich bei Gouverneurswahlen der Prominenz der einzelstaatlichen Politik erwehren müssen, während sie bei Senatswahlen einen natürlichen Startvorteil haben.

Wenn wir nun die drei erörterten Merkmale – Geschwindigkeit und Richtung von Positionswechseln sowie die Reichweite eines Karrieremusters – für die USA zusammenfassen, ergibt sich ein recht eindeutiges Bild:

Erstens erfolgen Positionswechsel relativ selten; einmal erreichte Ämter werden lange beibehalten. Dieses Merkmal kann mühelos auf die prekären Rahmenbedingungen des politischen Wettbewerbs in den USA zurückgeführt werden: Jedes mindestens gleichwertige Amt ist ungleich schwerer zu erringen als das gegenwärtige zu verteidigen. Der persönliche Wahlkampfapparat und die Klientel jedes Kandidaten sind in starkem Maße auf dessen gegenwärtigen Wahlkreis und seine aktuelle Politikarena bezogen. Integrative Institutionen wie Parteien sind hier strukturell nicht in der Lage, relativ sichere Positionswechsel zu garantieren. Jede Veränderung ist also mit enormen Kosten verbunden und zugleich extrem riskant. Nicht nur ist die Gefahr zu verlieren deutlich höher als bei einer erneuten Kandidatur für das bereits erreichte Amt. Zudem geht bei einem Wechsel auch das bereits erzielte kulturelle Kapital in der alten Institution in Form von intra-institutionellen Aufstiegsämtern und entsprechenden Anwartschaften verloren. Unter diesen prekären Rahmenbedingungen will jeder Wechsel wohlüberlegt sein. Im Zweifelsfall ist somit die Verteidigung des bereits Erreichten die rationalste Strategie. Unter diesen Bedingungen können politische Karrieren aber eigentlich nur legislative Karrieren sein, was in der Folge das verallgemeinernde Missverständnis der amerikanischen Politikwissenschaft erklärt, politische Karrieren seien an sich legislativer Natur. Sehr aufschlussreich ist hier der Blick auf den Verbleib der Abgeordneten von 1995 nach zehn Jahren, wenn man die wiedergewählten Abgeordneten des Repräsentantenhauses mitzählt: 93 Prozent der noch aktiven Politiker sind in legislativen Funktionen tätig!

Zweitens ist die Richtung der Wechsel im Prinzip klar: Es existiert eine eindeutige, nahezu universell geteilte Ämterhierarchie, in der kommunale Ämter eine relativ geringe Rolle spielen, die Staatsparlamente die typische Einstiegsposition bereitstellen und das Repräsentantenhaus sowie der Senat die nächsten denkbaren Schritte nach oben, aber auch schon gleichzeitig die typischen Karriereendziele sind. Die einzige größere Abweichung von diesem Muster ist die Versuchung, Gouverneur zu werden und damit auch Zugang zu exekutiver Macht zu haben. Rund zehn Prozent derjenigen, die es ins Repräsentantenhaus geschafft haben, geben irgendwann diesem Drang nach – mit freilich geringen Erfolgsaussichten, was die Tendenz zur Nachahmung in Grenzen hält. Hier wirkt also die schwierige Zugänglichkeit des Gouverneursamtes seiner prinzipiellen Attraktivität entgegen.

Auch im Hinblick auf das Verhältnis zwischen den territorialen Ebenen ist der Verbleib der Abgeordneten von 1995 vielsagend: 94 Prozent der politisch noch Aktiven bewegen sich nach wie vor auf der Bundesebene. Selbst wenn wir die wiedergewählten Abgeordneten abziehen, nehmen 61 Prozent der noch politisch aktiven Ex-Abgeordneten Positionen auf der Bundesebene ein; nur 19 Prozent sind in ihren Heimatstaat zurückgekehrt und gar nur acht Prozent machen Kommunalpolitik. In diesen Zahlen drückt sich das Statusgefälle des unilinearen Karrieremodells deutlich aus: Unterhalb des Gouverneursamtes können alle weiteren Ämter auf einzelstaatlicher und lokaler Ebene als Notlösung bezeichnet werden, wenn sich andere Optionen nicht ergeben.

Drittens ist damit eigentlich auch schon alles über die Reichweite des beschriebenen Karrieremusters gesagt. Die Devise für potentielle Karrierepolitiker lautet in den USA: Lass Dich ins Repräsentantenhaus wählen und bleibe so lange dort, wie es nur geht! Der Umweg über die Staatsparlamente kann zwar manchmal hilfreich sein und bisweilen ergibt sich auch die Chance, in den Senat zu wechseln. Aber im Wesentlichen gibt es nach einmal erfolgter Wahl nur noch zwei wichtige Arenen: den Wahlkreis, um die trotz hoher Wiederwahlraten stets prekäre Wiederwahl zu sichern, und das Repräsentantenhaus selbst, innerhalb dessen für die meisten Abgeordneten alle weiteren wichtigen Karriereschritte verlaufen.

Eine gewisse Auflockerung von Karrieremustern hat sich allerdings unterhalb der nationalen Ebene in jenen Bundesstaaten ergeben, die Amtszeitbeschränkungen für die

Abgeordneten eingeführt haben, doch gleichzeitig hoch professionalisiert sind. Allen voran gilt das für Kalifornien, das den höchsten Professionalisierungsgrad aller amerikanischen Bundesstaaten mit Term Limits verbindet. Hier haben sich bereits neue Muster entwickelt, die verschiedene territoriale Ebenen zu einer Karriere-Arena verbinden.[9]

4. Deutschland: parallele Karrierepfade

Der Einstieg in die Politik erfolgt in Deutschland typischerweise auf der kommunalen Ebene. 49 Prozent der deutschen Bundestagsabgeordneten (Stand: 2005) haben vor ihrer Wahl in den Bundestag Erfahrungen in kommunalen Mandaten gesammelt, und in aller Regel war dies ihre erste Erfahrung in Wahlämtern. Weitere vier Prozent hatten kein kommunales Mandat, wohl aber ein lokales (Exekutiv-)Amt, in der Regel als Bürgermeister oder Landrat. Elf Prozent haben Erfahrungen sowohl mit kommunalen Mandaten als auch in kommunalen Ämtern. Das „base office" für deutsche politische Karrieren findet sich also eindeutig auf der lokalen Ebene, und zwar in den Räten.

Demgegenüber nehmen nur 18 Prozent der deutschen Bundestagsabgeordneten den Weg über die Landtage. Über die Hälfte davon (zehn Prozent) saß zuvor schon in einem Kommunalparlament. Also ist die Landesebene eher ein möglicher zweiter Karriereschritt als eine alternative Einstiegsmöglichkeit. Das Europäische Parlament spielt für Bundestagsabgeordnete eine untergeordnete Rolle: Nur fünf von 613 waren hier vorher Mitglied. Dabei war das Mandat in Straßburg für zwei Abgeordnete überhaupt der Einstieg in die Politik gewesen; zwei verfügten über kommunale Erfahrungen und einer hatte schon Erfahrungen auf der Landesebene.

Für die meisten MdB (42 Prozent) ist der Sitz im Bundestag der *zweite* Schritt ihrer Karriere in öffentlichen Ämtern; doch eine annähernd gleich große Gruppe (39 Prozent) beginnt diese Karriere gar im Bundestag. Diese Zahl unterschlägt allerdings die vielfältigen Erfahrungen in Parteiämtern, desgleichen die nicht zu unterschätzende Bedeutung von Mitarbeiterpositionen bei Abgeordneten und Fraktionen, die hier nicht erhoben wurden. Je nach Karriereweg unterscheidet sich auch das Eintrittsalter in den Bundestag, das im Durchschnitt aller Abgeordneten 42 Jahre beträgt.

Im Vergleich zu den USA und zu Brasilien zeichnen sich deutsche politische Karrieren vor allem durch charakteristische Muster der *Kumulation* politischer Ämter aus. Die politischen Parteien fungieren dabei als Gatekeeper, da sie die Personalauswahl erfolgreich monopolisiert haben. Daher sind Parteiämter eine wichtige Voraussetzung, um sich gute Startchancen für den Erwerb öffentlicher Ämter zu verschaffen sowie die Konkurrenz im Blick zu behalten. Typischerweise werden denn auch Parteiämter auf verschiedenen Ebenen mit öffentlichen Ämtern kombiniert.[10]

Aber die Kumulation geht noch wesentlich weiter: Legislative Ämter, die auch im deutschen System die wichtigste Basis einer professionellen politischen Karriere bilden,

---

9 Vgl. allgemein zum sich zeigenden Effekt, dass Term Limits nicht zu einer Deprofessionalisierung, sondern zu einer Veränderung der Karrieremuster führen, Moncrief et al. (2007: 32-35).
10 Vgl. zu politischen Karrieren in Deutschland u. a. Best/Jahr (2006; Borchert/Stolz (2003), Jahr (2010), Schüttemeyer/Sturm (2005) sowie allgemein zu Europa Patzelt (1999).

werden gern mit exekutiven Ämtern kombiniert. Die Grundidee des parlamentarischen Regierungssystems, dass die Regierung aus dem Parlament heraus gebildet wird, hat in Deutschland wie in den meisten anderen Systemen dieses Typs nicht nur die Möglichkeit, sondern auch die Konvention geschaffen, dass die meisten Minister auf Bundes- wie auf Länderebene aus dem jeweiligen Parlament heraus rekrutiert werden und ihr Abgeordnetenmandat trotz des Eintritts in die Regierung beibehalten. Auf Bundesebene kommen die parlamentarischen Staatssekretäre hinzu, bei denen die legislativ-exekutive Doppelfunktion gar Definitionsmerkmal ist.

Eine weitere Kumulationsmöglichkeit ergibt sich aus der Kombination legislativer Mandate auf Bundes- oder Landesebene mit kommunalen Mandaten auf Gemeinde- oder Kreisebene. Die Neigung, diese institutionell gegebene Möglichkeit trotz der damit verbundenen zusätzlichen Arbeitsbelastung wahrzunehmen, ergibt sich ähnlich wie bei den Parteiämtern aus der Notwendigkeit, den Kontakt mit der Basis im Wahlkreis zu pflegen und die potenzielle innerparteiliche Konkurrenz im Auge zu behalten. Die historisch sehr verbreitete Ämterkombination von einem legislativen Mandat mit einer Tätigkeit bei einer Interessengruppe, die für die Entstehung des Berufspolitikertums in Deutschland im Kaiserreich und in der Weimarer Republik eine entscheidende Rolle gespielt hat, ist dagegen zur Ausnahme geworden.

Wer in den Bundestag gelangt, verbringt dort in der Regel den größten Teil seiner Zeit als aktiver Berufspolitiker. Die durchschnittliche Verbleibsdauer im Bundestag unterscheidet sich nicht wesentlich von jener im amerikanischen Kongress: Sie lag für jene Abgeordneten von 1995, die inzwischen ausgeschieden sind (n = 482), bei beachtlichen 13,6 Jahren (Median: 12 Jahre). Immerhin 30 Abgeordnete schieden mit über 28 Jahren Parlamentserfahrung aus. Zwar gibt es keine so langen Zeiten im Parlament wie in den USA, wohl aber eine große Zahl von Abgeordneten mit einer beträchtlichen Verweildauer.

Bei etwa einem Drittel derjenigen, die den Bundestag verlassen, kann man angesichts ihres Alters von einem freiwilligen Rückzug aus Altersgründen ausgehen. Für die Abgeordneten kleiner Parteien besteht ein besonderes Risiko: So büßten elf PDS-Abgeordnete ihr Mandat 2002 ein, als ihre Partei nicht wieder in den Bundestag einzog.[11] Aber auch bei den beiden Großen kann ein unerwartet schlechtes Wahlergebnis der eigenen Partei zum zwangsweisen Verlassen des Parlamentes führen. Man sieht das u.a. daran, dass immerhin 58 Abgeordnete (neun Prozent), die dem Parlament 1995 angehörten, eine Unterbrechung ihrer Parlamentszugehörigkeit aufweisen. Außer bei den Grünen, bei denen dies auch die parteiinternen Rotationsregeln widerspiegelt, handelt es sich hier zumeist um durch das Wahlergebnis herbeigeführte unfreiwillige Abschiede auf Zeit. Nicht wenige ausgeschiedene Abgeordnete kommen jedoch noch in der gleichen Wahlperiode wieder als Nachrücker ins Parlament.

Das bemerkenswerteste Ergebnis dieser kleinen Verbleibsstudie ist jedoch, wie wenige MdB nach ihrem Ausscheiden noch andere politische Ämter übernahmen. Nur 64 Abgeordnete – also 13 Prozent der Ausgeschiedenen – hatten bis 2005 ein anderes politisches Amt oder Mandat übernommen bzw. nach Ausscheiden aus dem Bundestag beibehalten. Selbst wenn wir davon ausgehen müssen, dass viele der 2005 ausgeschie-

---

11 Zwölf weitere setzten eine Legislaturperiode aus und wurden 2005 erneut in den Bundestag gewählt.

denen Parlamentarier noch nicht das Ende ihrer politischen Karriere erreicht hatten, bleibt der Befund, dass der Bundestag im Regelfall die Endstation für deutsche politische Karrieren darstellt.

Innerhalb jener Gruppe, die noch andere politische Ämter übernimmt, engagiert sich der größte Teil (39 Prozent) auf der kommunalen Ebene. Dieser Kreis umfasst einerseits jene, die ihre politische Karriere noch ausklingen lassen und nicht abrupt beenden wollen, und andererseits diejenigen, die noch einmal eine exekutive Herausforderung auf lokaler Ebene suchen und dafür ihr Bundestagsmandat freiwillig aufgeben. Insbesondere die Reform der nordrhein-westfälischen Kommunalverfassung hat für manchen altgedienten Bundestagsabgeordneten eine neue Perspektive als Bürgermeister oder Landrat eröffnet. Aber auch in anderen Bundesländern waren ähnliche Fälle zu beobachten.

Eine zweite Gruppe (33 Prozent) zieht es auf die Landesebene. Die Mehrheit von ihnen hatte einen besonders guten Karrieregrund für den Ebenenwechsel: Sie wechselten in die Landesregierungen. Besonders die Ministerpräsidenten Rüttgers und Carstensen, die selbst diesen Wechsel vollzogen, taten sich hervor, indem sie einen Teil ihrer Kabinette aus den Reihen der Berliner Abgeordnetenkollegen rekrutierten. Nur ganze sechs Abgeordnete wechselten als einfache Abgeordnete in die Landtage.

Wir müssen uns die Rahmenbedingungen politischer Karrieren in der Bundesrepublik vergegenwärtigen, um die Aussagekraft des Befundes einordnen zu können. Die Zugangsmöglichkeiten sollten durch ähnliche Selektorate, also die Personalauswahl der lokalen und regionalen Parteigliederungen für beide Ämter, sowie durch die große Zahl der Landtagsmandate für einen Ex-MdB eigentlich hervorragend sein (so auch Jahr 2010). Dennoch ist der Zufluss aus dem Bundestag in die Landtage allenfalls ein dünnes Rinnsal (vgl. auch Borchert/Stolz 2003). Man könnte nun von einem Attraktivitätsgefälle zwischen Bundestag und Landtagen ausgehen, das den „Abstieg" auf die Landesebene zu einem seltenen Phänomen macht. Dagegen spricht jedoch der andere Befund, dass nur 18 Prozent der Bundestagsabgeordneten zuvor in einem Landesparlament gesessen haben. Wenn die große Masse der fast 2 000 deutschen Landtagsabgeordneten tatsächlich nach Berlin strebte, müsste dieser Anteil deutlich höher sein. Also dürfte mindestens ein Teil der Erklärung in einer relativ hohen Attraktivität eines Landtagsmandates liegen. Tatsächlich werden Landtagsabgeordnete sehr gut bezahlt, in vielen Ländern sogar nur unwesentlich schlechter als Bundestagsabgeordnete, und ihr Aufwand ist wesentlich geringer als der ihrer Bundestagskollegen.

Wir haben es hier also mit voneinander weitgehend getrennten Karrierepfaden zu tun, was jedoch nicht umstandslos auf die – eigentlich für einen Ebenenwechsel eher günstigen – institutionellen Rahmenbedingungen zurückgeführt werden kann. Beschränkend wirken hier das relativ geringe Attraktivitätsgefälle zwischen beiden Ebenen sowie die hohen Zugangskosten, die mit einem Ebenenwechsel verbunden sind: Der Status innerhalb des Parlamentes und – wichtiger noch – innerhalb der eigenen Fraktion geht bei einem Wechsel verloren. Das bewirkt eine Abschottung zwischen Bundes- und Landesebene, die aufgrund der starken personellen Überschneidungen bei Selektoren und Wählern aus einer rein institutionalistischen Perspektive nicht unbedingt zu erwarten wäre.

Wenn wir uns nun die drei erörterten Merkmale – Geschwindigkeit und Richtung von Positionswechseln sowie die Reichweite eines Karrieremusters – für die Bundesrepublik Deutschland ansehen, ergibt sich folgendes Bild:

Erstens ist die Geschwindigkeit von Positionswechseln im deutschen System relativ niedrig.[12] Wie in den USA – aber anders als in Brasilien – wechseln deutsche Politiker relativ selten die Position. Der Weg in den Bundestag wird relativ schnell gesucht. Wer ihn gefunden hat, versucht in der Regel dort zu bleiben und innerhalb der institutionellen Binnenhierarchie aufzusteigen oder gar den Sprung auf die Regierungsbank zu schaffen. Selbst diejenigen, die ihr Bundestagsmandat verlieren, versuchen in vielen Fällen ihr Glück bei der nächsten Wahl wieder oder warten schlicht darauf, für einen ausscheidenden Abgeordneten nachrücken zu können. Aus der Sicht der/des typischen Bundestagsabgeordneten gibt es offenkundig kaum attraktive Alternativen, die einen Wechsel lohnenswert erscheinen ließen. Ausnahmen bilden in beschränktem Maße Kabinettspositionen in Landesregierungen sowie für einzelne Abgeordnete Bürgermeister- bzw. Landratsämter in den Kommunen. Deutsche Politiker streben also tendenziell nach exekutiven Positionen, doch möglichst aus der Sicherheit eines legislativen Mandates heraus, das mit Exekutivpositionen auf der gleichen Ebene zumeist kombiniert werden kann oder erst dann aufgegeben werden muss, wenn man die neue Position sicher hat.

Die Parteien spielen eine zentrale Rolle als Selektoren des politischen Personals. Als politische Arbeitsgeber sind sie dagegen von marginaler Bedeutung. Die Interessenverbände haben deutlich an Bedeutung verloren. Hingegen spielen Tätigkeiten als Mitarbeiter von Abgeordneten und Fraktionen eine immer wichtigere Rolle bei der Rekrutierung des politischen Nachwuchses, d.h. für den Einstieg in eine professionelle politische Karriere. Am anderen Ende sind für ehemalige MdB – hier nicht erhobene – Tätigkeiten im Bereich des Lobbyismus und der Politikberatung wichtiger geworden (vgl. dazu auch Edinger/Schwarz 2009).

Aber dies alles sind eben eher Vorstufen bzw. Rückfallpositionen im politiknahen Raum als Stufen auf der politischen Karriereleiter. Diese Leiter ist in der Bundesrepublik wider institutionelles Erwarten kurz und die Kletterer bewegen sich nur langsam nach oben. Allerdings gibt es *zwei* Leitern, was den Gedrängefaktor – d. h. die Härte des innerparteilichen Wettbewerbs um Nominierungen auf Wahlkreis- und Landesebene – doch deutlich mildert. Landes- und Bundespolitik funktionieren nämlich in Deutschland – trotz ihrer inhaltlichen, institutionellen und organisatorischen Verwobenheit – nach einer gemeinsamen Einstiegsphase als getrennte Karrierearenen. Warum das so ist, wird wohl nur durch historische Analyse zu klären sein. Der Befund, dass institutionell auch ein ganz anderes Muster denkbar und tragfähig wäre, verweist auf die Kontingenz – und damit möglicherweise auch auf die Volatilität – der bestehenden Muster.

Zweitens ist die Richtung politischer Karrieren in Deutschland bei weitem nicht so klar wie in den USA. Es gibt parallele Pfade, die von der Kommunal- und lokalen Par-

---

12 Zeitweise haben die Grünen hier für eine (erzwungene) Beschleunigung gesorgt. Doch mit der Lockerung der Rotationsnorm hat sich eine langsame Anpassung an die Werte der anderen Parteien vollzogen.

teipolitik zum Bundesgipfel bzw. zum Landesgipfel führen. Institutionell wird dieses Muster durch das hohe Maß an Professionalisierung in den deutschen Landesparlamenten getragen. Das macht rein landespolitische Karrieren möglich und attraktiv. Es erklärt aber noch nicht, warum so wenige Landespolitiker nach Berlin streben: Obwohl die gleichen Parteien und die gleichen kommunalpolitischen Institutionen den Erfahrungshintergrund für beide Gruppen bilden und es große Überschneidungen zwischen den jeweiligen Selektoren für die Nominierung gibt, kommt es doch nur in Ausnahmefällen zum Ebenenwechsel. Es hat sich also jenes Karrieremuster etabliert, das ich als „alternatives" bezeichnet habe, weil es durch die Koexistenz mehrerer alternativer Muster im politischen System gekennzeichnet ist. Man kann vermuten, dass die Attraktivität bundespolitischer Ämter zwar höher ist als jene der landespolitischen Positionen, die Kosten für einen Wechsel von vielen doch aber als schlicht zu hoch eingeschätzt werden. Schließlich fängt selbst der etablierte Landespolitiker in Berlin oft wieder als Hinterbänkler an.

Die Situation in Deutschland ist also drittens durch die Gleichzeitigkeit verschiedener Karrieremuster geprägt. Wenn man die Kommunalpolitik genauer untersuchte, würde man vermutlich feststellen, dass es hier sogar noch ein weiteres Aufstiegsmuster gibt, das mit dem bundespolitischen und dem landespolitischen nicht viel zu tun hat. Wir haben zwar gesehen, dass es in jüngerer Zeit eine Reihe von MdB gab, die in hauptamtliche Exekutivpositionen der Kommunalpolitik strebten. Ein ähnliches Phänomen haben wir auch bei den MdL festgestellt (Borchert/Stolz 2003). Allerdings ist die Gruppe derjenigen, die diesen Weg gehen, in beiden Fällen doch sehr klein. Paradoxerweise hat also gerade der kooperative Verbundföderalismus deutscher Prägung relativ klar abgeschottete Karrierearenen auf den verschiedenen territorialen Ebenen hervorgebracht.

5. Brasilien: ein großes Spielfeld für politische Karrieren

Brasilianische Abgeordnete sind Spätstarter. Erst mit 46 Jahren wird der oder die durchschnittliche Abgeordnete erstmals in die Câmara dos Deputados gewählt. Allerdings sind brasilianische Politiker dann schon sehr erfahren im politischen Geschäft. 156 der 513 Abgeordneten in der gegenwärtigen Legislaturperiode (2007–11; Stand: 31.3.2008), also 30 Prozent, weisen Erfahrungen als kommunale Mandatsträger auf. 20 Prozent waren vorher Bürgermeister oder stellvertretender Bürgermeister. Zieht man jene ab, die beide Erfahrungen aufweisen, kommt man auf 45 Prozent mit kommunalpolitischer Erfahrung, ein Wert, der recht nah bei den deutschen 53 Prozent liegt.

36 Prozent der brasilianischen Abgeordneten saßen zuvor schon in den Parlamenten der 26 Bundesstaaten oder des Bundesdistriktes um die Hauptstadt Brasilia. Damit liegt Brasilien hinsichtlich regionaler Erfahrung genau zwischen Deutschland (18 Prozent) und den USA (54 Prozent). Insgesamt weisen in Brasilien 63 Prozent der Parlamentsabgeordneten bereits Erfahrungen in Mandaten und Ämtern auf den anderen Ebenen des politischen Systems auf, bevor sie nach Brasilia kommen. Die Frage nach dem „base office", das den am besten geeigneten Einstieg in eine erfolgreiche politische

Karriere bietet, lässt sich für Brasilien aber nicht so klar beantworten wie für die anderen Fälle: Kommunale Mandate, Bürgermeisterposten und regionale Mandate finden sich hier annähernd gleich häufig als Ausgangspunkt politischer Karrieren.[13]

Die Dauer des Verbleibs im Parlament ist extrem unterschiedlich. Es gibt Langzeit-Mitglieder des Parlamentes, die es auf über 40 Jahre Zugehörigkeit (inklusive der Zeiten während der Militärdiktatur) bringen, während andere die Abgeordnetenkammer bereits innerhalb ihrer ersten Legislaturperiode wieder verlassen haben. Vor allem ist nicht ganz leicht zu sagen, wer überhaupt zu einem bestimmten Zeitpunkt Mitglied des Parlamentes ist. Das liegt daran, dass brasilianische Abgeordnete die viel genutzte Möglichkeit haben, sich von ihren Mandatspflichten befreien zu lassen, d. h. eine *„licença"* zu beantragen, ohne das Mandat aufgeben zu müssen. Während dieser Zeit können sie z.B. andere politische Ämter wahrnehmen, während ihr Mandat in Brasilia von einem Nachrücker bzw. einer Nachrückerin übernommen wird. Entscheidet sich die oder der gewählte Abgeordnete dann zurückzukehren, muss der Nachrücker wieder Platz machen.

Diese Regelung ermöglicht es brasilianischen Abgeordneten, gefahrlos aus ihrem Mandat heraus für ebenfalls professionalisierte Exekutivämter auf lokaler und regionaler Ebene zu kandidieren bzw. solche Ämter zu übernehmen. Besonders attraktiv sind einerseits kommunale Ämter, da die Kommunalwahlen genau zwischen den alle vier Jahre stattfindenden Bundes- und Landeswahlen angesetzt sind. Andererseits sind Ministerämter auf Landesebene besonders reizvoll, da man hierfür ebenfalls sein Mandat ruhen lassen kann. 25 Prozent der gegenwärtigen Abgeordneten haben ihr Mandat schon einmal unterbrochen – sei es, dass sie selbst andere Positionen eingenommen haben, oder sei es, dass sie als *„suplente"* (Nachrücker) ihren Platz wieder räumen mussten. Manche Politikwissenschaftler haben diese Praxis des Mandats mit Unterbrechungen so interpretiert, dass daraus einerseits eine Geringschätzung brasilianischer Politiker für ihr nationales Parlament als Karrierearena deutlich werde und sich andererseits von daher dessen mangelnde Institutionalisierung und relative Schwäche erkläre (v. a. Samuels 2003).

Diese Interpretation ist aber wenig überzeugend, wenn man berücksichtigt, dass die brasilianischen Abgeordneten zu 75 Prozent wieder kandidieren und dabei zu rund zwei Dritteln erfolgreich sind (Botero/Renno 2007: 114; Costa/Costa 2006).[14] Die hohe Zahl der erneuten Kandidaturen zeigt ebenso wie der beträchtliche Anteil derjenigen, die nach einer Unterbrechung wieder nach Brasilia zurückkehren, dass das nationale Parlament durchaus als attraktiver Ort angesehen wird und eine wichtige Rolle in brasilianischen politischen Karrieren spielt. Dass etwas mehr als ein Drittel der wieder kandidierenden Abgeordneten die Wahlen trotz des Amtsinhaberbonus und eines personalisierten Wahlsystems *verliert*, zeigt umgekehrt, wie riskant das politische Leben

---

13 Vgl. zu politischen Karrieren in Brasilien u. a. Botero/Renno (2007), Marenco dos Santos (2005, 2006), Power/Mochel (2008), Samuels (2003, 2008), Santos/Pegurier (2006).
14 Marenco dos Santos (2006) verweist allerdings darauf, dass dies ein Phänomen der Konsolidierung der brasilianischen Demokratie ist. Historisch war der Turnover bis zu den dritten Wahlen nach der Redemokratisierung wesentlich höher und sank danach deutlich ab. Die Wahlen von 2006 waren eher eine Ausnahme, da zahlreiche Abgeordnete in der vorangegangenen Legislaturperiode in Korruptionsskandale verwickelt waren, was in vielen Fällen zu ihrer Abwahl beitrug (vgl. Costa/Costa 2006).

und die Karriereplanung in Brasilien sind. Damit haben wir das zweite zentrale Merkmal im institutionellen Umfeld der brasilianischen Politik identifiziert: Politische Karrieren bieten nicht nur besonders viele Möglichkeiten, sondern sind auch ungewöhnlich risikoreich. Das ist im Wesentlichen auf das Wahlsystem im Zusammenwirken mit dem brasilianischen Vielparteiensystem zurückzuführen.

Das offene Listenwahlsystem mit Persönlichkeitswahl und einem Auszählungsverfahren (d'Hondt), das große Parteien begünstigt, führt einerseits zu einer starken Personalisierung: Jeder Kandidat wirbt um Stimmen für seine Person. Gleichzeitig sind die *anderen* Kandidaten der eigenen Partei höchst wichtig: Ziehen sie viele Stimmen auf sich, so kommt das jeder Kandidatin und jedem Kandidaten der Liste zugute – sofern die anderen nicht mehr Stimmen erhalten als man selbst. Zusätzlich verkompliziert werden die strategischen Überlegungen der Kandidaten durch die Praxis der Parteien, auf Ebene der einzelnen Bundesstaaten (bei Bundes- und Regionalwahlen sogar unterschiedliche) Listenverbindungen mit anderen Parteien einzugehen, um die Zahl der erringbaren Sitze zu maximieren. Die Parteien können zwar bestimmen, wen sie aufstellen,[15] aber über den Erfolg der Kandidaten bestimmt weitestgehend deren Bekanntheitsgrad und persönliche Popularität. Die alle vier Jahre gleichzeitig stattfindenden Wahlen im Bund und in den Bundesstaaten bewirken eine „Wahlsaison", in der nahezu jede Politikerin und jeder Politiker in Brasilien nicht überlegt, *ob* sie kandidieren, sondern lediglich, für *welches* Amt und für *welche* Partei.

Häufige Parteiwechsel sind deshalb ein weiteres wichtiges Merkmal brasilianischer Politik. Abgeordnete, die in ihrer Karriere nur einer einzigen Partei angehört haben, sind die große Ausnahme und fast nur bei der Arbeiterpartei (PT) anzutreffen. Drei bis sechs Parteiwechsel gelten als normal, werden jedoch zunehmend für die Instabilität des brasilianischen Parteiensystems mit verantwortlich gemacht. Der Oberste Wahlgerichtshof *Tribunal Superior Eleitoral* hat daher 2007 das Wechseln der Partei außerhalb bestimmter „Transferzeiten" und ohne besonderen Grund für gesetzeswidrig erklärt, ja sogar im Dezember 2008 dem ersten Abgeordneten – Walter Brito Neto aus Paraíba – wegen „Parteiuntreue" („infidelidade partidária") das Mandat entzogen, obwohl der inkriminierte Parteiwechsel sein erster war. Der strategische Grund für solche Parteiwechsel ist zumeist der Versuch, sich die optimale Ausgangsposition für die Wahlen zu verschaffen.

Der Blick auf den Verbleib der Abgeordneten von 1998 nach zehn Jahren zeigt, wie vielfältig brasilianische Karrieren sind. Von den 513 Abgeordneten waren 124 (24 Prozent) noch – oder schon wieder – Mitglied der Abgeordnetenkammer. 89 Abgeordnete (17 Prozent) hatten mittlerweile andere Ämter inne. Dabei ist das Bild höchst disparat: Von denjenigen, die andere Ämter errangen, waren 44 Prozent mittlerweile in der Kommunalpolitik tätig, 30 Prozent in der Landespolitik und 26 Prozent in der Bundespolitik. Das am stärksten vertretene einzelne Amt ist jenes des Bürgermeisters mit 31 Prozent gefolgt von 13 Prozent Senatoren und 11 Prozent Abgeordneten in den Parlamenten der Einzelstaaten. Immerhin fünf (6 Prozent) der an anderer Stelle aktiven Abgeordneten von 1998 waren zehn Jahre später Gouverneure oder stellvertretende Gouverneure.

---

15 Bis 2002 hatten Mandatsinhaber allerdings das Recht, auch gegen den Willen der Partei wieder zu kandidieren.

Insgesamt gibt es also Abwanderungen auf alle territorialen Ebenen, ohne dass hier ein klarer Trend erkennbar wäre. Dies bestätigt – ebenso wie die Beobachtung, dass das Bürgermeisteramt gleichermaßen Ausgangspunkt wie Ziel vieler politischer Karrieren ist – die Vermutung, dass die politischen Ämter in Brasilien einer *einzigen* Karrierearena angehören. Es gibt zwar individuelle Präferenzen; aber diese sind durchaus nicht so klar und so allgemein geteilt wie in den anderen beiden Ländern. Erkennbar ist lediglich eine klare Priorität für Exekutivämter (vgl. auch Power/Mochel 2008): 62 Prozent der Ex-Abgeordneten, die noch politisch aktiv sind, haben Exekutivämter inne. Brasilianische Politiker streben also in die Exekutive; aber sie betrachten das nationale Parlament sowohl als ideales Sprungbrett dorthin wie auch als gute Rückfallposition nach Beendigung der zumeist eher kurzfristigen Regierungstätigkeit.

Wie sieht es nun mit der Geschwindigkeit und Richtung politischer Positionswechsel aus, und welche Reichweite hat das vorherrschende Karrieremuster?

Erstens ist die Geschwindigkeit der Positionswechsel im brasilianischen System extrem hoch. Die Kombination aus elektoraler Unsicherheit, einer Vielzahl attraktiver professionalisierter Ämter und der Möglichkeit einer Beurlaubung vom Abgeordnetenmandat produziert ein ständiges Suchen nach sich bietenden Chancen. Die Gefahr, das aktuelle Amt zu verlieren, ist in der Regel genauso hoch wie die Chance, ein anderes zu gewinnen. Das Ziel des politischen Spiels ist es so vor allem, im Spiel zu bleiben, sich durch geschicktes Taktieren neue Chancen zu schaffen und sie dann auch zu nutzen. Ähnlich wie in den USA ist der Politiker auf Ebene der Wahlen eher ein politischer „Entrepreneur" als ein „Parteisoldat"; erst *im* Parlament ist die Fraktionsdisziplin dann hoch. Doch im Gegensatz zu den USA hat er aufgrund der vergleichsweise schwachen Rolle der Parlamente und deren geringer Binnendifferenzierung durch Amtswechsel wenig zu verlieren und viel zu gewinnen, was zu einer völlig anderen Logik politischer Karrieren führt und Positionswechsel dramatisch beschleunigt.

Zweitens fungiert die brasilianische Politik *insgesamt* als Spielfeld für politische Karrieren. Insofern ist es schwer, eine klare Richtung der Positionswechsel auszumachen. Klar ist nur, dass Exekutivämter (Minister, Gouverneur, Landesminister, Bürgermeister, Dezernent) höher eingeschätzt werden als legislative Mandate. Die Exekutive dominiert also die Politik auf allen Ebenen – und nicht zuletzt kontrolliert sie auch die Möglichkeiten von Patronage und partikularistischer Distribution. Beides sind wiederum für brasilianische Politiker wichtige Möglichkeiten, die Klientelbeziehungen innerhalb einer Partei und zu deren Wählern zu stabilisieren und auszubauen. Und genau hierauf beruht ihre elektorale Hausmacht, die sie grundsätzlich bei Wahlen auf allen Ebenen einsetzen können. Denn obwohl brasilianische Politiker gleichermaßen kommunal, regional und national tätig sein können, ist ihre politische Basis doch extrem lokalisiert. Ein Wechsel des Bundesstaates oder auch nur der Stadt, wie er in Deutschland oder den USA in seltenen Fällen vorkommt, ist in Brasilien praktisch ausgeschlossen. Insgesamt zeigt Brasilien das Muster integrierter politischer Karrieren, bei dem das gesamte politische System als Spielfeld genutzt wird. Seine Grenzen findet diese Beweglichkeit lediglich in der eben angesprochenen lokalen Verwurzelung jedes einzelnen Karrierepolitikers.

Drittens beruht das integrierte Karrieremuster Brasiliens nicht zuletzt darauf, dass es so viele Möglichkeiten bietet. Tatsächlich gibt es keine politischen Ämter in Brasilien, die von diesem Muster ausgenommen sind. Innerhalb jeder Stadt, jeder Region findet sich ein Pool politischer Kandidaten und Kandidatinnen und ein Pool politischer Ämter. In einem Prozess, der durch höchst komplexe strategische Kalkulationen und schnell wechselnde Bündnisbildungen geprägt ist, werden die letzteren auf die ersteren verteilt. Die wichtigste Börse zur Verteilung der Ämter sind die alle vier Jahre stattfindenden Bundes- und Landeswahlen. Die Kommunalwahlen und die Übernahme von Exekutivämtern, die durch Ernennung vergeben werden, bieten zwischen diesen Wahlen zusätzliche Chancen.

6. Drei Welten politischer Karrieremuster – eine vorläufige vergleichende Bilanz

Die Vermutung, dass die drei untersuchten Länder nicht nur ganz unterschiedliche Muster politischer Karrieren aufweisen, sondern dass diese Muster auch weitgehend den oben entwickelten Idealtypen entsprechen, hat sich bestätigt (vgl. *Tabelle 2*). Dabei ist das Motiv, das die Parlamentarier in den USA und in Brasilien zu eher gegensätzlichem Verhalten motiviert, das gleiche: Unsicherheit (vgl. grundlegend King 1997; Borchert/Stolz 2003). In den USA führt die Unsicherheit, die jeden Positionswechsel begleitet, zum Verbleib im Repräsentantenhaus. In Brasilien ist hingegen jede Wahl so unsicher, dass man genauso gut auch einmal für ein anderes Amt kandidieren kann. In Deutschland dagegen muss man sein Mandat nicht aufgeben, um ein angestrebtes Exekutivamt zu erlangen, sondern kann beides miteinander kombinieren.

Insgesamt scheint dem jeweiligen Karrieremuster eine jeweils eigene Logik zugrunde zu liegen. Wie vermutet, spielen die Attraktivität von Ämtern und die Chance, sie zu erreichen, eine ganz wesentliche Rolle für das Verhalten von Politikern. Hinzu kommt der Zeithorizont des jeweiligen Amtes, der in das Modell eingefügt werden müsste: Es gibt Ämter, die offenbar sehr attraktiv sind, jedoch nicht lange eingenommen werden können. Andererseits spielen Ämter mit einem potentiell langen Zeithorizont schon allein aufgrund dieser Tatsache eine sehr wichtige Rolle in Karriereüberlegungen.

Unterschiede zwischen den drei Ländern ergeben sich vor allem entlang von zwei Achsen: der territorialen und der institutionellen (vgl. *Tabelle 2*). *Territorial* zeigt sich die größte Differenz hinsichtlich der Einbeziehung der lokalen Ebene in die Karrierepfade: In Brasilien ist die Kommunalpolitik sowohl Ausgangspunkt vieler Karrieren als auch eine ständige Rückkehroption. In Deutschland ist sie in noch höherem Maße das Sprungbrett in die Politik und für eine Minderheit auch in zunehmendem Maße eine Rückkehroption. Die Position des Bürgermeisters erscheint einigen MdB durchaus attraktiv. Das verweist darauf, dass sich in Deutschland das Karrieremuster möglicherweise langsam von einem alternativen Modell zu einem integrierten Modell entwickeln könnte. In den USA ist hingegen die Kommunalpolitik in den allermeisten Fällen keine Alternative, sondern wird als Abstieg aus den Höhen der Bundespolitik wahrgenommen.

Institutionell unterscheiden sich die Fälle nach dem Anziehungsgrad, den exekutive Ämter entfalten. Diese Anziehungskraft ist in den USA am geringsten: Berufspolitiker

Tabelle 2: Karrieren in den USA, in Deutschland und Brasilien im Vergleich

	USA	Deutschland	Brasilien
politische Vorerfahrungen der Abgeordneten			
Alter bei der ersten Wahl (Median)	45	42	46
kommunales Mandat vor der ersten Wahl (in %)	21 (25 inkl. School Boards)	49	30
kommunales Amt vor der ersten Wahl (in %)	10	15	20
kommunalpolitische Erfahrung insgesamt (in %)	29	53	45
regionales Mandat vor der ersten Wahl (in %)	54	18	36
Vorerfahrungen in Mandaten und Ämtern (in %)	73	61	63
Turnover/Anteil neuer Abgeordneter (in %)	22	23	47
base office	Staatsparlament (54%)	Stadtrat/ Kreistag (49%)	Staatsparlament (36%) Stadtrat (30%) Bürgermeister (20%)*
Verbleib der Abgeordneten nach zehn Jahren			
parl. Überlebensrate nach zehn Jahren (in %)	48	28**	24
pol. Überlebensrate nach zehn Jahren (in %)	57	38	42
Tenure bei Ausscheiden (Mittelwert in Jahren)	13,9	13,6	***
regionales Mandat/Amt nach Ausscheiden (in % der Ausgeschiedenen)	5	4	7
kommunales Amt/Mandat nach Ausscheiden (in % der Ausgeschiedenen)	1	5	10
exekutive : legislative Positionen (in % der Ausgeschiedenen)	6 : 9	6 : 6*	14 : 7
häufigste Ämter (in % der ausgeschiedenen noch Aktiven)	Senator (45%) Gouverneur (11%)	Landesminister/ Ministerpräsident (22%) Bürgermeister/ Landrat (19%)	Bürgermeister (31%) Senator (13%) Staatsabgeordneter (11%)

Quelle: Eigene Berechnungen. Der obere Teil der Tabelle basiert auf einer Untersuchung der Parlamente von 2005 bzw. 2008. Der untere Teil fasst die Ergebnisse einer Verbleibstudie für die Parlamentarier von 1995 bzw. 1998 zusammen.
* Mehrfachnennungen waren möglich.
** In diese zehn Jahre fällt die Verkleinerung des Deutschen Bundestages von 656 auf 598 Mandate (ohne Überhangmandate) ab 2002. Diese Reform trug zu einem höheren Turnover bei.
*** Durch die zahlreichen Mandatsunterbrechungen brasilianischer Abgeordneter liegt diese Zahl nicht vor. Samuels (2008: 86) spricht von einem Wert von etwa sieben Jahren. Dabei sind mehrmalige Mandatszeiten allerdings nur zum Teil berücksichtigt.

sind hier zumeist Berufsparlamentarier. In Deutschland hingegen besteht die attraktive institutionelle Möglichkeit, exekutive und legislative Ämter miteinander zu kombinieren. In diesem Fall beinhaltet das Parlamentsmandat eine komfortable Rückfallposition für den Fall eines Regierungswechsels oder Amtsverlustes. Exekutive Positionen sind dabei gesuchte Aufstiegsoptionen (so auch Jahr 2010) – eine Funktion, die in den USA eher von innerparlamentarischen Positionen, besonders im Ausschusssystem, wahrgenommen wird. Im brasilianischen System des „presidencialismo de coalizão" (Abranches 1988; Santos 2003) auf drei Ebenen wirkt sich wiederum die Vormachtstellung der Exekutive attraktivitätssteigernd aus. Die im Allgemeinen kurze Verweilzeit in exekutiven Ämtern sorgt jedoch dafür, dass eine Rückkehr in ein Parlament immer eine Option bleibt.

Institutionelle Rahmenbedingungen wirken also – wenig überraschend – prägend auf Karrieremuster. Das unilineare Karrieremuster in den USA ist so das zu erwartende Ergebnis, wenn nur auf Bundesebene hochprofessionalisierte Ämter zur Verfügung stehen und es angesichts von Mehrheitswahlsystem und fehlender starker Parteien keine Koordinationsinstanz für politische Karrieren gibt. Amerikanische Berufspolitiker sind also bei der Karriereplanung in starkem Maße auf sich selbst zurückgeworfen. Das führt zu einem Muster, bei dem man in semiprofessionellen oder gar ehrenamtlichen Positionen auf die Chance wartet, für eines der professionellen Ämter kandidieren zu können – im Regelfall dann, wenn der Mandatsinhaber abtritt. Hat man einmal ein Amt oder Mandat errungen, empfiehlt es sich, die eigenen Wiederwahlchancen durch konsequente Wahlkreisarbeit systematisch zu verbessern. Andere Ämter versprechen außer einem erhöhten Risiko nicht viel.

Die brasilianische Politik ist hingegen durch einen extrem harten Wettbewerb in einem Vielparteiensystem gekennzeichnet, der sich zusätzlich innerparteilich noch einmal wiederholt. Eine auf Wiederwahl setzende Strategie wäre hier verhängnisvoll. Vielmehr müssen die eigenen Optionen hinsichtlich Kandidatur und Parteizugehörigkeit ständig neu überdacht werden. Samuels (2001: 100) spricht treffend von den extremen „informational problems" in einem „candidate-centric multi-member district system". Positionswechsel sind unter diesen Bedingungen oft die rationalste Strategie. Insofern entspricht das integrierte Karrieremuster ganz dem Interesse von Politikern, die sich in einem solchen System bewegen. Wenn schon die Unsicherheit nicht reduziert werden kann – dies wäre allenfalls durch eine in Brasilien viel diskutierte Reform des Wahlsystems denkbar –, dann werden zumindest die Gelegenheiten gewählt zu werden maximiert. Dennoch sind die Ämter in diesem System nicht symmetrisch angeordnet: Die Kontrolle der Exekutive über die Vergabe von Mitteln und Positionen macht Exekutivpositionen ungleich attraktiver als Parlamentsmandate.

Während die Karrieremuster in den USA und in Brasilien gut innerhalb der institutionellen Logik des Systems erklärt werden können, stellt das deutsche System ein gewisses Rätsel dar. Auf der Basis der institutionellen Gegebenheiten würde man nämlich einen sehr viel stärkeren Austausch zwischen der Bundes- und Landesebene erwarten. Die Selektoren sind in beiden Fällen häufig die gleichen und den Parteigremien kommt eine wichtige Koordinationsfunktion zu. Auch die starke Rolle der regionalen und lokalen Parteigliederungen im Nominierungsprozess erhöht die Karrieresicherheit deutscher Politiker erheblich (vgl. Schüttemeyer/Sturm 2005: 545-553). Also würde man auf dieser Basis nicht so stark gegeneinander abgeschottete Karrierearenen auf

Bundes- und Landesebene erwarten. Das Argument der „increasing returns", nach dem ein Ebenenwechsel nach einiger Zeit immer kostspieliger wird, ist zwar plausibel. Ganz vermag es die doch deutliche Trennung der Karrierearenen aber nicht zu erklären.

Um dieser Frage auf den Grund zu gehen, wäre es zum einen erforderlich, die *Motivation* der betroffenen Politiker zu erfragen (vgl. etwa Best/Jahr 2006). Zum anderen wäre eine Untersuchungsperspektive sinnvoll, die Karrieremuster als *historisch konstituiert* und somit auch als veränderbar begreift. Hier ginge es darum, sowohl die Veränderungen zu kartieren als auch nach ihren Entstehungs- und Stabilisierungsmechanismen zu forschen. Doch erstaunlicherweise sind vergleichende Untersuchungen von Karrieremustern immer noch eine Ausnahme (vgl. aber Norris 1997; Siavelis/Morgenstern 2008). Der vorliegende Artikel hat versucht, für derartige Untersuchungen einen konzeptionellen Rahmen zu entwickeln und exemplarisch anzuwenden. Dies kann jedoch nur ein Anfang sein.

Literatur

Abranches, Sergio H.H. de, 1988: Presidencialismo de Coalizão. O Dilema Institucional Brasileiro, in: Dados 31, 5-38.
Best, Heinrich/Jahr, Stefan, 2006: Politik als prekäres Beschäftigungsverhältnis, in: Zeitschrift für Parlamentsfragen 37, 63-79.
Borchert, Jens, 1999: Politik als Beruf. Die politische Klasse in westlichen Demokratien, in: Borchert, Jens (Hrsg.), Politik als Beruf. Opladen: Leske + Budrich, 7-39.
Borchert, Jens, 2001: Movement and Linkage in Political Careers. Unveröffentlichtes Manuskript. ECPR Joint Sessions of Workshops, Grenoble.
Borchert, Jens, 2003: Die Professionalisierung der Politik. Frankfurt a. M.: Campus.
Botero, Felipe/Rennó, Lucio R., 2007: Career Choice and Legislative Reelection, in: Brazilian Political Science Review 1, 102-124.
Costa, Soraia/Costa, Sylvio, 2006: Quem Tentou a Reeleição e Perdeu. congressoemfoco. http://congressoemfoco.ig.com.br/Noticia.aspx?id=10376. 29.4.2008.
Edinger, Michael/Schwarz, Bertram, 2009: Leben nach dem Mandat. Eine Studie zu ehemaligen Abgeordneten (= SFB Mitteilungen 35), Jena: Universität Jena.
Francis, Wayne L./Kenny, Lawrence W., 2000: Up the Political Ladder. Career Paths in U.S. Politics. Thousand Oaks: Sage.
Hamilton, Alexander/Madison, James/Jay, John, 1982 [1787/1788]: The Federalist Papers. Hrsg. von Gary Wills. New York: Bantam Books.
Heath, Roseanna Michelle/Taylor-Robinson, Michelle M., 2003: All Dressed Up with No Place to Go? Political Ambition in Unitary Political Systems with Unicameral Legislatures. Unveröff. Manuskript. APSA, Philadelphia.
Herzog, Dietrich, 1975: Politische Karrieren. Opladen: Westdeutscher Verlag.
Hibbing, John R., 1999: Legislative Careers: Why and How We Should Study Them, in: Legislative Studies Quarterly 24, 149-171.
Jahr, Stefan, 2010: Career Movements across Parliamentary Levels. The German Case, in: *Edinger, Michael/Jahr, Stefan* (Hrsg.), Political Careers in Europe. Baden-Baden: Nomos (i. E.).
King, Anthony, 1997: Running Scared. New York: Free Press.
Marenco dos Santos, André, 2005: Still a Traditional Political Class? Patterns of Parliamentary Recruitment in Brazil (1946-2002), in: Canadian Journal of Latin American and Caribbean Studies 30 (60), 13-40.

Marenco dos Santos, André, 2006: Comparing Houses of Representatives. Parliamentary Recruitment in Argentina, Brazil, Chile and Mexico. Teoria & Sociedade 2. Special Edition. http://socialsciences.scielo.org/scielo.php?script=sci_arttext&pid=S1518-44712006000200004&lng=en&nrm=iso. 24.3.2009.

Moncrief, Gary F., 1999: Recruitment and Retention in U.S. Legislatures, in: Legislative Studies Quarterly 24, 173-208.

Moncrief, Gary/Powell, Lynda W./Storey, Tim, 2007: Composition of Legislatures, in: *Kurtz, Karl T./ Cain, Bruce/Niemi, Richard G.* (Hrsg.), Institutional Change in American Politics. Ann Arbor: University of Michigan Press, 22-37.

Norris, Pippa (Hrsg.), 1997: Passages to Power. Cambridge: Cambridge University Press.

Patzelt, Werner J., 1999: Recruitment and Retention in Western European Parliaments, in: Legislative Studies Quarterly 24, 239-279.

Power, Timothy/Mochel, Marília G., 2008: Political Recruitment in an Executive-Centric System, in: *Siavelis, Peter M./Morgenstern, Scott* (Hrsg.), Pathways to Power. University Park: Pennsylvania State University Press, 218-240.

Prinz, Timothy A., 1993: The Career Paths of Elected Politicians, in: *Williams, Shirley/Lascher, Edward L.* (Hrsg.), Ambition and Beyond. Berkeley: Institute of Governmental Studies Press, 11-63.

Samuels, David, 2001: When Does Every Penny Count? Intra-Party Competition and Campaign Finance in Brazil, in: Party Politics 7, 89-102.

Samuels, David, 2003: Ambition, Federalism, and Legislative Politics in Brazil. Cambridge: Cambridge University Press.

Samuels, David, 2008: Political Ambition, Candidate Recruitment, and Legislative Politics in Brazil, in: *Siavelis, Peter M./Morgenstern, Scott* (Hrsg.), Pathways to Power. University Park: Pennsylvania State University Press, 76-91.

Santos, Fabiano, 2003: O Poder Legislativo no Presidencialismo de Coalizão. Belo Horizonte: Editora UFMG.

Santos. Fabiano/Pegurier, Fabiano, 2006: Political Careers in Brazil. Long-Term Trends and Cross-Sectional Variation. Unveröff. Manuskript, IUPERJ, Rio de Janeiro.

Schlesinger, Joseph, 1966: Ambition and Politics. Chicago: RandMcNally.

Schüttemeyer, Suzanne S./Sturm, Roland, 2005: Der Kandidat – das (fast) unbekannte Wesen, in: Zeitschrift für Parlamentsfragen 36, 539-553.

Siavelis, Peter M./Morgenstern, Scott (Hrsg.), 2008: Pathways to Power: Political Recruitment and Candidate Selection in Latin America. University Park: Pennsylvania State University Press.

Squire, Peverill, 1993: State Legislative Careers, in: *Williams, Shirley/Lascher, Edward L.* (Hrsg.), Ambition and Beyond. Berkeley: Institute of Governmental Studies Press, 145-166.

Squire, Peverill, 2007: Measuring State Legislative Professionalism, in: State Politics and Policy Quarterly 7, 211–227.

Stolz, Klaus, 2003: Moving Up, Moving Down. Political Careers across Territorial Levels, in: European Journal of Political Research 42, 137-162.

Weber, Max, 1991 [1904]: Die „Objektivität" sozialwissenschaftlicher und sozialpolitischer Erkenntnis, in: Weber, Max, Schriften zur Wissenschaftslehre. Stuttgart: Reclam, 21-101.

Ministerkarrieren in elf mittelosteuropäischen Demokratien (1990 – 2006): vom Quereinsteiger zum Berufspolitiker?

Katja Fettelschoß

1. Zielsetzung

Dieser Beitrag befasst sich mit der Professionalisierung exekutiver Eliten in mittelosteuropäischen Demokratien und thematisiert eine der ältesten Fragen der Politikwissenschaft: die Vereinbarkeit von Elitenbildung und Demokratie. Professionalisierung in der Politik und von Politikern ist wiederum ein zentrales Themengebiet der Elitenforschung. Bereits Weber stellte sich 1919 die Fragen, ob das Leben *von der* oder *für die* Politik zu bevorzugen sei und inwiefern sich beides verbinden oder trennen lasse (Weber 1992: 69). Den Kern dieser Diskussion, die im Rahmen der Professionalisierungsdebatte aufgegriffen wird, bildet die Auseinandersetzung mit dem Berufspolitikertum. Professionalisierung bedeutet hier Verberuflichung: Das politische Amt wird nicht nebenberuflich ausgeübt, sondern langfristig als primäre Einkommensquelle genutzt. Mit der Frage, ob dauerhaftes hauptberufliches Engagement eine Voraussetzung wäre, um ein politisches Amt zu erreichen, sind weitere Debatten und Kontroversen verbunden, die in verschiedene, voneinander durchaus nicht unabhängige Dimensionen führen. Eine Dimension bildet die *Bewertung* der mit der Professionalisierung verbundenen Konsequenzen: Je nach Sichtweise wird die Tatsache, dass Politiker ihre Tätigkeit hauptberuflich ausüben, positiv oder negativ eingeschätzt. Eine zweite Dimension beschäftigt sich mit den *Mechanismen,* durch welche Professionalisierung erzeugt, begünstigt und befördert wird. In der vorliegenden Studie wird noch eine dritte Dimension einbezogen: In den mittelosteuropäischen *Transformationsstaaten* finden sich besondere Bedingungen und Hintergründe, die mit den vorrangig aus dem westeuropäischen Kontext stammenden Thesen der Professionalisierungsdebatte verbunden werden müssen.

Die *Bewertung* der im Rahmen der Professionalisierungsdebatte thematisierten Entwicklungen wird durch den Fokus der Argumentation bestimmt. Konzentriert sich diese auf normative bzw. demokratietheoretisch fundierte Aspekte, so überwiegen die negativen Einschätzungen, während aus einer output-orientierten Argumentation vorrangig positive Einschätzungen hervorgehen. Aus demokratietheoretisch-normativer Sicht wirft Professionalisierung der Politik nämlich einige Probleme auf, sind mit dem demokratischen System doch grundsätzlich auch Prinzipien wie Partizipationsmöglichkeiten für alle oder eine gewisse „Repräsentativität" der politischen Vertreter verbunden. Daraus leitet sich der Anspruch ab, das Rekrutierungssystem für die politische Elite solle offen gestaltet sein. Offenheit in der Auswahl der politischen Elite wird aber durch Professionalisierung in Frage gestellt (etwa Borchert 2003; Hoffmann-Lange 1997; Klein 1992; Stammer 1951).

Demgegenüber konzentriert sich die output-orientierte Sichtweise darauf, wie moderne politische Systeme effektiv und effizient gestaltet bzw. geleitet werden können. In dieser Perspektive wird argumentiert, dass langjährig auf ihre Aufgaben vorbereitete Eliten sich für Führungsaufgaben besser eignen als Personen, die von außerhalb des Politikbetriebs kommen. Auch wenn beide Sichtweisen einander nicht ausschließen, ergibt sich doch ein Spannungsverhältnis: Auf der einen Seite steht der Einsatz von in das System integrierten Berufspolitikern, und dem gegenüber steht der in einer Demokratie verfolgte Anspruch auf Teilhabe aller am politischen Geschehen (vgl. Blondel 1991: 9 ff.).

Dieses Spannungsverhältnis wird durch Einbeziehung der zur Professionalisierung führenden strukturellen Hintergründe und *Mechanismen* verstärkt. Die gegenwärtige Professionalisierungsdebatte bezieht sich vorrangig auf die Funktionslogik westeuropäischer, oft mit parlamentarischen Regierungssystemen ausgestatteter Demokratien. Eine zentrale Annahme ist, die Entwicklung des Berufspolitikertums sei in Westeuropa graduell verlaufen. Modernisierungs- und Demokratisierungsprozesse hätten auf Grund ausgeweiteter Partizipationsmöglichkeiten, der Bereitstellung finanzieller Mittel und der Veränderung institutioneller Strukturen die Entstehung des Berufspolitikertums ermöglicht und befördert. Die sich nach und nach verfestigenden Institutionen des parlamentarischen Regierungssystems bewirkten zusätzlich, dass für immer mehr Personen Politik zum Hauptberuf werde. Parteien etwa rekrutierten für zentrale Positionen verdiente Mitglieder und schüfen immer mehr neue, hauptberufliche Positionen. In lokalen und regionalen Parlamenten etablierten sich langfristig verbleibende Akteure, und das habe eine Schließung zur Folge, da Berufspolitiker Ansprüche auf verfügbare Positionen anmeldeten und wiederum ihresgleichen rekrutierten. Je geschlossener und gefestigter das System und die Institutionen seien, desto mehr Berufspolitiker fänden sich in den jeweiligen Schlüsselpositionen wieder. Dies gehe einher mit einer zunehmenden Komplexität nationalstaatlicher Problemstellungen und mit steigenden Anforderungen an Politiker. Die Ausübung des politischen Amtes erfordere große zeitliche Ressourcen sowie eine das Amt betreffende Expertise, was alles die Position des Berufspolitikers zusätzlich stärke. Die Professionalisierung der politischen Akteure und somit des Systems ist entsprechend solchen Vermutungen eine *zwangsläufige* und daher nicht wirklich umkehrbare Entwicklung. Äußere Umstände sowie eine dem parlamentarischen Regierungssystem immanente Funktionslogik bewirkten die stetige Verfestigung der etablierten Rekrutierungskanäle, worauf sich die im System agierenden Akteure einstellten, was wiederum die Strukturen weiter zementiere (aufgegriffen von Borchert 2003; Burmeister 1993; Herzog 1973; Herzog 1975; Rebenstorf 1995; zunächst Weber 1992: 132 ff.). Der demokratischen Ordnung zugrunde liegende Prinzipien würden so durch die dem parlamentarischen Regierungssystem innewohnende Funktionslogik beschädigt. Das Spannungsverhältnis zwischen einerseits dem Anspruch auf Teilung der Macht und einer Teilhabe an ihr und andererseits der sich faktisch vollziehenden Entwicklung sei nicht ohne weiteres aufzulösen, was in eine Dilemmasituation führen könne (so etwa Beyme 1971: 12 ff.; Herzog 1973: 117 ff.; Landfried 1994: 113 ff.).

Für die mittelosteuropäischen Demokratien bzw. *Transformationsstaaten* ist dieses Spannungsverhältnis besonders relevant. Während die westeuropäischen Staaten Anfang der 1990er Jahre größtenteils auf lange demokratische Traditionen zurückblicken konnten, befinden sich die demokratischen Systeme Mittelosteuropas immer noch im Um- und Aufbau. Viele Staaten mussten eine gleich mehrfache Transformation bewältigen. In einigen Nationen wurden die Grenzen neu gezogen und das Erbe des kommunistischen Systems, das durch Planwirtschaft und Ein-Parteien-Staat dominiert war, musste gleichzeitig durch marktwirtschaftliche Alternativen und parlamentarische Institutionengefüge ersetzt werden (zum Beispiel Beyme 1994: 233; Franzen et al. 2005; Merkel 2007; Offe 1994; Rüb 2001: 33). Vor diesem Hintergrund ist die Entwicklung der politischen Elite von besonderem Interesse. Abgesehen davon, dass sie in der Transformationsphase eine besondere Rolle für die Ausgestaltung des Systems spielte, musste sie unter erschwerten Bedingungen einen Weg finden, das Land zu leiten. Erfahrene, an Problemen des demokratischen Systems gewachsene Politiker waren in dieser Phase einerseits besonders gefragt, andererseits jedoch kaum vorhanden. In vielen Fällen waren die vorherigen Eliten durch den abrupten Systemumbruch diskreditiert; gleichzeitig konnten die sich noch im Aufbau befindlichen Institutionen des politischen Systems ihrer Rekrutierungsfunktion nur eingeschränkt nachkommen (etwa Merkel 1999: 138 f.; Rüb 2001: 33ff; Steen 1997: 2 ff.). Umgekehrt konnten sich auch die Institutionen und Strukturen der kommunistischen Ära, etwa die für die Rekrutierung von politischen Eliten zentralen Parteiapparate, erneut als Akteure im demokratischen System etablieren. So ergab sich das Problem einander schwer versöhnlich gegenüberstehender Eliten bzw. einer alten Elite, die der Entwicklung des demokratischen Systems nun ablehnend gegenüberstand. Der Notwendigkeit einer gezielten Auswahl erfahrener Personen standen also die sich im Aufbau befindlichen oder nach der Logik des alten Systems weiterfunktionierenden Institutionen und Akteure entgegen. Die in diesem Zusammenhang aufkommende Frage ist die, ob und in welcher Geschwindigkeit die institutionellen Rahmenbedingungen und Akteure das Aufkommen einer neuen politischen Klasse von Berufspolitikern bewirkt.

Diese Frage wird im vorliegenden Beitrag anhand der Gruppe der Minister beantwortet. Bisher ist die Diskussion um eine Professionalisierung in der Politik vor allem auf die Legislative bezogen. Diesbezüglich wurden zahlreiche Studien veröffentlicht, die sich sowohl theoretisch als auch empirisch mit dem Thema auseinandersetzen (neueren Datums etwa Beckman 2007; Best 2003; Best/Cotta 2000; Borchert 2003; Golsch 1998; King 2000; Wiesendahl 2001). In den meisten Abhandlungen werden als zentrale Beförderer des Einstiegs in eine politische Berufskarriere die Parteien sowie die lokalen und regionalen Parlamente benannt. Hingegen hat die Professionalisierung von Mitgliedern der Exekutive, immerhin im Zentrum auch demokratischer Systeme, nur selten oder am Rande eine Rolle gespielt. Dies ist vor allem darauf zurückzuführen, dass Positionen in der Exekutive, da sie oft den Schlusspunkt einer politischen Karriere darstellen, ohnehin zuerst und vorrangig von Berufspolitikern besetzt werden, weshalb die Frage nach der Professionalisierung hier als trivial erscheint. Wird der Prozess solcher Professionalisierung aber, wie im Falle der neuen Demokratien Mittelosteuropas, zu seinen Wurzeln zurückverfolgt, so ist es sogar höchst sinnvoll, bei der Exekutive anzufangen, denn dort musste von Anfang an unter großem Erfolgsdruck gehandelt werden.

Allerdings gibt es zur Professionalisierung in der Exekutive nur wenige Vorarbeiten. Ohnehin ist der Autorin keine Arbeit bekannt, welche die oben formulierten Überlegungen der Professionalisierungsdebatte konsequent in ein empirisches Konzept übersetzt hätte. Gewiss wird in einigen Arbeiten der Anteil an im Parlament erfahrenen oder mit der Parteiarbeit vertrauten Ministern einer empirischen Betrachtung unterzogen. Stellvertretend für diese Art von Untersuchungen kann man den 2007 erschienenen Artikel von Beckman nennen. Er erfasst die politischen Erfahrungen schwedischer Minister, genauer gesagt ihren Partei- und Parlamentshintergrund sowie ihre Zeiten als Minister. Diese Einzelinformationen werden allerdings nicht verknüpft oder in ein Gesamtkonzept eingefügt. Trotzdem gibt es auf Grund der theoretischen Diskussion um die Professionalisierung einige Ansatzpunkte für die Operationalisierung und anschließende empirische Überprüfung zentraler Thesen. Hier sind vor allem die Arbeiten von Blondel (1985), Blondel und Thiébault (1991) sowie von Cotta und Verzichelli (2003) zu nennen. Aus den dort angeführten Ansätzen lässt sich ableiten, dass Parlament und Parteien eine zentrale Rolle bei der Rekrutierung von Ministern einnehmen. Dies wird in „The Profession of Government Minister in Western Europe" (Blondel/Thiébault 1991) auch empirisch bestätigt: In den 14 untersuchten Ländern haben durchschnittlich 84 Prozent der Minister vor Amtsantritt schon politische Ämter innegehabt (vgl. Cotta 1991: 181). Besonders niedrig sind die entsprechenden Werte für die Niederlande (64 Prozent) und Luxemburg (67 Prozent), während sich besonders hohe Werte für Italien (96 Prozent), Deutschland, Irland und Großbritannien finden (jeweils 95 Prozent). Diese Zahlen können auch für den vorliegenden Artikel als Anhaltspunkt gelten, da sie methodisch gleich erhoben wurden. Ein direkter Vergleich ist jedoch auf Grund von unterschiedlichen Auswertungsstrategien und verschiedenen Bezugszeiträumen nicht möglich. Mehrere theoretisch motivierte Überlegungen, die sich auf institutionelle Ähnlichkeiten und die in parlamentarischen Regierungssystemen ähnlichen strukturellen Anforderungen beziehen, lassen aber vermuten, dass in Mittelosteuropa – ähnlich wie in Westeuropa – sehr hohe Anteile an Berufspolitikern zu erwarten sein werden. Für die empirische Analyse ist also zunächst die Frage relevant, ob Berufspolitiker aus Parlamenten und Parteien dort eine den westeuropäischen Systemen ähnliche, wesentliche Rolle in mittelosteuropäischen Kabinetten spielen. Es kann gewiss nicht davon ausgegangen werden, dass deren Anteile im Zeitverlauf konstant sein werden. Im Gegenteil wird, gerade vor dem Hintergrund der demokratischen Entwicklung in Mittelosteuropa, zunächst ein Anstieg der Anteile neu ins Spiel gelangter Berufspolitiker erwartet. Die Annahme lautet, dass die Offenheit politischer Systeme gerade in der Anfangsphase einer Demokratie verhältnismäßig mehr Platz für Quereinsteiger lässt. Deren Anteil sollte aber im Zeitverlauf zurückgehen: Es vollzieht sich üblicherweise eine Schließung des politischen Systems mit zunehmender Konsolidierung der politischen Institutionen. Als Folge ist dann steigende Professionalisierung zu erwarten. Empirisch ist daher zu überprüfen, ob der Berufspolitiker den Quereinsteiger im Zeitverlauf verdrängt. Das mit diesem Beitrag verfolgte Forschungsinteresse ist also zweigeteilt: Einerseits wird der Frage nachgegangen, ob Berufspolitiker die mittelosteuropäischen Kabinette dominieren; und andererseits wird untersucht, wie sich ihr Anteil über die Zeit verändert. Im Übrigen werden Professionalisierungstendenzen im vorliegenden Artikel ausschließlich länderübergreifend betrachtet, um so zu verallgemeinerbaren Aussagen zu gelangen. Unterschiede zwischen den Untersuchungsfällen wurden hingegen ausgeklammert, desgleichen Besonderheiten der Entwicklung zu einzelnen Zeitpunkten in einzelnen Ländern.[1]

---

[1] Informationen zu den Gemeinsamkeiten und Unterschieden zwischen den einzelnen Ländern finden sich allerdings in „Politische Eliten und Demokratie. Professionalisierung von Ministern in Mittelosteuropa" (Fettelschoß 2009).

2. Empirische Umsetzung[2]

Die einbezogenen Länder wurden entsprechend dem *most-similar-cases-design* ausgewählt (siehe Przeworski/Teune 1970). Die Konstanthaltung externer Faktoren – beispielsweise die Ausgestaltung des politischen Systems, historische Erfahrungen sowie geographische und wirtschaftliche Rahmenbedingungen – ermöglicht die Konzentration auf die Professionalisierungsprozesse selbst. Die vorliegende Studie stützt sich auf die zehn bereits der EU angehörenden Staaten Bulgarien, Estland, Lettland, Litauen, Polen, Rumänien, Slowakei, Slowenien, Tschechien und Ungarn. Zusätzlich wurde das in Aufnahmeverhandlungen befindliche Kroatien einbezogen.

Weil die Professionalisierung von Ministern in parlamentarischen Regierungssystemen untersucht wird, muss gewährleistet sein, dass die Minimalkriterien für Demokratie erfüllt sind. Daher bildet die erste auf die Unabhängigkeit bzw. auf freie Wahlen folgende Regierung den Startzeitpunkt der Analyse.[3] Das Ende einer Regierung wird durch Wahlen, den Wechsel des Premierministers oder durch das Ausscheiden eines Koalitionspartners angezeigt (Müller-Rommel et al. 2004: 870 f.). Aufgenommen werden Minister mit vollem Kabinettstatus in mit eigenen Ressourcen ausgestatteten Ministerien. Das bedeutet, dass 110 Kabinette in die Analyse eingehen, denen 1346 Minister in 1973 Ministerien und auf 2492 verschiedenen Positionen angehört haben. Diese Positionen stellen den Bezugspunkt der Analyse dar. Mit dieser Herangehensweise wird das Ziel verfolgt, den *Prozess* der Professionalisierung zu betrachten.

Um die professionelle Entwicklung der Minister erkennen zu können, müssen die entsprechenden Informationen mit jeder neuen Rekrutierung neu erfasst werden. Das bedeutet: Wenn eine Person mehrmals ins Kabinett berufen wird, dann gehen die Informationen, welche diese Person betreffen, auch mehrmals in die Analyse ein. Wichtig ist also nicht einfach nur der Hintergrund jener Personen, wenn sie ihr *erstes* exekutives Amt erreichen; vielmehr ist dieser – veränderte! – Hintergrund auch bei jeder Wiederberufung relevant. Entsprechende vergleichende Analysen nehmen die Legislaturperioden als Bezugspunkt, da dies im Gegensatz zu einem Vergleich nach Jahren oder Regierungen sowohl bezüglich der Fallzahlen als auch der Zeiträume eine größtmögliche Gleichförmigkeit zwischen den einbezogenen Ländern ermöglicht. Dies gilt sowohl für die zeitlichen Bezugspunkte[4] als auch für die Anzahl der einen „Datenpunkt" bildenden Fälle, d. h. der Positionen. Die finalen, alle Länder einschließenden Werte ergeben

---

2 Alle für diesen Beitrag unternommenen Analysen stützen sich auf einen im Rahmen meiner Dissertation am Zentrum für Demokratieforschung der Leuphana Universität Lüneburg erstellten Datensatz, der biographische Informationen zu allen seit Einführung der Demokratie bis Ende 2006 in elf Ländern rekrutierten Ministern umfasst.
3 Tschechien und die Slowakei sind auf Grund der 1992 erfolgten Teilung Ausnahmen. Hier wurde als Startzeitpunkt die erste unabhängige Regierung der jeweiligen Teilstaaten genommen.
4 Die Legislaturperioden stehen trivialerweise in einem unmittelbaren Zusammenhang mit Wahlen: Sie beenden die alte und begründen die neue Legislaturperiode. Diese Legislaturperioden verlaufen in den elf einbezogenen Ländern – im Gegensatz zu Regierungen – relativ gleichförmig; die Unterschiede zwischen den Startzeitpunkten der einzelnen Legislaturen in den beobachteten Ländern belaufen sich zu keinem Zeitpunkt auf mehr als drei Jahre. Fünf der elf Länder befanden sich zum Ende des Analysezeitraumes in der vierten, sechs Länder in der fünften Legislaturperiode. Dementsprechend bezieht sich der Vergleich auf die ersten vier Legislaturperioden.

sich durch Aggregation der Legislaturmittelwerte der einzelnen Staaten. So wird sichergestellt, dass übergroße Kabinette oder besonders häufige Kabinettswechsel die Ergebnisse nur eingeschränkt beeinflussen.[5]

Was aber ist unter einem „professionalisierten Politiker" beziehungsweise einem „professionalisierten Minister" zu verstehen? Theoretische Ansätze zur Operationalisierung liefern einige Anhaltspunkte, wenn auch die Sichtweisen der Autoren und die verwendeten Definitionen teilweise stark divergieren (etwa Beckman 2006; 2007; Blondel 1985; Blondel/Thiebault 1991; Brint 1984; Canon 1990; Kellner/Crowther-Hunter 1980). Oft wird der Amateur vom Experten, der Generalist von dem Spezialisten abgegrenzt. Während Blondel (1985: 192) unter dem Amateur jedoch den nicht in einem Spezialgebiet ausgebildeten Berufspolitiker versteht, wird derselbe Ausdruck in anderen Kontexten auf die politisch unerfahrenen Spezialisten angewendet (vgl. Kellner/ Crowther-Hunter 1980). Auch mit dem „Generalisten" und „Spezialisten" sind weitergehende Festlegungen verbunden. Um im vorliegenden Fall begriffliche Unschärfen zu vermeiden, soll die Gruppe der „Berufspolitiker" der Gruppe der „Quereinsteiger" gegenübergestellt werden. Ein Berufspolitiker zeichnet sich dadurch aus, dass er schon vor Übernahme einer Exekutivposition hauptberuflich in der Politik beschäftigt gewesen ist, während ein Quereinsteiger vor Eintritt in das Kabinett schwerpunktmäßig außerhalb der Politik tätig war. Dann aber ist festzulegen, wer genau der Gruppe der Berufspolitiker zugeordnet werden soll. Das parlamentarische Regierungssystem stellt verschiedene Arenen für die hauptberufliche politische Beteiligung zur Verfügung, vor allem die Partei, das Parlament und das Ministeramt selbst (hierzu Blondel/Thiebault 1991). Wenn das Kriterium ist, dass Politik *hauptberuflich* ausgeübt wird, können freilich nur zentrale und verantwortungsreiche Positionen einbezogen werden; einfache Abgeordnete in lokalen Parlamenten oder ansonsten ämterlose Mitglieder einer Partei sind entsprechend von der Untersuchung auszuschließen. So vorgehend lassen sich verschiedene Typen operationalisieren, die sich auf die Vorerfahrungen der ins Kabinett berufenen Person beziehen. *Parlamentarier* zeichnen sich durch Abgeordnetentätigkeit im nationalen Parlament oder eine leitende Position in regionalen oder lokalen Parlamenten aus. *Funktionäre* haben einen Partei- oder Interessengruppenhintergrund,[6] was bedeutet, dass sie an der Spitze einer dieser Organisationen gestanden haben.[7] Der *ehemalige Minister*[8] hingegen hat vor Übernahme des Kabinettspostens bereits einen sol-

---

5 Insgesamt kann festgehalten werden, dass die Ergebnisse unabhängig vom gewählten Auswertungsmodus weitestgehend robust sind. Für das Verhältnis der einzelnen Typen zueinander sowie für die Entwicklung über die Zeit sind konstant die gleichen Muster zu erkennen, egal ob die Auswertung über Positionen oder Personen, über Regierungen oder Legislaturen, über kleine oder große Zeiträume erfolgte.
6 Diese beiden Kategorien werden vor dem Hintergrund der besonderen Situation in Mittelosteuropa auf Grund ihrer realen Vermischung aber zusammengefasst. Diese Vorgehensweise wird gestützt durch die bei de Winter (1991: 46) vorgetragene Argumentation, wonach es sich sowohl bei Parteifunktionären als auch bei Interessengruppenvertretern um politische „Insider" handelt. Empirisch spielt der Interessengruppenhintergrund eine deutlich untergeordnete Rolle.
7 Ein Minister wird dann dem Typus „Funktionär" zugeordnet, wenn er eine Führungsposition in einer nationalen Partei oder Führungspositionen auf mehreren Ebenen gleichzeitig eingenommen hat. Darüber hinaus werden Personen, die leitende Positionen in Gewerkschaften, Verbänden oder Interessengruppen eingenommen haben, unter diesen Typus gefasst.
8 Im Folgenden wird dieser Typus zur Vereinfachung auch nur *Minister* genannt.

chen innegehabt. Für alle Typen gilt die Schwelle einer Mindestzugehörigkeit von einem Jahr. Gewiss können diese drei Typen auch in einer Person kombiniert sein. Entsprechend ergeben sich vier Mischtypen: der Parlamentarier-Funktionär, der Parlamentarier-Minister, der Funktionär-Minister und der Parlamentarier-Funktionär-Minister. Alle übrigen Personen, die weder Erfahrungen als Parlamentarier, Funktionär oder ehemaliger Minister vorweisen können, werden als „Quereinsteiger" bezeichnet.

Die nun zu untersuchenden Karriereverläufe von 1346 Ministern in 2330 unterschiedlichen Positionen wurden mit Hilfe eines bereits von Blondel und Thiébault (1991) verwendeten Kodebuchs quantitativ erfasst und gemäß der beschriebenen Typologie verortet. Für einen relativ geringen Anteil – unter fünf Prozent der Fälle (N = 100) – konnten die verwendeten Quellen allerdings keine hierzu erforderlichen Informationen liefern. Auf dieser Datenbasis können im nächsten Abschnitt einerseits die Anteile der einzelnen Typen und Mischtypen länder- und zeitübergreifend betrachtet werden. Andererseits wird untersucht, welche Entwicklungen sich im Zeitverlauf beobachten lassen.

3. Empirische Analyse

Zwei Teilhypothesen werden überprüft. Die erste besagt auf Basis der Erfahrungen in westeuropäischen Demokratien, dass auf Grund der Funktionslogik des parlamentarischen Regierungssystems in den neuen Demokratien Mittelosteuropas eine Mehrheit an Berufspolitikern zu beobachten sein wird. Die zweite Hypothese bezieht sich auf die Entwicklung und geht davon aus, dass die Anzahl der Berufspolitiker zunimmt. Um beides zu überprüfen, wird im ersten Abschnitt untersucht, wie sich das quantitative Verhältnis zwischen Quereinsteigern und Berufspolitikern gestaltet. In diesem Zusammenhang wird auch darauf eingegangen, wie vielfältig der politische Hintergrund der Berufspolitiker ist, und zwar auch im Zeitverlauf. Im zweiten Abschnitt wird – obendrein im Zeitverlauf – untersucht, in welchen Bereichen die Berufspolitiker über Vorerfahrungen verfügen.

Umfang der politischen Erfahrungen von Ministern in Mittelosteuropa

Abbildung 1 zeigt im Überblick, in wie vielen verschiedenen Bereichen mittelosteuropäische Minister vor ihrer Ernennung politische Erfahrungen gesammelt haben. So kann ein erster Eindruck vom Stärkeverhältnis zwischen „Berufspolitikern" und „Quereinsteigern" gewonnen werden.

Es zeigt sich, dass der Anteil von Ministern mit politischen Erfahrungen in mittelosteuropäischen Kabinetten deutlich höher ist als der Anteil der Minister ohne politische Erfahrungen. Mehr als sieben von zehn mittelosteuropäischen Ministern sind bereits vor ihrem Eintritt in die ab 1990 gebildeten Regierungen hauptberuflich als Funktionär, Parlamentarier oder Minister tätig gewesen. Einerseits ist dies für die noch keine zwei Dekaden alten Demokratien, gerade auch im Vergleich zu den aus dem von Blondel und Thiébault (1991) betreuten Projekt hervorgehenden Zahlen für Westeuropa, ein verhältnismäßig hoher Wert. Andererseits ist es doch so, dass der Hauptberuf von 29 Prozent der Minister vor ihrem Amtsantritt außerhalb der Politik gelegen hat.

Abbildung 1: Umfang der politischen Erfahrungen von Ministern in Mittelosteuropa (1990 – 2006)

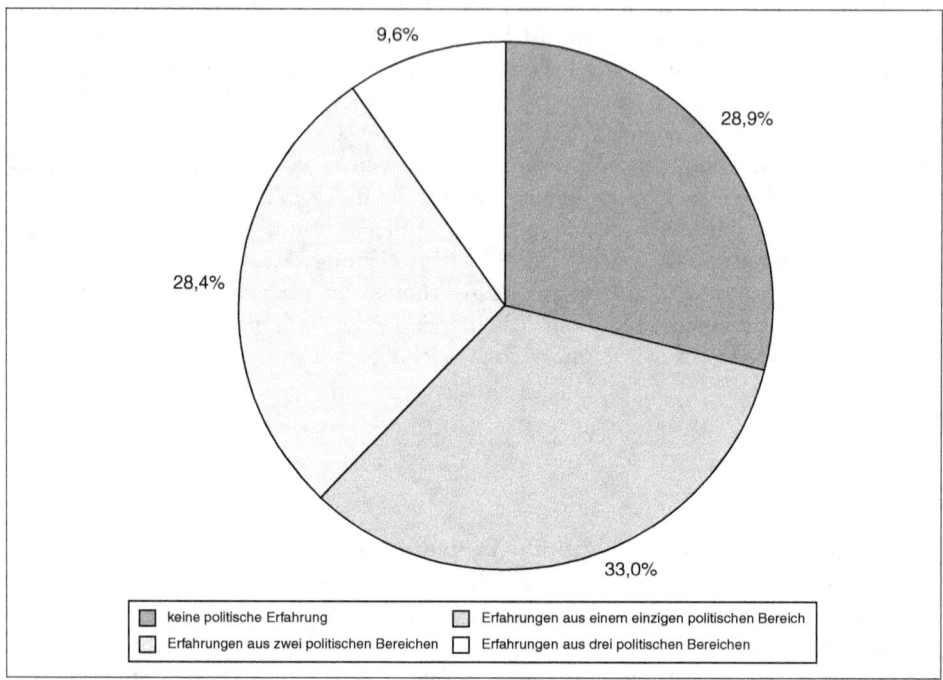

Fast jeder dritte Minister hat also eine Regierungsposition übernommen, ohne zuvor in einem politischen Amt Erfahrungen gesammelt zu haben. Darüber hinaus verdeutlicht *Abbildung 1,* dass sich die politischen Erfahrungen bei einem Drittel auf einen einzigen Bereich beschränken. Nur etwas mehr als ein Viertel der Minister kann auf Erfahrungen in zwei politischen Bereichen zurückblicken und nur ein Zehntel hat sowohl als Parlamentarier wie auch als Funktionär und als Minister fungiert.

Welche Veränderungen ergeben sich im Zeitverlauf? Das zeigt die *Abbildung 2.* Die Entwicklung der ersten drei Legislaturperioden entspricht den Erwartungen der Professionalisierungsthese: Der Anteil der auf zwei oder drei „politische Erfahrungen" zurückblickenden Minister steigt kontinuierlich an und der Anteil der über keine politischen Erfahrungen verfügenden Minister geht deutlich zurück. Die Gruppe der eine einzige „politische Erfahrung" aufweisenden Minister verkleinert sich von der ersten zur zweiten Wahlperiode und stagniert dann. Also wurden die Positionen in mittelosteuropäischen Kabinetten im Laufe der Zeit immer stärker von in mehreren politischen Bereichen erfahrenen Politikern besetzt; hingegen verringerte sich der Anteil der Quereinsteiger. Dieser Trend setzte sich in der vierten Legislaturperiode allerdings nicht fort. Der Anteil der in drei Bereichen erfahrenen Minister steigt zwar weiter an und es stagniert der Anteil der Minister mit einer einzigen „politischen Erfahrung". Doch die Gruppe der auf „zwei Erfahrungen" zurückblickenden Minister wird deutlich kleiner. Zugleich steigt der Anteil der Quereinsteiger wieder an und ist sogar auf einem höheren Stand als in der zweiten und dritten Wahlperiode. Warum entwickelte sich das so?

Abbildung 2: Umfang der politischen Erfahrungen von Ministern in Mittelosteuropa (1990 – 2006)

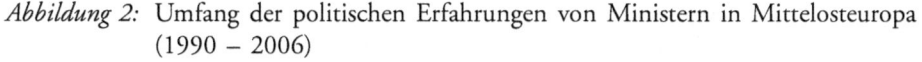

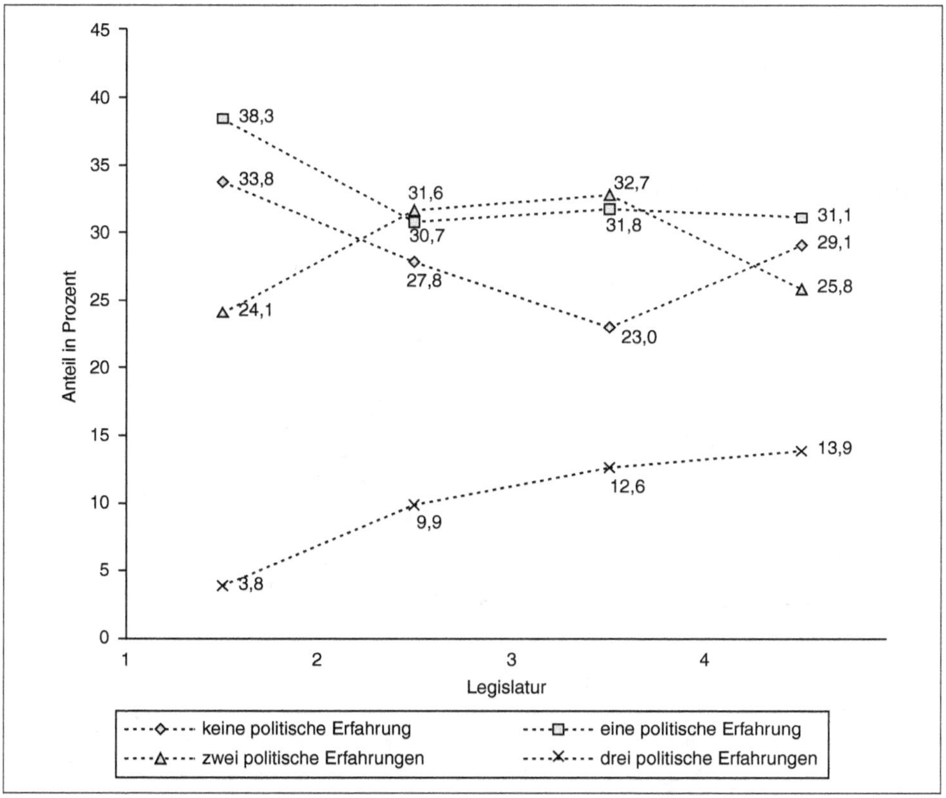

Es ist einerseits möglich, dass in einigen Ländern nach drei Legislaturperioden ein Generationenaustausch stattgefunden hat, der einen zeitweiligen Abfall des Erfahrungshintergrundes der Minister bewirkt hat. Andererseits könnte nach drei Wahlen in mehreren Ländern ein substanzieller Machtwechsel stattgefunden haben, der eher unerfahrene Politiker ins Amt gebracht hat. Hier wären – wie in ähnlich gelagerten westeuropäischen Fällen – zeithistorische Studien erforderlich (vgl. De Winter 1991: 69). Unabhängig davon, welche Erklärung stimmt, muss darauf hingewiesen werden, dass der Anteil an Berufspolitikern bereits von der ersten Wahl an in Mittelosteuropa relativ hoch war, was den Rückgang politisch erfahrener Minister in der vierten Legislaturperiode relativiert. Insgesamt aber treffen die Annahmen der Professionalisierungsdebatte nur auf die ersten drei Wahlperioden zu; die vierte widerspricht ihnen.

Art der politischen Erfahrung von Ministern in Mittelosteuropa

Um nachzuverfolgen, worauf die beschriebenen Entwicklungen im Einzelnen zurückgehen, und um zu erkunden, ob sich bestimmte Typenkombinationen anders entwickeln als andere, wird im Folgenden ein Blick auf die Mischtypen geworfen. Aus den Ausgangstypen des Quereinsteigers, Parlamentariers, Funktionärs und ehemaligen Ministers ergeben sich sieben mögliche Typenkombinationen: der Quereinsteiger (Q), der sich nicht mit den anderen Typen vermischt; der Parlamentarier (P), der Funktionär (F) und der ehemalige Minister (M) als einfache Typen; der Parlamentarier-Funktionär (PF), der Parlamentarier-Minister (PM) und der Funktionär-Minister (FM) als aus zwei Typen gebildete Kombination; sowie der Parlamentarier-Funktionär-Minister (PFM), der alle drei Einzeltypen umfasst.

Abbildung 3: Art der politischen Erfahrungen von Ministern in Mittelosteuropa (1990 – 2006)

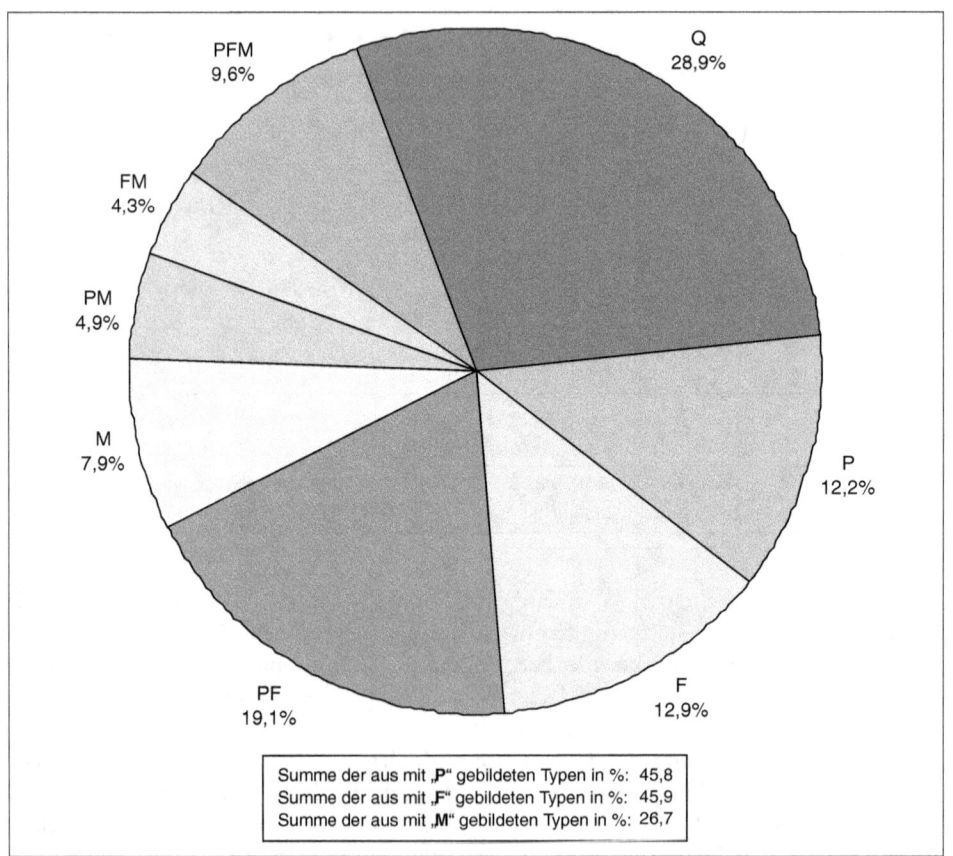

Abbildung 3 zeigt, dass sich die politischen Erfahrungen mittelosteuropäischer Minister relativ gleichmäßig auf die einzelnen Bereiche verteilen. Nach Summierung der Anteile von Mischtypen mit „Parlamentarier" bzw. „Funktionär" erweisen sich beide Gruppen als fast gleich groß: Während 45,9 Prozent der Kabinettsmitglieder vor ihrem Amtsantritt bereits zentrale Positionen in ihrer Partei einnahmen, waren 45,8 Prozent der Minister zuvor Parlamentsmitglieder. Die ehemaligen Minister stellen hingegen mit 26,7 Prozent die kleinste Gruppe. Das bedeutet, dass ungefähr ein Viertel der Minister mit

mindestens einem Jahr Erfahrung in dieses Amt *wiederberufen* wird – ein geringerer Anteil als jener der Quereinsteiger.

Auch sind jene Mischgruppen, die mit dem Typus Minister gebildet wurden, die vergleichsweise kleinsten. Hingegen sind die Gruppen der Parlamentarier (P) und der Funktionäre (F) ungefähr gleich groß; zusammen machen sie etwa ein Viertel aller im Untersuchungszeitraum berufenen Minister aus. Die Gruppe der ehemaligen Minister ganz ohne Partei- oder Wahlamthintergrund (M) ist mit 7,9 Prozent vergleichsweise klein. Bei jenen Ministern, die in zwei Bereichen Erfahrungen gesammelt haben, stellen die Parlamentarier-Funktionäre (PF) mit Abstand die größte Gruppe: Fast jeder fünfte Minister gelangte über die Kombination von zentralem Parteiamt und parlamentarischem Wahlamt in seine Exekutivposition. Dies ist sogar, abgesehen von dem Typ des Quereinsteigers, die am häufigsten vorzufindende Kombination. Sehr viel seltener sind die Kombinationen Funktionär-Minister (FM) und Parlamentarier-Minister (PM), die jeweils weniger als fünf Prozent der Kabinettsmitglieder umfassen.

Insgesamt zeigen diese Befunde, dass die Stationen Partei und Parlament eine wichtige Rolle für die Rekrutierung oder Wiederberufung von Ministern spielen. Das ist in parlamentarischen Regierungssystemen auch so zu erwarten und entspricht ganz den Annahmen der Professionalisierungsdebatte. Wie entwickeln sich diese Mischtypen nun aber im Zeitverlauf? Um die einzelnen Legislaturenperioden miteinander vergleichen zu können, beziehen sich die Prozentwerte in *Tabelle 1* jeweils auf das Verhältnis der einzelnen Typen zueinander während einer Legislaturperiode, ergeben zusammen also 100 Prozent.

Tabelle 1: Art der politischen Erfahrungen von Ministern in Mittelosteuropa im Zeitverlauf (1990 – 2006; in Spaltenprozent)

Typ	Legislaturperiode			
	1	2	3	4
Q	33,8	27,8	23,0	29,1
P	9,7	12,0	12,6	10,9
F	20,8	10,3	13,3	9,8
PF	18,1	19,6	23,0	16,2
M	7,8	8,4	5,9	10,5
PM	2,9	5,1	5,9	6,4
FM	3,1	6,9	3,8	3,3
FPM	3,8	9,9	12,6	13,9
$\sum P$	34,5	46,7	54,1	47,3
$\sum F$	45,8	46,7	52,7	43,2
$\sum M$	17,7	30,4	28,2	34,0

In *Tabelle 1* können allenfalls begrenzt Trends identifiziert werden. Nur einzelne Fallgruppen weisen eine gerichtete Entwicklung auf. Immerhin zeigen die zusammengefassten Werte für die einzelnen Typen, dass die Parlamentarier $(\sum P)$ und die Parteifunktionäre $(\sum F)$ wechselseitig ähnliche Entwicklungen aufweisen, die sie von jener der ehemaligen Minister $(\sum M)$ unterscheidet: Die ersteren verzeichnen bis zur dritten Legislaturperiode einen Anstieg, während die Werte in der vierten Wahlperiode abfallen; doch die Gruppe der ehemaligen Minister ist in der vierten Legislaturperiode verhältnismäßig am stärksten. Darüber hinaus zeigt sich, dass *alle* Mischtypen, an denen Parlamentarier beteiligt sind, von der ersten bis zur dritten Legislaturperiode stärker werden, die vierte Wahlperiode diese gleichförmige Entwicklung aber beendet. Nur die Gruppe der Parlamentarier-Minister (PM) sowie der Parlamentarier-Funktionäre-Minister (PFM) wächst weiter an. Diese Entwicklung entspricht den Überlegungen der Professionalisierungsdebatte, wonach gerade der Weg über das Parlament eine zentrale Zugangsmöglichkeit zum Ministeramt ist. Der Anteil der Parlamentarier ist denn auch über den gesamten Zeitraum vergleichsweise hoch und nimmt auch insgesamt zu. Allerdings bleiben die Werte deutlich hinter den Ergebnissen zu Westeuropa zurück: Während dort drei von vier Ministern aus dem nationalen Parlament rekrutiert wurden (siehe Winter 1991: 48), liegt diese Zahl in Mittel- und Osteuropa, selbst bei Einbeziehung der Erfahrung in lokalen und regionalen Parlamenten, unter 50 Prozent.

Ähnliche Entwicklungen sind bezüglich der Gruppe der Funktionäre festzustellen. Deren Gesamtanteil an den mittelosteuropäischen Regierungen steigt bis zur dritten Legislaturperiode an, wenn auch geringfügiger als jener der Parlamentarier. In der vierten Wahlperiode ist dann erneut ein geringerer Anteil an Funktionären zu verzeichnen. Bei der Betrachtung der einzelnen Gruppen, die unter Beteiligung von Funktionären gebildet werden, fallen vor allem die einfachen Funktionäre (F) auf. Während in der ersten Wahlperiode noch jeder fünfte Minister dieser Gruppe angehörte, war es in der zweiten Legislatur nur noch jede zehnte. Der Rückgang speziell dieser Gruppe wird jedoch von einem Anstieg der komplexeren Gruppen aufgefangen, was die relative Stabilität des zusammengefassten Anteils des Typs $\sum F$ erklärt. Interpretierend kann einerseits davon ausgegangen werden, dass der einfache Funktionärshintergrund immer weniger ausreiche, um in ein Ministeramt berufen zu werden. Andererseits kann aber ebenfalls vermutet werden, dass die einfachen Funktionäre ihre Basis ausgeweitet haben und etwa nach Berufung zum Minister auch ins Parlament gewählt werden. Das passt wiederum zu Einsichten aus der Professionalisierungsdebatte: Je mehr potenzielle Minister, die mit Kompetenzen aus verschiedenen Bereichen ausgestattet sind, zur Verfügung stehen, desto weniger Möglichkeiten bieten sich für Politiker mit „einfachem" Erfahrungshintergrund. Auch hier aber liegen die Werte für die mittel- und osteuropäischen Kabinette klar hinter denen der alten Demokratien zurück: In westeuropäischen Regierungen liegt der Anteil der eine führende Position in ihrer Partei einnehmenden Minister bei 58 Prozent (Winter 1991: 45).[9]

In der Gruppe der ehemaligen Minister werden hingegen andere Mechanismen wirksam. Von einem kleinen Einbruch in der dritten Wahlperiode abgesehen, steigern sich die Werte dieses Typs von der ersten bis zur vierten Legislaturperiode deutlich. Bereits von der ersten zur zweiten Wahlperiode verdoppelte sich der Anteil nahezu, und dieser Wert bleibt auch in der dritten und vierten Legislaturperiode relativ stabil. Auch dies deutet auf eine Konsolidierung im Sinne der Professionalisierungsdebatte hin, insofern bei der Besetzung von Ministerämtern offensichtlich zunehmend auf in diesen Positionen bereits erfahrene Personen zurückgegriffen wird.

---

9 Diese Werte sind aber nicht direkt miteinander vergleichbar, weil für die westeuropäischen Demokratien die Minister mit Interessengruppenhintergrund nicht eingerechnet wurden. Daher kann davon ausgegangen werden, dass der westeuropäische Wert bei einer zur vorliegenden Studie analogen Berechnung noch höher ausgefallen wäre.

Insgesamt kann als Befund der *Tabelle 1* festgehalten werden, dass Parlamentarier $(\sum P)$ und Funktionäre $(\sum F)$ über den gesamten Untersuchungszeitraum eine zentrale Rolle spielen, welche die der ehemaligen Minister $(\sum M)$ klar übertrifft. Auch die Mischtypen, die einen dieser beiden Typen enthalten, treten im Zeitverlauf immer häufiger auf oder bleiben zumindest auf stabilem Niveau. Die einzige Ausnahme findet sich im Einzeltyp des Funktionärs (F). So zeigt sich, dass der einfache Partei- oder Parlamentshintergrund immer seltener die einzige Qualifikation für ein Ministeramt darstellt, doch die Kombination unterschiedlicher Erfahrungshintergründe zunehmend an Relevanz gewinnt. Im Zeitverlauf fällt auf, dass die Entwicklung der ersten drei Wahlperioden, welche die Thesen der Professionalisierungsdebatte bestätigt, während der vierten Legislaturperiode abbricht. Dies kann mit Veränderungen personeller oder parteilicher Natur zusammenhängen und verlangt nach zeithistorischen Erklärungen.

4. Fazit

Es wurde deutlich *(Abbildung 1)*, dass Berufspolitiker auch in den Regierungen Mittelosteuropas eine weitaus größere Rolle spielen als Quereinsteiger. Allerdings verfügten die wenigsten Kabinettsmitglieder bei Amtsantritt über Erfahrungen aus allen drei politischen Bereichen, also als Abgeordneter, Funktionär und Minister. In der weiteren Entwicklung *(Abbildung 2)* nimmt der Anteil der Berufspolitiker zu, jener der Quereinsteiger ab. Zusätzlich lassen sich immer mehr Minister mit politischen Erfahrungen aus mehreren Bereichen finden. Die vierte Wahlperiode verunklart dieses Bild. Die Analyse der Mischtypen *(Abbildung 3)* ergab, dass Parlamentarier und Funktionäre zusammengefasst ungefähr gleich häufig, ehemalige Minister hingegen seltener vorzufinden sind und besonders oft die Kombination Parlamentarier-Funktionär auftritt. Diese Ergebnisse entsprechen den theoretischen Erwartungen: Sowohl das Parlament als auch die Partei sind im parlamentarischen Regierungssystem zentrale Rekrutierungsfelder für Minister.

Die Analyse der einzelnen Typen im Zeitverlauf *(Tabelle 1)* lässt zwar nur eine begrenzte Identifizierung von Trends zu. Es zeigen sich allerdings die gleichen Muster wie in der nur die Breite der politischen Erfahrungen berücksichtigenden Analyse *(Abbildung 2)*.

Einige Annahmen der Professionalisierungsdebatte haben sich also bestätigt. Doch worauf ist das veränderte Muster in der vierten Wahlperiode zurückzuführen? Vielleicht verläuft die Professionalisierung wellenförmig, so dass bei einem Generationenwechsel, wenn erfahrene Eliten ihren Nachrückern Platz machen, zunächst ein Rückgang des Berufspolitikertums zu beobachten ist. Trifft das zu, so dürfte in Zukunft der Anteil der Berufspolitiker wieder zunehmen – und eines Jahres wieder ein Einbruch folgen. Es mag aber auch sein, dass sich in mehreren Ländern gleichzeitig tiefgreifende Veränderungen ergeben haben, etwa in Form neu hinzukommender Parteien oder drastischer Umbildungen der parlamentarischen Stärkeverhältnisse. Das würde in den verhältnismäßig jungen mittelosteuropäischen Demokratien bezüglich der Rekrutierungsbasis für Elitepositionen einem Neustart gleich kommen. In diesem Fall sollten die Anteile der Berufspolitiker in Zukunft wieder ansteigen sowie dann auf einem verhältnismäßig hohen Niveau verharren. Um das alles aufzuklären, wird es fortgesetzte Zeitreihenanalysen und detaillierte Fallstudien brauchen. Einstweilen ist festzuhalten, dass die theoriegeleiteten Annahmen der Professionalisierungsdebatte als empirisch plausibel erscheinen, als alleinige Erklärung der untersuchten Karrieremuster aber nicht ausreichen.

Literatur

Beckman, Ludvig, 2006: The Competent Cabinet? Ministers in Sweden and the Problem of Competence and Democracy, in: Scandinavian Political Studies 29, 111-129.
Beckman, Ludvig, 2007: The Professionalisation of Politics Reconsidered. A Study of the Swedish Cabinet 1917–2004, in: Parliamentary Affairs 60, 66-83.
Best, Heinrich, 2003: Der langfristige Wandel politischer Eliten in Europa 1867-2000. Auf dem Weg zur Konvergenz?, in: *Hradil, Stefan/Imbusch, Peter* (Hrsg.), Oberschichten – Eliten – Herrschende Klassen. Opladen: Leske + Budrich, 369-399.
Best, Heinrich/Cotta, Maurizio (Hrsg.), 2000: Parliamentary Representatives in Europe 1848-2000. Oxford: Oxford University Press.
Beyme, Klaus von, 1971: Die politische Elite in der Bundesrepublik Deutschland. München: R. Piper.
Beyme, Klaus von, 1994: Systemwechsel in Osteuropa. Frankfurt a. M.: Suhrkamp.
Blondel, Jean, 1985: Government Ministers in the Contemporary World. London: Sage Publications.
Blondel, Jean, 1991: Cabinet Government and Cabinet Ministers, in: *Blondel, Jean/Thiebault, Jean-Louis* (Hrsg.), The Profession of Government Minister in Western Europe. Basingstoke: Macmillan Press, 5-18.
Blondel, Jean/Thiebault, Jean-Louis (Hrsg.), 1991: The Profession of Government Minister in Western Europe. Basingstoke: Macmillan Press.
Borchert, Jens, 2003: Die Professionalisierung der Politik. Zur Notwendigkeit eines Ärgernisses. Frankfurt a. M.: Campus.
Brint, Steven, 1984: In an Age of Experts. The Changing Role of Professionals in Politics and Public Life. Princeton: Princeton University Press.
Burmeister, Kerstin, 1993: Die Professionalisierung der Politik am Beispiel des Berufspolitikers im politischen System der Bundesrepublik Deutschland. Berlin: Duncker & Humblot.
Canon, David, 1990: Actors, Athletes, and Astronauts. Political Amateurs in the United States Congress. Chicago: University of Chicago Press.
Cotta, Maurizio, 1991: Conclusion, in: *Blondel, Jean/Thiebault, Jean-Louis* (Hrsg.), The Profession of Government Minister in Western Europe. London: Macmillan Press, 174-198.
Cotta, Maurizio/Verzichelli, Luca, 2003: Ministers in Italy: Notables, Partymen, Technocrats and Mediamen, in: Southern European Politics and Society 4, 117-152.
Fettelschoß, Katja, 2009: Politische Eliten und Demokratie. Professionalisierung von Ministern in Mittelosteuropa. Baden-Baden: Nomos.
Franzen, Wolfgang/Haarland, Hans Peter/Niessen, Hans-Joachim (Hrsg.), 2005: Osteuropa zwischen Euphorie, Enttäuschung und Realität. Daten zur Systemtransformation 1990-2003 für eine nachhaltige Entwicklung. Münster: Literatur Verlag.
Golsch, Lutz, 1998: Die politische Klasse im Parlament. Baden-Baden: Nomos.
Herzog, Dietrich, 1973: Karrieren und politische Professionalisierung bei CDU/CSU, SPD und FDP, in: *Dittberner, Jürgen/Ebbighausen, Rolf* (Hrsg.), Parteiensystem in der Legitimationskrise. Opladen: Westdeutscher Verlag; 109-131.
Herzog, Dietrich, 1975: Politische Karrieren. Selektion und Professionalisierung politischer Führungsgruppen. Opladen: Westdeutscher Verlag.
Hoffmann-Lange, Ursula, 1997: Demokratieentwicklung und Elitentransformation in Deutschland, in: Schweizerische Zeitschrift für Soziologie 23, 507-530.
Kellner, Peter/Crowther-Hunter, Lord, 1980: The Civil Servants. London: Macdonald Publishing.

King, James D., 2000: Changes in Professionalism in U.S. State Legislatures, in: Legislative Studies Quarterly 25, 327-342.
Klein, Ansgar, 1992: Politische Eliten in der Demokratie. Zugänge zur Diskussion über die „Politische Klasse", in: *Leif, Thomas/Legrand, Hans-Josef/Klein, Ansgar* (Hrsg.), Die politische Klasse in Deutschland. Eliten auf dem Prüfstand. Bonn: Bouvier; 16-34
Landfried, Christine, 1994: Politik als Beruf heute. Ein Anforderungsprofil an Professionelle, in: *Leggewie, Claus* (Hrsg.), Wozu Politikwissenschaft? Über das Neue in der Politik. Darmstadt: Wissenschaftliche Buchgesellschaft, 211-227.
Merkel, Wolfgang, 1999: Systemtransformation. Opladen: Leske + Budrich.
Merkel, Wolfgang, 2007: Gegen alle Theorie? Die Konsolidierung der Demokratie in Ostmitteleuropa, in: Politische Vierteljahresschrift 48, 413-433.
Müller-Rommel, Ferdinand/Fettelschoß, Katja/Harfst, Philipp, 2004: Party Government in Central Eastern European Democracies, in: European Journal of Political Research 43, 869-894.
Offe, Claus, 1994: Der Tunnel am Ende des Lichts. Erkundungen der politischen Transformation im Neuen Osten. Frankfurt a. M.: Campus.
Przeworski, Adam/Teune, Henry, 1970: The Methodology of Comparative Research. New York: Wiley-Interscience Publications.
Rebenstorf, Hilke, 1995. Die politische Klasse. Zur Entwicklung und Reproduktion einer Funktionselite. Frankfurt a./M.: Campus.
Rüb, Friedbert, 2001: Schach dem Parlament! Regierungssysteme und Staatspräsidenten in den Demokratisierungsprozessen Osteuropas. Opladen: Westdeutscher Verlag.
Stammer, Otto, 1951: Das Elitenproblem in der Demokratie. Schmollers Jahrbuch für Gesetzgebung, in: Verwaltung und Volkswirtschaft 71, 513-540.
Steen, Anton, 1997: Between Past and Future: Elites, Democracy and the State in Post-Communist Countries. A Comparison of Estonia, Latvia and Lithuania. Aldershot: Ashgate Press.
Weber, Max, 1992: Max Weber Gesamtausgabe. Abteilung 1: Schriften und Reden. Tübingen: J.C.B. Mohr.
Wiesendahl, Elmar, 2001: Berufspolitiker zwischen Professionalismus und Karrierismus, in: *Arnim, Hans Herbert von* (Hrsg.), Politische Klasse und Verfassung. Berlin: Duncker & Humblot, 145-166.
Winter, Lieven de, 1991: Parliamentary and Party Pathways to the Cabinet, in: *Blondel, Jean/ Thiebault, Jean-Louis* (Hrsg.), The Profession of Government Minister in Western Europe. London: Macmillan Press.

Abgeordnete mit Migrationshintergrund im Vereinigten Königreich, Frankreich, Deutschland und Schweden: Opportunitäten und Politikschwerpunkte

Andreas M. Wüst / Thomas Saalfeld

1. Einleitung*

Die Integration von Einwanderern und ihren Nachkommen stellt eine große Herausforderung für viele entwickelte Demokratien dar. Oft beziehen sich die Diskussionen auf die Integration in den Arbeitsmarkt, das Bildungssystem oder die normative Ordnung der Aufnahmegesellschaft. Doch auch die Offenheit des politischen Systems für solche Einwanderer, die Politik im Aufnahmeland zu ihrem Beruf machen wollen, spielt in der wissenschaftlichen Diskussion eine zunehmende Rolle, besonders dort, wo Migranten und ihre Nachkommen bereits zu *ethnischen Minderheiten* geworden sind (z. B. in den USA oder Kanada). Dabei stehen oft fundamentale demokratietheoretische und verfassungsrechtliche Fragen im Vordergrund. „Politische Gerechtigkeit lässt dauerhaftes Ausländertum nicht zu", konstatiert etwa Michael Walzer (2006: 104) und plädiert dafür, dass Demokratien Einwanderer auch politisch in ihre Gesellschaften integrieren. Die Voraussetzung für eine vollständige politische Integration ist in der Regel der Erwerb der Staatsbürgerschaft des Einwanderungslandes. Mit ihr verbunden sind das aktive und das passive Wahlrecht. Nicht-Staatsbürger besitzen das Wahlrecht nur in einigen Ländern – und dann zumeist nur auf der Gemeindeebene (Earnest 2008). Doch die Staatsbürgerschaft allein führt nicht unmittelbar zu politischer Partizipation und Repräsentation: Trotz unterschiedlicher Ausgestaltung des Staatsbürgerschafts- und Wahlrechts sind die Partizipations- und Repräsentationsraten von Bürgern mit Migrationshintergrund in fast allen liberalen Demokratien unterdurchschnittlich (Messina 2007: 194-223; Bird/Saalfeld/Wüst 2010). Die Erklärungen hierfür variieren. Doch es scheinen zum einen sozialstrukturelle und ökonomische Unterschiede zwischen Personen mit und ohne Migrationshintergrund, zum anderen Unterschiede der politischen Gelegenheitsstrukturen eine Rolle für beobachtbare Differenzen zu spielen (DeSipio 1997; Kittilson/Tate 2004).

Besonders wenig weiß die Politikwissenschaft über *Abgeordnete* mit Migrationshintergrund, auch wenn einige von ihnen persönlich großes öffentliches Interesse erlangt haben, etwa Ayaan Hirsi Ali in den Niederlanden, Naser Khader in Dänemark oder Cem Özdemir in Deutschland. Dabei fallen Abgeordneten mit Migrationshintergrund

---

* Wir bedanken uns bei Hanna Bäck, Johan Martinsson und Richard Öhrvall für wichtige Hinweise zu Schweden, Amanda Klekowski von Koppenfels für Hinweise und Informationen zu Frankreich, Dominic Heinz für Recherche- und Kodierarbeiten sowie Tuba Bozkurt für Unterstützung im Rahmen der Fertigstellung des Manuskripts.

repräsentationstheoretisch potenziell wichtige Rollen zu, vor allem, weil sie einen anderen Erfahrungsschatz in den politischen Prozess einbringen können (Phillips 1995: 9). Die potenziellen Effekte, die von einer parlamentarischen Präsenz von Migranten und ihren Nachkommen ausgehen, reichen von reiner Symbolik über mancherlei Einflussnahme auf den politischen Diskurs (Mansbridge 1999) sowie substanziellen Einfluss auf Fraktions- und Parlamentsbeschlüsse (Tate 2003; Haider-Markel 2007) bis hin zu gruppenspezifischer Interessenpolitik (Gay 2002; Fenno 2003; Wüst 2006). Doch in welchem Ausmaß und unter welchen Bedingungen diese allzu oft nur unter normativ-theoretischen Gesichtspunkten behandelten und auch nur *vermuteten* Effekte *wirklich* eintreten, darüber weiß die Politikwissenschaft noch allzu wenig. Vor allem gibt es kaum vergleichende Analysen, die den Einfluss unterschiedlicher institutioneller Rahmenbedingungen und politischer Gelegenheitsstrukturen systematisch thematisieren (Kittilson/Tate 2004; Banducci et al. 2004).

In der Literatur mangelt es bereits an einer systematischen Bestandsaufnahme von Abgeordneten mit Migrationshintergrund. Des Weiteren fehlen Analysen der Erfolgsvoraussetzungen, politikfeldbezogenen Arbeitsschwerpunkte und des parlamentarischen Handelns. Dieser Themen nimmt sich der vorliegende Beitrag über Abgeordnete mit Migrationshintergrund der ersten und zweiten Generation in vier europäischen Ländern vergleichend an. Die Analyse stützt sich im Kern auf Elemente legislativer Rollentheorien, die einerseits eine für diese Untersuchung nützliche Verbindung zwischen Institutionen und individuellen Merkmalen der Abgeordneten in ihren politischen und sozialen Bezugsgruppen herstellen, andererseits aber auch sowohl eine neoinstitutionalistisch-strategische als auch eine sozialisationstheoretisch-interaktionistische Interpretation zulassen (vgl. Searing 1991; Strøm 1997). Aus neoinstitutionalistischer Sicht können Opportunitätsdifferenzen, die aus dem Wahlsystem sowie der Partei- und Parlamentsorganisation herrühren, für Unterschiede der deskriptiven Repräsentation und des parlamentarischen Handelns herangezogen werden (Norris 1997: 214-224), ohne auf empirisch schwer verifizierbare Annahmen über die Wirkung sozialer Kontexte rekurrieren zu müssen. Zwar wird individuelles parlamentarisches Handeln aus dieser Sicht durch institutionelle Rahmenbedingungen nicht strikt determiniert. Doch es erzeugen Institutionen für alle Abgeordneten – unabhängig von ihrer Herkunft – Verhaltensanreize, die zu solchen typischen strategischen Handlungsmustern beitragen, die ihrerseits als *strategische Rollen* im Sinne Strøms (1997) aufgefasst werden können. Aus sozialisationstheoretischer Perspektive sind wiederum die Herkunft, die persönliche, berufliche und politische Sozialisation sowie – damit verbunden – die Qualifikation eines Politikers Voraussetzungen einer späteren Karriere (Herzog 1975: 44). So gibt es einige formale Kriterien, z. B. hohen Bildungsgrad, aber auch die Art der politischen Sozialisation, die für eine politische Karriere förderlich oder hinderlich sind (Norris 1997: 224-231). Ein potenziell relevanter, empirisch allerdings noch näher zu bestimmender Aspekt der Sozialisation und Qualifikation kann auch der Migrationshintergrund selbst sein, zumal entsprechende Politiker nicht selten von ihren besonderen Sozialisationserfahrungen und den damit verbundenen Qualitäten, Sensibilitäten und Rollenerwartungen anderer Akteure in ihrer politischen Umwelt berichten.[1] Inwieweit kommt diesem

---

1 So berichtete der ehemalige deutsche Bundestagsabgeordnete Cem Özdemir (1997: 6, 8, 91, 112, 120 et passim), dass er innerhalb seiner Partei zunehmend in die Rolle eines *authentischen*

(anderen) Hintergrund eine besondere, eigenständige Rolle im Rahmen der politischen Karriere sowie des politischen Handelns zu – und zwar unabhängig von den parlamentarischen Institutionen? Öffnen oder schließen sich Aktivitäts- und Karrierepfade aufgrund eines solchen Hintergrunds? Es ist zu überprüfen, ob neben der Verfügbarkeit verschiedener parlamentarischer Rollen und dem Interesse an ihnen (Searing 1994) auch der Grad der *Sichtbarkeit* eines unterschiedlichen ethnischen Hintergrundes[2] politische Schwerpunktsetzungen bzw. das Ausmaß migrationsbezogener parlamentarischer Aktivitäten beeinflusst.

Auf der Grundlage verfügbarer Forschungsergebnisse erwarten wir auch für die hier betrachteten Fälle vor allem Unterschiede, die sich aus parteispezifischen Opportunitäten ergeben (Kittilson/Tate 2004). Zudem lassen US-amerikanische Forschungsergebnisse aus wahlstrategischer Sicht erwarten, dass es Zusammenhänge zwischen Kontextfaktoren wie dem Anteil der Bürger mit Migrationshintergrund im Wahlkreis sowie der Wahrscheinlichkeit gibt, dass ein solcher Wahlkreis von einem Migranten vertreten wird (Tate 2003: 67). Über die Replizierung solcher Untersuchungen hinaus stellt sich die Frage, ob ein höheres Maß an *deskriptiver Repräsentation* auch mit *substanzieller Repräsentation* einhergeht, d. h. ob Abgeordnete mit Migrationshintergrund aus Wahlkreisen mit hohen Migrantenanteilen in ihrem parlamentarischen Handeln dann auch ein deutliches migrationsspezifisches Profil aufweisen. Beim gegenwärtigen Stand der auf einen längeren Zeitraum angelegten international-vergleichenden Forschung[3] sind einige wünschenswerte Analysen leider noch nicht möglich. So bleiben hier zum einen die individuelle Motivation sowie die politischen Ziele der Abgeordneten unberücksichtigt, da sie nur im Rahmen von geplanten Befragungen ermittelt werden könnten. Zum anderen ist eine Kontrastgruppenanalyse von Abgeordneten mit und ohne Migrationshintergrund aus identischen und vergleichbaren Kontexten (z. B. aus Wahlkreisen mit unterschiedlich hohen Migrantenanteilen) derzeit noch nicht möglich. Obendrein handelt es sich hier um eine Querschnittsanalyse, die zu einem späteren Zeitpunkt durch verschiedene Längsschnittanalysen ergänzt werden soll.

Der vorliegende Beitrag behandelt Parlamentarier mit Migrationshintergrund im Vereinigten Königreich, in Frankreich, Deutschland und Schweden. Diese Länder gehören zur Gruppe bevölkerungsreicher europäischer Länder mit einem hohen, historisch gewachsenen Anteil an Personen mit Migrationshintergrund (SOPEMI 2007: 59).[4] Sie repräsentieren darüberhinaus nach Soysal (1994: 38-39) auch verschiedene

---

Migrationsexperten geriet, von politischen Opponenten im Bundestag als Fürsprecher seiner „Landsleute", von der türkischen Regierung als Interessenvertreter des Herkunftslandes seiner Eltern sowie unter türkischen und kurdischen Gruppen als Agent des türkischen Staates – oder auch als „Verräter am türkischen Staat" – gesehen wurde.

2 Wir beziehen uns hier auf die angelsächsische Definition einer v*isible minority*, die sich z. B. in Kanada durchgesetzt hat, um die Repräsentation von Minderheiten zu erfassen sowie eventuelle Barrieren zu identifizieren und sie zu überwinden.

3 Die Arbeit an diesem Beitrag wurde ermöglicht durch Förderung des Projekts *Migranten als politische Akteure* seitens der VolkswagenStiftung (Projektleiter: Andreas M. Wüst). Das Mannheimer Zentrum für Europäische Sozialforschung hat Thomas Saalfeld einen längeren Aufenthalt an der Universität Mannheim ermöglicht, durch den die gemeinsame Forschung beider Autoren unterstützt wurde. Beides wird dankend angezeigt.

4 Hierzu wären allenfalls noch die Niederlande, die Schweiz, Belgien und Griechenland zu zählen.

Mitgliedschaftsmodelle, die eine unterschiedliche Integration von Migranten erwarten lassen, nämlich *liberal* (Großbritannien), *staatszentriert* (Frankreich) und *korporatistisch* (Schweden), mit Deutschland als staatszentriert-korporatistischem *Mischmodell*. Andere Klassifikationen, die stärker auf das historisch gewachsene nationale Selbstverständnis und das damit zusammenhängende Staatsbürgerschaftsrecht rekurrieren, um Integrationsunterschiede zu erklären (z. B. Brubaker 1992; Castles/Miller 2003; Koopmans/ Statham 2000), weisen auf wichtige Differenzen zwischen *exklusionistischen* (Deutschland), *assimilatorischen* (Frankreich) und *kulturpluralistischen* (Schweden) Modellen hin, denen nun das Vereinigte Königreich nicht eindeutig zugeordnet werden kann (Koopmans et al. 2005: 73). Die vier ausgewählten Länder sollten demnach die Bandbreite der in der Literatur diskutierten Integrationsmodelle in Europa adäquat repräsentieren.

2. Definition des Migrationshintergrunds und Datengrundlage

Unter *Personen mit Migrationshintergrund* werden Einwanderer und deren unmittelbare Nachkommen verstanden. Die angewandte Definition identifiziert diese Personengruppe anhand dreier Kriterien. Erstens wird die Geburt im Ausland herangezogen. Zum Ausland gehören auch Gebiete, die einmal Teil des Staatsgebiets waren (z. B. Ostpreußen, Algerien), heute jedoch nicht mehr dazugehören. Zweites Kriterium ist der ausschließliche Erwerb einer anderen Staatsbürgerschaft (oder mehrerer) qua Geburt. Nur wer beide Kriterien erfüllt, zählt hier zur Gruppe der Personen mit Migrationshintergrund, nicht aber z. B. heimatvertriebene Deutsche oder französische Pieds Noirs. Durch dieses zweite Kriterium werden insbesondere Personen ausgeschlossen, die als Kinder von Staatsbürgern im Ausland geboren wurden, sich später aber als Rückkehrer im Heimatland ihrer Eltern niedergelassen haben. Sie können zwar als internationale Migranten verstanden werden, doch sind sie formal (Staatsbürgerschaft) und häufig auch hinsichtlich ihrer Sozialisation eher Rück- als Einwanderer.

Die ersten beiden Kriterien beziehen sich nur auf die erste Migrantengeneration. Ein zusätzliches drittes Kriterium erweitert die hier relevante Personengruppe um Kinder von Migranten, die allerdings auf dem Staatsgebiet des Einwanderungslandes geboren wurden. Wer einen Elternteil hat, der selbst einen Migrationshintergrund besitzt, gehört nach dieser Definition zur zweiten Generation von Personen mit Migrationshintergrund. Die dritte Generation, d.h. Enkel von Migranten, bleibt hier unberücksichtigt, zumal deren Identifikation bislang nicht verlässlich erfolgen konnte.[5]

Die Anwendung der drei Kriterien auf Abgeordnete der vier nationalen Parlamente gestaltete sich unterschiedlich schwierig. In biographischen Handbüchern (z. B. Kürschner 2006) und elektronischen Verzeichnissen (Parlamente, Fraktionen, Parteien) für die deutschen und französischen Abgeordneten ist der Geburtsort verzeichnet, so dass für die Identifikation der ersten Migrantengeneration dieser beiden Länder ein recht komfortabler Startpunkt vorhanden ist. Für das Vereinigte Königreich und für

---

5 Für einige Analysen, bei denen zwischen Abgeordneten mit und ohne Migrationshintergrund differenziert wird, erfolgt sogar ein Ausschluss von Abgeordneten der dritten Einwanderergeneration, sofern diese als solche identifiziert worden sind. Dies wird an den entsprechenden Stellen dieses Beitrags jeweils angezeigt.

Schweden gestaltet sich die Suche schwieriger. Die Angaben in Dod's Parliamentary Companion (Dods 2006) sind weniger standardisiert und enthalten nur teilweise den Geburtsort der Abgeordneten. Für Schweden konnte zumindest eine nützliche Aufstellung von Migranten im Reichstag gefunden werden.[6] Analog zur Vorgehensweise für die zweite Generation in Deutschland und Frankreich, mussten nahezu alle Abgeordneten des Vereinigten Königreichs und Schwedens einzeln dahingehend überprüft werden, ob ein eigener Migrationshintergrund oder der eines Elternteils vorliegt. Dies erfolgte zum einen durch Überprüfung in Frage kommender Namen, der Fotos der Abgeordneten und ihrer Biographien (z. T. über deren Internetpräsenz), wobei in zahlreichen Fällen auch direkte Nachfragen bei Abgeordneten mit potenziellem Migrationshintergrund und bei den Fraktionen stattfanden. Zum anderen wurde bei zahlreichen Kollegen, die sich mit den entsprechenden Parlamenten, Kandidaten und Abgeordneten beschäftigen, nach möglichen Abgeordneten mit Migrationshintergrund gefragt. Mit diesem kombinierten Verfahren, das seit Anfang 2006 eingesetzt wurde, sollten faktisch alle Abgeordneten mit Migrationshintergrund in den ersten Parlamentskammern der vier Länder identifiziert worden sein. Es ist allerdings nicht völlig auszuschließen, dass einzelne Abgeordnete mit Migrationshintergrund, insbesondere der zweiten Generation, (noch) nicht erfasst wurden.

Zur Analyse der parlamentarischen Aktivitäten wurde primär auf schriftliche Fragen zurückgegriffen, die zur Beantwortung an die Regierung gerichtet wurden. Dieses Instrument individueller Parlamentarieraktivität existiert in allen vier Kammern, wird durchgehend von einer großen Zahl von Abgeordneten genutzt, ist vergleichsweise zuverlässig zu erheben und dient insbesondere bei *einfachen Abgeordneten* sowohl der Informationsgewinnung als auch der persönlichen Profilierung. Die Anfragen wurden bis einschließlich März 2008 für die zu diesem Zeitpunkt laufende Legislaturperiode erfasst[7] und bezüglich zweier Dimensionen kodiert. Erstens wurde der Politikbereich festgestellt, in den die jeweilige Anfrage fiel. Hierzu wurde ein länderübergreifendes Kodierschema angewandt, das 18 Politikfelder abdeckt (vgl. Wüst/Heinz 2009). Zweitens wurde kodiert, ob die jeweilige Anfrage explizit migrationsbezogen war oder nicht. Als migrationsbezogen haben wir Anfragen kodiert, die sich mit Einwanderung (*nicht:* Auswanderung), mit Migranten und Ausländern, mit Integration und Diskriminierung (*auch:* Rechtsextremismus; *nicht:* Frauen) sowie mit Minderheiten beschäftigt haben. Im Normalfall waren dies innenpolitische Themen; mitunter gab es aber auch Bezüge zur Politik der EU oder zur Diskriminierung von Bürgern im Ausland (z. B. im Fall al-Masri in Deutschland). Rein außenpolitische Themen wie die Diskriminierung von Minderheiten in Drittländern (z. B. in Indien, Afghanistan oder in der Türkei) wurden nicht als migrationsbezogen eingestuft. Als weiteren Verhaltensindikator verwenden wir die Ausschussmitgliedschaft der Abgeordneten, die ebenfalls nach dem oben genannten politikfeldbezogenen Schema kodiert wurde.

---

6 Das Immigrant-institut (http://www.immi.se/politik/2006/riksdagen-valda.htm) bietet eine Zusammenstellung für Einwanderer der ersten und zweiten Generation an.

7 Als Quellen dienten für Frankreich, Deutschland und Schweden die Webseiten der nationalen Parlamente. Für das Vereinigte Königreich wurde auf die aufbereiteten Daten von www.theyworkforyou.com zurückgegriffen, die von der gemeinnützigen Organisation UK Citizens Online Democracy betrieben wird

3. Die Wahl von Abgeordneten mit Migrationshintergrund

Die Abgeordneten der ersten Kammern werden in den vier untersuchten Ländern auf unterschiedliche Weise gewählt. Im Vereinigten Königreich erfolgte die untersuchte Wahl (2005) in 646 Einerwahlkreisen nach relativer Mehrheitswahl, in Frankreich (2007) nach absoluter Mehrheitswahl in 577 Einerwahlkreisen. Das deutsche Wahlsystem kombiniert die relative Mehrheitswahl in 299 Einerwahlkreisen mit einer bundesweiten Verhältniswahl, auf deren Grundlage die Verteilung weiterer, zumindest 299 Listenmandate an Parteilisten in 16 Bundesländern erfolgt. Bei der Wahl 2005 wurden 299 Direkt- und 315 Listenmandate vergeben.[8] In Schweden (2006) wurden zunächst 310 Abgeordnete in 29 Mehrpersonenwahlkreisen nach Verhältniswahl gewählt; weitere 39 Mandate wurden ebenfalls an die Parteien in den Wahlkreisen vergeben, allerdings nur an jene, die – gemessen an ihrem Stimmenanteil in Schweden insgesamt – im ersten Schritt zu wenige Mandate erhalten hatten (kompensatorisches Wahlsystem).

Tabelle 1: Abgeordnete mit Migrationshintergrund in den Ersten Kammern
(Stand: März 2008)

Land	Vereinigtes Königreich	Frankreich	Deutschland	Schweden
Wahlkreise	EWK: 646	EWK: 577	EWK: 299 MPWK*: 16	MPWK*: 29
Abgeordnete insgesamt	646	577	612	349
Abgeordnete mit Migrationshintergrund (Anteil)	24 (3,7%)	16 (2,8%)	11 (1,8%)	25 (7,2%)
im EWK (Einerwahlkreis) gewählt	24	16	3	–
im MPWK (Mehrpersonenwahlkreis) gewählt	–	–	8	25

* Für die Bestimmung der Abgeordneten sind die Landeslisten (Deutschland) bzw. Wahlkreislisten (Schweden) der Parteien relevant, wobei die Sitzverteilung auf die Parteien in Deutschland *insgesamt* auf nationaler Ebene erfolgt, in Schweden aber nur für 39 der 349 Sitze.

Wie *Tabelle 1* zu entnehmen ist, gibt es in den ersten Kammern der vier Länder insgesamt 76 Abgeordnete mit Migrationshintergrund. Vergleicht man die vier Länder, so sitzen die wenigsten – auch im Verhältnis zu allen Abgeordneten eines Landes – im Bundestag, die meisten im schwedischen Reichstag. Von den deutschen Abgeordneten mit Migrationshintergrund wurden nur drei (Sebastian Edathy und Lale Akgün für die SPD, Michaela Noll für die CDU) in Wahlkreisen gewählt, die anderen acht sind über die Landeslisten ihrer Parteien in den Bundestag eingezogen. Bei den Listabgeordneten handelt es sich – bis auf einen der SPD – um Abgeordnete der kleinen Parteien Bündnis 90/Die Grünen (4) bzw. Die Linke (3). Sie haben aufgrund ihrer Parteizugehörigkeit ohnehin nur geringe Chancen auf den Gewinn eines Wahlkreismandats. Die

---
8 Drei Abgeordnete (ohne Migrationshintergrund) aus Bundesländern mit Überhangmandaten sind bis zum Ende der Wahlperiode aus dem Bundestag ausgeschieden. Die beiden Wahlkreise wurden nachfolgend dennoch in die Aggregatanalyse der Wahlkreise einbezogen.

Feststellung, dass Listenkandidaturen für Personen mit Migrationshintergrund erfolgversprechender sind als Wahlkreiskandidaturen, wäre demnach verfrüht, zumal auf dieser Datengrundlage keine Analyse der (erfolglosen) Kandidaturen durchgeführt werden kann.

Abgeordnete mit Migrationshintergrund können aus verschiedenen Wahlkreisen stammen. Die Wahrscheinlichkeit, dass sie in Wahlkreisen mit einem hohen Migrantenanteil gewählt werden, sollte jedoch höher sein, da dort zum einen das Reservoir an potenziellen Kandidaten mit Migrationshintergrund größer sein wird und es zum anderen für Parteien besonders lohnend sein sollte, genau in solchen Wahlkreisen Kandidaten mit Migrationshintergrund aufzustellen (Hernson 1997: 201). Einen systematischen Einfluss der (nationalen) Eliten derjenigen Parteien, die formal über größeren Einfluss auf die Kandidatenaufstellung verfügen als die Eliten anderer Parteien (Scarrow et al. 2000: 139), konnten wir jedoch nicht feststellen. Allerdings ist die Varianz der formalen Einflussmöglichkeiten bei den hier behandelten Parteien insgesamt sehr gering.[9] Es ist jedoch denkbar, dass gerade im Vereinigten Königreich, wo im Vergleich der größte Anteil der Wahlkreiskandidaten nicht ursprünglich aus jenem Wahlkreis stammt, in dem sie kandidieren (Pedersen et al. 2007), das System der *parachutage* auch mit Blick auf Politiker mit Migrationshintergrund Anwendung findet, um die Repräsentation von Bürgern mit Migrationshintergrund zu erhöhen. Angesichts des Forschungsstands und der Datenlage kann die Rolle von Parteieliten im Nominierungsprozess nur durch Einzelfallanalysen, und hier vorwiegend persönliche Interviews, weiter erhellt werden.

Wie *Tabelle 2* zeigt, ist die Wahrscheinlichkeit, dass Abgeordnete mit Migrationshintergrund aus Wahlkreisen mit einem hohen Anteil von Personen mit Migrationshintergrund stammen, erkennbar höher, als dass sie in Wahlkreisen mit niedrigem Migrantenanteil gewählt werden. Dieses Muster zeigt sich am eindeutigsten im Vereinigten Königreich, nicht jedoch in Frankreich. Ebenfalls von Bedeutung ist das Wahlsystem. Es besteht eine höhere Wahrscheinlichkeit, dass Abgeordnete mit Migrationshintergrund aus Mehrpersonenwahlkreisen (MPWK) als aus Einerwahlkreisen hervorgehen. Aufgrund der niedrigen Zahl untersuchter Länder und MPWK könnte dies jedoch auch ein Ländereffekt sein, nämlich Schwedens, dessen 25 Abgeordnete mit Migrationshintergrund ausschließlich in MPWK gewählt wurden. In Deutschland, dies zeigt sowohl die ausschließliche Analyse der Einerwahlkreise (Modell 1) als auch diejenige aller Wahlkreise (Modell 2b), ist die Anzahl der Abgeordneten mit Migrationshintergrund trotz Kontrolle für den Migrantenanteil im Wahlkreis, für Mehrpersonenwahlkreise und für die Wahlkreisgröße klar niedriger als in den drei anderen Ländern (Länderdummy D).

Das institutionelle Design (Wahlkreisgröße) und der Wahlkreiskontext (Bevölkerungszusammensetzung) sind demnach für die Wahl von Abgeordneten mit Migrationshintergrund von Bedeutung. Bemerkenswert ist allerdings, dass dieses Muster nur für die Abgeordneten der linken, doch nicht der bürgerlich-konservativen Parteien gilt.

---

9 Nach Scarrow et al. (2000) haben die Eliten sämtlicher schwedischer Parteien sowie die deutschen Grünen und die FDP keinen formalen Einfluss auf die Kandidatenaufstellung. Alle anderen Parteien besitzen Einflussmöglichkeiten (z. B. Vetomöglichkeiten), die im deutschen Fall (CDU, SPD) jedoch am schwächsten ausgeprägt sind.

Tabelle 2: Faktoren für die parlamentarische Repräsentation einer Person mit Migrationshintergrund (binäre logistische Regressionen)

	Einerwahlkreise (Modell 1)		alle Wahlkreise (Modell 2a)		alle Wahlkreise (Modell 2b)	
	b	Exp(b)	b	Exp(b)	B	Exp(b)
allochtoner Bevölkerungsanteil[a]	,47	1,61***	,48	1,62***	,47	1,60***
MPWK			2,41	11,13***	2,23	9,30+
Größe des MPWK			,06	1,06+	,08	1,09+
Länderdummy D	−1,37	,25*			−1,37	,25*
Länderdummy F	−,29	,75			−,29	,75
Länderdummy S					−,04	,97
Konstante	−3,35	,04***	−3,66	,03***	−3,36	,04***
n	1420[b]		1465[b]		1465[b]	
−2 log likelihood	349,49		409,18		399,83	
Modell-χ^2	21,99***		85,44***		94,78***	
Nagelkerkes Pseudo-R^2	6,7%		19,8%		21,9%	

+ p < 0,1; * p < 0,05; ** p < 0,01; *** p < 0,001.
[a] Äquivalente Indikatoren: Non-White-Population (UK); Ausländer (F, D); im Ausland Geborene (S); Z-Standardisierung für die Anteile innerhalb der Länder.
[b] Es wurden folgende Wahlkreise von der Analyse ausgeschlossen: Für F alle WK außerhalb des europäischen Kontinents (22); für das VK Schottland (59) und Nordirland (18) aufgrund nicht verfügbarer Bevölkerungsdaten.

Während der standardisierte Durchschnittswert für den Migrantenanteil in Einerwahlkreisen bei Abgeordneten mit Migrationshintergrund der Linksparteien überdurchschnittlich ist (+0,9), liegt er bei Abgeordneten der bürgerlichen Parteien im Durchschnitt (0,0).[10] Dieses Ergebnis legt nahe, dass Abgeordnete mit Migrationshintergrund aus bürgerlichen Parteien nicht nur seltener aus migrationstypischen Kontexten stammen, sondern sie auch in Bezug auf andere Eigenschaftsmerkmale stärker Abgeordneten ohne Migrationshintergrund gleichen, als das bei ihren Kolleginnen und Kollegen von der politischen Linken der Fall ist.

Untersuchen wir, wie sich die Abgeordneten mit Migrationshintergrund auf die verschiedenen Parteigruppierungen der vier Länder verteilen *(Tabelle 3)*, dann zeigt sich zunächst ein Verhältnis von jeweils mindestens 2 : 1 zwischen linken Parteien einerseits und bürgerlichen Parteien andererseits. Bei differenzierter Betrachtung der Herkunft der Abgeordneten lässt sich zudem erkennen, dass Parteien der Linken sehr viel häufiger deutlich erkennbare Migranten in ihren Reihen haben als ihre konservativeren Konkurrenten. Wendet man das kanadische Konzept der Visible Minorities („non-cau-

---

10 Dieser Vergleich war für 36 Abgeordnete der Linken und elf Abgeordnete der Bürgerlich-Rechten aus Einerwahlkreisen möglich. Die standardisierten Migrantenanteile besitzen einen Mittelwert von 0,0; die ausgewiesene Mittelwertdifferenz wäre – eine Zufallsstichprobe vorausgesetzt – statistisch signifikant (p < 0,05).

Tabelle 3: Parteizugehörigkeit der Abgeordneten mit Migrationshintergrund
(März 2008)

Land	Vereinigtes Königreich	Frankreich	Deutschland	Schweden
Linke Parteien	20 (83%) Labour: 19 LibDems: 1	11 (69%) PS: 10 PCF: 1	10 (91%) Grüne: 4 SPD: 3 Linke: 3	17 (68%) SAP: 13 Grüne: 2 Linke: 2
Bürgerliche	4 (17%) Cons: 4	5 (31%) UMP: 5	1 (9%) CDU: 1	8 (32%) M: 6 Liberale FP: 2
insgesamt	24	16	11	25

casian and non-white") an,[11] dann sind 51 Prozent der insgesamt 56 Abgeordneten linker Parteien als Minderheiten *sichtbar*, doch nur 37 Prozent der insgesamt 19 Abgeordneten bürgerlicher Parteien. Einen ähnlichen Befund liefert die Differenzierung der Bildungsabschlüsse nach Parteizugehörigkeit, die für 69 der 76 Abgeordneten mit Migrationshintergrund ermittelt werden konnten. Sämtliche Abgeordneten mit Migrationshintergrund bei den bürgerlichen Parteien haben zumindest einen Bachelor-Abschluss, was dagegen auf sieben Abgeordnete der politischen Linken (12 Prozent), die sich auch über alle vier Länder verteilen, nicht zutrifft. Es liegt somit der Schluss nahe, dass die bürgerlichen Parteien entweder öfter auf *unsichtbare*, strukturell stärker assimilierte Personen mit Migrationshintergrund zurückgreifen, oder dass solche Politiker häufiger in diesen Parteien Abgeordnete werden können.

4. Opportunitätsstrukturen für Parlamentsaktivitäten

Die ersten Kammern der vier analysierten Länder gehören unterschiedlichen Parlamentstypen an. Das House of Commons ist nach Steffani (1979) ein „Redeparlament" bzw. – in Polsbys (1975) Terminologie – ein „arena parliament". Dies trifft im weitesten Sinn auch auf die Assemblée Nationale zu, deren wenige Ausschüsse auch keine Gesetzgebungsprozesse initiieren können (Mattson/Strøm 1995: 287). Die Arbeit von und in Ausschüssen spielt dagegen im schwedischen Reichstag und im Deutschen Bundestag eine weitaus wichtigere Rolle. Sie können deshalb sehr viel eher als *Ausschussparlamente* bezeichnet werden, die auf einem Kontinuum zwischen dem amerikanischen Repräsentantenhaus als „transformative legislature" und dem britischen Unterhaus als „arena legislature" (Polsby) liegen. Diese Unterschiede sind zu berücksichtigen, wenn man sich mit den parlamentarischen Aktivitäten der Abgeordneten mit Migrationshintergrund in den vier Parlamenten beschäftigt. So eröffnet die Spezialisierung und Ausschussarbeit beispielsweise im Bundestag parlamentsinterne Karriereperspektiven, die es

---

11 Die Definition ist im Employment Equity Act des Jahres 1995 festgelegt.

in dieser Form im House of Commons nicht gibt (Saalfeld 1998, 2000, 2008). Für britische Parlamentarier bestehen dagegen in größerem Ausmaß exekutive Karriereperspektiven (Searing 1994: 427-435), und zwar insbesondere, wenn sich die Labour Party mit ihrem relativ hohen Anteil an Abgeordneten mit Migrationshintergrund in Regierungsverantwortung befindet.

Anknüpfend an Donald Searings Typologie von *backbench and leadership roles* im britischen Unterhaus (vgl. *Tabelle 4*) soll eine erste Bestandsaufnahme der Verhaltensmuster von Abgeordneten mit Migrationshintergrund erfolgen. Das Rollenkonzept erlaubt über die Berücksichtigung verschiedener institutioneller Rahmenbedingungen hinaus auch die systematische Einbeziehung anderer Faktoren, z. B. parteispezifischer oder migrationsspezifischer Art (sichtbare Minderheit, Assimilationsgrad). Rollen werden hier in Anlehnung an Strøm (1997: 155-157) als strategische Verhaltensmuster und Routinen verstanden, die Abgeordnete einsetzen, um im gegebenen institutionellen Rahmen mit knappen Ressourcen politische Ziele erreichen zu können.

Searing schlägt eine Unterscheidung in Abgeordneten- und Führungsrollen vor, die zwar am Fall des britischen Parlamentarismus induktiv entwickelt wurde, doch für die meisten parlamentarischen Regierungssysteme zumindest klassifikatorisch von großem Nutzen sein dürfte.[12] Die Rollen eines Abgeordneten ohne Führungsposition reichen vom policy-orientierten Typ (policy advocate) über den des Ministeraspiranten (ministerial aspirant) und Wahlkreisvertreters (constituency member) bis hin zu dem – stark von der britischen Praxis beeinflussten – Typ des Mandatsinhabers (parliament man), der sozialen Status und intrinsische Gratifikationen aus der Mitgliedschaft selbst bezieht und oftmals viel zum Leben und zur Infrastruktur des Parlaments beiträgt. Die Rollen eines Führungspolitikers reichen von den unterhausspezifischen „parliamentary private secretaries", deren unbezahlte Hilfsdienste für einen Minister oft einen ersten Schritt vom Aspiranten zum Staatssekretär oder Minister darstellen und außerhalb des britischen Kontexts keine große Rolle spielen dürften, über fraktionsinterne Führungsrollen (Whip) bis hin zu den Positionen von parlamentarischen Staatssekretären, Ministern ohne Kabinettsrang (junior ministers) und Ministern im Kabinettsrang. In der Praxis lassen sich dabei verschiedene Untertypen bilden, die an dieser Stelle nicht näher ausgeführt werden sollen. Für Parlamente mit einflussreichen Ausschüssen, wie den Bundestag oder den Reichstag, sollte man unserer Ansicht nach auch Ausschussvorsitzende und stellvertretende Ausschussvorsitzende zu den Führungsrollen zählen. Charakteristisch ist nach Searing, dass solche Führungs- oder Positionsrollen stärkeren institutionellen Restriktionen unterliegen als Abgeordnetenrollen, die er deshalb auch als *preference roles* bezeichnet *(Tabelle 4)*.

Als Nullhypothese ließe sich die Erwartung formulieren, dass keinerlei Unterschiede zwischen Abgeordneten mit oder ohne Migrationshintergrund bestehen. Eine institutionelle Alternativhypothese würde dagegen lauten, dass Abgeordnete mit Migrationshintergrund in ihrer Rollenwahl mit typischen Barrieren und Chancen konfrontiert sein können, die sich systematisch auf ihr Verhalten auswirken. Mit der Nullhypothese und Searings Vorhersage der stärkeren institutionellen Determiniertheit von Positionsrollen wäre die Erwartung vereinbar, dass die Zahl der Abgeordneten mit Migrations-

---

12 Modifizierte Anwendungen und Adaptionen der Klassifikation auf nicht-britische Fälle finden sich u. a. bei Costa/Kerrouche (2008), Müller/Jenny (2008) und Saalfeld/Wüst (2008).

Tabelle 4: Rollentypologie für Parlamentarier (des britischen Unterhauses)

Kategorie	Rollen	Untertypen
backbench roles („preference roles")	policy advocate	ideologue generalist specialist
	ministerial aspirant	high flyer subaltern
	constituency member	welfare officer local promoter
	parliament man	status seeker spectator club man
leadership roles („position roles")	parliamentary private secretary	apprentice auxiliary
	whip	chief whip deputy chief whip ‚senior' junior whips junior whips
	junior minister	journeymen placemen
	minister	cabinet minister minister minister of state

Quelle: Searing (1994: 419, 428).

hintergrund in Führungsrollen aufgrund des insgesamt niedrigen Anteils solcher Abgeordneter in Parlamenten gering sein dürfte. Sollten Abgeordnete mit Migrationshintergrund dennoch in Führungspositionen aufsteigen, dann würde die Nullhypothese erwarten lassen, dass klassische Karrierefaktoren (v. a. Bildung und politiknaher Beruf vor der Wahl) im Vordergrund stehen, nicht aber der Migrationshintergrund oder migrationsrelevante Themen.[13] Ferner sollten solche Abgeordnete ihr parlamentarisches Handeln auf die Positionsrolle fokussieren, d. h. seltener durch parlamentarische Fragen in Erscheinung treten als ihre Kolleginnen und Kollegen. Ein sehr ähnliches Muster sollte bei Ministeraspiranten beobachtbar sein. Klassische Wahlkreisvertreter sollten dagegen eine etwas höhere parlamentarische Aktivität zeigen, wobei die demographische Zusammensetzung des Wahlkreises als intervenierender Faktor für migrationsspezifische Aktivität in Erscheinung treten sollte: In Wahlkreisen mit niedrigem Migrantenanteil müsste die letztere schwächer ausgeprägt sein. Die häufigsten Migrationsbezüge erwarten wir von den policy-orientierten Parlamentariern, v. a. von Ideologen und Generalisten, die als Policy-Experten oder Interessenvertreter bei migrationsspezifischen Themen in Erscheinung treten sollten. Gäbe es „Ideologen" im Sinne Searings (1994), so müssten sie vor allem auf der politischen Linken zu finden sein, insbesondere wenn man an eine zusätzlich starke Betonung von Migrationsfragen denkt. Zu überprüfen ist auch, ob Spezialisten außerhalb des Themenbereichs „Migration" in Erscheinung tre-

---

13 Die einzige denkbare Ausnahme wäre eine migrationsbezogene Führungsrolle, z. B. der Vorsitz eines Migrations- oder Integrationsausschusses.

ten und inwieweit Migrationsbezüge auch im parlamentarischen Handeln dieser Abgeordneten sichtbar sind.

Legt man einen strategischen Rollenbegriff nach Strøm (1997) zugrunde, so sollte der Grad und die Richtung politischer Aktivität stark von den Voraussetzungen für eine Wiederwahl abhängen, die ihrerseits von der Seniorität eines Abgeordneten, seiner Stellung in Partei und Fraktion sowie vom Wahlsystem beeinflusst werden (Hibbing 1991; Müller/Strøm 1999). In ihrer ersten Legislaturperiode sollten auch Abgeordnete mit Migrationshintergrund selten in Positionsrollen gelangen. Es ist wahrscheinlicher, dass sie die Möglichkeiten der parlamentarische Arena oder ihres hervorgehobenen Status im Wahlkreis nutzen werden, um Sichtbarkeit zu erlangen. Dies bedeutet, dass sie sehr viel häufiger als Generalisten denn als Spezialisten auftreten, zumal sie mitunter (noch) nicht in ihrem eigentlichen Fachgebiet tätig werden können, da es in der Fraktion meistens schon Spezialisten für sämtliche Politikbereiche gibt. Ein Fokus auf Wahlkreisarbeit im Sinne des Searingschen „constituency member" macht nur für Wahlkreisabgeordnete Sinn – und dies vor allem in hart umkämpften Wahlkreisen.

Die Verfügbarkeit von Rollen und die Anreize zur Rollenwahl werden auch für Abgeordnete mit Migrationshintergrund durch die parlamentarische Gelegenheitsstruktur bestimmt. Im Vereinigten Königreich ist es beispielsweise für Abgeordnete wenig attraktiv, Parlamentsämter wie Ausschussvorsitze zu übernehmen, da die spezialisierten Fachausschüsse (select committees) keine Rolle im Gesetzgebungsprozess spielen (vgl. Saalfeld 2008), überwiegend der Information des Parlaments dienen, kaum direkten Einfluss auf die Politikformulierung haben und auch nur in Ausnahmefällen einer weiteren Karriere in der Exekutive dienlich sind. In Frankreich sind die sechs, thematisch äußerst heterogenen und mit viel zu vielen Mitgliedern besetzten Ausschüsse nicht nur unattraktiv, sondern auch „nicht recht arbeitsfähig" (Hartmann 2000: 179). Dies stellt sich in Deutschland, vor allem aber in Schweden völlig anders dar. Ausschüsse des schwedischen Reichstags haben, anders als diejenigen der anderen drei Parlamente, das Recht zur Gesetzesinitiative (Mattson/Strøm 1995: 290), und die meisten Gesetzesinitiativen kommen, anders als beispielsweise in Deutschland, tatsächlich aus dem Parlament und nicht von der Regierung (Bowler 2000: 170). Sie stellen daher eine echte Alternative für Abgeordnete dar, die Politik beeinflussen wollen, und dies nicht nur als Minister oder Ministeraspirant, sondern als Policy-Experte oder als Abgeordneter mit Führungsfunktionen im Ausschusssystem.

5. Parlamentsaktivitäten: empirische Befunde

In allen vier Parlamenten besteht die Möglichkeit, über Ausschüsse parlamentarisch aktiv zu werden und sich inhaltlich zu positionieren. Davon machen sämtliche deutschen und französischen Abgeordneten mit Migrationshintergrund Gebrauch, doch lediglich elf der 24 britischen und zwölf der 25 schwedischen Abgeordneten mit Migrationshintergrund. Die Gründe hierfür sind verschieden. Während es im Reichstag nur 255 Ausschussmitgliedschaften für die insgesamt 349 Abgeordneten gibt und daher gar nicht alle Abgeordneten Mitglied eines Ausschusses werden können, sind Ausschussmitgliedschaften im House of Commons zur Profilierung vergleichsweise unattraktiv.

Letzteres wird u. a. daran deutlich, dass mit zunehmender Seniorität Ausschussmitgliedschaften von Unterhausabgeordneten mit Migrationshintergrund seltener werden.

Es sind vor allem die Ausschüsse für Justiz, Inneres, Soziales, Finanzen/Haushalt, Äußeres und EU, denen Abgeordnete mit Migrationshintergrund angehören *(Tabelle 5)*. Sieht man von Finanz- sowie Haushaltsausschüssen ab, dann lassen sich diese Politikbereiche, wie auch die unmittelbar folgenden Bereiche Kultur und Entwicklung, als eher migrationsnah bzw. transnational (Äußeres, EU) charakterisieren. Migrationsferne Ausschüsse wie z. B. Verteidigung, Umweltschutz oder Landwirtschaft sind von Abgeordneten mit Migrationshintergrund weitaus schwächer besetzt.

Tabelle 5: Parlamentsaktivitäten der Abgeordneten mit Migrationshintergrund

Politikfeld	Ausschussmitgliedschaften		schriftliche Fragen (%-Durchschnitt)	
	alle Abgeordneten	bürgerliche Parteien	alle	Visible Minorities
Justiz	11	4	8,5	9,7
Inneres	7	1	10,8	14,8
Soziales*	6	3	9,0	7,0
Finanzen/Haushalt	6	1	7,2	3,9
Äußeres	5	1	5,2	6,6
EU	5	0	2,0	2,4
Kultur*	3	1	2,8	2,8
Entwicklung	3	1	1,8	3,2
Umweltschutz	2	1	3,7	2,4
Wirtschaft	1	0	5,4	1,9
Gesundheit	1	0	9,6	7,4
Bildung	1	0	7,1	8,5
Beschäftigung	1	0	8,5	7,0
Wissenschaft und Technologie	1	1	1,6	2,9
Landwirtschaft	0	0	1,6	0,5
Energie und Infrastruktur	0	0	7,7	7,1
Verteidigung	0	0	0,9	1,1
Menschenrechte	0	0	0,6	0,9
Einwanderung	0	0	4,6	8,1
anderes	4	0	1,5	1,5
N	57	14	5284	3314

* Die Mitgliedschaften im Ausschuss *Affaires culturelles, familiales et sociales* der Assemblée Nationale wurden jeweils hälftig zu den Kategorien *Soziales* und *Kultur* gezählt.

Blickt man ergänzend zu den Ausschussmitgliedschaften auf schriftliche Fragen, die Abgeordnete ihrer jeweiligen Regierung stellen, dann wird das Bild ein wenig komplexer. Zu den vier wichtigsten in *Tabelle 5* aufgeführten Politikfeldern kommen Gesundheit, Beschäftigung, Energie und Infrastruktur sowie Bildung hinzu. Auch gezielte Fragen zum Thema Einwanderung, die als eigenes Politikfeld kodiert wurden, spielen hier eine gewisse Rolle. Letzteres ist vor allem bei denjenigen Abgeordneten der Fall, die zu den Visible Minorities zählen: Einwanderung kommt für sie – gemessen am durchschnittlichen Anteil schriftlicher Fragen – unter allen Politikfeldern an vierter Stelle. Wichtiger sind für die sichtbaren Minderheiten auch Inneres und Justiz sowie Bildung.

In diese Politikfelder fallen viele Fragen der Integration und Diskriminierung, die ganz offenbar größere Relevanz für Abgeordnete mit einem anderen ethnischen Hintergrund besitzen. Seltener werden von ihnen insbesondere Fragen zu den Themenbereichen Finanzen/Haushalt und Wirtschaft gestellt.

Obwohl eine deutliche Schwerpunktsetzung in migrationsnahen Politikfeldern zu beobachten ist, können wir anhand dieser Daten auch feststellen, dass Abgeordnete mit Migrationshintergrund in vielen verschiedenen Politikbereichen präsent sind. Eine ganze Reihe von ihnen hat sich zudem auf Themenbereiche spezialisiert, die sich mit ihrer Ausschussmitgliedschaft decken. Ein gutes Beispiel hierfür ist Elena Linna von der Vänsterpartiet (Linkspartei), die Mitglied des Gesundheitsausschusses im schwedischen Reichstag ist. Zehn ihrer 19 schriftlichen Fragen aus der gegenwärtigen Legislaturperiode fielen auch in das Politikfeld Gesundheit. Im Deutschen Bundestag ist diesbezüglich Ekin Deligöz zu nennen, die als stellvertretende Vorsitzende des Ausschusses für Familie, Senioren, Frauen und Jugend im 16. Deutschen Bundestag acht ihrer elf schriftlichen Fragen auf *ihr* Politikfeld bezieht. Die Beschränkung auf wenige Politikfelder kommt bei Abgeordneten des Reichstags am häufigsten vor, bei den Bundestagsabgeordneten am zweithäufigsten. Thematisch deutlich breiter streuen die schriftlichen Fragen der Abgeordneten in der Assemblée nationale und vor allem im House of Commons.[14] Es gibt hier einerseits wenig institutionelle Anreize, die parlamentarische Aktivität thematisch zu fokussieren, und andererseits könnte die Vertretung von Wahlkreisinteressen ein etwas breiteres Themenspektrum erfordern. Die thematische Varianz der schriftlichen Fragen nimmt mit zunehmender Seniorität ab, wie erwartungsgemäß die Fragetätigkeit insgesamt auch. Hinzu kommt die Einnahme von Positionsrollen, die zumindest bei einigen Abgeordneten die Fragetätigkeit limitiert.

Doch welche Abgeordneten mit Migrationshintergrund nehmen Positionsrollen ein? Inwieweit unterscheiden sich solche Abgeordnete von den anderen Parlamentariern mit Migrationshintergrund? In den vier untersuchten Ländern gibt es 14 Abgeordnete, die nach der um Ausschussfunktionen erweiterten Definition von Searing Positionsrollen einnehmen. Es sind dies acht Abgeordnete des britischen Unterhauses (sechs Regierungsmitglieder) und jeweils drei in Bundestag sowie Reichstag. Die französische Nationalversammlung ist hinsichtlich besetzbarer Positionsrollen aufgrund des schwachen Ausschusswesens und der Inkompatibilität zwischen Parlamentsmandat und Exekutivamt doppelt benachteiligt. Es wundert daher nicht, dass die französischen Abgeordneten mit Migrationshintergrund keine Positionsrollen einnehmen. Viele von ihnen haben allerdings zusätzlich zum nationalen Mandat noch Mandate oder Ämter auf kommunaler und regionaler Ebene inne. Nicht unerwähnt soll bleiben, dass Anfang 2009 neben dem Präsidenten Nicolas Sarkozy noch drei Mitglieder der französischen Regierung – Justizministerin Rachida Dati sowie die Staatssekretärinnen für Menschenrechte, Rama Yade, sowie Städtebau, Fadela Amara – einen Migrationshintergrund aufwiesen.

Von den 14 Abgeordneten in Positionsrollen gehören elf der jeweiligen sozialdemokratischen Partei ihrer Länder an, zwei den (deutschen) Grünen und lediglich einer, Gunnar Axén im Reichstag, der liberal-konservativen Moderata Samlingspartiet. Sie

---

14 In der multivariaten Analyse sticht vor allem die stärkere Fokussierung der schwedischen Abgeordneten hervor (kontrolliert für die Anzahl der Fragen, für Positionsrollen und für Seniorität).

sind im Durchschnitt in ihrer jeweils dritten Legislaturperiode, während Abgeordnete ohne Positionsrolle im Durchschnitt erst in ihrer zweiten Legislaturperiode sind. Nur fünf von ihnen gehören nicht zur Gruppe der Visible Minorities: der damalige britische Außenminister David Miliband und sein Bruder Edward, zum Zeitpunkt der Manuskriptabfassung Staatsminister im Cabinet Office; Jerzy Montag als Vorsitzender des Rechtsunterausschusses im Deutschen Bundestag; der Vorsitzende des schwedischen Sozialausschusses Gunnar Axèn; und die schwedische Delegationsleiterin im Nordischen Rat, Sinikka Bohlin.

Tabelle 6: Faktoren für die Einnahme einer Positionsrolle unter Abgeordneten mit Migrationshintergrund (binäre logistische Regressionen)

	b	Exp(b)
Seniorität (Legislaturperiode)	,16	1,18
Dummy Linkes Parteilager	1,48	4,38
Dummy Visible Minority	1,39	4,00+
Dummy College-Abschluss und höher	−,61	,54
Anzahl schriftlicher Fragen[b]	,08	1,08
Anteil migrationsbezogener Fragen	−,05	,95*
Konstante	−2,42	,09
N		67
−2 Log likelihood		54,16
Modell-χ^2		14,52*
Nagelkerkes Pseudo-R^2		30,4%

+ $p < 0,1$; * $p < 0,05$; ** $p < 0,01$; *** $p < 0,001$.

[b] Z-Standardisierung für die Anzahl innerhalb der Länder.

Was die Politikfelder betrifft, auf denen die 14 Inhaber von *Positionsrollen* arbeiten, ergibt sich kein klares Muster. Bis auf zwei Fälle stellen diese Abgeordneten, wie erwartet, weniger Fragen im nationalen Parlament als ihre Kolleginnen und Kollegen, die *einfache Abgeordnete* sind, d. h. Abgeordnete ohne Positionsrollen. Nähert man sich der Frage nach den Voraussetzungen für eine Positionsrolle multivariat *(Tabelle 6)*, dann kommt man jedoch zu einem erstaunlichen Ergebnis. Eine gewisse Seniorität und die Zugehörigkeit zu einer linken Partei sind zwar nicht von Nachteil, um eine Positionsrolle zu erlangen. Doch wirklich klaren Einfluss haben zwei Faktoren, die genau mit dem Migrationshintergrund zu tun haben: Verbunden mit einer Positionsrolle in den drei Parlamenten ist die Kombination aus der Zugehörigkeit zu einer sichtbaren Minderheit mit einem niedrigen Anteil an migrationsbezogenen schriftlichen Fragen. Diejenigen Abgeordneten mit Migrationshintergrund, die zu Führungspositionen aufsteigen, zeichnen sich somit im Allgemeinen durch ein *schwächeres* migrationsbezogenes Profil aus als ihre Kollegen. Die Fragehäufigkeit selbst spielt keine und der Bildungsgrad keine deutliche Rolle.[15] Weitere personenspezifische Gründe kommen als Faktoren mit Sicherheit hinzu, gerade wenn es um Spitzenämter wie das eines Ministers geht. Und si-

---

15 Es fehlen Angaben zu Bildungsgrad für neun der 62 Abgeordneten ohne Positionsrolle. Weder eine differenzierte Analyse der Bildungsabschlüsse noch das Weglassen des Bildungsgrads in der Analyse führt allerdings zu anderen Ergebnissen. Auch eine Kontrolle für die drei Länder, in denen es Abgeordnete mit Positionsrollen gibt (UK, D, S), ändert nichts am Ergebnis.

cherlich müsste man auch noch zwischen verschiedenen Positionsrollen unterscheiden, um zu gesicherten Aussagen über die Bedingungen für diesen wichtigen Karriereschritt zu kommen. Dies ist auf der bisherigen Datengrundlage (Vier-Länder-Querschnitt) mit nur 76 Fällen nicht möglich. Daher sollte dieses vorläufige Ergebnis mit Hilfe von Daten aus weiteren Ländern sowie im Längsschnitt geprüft werden.

Abschließend möchten wir uns mit der Frage beschäftigen, inwieweit die Präsenz von Abgeordneten mit Migrationshintergrund substanzielle *Effekte* hat. Wir konnten bereits zeigen, dass die Politikschwerpunkte der Abgeordneten, gemessen an den Ausschussmitgliedschaften und den schriftlichen Fragen, ein leichtes Übergewicht vermeintlich migrationsnaher im Vergleich zu migrationsfernen Politikfeldern aufweisen *(Tabelle 5)*. Insofern ist es wahrscheinlich, dass die parlamentarische Präsenz von Abgeordneten mit Migrationshintergrund substanzielle Effekte hat. Ein weiterer Indikator hierfür ist der Anteil von inhaltlichen Bezügen zum Politikfeld Migration in den Anfragen. Unter denjenigen Abgeordneten, die zumindest eine einzige schriftliche Frage im Parlament gestellt haben (66 von 76), beträgt der Anteil der Migrationsbezüge 27 Prozent. Jede vierte Frage hat demnach einen Migrationsbezug, die überwiegende Zahl schriftlicher Fragen jedoch nicht. Auch bei den Visible Minorities ist der Anteil migrationsbezogener Fragen mit 31 Prozent nicht so hoch, wie man vielleicht hätte erwarten können. Dennoch ist es offenbar so, dass sich viele Abgeordnete mit Migrationshintergrund in der Öffentlichkeit auch mit Themen beschäftigen, die migrationsrelevant sind. Lediglich zwölf Abgeordnete mit Migrationshintergrund, die zumindest eine einzige Frage gestellt haben, nahmen überhaupt nicht zum Politikfeld Migration Bezug, während für zwölf andere mindestens die Hälfte aller schriftlichen Fragen einen Migrationsbezug hatte.

Während sich jene Abgeordneten, deren schriftliche Fragen keine Migrationsbezüge aufwiesen, über alle vier Länder und Wahlsysteme verteilen, befindet sich in der letzteren Gruppe nur ein einziger Abgeordneter aus einem (französischen) Einerwahlkreis; alle anderen sind schwedische oder deutsche Listenabgeordnete. Es handelt sich um Abgeordnete ohne Positionsrolle, die mehrheitlich linken Parteien angehören. Einige von ihnen, wie Sevim Dağdelen und Hakki Keskin von der Linkspartei, könnte man im Sinne Searings als Ideologen bezeichnen, die viele Gelegenheiten nutzen, auf verschiedenen Politikfeldern migrationsbezogene Fragen zu stellen (79 bzw. 85 Prozent). Hierzu zählen sicherlich auch die Labour-Abgeordneten Diane Abbott und Dawn Butler, auch wenn der Anteil an Migrationsbezügen ihrer Fragen bei „nur" 44 bzw. 47 Prozent liegt. Verglichen mit den Anteilen migrationsrelevanter Fragen sämtlicher Unterhausabgeordneter mit Migrationshintergrund (12 Prozent), sind diese Anteile aber die höchsten.

Wenn wir die im vorherigen Abschnitt formulierten Erwartungen an die Migrationsbezüge von Anfragen multivariat testen *(Tabelle 7)*, dann ergeben sich einige überraschende Befunde. Ein klarer Effekt geht von der Mandatsform aus: Die schriftlichen Fragen von Listenabgeordneten weisen deutlich häufiger Migrationsbezüge auf als die Fragen der Wahlkreisabgeordneten. Das ist bei den schwedischen Abgeordneten noch einmal stärker ausgeprägt als bei deren deutschen Kollegen (Modell 2). Dieses Ergebnis ist plausibel, denn Listenabgeordnete können ihre parlamentarischen Aktivitäten inhaltlich stärker fokussieren als Wahlkreisabgeordnete. Der erwartete Kontexteffekt bei den Wahlkreisabgeordneten bleibt jedoch aus: Höhere Migrantenanteile im Wahlkreis füh-

Tabelle 7: Faktoren für den Anteil migrationsbezogener schriftlicher Anfragen von Abgeordneten mit Migrationshintergrund (OLS-Regressionen; Auswahl: Abgeordnete mit mindestens einer Anfrage im Zeitraum)

	ohne Länderkontrolle (Modell 1)		mit Länderkontrolle (Modell 2)	
	b (SE)	β	b (SE)	β
allochtoner Bevölkerungsanteil im EWK[a]	1,68 (2,97)	,07	2,15 (2,84)	,10
MPWK	30,34 (12,46)	,31*	39,46 (12,41)	,40**
Linkes Parteilager	5,30 (8,02)	,08	5,79 (7,65)	,09
Visible Minority	6,02 (7,80)	,11	4,79 (7,46)	,08
Seniorität (Legislaturperiode)	1,67 (1,90)	,11	3,18 (1,90)	,21
Positionsrolle	−23,67 (10,19)	−,29*	−21,79 (9,75)	−,27*
Schrittweise Einführung (nur Modell 2)				
Anzahl schriftlicher Fragen[b]				
Länderdummy D				
Länderdummy F				
Länderdummy S			19,16 (7,45)	,32*
Konstante	15,27 (8,88)		3,17 (9,69)	
N	63		63	
adjustiertes R²	10,0%		18,1%	

+ p < 0,1; * p < 0,05; ** p < 0,01; *** p < 0,001.

[a] funktional äquivalente Indikatoren: Non-White-Population (VK); Ausländer (F, D); im Ausland Geborene (S); Z-Standardisierung für die Anteile innerhalb der Länder.
[b] Z-Standardisierung für die Anzahl innerhalb der Länder.

ren *nicht* zu einem höheren Anteil migrationsbezogener Fragen der Wahlkreisabgeordneten. Dieses Ergebnis überrascht, denn es zeigt, dass die Vorstellung einer Repräsentationskette von unten (hoher Migrantenanteil im Wahlkreis) nach oben („darum" große Bedeutung des Themenbereichs Migration) hier nicht adäquat ist.

Weder die Zugehörigkeit zu einer linken Partei noch zu einer sichtbaren Minderheit erhöht den Anteil migrationsspezifischer Fragen wirklich. Es ist auch nicht so, dass vor allem Parlamentsneulinge migrationsbezogene Fragen stellen; vielmehr nehmen die Migrationsbezüge eher mit der Seniorität der Abgeordneten zu. Dieses Muster ist vor allem bei den französischen und den britischen Abgeordneten ohne Positionsrolle zu beobachten. Kann allerdings eine Positionsrolle eingenommen werden, dann ist der Anteil migrationsbezogener Fragen signifikant niedriger. Da sich umgekehrt ebenfalls ein deutlicher Effekt eines niedrigen Anteils migrationsbezogener Fragen auf die Einnahme einer Positionsrolle nachweisen ließ *(Tabelle 6)*, bedeutet dies, dass die parlamentarischen Karrieren von Abgeordneten mit Migrationshintergrund in mindestens zwei gegensätzliche Richtungen laufen: Der *policy advocate* auf der einen, der *Führungspolitiker* auf der anderen Seite. Während für den policy-orientierten Parlamentarier Migrationsfragen häufig wichtig sind und es oft auch bleiben, kann hier nicht geklärt werden, inwieweit für Abgeordnete mit Migrationshintergrund, die in eine Positionsrolle gekommen sind, der Migrationshintergrund in ihrer Politik und in den von ihnen mitgeprägten Entscheidungsprozessen *präsent* ist oder nicht.

6. Zusammenfassung und Ausblick

Mit der parlamentarischen Repräsentation von Politikern mit Migrationshintergrund stellen sich der Politikwissenschaft neue, interessante, zugleich empirische und normative Fragen. Auf der Grundlage von Daten aus einem umfangreicheren Forschungsprojekt wurde im vorliegenden Beitrag ein Ländervergleich der ersten Parlamentskammern Deutschlands, Frankreichs, Großbritanniens und Schwedens durchgeführt, der wesentliche institutionelle Bedingungen parlamentarischer Karrieren von Abgeordneten mit Migrationshintergrund analysierte und darüber hinaus prüfte, ob mit ihrer Präsenz erkennbare Arbeitsschwerpunkte verbunden sind. Diese länderübergreifende Analyse ermöglichte auch die Beleuchtung des Einflusses institutioneller Unterschiede, vor allem der Wahlsysteme und der parlamentarischen Organisationsstrukturen.

Nach identischen formalen Kriterien wurden in allen vier Ländern Abgeordnete mit Migrationshintergrund der ersten und zweiten Generation identifiziert. Für einige detailliertere Analysen wurde darüberhinaus die in der angelsächsischen Literatur zumindest sinngemäß übliche Unterscheidung zwischen Visible Minorities und anderen Abgeordneten mit Migrationshintergrund vorgenommen. Schwerpunkt der Analyse waren (a) die Möglichkeiten zur Wahl und zum Aufstieg von Politikern mit Migrationshintergrund und (b) deren parlamentarische Aktivitäten. Zur Einordnung der Aktivitätsprofile wurde auf Searings Typologie legislativer Rollen zurückgegriffen. Die Beschreibung der von Abgeordneten mit Migrationshintergrund übernommenen Rollen erfolgte durch verhaltens- und positionsbezogene Daten über Führungsrollen, Ausschussmitgliedschaften und Wahrnehmung des parlamentarischen Fragerechts.

Es konnte gezeigt werden, dass sowohl die Wahlsysteme als auch die demographische Zusammensetzung der Wahlkreise in den vier hier untersuchten Ländern einen signifikanten Einfluss auf die parlamentarische Präsenz von Politikern mit Migrationshintergrund haben. Abgeordnete mit Migrationshintergrund wurden vorwiegend in Mehrpersonenwahlkreisen gewählt und vertreten überwiegend Wahlkreise mit relativ hohen Anteilen von Bürgern mit Migrationshintergrund. Darüber hinaus zeigt sich, dass diese Abgeordneten überwiegend Parteien des linken Spektrums vertreten. Hierfür gibt es zwei Erklärungen. Zum einen können diese Unterschiede darauf zurückzuführen sein, dass *linke Parteien* bei der Kandidatenaufstellung in aussichtsreichen Wahlkreisen oder auf aussichtsreichen Listenplätzen für Kandidaten mit Migrationshintergrund *durchlässiger* sind, was von angehenden Berufspolitikern mit derartigem Hintergrund antizipiert und bei ihrer *Karriereplanung* in Rechnung gestellt wird. Zum anderen kann von vornherein eine stärkere ideologische Affinität zwischen Parteien der Linken und Personen mit Migrationshintergrund bestehen, insbesondere in Fragen des Staatsbürgerschaftsmodells und der Integrationspolitik, aber auch bezüglich einwanderungsbezogener Aspekte bestimmter Politikfelder, etwa der Innen-, Rechts-, Bildungs-, Sozial-, Arbeitsmarkt- oder Kulturpolitik.

Auch bei der Analyse parlamentarischer Verhaltensmuster spielen die institutionellen Rahmenbedingungen des jeweiligen Parlaments eine große, wenn auch keine determinierende Rolle. So ist die Verfügbarkeit und Art von Führungsrollen für die innerparlamentarische Karrierewahl von großer Bedeutung. Die starke Prägung des britischen Unterhauses durch Regierungsdominanz und Elemente der Polsbyschen *arena legislature* eröffnet dortigen Abgeordneten mit und ohne Migrationshintergrund deutliche Karriereperspektiven in der Exekutive, sofern sie der Mehrheitspartei angehören. Bei der Analyse von Positionsrollen fanden wir daher eine erhebliche Zahl von Abgeordneten in Regierungspositionen und in Ämtern, zu denen typischerweise solche Karrieren führen. Im deutschen Ausschussparlament erfolgt der Aufstieg von Mitgliedern des hier betrachteten Personenkreises zu parlamentarischen Führungspositionen unabhängig von der Zugehörigkeit zu einer Regierungsfraktion über die Ausschussarbeit und eigene fachpolitische Spezialisierung. Unsere Befunde bestätigen somit, dass *Positionsrollen* – wie von Searing (1994) erwartet – stärker durch institutionelle Regeln definiert sind als die den *einfachen Abgeordneten* zur Verfügung stehenden Rollen. So finden wir über die Ländergrenzen hinweg, dass Abgeordnete, die sogenannten Visible Minorities zugeordnet werden können, in den Parlamenten durchaus gute Chancen auf Führungspositionen haben, sich diese Abgeordneten in den hier untersuchten Tätigkeiten jedoch durch eine unterdurchschnittliche Betonung migrationsspezifischer Politikinhalte auszeichnen. Mit anderen Worten: Sie verhalten sich wie ihre Kollegen ohne Migrationshintergrund.

Bei den Tätigkeitsprofilen von Abgeordneten ohne Führungsrollen finden sich Muster, die durchaus durch den Migrationshintergrund der Abgeordneten erklärt werden können. Sie zeigen, dass – weitgehend unabhängig vom betrachteten politischen System – Sozialisationsprozesse, Netzwerke und andere soziale Faktoren einen eigenständigen Einfluss haben. Sowohl der Indikator *Ausschussmitgliedschaft* als auch die Zahl (individueller) parlamentarischer Anfragen zur schriftlichen Beantwortung zeigen, dass sich Abgeordnete mit Migrationshintergrund mit wenigen Ausnahmen (etwa der Verteidigungspolitik) in allen Politikfeldern betätigen. Dennoch sind sowohl bei Ausschussmitgliedschaften als auch bei parlamentarischen Fragen gewisse Schwerpunkte erkennbar, nämlich in den Bereichen Rechts- und Innenpolitik sowie auf den Politikfeldern Gesundheit, Beschäftigung, Bildung und Einwanderung. Insbesondere bei parlamentarischen Fragen, bei welchen Abgeordnete vergleichsweise geringen Beschränkungen durch ihre Fraktionen unterliegen, beobachten wir darüber hinaus in einigen Politikfeldern Unterschiede zwischen Abgeordneten mit Migrationshintergrund, die einer *Visible Minority* zugerechnet werden könnten, und solchen, bei denen dies nicht der Fall ist. Erstere stellen beispielsweise deutlich mehr Fragen zur Innenpolitik und Einwanderung, letztere sind deutlich stärker an Fragen zur Wirtschafts-, Finanz- und Haushaltspolitik interessiert.

Insgesamt kann festgestellt werden, dass Abgeordnete mit Migrationshintergrund mittlerweile in allen vier betrachteten Ländern *präsent* sind. Im Vergleich zur Bevölkerung mit Migrationshintergrund muss man allerdings immer noch von einer *Unterrepräsentation* sprechen. Diese fällt in Ländern, deren Staatsbürgerschaftstradition nicht territorial, sondern ethnisch begründet wird und deren kulturelle Tradition monistisch ist, stärker aus als in anderen Ländern (Koopmans et al. 2005: 73, 240). Insofern sind die länderspezifischen Differenzen, besonders zwischen Deutschland auf der einen sowie dem Vereinigten Königreich und Schweden auf der anderen Seite, höchst plausibel. Verschiedene Arbeiten (u. a. Kittilson/Tate 2004; Saalfeld/Wüst 2008; Wüst/Heinz 2009) belegen jedoch, dass die Zahl der Abgeordneten mit Migrationshintergrund in allen vier Ländern in den letzten Jahren zugenommen hat, und dass diese Abgeordneten auch in Führungspositionen aufsteigen können. Schließlich zeigen die hier präsentierten Daten, dass die parlamentarische Tätigkeit der meisten Abgeordneten mit Migrationshintergrund nur teilweise durch ihre ethnische Herkunft oder ihre Migrationserfahrungen erklärt werden kann. Insbesondere das Handeln derjenigen Abgeordneten, die Karriere machen, ist offenbar stärker von der institutionellen Opportunitätsstruktur der Parlamente als vom Migrationshintergrund geprägt.

Da die hier vorgestellten empirischen Befunde auf einem Vier-Länder-Querschnitt der nationalen Parlamente in ihrer jeweils laufenden bzw. (in Deutschland und dem Vereinigten Königreich) gerade abgeschlossenen Legislaturperiode basieren, ist ihre Aussagekraft bislang auf wenige Länder und auf die Gegenwart begrenzt. Deshalb sind verschiedene Ergänzungen zu den hier vorgestellten Analysen geplant. Erstens sollen sie auch für eine größere Zahl von Ländern und für zusätzliche Parlamentsebenen (regional, lokal, Europaparlament) durchgeführt werden. Zweitens werden für einige Parlamente Zeitreihen aufgebaut, die Längsschnittanalysen und insbesondere eine Analyse der Karriereverläufe von Abgeordneten mit Migrationshintergrund ermöglichen sollen. Drittens sollte für einige Fragestellungen (Politikschwerpunkte, Karriereverläufe) die Kontrastierung von Abgeordneten mit *und ohne* Migrationshintergrund aus vergleichbaren Kontexten erfolgen, um die beobachteten Muster besser bewerten und von anderen Mustern unterscheiden zu können. Und schließlich bedarf es (teilstandardisierter) Befragungen von Abgeordneten mit Migrationshintergrund sowie von Funktionsträgern in den Parteien, um etwas mehr Licht auf die Selektionsmechanismen von Parteien und Fraktionen mit Bezug auf Personen mit Migrationshintergrund werfen zu können.

Literatur

Banducci, Susan A./Donovan, Todd/Karp, Jeffrey A., 2004: Minority Representation, Empowerment, and Participation, in: Journal of Politics 66, 534-556.
Bird, Karen/Saalfeld, Thomas/Wüst, Andreas (Hrsg.), 2010: The Political Representation of Immigrants and Minorities: Voters, Parties and Parliaments in Liberal Democracies. London: Routledge.
Bowler, Shaun, 2000: Parties in Legislature. Two Competing Explanations, in: *Dalton, Russell J./ Wattenberg, Martin P.* (Hrsg.), Parties without Partisans. Oxford: Oxford University Press, 157-179.
Brubaker, Rogers, 1992: Citizenship and Nationhood in France and Germany. Cambridge: Harvard University Press.
Castles, Stephen/Miller, Mark J., 2003: The Age of Migration. New York: Palgrave.

Costa, Olivier/Kerrouche, Eric, 2008: „Representative Roles" in the French National Assembly. The Case for a Dual Typology? Unveröffentlichter Vortrag gehalten bei den ECPR Joint Sessions of Workshops, Rennes, April 2008 (Workshop 13).
DeSipio, Louis, 1996: Counting on the Latino Vote. Latinos as a New Electorate. Charlottesville: University Press of Virginia.
Dods, 2006: Dods Parliamentary Companion. New Parliament Edition. London: Dods.
Earnest, David C., 2008: Old Nations, New Voters. Nationalism, Transnationalism and Democracy in the Era of Global Migration. Albany: SUNY Press.
Fenno, Richard F. Jr., 2003: Going Home. Black Representatives and Their Constituents. Chicago: Chicago University Press.
Gay, Claudine, 2002: Spirals of Trust? The Effect of Descriptive Representation on the Relationship. Between Citizens and Their Government, in: American Journal of Political Science 46, 717-732.
Haider-Markel, Donald P., 2007: Representation and Backlash. The Positive and Negative Influence of Descriptive Representation, in: Legislative Studies Quarterly 32, 107-132.
Hartmann, Jürgen, 2000: Westliche Regierungssysteme. Parlamentarismus, präsidentielles und semi-präsidentielles Regierungssystem. Opladen: Leske + Budrich.
Hernson, Paul S., 1997: Congressional Elections: Campaigning at Home and in Washington. Washington: CQ Press.
Herzog, Dietrich, 1975: Politische Karrieren. Selektion und Professionalisierung politischer Führungsgruppen. Opladen: Westdeutscher Verlag.
Hibbing, John R., 1991: Congressional Careers. Contours of Life in the U.S. House of Representatives. Chapel Hill: University of North Carolina Press.
Kittilson, Miki C./Tate, Katherine, 2004: Political Parties, Minorities and Elected Office. Comparing Opportunities for Inclusion in the US and Britain. http://repositoriepp.cdlib.org/csd/04-06/. 10.10.2008.
Koopmans, Ruud/Statham, Paul (Hrsg.), 2000: Challenging Immigration and Ethnic Relations Politics. Comparative European Perspectives. Oxford: Oxford University Press.
Koopmans, Ruud/Statham, Paul/Giugni, Marco/Passy, Florence, 2005: Contested Citizenship. Immigration and Cultural Diversity in Europe. Minneapolis: University of Minnesota Press.
Kürschner, 2006: Kürschners Volkshandbuch. Deutscher Bundestag. Rheinbreitbach: NDV.
Mansbridge, Jane, 1999: Should Blacks Represent Blacks and Women Represent Women? A Contingent „Yes", in: Journal of Politics 61, 628-657.
Mansbridge, Jane, 2003: Rethinking Representation, in: American Political Science Review 97, 515-528.
Mattson, Ingvar/Strøm, Kaare, 1995: Parliamentary Committees, in: *Döring, Herbert* (Hrsg.), Parliaments and Majority Rule in Western Europe. New York: St. Martin's Press, 249-307.
Messina, Anthony, 2007: The Logics and Politics of Post-WWII Migration to Western Europe. Cambridge: Cambridge University Press.
Müller, Wolfgang C./Marcelo, Jenny, 2008: Roles as Behavioural Strategies. The Case of Austrian MPs. Unveröffentlichter Vortrag gehalten bei den ECPR Joint Sessions of Workshops, Rennes, April 2008 (Workshop 13).
Müller, Wolfgang C./Saalfeld, Thomas (Hrsg.), 1997: Members of Parliament in Western Europe. Roles and Behaviour. London: Cass.
Müller, Wolfgang C./Strøm, Kaare (Hrsg.), 1999: Policy, Office or Votes? How Political Parties in Western Europe Make Hard Decisions. Cambridge: Cambridge University Press.
Norris, Pippa (Hrsg.), 1997: Passages to Power. Legislative Recruitment in Advanced Democracies. Cambridge: Cambridge University Press.
Özdemir, Cem, 1997: Ich bin Inländer. Ein anatolischer Schwabe im Bundestag. München: DTV.
Pedersen, Mogens N./Kjær, Ulrik/Eliassen, Kjell A., 2007: The Geographical Dimension of Parliamentary Recruitment. Among Native Sons and Parachutists, in: *Best, Heinrich/Cotta, Maurizio* (Hrsg.), Democratic Representation in Europe. Diversity, Change, and Convergence. Oxford: Oxford University Press, 160-192.
Phillips, Anne, 1995: The Politics of Presence. Oxford: Oxford UP.

Polsby, Nelson W., 1975: Legislatures, in: *Greenstein, Fred I./Polsby, Nelson W.* (Hrsg.), Handbook of Political Science, Vol. 5. Reading: Addison-Wesley, 257-319.
Saalfeld, Thomas, 1998: The German Bundestag. Influence and Accountability in a Complex Environment, in: *Norton, Philip* (Hrsg.), Parliaments and Governments in Western Europe. London: Frank Cass, 44-71.
Saalfeld, Thomas, 2000: Bureaucratisation, Coordination and Competition. Parliamentary Party Groups in the German Bundestag, in: *Heidar, Knut/Koole, Ruud* (Hrsg.), Parliamentary Party Groups in European Democracies. Political Parties Behind Closed Doors. London: Routledge, 23-38.
Saalfeld, Thomas, 2008: Gesetzgebung im politischen System Großbritanniens, in: *Ismayr, Wolfgang* (Hrsg.), Gesetzgebung in Westeuropa. EU-Staaten und Europäische Union. Wiesbaden: VS Verlag für Sozialwissenschaften, 159-199.
Saalfeld, Thomas/Wüst, Andreas M., 2008: Immigrants and Ethnic-Minority MPs in Britain, Germany, France and Sweden. Unveröffentlichter Vortrag gehalten bei den ECPR Joint Sessions of Workshops, Rennes, April 2008 (Workshop 13).
Scarrow, Susan E./Webb, Paul/Farrell, David M., 2000: From Sociological Integration to Electoral Contestation. The Changing Distribution of Power within Political Parties, in: *Dalton, Russell J./Wattenberg, Martin P.* (Hrsg.), Parties without Partisans. Oxford: OUP, 129-156.
Soysal Nuhoğlu, Yasemin, 1994: Limits of Citizenship. Migrants and Postnational Membership in Europe. Chicago: The University of Chicago Press.
Searing, Donald D., 1991: Roles, Rules, and Rationality in the New Institutionalism, in: American Political Science Review 85, 1239-1260.
Searing, Donald D., 1994: Westminster's World. Understanding Political Roles. Cambridge: Harvard University Press.
SOPEMI, 2007: International Migration Outlook. Paris: OECD.
Steffani, Winfried, 1979: Parlamentarische und präsidentielle Demokratie. Opladen: WDV.
Strøm, Kaare, 1997: Rules, Reasons and Routines. Legislative Roles in Parliamentary Democracies, in: *Müller, Wolfgang C./Saalfeld, Thomas* (Hrsg.), Members of Parliament in Western Europe. Roles and Behaviour. London: Cass, 155-174.
Tate, Katherine, 2003: Black Faces in the Mirror. African Americans and their Representatives in the U.S. Congress. Princeton: Princeton UP.
Wahlke, John C./Eulau, Heinz/Buchanan, William/Ferguson, Leroy C., 1962: The Legislative System. Explorations in Legislative Behaviour. New York: Wiley.
Walzer, Michael, 2006 (1983): Sphären der Gerechtigkeit. Frankfurt a. M./New York: Campus.
Wüst, Andreas M., 2006: Wahlverhalten und politische Repräsentation von Migranten, in: Der Bürger im Staat 56, 228-234.
Wüst, Andreas M./Heinz, Dominic, 2009: Die politische Repräsentation von Migranten in Deutschland, in: *Linden, Markus/Thaa, Winfried* (Hrsg.), Die politische Repräsentation von Fremden und Armen. Baden-Baden: Nomos, 201-218.

Women in Politics – The Local-National Gender Gap in Comparative Perspective

Ulrik Kjær

1. Introduction*

It is well-established wisdom that across countries and parliaments, political elites are drawn disproportionately from specifically distinct segments of society (Putnam 1976: 21; Norris 1996: 185). When it comes to socio-demographical characteristics, such as age, education, race, income, occupation etc., the composition of the legislative elite does not resemble the composition of the electorate. The politicians do not "mirror" the people in socio-demographical terms. This empirical fact has given rise to an intense normative discussion about the desirability of parliament-to-electorate resemblance along socio-demographic lines – an issue labelled "demographic representation" (Norris/Lovenduski 1995: 95) or "numerical representation" (Caroll 1994: 10) – and whether any initiatives to alter the present situation should be taken (for important contributions to this normative discussion see Pitkin 1967; Phillips 1995; Young 2000; Mansbridge 2001).

Probably the most scrutinized and debated among these socio-demographic variables is gender. Within the scholarly community and in the popular debate, the gender composition of elected polities has for quite some time continuously attracted substantial attention. The extensive amount of studies dealing with the representation of women in legislative bodies have all led to the same general conclusion: politics is a man's world. Women are systematically under-represented in politics, and the clear-cut and consistent evidence still support the conclusion put forward by Putnam more than three decades ago when he stipulated that in politics an "iron law of andrarchy" rules (Putnam 1976: 33).

Accepting Putnam's law of andrarchy as a description of the present situation in parliaments around the globe and on different political levels, does not mean that differences across legislative bodies do not exist or should be neglected. Most studies dealing with women in politics actually accentuate the differences in women's representation, be it across countries, party groups or time. By comparing the political bodies where relatively few women are present with the bodies with relatively many women (although still in the minority), we can at least learn something about the mechanics of the political recruitment process and may increase our knowledge about those factors that facilitate or prevent the entry of women into electoral politics.

The bulk of this existing literature on women in politics refers to the national, i. e., parliamentary level (e. g. Randall 1982; Norris 1985; Darcy 1994; Paxton 1997;

---

* The author would like to thank Emilie Blondy for providing a draft version of the CEMR report, and Colin Rallings and Pedro Tavares de Almeida for helping with additional data on the British and Portuguese cases, respectively.

Matland 1998; Reynolds 1999; Siaroff 2000; Diaz 2005; Christmas-Best/Kjær 2007). The meso-level has attracted some interest in the United States, with studies done on the state level (e.g. Norrander/Wilcox 2005; Sanbonmatsu 2006; for an important non-U.S. based study see Vengroff 2003), while according to most commentators, the local level has largely been overlooked (Rao 2005: 324; Borisyuk 2007: 181). Studies on the number of women in local governments have certainly been conducted (e. g. Bristow 1980; Antolini 1984; Bullock/MacManus 1991; Kjær 1999; Yule 2000; Rao 2005; Borisyuk 2007); but measured in sheer numbers, national parliaments are the favourite field of research among scholars studying women in politics.

Even more scarce are studies which compare or combine the representation of women at different political levels. An important exception is a recent study by Vengroff et al. (2003) who examined the relationship between female representation at the meso-level in 29 countries (U.S. states, Italian regions, German Länder etc.) with the female representation in the corresponding national parliaments. They found a phenomenon for which they coined the term "national–sub-national gender gap" (Vengroff/Nyiri/Fugiero 2003: 164). In terms of comparison with women's representation at the local level, i.e. local government councils, studies are almost absent. This article is devoted to studying what will be called the "local-national gender gap", i. e. the difference in women's representation at the local and at the national level. As will be demonstrated here, there is a lesson to be learned by applying this perspective. It is not our intention to solve the puzzle about differences in the variation in gender composition between different elective bodies. Rather, we will attempt to provide another small piece for our understanding of women's under-representation in elective politics.

The pronounced scarcity of studies focusing on the local-national gender gap, which will be demonstrated to have empirical validity in the next section of the article, seems a little peculiar at first sight. Since our knowledge about the factors (positively or negatively) influencing women's representation is based upon comparisons of polities where women fare well and polities where they do not fare so well in the recruitment process, it is surprising that the local-national gender gap has been more or less unexploited by scholars. This is especially puzzling at a time when it is fashionable to carry out multi-level research, as is done with governance (e.g. Bache and Flinders 2004), political parties (e.g. Deschouwer 2006), careers (e. g. Edinger/Jahr 2010) etc. Hence, it is surprising that the study of women in politics has not yet even been multi-levelled to the degree where the proportion of female councillors and MPs is compared.

It could be claimed that there are good reasons for the neglect of the local-national gender gap as an object for research. Apart from general tendencies within the scholarly community to devote less interest to politics conducted in the local realm vis-à-vis the national (Borisyuk 2007: 181), two explanations for the overlooking of the local-national gender gap can be proposed. First, there is the question of data availability, or more precisely, of data unavailability. Whereas data on women in national parliaments are in most cases readily available, either upon request at the relevant parliament or through international databases like Datacube (Cotta/Best 2007) or the widely used Inter Parliamentary Union's Women in National Parliaments (IPU 2008), data on women in local politics has, at least until recently, been very hard to find (Darcy 1994: 30; Borisyuk 2007: 181; Paxton 2007: 275).

A second explanation for the scarcity of studies dealing with the local-national gender gap is that the conclusion seems already clear-cut. The few studies touching upon the local-national gender gap all come to the same finding: women's representation is higher in local than in national office (Randall 1982: 74; Clark 1991: 67; Darcy 1994: 33; Yule 2000: 31; Borisyuk 2007: 181). The consistency in this finding has even led to the propounding of a "law of minority attrition", whereby "women ... proportions decrease as the level of political office increases" (Taagepera 1994: 235). The "law" has not least been demonstrated to be at work in the United States (Taagepera 1994: 244) and in the United Kingdom (Borisyuk 2007: 181), and if deviant cases have been found, the most "dramatic" action taken has been to downgrade the law to a rule of thumb. As Randall stated: in Norway, Finland, Sri Lanka and Japan, women fare slightly worse as local than as national representatives. The concentration of female representation at the local level is not an iron law, therefore, but serves as a rule of thumb (Randall 1982: 75). In sum, the clear-cut and well-accepted conclusion that women fare better at the local than at the national level does not really invite further inquiry.

While this finding can easily be seen as fitting into the more general theory of compositional differences between different segments of actors in the political process, students of female representation may have a clean conscience about neglecting the local-national gender gap. Putnam also formulated another law – "the law of increasing disproportion" (Putnam 1976: 33) – or, as Eldersveld put it, "the law of the increasing social distance between the public and its leaders" (Eldersveld 1989: 54). According to this "law", the representation of groups such as women will decrease as one goes up the political ladder from the electorate via political activists and party members to candidates, MPs and to ministers. Combined with the traditional wisdom that the status hierarchy between different polities varies with the size of the jurisdiction (Francis/ Kenny 2000: 3), it is no surprise that the few empirical findings that describe the local-national gender gap confirm the law of minority attrition (Borisyuk 2007: 181).

Why, then, devote an article to the local-national gender gap? First of all, the more practical obstacle to conducting this kind of research – the unavailability of data at the local level – is about to be removed. At the country level, large databases covering every single election in each municipality for more than the past quarter of a century have recently been established, for instance in the UK (Borisyuk 2007) and in Denmark (Kjær 2007). More importantly for cross-national analyses, however, is that a research tool on local politics equivalent to the IPU database on women in national parliaments already mentioned is being developed. The United Cities and Local Governments (UCLG) Gender Statistics supplies data on 67 countries from around the world (UCLG 2008), and the Council of European Municipalities and Regions (CEMR) offers up-to-date information on most of the 34 European countries that are members of the organization (CEMR 2008). It is also noteworthy that the very ambitious project on quotas for women launched recently includes information not only on the national level but also on the local levels (www.quotaproject.org; see also Dahlerup 2006).

Second, and definitely most importantly, we can question whether the well-established wisdom that women are more successful in local than in national elections really describes the empirical situation in most countries in a satisfactory way. Take the German situation for example: Following the local elections in 2004, no less than

11,189 out of 45,212 councillors were women, corresponding to 24 percent, whereas the General election to the Bundestag in 2005 resulted in the election of 197 women out of the 613 MPs, or 32 percent (CEMR 2008). In Germany, then, women's representation – contrary to the general wisdom – is higher at the national than at the local level. The question is whether the existing literature, with its clear Anglo-Saxon empirical bias, has prematurely closed the discussion on the local-national gender gap without considering other countries in a systematic way. And a relevant follow up question is whether the high female representation in a country like Germany, even if only a deviant case, is not so important as to require explanation.

Here we attempt to map the local-national gender gap for a number of European countries, and to assess how much of a deviant case Germany is in this respect. The article will also discuss the patterns in the local-national gender gap across a number of countries, and will put forward hypotheses explaining why women's representation differs between local and national levels, as well as presenting hypotheses as to why this local-national gender gap varies across countries.

2. The local-national gender gap in the 27 EU-countries

The main objective of this article is to provide a first description of the local-national gender gap. As already mentioned, comparative data on women in local politics is scarce, but we now have useful compilations of data. The by far most up-dated dataset is the one provided by the Council of European Municipalities and Regions (CEMR 2008) offering data both on the percentage of female councillors and the percentage of female MPs as well, and in addition information on electoral cycle, year of suffrage granted (by gender), and legislative quotas. The CEMR currently has 34 member countries; but since the dataset is more complete for the EU countries than for the non-EU countries, we have chosen to focus our analysis exclusively on the 27 EU countries.[1]

In *figure 1,* the percentage of women in local political office (councillors) is mapped against the percentage of women in national political office (MPs) for each of the 27 EU countries. In countries with bicameral parliamentary systems, the percentage of women in the lower House has been used. For all countries, the data refer to the most recent election as of the time of data collection, i. e. February 2008.

Despite the simplicity of this analysis, *figure 1* leads to three conclusions. First, there is a positive correlation between the percentage of women in local government in a given country and the percentage of women elected to the national parliament in the same country (r = .66, p < .00). Such a correlation was demonstrated decades ago, when Norris remarked that "where women are relatively numerous in national office, they are also likely to do well in local government." Subsequently, using data from 24

---

1 For two countries, Portugal and Romania, the dataset does not include the percentage of female councillors; for these two countries the data have been obtained elsewhere (Portugal: personal information from Secretariado Técnico dos Assuntos para o Processo Eleitoral (STAPE) forthcoming in the series "Caracterização dos Eleitos para as Autarquias Locais"; Romania: "Romania: Presidential and Parliamentary Elections 28 November 2004", Warsaw: OSCE/ODIHR, pp. 6).

Figure 1: The percentage of women in local and national politics compared for each of the 27 EU-countries

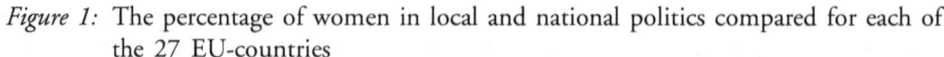

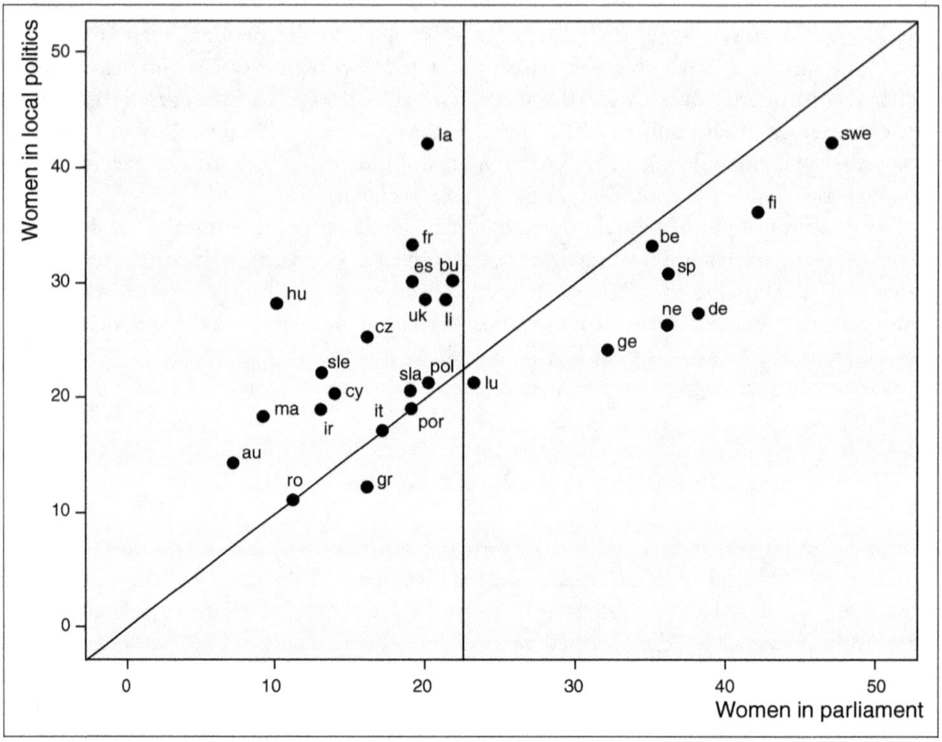

Note: The following abbreviations have been used: au (Austria), be (Belgium), bu (Bulgaria), cy (Cyprus), cz (Czech Republic), de (Denmark), es (Estonia), fi (Finland), fr (France), ge (Germany), gr (Greece), hu (Hungary), ir (Ireland), it (Italy), la (Latvia), li (Lithuania), lu (Luxembourg), ma (Malta), ne (The Netherlands), pol (Poland), por (Portugal), ro (Romania), sla (Slovakia), sle (Slovenia), sp (Spain), swe (Sweden), uk (United Kingdom).

Source: Council of European Municipalities and Regions (CEMR), 2008. See also note 2.

democracies around the world, Norris found "a strong association between representation at the two levels (r = .90)" (1985: 90). With her analysis, Norris probably contributed to a de-motivation of further research into the local-national gender gap, since according to her the percentages at the two levels can be expected to be highly correlated. As for the present situation in the 27 EU-countries depicted in *figure 1* the correlation between women in local and national politics, respectively, can be calculated to be significant, but at a lower level than suggested by Norris (r = .63, p < .001).[2]

This leads us to a second finding based on *figure 1*. Since the correlation is far from perfect, it can be concluded that there actually exists what we have labelled a

---

[2] In a study on the meso-level in 29 countries, Vengroff et al. (2003: 170) concluded that "the overall representation of women at the sub-national level and at the national level are very closely related" (r = .85, p < .00) (Vengroff 2003: 170). Considering the "law of minority attrition" discussed in the introduction, it seems unsurprising that the correlation is higher at the meso than at the local level.

local-national gender gap. Only three of the countries included (Italy, Portugal, and Romania) have the same share of female local councillors and MPs, while in the remaining 24 countries women's representation deviates at the two levels.[3] This leads us to the main question to be answered in this article: Are there relatively more women in local than in national politics? Does the law of minority attrition hold true when it comes to women and their presence in local councils and national parliaments? In *figure 1*, a line has been drawn indicating a similar level of women in local and national politics (y = x + 0), and according to our expectations, all countries should be located above the line (more women in local than in national politics). *Figure 1* shows 15 countries above the line and nine below, with three countries on the line. Therefore, it can be concluded that women's representation is higher at the local than at the national level.[4] It should, however, be recognized that predicting 15 out of 27 cases (56 percent) is by no means an impressive result. Therefore, the conclusion to be made on the basis of *figure 1* is that the traditional view of local governments returning relatively more women to their legislative bodies than what is found at national parliaments holds true, but also that this pattern is not so strong as to simply discard the deviant cases as anomalies, as has hitherto been the practice.

It is exactly by examining those cases that deviate from the conventional wisdom that a third observation can be made on basis of *figure 1:* The deviant cases (countries with more women in their national parliament than in their councils) are to be found in countries where the percentage of women in parliament is relatively high. When relatively few women are present in the national parliament, then there tend to be more women in local politics, whereas the opposite applies to countries with relatively many women elected to the national legislature: Most of these countries send fewer women to local councillor posts than to the national parliaments. This pattern can be seen more clearly by examining the vertical line inserted in *figure 1*. On the left (lower) side of the line, only one country – Greece – deviates from the expected pattern, with more women nationally. To the right of the line, in all cases women's representation is highest at the national level.

To illustrate this finding the local-national gender gap, measured as the percentage of women in local government minus the percentage of women in national politics is plotted against the percentage of women in national politics in *figure 2*. It can be seen again that the sign of the local-national gender gap is reversed when we look at countries where women's representation is relatively high. Germany is not the only EU country deviating from the well-established law of minority attrition in regard to women's representation. Greece, Luxembourg, Belgium, Spain, Sweden, Finland, Netherlands and Denmark also have a higher percentage of women in their national parliaments than in their local councils. Except for Greece, these countries are those where women's representation in the national parliaments is highest. How should we account for this rather unexpected pattern?

---

3 A Wilcoxon signed ranks test returns the test value Z = –2.09, with p = .04 (two-tailed).
4 The difference is statistically significant – a Wilcoxon signed ranks test returns the test value Z = –1.82, with p = .04 (one-tailed).

Figure 2: The local-national gender gap (measured as the percentage of women in local politics minus the percentage of women in national politics) mapped against the percentage of women in national politics for each of the 27 EU countries

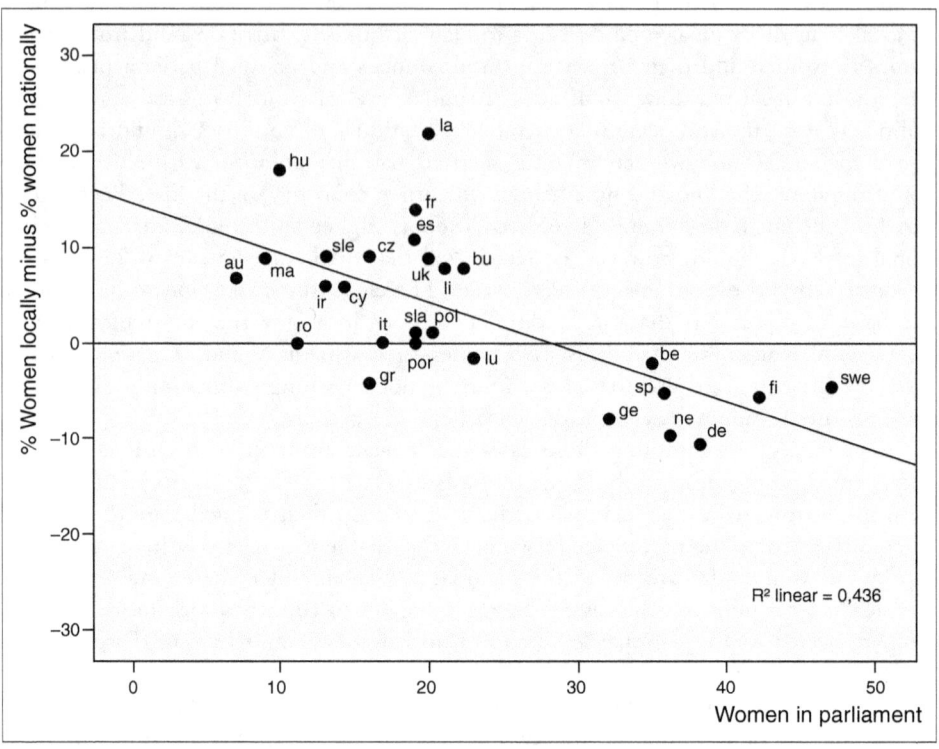

Note: The following abbreviations have been used: au (Austria), be (Belgium), bu (Bulgaria), cy (Cyprus), cz (Czech Republic), de (Denmark), es (Estonia), fi (Finland), fr (France), ge (Germany), gr (Greece), hu (Hungary), ir (Ireland), it (Italy), la (Latvia), li (Lithuania), lu (Luxembourg), ma (Malta), ne (The Netherlands), pol (Poland), por (Portugal), ro (Romania), sla (Slovakia), sle (Slovenia), sp (Spain), swe (Sweden), uk (United Kingdom).
Source: Council of European Municipalities and Regions (CEMR), 2008. See also note 2.

3. Explaining the local-national gender gap

Before discussing the reversing of the local-national gender gap at high levels of women's representation in national parliaments, a more general discussion of the local-national gender gap is necessary. Even though the conclusion – that relatively more women are present at the local than at the national political level – has been well-accepted, the accompanying theoretical explanation of this gap has been quite superficial at best. We will discuss eight hypotheses about how to explain the local-national gender gap. Some of these have already been put forward in the literature, while others are derived more indirectly from the general literature on women in politics.

Reviewing the limited literature on the local-national gender gap, three main hypotheses can be identified, all of them expecting more women at the local than at the national level. Here they will be labelled the "policy-issue hypothesis", the "proximity hypothesis", and the "competitiveness hypothesis".

According to the *policy-issue hypothesis*, the presence of more women at the local level compared to the national is due to the fact that local and central governments deal with different kinds of policy matters. Even though variation exists across countries, the tendency is that local governments are primarily engaged in delivering services within policy areas such as education, child care, health care, and care for the elderly, while policy areas such as defence and the economy are dealt with exclusively at the central level. This division of labour between the local and the central government is claimed to produce a local-national gender gap. The argument lends support from both supply-side as well as demand-side perspectives (for an introduction to the supply-demand side model often used in recruitment studies, see Barber 1965; Czudnowski 1975; Norris/Lovenduski 1995).

The supply-side version – that women themselves are more attracted to local than to national politics – is based on the premise that local government primarily deals with policy-areas closer to the traditional "home and hearth" role of women, and that as a result local politics are more attractive to women and a more "natural" outlet for their political participation (Clark 1991: 66; Darcy 1994: 11). It is often argued that "women's political concerns tend to be centred on the locality and the community" (Lovenduski 1993: 12), and that "[m]any of the problems that concern women about the quality of life such as schools, child care, and social services, are most affected by local decisions" (Shaul 1982: 499).

The demand-side version – that women are more attractive to nominating organizations and voters in the local than in the national political recruitment process – goes, that resistance to including women in politics is easier to overcome at the local level, since "local governments appear to have concerns closer to family concerns" (Shaul 1982: 499). Women in general are seen as being more competent with regard to the policy-areas dealt with at the local level as compared to the national one. Hence, "[a] number of studies have found that women are seen as better at handling so-called 'compassion' issues – poverty, education, child-related and health policy issues – but worse at dealing with the military" (Huddy/Terkildsen 1993: 505).

According to the *proximity hypothesis*, it is not the policy-issues dealt with at the local level that explain the relatively higher representation of women in local governments. Rather, it is simply a matter of location: The local assembly is closer to the home of the councillor than the Parliament is to the MP, and this proximity favours women's involvement at the local vis-à-vis the national level (Randall 1982: 87; Clark 1991: 66). That the meetings and discussions in local politics take place in the proximity of the councillor's home makes local politics "more accessible to women" (Beetham 1996: 39), since they can "participate in the local government while at the same time fulfilling their other roles" (Darcy 1994: 11). The proximity hypotheses has actually been confirmed in a classic study in the U.S. (Nechemias 1985), while other more recent studies suggest no effect of the home-assembly distance on women's representation (Werner 1998: 90; Hogan 2001: 20). Since the proximity hypothesis is grounded on a very traditional view of the relationship between the two sexes, the confirmation of the hypothesis in the earlier studies and the rejection in later ones might not be coincidental. Several years ago, it was forecasted that "[w]ith sex role ideologies in flux ... geographic immobility as a constraint on women's pursuit of elective office may gradually diminish in strength" (Nechemias 1985: 129).

A third hypothesis – the *competitiveness hypothesis* – stipulates that the local-gender gap originates from the fact that local politics is less powerful and therefore less prestigious; hence, it is easier to obtain an elected office in local than in national politics (Clark 1991: 75). As already touched upon in the introduction, less competitiveness at the local level offers relatively better opportunities for traditionally underrepresented socio-demographic groups, such as women (Darcy 1994: 111). As it has been formulated: "Eligibility requirements such as level of education, professional status or length of party membership are less stringent for local political office than for national representative bodies, which makes local politics more accessible for women" (Leijenaar 1997: 38).

While these are the three traditional hypotheses extracted from the literature, we can also seek inspiration from the more general literature on women in politics. We will therefore consider whether more general hypotheses on women in politics can be reformulated to account for the local-national gender gap. A recent study reviewing the literature on women in politics presents ten hypotheses about their proportionally lower representation (Christmas-Best/Kjær 2007: 79 ff). These are ordered according to the traditional distinction between the various cultural, socio-economic and institutional explanations often applied (Norris 1985: 90).

The set of hypotheses identified includes *three cultural hypotheses:* the "eligibility hypothesis" states that "the longer the time span since women were enfranchised and granted eligibility, the higher the current level of female representation"; the *"non-Catholic hypothesis"* states that "where the majority religion within the country is not Roman Catholic or Orthodox, the level of female representation is positively affected"; and the *"politics-as-a-male-domain hypothesis"* stipulating that "where the dominant cultural perception of the social role of women is accepting of equal active citizenship the level of female representation is positively affected". *Three socio-economic hypotheses* may also be found: the *"occupation hypothesis"* states that "the level of female representation is affected positively if the prime recruiting base is not a male-dominated occupation"; the *"labour-force hypothesis"* specifies that "where women have a high presence in the labour force (especially in higher status positions), they will also be more present in the political elite"; and the *"education hypothesis"* postulates that "the more well-educated women are within a society, the greater their chances of entering parliament". Finally, *four hypotheses concerning the institutional set-up* can be listed: the *"inertia hypothesis"* proposes that "high personnel turnover is a necessary condition for women as newcomers to enter the political elite"; the *"electoral system hypothesis"* claims that "countries with proportional electoral systems will have higher levels of female representation than those with majoritarian or mixed systems"; the *"quota hypothesis",* states that "quota systems facilitate a higher level of female representation"; and finally, the *"left party hypothesis"* postulates that "where a left-oriented party is successful, more women are successful as legislative representative" (Christmas-Best/Kjær 2007: 84-85).

As for the "politics-as-a-male domain hypothesis", it has already been "translated" into local-national gender gap terms and is included in the policy-issue hypothesis. Similar to the general claim that women are under-represented in politics because politics is perceived as "a man's game" (Welch 1978: 372) or as "a man's world" (Arceneaux 2001: 144), the policy-issue is grounded on a perception of local politics being a more acceptable outlet for women's political participation than national politics. In the same way, the logic behind the labour-force hypothesis, the occupation hypothesis and the education hypothesis is in many respects covered by the competitiveness hypothesis already mentioned: Differences in women's representation at the local and the national levels can originate from qualifications (e.g. education, labour market experience, and occupation in specific occupations such as the law) on which women have a lower score than men and that are less important in the local political recruitment process than in the national. One of the other hypotheses, the "non-Catholic hypothesis", does not in the same way call for a translation into local-national gender gap terms, since we do not have any reasons to believe that the general religious composition can account for the observed differences in women's representation at the local and national level, respectively.

This leaves us with five hypotheses which are yet to be reformulated in local-national gender gap terms. The eligibility hypothesis can be reformulated stating that the reason why women do better in local than in national election originates from their head start in the local political sphere. In countries like the United States (Darcy 1994: 10) and the United Kingdom (Game 2008), women were invited to participate in local before in national politics, and the presence of more women in local than in national politics may derive from these historical events. The left party hypothesis can also be recast, claiming that if left wing parties (with more women candidates) tend to do better at local than at national elections, this can be one of the explanations to why more women are elected locally. The inertia hypothesis is also open to immediate application: If the turnover rates are higher at the local than at the national level, a traditional obstacle for women's entry into politics is somewhat diminished at the local level. The electoral system hypothesis can also be stated in a local-national gender gap version: If the electoral system types at the national and local levels differ, then the gap between them in gender representation will be greater (Vengroff et al. 2003: 166). Finally, the general quota hypothesis can be included in the attempt to solve the local-national gender gap puzzle, since a higher representation of women at the local level can originate from a different application of quota systems at the two political levels: If legislators are more inclined to introduce gender quota schemes at the local than at the national level, this might explain the different composition of the legislative bodies in gender terms.

In sum, eight hypotheses as to why more women are elected to local councils than to national parliaments can be extracted from either the specific literature on the local-national gender gap or from the general literature on women in politics. They read as follows:

1. The policy-issue hypothesis: Women themselves are more interested in the policy-issues dealt with at the local than at the national level, and the nominating organizations and voters view women as relatively more competent to deal with these policy areas.
2. The proximity hypothesis: On average, the work of local politics takes place closer to home than the national political life, and therefore makes it easier for those

women with family obligations to combine their political and family life in local as opposed to national politics.
3. The competitiveness hypothesis: More status is attached to national than to local political office, making it relatively easier for an underrepresented group such as women to conquer a seat at a local than at a national legislature.
4. The eligibility hypothesis: Since women gained eligibility earlier for local than for national political office, they have received a head start in local politics which has survived.
5. The left party hypothesis: If left-wing parties fare better in local than in national elections and if left-wing parties have more women candidates, this will account for some of the local-national gender gap.
6. The inertia hypothesis: With substantial higher turnover in local rather than in national politics, the entry of hitherto under-represented groups such as women is facilitated more at the local than at the national level.
7. The electoral system hypothesis: Electoral systems favouring women (e. g. multi-member proportional representation systems) are more often applied at the local level than at the national level.
8. The gender quota hypothesis: More gender quotas in local politics than at the national level account for some of the local-national gender gap.

While the good news is that we now have a number of clear hypotheses about the explanations behind the local-national gender gap, the bad news is that we do not have data to test these hypotheses at present. As already commented upon, the data situation has somewhat improved recently, but it must move to an even higher level before we can assess the causal explanations for the local-national gender gap.

It should be noted, however, that the two on which we have some evidence, i. e. the eligibility and the gender quota hypotheses – are not supported by data obtained from the 27 countries included in this article. As for the eligibility hypothesis, we might again have been exposed to the US/UK-bias mentioned above. In most of the other European countries, eligibility has been granted to women for the two levels simultaneously. In the two countries where women became eligible to participate in local politics more than a few years before national politics – Belgium (28 years) and Denmark (7 years) – both have today more women in national than in local politics (CEMR 2008). As for the gender quota hypothesis, it is true that in France (with quotas in local and not in national elections), more women are elected locally than nationally. On the contrary, this pattern is not found in the three other countries with quotas at the local level exclusively (Greece, Spain and Portugal; see CEMR 2008).

While the over-all conclusion is that we lack data that is detailed and comprehensive enough to test the hypotheses stated in this part of the article, it is hardly surprising that the deviant cases identified above are even more difficult to explain by hard empirical evidence. Since the identification of these cases is a main finding of the article, we will, however, briefly discuss these deviant cases.

4. The local-national gender gap in countries with relatively high levels of women in parliament

It might be that when sufficient data has been generated to increase our understanding of the dynamics of the local-national gender gap, we can also account for those countries with relatively high levels of women in national politics. Maybe the reversed local-national gender gap in the countries identified has nothing to do with the high level of women in the national parliament in these countries, but with other features. Perhaps the negative relationship percentage of women in the national parliament and local-national gender gap, measured as a percentage of women in local politics minus the percentage of women in national politics, is even spurious.

Until further research, building on more data, can increase our knowledge about the local-national gender gap, the question is whether we should maintain some expectations about the mere level of women at the national level as an explanatory variable. Is it possible to demonstrate the pattern of the reversing local-national gender gap by using other available data? As already mentioned, large datasets on women in local politics exist for two countries – United Kingdom and Denmark – over the past three decades. These two countries are interesting since the United Kingdom fits into the traditional picture, having more women at the local than at the national level, while Denmark is the one EU country with the largest local-national gender gap in the opposite of the expected direction: Women's representation is 11 percent points higher nationally than locally.

An initial examination into the reverse local-national gender gap can therefore be obtained by mapping the local-national gender gap and the level of women in national politics for different elections over time in each of the two countries. Since several other factors are held constant in this way, it should be possible to assess the impact of the mere level of women in national politics on the local-national gender gap. This is done in *figures 3* and *4,* respectively.

The data are somewhat inconclusive. At first sight, the two cases strongly support the finding from *figure 2* that the higher the percentage of women in the national parliament, the lower the value of the local-national gender gap, measured as the percentage of women in local politics minus the percentage of women in national politics.[5] In both cases, a strong negative correlation exists between the two measures. Using several observations from the same country, and thereby eliminating explanations building on differences in institutional set-up between countries, the general finding is supported. And since the negative correlation is found in both countries, and despite the fact that Britain and Denmark differ considerably in terms of local-national gender gap, some optimism can certainly be gained for the view that the mere level of women in national parliaments constitutes an important variable in explaining the variations in the local-national gender gap.

It should be noted, however, that in none of the two countries the local-national gender gap is actually reversed. In Denmark, women's representation has been higher in parliament for the entire period analyzed, and even though the traditional local-national gender gap has decreased in the UK, women still have a higher percentage in

---

5 As for the UK, this observation has also been made by Borisyuk et al. (2007: 189).

Figure 3: The local-national gender gap (measured as the percentage of women in local politics minus the percentage of women in national politics) mapped against the percentage of women in national politics for local elections in Denmark 1973-2005

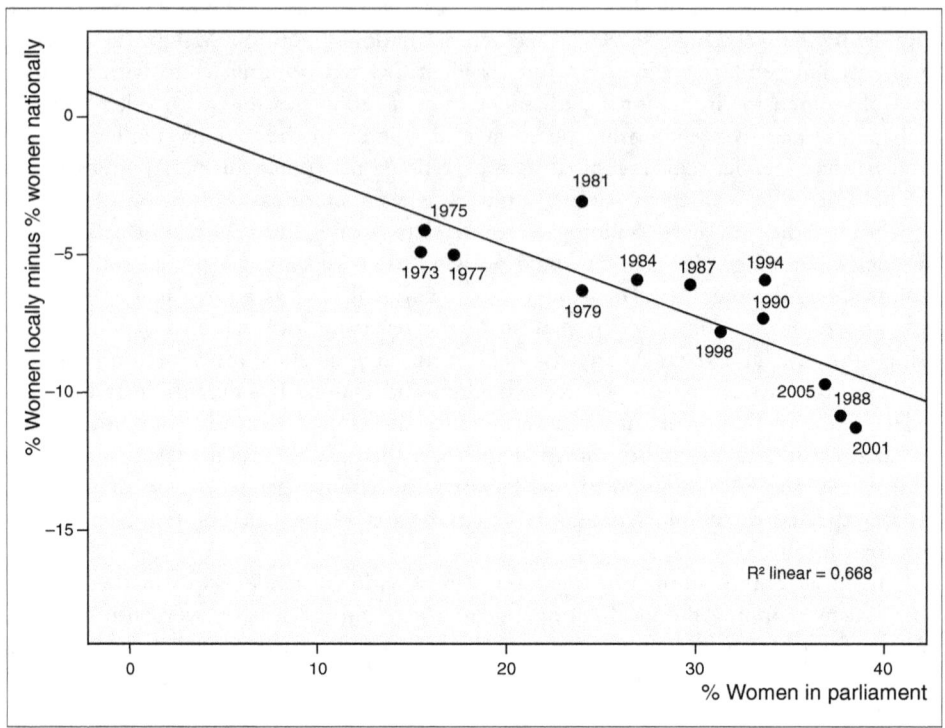

Sources: Statistics Denmark, official election reports.

local politics than in the House of Commons. Using the labels attached to the datapoints in *figures 3* and *4,* it can also be observed that the demonstrated changes in the local-national gender gap have occurred more or less gradually. On the basis of the two case studies, therefore, we cannot be certain as to whether the level of women's representation – and not other variables changing over time – is the deciding factor.

When it comes to provide a more theoretical explanation for the higher presence of women in national politics i. e. the reversal of the local-national gender gap, we are met by a serious challenge. As already mentioned, there is no immediate explanation of the phenomenon identified in this article. Inspired by Weber's thoughts on "Politik als Beruf" (Weber 1919) we will, however, propose a *"Beruf* hypothesis" to explain the relatively high representation of women in politics in certain countries. The *Beruf* hypothesis states: when women have gained sufficient recognition among the nominating organizations and the voters so as to be able to gain substantial representation in legislative bodies, but when they nevertheless perform the main part of the domestic tasks, the national political level, where office-holding is professionalized, will be more attractive to potential women candidates than local political office, which – because tradi-

Figure 4: The local-national gender gap (measured as the percentage of women in local politics minus the percentage of women in national politics) mapped against the percentage of women in national politics for local elections in the UK 1974-2001

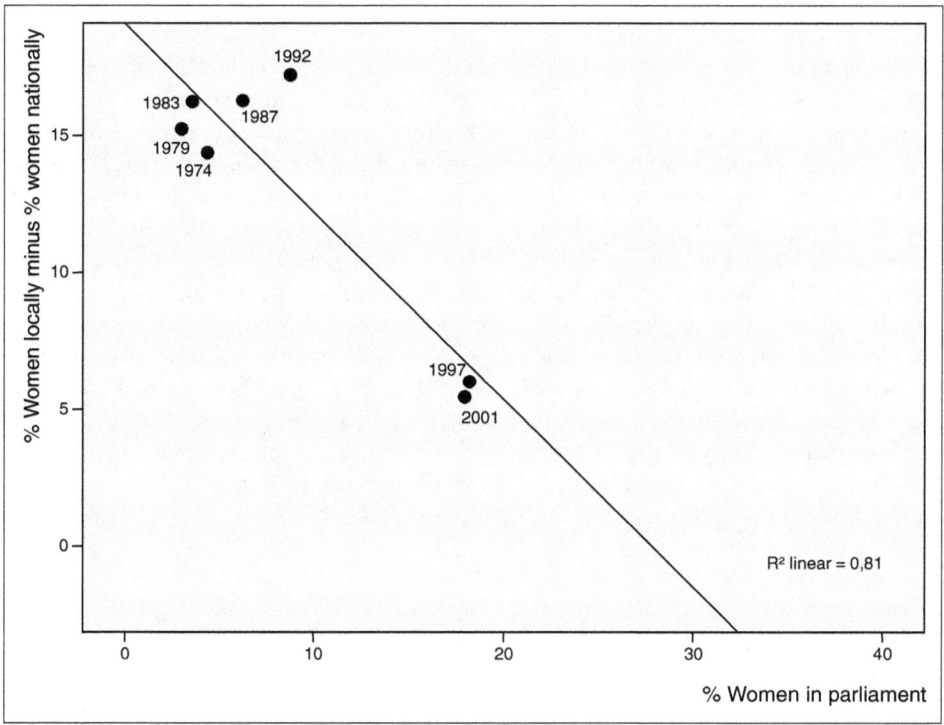

Sources: National election data from Datacube (see Cotta/Best 2007); local election data is raw data from *figure 5* of Borisyuk et al. 2007, kindly supplied by the authors.

tionally being unpaid – would still have to combined with salaried employment for many women.

In countries where the gradual modernization and feminization processes have advanced, the obstacles for women to make the same gains in terms of representation at the national level as on the local level (stated in the policy-issue and the competitiveness hypotheses) has been partly overcome. However, if at the same time full gender equality has not been reached in general, it holds true that "women still perform the lion's share of domestic tasks such as cooking and cleaning and are the primary caregivers for children, patterns that may deprive women the free time required to participate in politics" (Paxton 2007: 267). If at the same time the incipient gender equality has sent women into the labour market, the traditional "double burden of political commitment and major family responsibilities" (Shaul 1982: 496) is extended to also include paid work. Therefore, there can be "tensions between women's domestic, occupational and public lives" (Rao 2005: 324). Such a situation is probably not unlikely to be found, especially in some of the countries which deviated from the traditional local-national gender gap, such as Germany, Sweden, Finland, The Netherlands and

Denmark. In such countries, parliamentary sessions in the capital of the country might not be the worst case scenario for a woman with political aspirations, since a seat in the national parliament is accompanied by a full salary. As a consequence the need for an extra job is taken out of the equation. In local politics, however, where politics is still not professionalized, such pressure is maintained and thus impedes further increases in women's representation.

By claiming – with the *Beruf* hypothesis – that the professionalized/amateur distinction between national and local legislatures is part of the explanation for some countries ending up with more women in the former than in the latter, we oppose the conventional wisdom that a more professionalized legislature will automatically attract fewer women as members (Clark 1991: 75; but see also Squire 1992: 70; Hogan 2001: 8). The reason might be that while most of the existing literature looks at professionalization from the *demand-side* of the recruitment equation (women are not gaining access to the most attractive seats), the *Beruf* hypothesis deals with countries where hostility to women from the selectors is somewhat reduced; professionalization is therefore looked upon from the *supply-side* (a political office with a full-time salary is more attractive to women). It is not possible to test the *Beruf* hypothesis with the available data; so it is formulated primarily to further argue that the demonstrated reversal of the local-national gender gap is worthwhile pursuing in further research, since a more theoretical explanation to the observed phenomenon can be suggested.

5. Conclusions

This article exploits a new dataset on women in local and national politics provided by CEMR in order to inquire further into the local-national gender gap in the 27 countries in the EU. The analysis demonstrates that no law-like relationship exists between the percentage of women at the local and the national political level in a given country. The conclusion based on these data is that a local-national gender gap exists, and that in the majority of the EU countries relatively more women are elected for local than for national office. However, there are too many deviant cases to accept the pattern of minority attrition with regard to gender as an actual "law". The number of countries deviating from the expected pattern is too large just to be disregarded. We have also offered some possible explanations for the reversal of the gender gap, i. e., to why in some countries there are actually more women in national than in local politics.

A rather clear pattern has emerged regarding this reverse local-national gender gap in countries like Germany, Sweden, Denmark and The Netherlands. These countries, all with more women in national than in local politics, also have relatively high levels of women in national politics. The higher the level of women's representation in the national parliament, the more the local-national gender gap tips in favour of the national level. We offered a case study of two countries – the UK and Denmark – and found a similar pattern when the local-national gender gap is researched over time. Despite the fact that the two selected countries are very different in terms of local-national gender gaps, a quite similar pattern can be observed: The higher the level of women in national politics, the lower the local-national gender gap, measured as the percentage of women in local politics minus the percentage of women in national politics.

To explain this reverse local-national gender gap (i. e., proportionately more women in national rather than local politics), a *Beruf* hypothesis has been proposed suggesting that in countries where some of the demand-side barriers to women's political inclusion have been removed, and where women have gained in terms of their presence on the labour market, a movement towards the national political level as the primary outlet for women's political participation can be expected. If women in these societies at the same time still carry the main burden of family and household responsibilities, a professionalized (i. e., a full-time salaried) political office such as a parliamentary seat can be seen as more attractive than an amateurish (i. e., a part-time, non-salaried) political office such as a seat at the local council.

Here we have only *suggested* the *Beruf* hypothesis. Further research is needed to test it. It seems obvious to try to make use of other sources of data, such as survey and interview data, in the attempt of further assessing the *Beruf* hypothesis. In more general terms, this article concludes by a more general call for further research into the local-national gender gap. In a review of the literature, three hypotheses on the traditional local-national gender gap have been identified: the policy-issue, the proximity and the competitiveness hypothesis. Five other hypotheses were formulated by translating established hypotheses on the variation of women in politics into local-national terms. Further research, on new original data, is needed to test these hypotheses.

References

Antolini, Denise, 1984: Women in Local Government. An Overview, in: *Flammang, Janet A.* (Hrsg.), Political Women. Current Roles in State and Local Government. Beverly Hills: Sage, 23-40.
Arceneaux, Kevin, 2001: The "Gender Gap" in State Legislative Representation. New Data to Tackle an Old Question, in: Political Research Quarterly 54, 143-160.
Bache, Ian/Flinders, Matthew (Hrsg.), 2004: Multi-level Governance. Oxford: Oxford University Press.
Barber, James D., 1965: The Lawmakers. New Haven: Yale University Press.
Beetham, David, 1996: Theorising Democracy and Local Government, in: *King, Desmond/Stoker, Gerry* (Hrsg.), Rethinking Local Democracy. Houndmills: Macmillan, 28-49.
Borisyuk, Galina/Rallings, Colin/Trasher, Michael, 2007: Women in English Local Government 1973-2003. Getting Selected, in: Contemporary Politics 13, 181-199.
Bristow, Stephen L., 1980: Women Councillors. An Explanation of the Under-representation of Women in Local Government, in: Local Government Studies 6, 73-90.
Bullock, Charles S. III/MacManus, Susan, 1991: Municipal Electoral Structure and the Election of Councilwomen, in: Journal of Politics 53, 75-89.
Carroll, Susan J., 1994: Women as Candidates in American Politics. 2. Aufl., Bloomington: Indiana University Press.
CEMR (Council of European Municipalities and Regions), 2008: Women in Local Politics in Europe. Draft version of February 2008. Paris: EMCR.
Christmas-Best, Verona/Kjær, Ulrik, 2007: Why so Few and Why so Slow? Women as Parliamentary Representatives in Europe from a Longitudinal Perspective, in: *Cotta, Maurizio/Best, Heinrich* (Hrsg.), Democratic Representation in Europe. Diversity, Change and Convergence. Oxford: Oxford University Press, 77-105.
Clark, Janet, 1991: Getting There. Women in Political Office, in: The Annals of the American Academy of Social and Political Sciences 515, 63-76.

Cotta, Maurizio/Best, Heinrich (Hrsg.), 2007: Democratic Representation in Europe. Diversity, Change and Convergence. Oxford, Oxford University Press.

Czudnowski, Moshe M., 1975: Political Recruitment, in: *Greenstein, Fred I./Polsby, Nelson W.* (Hrsg.), Handbook of Political Science. Reading: Addison-Wesley Publishing Company, 156-242.

Dahlerup, Drude (Hrsg.), 2006: Women, Quotas and Politics. London: Routledge.

Darcy, R./Welch, Susan/Clark, Janet, 1994: Women, Elections & Representation. 2. Aufl., Lincoln: University of Nebraska Press.

Deschouwer, Kris, 2006: Political Parties as Multi-level Organizations, in: *Katz, Richard S./Crotty, William* (Hrsg.), Handbook of Party Politics. London: Sage, 291-300.

Diaz, Mercedes Mateo, 2005: Representing Women? Female Legislators in West European Parliaments. Colchester: ECPR Press.

Edinger, Michael/Jahr, Stefan (Hrsg.), 2010: Political Careers in Europe. Career Patterns in Multi-level Systems. Baden-Baden: Nomos Verlag (forthcoming).

Eldersveld, Samuel J., 1989: Political Elites in Modern Societies. Empirical Research and Democratic Theory. Ann Arbor: University of Michigan Press.

Francis, Wayne L./Kenny, Lawrence W., 2000: Up the Political Ladder. Career Paths in U.S. Politics. Thousand Oaks: Sage.

Game, Chris, 2008: 29% Women Councillors After a Mere 100 Years. Can the Councillors Commission Increase Councillor Diversity Where "Modernisation" Failed? Paper presented at the 58th Political Studies Association Annual Conference, Swansea University April 2008.

Hogan, Robert E., 2001: The Influence of State and District Conditions on the Representation of Women in US State Legislatures, in: American Politics Research 29, 4-24.

Huddy, Leoni/Terkilsen, Nayda, 1993: The Consequences of Gender Stereotypes for Women Candidates at Different Levels and Types of Office, in: Political Research Quarterly 46, 503-25.

IPU (Inter-Parliamentary Union), 2008: Women in National Parliaments. www.ipu.org/wmn-e/classif.htm. 01.05.08.

Kjær, Ulrik, 1999: Saturation Without Parity. The Stagnating Number of Female Councillors in Denmark, in: *Beukel, Erik/Klausen, Kurt Klaudi/Mouritzen, Poul Erik* (Hrsg.), Elites, Parties and Democracy. Festschrift for Professor Mogens N. Pedersen. Odense: University of Southern Denmark Press, 149-168.

Kjær, Ulrik, 2007: Kommunalpolitikerne, in: *Buch, Roger/Elklit, Jørgen* (Hrsg.), Nye kommunalvalg? Kontinuitet og forandring ved valget i 2005. Odense: University of Southern Denmark Press, 133-158.

Leijenaar, Monique, 1997: How to Create a Gender Balance in Political Decision-making, European Commission, Directorate-General for Employment, Industrial Relations and Social Affairs. Brüssel.

Lovenduski, Joni, 1993: Introduction. The Dynamics of Gender and Party, in: *Lovenduski, Joni/Norris, Pippa* (Hrsg.), Gender and Party Politics. London: Sage, 1-15.

Mansbridge, Jane, 2001: The Descriptive Political Representation of Gender. An Anti-Essentialist Argument, in: *Klausen, Jytte/Maier, Charles* (Hrsg.), Has Liberalism Failed Women? Parity, Quotas and Political Representation. New York: Palgrave Macmillan.

Matland, Richard. E., 1998: Women's Representation in National Legislatures. Developed and Developing Countries, in: Legislative Studies Quarterly 23, 109-25.

Nechemias, Carol, 1985: Geographic Mobility and Women's Access to State Legislatures, in: Western Political Quarterly 38, 119-131.

Norrander, Barbara/Wilcox, Clyde, 2005: Change in Continuity in the Geography of Women State Legislators, in: *Thomas, Sue/Wilcox, Clyde* (Hrsg.), Women and Elective Office. New York: Oxford University Press, 176-196.

Norris, Pippa, 1985: Women's Legislative Participation in Western Europe, in: *Bashevkin, Sylvia* (Hrsg.), Women and Politics in Western Europe. London: Frank Cass, 90-101.

Norris, Pippa, 1996: Legislative Recruitment, in: *Leduc, Lawrence/Niemi, Richard G./Norris, Pippa* (Hrsg.), Comparing Democracies. Elections and Voting in Global Perspective. Thousand Oaks: Sage, 184-216.

Norris, Pippa/Lovenduski, Joni, 1995: Political Recruitment. Gender, Race and Class in the British Parliament. Cambridge: Cambridge University Press.

Paxton, Pamela, 1997: Women in National Legislatures. A Cross National Analysis, in: Social Science Research 26, 442-464.
Paxton, Pamela/Kunovich, Sheri/Hughes, Melanie M., 2007: Gender in Politics, in: Annual Review of Sociology 33, 263-284.
Phillips, Anne, 1995: The Politics of Presence. Democracy and Group Representation. Oxford: Oxford University Press.
Pitkin, Hanna Fenichel, 1967: The Concept of Representation. Berkeley: University of California Press.
Putnam, Robert D., 1976: The Comparative Study of Political Elites. Englewood Cliffs: Prentice Hall.
Randall, Vicky, 1982: Women and Politics. London: Macmillan.
Rao, Nirmala, 2005: The Representation of Women in Local Politics, in: Policy and Politics 33, 323-339.
Reynolds, Andrew, 1999: Women in the Legislatures and Executives of the World. Knocking at the Highest Glass Ceiling, in: World Politics 51, 547-572.
Sanbonmatsu, Kira, 2006: Where Women Run. Gender and Party in the American States. Ann Arbor: The University of Michigan Press.
Shaul, Marnie S., 1982: The Status of Women in Local Governments. An International Assessment, in: Public Administration Review 42, 491-500.
Siaroff, Alan, 2000: Women's Representation in Legislatures and Cabinets in Industrial Democracies, in: International Political Science Review 21, 197-215.
Squire, Peverill, 1992: Legislative Professionalization and Membership Diversity in State Legislatures, in: Legislative Studies Quarterly 17, 69-79.
Taagepera, Rein, 1994: Beating the Law of Minority Attrition, in: *Rule, Wilma/Zimmerman, Joseph F.* (Hrsg.), Electoral Systems in Comparative Perspective. Their Impact on Women and Minorities. Westport: Greenwood Press, 235-246.
UCLG (United Cities and Local Governments), 2008: Gender Statistics. www.cities-localgovernments. org/uclg/index.asp?pag=wldmstatistics.asp&type=&L=EN&pon=1. 01.05.08.
Vengroff, Richard/Nyiri, Zsolt/Fugiero, Melissa, 2003: Electoral System and Gender Representation in Sub-National Legislatures. Is There a National-Sub-National Gender Gap?, in: Political Research Quarterly 56, 163-173.
Weber, Max, 1919: Geistige Arbeit als Beruf. Politik als Beruf. München: Duncker & Humblot.
Welch, Susan, 1978: Recruitment of Women to Public Office. A Discriminant Analysis, in: Western Political Quarterly 33, 372-380.
Werner, Brian L., 1998: Urbanization, Proximity, and the Intra-State Context of Women's Representation, in: Women & Politics 19, 81-93.
Young, Iris Marion, 2000: Inclusion and Democracy. Oxford: Oxford University Press.
Yule, Jean, 2000: Women Councillors and Committee Recruitment, in: Local Government Studies 26, 31-54.

IV.

Der moderne Politiker in der medialen Öffentlichkeit

Celebrity Politics: Prominenz als politische Ressource

Armin Wolf

1. Einleitung: Promis statt Profis

Politiker ist ein Beruf, den (fast) jeder ergreifen kann. In den allermeisten Demokratien ist dafür lediglich ein bestimmtes Mindestalter und strafrechtliche Unbescholtenheit erforderlich. Eine verpflichtende oder normierte Ausbildung gibt es für Politiker nicht – im Gegensatz zu den meisten anderen qualifizierten Berufen wie Arzt, Rechtsanwalt, Lehrer aber auch Bäcker oder Friseur. Dass sich grundsätzlich jedermann, unabhängig von seiner Vorbildung, als Volksvertreter bewerben kann, gilt als wesentliche Prämisse demokratischer Wahlen.

Das war nicht immer so. Das antike Rom etwa kannte für seine Politiker den sogenannten *Cursus honorum* – eine verpflichtende Ämterabfolge, die mit dem Quaestor begann, beim Konsul endete und strikten Regeln unterworfen war. Dennoch ist der Zugang zu professioneller Politik – also zu öffentlich alimentierten Wahl- oder Regierungsämtern – auch heute vielfach eingeschränkt. Es herrscht ein informeller *Cursus honorum* (Pelinka 1979). Formalisierte Ausbildung wird durch praktische politische Erfahrung ersetzt, die üblicherweise durch das Engagement in Partei(vorfeld)organisationen, Verbänden, lokalen oder regionalen Wahlämtern oder in Mitarbeiterstäben von Politikern erworben wird. Dietrich Herzog (1975: 68) hat für diesen langsamen hierarchischen Aufstieg den mittlerweile populären Ausdruck „Ochsentour" geprägt.

Die meisten Berufspolitiker gelangen über eine solche „Ochsentour" in ihre Funktionen: Laut der grundlegenden Studie Herzogs haben rund 60 Prozent der deutschen Spitzenpolitiker eine sogenannte *Standard-Karriere* absolviert (Einstieg in die Politik über Ehrenämter in Partei oder Kommunalpolitik parallel zur privaten Berufslaufbahn. Politik wird stufenweise zum Hauptberuf). Rund 30 Prozent machen eine *reine Politik-Karriere* (Einstieg in die erste hauptberufliche politische Funktion unmittelbar nach der Ausbildung, dann stufenweiser Aufstieg). Nur 10 Prozent gelangen ohne Erfahrung aus Partei- oder Wahlämtern direkt in eine politische Führungsfunktion, sind also Seiten- oder Quereinsteiger *(cross over)*. Neuere Untersuchungen bestätigen diese Muster.[1] Für Herzog (1975: 225) stellt der stufenweise Aufstieg in der Politik eine ...

„... wichtige Voraussetzung dar für die Aneignung spezifischer politischer Qualifikation, für die genaue Kenntnis der Partei und der im politischen Feld handelnden Organisationen, für die Einarbeitung in praktische politische Probleme, das Erlernen politisch-verantwortlichen Verhaltens und

---

[1] So hatten 97 Prozent aller deutschen Regierungsmitglieder von 1949 bis 2002 vor ihrer Berufung in das Kabinett bereits politische Funktionen inne (Syed Ali 2003: 165). Bei österreichischen Parlamentsabgeordneten lag dieser Anteil Ende der 1990er Jahre bei 84 Prozent (Wolf 2007: 145 f.). In 20 OECD-Parlamenten hatten durchschnittlich 57 Prozent der Mandatsträger bereits exekutive oder legislative Ämter auf Regional- oder Landesebene, Parteifunktionen nicht eingerechnet (Z'Graggen 2004: 27). Zu den Quereinsteigern vgl. neuerdings Lorenz/Micus (2009).

nicht zuletzt für die Chance einer demokratischen Kontrolle von Personalentscheidungen durch die Parteimitglieder."[2]

Politiker ist heute ein „professionsähnlicher Beruf", argumentiert Jens Borchert (2003: 150 ff.), mit einer de facto standardisierten Ausbildung via „Ochsentour" und zunehmender Akademisierung; mit einer Art Berufsverband in einem „komplexen institutionellen Arrangement" aus Parlament und Parteien sowie „Konkurrenzschutz" durch institutionelle Zugangsschranken (Wahlrecht) und die dominante Stellung der Parteien bei der Kandidaten-Nominierung.

Und trotzdem erregen in den letzten Jahren immer öfter „ungelernte" Politiker Aufmerksamkeit und feiern oft erstaunliche (Wahl-)Erfolge. *Politik-Amateure*, die in ganz anderen Branchen erfolgreich und bekannt geworden sind und die ihre Prominenz nun für politische Karrieren nützen, wie Hollywood-Superstar Arnold Schwarzenegger als Gouverneur von Kalifornien, Milliardär Michael Bloomberg als Bürgermeister von New York, der Journalist Boris Johnson als Bürgermeister von London, Großunternehmer Thaksin Shinawatra als thailändischer Premierminister, die Popstars Gilberto Gil und Peter Garret als Kulturminister in Brasilien und Umweltminister in Australien oder Fußball-Star George Weah als Präsidentschaftskandidat in Liberia. Auf den Philippinen waren in den letzten Jahren knapp 40 Prozent der Sitze im Senat mit Prominenten aus Film, Fernsehen oder Sport besetzt: „A democracy gone totally celebrity-mad" sehen Analytiker dort (Coronel 2004: o. S.) und eine „celebritocracy" als neue Machtelite (Evans 2005: 38).

Jede Menge politischer *newcomers* und *outsiders* präsentieren sich auch bei den Wahlen zum Europäischen Parlament: Mit mehr oder weniger Erfolg kandidieren regelmäßig Journalisten, Moderatoren, Kosmonauten, Spitzensportler, Fotomodelle, Schauspieler und Schriftsteller. Und nirgendwo in Europa lässt sich die Attraktivität nicht-etablierter politischer Akteure eindrucksvoller beobachten als in Italien: vom Aufstieg Silvio Berlusconis über die Wahlerfolge von Lilli Gruber, der bekanntesten TV-Moderatorin des Landes, bis zur Massenhysterie rund um den Komiker Beppo Grilli. Mit seinem Aufruf zu einem „Tag des Zorns" und einer Art Volksaufstand gegen die „politische Klasse" wurde der Künstler jener „Politiker", dem die Italiener „am meisten vertrauen" – obwohl er nie ein politisches Amt bekleidet hat (Schneider 2008: 8).

Celebrity politics, wie das politische Engagement prominenter Amateure in der englischsprachigen Literatur genannt wird, ist jedoch mehr als eine Mode. *Prominenz-Politik* ist eine logische Konsequenz aus einer tiefreichenden Vertrauenskrise etablierter Politik und der beinahe totalen Mediatisierung des politischen Wettbewerbs.

Dieser Beitrag nähert sich dem Phänomen *celebrity politics* in zwei Schritten: Im ersten Abschnitt wird ein konzeptiver Rahmen gespannt und erläutert, weshalb *Promi-*

---

2 Über die spezifischen Qualifikationen, die Politiker brauchen, wird seit Max Webers (1992: 62) Diktum über „Leidenschaft, Verantwortungsgefühl, Augenmaß" diskutiert. Müller (1998: 11) sieht als zentrales Erfordernis *Entscheidungsfähigkeit*: zeitgerecht, technisch effektiv, konsistent und politisch akzeptabel. Nach Welan (1998: 31) müssen Politiker „vor allem geschickte *Kommunikatoren, Verhandler, Moderatoren* und *Organisatoren*" sein (Hervorhebung im Original). Herzog (1997: 318) fordert *Verhandlungskompetenz*, um Interessen „kompromissbereit in gemeinwohlverträgliche Problemlösungen zu konvertieren". Nach einer Umfrage Patzelts (1998: 67 ff.) unter deutschen Parlamentariern lautet die zentrale Anforderung *Führungskraft*.

nenz zu einer wesentlichen politischen Ressource geworden ist. Es wird eine Typologie politischer Akteure in Mediendemokratien entwickelt, in der prominente Seiteneinsteiger als *Pseudo-Politiker* einzuordnen sind. Ihre zentrale Funktion liegt demnach in der *Darstellung* nicht in der *Herstellung* von Politik. Für ihre Parteien agieren sie als *Testimonials*, für die Wähler erfüllen sie die Funktion von *information shortcuts* und *reliable advisers*.

Im empirischen Teil werden die konkreten Karrieren prominenter Quereinsteiger in zwei Parlamenten (im österreichischen Nationalrat und im Europäischen Parlament) beispielhaft analysiert, um die im ersten Abschnitt formulierten Thesen zu überprüfen und um die Frage zu beantworten, wie erfolgreich ein solches *cross over* in der Praxis tatsächlich verläuft. Die Basis dafür bildet eine umfangreiche Studie für ein Dissertationsprojekt an der Universität Innsbruck (Wolf 2007).

2. Personalpolitik in mediatisierten Demokratien

2.1 Die Rekrutierung

Die Rekrutierung politischen Spitzenpersonals ist eine der wesentlichen Funktionen von Parteien (von Beyme 2002: 317). Im Rahmen der *structural opportunities* des jeweiligen Wahlsystem stellt der parteiinterne (formelle und informelle) Nominierungsprozess die wesentliche Hürde zwischen Aspiranten und politischen Funktionen dar (Norris/Lovenduski 1995: 183 f.). Vergleichsweise niedrig ist diese Hürde in den USA, wo aufgrund des starken Vorwahlsystems auch die *Selbstrekrutierung* von Kandidaten erfolgreich sein kann, auch ohne oder gar *gegen* die Unterstützung von Parteigremien. In den meisten anderen, v. a. in europäischen, Wahlsystemen sind jedoch die Parteien die zentralen *gate keepers* im Rekrutierungsprozess. Hier fungiert „das Selektorat als Elektorat" (Patzelt 1998: 57). Dabei müssen die Parteien mehrere Zielfunktionen berücksichtigen:

- Sie benötigen Politikfeld-Experten für die Arbeit in Parlament und Regierung *(Policy- bzw. Inhaltsorientierung)*.
- Sie müssen ihre Funktionäre motivieren, von denen Mandate häufig als *incentives* für unbezahlte Parteiarbeit gesehen werden, und die innerparteiliche Akzeptanz von Entscheidungen sicher stellen *(Politics- bzw. Binnenorientierung)*.
- Sie benötigen massenattraktive Kandidaten zur Stimmenmaximierung bei Wahlen *(Publicity- bzw. Wählerorientierung)*.[3]

Die Nominierung *prominenter Kandidaten ohne politische Erfahrung* dient, wie im Folgenden argumentiert wird, in erster Linie dem *wählerorientierten* Ziel der Stimmengewinnung. In Einzelfällen mögen bekannte Seiteneinsteiger auch spezifische Fachkenntnisse aus ihrer bisherigen Karriere mitbringen (insbesondere wenn sie aus dem Management oder der Wissenschaft kommen) – grundsätzlich werden *celebrities* jedoch

---

3 Müller (1998: 19), auf dem diese Kategorisierung aufbaut, unterscheidet *zwei* grundlegende Ziele der Rekrutierung: um Wahlen zu gewinnen, müssen Parteien *attraktive Kandidaten* gewinnen, für die effektive Arbeit in Parlament und Regierung *Politik-Experten*.

nicht wegen ihrer *Policy*-Expertise rekrutiert oder wegen ihrer *Politics*-Kompetenz (die Quereinsteigern üblicherweise völlig fehlt) sondern wegen ihres *Publicity*-Potenzials: Bekanntheit, Popularität, Glaubwürdigkeit, Prestige.

2.2 Die Imagekrise etablierter Politik

Professionelle Politik ist ein Beruf mit einem Image-Problem. Nach einer weltweiten Umfrage (61 600 Befragte in 60 Ländern) hatten 2007 nur acht Prozent der Wähler *Vertrauen* zu Politikern. 60 Prozent der Befragten waren der Meinung, Politiker wären *nicht ehrlich* (in Deutschland meinten das 71, in Österreich gar 77, in Frankreich hingegen nur 37 Prozent). Jeder Zweite fand, Politiker hätten *zu viel Macht*, fast ebenso viele sagten, Politiker wären *unethisch* und *inkompetent*. Und in allen abgefragten Kategorien erzielten Politiker deutlich schlechtere Werte als Manager (Gallup International 2007). Zahlreiche internationale Vergleichsstudien (für eine Übersicht Plasser 2003: 165 ff.) zeigen, dass sich diese Vertrauenskrise seit Jahrzehnten vertieft – in unterschiedlicher Geschwindigkeit und Ausprägung aber mit gleichlaufender Tendenz. In der jüngsten „Berufsprestige-Skala" des deutschen Allensbach-Instituts liegen Politiker auf dem vorletzten Platz. Auf die (regelmäßig gleichlautend gestellte) Frage nach fünf Berufen, vor denen die Befragten *am meisten Achtung haben* nannten Anfang 2008 nur 6 Prozent *Politiker*. 1978 waren es noch vier Mal so viele gewesen (IFD-Allensbach 2008).

In Österreich vermuteten in einer Umfrage aus dem Jahr 2005 nur 24 Prozent der Befragten, man müsse *große Fähigkeiten haben*, um Parlamentsabgeordneter zu werden, 30 Jahre zuvor sagten das noch 55 Prozent (Imas-Institut 2005). In den USA stimmten 2007 nur 34 Prozent der Wähler der Aussage zu: *Most elected officials care, what people like me think* – zehn Prozent weniger als 2002 (Pew Research Center 2007: 45). Nur 2 Prozent von 3.978 Befragten einer Online-Umfrage vom Herbst 2007 *vertrauen* den Abgeordneten des US-Repräsentantenhauses, 3 Prozent den Senatoren und 14 Prozent dem US-Präsidenten (BigResearch 2007).

Die Ursachen für diesen *confidence gap* wurden vielfach analysiert: von der mangelhaften Responsivität des politischen Systems über die hochgradige Ritualisierung der öffentlichen Kommunikation, von gebrochenen Wahlversprechen bis zur Negativität von Wahlkampagnen, von der „Entmystifizierung" politischer Führungspersönlichkeiten durch mediale Dauerbeobachtung bis zur gestiegenen Aufmerksamkeit des Mediensystems gegenüber Skandalen und der medialen Fixierung auf politische Taktik, Strategie und Konflikte (Ulram 2000: 123 f.; Plasser 1993; Schönherr-Mann 2002; Iyengar/ Ansolabehere 1997; Meyrowitz 1985: 268 ff.; Bentele 1998; Patterson 1998; Cappella/ Jamieson 1997).

Wenn sich die etablierte politische Klasse jedoch einer derartigen Imagekrise gegenüber sieht, wächst die Attraktivität von *newcomers*, die ihr – in anderen Branchen erworbenes – Prestige in den politischen Wettbewerb investieren.

2.3 Die Mediatisierung des politischen Wettbewerbs

Moderne Politik jenseits der lokalen und regionalen Ebene wird vor allem über mediale Vermittlung wahrgenommen. Das gilt mittlerweile als Gemeinplatz, auch wenn man Niklas Luhmanns (2004: 9) berühmten Satz – „Was wir über unsere Gesellschaft, ja über die Welt, in der wir leben, wissen, wissen wir durch die Massenmedien." – in seiner apodiktischen Eindeutigkeit nicht teilen mag. Dass die Möglichkeiten des Durchschnittsbürgers zur Eigenerfahrung von Politik durch direkte Anschauung geringer werden, ist evident und wird in der Politik- und Kommunikationswissenschaft als *Mediatisierung* bzw. *Medialisierung* der Politik breit diskutiert (Donges 2005; Bösch/Frei 2006; Vowe/Dohle 2008).[4] Alle entwickelten Demokratien sind heute als *Mediengesellschaften* zu qualifizieren, in denen das Mediensystem die „traditionellen Vermittlungsorganisationen der Zivilgesellschaft – Kirchen, Parteien, Gewerkschaften – (...) weitgehend verdrängt" hat (Hallin/Mancini 2003: 45). Die Massenmedien sind „zentrale Arena und Bühne der Politik" (Plasser 1993: 410). Entsprechend groß ist der Druck auf die politischen Akteure, die Präsentation von Programmen und Personal an die Selektions- und Präsentationslogik des Mediensystems anzupassen. *Selbstmediatisierung* nennt das Thomas Meyer (2002: 8), Fritz Plasser (2004: 24) spricht von *redaktionellem Politikverständnis*. Eine zentrale Anforderung dabei ist die Personalisierung von Politik. Vor allem für das Bild-Medium Fernsehen ist die Darstellung politischer Themen anhand konkreter Personen paradigmatisch (Iyengar 1994), aber auch in den Printmedien lässt sich eine „hochgradige Personalisierung" der Politikberichterstattung empirisch belegen (Brettschneider 2002: 206 ff.; Lengauer/Pallaver/Pig 2004: 170 ff.).

Die Mediensysteme der meisten Länder haben sich in den letzten beiden Jahrzehnten radikal verändert. Liberalisierung, Digitalisierung und Ökonomisierung haben zu einer exponentiellen Ausweitung des Angebots geführt. Immer mehr *media outlets* konkurrieren um Leser, Seher, Hörer und *user*.[5] Obwohl die individuelle Mediennutzung ständig steigt, kann sie mit der Expansion des Angebots nicht annähernd mithalten. Die Aufmerksamkeit des Publikums wird zur knappen und begehrten Ressource. „Wahlkampf unter Vielkanalbedingungen" (Schulz 1998) ist deshalb zuallererst ein Kampf um Aufmerksamkeit. *Prominenz* ist in dieser Situation des allgemeinen *information overload* ein entscheidender Startvorteil, denn ihr Status bemisst nichts anderes als die „generalisierte Fähigkeit eines Akteurs öffentliche Aufmerksamkeit zu finden" (Gerhards/Neidhardt 1993: 74). Wer prominent ist, wird beachtet.[6] Überhaupt wahrge-

---

4 Vgl. auch die Beiträge von Tenscher und Spörer/Marcinkowski in diesem Sonderheft.
5 So waren beispielsweise in Deutschland Ende 2009 allein über den Satelliten ASTRA mehr als hundert TV-Programme frei empfangbar (ohne Pay-TV). Es erschienen 2 450 verschiedene Zeitungs- und Zeitschriftentitel (1985: 1 590) mit einer verkauften Gesamtauflage von 154 Mio. Stück. 67,2 Prozent der Bevölkerung über 14 Jahre nützten das Internet, zwölf Jahre zuvor waren es 6,5 Prozent. 2008 wurden in Deutschland 94 276 Buchtitel veröffentlicht (1985: 57 623) und 1 556 Mio. Euro mit dem Verkauf und Verleih von Videos und DVDs umgesetzt (1997: 795 Mio.). Der Zeitaufwand für Mediennutzung (TV, Radio, Tageszeitung, Zeitschriften, Bücher, CD/LP/MC/MP3, Video/DVD, Internet) ist von 351 Minuten pro Tag im Jahr 1985 auf 600 Minuten im Jahr 2005 gestiegen (MediaPerspektiven Basisdaten 2009).
6 Das Ausmaß dieser Beachtung ist unterschiedlich. Prominenz kann örtlich und zeitlich unterschiedliche „Reichweiten" haben, von lokalen *accidental celebrities* (Zufallsberühmtheiten) über

nommen zu werden, ist für politische Akteure umso wichtiger, als sie nicht nur miteinander um Aufmerksamkeit konkurrieren, sondern vor allem mit einem gigantischen *Unterhaltungs*-Angebot. Um hier ein nennenswertes Publikum zu erreichen, muss Politikdarstellung ähnlich attraktiv werden – mit entsprechenden Konsequenzen für Themenauswahl, Aufbereitung und Dramaturgie: „Politische Themen, Akteure, Prozesse, Deutungsmuster, Identitäten und Sinnentwürfe [werden] im Modus der Unterhaltung zu einer neuen Realität des Politischen montiert" (Dörner 2001: 31). Diese Form von *Politainment* und *Entertainisierung* (Holtz-Bacha 2000) begünstigen naturgemäß den Einsatz prominenter, massenattraktiver, Talkshow-tauglicher Akteure, vor allem im Wettbewerb um die große Zahl nicht politik-affiner Medienkonsumenten.

Aber nicht nur das mediale System hat in den letzten Jahrzehnten einen tiefgreifenden Umbruch erlebt. Auch im politischen System haben sich die Beziehungen zwischen den Akteuren (Institutionen, Parteien, Verbände, NGOs, Mandatare) und dem Elektorat grundlegend verändert: Starre politische Lager haben sich im Zuge gesellschaftlicher Modernisierungsprozesse weitgehend aufgelöst. Soziale oder berufliche Milieus, Religion und traditionelle Ideologien haben Bindungs- und Integrationskraft eingebüßt. Wähler mit starker Parteibindung sind in den meisten Demokratien zur Minderheit geworden. Die Zahl der Parteimitglieder und Stammwähler sinkt, immer mehr Wähler entscheiden sich bei jedem Urnengang neu, außerdem immer später oder sie verzichten ganz auf ihr Wahlrecht (Strohmeier 2002; Plasser 2003; Dalton 2005; Plasser/Seeber 2007 und grundsätzlich Falter/Schoen 2005). Als Folge dieser – in praktisch allen entwickelten Demokratien belegbaren – tiefgreifenden *Dealignment*-Prozesse muss die Mehrzahl der Bürger vor jedem Wahlgang neu umworben, überzeugt und gewonnen werden.

3. Die Funktionen von Prominenz

3.1 Prominente Kandidaten als *information shortcuts*

Ideologien und Parteien helfen, Informationskosten zu sparen. Statt vor jeder Wahl durch das Studium von Programmen, Standpunkten, Wahlversprechen und Kandidaten aufwändig eine jeweils neue Entscheidung zu treffen, können Wähler Ideologien oder Parteibindungen als *cost-saving devices* und *shortcuts* nützen, wie Anthony Downs (1957: 98 ff.) bereits vor einem halben Jahrhundert dargelegt hat. Im Anschluss an Downs definiert Samuel Popkin (1991: 44) derartige *information shortcuts* (Informationsheuristiken) folgendermaßen: „Easily obtained and used forms of information that serve as ‚second-best' substitutes for harder-to-obtain kinds of data".

Im Wirtschaftssystem erfüllen Marken *(brands)* die Funktionen solcher *shortcuts*. Sie vermindern den Informationsaufwand für die Konsumenten, schaffen Vertrauen und geben Produkten eine Identität: „Marken fungieren als Orientierungshilfe sowie als Qualitätsindikator. Sie versprechen Unverwechselbarkeit (...) und Wertbeständigkeit.

---

sector celebrities (Branchen-Prominente) bis zu weltweit über ihren Tod hinaus bekannten *legends* (Rein/Kotler/Stoller 1997: 93 ff.).

Darüber hinaus bilden sie das Bindeglied zwischen Unternehmen und Konsumenten" (Henkel/Huber 2005: 2).

Eine weitere Variante derartiger *shortcuts* oder *cues* stellen *third party endorsements* dar: Empfehlungen, die durch Organisationen oder Personen erfolgen können. Empfohlene Produkte werden von Konsumenten i. d. R. höher eingeschätzt, was ihre Qualität, Einzigartigkeit und ihren Wert betrifft (Dean 1999). Zentral sind dabei Expertise, Vertrauenswürdigkeit und Erscheinung (Attraktivität, Persönlichkeit, Status) der *endorsers*, also der *Bürgen*. Diese sind häufig Prominente, deren Image, Popularität, Glaubwürdigkeit und Attraktivität auf das empfohlene Produkt abstrahlen soll *(Halo-Effekt)*. Die Effektivität derartiger *celebrity endorsements* ist in der Literatur nicht unumstritten. Sie hängt vom jeweils beworbenen Produkt, vom prominenten Bürgen und von der Kompatibilität zwischen den beiden ab (Menon/Boone/Rogers 2001; Ringlstetter et al. 2007).

Für die Politik haben Arthur Lupia et al. in mehreren Studien die Wirksamkeit von *information shortcuts* nachgewiesen. Wenig informierte Bürger, die sich solcher Heuristiken bedienen, treffen sehr ähnliche Entscheidungen (etwa bei Referenden) wie inhaltlich bestens informierte Wähler. Auch hier ist die Vertrauenswürdigkeit eines eventuellen Fürsprechers wesentlich. Diese steigt, wenn der Fürsprecher bei einer falschen Empfehlung etwas zu verlieren hat (Reputation, Einkommen etc.). Verlässliche Ratgeber *(reliable advisers)* können für Wähler jedoch eine wichtige Funktion erfüllen: „If voters have access to reliable advisers then they need not be very knowledgeable about the details of the choice at hand" (Lupia 2003: 13). Vertrauswürdige Persönlichkeiten können so mit ihrer öffentlichen Empfehlung oder gar als Kandidaten einer Partei jene Komplexitätsreduktion leisten, die traditionelle *shortcuts* (Parteibindung, Weltanschauung, soziale Milieus) immer weniger erfüllen. Darüber hinaus entfalten *celebrities* als Fürsprecher auch eine *affektive Funktion:* „The humanization of institutions, the simplification of complex meaning structures" (Marshall 1997: 244).

Dass sich Prominente immer häufiger politisch engagieren, ist nicht zu übersehen. Sie tun dies als *Lobbyisten* für konkrete politische Inhalte oder Institutionen, wie Bono Vox und Bob Geldorf für die Entschuldung Afrikas, George Clooney für Darfur, Richard Gere für Tibet *(celebrity diplomacy)* oder andere Hollywood-Stars gegen den Klimawandel *(eco-celebrities);* von Günther Grass als Wahlhelfer der SPD bis zu Oprah Winfrey als Fürsprecherin von Barack Obama. Oder sie *kandidieren* selbst für Wahl- oder Regierungsämter – siehe oben.[7] In beiden Varianten erfüllen sie ähnliche Funktionen: Aufmerksamkeit für ein komplexes politisches Thema, ein Ereignis oder eine Organisation zu wecken, über ihre „branchenfremde" Popularität auch politik-distantes Publikum zu erreichen und ihr positives Image auf das „beworbene Produkt" (Thema, Partei, NGO) zu transferieren: „The celebrity becomes a branding device" (Evans 2005: 42).

---

7 In ihrer *celebrity politics-*Typologie unterteilen West/Orman (2003: 2) die Gesamtheit der politisch engagierten prominenten Amateure *(famed nonpoliticos)* in *elected officials* (z. B. Schwarzenegger) und *lobbyists and spokespersons* (z. B. Bono). Davon unterscheiden sie prominent gewordene Berufspolitiker, die sie in *political newsworthies* und *legacies* (z. B. die Kennedys) trennen, sowie *event celebrities* (Zufallsberühmtheiten), die durch ein spektakuläres Ereignis bekannt werden und diese Bekanntheit für politisches Engagement nützen.

Diese Rolle kann umso wirksamer ausgefüllt werden, je glaubhafter der prominente Fürsprecher sich engagiert. Ein Star, der für ein politisches Amt kandidiert, also seine Karriere in Medien, Entertainment oder Sport für den Umstieg in eine Politiker-Laufbahn unterbricht oder gar aufgibt, geht ein höheres Risiko ein, als ein Prominenter, der lediglich eine Wahlempfehlung abgibt oder auf einer Kampagnen-Veranstaltung auftritt.

3.2 Prominente Kandidaten als *Pseudo-Politiker*

Der Kulturhistoriker Daniel Boorstin (1992: 57) hat Prominente als „human pseudoevents" beschrieben, im Rückgriff auf den von ihm geprägten Begriff *Pseudo-Ereignis*. Ein solches *Pseudo-Event* wird ausschließlich auf seine mediale Verwertbarkeit hin geplant, organisiert und inszeniert, sein einziger Zweck ist die Medienresonanz. Auf dieser Definition Boorstins aufbauend hat Mathias Kepplinger (1992: 52) drei unterschiedliche Typen von Ereignissen definiert:

- *Genuine Ereignisse*, die unabhängig von der Berichterstattung der Massenmedien geschehen, wie z. B. Erdbeben
- *Mediatisierte Ereignisse*, die (vermutlich) auch ohne Medien geschehen würden, die aber aufgrund der zu erwartenden Berichterstattung einen spezifischen, mediengerechten Charakter bekommen, z. B. Parteitage
- *Inszenierte Ereignisse* bzw. *Pseudo-Ereignisse*, die eigens zum Zweck der Berichterstattung herbeigeführt werden, z. B. Pressekonferenzen

Die Inszenierung derartige Pseudo-Ereignisse ist heute ein alltägliches Mittel politischer Kommunikation. Je besser sie auf die spezifischen Selektionskriterien des Medienbetriebs ausgerichtet sind (die sog. *Nachrichtenfaktoren;* vgl. Schulz 1997: 70 ff.), desto größer ist ihre Chance auf Beachtung. Manche Analytiker bezweifeln sogar, ob es überhaupt noch *genuine* politische Ereignisse gibt, die „ohne Blick auf ihre mögliche mediale Rezeption" stattfinden (Meyer/Ontrup 1998: 529). Trotzdem soll hier der Versuch unternommen werden, die generell akzeptierte Kategorisierung Kepplingers zu erweitern: Schließlich können nicht nur Ereignisse (oder Themen) den Selektionsnormen von Medien angepasst werden sondern auch die Auswahl und das Auftreten politischer *Akteure*. Abgeleitet von Kepplingers Ereignis-Typologie können – nach dem Grad ihrer Mediatisierung – auch drei *Typen von Politikern* unterschieden werden:

- *Genuine Politiker*, die unabhängig von medialer Berichterstattung existieren und agieren (können). Darunter fallen z. B. Lokalpolitiker, die ihre Wähler nicht über Medien sondern in einer *Encounters-* und *Veranstaltungsöffentlichkeit* (Gerhards/Neidhardt 1993) erreichen; Berufspolitiker in Verbänden, wie Gewerkschafter, Unternehmervertreter, Lobbyisten, die i. d. R. von Gremien gewählt werden; leitende Parteifunktionäre, die sich keinen öffentlichen Wahlen stellen sowie politische Akteure im

---

8 *Genuin* ist in diesem Zusammenhang nicht wertend zu verstehen (z. B. positiv im Sinne von „authentisch"), sondern – analog zur Ereignis-Typologie Kepplingers – als Synonym für *unbeeinflusst durch Medienberichterstattung*.

"Arkanbereich" nationaler und transnationaler Politik (Tenscher 2003: 39), die weitgehend abseits medialer Beobachtung tätig sind.[8]
- *Mediatisierte Politiker:* Sie gäbe es auch ohne die Existenz von Massenmedien, aber ihr politisches Handeln und ihr öffentlicher Auftritt werden an die massenmedialen Aufmerksamkeitsregeln angepasst und dadurch (wesentlich) verändert, also im Wortsinn *mediatisiert.* In diese Kategorie dürfte in modernen Mediengesellschaften – aus den oben ausgeführten Gründen – die große Mehrzahl der Politiker fallen, die auf nationaler oder internationaler Ebene in Wahl- oder Regierungsämtern agieren, die ihre Politik öffentlich legitimieren müssen und ihre Wählerschaft in erster Linie über Medienöffentlichkeiten erreichen.
- *Pseudo-Politiker:* Sie würde es ohne Massenmedien nicht geben. Ihre Rekrutierung bzw. Kandidatur erfüllt dieselbe Funktion wie die Inszenierung von Pseudo-Ereignissen: „die Aufmerksamkeit der Medien auf sich zu ziehen und Berichterstattung zu stimulieren" (Pfetsch 1998: 713). Ihre politische Karriere wird „eigens zum Zweck der Berichterstattung herbeigeführt" (Kepplinger, s. o.).

Prominente Seiteneinsteiger ohne politische Erfahrung, die von Parteien für politische Spitzenfunktionen nominiert werden, sind i. d. R. derartige *Pseudo-Politiker.* Ihre zentrale Funktion liegt nicht in der *Herstellung* sondern in der *Darstellung* von Politik, in der „gelingende[n] Kapitalisierung von kollektiver Aufmerksamkeit" (Macho 1993: 766). Der Wert eines prominenten Kandidaten liegt jedoch nicht nur in seiner generellen *Bekanntheit,* sondern idealerweise auch in seiner Fähigkeit, *neue Publika* anzusprechen und in seinem positiven *Image* (Vertrauenswürdigkeit, Kompetenz, Unabhängigkeit etc.), das auf seine Partei abstrahlen soll.

Das bedeutet keineswegs, dass berühmte Seiteneinsteiger keine „echten" Politiker sind. Auch ein Pseudo-Ereignis ist ein Ereignis, das real existiert; und das – auch jenseits seiner Inszenierung – politisch höchst relevant sein kann. Ähnlich kann auch ein prominenter Amateur nach seinem *cross over* zu einem relevanten politischen Akteur werden. Das ist jedoch nicht seine wesentliche Funktion. Ein prominenter Quereinsteiger wird in erster Linie als Attraktion engagiert, nicht als Akteur.

4. Prominenz-Politik in der Praxis

4.1 Methodik

In den letzten Jahren ist eine Vielzahl von Veröffentlichungen zum Thema *celebrity politics* erschienen (West/Orman 2003; Street 2003, 2004; Turner 2004; Evans 2005; Kaschura 2005; Drake/Higgins 2006; Sarcinelli 2006; Cooper 2008 et al.). Empirische Untersuchungen über die politischen Karrieren prominenter Seiteneinsteiger existieren jedoch mit Ausnahme einer älteren Arbeit von Canon (1990) über „Political Amateurs in the United States Congress" bisher nicht. In einer explorativen Studie (Wolf 2007) sollte deshalb am Beispiel bekannter Quereinsteiger in Österreich untersucht werden, ob sich die These von einem *celebrity politics-*Boom auch empirisch belegen lässt; welche Motive die handelnden Akteure haben und wie die politischen Karrieren der Neopolitiker verlaufen. Dazu wurden 16 prominente Seiteneinsteiger identifiziert, die bei

Wahlen zum Nationalrat oder zum Europäischen Parlament zwischen 1994 (Einführung eines neuen „persönlichkeitsorientierteren" Wahlrechts) und 2002 ein Mandat errungen haben. Ihre politischen Karrieren wurden anhand messbarer Indikatoren (Amtsdauer, Kumulation politischer Positionen etc.), vor allem aber anhand der Auswertung von ausführlichen Interviews analysiert. Außerdem wurden acht Spitzenpolitiker befragt, die diese 16 Seiteneinsteiger als Kandidaten für ihre Parteien rekrutiert haben sowie in einer schriftlichen Befragung 88 innenpolitische Journalisten und in zwei demoskopischen Untersuchungen 512 bzw. 1 051 repräsentativ ausgesuchte Wähler. [9]

Zehn der 16 Seiteneinsteiger waren Abgeordnete zum Nationalrat, sechs Mitglieder des Europäischen Parlaments (zum Stichtag der Untersuchung im Sommer 2005 waren sechs noch aktiv, die restlichen hatten ihre – zumindest bundespolitische – Karriere bereits beendet). Neun prominente Amateure kamen aus Medienberufen (Journalisten, TV-Moderatoren), zwei waren Schauspieler, zwei professionelle Sportler (in der Typologie von West/Orman (2003) alle: *famed nonpoliticos*); weiters eine durch Medienauftritte prominent gewordene Staatsanwältin, eine durch ein Volksbegehren überregional bekannte NGO-Aktivistin *(event celebrities)* sowie ein Mitglied der Familie Habsburg *(legacy)*.

---

9 Aus Gründen der Vergleichbarkeit wurden nur *Parlamentarier*, die bei nationalen Wahlen kandidiert hatten, einbezogen und keine Seiteneinsteiger in Exekutivfunktionen sowie keine Regional- oder Lokalpolitiker. Von den 16 identifizierten *Quereinsteigern* waren 15 zu ausführlichen persönlichen Interviews bereit. Die 8 *Rekrutierer* (5 Parteivorsitzende, 2 Generalsekretäre, 1 leitender Öffentlichkeitsarbeiter; jeweils zwei für jede Partei) waren persönlich in 15 der 16 Nominierungsprozesse involviert und wurden persönlich (5) bzw. schriftlich (3) befragt. Alle Interviews wurden anhand eines halbstrukturierten Leitfadens geführt, auf Tonband aufgenommen, wortgenau transkribiert und in Form einer qualitativen Inhaltsanalyse einem verdichteten Kategorienschema zugeordnet. Das Ergebnis dieser Codierung bildete die Basis der quantitativen Analyse. Aus forschungsökonomischen Gründen musste auf die Befragung „traditionell rekrutierter" politischer *Konkurrenten* verzichtet werden. Da sich überregionale Politikdarstellung in einem ersten Schritt üblicherweise an Massenmedien – also an *Journalisten* – richtet, wurden auch diese Adressaten in die Untersuchung einbezogen. Von den Redaktionen der österreichischen Tageszeitungen und politischen Magazine wurden insgesamt 120 innenpolitische Redakteure und Kommentatoren genannt – 88 von ihnen (73 Prozent) haben per E-Mail einen standardisierten Fragebogen ausgefüllt. Die *Wähler*-Perspektive wurde über zwei repräsentative *face to face*-Befragungen erhoben, die dem Autor freundlicherweise von den Meinungsforschungsinstituten MARKET und IMAS nach seinen Vorgaben zur Verfügung gestellt wurden. Für eine detaillierte Erläuterung des gesamten Untersuchungsdesigns vgl. Wolf 2007: 191-208, 391-411. Obwohl für die Studie ein sehr großer Anteil der beteiligten Akteure und relevanten Experten direkt befragt werden konnte, lassen die spezifischen Rahmenbedingungen (das relativ strikte Listenwahlrecht in Österreich, eine überdurchschnittlich hohe Wählermobilität seit den 1980er Jahren, der rasante Aufstieg einer populistischen Partei, die hohe Medienkonzentration und das de facto-Monopol des öffentlich-rechtlichen ORF in der politischen TV-Berichterstattung) sowie die letztlich doch geringe Fallzahl von 16 prominenten Seiteneinsteigern keine allzu weitreichenden Schlüsse zu. Aber auch unter Berücksichtigung dieser – wesentlichen – Einschränkungen lassen sich aus der Untersuchung beispielhafte Erkenntnisse zum Phänomen *celebrity politics* gewinnen.

4.2 Gründe für die Rekrutierung

Die grundsätzliche Annahme, dass prominente Kandidaten wegen ihrer *Publicity*-Kompetenz rekrutiert werden, ließ sich in der Studie klar bestätigen. Obwohl sieben der 15 Befragten ihre Fachkompetenz und Berufserfahrung als Motiv für das Angebot in die Politik zu wechseln genannt wurde, glauben nur zwei von ihnen, dass das auch tatsächlich der Grund für ihre Anwerbung war. Tatsächlich vermuten mehr als drei Viertel der Kandidaten *wählerorientierte* Motive (Bekanntheit, Image, Angebot an neue Wählerschichten) als eigentliche Gründe für ihre Nominierung. Das stimmt weitgehend mit der Einschätzung der acht Spitzenpolitiker überein, die für die Auswahl der Kandidaten verantwortlich waren: Für *alle* prominenten Kandidaten außer einem werden *Publicity*-Motive genannt: mit dem bekannten Namen *Aufmerksamkeit* zu erregen, durch ein spezifisches *Image* Themenbereiche im Wahlkampf stärker zu besetzen (Kultur, Justiz, Umwelt) oder bestimmte *Wählergruppen* anzusprechen. Bei keinem einzigen Kandidaten wurden ausschließlich *Policy*-Motive als Grund für die Rekrutierung angeführt. Professionelle politische Erfahrung (*Politics*-Kompetenz) fehlte den Quereinsteigern naturgemäß, es war aber auch kein einziger der Kandidaten vor seiner Rekrutierung zumindest Parteimitglied (9 der 16 wurden es auch während ihrer politischen Karrieren nicht).

Ganz generell nennen die befragten Profi-Politiker als Gründe für die häufige Nominierung prominenter Quereinsteiger in den letzten Jahren (in dieser Rangfolge): *Anpassung an die Medienlogik, Image-Transfer, Veränderungen im Wählerverhalten* und zuletzt *Rekrutierungsprobleme* der Parteien. Man kann aufgrund der Aussagen der beteiligten Akteure davon ausgehen, dass keiner der 16 Kandidaten ohne seine Fähigkeit, öffentliche Aufmerksamkeit (bei Journalisten und Wählern) zu finden, rekrutiert worden wäre. Ihre Nominierung hatte als wesentliches Ziel, „die Aufmerksamkeit der Medien auf sich zu ziehen und Berichterstattung zu stimulieren" (Pfetsch 1998: 713). Dies ist im Wesentlichen auch gelungen, wie eine quantitative Auswertung der Berichte in österreichischen Tageszeitungen nach der Bekanntgabe der jeweiligen Kandidatur belegt.[10]

Die *Publicity*-Orientierung hinter der Entscheidung für prominente Kandidaten lässt sich auch anhand der unterschiedlichen Wahlgänge nachvollziehen: Bei den untersuchten vier Nationalrats- und zwei EP-Wahlen wurden zwischen 1,1 Prozent und 23,8 Prozent der vergebenen Mandate mit den bekannten Seiteneinsteigern besetzt. Der Prozentsatz ist bei den EP-Wahlen mit durchschnittlich 21,4 Prozent zehn Mal so hoch wie bei den NR-Wahlen mit 2,1 Prozent. Das lässt sich leicht erklären: EP-Wahlen gelten als *second order elections*, bei denen keine Regierungsmehrheit zur Wahl steht, was sich auch an der traditionell niedrigen Partizipation ablesen lässt. Die Institutionen der EU werden von vielen Wählern als abstrakt, komplex und distant erlebt. Hier kann das Kommunikationspotenzial von Prominenten – ihre Fähigkeit Interesse

---

10 In vier untersuchten Tageszeitungen (*Kronenzeitung, Kurier, Die Presse, Der Standard*) wurde über die jeweiligen Promi-Kandidaten in den ersten drei Tagen nach der Bekanntgabe ihrer Nominierung in durchschnittlich 19 Artikeln berichtet. In einem Fall (Josef Broukal – ein sehr populärer TV-Moderator) waren es sogar 38 Berichte. (Details zu dieser Erhebung Wolf 2007: 372 ff.)

zu erregen aber auch ihre *affektive Funktion* – besonders wirksam werden. Gleichzeitig lassen sich bei EP-Wahlen politisch unerfahrene Amateure mit (relativ) geringem Risiko einsetzen, da nach Einschätzung politischer Profis keine relevanten Entscheidungsfunktionen vergeben werden. Außerdem gelten EP-Mandate in (zumindest österreichischen) Parteiapparaten als weniger attraktiv.[11]

Höchst unterschiedlich wurden die Promi-Kandidaten von den vier untersuchten Parteien eingesetzt. Die Erklärung dafür liegt in der jeweiligen Organisationsstruktur. Mit Abstand die Seiteneinsteiger-*freundlichste* Partei war die FPÖ, die insgesamt 6,7 Prozent ihrer (bei allen analysierten Wahlen erzielten) Mandate so besetzte, bei den EU-Wahlen sogar 33,3 bzw. 40 Prozent. Wesentlich skeptischer waren lange die beiden traditionellen „Großparteien" ÖVP (3,2 Prozent aller Mandate) und SPÖ (1,4 Prozent). Nur eine prominente Kandidatin haben die Grünen im Untersuchungszeitraum nominiert (1,9 Prozent aller erzielten Mandate).

In traditionell organisierten Massenparteien mit einem großen Funktionärsapparat wie SPÖ und ÖVP spielt die *Binnenorientierung* im Rekrutierungsprozess eine wesentlich größere Rolle. Besonders da beide Parteien bei nahezu jeder Wahl im Untersuchungszeitraum Verluste zu Gunsten der rasch expandierenden FPÖ (unter Parteiobmann Jörg Haider) zu erwarten hatten. Parlamentsmandate gelten bei Funktionären jedoch als begehrte und besonders knappe *incentives* für jahrelanges unbezahltes Engagement. Eine rasch wachsende Partei ohne großen Apparat wie die FPÖ musste auf derartige Bedürfnisse wenig Rücksicht nehmen. Die *newcomers* bekamen quasi „neue" Mandate. Eine weitere Erklärung liegt in den jeweiligen Parteistatuten: Je weniger formalisiert und je zentralisierter der Rekrutierungsprozess geregelt ist, umso größer ist die Chance für Quereinsteiger. Während der Parteiobmann der FPÖ die Listenplätze laut Statut nahezu „freihändig" vergeben konnte, mussten sich alle Kandidaten der Grünen einer Funktionärs-Abstimmung auf einem Bundesparteitag stellen, bei der es Neuzugänge generell schwer haben. So kann auch der Unterschied zwischen ÖVP und SPÖ begründet werden: Die Stellung des Parteiobmannes im Nominierungsverfahren ist in der ÖVP wesentlich stärker. Besonders deutlich zeigt sich dieser Zusammenhang bei neuartigen Parteien, die eher *elektoralen Marketing-Plattformen* gleichen (Plasser 2003: 153), wie die *Forza Italia* von Silvio Berlusconi oder die *Jedinaja Rossija* von Wladimir Putin. Diese völlig auf den Spitzenkandidaten zugeschnittenen Gruppierungen ohne etablierten Funktionärsapparat nominieren besonders viele Seiteneinsteiger, gerade weil ihr vorrangiges Ziel die Wählermobilisierung ist.

4.3 Karriere-Verlauf

Die Nominierung der Promi-Kandidaten hat in den untersuchten Wahlkämpfen tatsächlich sehr viel *mediale Aufmerksamkeit* erregt – dieses Ziel wurde also erreicht. Aber wie erfolgreich waren die Seiteneinsteiger als *vote getters*? Mangels empirischer Daten

---

11 So wäre es bei Nationalrats- oder Bundestagswahlen kaum vorstellbar, dass etablierte Parteien einen *newcomer* als bundesweiten Spitzenkandidaten nominieren. Von den sechs prominenten Amateuren bei EP-Wahlen haben hingegen zwei ihre Parteilisten angeführt, auch die anderen waren auf vordersten Listenplätzen nominiert.

lässt sich das nicht für jeden einzelnen belegen. Eindeutig nachgewiesen ist es für die ÖVP-Spitzenkandidatin bei den drei EP-Wahlen von 1996 bis 2004, eine sehr bekannte TV-Moderatorin. 1996 errang die ÖVP mit ihr (und dem Enkel des letzten Habsburger-Kaisers auf dem dritten Listenplatz) völlig überraschend ihren ersten bundesweiten Wahlsieg seit zehn Jahren. 36 Prozent der ÖVP-Wähler nannten bei Nachwahlbefragungen die Spitzenkandidatin als wichtiges Wahlmotiv. Bei der EP-Wahl 1999 sagten das noch immer 35 Prozent, 2004 sogar 49 Prozent. Als direkte Reaktion auf den ÖVP-Wahlsieg von 1996 nominierte die SPÖ bei der EP-Wahl 1999 ebenfalls einen prominenten Journalisten auf Platz eins und gewann. Nach Angaben des SPÖ-Wahlkampfleiters brachte der Spitzenkandidat „ein Drittel der Stimmen". Bei den Grünen kandidierte eine Schauspielerin für das zuletzt verfehlte zweite Mandat – und gewann es. Für die Nationalratswahlen 2002 rekrutierte die SPÖ den bekanntesten TV-Nachrichtenmoderator Österreichs und überholte in den Tagen nach seiner Präsentation in allen Meinungsumfragen die ÖVP. Dieser „Broukal-Effekt" hielt jedoch nur einige Wochen an (und wurde letztlich durch den Parteiwechsel des populären Finanzministers von der FPÖ zur ÖVP überstrahlt). Bei der EP-Wahl 2004 trat der SPÖ-Quereinsteiger von 1999 mit einer eigenen Namensliste an, sie wurde mit mehr als 14 Prozent drittstärkste Partei und in Nachwahlbefragungen nannten 66 Prozent ihrer Wähler den Spitzenkandidaten als wichtiges Motiv, der höchste bisher gemessene Wert. Auch alle acht für die Studie befragten Rekrutierer gaben an, dass die prominenten Kandidaten ihren Parteien zusätzliche Stimmen gebracht hätten.

Alle 16 untersuchten Seiteneinsteiger wurden zu Abgeordneten gewählt. Dass *cross over* in ihre neue Karriere war gelungen. Wenn Politik aber ein *professionsähnlicher Beruf* ist, der in langer Praxis („Ochsentour") erlernt werden muss, dann ist anzunehmen, dass sich fehlende politische Routine als wesentliches Handicap erweist.

Tatsächlich berichten die Befragten von entsprechenden Problemen: in erster Linie mit der spezifischen *Kultur* professioneller Politik (Konfliktstil, parteipolitisches Agieren). Einige beispielhafte Zitate aus den Interviews: „Intrige, das Aufbauen von Zwickmühlen – das muss man erst lernen." „Dass sich niemand zu gut ist, den billigsten, miesesten parlamentarischen Geschäftsordnungstrick anzuwenden, um jemanden auszutricksen." „Profi-Politiker sind eher hintenrum. Damit kann ich mich nicht anfreunden."

An zweiter Stelle wurden negative Erfahrungen mit dem politischen *Prozess* (Komplexität, Ineffizienz, Langwierigkeit) genannt: „Eine Vereinsmeierei hoch 100 und jeder ist wahnsinnig wichtig." „Dass furchtbar viel geredet wird um nichts und wieder nichts." „Das ist ein großes Ritual, eine Theateraufführung und da müssen sich die Leute selbst darstellen." „Dass ich etwas bewirkt habe [...] bin ich nicht der Meinung."

Auch auf die Frage nach den *politischen Schwächen* der *newcomers* nennen sowohl sie selbst als auch ihre Rekrutierer in erster Linie *politische Kompetenzen* wie die Integration in die Partei („Die einen haben mich nicht ernst genommen und diejenigen, die mich ernst genommen haben, haben mir nicht getraut." „Wenn ich gescheitert bin und wo ich gescheitert bin, bin ich an der eigenen Partei gescheitert."), fehlende Netzwerke, mangelnde Erfahrung.

Diese Schwierigkeiten zeigen sich auch am *Karriereverlauf*. Im Durchschnitt sind prominente Seiteneinsteiger weniger lang in der Politik, kandidieren seltener wieder und übernehmen weniger Funktionen als traditionell rekrutierte Politiker. Ihre Amtszeit ist mit durchschnittlich 4,6 Jahren nicht einmal halb so lang wie jene österreichischer Bundespolitiker im Allgemeinen (9,5).[12] Zehn der 16 Promi-Politiker, also knapp zwei Drittel, wurden von ihren Parteien kein zweites Mal nominiert. Ihre Mandate eingerechnet hatten die Seiteneinsteiger im Schnitt 1,6 relevante politische Funktionen inne, österreichische Bundespolitiker generell 2,3. Kein einziger Seiteneinsteiger ist in eine Spitzenfunktion (Ministeramt, Parlamentspräsidium, Fraktionsvorsitz, Parteivorsitz) aufgestiegen.

Trotzdem sind nicht alle *celebrity politicians* erfolglos. Für die Studie wurde ein eigenes Kriteriensystem entwickelt, um den „politischen Erfolg" der untersuchten Mandatare, der sich grundsätzlich schwer operationalisieren lässt (Borchert 2003: 175 ff.), zu analysieren. Dafür wurden neben messbaren Kriterien (erfolgreiche Kandidaturen, Amtsdauer, Funktionen) auch anonymisierte Bewertungen durch politische Profis, Journalisten und Wähler herangezogen.[13] Anhand dieses Kriterien-Systems wurden sechs der 16 Promi-Politiker (38 Prozent) als *eindeutig erfolglos* eingestuft: Sie wurden nur einmal gewählt, waren maximal drei Jahre im Amt, bekleideten neben dem Mandat keine weitere Funktion und wurden weit unterdurchschnittlich (teilweise katastrophal) bewertet. Für sechs weitere Abgeordnete fällt die Bilanz ambivalent aus, aber immerhin vier Seiteneinsteiger (25 Prozent) müssen als politisch *eindeutig erfolgreich* betrachtet werden. Sie wurden alle mehrfach nominiert und gewählt, alle waren zum Stichtag der Untersuchung noch politisch aktiv, ihre Amtsdauer war überdurchschnittlich lang, alle hatten neben ihrem Mandat weitere relevante Funktionen übernommen und wurden von Politik-Experten und Wählern überdurchschnittlich gut beurteilt.

4.4 Wann sind *celebrity politicians* erfolgreich?

Die letztlich geringen Fallzahlen lassen nur sehr beschränkt Rückschlüsse darauf zu, unter welchen Voraussetzungen prominente Seiteneinsteiger in ihrem neuen Beruf als Politiker erfolgreich sein können. Offensichtlich ist allerdings, dass das Europäische Parlament Quereinsteigern eher Chancen bietet, politisch zu reüssieren: Die EP-Abgeordneten werden von vornherein leichter nominiert, bleiben länger im Amt, werden öfter ein zweites Mal aufgestellt und im Schnitt auch besser beurteilt. Die Erklärung da-

---

12 Die Vergleichsdaten beziehen sich auf eine umfangreiche Studie über alle *Inhaber bundespolitisch relevanter Funktionen* in Österreich zwischen 1945 und 1992. (Müller/Philipp/Steininger 1995).

13 Die befragten 8 Rekrutierer, 88 Journalisten und 512 Wahlberechtigten der MARKET-Umfrage wurden ersucht, die 16 Quereinsteiger nach dem österreichischen Schulnoten-System *(1 = Sehr gut bis 5 = Nicht genügend)* zu bewerten. Daraus wurde jeweils eine Durchschnittsnote errechnet. Die genaue Frage lautete: „Ist (bzw. war) N.N. nach ihrer Einschätzung eigentlich ein guter Politiker?" Diese Bewertungen fielen generell auffallend kritisch aus, wobei die befragten Journalisten am negativsten urteilten und die Bewertungen durch die professionellen Politik-Experten (Journalisten und Spitzenpolitiker) hochsignifikant korrelierten. Offensichtlich entscheiden sie nach sehr ähnlichen Kriterien, was einen „guten Politiker" ausmacht.

für ist naheliegend: Das EP steht lange nicht so sehr im Zentrum innenpolitischer Auseinandersetzungen und der kritischen Beobachtung durch die Medien; Neueinsteiger bekommen rascher prominente Positionen, die Profilierungschancen bieten; ihr Hauptproblem – die schwierige Integration in Partei- und Fraktionsstrukturen – ist in der vergleichsweise losen Organisation des Europäischen Parlaments weniger relevant: Parteipolitik und Fraktionsdisziplin spielen eine wesentlich kleinere Rolle als in nationalen Parlamenten. Und zuletzt ist die Konkurrenz um die Mandate weniger groß.

Die Bilanz nach Parteien ist weniger klar, außer für die FPÖ: Bei ihr wurden Seiteneinsteiger mit Abstand am leichtesten nominiert, gleichzeitig sind deren Karrieren dort beispiellos erfolglos geblieben. In den traditionellen Massenparteien scheint die wesentliche Hürde die erstmalige Nominierung zu sein, die Konkurrenz durch den riesigen Funktionärsapparat ist enorm. Aber Quereinsteiger, die einmal nominiert und gewählt wurden, haben hier eine reelle Chance, sich zu etablieren.

Kaum Prognosen über die politischen Karrieren der Prominenten lassen ihre berufliche Herkunft und ihre „politische Biografie" zu: Politische Journalisten – also Umsteiger aus einem sehr politiknahen Beruf – finden sich genauso unter den Erfolgreichen wie unter den „Gescheiterten". Auch politisches Interesse und Engagement vor dem *cross over* (Schüler- oder Studentenvertretung, Personalvertretung etc.) sind keine Garantie für Erfolg als Berufspolitiker. Auf eines deutet die Auswertung jedoch hin: Starke berufliche und biografische Politik*ferne* dürfte ein erhebliches Handicap für eine Karriere als professioneller Politiker sein. Beide Berufssportler sowie alle vier Promi-Kandidaten ohne früheres politisches Engagement blieben eindeutig erfolglos.

Strategisch haben die Quereinsteiger zwei Optionen: entweder sich möglichst schnell in ihre neue Partei und Fraktion zu integrieren, *on the job* das politische Handwerk zu erlernen und auf diese Weise zu professionellen Politikern zu werden. Dies fällt jenen leichter, die aus ihren früheren Karrieren spezifische inhaltliche Kompetenzen mitbringen, die sich als *Policy*-Expertise verwerten lassen. Oder sie können versuchen, ihre originäre politische Ressource – das Image des Nicht-(Partei)Politikers – zu konservieren, sich als unabhängige und unkonventionelle politische Akteure zu profilieren und so ihren „Werbewert" als Kandidaten zu behalten. Anhaltende Nichtanpassung ist allerdings riskant: Alle Seiteneinsteiger, die angaben, „häufig" gegen die Fraktionsdisziplin verstoßen zu haben, wurden nicht wieder nominiert. Auch jene, die nie Parteimitglieder wurden, blieben überdurchschnittlich erfolglos.

5. Fazit: Celebrity Politics als Image-Politik

Für politische Parteien bringen *celebrity candidates* zwei grundsätzliche Probleme mit sich: Ihre Nominierung verstört in der Regel den Funktionärsapparat, der für Parteiarbeit und Kampagnenfähigkeit unverzichtbar ist. Und ihnen fehlen üblicherweise spezifisch politische Kompetenzen, sodass manche Analytiker vor einer Gefahr der *Deprofessionalisierung* des Politikbetriebes durch Amateure warnen, denen „die Fähigkeit und insbesondere die Macht zur politischen Gestaltung ... fehlen" (Rosenberger 1994: 27). Andererseits befinden sich die etablierte Politik und ihre Akteure in einer anhaltenden Legitimationskrise: Ihre Vertrauenswürdigkeit sinkt, affektive Parteibindungen erodieren, die Wahlpartizipation geht teils dramatisch zurück und wesentliche Teile der Bevölkerung scheinen durch traditionelle politische Kommunikationsangebote kaum mehr erreichbar zu sein. Unter diesen Rahmenbedingungen modernen politischen Wettbewerbs bietet die *celebrisation of politics* (Evans 2005) gewisse Chancen:

- die Fähigkeit medienerprobter, bekannter *newcomers* in einer Situation des *information overload* Aufmerksamkeit und Interesse zu erwecken, vor allem in politik-distanten Publikumssegmenten
- die Möglichkeit ihre außerpolitisch erworbene Popularität, Vertrauens- und Glaubwürdigkeit auf eine Partei, NGO oder Kampagnenorganisation zu übertragen
- die Orientierungsfunktion prominenter *advisers*: abstrakte, häufig überkomplexe politische Prozesse und Institutionen scheinbar begreifbar zu machen, als *affective links* Identifikations- und Bezugsmöglichkeiten anzubieten und so als *information shortcuts* zu dienen.

Dieses kommunikative Kapital kann – abhängig von den Opportunitätsstrukturen eines politischen Systems – unterschiedlich eingesetzt werden. Selbstnominierende Promi-Kandidaten wie in den USA (Schwarzenegger, Ventura, Bloomberg etc.), die als weitgehend selbstständige *political entrepreneurs* (Cannon 1990) eingestuft werden können, investieren es sozusagen als *Eigenkapital*, notfalls auch gegen die Interessen von Parteigremien. In den meisten Wahlsystemen liegt die wesentliche Rekrutierungskompetenz jedoch bei den Parteien. Hier stellen die Seiteneinsteiger ihre Prominenz quasi als *Fremdkapital* zur Verfügung und werden dafür im Erfolgsfall mit einem Mandat (als Rendite) entschädigt.

Celebrity candidates erfüllen für ihre Parteien damit eine sehr ähnliche Funktion wie *Testimonials* in der Wirtschaftswerbung: Sie empfehlen ein Produkt und bürgen mit ihrem guten Namen für dessen Qualität. Die wichtigsten Funktionen derartiger *Testimonial*-Werbung (*third party endorsements*, s. o.) sind: die „Zuwendung zum Werbemittel zu steigern" sowie „der Image-Transfer vom Testimonial zum Produkt" (Haase 2000: 56).

In der Politik können prominente Seiteneinsteiger ähnliches leisten: Einem politischen Apparat mit einem eklatanten Prestige-Problem sollen bekannte und erfolgreiche Image-Träger aus anderen Branchen Glaubwürdigkeit, Kompetenz und Sympathie verleihen. *Celebrity politics* ist in erster Linie Image-Politik.

Für demokratische Systeme ist die kommunikative Anbindung der politischen Institutionen an das Elektorat jedoch ein konstituierendes Element: „Politische Herrschaft ist zustimmungsabhängig und deshalb grundsätzlich begründungspflichtig. Beide, Zustimmung und Begründung, finden ihre Realisierung durch und in politischer Kommunikation." (Sarcinelli 1998: 551), Die Kommunikationskompetenz prominenter politischer Akteure ist deshalb eine auch *normativ* nicht zu unterschätzende Ressource. Man kann argumentieren, dass die erfolgreiche Ansprache sonst politik-abstinenter Bürger durch populäre Quereinsteiger Routine-Defizite und mangelnde „handwerkliche" Kompetenz durchaus wett machen kann; jedenfalls solange der politische Alltagsbetrieb durch genügend „Längseinsteiger" (Welan 1998: 29) gesichert bleibt.

Mittelfristig könnte allerdings gerade durch derartige Versuche zur Image-Politur des politischen Apparates ein neues Image-Problem entstehen: Wenn die populären Neo-Politiker die Erwartungen, die sie bei den Wählern wecken, letztlich nicht erfüllen, am politischen Alltagsbetrieb verzweifeln und schon nach wenigen Jahren offensichtlich scheitern und wieder ausscheiden, könnte das die Frustration des Publikums mit den Routinen professioneller Politik erst recht verstärken.

Literatur

Bentele, Günther, 1998: Vertrauen/Glaubwürdigkeit, in: *Jarren, Otfried/Sarcinelli, Ulrich/Saxer, Ulrich* (Hrsg.), Politische Kommunikation in der demokratischen Gesellschaft. Ein Handbuch. Opladen/Wiesbaden: Westdeutscher Verlag, 305-311.
Beyme, Klaus von, 2002: Funktionswandel der Parteien in der Entwicklung von der Massenmitgliederpartei zur Partei der Berufspolitiker, in: *Gabriel, Oscar W./Niedermayer, Oskar/Stöss, Richard* (Hrsg.), Parteiendemokratie in Deutschland. 2. Auflage, Wiesbaden: Westdeutscher Verlag, 315-339.
BigResearch, 2007: BigResearch's American Pulse(TM) Survey Findings: Most Don't Trust Politicians or Media, in: http://findarticles.com/p/articles/mi_pwwi/is_200709/ai_n19509364; 14.2.2008.
Boorstin, Daniel J., 1992: The Image. A Guide to Pseudo-Events in America. New York: Vintage Books.
Borchert, Jens, 2003: Die Professionalisierung der Politik. Zur Notwendigkeit eines Ärgernisses. Frankfurt a. M.: Campus.
Bösch, Frank/Frei, Norbert (Hrsg.), 2006: Medialisierung und Demokratie im 20. Jahrhundert. Göttingen: Wallstein-Verlag.
Brettschneider, Frank, 2002: Spitzenkandidaten und Wahlerfolg. Personalisierung – Kompetenz – Parteien. Ein internationaler Vergleich. Wiesbaden: Westdeutscher Verlag.
Cannon, David T., 1990: Actors, Athletes and Astronauts. Political Amateurs in the United States Congress. Chicago/London: The University of Chicago Press.
Cappella, Joseph N./Jamieson, Kathleen H., 1997: Spiral of Cynicism. The Press and the Public Good. New York/Oxford: Oxford University Press.
Cooper, Andrew F., 2008: Celebrity Diplomacy. Boulder/London: Paradigm Publishers.
Coronel, Sheila S., 2004: Between Tinsel and Trapo, in: http://www.pcij.org/imag/2004Elections/Perspectives/tinsel-trapo.html; 20.2.2008.
Dalton, Russell J., 2005: Citizen Politics. Public Opinion and Political Parties in Advanced Industrial Democracies. Washington D.C.: CQ Press.
Dean, Dwane Hal, 1999: Brand Endorsement, Popularity, and Event Sponsorship as Advertising Cues Affecting Consumer Pre-Purchase Attitudes, in: Journal of Advertising, September 22, in: http://www.allbusiness.com/management/382063-1.html; 20.2.2008.
Donges, Patrick, 2005: Medialisierung der Politik – Vorschlag einer Differenzierung, in: Rössler, Patrick/Krotz, Friedrich (Hrsg.), Mythen der Mediengesellschaft – The Media Society and its Myths. Konstanz: UVK, 321-339.
Downs, Anthony, 1957: An Economic Theory of Democracy. Boston: Addison-Wesley Publishing.
Dörner, Andreas, 2001: Politainment. Politik in der medialen Erlebnisgesellschaft. Frankfurt a. M.: Suhrkamp.
Drake, Philip/Higgins Michael, 2006: ‚I'm a Celebrity, get me into Politics': The Political Celebrity and the Celebrity Politician, in: *Holmes, Su/Redmond, Sean* (Hrsg.), Framing Celebrity. London/New York: Taylor & Francis, 87-100.
Evans, Jessica, 2005: Celebrity, Media and History, in: *Evans, Jessica/Hesmondhalgh, David* (Hrsg.), Unterstanding Media: Inside Celebrity. Berkshire: McGraw-Hill Book Co., 11-55.
Falter, Jürgen W./Schoen, Harald (Hrsg.), 2005: Handbuch Wahlforschung. Wiesbaden: VS Verlag für Sozialwissenschaften.
Gallup International, 2007: Gallup International Voice of the PeopleTM 2007 – 2nd edition, in: http://extranet.gallup-international.com/uploads/internet/DAVOS%20release%20final.pdf; 29.1.2008.

Gerhards, Jürgen/Neidhardt, Friedhelm, 1993: Strukturen und Funktionen moderner Öffentlichkeit. Fragestellung und Ansätze, in: *Langenbucher, Wolfgang R.* (Hrsg.), Politische Kommunikation. Grundlagen, Strukturen, Prozesse. Wien: Braumüller, 52-88.
Haase, Henning, 2000: Testimonialwerbung, in: Planung & Analyse 3, 56-60.
Hallin, Daniel C./Mancini, Paolo, 2003: Amerikanisierung, Globalisierung und Säkularisierung. Zur Konvergenz von Mediensystemen und politischer Kommunikation in westlichen Demokratien, in: *Esser, Frank/Pfetsch, Barbara* (Hrsg.), Politische Kommunikation im internationalen Vergleich. Grundlagen, Anwendungen, Perspektiven. Wiesbaden: Westdeutscher Verlag, 35-55.
Henkel, Sven/Huber, Frank, 2005: Marke Mensch. Prominente als Marken der Medienindustrie. Wiesbaden: DUV.
Herzog, Dietrich, 1975: Politische Karrieren. Selektion und Professionalisierung politischer Führungsgruppen. Opladen: Westdeutscher Verlag.
Herzog, Dietrich, 1997: Die Führungsgremien der Parteien: Funktionswandel und Strukturentwicklungen, in: *Gabriel, Oscar W./Niedermayer, Oskar/Stöss, Richard* (Hrsg.), Parteiendemokratie in Deutschland. Opladen: Westdeutscher Verlag, 301-322.
Holtz-Bacha, Christina, 2000: Entertainisierung der Politik, in: Zeitschrift für Parlamentsfragen 31, 156-166.
IFD-Allensbach, 2008: Ärzte weiterhin vorn. Die Allensbacher Berufsprestige-Skala 2008, in: http://www.ifd-allensbach.de/news/prd_0802.html; 17.6.2008.
Imas-Institut, 2005: Quereinsteiger in Österreich. Repräsentative Umfrage. 1.051 *face to face*-Interviews. Archiv-Nummer 0412. Wien (im Besitz des Autors).
Iyengar, Shanto, 1994: Is Anyone Responsible? How Television Frames Political Issues. Chicago/London: University of Chicago Press.
Iyengar, Shanto/Ansolabehere, Stephen, 1997: Going Negative. How Political Advertisements Shrink and Polarize the Electorate. New York: The Free Press.
Kaschura, Kathrin, 2005: Politiker als Prominente. Wie nehmen Fernsehzuschauer Politikerauftritte in Personality-Talks wahr. Münster: LIT-Verlag.
Kepplinger, Hans Mathias, 1992: Ereignismanagement. Wirklichkeit und Massenmedien. Zürich: Edition Interfrom.
Lengauer, Günther/Pallaver, Günther/Pig, Clemens, 2004: Redaktionelle Politikvermittlung in der Mediendemokratie, in: *Plasser, Fritz* (Hrsg.), Politische Kommunikation in Österreich. Ein praxisnahes Handbuch. Wien: Facultas WUV, 149-236.
Lorenz, Robert/Micus, Matthias, 2009: Die flüchtige Macht begabter Individualisten, in: *Lorenz, Robert/Micus, Matthias* (Hrsg.), Seiteneinsteiger. Unkonventionelle Politiker-Karrieren in der Parteiendemokratie. Wiesbaden: Verlag für Sozialwissenschaften, 487-504.
Luhmann, Niklas, 2004: Die Realität der Massenmedien. 3. Auflage, Opladen: Verlag für Sozialwissenschaften.
Lupia, Arthur, 2003: What We Should Know: Can Ordinary Citizens Make Extraordinary Choices? Prepared for the WCFIA Conference on „Making Big Choices: Individual Opinion Formation and Societal Choice.", in: http://civiced.indiana.edu/papers/2003/1051714112.pdf; 18.6.2005.
Lupia, Arthur/McCubbins, Mathew D., 2000: The Institutional Foundations of Political Competence. How Citizens Learn What They Need to Know, in: *Lupia, Arthur/McCubbins, Mathew D./Popkin, Samuel L.* (Hrsg.), Elements of Reason. Cognition, Choice, and the Bounds of Rationality. Cambridge: Cambridge University Press, 47-66.
Macho, Thomas H., 1993: Von der Elite zur Prominenz. Zum Strukturwandel politischer Herrschaft, in: Merkur 47, 762-769.
Marshall, P. David, 1997: Celebrity and Power. Fame in Contemporary Culture. Minneapolis/London: University of Minnesota Press.
MediaPerspektiven Basisdaten, 2009: Daten zur Mediensituation in Deutschland 2009.
Menon, Mohan K./Boone, Louis E./Rogers, Hudson P., 2001: Celebrity Advertising. An Assessment of its Relative Effectiveness, in: http://www.sbaer.uca.edu/research/sma/2001/04.pdf; 20.2.2008.

Meyer, Thomas, 2002: Mediokratie – Auf dem Weg in eine andere Demokratie?, in: Aus Politik und Zeitgeschichte 15-16, 7-14.
Meyer, Thomas/Ontrup Rüdiger, 1998: Das ‚Theater des Politischen'. Politik und Politikvermittlung im Fernsehzeitalter, in: *Willems, Herbert/Jurga, Martin* (Hrsg.), Inszenierungsgesellschaft. Ein einführendes Handbuch. Opladen/Wiesbaden: Westdeutscher Verlag, 523-542.
Meyrowitz, Joshua, 1985: No Sense of Place. The Impact of Electronic Media on Social Behaviour. Oxford: Oxford University Press.
Müller, Wolfgang C., 1998: Systemerfordernisse, rationales Verhalten und Incentive-Strukturen. Probleme und Problemlösungsansätze im Bereich der politischen Repräsentation, in: *Burkert-Dottolo, Günther/Moser, Bernhard* (Hrsg.), Professionsnormen für Politiker. Wien: Politische Akademie, 9-26.
Müller, Wolfgang C./Philipp, Wilfried/Steininger, Barbara, 1995: „Politische Klasse", politische Positionselite und politische „Stars", in: *Dachs, Herbert/Gerlich, Peter/Müller, Wolfgang C.* (Hrsg.), Die Politiker. Karrieren und Wirken bedeutender Repräsentanten der Zweiten Republik. Wien: Manz-Verlag, 27-32.
Norris, Pippa/Lovenduski, Joni, 1995: Political Recruitment. Gender, Race and Class in the British Parliament. Cambridge: Cambridge University Press.
Patterson, Thomas E., 1998: Political Roles of the Journalist, in: *Graber, Doris/McQuail, Denis/Norris, Pippa* (Hrsg.), The Politics of News. The News of Politics, Washington D.C.: CQ Press, 17-32.
Patzelt, Werner J., 1998: Parlamentarische Rekrutierung und Sozialisation. Normative Erwägungen, empirische Befunde und praktische Empfehlungen – aus deutscher Sicht, in: *Burkert-Dottolo, Günther/Moser, Bernhard* (Hrsg.), Professionsnormen für Politiker. Wien: Politische Akademie, 47-92.
Pelinka, Anton, 1979: Volksvertretung als funktionale Elite. Der österreichische Nationalrat auf dem Weg zum Arbeitsparlament, in: *Khol, Andreas/Stirnemann, Alfred* (Hrsg.), Österreichisches Jahrbuch für Politik '78. Wien: Verlag für Geschichte und Politik, 39-58.
Pew Research Center for the People and the Press, 2007: Trends in Political Values and Core Attitudes 1987-2007, in: http://people-press.org/reports/pdf/312.pdf; 22. 2. 2008.
Pfetsch, Barbara, 1998: Pseudoereignis, in: *Jarren, Otfried/Sarcinelli, Ulrich/Saxer, Ulrich* (Hrsg.), Politische Kommunikation in der demokratischen Gesellschaft. Ein Handbuch mit Lexikonteil. Opladen/Wiesbaden: Westdeutscher Verlag, 713 f.
Plasser, Fritz, 1993: Tele-Politik, Tele-Image und die Transformation politischer Führung, in: Österreichische Zeitschrift für Politikwissenschaft 22, 409-426.
Plasser, Fritz, 2003 (mit Gunda Plasser): Globalisierung der Wahlkämpfe. Praktiken der Campaign Professionals im weltweiten Vergleich. Wien: Facultas WUV.
Plasser, Fritz, 2004: Politische Kommunikation in medienzentrierten Demokratien, in: *Plasser, Fritz* (Hrsg.), Politische Kommunikation in Österreich. Wien: Facultas WUV, 21-35.
Plasser, Fritz/Seeber, Gilg, 2007: Das österreichische Wahlverhalten im internationalen Vergleich, in: *Plasser, Fritz/Ulram, Peter A.* (Hrsg.), Wechselwahlen. Analysen zur Nationalratswahl 2006, Wien: Facultas WUV, 255-283.
Popkin, Samuel L., 1991: The Reasoning Voter. Communication and Persuasion in Presidential Campaigns. Chicago: University of Chicago Press.
Rein, Irving/Kotler, Philip/Stoller, Martin, 1997: High Visibility. The Making and Marketing of Professionals into Celebrities. Chicago: NTC Business Books.
Ringlstetter, Max/Kaiser, Stephan/Knittel, Susanne/Bode, Philipp, 2007: Der Einsatz von Prominenz in der Medienbranche: eine Analyse des Zeitschriftensektors, in: *Schierl, Thomas* (Hrsg.), Prominenz in den Medien. Köln: Herbert von Halem-Verlag, 122-141.
Rosenberger, Sieglinde, 1994: 1994 – das Jahr der politischen Quereinsteiger, in: Der Standard, 30.12.1994, 27.
Sarcinelli, Ulrich, 1998: Repräsentation oder Diskurs? Zu Legitimität und Legitimationswandel durch politische Kommunikation, in: Zeitschrift für Politikwissenschaft 8, 547-567.
Sarcinelli, Ulrich, 2006: Elite, Prominenz, Stars? Zum politischen Führungspersonal in der Mediendemokratie, in: *Balzer, Axel/Geilich, Marvin/Rafat Shamim* (Hrsg.), Politik als Marke. Politikvermittlung zwischen Kommunikation und Inszenierung. Berlin: LIT-Verlag, 62-82.

Schneider, Peter, 2008: Eine Krise? Nein, etwas Ernstes. In Italien braut sich etwas Unheimliches zusammen, in: Die Zeit, Nr. 4, 17.1.2008, 8.
Schönherr-Mann, Hans-Martin, 2002: Wieviel Vertrauen verdienen Politiker?, in: Aus Politik und Zeitgeschichte 15-16, 3-5.
Schulz, Winfried, 1997: Politische Kommunikation. Theoretische Ansätze und Ergebnisse empirischer Forschung. Opladen/Wiesbaden: Westdeutscher Verlag.
Schulz, Winfried, 1998: Wahlkampf unter Vielkanalbedingungen. Kampagnenmanagement, Informationsnutzung und Wählerverhalten, in: MediaPerspektiven 8, 378-391.
Street, John, 2003: The Celebrity Politician: Political Style and Popular Culture, in: *Corner, John/ Pels, Dick* (Hrsg.), Media and the Restyling of Politics. London: Sage, 85-98.
Street, John, 2004: Celebrity Politicians: Popular Culture and Political Representation, in: The British Journal of Politics & International Relations 6, 435-452.
Strohmeier, Gerd, 2002: Moderne Wahlkämpfe – wie sie geplant, geführt und gewonnen werden. Baden-Baden: Nomos.
Syed Ali, Anwar, 2003: Karrierewege und Rekrutierungsmuster bei Regierungsmitgliedern auf Bundesebene 1994-2002. Dissertation an der Philosophischen Fakultät der Martin-Luther-Universität Halle-Wittenberg.
Tenscher, Jens, 2003: Professionalisierung der Politikvermittlung. Politikvermittlungsexperten im Spannungsfeld von Politik und Massenmedien. Wiesbaden: Westdeutscher Verlag.
Turner, Graeme, 2004: Understanding Celebrity. London: Sage.
Ulram, Peter A., 2000: Civic Democracy. Politische Beteiligung und politische Unterstützung, in: *Pelinka, Anton/Plasser, Fritz/Meixner, Wolfgang* (Hrsg.), Die Zukunft der österreichischen Demokratie. Trends, Prognosen, Szenarien. Wien: Signum-Verlag, 103-140.
Vowe, Gerhard/Dohle, Marco, 2008: Welche Macht wird den Medien zugeschrieben? Das Verhältnis von Medien und Politik im Spiegel der Mediatisierungsdebatte, in: *Jäckel, Michael/Mai, Manfred* (Hrsg.), Medienmacht und Gesellschaft. Zum Wandel öffentlicher Kommunikation. Frankfurt a. M./New York: Campus, 11-36.
Weber, Max, 1992: Politik als Beruf. Stuttgart: Reclam.
Welan, Manfried, 1998: Wer soll uns vertreten? Persönliche Streifzüge durch die Republik der Funktionäre, Sekretäre und Mandarine, in: *Burkert-Dottolo, Günther/Moser, Bernhard* (Hrsg.), Professionsnormen für Politiker. Wien: Politische Akademie, 27-45.
West, Darrell M./Orman, John, 2003: Celebrity Politics. Upper Saddle River, N. J.: Prentice-Hall.
Wolf, Armin, 2007: Image-Politik. Prominente Quereinsteiger als Testimonials der Politik. Baden-Baden: Nomos.
Z'Graggen, Heidi, 2004: Professionalisierung der Parlamente im internationalen Vergleich. Studie im Auftrag der Parlamentsdienste der Schweizerischen Bundesversammlung. Bern.

Salto mediale? Medialisierung aus der Perspektive deutscher Landtagsabgeordneter*

Jens Tenscher

1. Einleitung

Ein zentrales Merkmal repräsentativer Demokratien ist seit jeher die auf Dauer gestellte *kommunikative Vernetzung* von Repräsentanten und Repräsentierten, von politischen Akteuren, Regierenden und Abgeordneten einerseits sowie von Bürgerinnen und Bürgern andererseits (vgl. u. a. Kevenhörster 1998; Patzelt 2003: 16 ff.). Deren interaktiver Austausch – im Sinne wechselseitiger Beobachtung und aufeinander bezogener Kommunikation – macht sich eine Vielzahl institutionalisierter, interpersonaler und massenmedialer Kanäle zunutze, welche die intermediären Instanzen den politischen Leistungsträgern und dem Volk zur Verfügung stellen. Während jedoch in den vergangenen Jahren die „klassischen" Instanzen der politischen Meinungsbildung und Interessenvermittlung (v. a. Parteien und Verbände) an Bindekraft eingebüßt haben, konnten sich die Massenmedien als reichweitenstärkste und damit folgenreichste Plattform zur politischen Kommunikation gesamtgesellschaftlich ausweiten. Entsprechend realisieren sich heutzutage demokratische Repräsentation und politische Präsentation, kommunikative Führung und Responsivität, kurzum: legitimationsnotwendige Politikdarstellung und dauerhafte Politikbeobachtung, zuvörderst massenmedial (vgl. u. a. Sarcinelli 2005a; Vowe 2006). Dadurch scheinen jedoch die Logiken einerseits des politischen Entscheidungsprozesses in den zum Großteil nicht-öffentlichen Verhandlungsarenen und andererseits der die öffentliche Sphäre berührenden „Mediendemokratie" zunehmend in Spannung zu geraten (vgl. u. a. Grande 2000).

Von entsprechenden Friktionen sind nicht nur die Strukturen, Prozesse und Inhalte des Politischen in zeitlicher, sachlicher und sozialer Hinsicht betroffen (vgl. u. a. Donges 2005; Vowe/Dohle 2007). Auch das politische Führungspersonal selbst sieht sich mit einem gestiegenen Erwartungsdruck konfrontiert, nämlich mit einer „kommunikativen Doppelrolle" (Sarcinelli 2005a: 157) in den diskreten, öffentlichkeitsfernen Politikarenen der Entscheidungspolitik einerseits und den (massenmedialen) Öffentlichkeitsforen der Darstellungspolitik andererseits (vgl. Sarcinelli/Tenscher 2000, 2008). Gerade für die zunehmende Zahl der parteipolitisch ungebundenen, politisch flexiblen und indifferenten Bürgerinnen und Bürger fungiert die politische Elite schließlich, ganz im Sinn eines personifizierten Politiksurrogats, als zentraler Ankerpunkt der Politikbeobachtung, -wahrnehmung und -einschätzung. Auf diese Weise hat der Faktor „Personalisierung" bei der von Parteien, Regierungen und Parlamenten betriebenen Politikver-

---

* Für seine konstruktiven Hinweise zu einer ersten Version dieses Beitrags möchte ich Stefan Jahr herzlich danken. Darüber hinaus gilt mein besonderer Dank Stephanie Niersthmeier für ihre umfängliche Unterstützung bei der Durchführung der empirischen Studie und der Datenaufbereitung.

mittlung in den vergangenen Jahren an Bedeutung gewonnen (vgl. u. a. Hoffmann/ Raupp 2006). Beschleunigt wurde dieser Prozess durch den Siegeszug des Fernsehens als omnipräsentes Leitmedium politischer Information (vgl. u. a. Oberreuter 1996), durch neue Unterhaltungs- und (politische) Talkformate, aber auch durch interaktive Medien (wie z. B. Weblogs), die Politikerinnen und Politikern vormals ungeahnte Kanäle zur Selbstdarstellung bieten.

Mit diesen neuen Möglichkeiten sowie der medialen „Dauerbeobachtung" scheinen sich auch die an politischen Erfolg geknüpften Anforderungen für Politikerinnen und Politiker gewandelt bzw. ausgeweitet zu haben: Neben ehedem klassischen „politiknahen" Fähigkeiten wie Leadership-Qualitäten, Themen- und Problemlösungskompetenz, desgleichen auch Integrität, scheinen immer mehr vermeintlich „politikferne" Eigenschaften wie Sympathie und Ausstrahlung, aber auch Medien- und Darstellungskompetenzen in der Politikvermittlung, an den Wahlurnen und bei politischen Meinungsumfragen eine wichtige Rolle zu spielen.[1] Von Seiten der Medien, der Bürgerinnen und Bürger wird offensichtlich nicht mehr nur politisch kompetentes, sondern auch charismatisches, rhetorisch geschultes, medial präsentes und attraktives politisches Spitzenpersonal gewünscht (vgl. Rosar/Ohr 2005; Kepplinger/Maurer 2005: 64 ff.; Klein/Rosar 2005).[2] So müssen Politiker einerseits politikimmanenten, d. h. unmittelbar auf den politischen Entscheidungsprozess bezogenen Anforderungen und andererseits performanzbezogenen Erwartungen der Öffentlichkeit gerecht werden.

Während in jüngster Zeit sowohl dem Ausmaß politischer Personalisierung in der Medienberichterstattung und auf Bevölkerungsebene als auch den organisations-, inhalts- und prozessbezogenen Folgen der Medialisierung für die Politik vermehrt Beachtung geschenkt wurde (vgl. für einen Überblick Vowe/Dohle 2007), ist der Perspektivenwechsel hin zu den *Arenenakteuren* politischer Öffentlichkeit, d. h. den Politikerinnen und Politikern selbst, bislang nur vereinzelt gewagt worden (vgl. v. a. Nieland 2002; Pontzen 2006). Die aus demokratietheoretischer wie politikpraktischer Hinsicht bedeutsame Frage, wie die Betroffenen selbst das unterstellte Spannungsfeld zwischen Entscheidungspolitik und Darstellungspolitik wahrnehmen, inwieweit sie auch bereit sind, den oftmals unterstellten *Salto mediale* von der politischen Elite zur medialen Prominenz zu wagen, ist zwar oft gestellt worden (vgl. Macho 1993; Grande 2000; Sarcinelli 2005b). Doch nicht im gleichen Umfang hat sie auch empirisch angemessene Antworten gefunden. Vor diesem Hintergrund soll im Folgenden untersucht werden, wie weit sich politische Akteure den von ihnen perzipierten und als relevant erachteten Anforderungen aus Politik, Massenmedien und Öffentlichkeit anpassen oder sich an ihnen ausrichten. Dies geschieht auf Grundlage einer im Januar 2008 durchgeführten repräsentativen Umfrage unter den Abgeordneten aller deutschen Landesparlamente. Ganz bewusst wird an dieser Stelle der Blick auf die sowohl von der politischen Kommunikations- als auch von der Parlamentarismusforschung empirisch – mit wenigen Ausnahmen (vgl. Oberreuter 1977; Paprotny 1995; Mielke/Reutter 2004; Marcin-

---

1 Zur Kritik an der Differenz von „politiknahen" und „politikfernen" Politikereigenschaften vgl. Hoffmann/Raupp (2006: 458 ff.).
2 Vgl. im Gegensatz dazu Brettschneider (2002, 2005), der auf Basis von repräsentativen Umfragen zu Spitzenkandidateneinschätzungen die Personalisierungsthese in Deutschland eher als widerlegt denn als bestätigt sieht.

kowski/Nieland 2002; Pontzen 2006; Tenscher 2008) – vernachlässigte Länderebene geworfen.

2. Medialisierung des Politischen und Professionalisierung der Politikvermittlung

Die in der politischen Kommunikationsforschung weithin akzeptierte Annahme einer zunehmenden Medialisierung des Politischen meint, dass zusätzlich zu politischen *constraints* gerade die Massenmedien in immer stärkerem Maße als relevante Institution das politische Handeln kollektiver und individueller Akteure mitprägen (vgl. Blumler/ Gurevitch 1995: 11 ff.). Dabei kennzeichnet der Prozess der „Medialisierung" eine „Folge der Anpassung politischer Organisationen und Akteure an die System- und Handlungslogik der Massenmedien (...) [Sie] betrifft alle Phasen politischer Kommunikation, also Input (Interessenartikulation, -aggregation und Loyalitätsbeschaffung), Entscheidungsfindung (Herstellung von Transparenz und Partizipationschancen), Output (Thematisierung und Interpenetration von Leistungen und Problemen) und Rückkopplung (Resonanz- und Effizienzkontrolle)" (Westerbarkey 1995: 155).[3] Demokratietheoretisch betrachtet kann die Medialisierung des Politischen überdies als Zeichen dafür interpretiert werden, dass sich „die" Politik zunehmend aus früheren Arkanbereichen löst, sich „demokratisiert", d. h. sich sukzessive in einen dauerhaften und weit reichenden Kommunikationszusammenhang mit der Gesellschaft begibt (vgl. Sarcinelli 2005a) – und sich dabei ihren eigenen öffentlichen Resonanzraum mitgestaltet.

Während die Orientierungs- und Anpassungsleistungen kollektiver und korporativer politischer Akteure gegenüber den Massenmedien in den vergangenen Jahren verstärkt in den Fokus empirischer Betrachtung geraten sind (vgl. u. a. Marschall 1999, 2001; Tenscher 2003; Donges 2008), ist den *individuellen* Wahrnehmungen, Adaptionen und Handlungen des politischen Personals bislang nur wenig Beachtung zuteil geworden. Beachtenswert sind in diesem Zusammenhang vor allem jene Untersuchungen, die sich auf der Mikroebene der politischen Kommunikationskultur von politischen Akteuren und Journalisten zugewendet haben (vgl. u. a. Puhe/Würzberg 1989; Patzelt 1991; Harmgarth 1997; Pfetsch 2003; Hoffmann 2003; Tenscher 2003).[4] Diese haben eine Art Beziehungsgeflecht offen gelegt, das politische und publizistische Akteure eingehen und das sich in Deutschland zumindest auf nationaler Ebene als relativ stabil und dicht erweist. Es zeichnet sich durch hohe Kontaktintensität sowie einen routinierten, durch Vertrauen und Professionalität geregelten, eher harmonischen und üblicher-

---

3 Für eine differenzierte Betrachtung des Medialisierungsbegriffs als Makro-, Meso- und Mikrophänomen sowie für einen Blick auf Strukturen (polity), Prozesse und Akteure (politics) sowie Inhalte des Politischen (policies) vgl. Donges (2008: 33 ff.). Es sei darauf hingewiesen, dass angesichts zusehends „symbiotischer Verflechtungen" (vgl. u. a. Tenscher 2003: 51 f.) von Politik und Massenmedien *wechselseitige* Beobachtungen und Anpassungen stattfinden, medialisierungsbedingte Veränderungen auf Seiten politischer Akteure also wiederum Rückwirkungen auf die Massenmedien haben. Diesen dynamischen, reziproken Transformationen und insbesondere den politikinduzierten Rückwirkungen auf den massenmedialen Handlungsrahmen politischen Handelns hat die politische Kommunikationsforschung bislang nur wenig Beachtung geschenkt.
4 Als eine der wenigen Untersuchungen zu den politisch-medialen Beziehungsmustern auf Länderebene vgl. Jarren/Donges (1996).

weise wenig konfliktreichen Umgang mit einander aus (vgl. zusammenfassend Tenscher 2003: 132 ff.). Vor dem Hintergrund dieser Studien hat das Bild *symbiotisch* verflochtener, wechselseitig abhängiger und daher anpassungsbereiter Arenenakteure politischer Öffentlichkeit nicht nur an Popularität, sondern auch an empirischer Validität gewonnen.

Diese – in aller Regel auf *nationaler Ebene* angesiedelten – Studien legen die Vermutung nahe, dass auf Seiten einer größer werdenden Gruppe von Politikerinnen und Politikern eine wachsende Bereitschaft besteht, die Gesetzmäßigkeiten des Mediensystems und die Erwartungen der Journalisten zu beobachten, sich individuell auf sie einzulassen und sich selbst gegen daraus resultierende Gefährdungen abzusichern. Für solche Maßnahmen steht der Begriff der *Professionalisierung der Politikvermittlung*.[5] Ein besonders anschaulicher Beleg für diesen Prozess ist die in den vergangenen Jahren vermehrt zu beobachtende Bereitschaft der politischen Elite, den Gang in die – nicht immer politischen – Gesprächsrunden des Fernsehens zu wagen. Hier scheint sich die Vorstellung durchgesetzt zu haben, dass, nur wer im Fernsehen präsent ist, auch bei den Bürgerinnen und Bürgern „ankommt" (vgl. u. a. Kepplinger 2007: 14). Allerdings setzt die überschaubare Anzahl an Formaten zur entsprechenden Selbstdarstellung sowie eine auf Prominenz und Medientauglichkeit basierende Medienlogik einem umfassenden „going public" (Kernell 1986) jedes politischen Akteurs recht enge Grenzen. Die große Mehrheit der Abgeordneten ist weiterhin darauf angewiesen, sich außerhalb des Fernsehens andere, kleinere und auch nichtmediale Bühnen zur öffentlichen Präsentation zu suchen.

Dies gilt umso mehr für politische Akteure auf regionaler Ebene, denen von Grund auf weniger massenmediale Resonanzräume zur Verfügung stehen, die dann obendrein noch, aufgrund medialer Exekutivorientierung, vornehmlich den Ministerpräsidenten Platz zur Selbstdarstellung bieten (vgl. Mielke 2003: 90 f.). Im subnationalen Raum dürfte sich entsprechend vor allem der Austausch mit der Regional- und Lokalpresse, den faktisch auch wichtigsten Quellen landespolitischer Information (vgl. Neller 1999), sowie das nicht medienvermittelte Gespräch mit Bürgerinnen und Bürgern als erfolgversprechende Kommunikationsstrategie behaupten (vgl. Lang 2003: 195 f.). Allerdings sind die Chancen von Landtagsabgeordneten, zumal von Mitgliedern der Opposition, öffentliche Aufmerksamkeit für sich und ihre Anliegen zu wecken, ohnedies recht gering. Schließlich zeigen sich die Bürgerinnen und Bürger gegenüber landespolitischen Themen und Akteuren vergleichsweise wenig interessiert. Dies ist wohl auch eine Folge des schleichenden Bedeutungs- und Kompetenzverlustes der Landespolitik (vgl. u. a. Schmidt 2001: 479).

Vor dem Hintergrund dieser institutionellen Gegebenheiten scheint nicht nur die Möglichkeit, sondern auch der modernisierungs- und medialisierungsbedingte Druck zur Professionalisierung der nach außen gerichteten Politikvermittlungsaktivitäten für regionale Entscheidungsträger im Vergleich zur nationalen politischen Elite eher gering zu sein: „Die Tendenzen der Medialisierung des politischen Systems [haben] aufgrund politisch-institutioneller und medienspezifischer Besonderheiten auf der Landesebene [noch] nicht mit voller Härte durchgeschlagen" (Marcinkowski/Nieland 2002: 113).[6]

---

5 Für eine ausführliche Diskussion siehe Tenscher (2003).
6 Hinzu kommt, dass die deutschen Landesparlamente allesamt eher als „Arbeitsparlamente" zu

Diese Annahme gilt es nun mit Blick auf die individuellen Perzeptionen und Adaptionen deutscher Landtagsabgeordneter zu überprüfen.

Damit wird der Blick auf die kommunikativen, medien- und performanzbezogenen Orientierungen, Adaptionen und Kompetenzen von Politikerinnen und Politikern gelenkt. Sie sind nicht nur von der empirisch ausgerichteten politischen Kommunikationsforschung, sondern auch von der Parlamentarismus- und Elitenforschung bislang weithin vernachlässigt worden. Zwar bieten die vorliegenden qualitativen wie quantitativen Parlamentarierstudien umfängliche Auskünfte über die soziodemografischen Merkmale deutscher Bundestags-, Landtags- und Europaabgeordneter, deren politische Einstellungen, Problemwahrnehmungen und typische Karrierewege, über ihre Berufszufriedenheit, ihr Amts-, Mandats- und Rollenverständnis, und auch ihre Wahrnehmung parlamentarischer und gesellschaftlicher Funktionen sowie entsprechender „Vernetzungen" (vgl. u. a. Herzog et al. 1990, 1993; Patzelt 1995, 1997; Lemke-Müller 1999; Patzelt/Algasinger 2001; Weßels 2003; Best et al. 2004, 2007; Best 2005; Jahr 2005). Doch nur vereinzelt finden sich Hinweise zu den Kommunikations- und Kontaktkanälen, welcher sich Parlamentarierinnen und Parlamentarier zur Information und Rückkopplung über die öffentliche Meinung bedienen.[7] Von Seiten der politischen Kommunikationsforschung kommen ergänzende, wenngleich disparate Hinweise auf die Mediennutzung deutscher Bundestags- und Landtagsabgeordneter, von denen Effekte auf deren Handlungen erwartet werden (vgl. Kepplinger 1997; Nieland 2002; Kepplinger/Marx 2008). Ähnliches gilt für die allgemeine Wahrnehmung und Bewertung von medialisierungsbedingten Veränderungen im Umfeld von Parlamentariern und ihres politischen Handelns, wozu bislang aber nur zwei Studien im deutschsprachigen Raum vorliegen (vgl. Nieland 2002; Pontzen 2006).

Alles in allem ist, trotz dieser ersten Untersuchungen, die der Medialisierungsthese inhärente Frage bislang offen geblieben, inwieweit politische Führungskräfte die Veränderungen im massenmedialen und gesellschaftlichen Umfeld ihres Handelns nicht nur wahrnehmen, sondern sich auch in ihrem Rollenselbstverständnis und in ihren Handlungen auf die, von Seiten der Massenmedien und der politischer Öffentlichkeit, an sie herangetragenen Erwartungen einlassen.[8] Eben dieser Frage soll im Folgenden anhand einer repräsentativen Befragung deutscher Landtagsabgeordneter auf den Grund gegan-

---

klassifizieren sind, wodurch sich die Aufmerksamkeit der Öffentlichkeit für sie schmälert (vgl. Thaysen 2005: 48).

7 Diese Studien verdeutlichen, dass die Abgeordneten den Massenmedien und einzelnen Journalisten im Vergleich zu politischen Organisationen, insbesondere der eigenen Partei, dem persönlichen Umfeld, kommunalpolitischen Ansprechpartnerinnen und -partnern sowie staatlichen Institutionen in der Regel nur eine nachrangige Bedeutung zusprechen; auch das der Medien- und Öffentlichkeitsarbeit zur Verfügung gestellte Zeitbudget erscheint überschaubar, wenngleich die Notwendigkeit zur „öffentlichen Sichtbarkeit" durchaus als integraler Bestandteil des Berufs akzeptiert wird (vgl. u. a. Patzelt 1991, 1997: 377 ff.).

8 In diesem Zusammenhang zeigen die wenigen vorliegenden Studien, dass die Bürgerinnen und Bürger das politische Führungspersonal nicht nur bezüglich originär „politischer" Eigenschaften wie Führungsqualitäten, Themen- und Problemlösungskompetenzen, sondern auch mit Blick auf scheinbar „politikferne", nämlich personenbezogene, kommunikative und performative Kompetenzen beobachten und evaluieren (vgl. u. a. Klein/Ohr 2002). Persönliche Integrität, physische Attraktivität, Souveränität – kurzum: Charisma – scheinen hier, zumindest wenn es um Spitzenkandidatinnen und -kandidaten geht, an Gewicht zu gewinnen.

gen werden. Untersuchungsleitend wird davon ausgegangen, dass sich die Medialisierung des Politischen nicht zuletzt in einer Professionalisierung der Politikvermittlungsaktivitäten der Akteure niederschlagen müsste, also in einer konsequenten Nutzung des öffentlichen Resonanzraums, in einer strategischen Anpassung an massenmediale Logiken sowie in einer systematischen Beeinflussung der öffentlichen und veröffentlichten Meinung (vgl. Tenscher 2003). Die skizzierten institutionellen Rahmenbedingungen für politisches Handeln im subnationalen Raum scheinen jedoch, so die Annahme, die Möglichkeiten und Notwendigkeiten zum *Salto mediale* einzuschränken.

3. Mediale Wahrnehmungen und Anpassungen deutscher Landtagsabgeordneter 2008

3.1 Forschungsdesign und Daten

Zur Überprüfung der Wahrnehmung medialisierungsbedingter Veränderungen sowie entsprechender Anpassungen politischer Entscheidungsträger auf subnationaler Ebene wurde zwischen dem 10. und 31. Januar 2008 eine standardisierte Online-Befragung unter allen deutschen Landtagsabgeordneten durchgeführt. Diese Variante der schriftlichen Befragung macht sich die Vorteile einer zeitlich und örtlich flexiblen sowie für die Befragten leicht handhabbaren Erhebungsmethode zunutze, sieht sich jedoch mit dem Problem der Anonymität und Nichtkontrollierbarkeit der Befragungssituation konfrontiert (vgl. Batinic 2003: 7 ff.). Dies ist ein Umstand, der allerdings auf alle quantitativ ausgerichteten, schriftlichen Abgeordnetenbefragungen zutrifft (vgl. u. a. Patzelt 1997; Weßels 2003). Im Unterschied zu solchen erweist sich aber die internetgestützte Befragung als wesentlich zeit- und kostenökonomischer.[9] So konnten u. a. im Verlauf der, im Vergleich zu anderen Abgeordnetenstudien, sehr kurzen Feldphase von nur drei Wochen nicht weniger als zwei Nachfassaktionen per Erinnerungsmail gestartet werden, welche den Rücklauf entsprechend erhöhten.[10]

Insgesamt beteiligten sich 456 von 1 842 Landtagsabgeordneten, was einer Rücklaufaufquote von 24,8 Prozent entspricht – einem für die schriftliche Befragung von Parlamentarierinnen und Parlamentariern auf subnationaler Ebene „normalen" Wert (vgl. Pontzen 2006: 75).[11] Die Repräsentativität der Stichprobe kann hinsichtlich der geographischen Verteilung der Parlamentszugehörigkeit der Abgeordneten als sehr gut

---

9 Eines der Hauptprobleme internetbasierter Umfragen, nämlich deren unzureichende Repräsentativität aufgrund mangelhaften Wissens über die Grundgesamtheit sowie die fehlende Erreichbarkeit der zu Befragenden (vgl. Bandilla 1999: 8 f.), konnte an dieser Stelle umgangen werden, da jedes Mitglied der Grundgesamtheit – zum Zeitpunkt der Erhebung waren dies 1 842 Landtagsabgeordnete – persönlich über E-Mail zur Teilnahme an der Studie eingeladen wurde.
10 Diese Erinnerungsmails folgten auch der Bitte zahlreicher Abgeordneter aus Hessen und Niedersachsen, welche im Erhebungszeitraum in die entsprechenden Landtagswahlkämpfe eingebunden waren.
11 Zum Ausfüllen des 5-seitigen Fragebogens mit insgesamt 14 Fragen benötigten die Abgeordneten im Schnitt rund acht Minuten (Median).Weitere 375 Abgeordnete schauten sich den Fragebogen zwar an, brachen seine Bearbeitung – wie für Internetbefragungen typisch (vgl. Welker et al. 2005) – zumeist nach der Einstiegsseite ab. Insgesamt stieß die Befragung bei 831 Parlamentarierinnen und Parlamentariern auf zumindest anfängliches Interesse, was einem Anteil von 45,1 Prozent entspricht.

bezeichnet werden (vgl. *Tabelle 1*). Auch die Geschlechterverteilung sowie die Altersstruktur der Befragten spiegelt recht gut die Grundgesamtheit wider, wenngleich sich überproportional viele weibliche und junge Abgeordnete, nämlich unter 40 Jahren, an der Umfrage beteiligten.[12] Letzteres mag wohl auch auf deren größere Internet-Affinität zurückzuführen sein (vgl. Nieland 2002: 175 f.). Die in diesem Zusammenhang durch die gewählte Erhebungsmethode befürchtete Verzerrung der Stichprobe hält sich jedoch in Grenzen. Eine viel deutlichere Verzerrung zeigt sich jedenfalls beim Blick auf die Fraktionszugehörigkeit: Während die Abgeordneten von SPD, Bündnis90/Die Grünen, FDP und Linkspartei überproportional an der Befragung teilnahmen, taten dies die angeschriebenen Parlamentarierinnen und Parlamentarier von CDU und CSU in viel geringerem Maße. Das Muster dieser unterschiedlichen Teilnahmebereitschaft ist auch aus anderen schriftlichen Abgeordnetenstudien bekannt (vgl. u. a. Nieland 2002: 171 f.; Weßels 2003: 32; Pontzen 2006: 78 f.). Dessen Ausmaß führt jedoch

Tabelle 1: Zusammensetzung und Repräsentativität der Stichprobe

	% Umfrage (n = 456)	% Grundgesamtheit (N = 1 842)
Geschlecht		
weiblich	37,9	32,3
männlich	62,1	67,7
Alter		
bis 30 Jahre	4,4	2,0
31-40 Jahre	15,8	12,2
41-50 Jahre	25,0	26,7
51-60 Jahre	41,7	40,0
über 60 Jahre	13,1	19,1
Parlamentszugehörigkeit*		
nördliche Bundesländer	23,5	24,8
südliche Bundesländer	15,1	17,3
östliche Bundesländer	33,6	33,5
westliche Bundesländer	27,9	24,4
Fraktionszugehörigkeit		
CDU/CSU	32,2	45,1
SPD	37,7	31,7
FDP	8,3	5,8
Bündnis90/Die Grünen	11,4	6,4
Linkspartei	9,6	8,5
andere Parteien/fraktionslos	0,6	2,5

* Nördliche Bundesländer: Bremen, Hamburg, Niedersachsen, Schleswig-Holstein; südliche Bundesländer: Bayern und Baden-Württemberg; östliche Bundesländer; Berlin, Brandenburg, Mecklenburg-Vorpommern, Sachsen, Sachsen-Anhalt, Thüringen; westliche Bundesländer: Hessen, Nordrhein-Westfalen, Rheinland-Pfalz, Saarland.

Quelle: Landtagsabgeordnetenstudie 2008 und www.bundestag.de/mdb/statistik.

---

12 Das durchschnittliche Alter der Teilnehmerinnen und Teilnehmer an der Befragung liegt bei 49,7 Jahren – im Vergleich zu 51,8 Jahren der Grundgesamtheit aller Landtagsabgeordneten zum Zeitpunkt der Befragung.

dazu, dass im Folgenden auf fraktions- bzw. parteispezifische Überprüfungen der Medialisierungsthese verzichtet wird.

3.2 Wahrnehmungen veränderter Rahmenbedingungen

Abgeordnete sind stets mit der Herausforderung konfrontiert, auf sich wandelnde Rahmenbedingungen ihres Handelns adäquat zu reagieren. Diesbezüglich werden im Folgenden primär auf den politischen Entscheidungsprozess bezogene „constraints" von solchen unterschieden, die sich aus Veränderungen des gesellschaftlichen und massenmedialen Umfelds der Abgeordneten ergeben, die also zuvörderst auf das Handeln politischer Akteure auf den verschiedenen Bühnen der politischen Öffentlichkeit abzielen (vgl. Oberreuter 1977: 154 ff.; Gerhards 1994; Sarcinelli/Tenscher 2000; Marschall 2008). In Bezug auf die erste Gruppe von „constraints", nämlich die politischen Einflussfaktoren, hat die Parlamentarismus- und Elitenforschung in den vergangenen Jahren wiederholt auf die – insbesondere durch den Prozess der europäischen Integration und der Globalisierung – beschleunigte Zunahme von Politik- und Akteursverflechtungen hingewiesen, die in besonderem Maße die Handlungsspielräume für Landtagsabgeordnete eingeschränkt hätten (vgl. u. a. Schmidt 2001; Mielke/Reutter 2004: 23 ff.). Dies gilt umso mehr, als die Versuche organisierter Interessengruppen (Verbände, Unternehmen und NGOs) über professionelle Politikvermittlung Einfluss auf politische Entscheidungsprozesse zu gewinnen, in den vergangenen Jahren zugenommen zu haben scheinen. Entsprechend wird diesen von Seiten der Parlamentarierinnen und Parlamentarier eine relativ große Bedeutung für ihre Arbeit zugesprochen. Allerdings wird deren Bedeutsamkeit immer noch niedriger eingeschätzt als die der Medienvertreterinnen und -vertreter, zu denen – nach Angaben der Abgeordneten – auch ein intensiverer Kontakt gepflegt wird (vgl. u. a. Patzelt 1997: 326; Weßels 2003: 9 ff.). Diese akteursbezogene Relevanzzuschreibung deutet darauf hin, dass den allgemeinen, massenmedialen und öffentlichen Rahmenbedingungen von Seiten der politischen Entscheidungsträger große Aufmerksamkeit entgegengebracht wird (vgl. auch Pontzen 2006: 83 ff.). Diese Vermutung bestätigt sich beim Blick auf *Abbildung 1*.

Danach gefragt, welche Rahmenbedingungen sich in den vergangenen Jahren wohl in welchem Maße veränderten, verweisen die Antworten der Abgeordneten auf wachsende Herausforderungen sowohl im innerparlamentarischen und gesamtpolitischen Betrieb als auch im gesellschaftlichen und massenmedialen Umfeld parlamentarischen Handelns. Dabei wird vor allen Dingen der Druck zur öffentlichen Präsenz als wachsend empfunden (Mittelwert 1,0). Hinzu kommt, dass die Abgeordneten die Wichtigkeit zur Zusammenarbeit mit den Massenmedien bzw. einzelnen Journalistinnen und Journalisten als gestiegen erachten (Mittelwert 0,9). Insgesamt deuten die beiden Spitzenplätze, aber auch die vergleichsweise nachrangige Einschätzung eines größer werdenden Einflusses der Lobbyisten sowie der wachsenden Komplexität des parlamentarischen Prozesses darauf hin, dass vor allem der Einfluss der Öffentlichkeit und der Massenmedien auf das Handeln bzw. die Rollenwahrnehmung der Abgeordneten – auch auf regionaler Ebene – zugenommen hat (vgl. auch Pontzen 2006: 133 ff.). Dies würde ganz der Annahme der Medialisierungsthese entsprechen. Inwieweit die Perzeption

Abbildung 1: Wahrnehmung veränderter Rahmenbedingungen

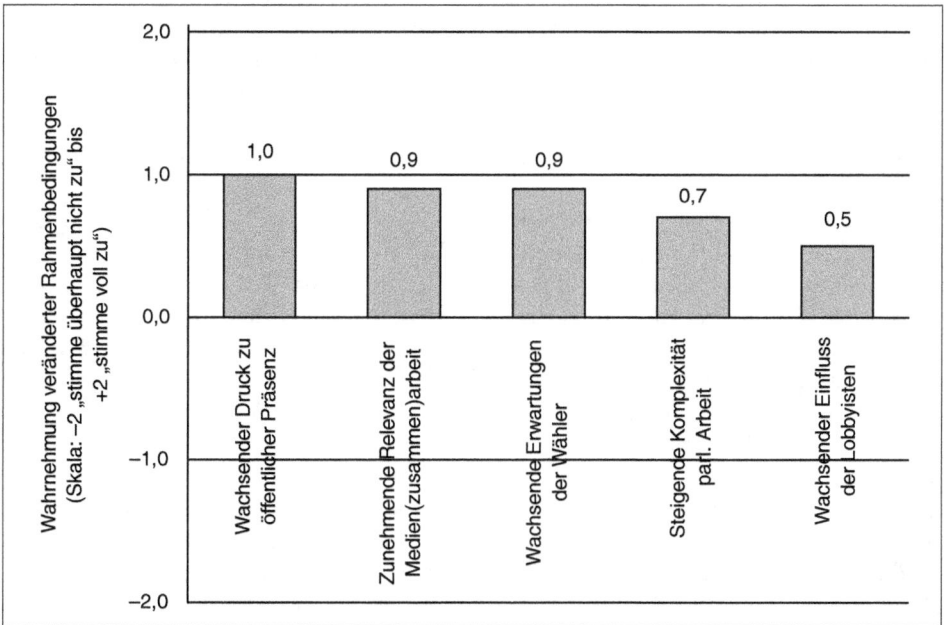

Quelle: Landtagsabgeordnetenstudie 2008, N = 456.

veränderter Rahmenbedingungen jedoch überhaupt Rollen- und Handlungsrelevanz erlangt, soll im Folgenden überprüft werden.

3.3 Politische und öffentliche „Idealmaße"

Perzipierte institutionelle sowie normative „constraints" fungieren im Zusammenspiel mit individuumsbezogenen Rollenselbstbildern und Fremdwahrnehmungen als verhaltenssteuernde Restriktionen im alltäglichen Austausch von politischen, gesellschaftlichen und journalistischen Akteuren (vgl. Blumler/Gurevitch 1995: 36). Sie regulieren nicht nur das innerpolitische, sondern auch das politisch-mediale Beziehungsgeflecht, indem sie den involvierten Akteuren solche Anhaltspunkte für Verhaltensroutinen und Verhaltenserwartungen geben, auf die sich diese im Konfliktfall berufen können. Während Normen diesbezüglich als generalisierte Verhaltenserwartungen dienen, repräsentiert das Rollenselbstverständnis die Selbstwahrnehmung der faktisch ausgeübten Rolle (vgl. Tenscher 2003: 208). Dabei sind Diskrepanzen und Friktionen zwischen normativem Leitbild einerseits und wahrgenommener Rolle andererseits vorprogrammiert – und dies umso mehr, je stärker die perzipierten Anforderungen in den Sphären der diskreten politischen Verhandlungsarenen und den öffentlichen, massenmedialen Darstellungsarenen auseinanderzudriften drohen (vgl. u. a. Grande 2000).

Vor diesem Hintergrund soll nun untersucht werden, an welchen normativen „Idealmaßen" sich die Landtagsabgeordneten orientieren. Hierzu wird nicht nur an die in der Parlamentarismusforschung etablierten Repräsentationstypen angeknüpft, sondern auch an jene Kompetenzzuschreibungen, welche aus Sicht der politischen Öffentlichkeit, zumal der Bürgerinnen und Bürger, am bedeutsamsten erscheinen (vgl. u. a. Brettschneider 2002: 211; Kepplinger/Maurer 2005: 64 ff.; Klein/Rosar 2005).[13] Damit werden die politischen Repräsentantinnen und Repräsentanten – ganz im Sinne der Annahme reziproker Effekte, wie sie der Medialisierungsthese inhärent ist (vgl. Kepplinger 2007) – direkt mit den Bewertungsmaßstäben der Repräsentierten konfrontiert.

In *Abbildung 2* kommt die Komplexität des Politikerdaseins offen zum Vorschein: *Alle* fünfzehn Eigenschaftskomponenten werden als wichtig oder sehr wichtig eingestuft, und keine wird als unwichtig erachtet. Der „moderne" Landtagsabgeordnete, wie er von den Repräsentanten selbst gesehen wird, soll somit nicht nur politisch kompetent, verantwortungsbewusst, vertrauenswürdig und führungsstark sein, sondern er soll – ganz im Sinne Max Webers – auch über Charisma verfügen, d. h. eine Verbindung aus Intelligenz, sympathischer Ausstrahlung und angenehmen Auftreten aufweisen (vgl. Weber 1992: 62 f.; Grande 2000: 134 f.; Palonen 2002: 97 ff.; Pontzen 2006: 89 ff.). Überdies sollte er über angemessene Medien- und Darstellungskompetenzen verfügen. So scheint die politische Kompetenz politischer Akteure nicht nur, wie an anderer Stelle formuliert (vgl. Sarcinelli 2007: 8), von der Fähigkeit zur öffentlichen, vor allem mediengerechten (Selbst-)Darstellung abzuhängen. Vielmehr entfalten erst dann beide Komponenten – politische und mediale Kompetenz – ihre volle Wirkkraft, wenn sie mit „Charisma" verschmelzen.

Ungeachtet dieses Amalgamierungsprozesses räumen die Abgeordneten, wie am Mittelwertvergleich deutlich wird, aber eindeutig den „politiknahen" bzw. vermeintlich „rollenrelevanteren" Merkmalen (vgl. Klein/Ohr 2002: 208; in *Abbildung 2:* dunkelgraue Balken) Priorität ein gegenüber den scheinbar unpolitischen (hellgraue Balken) und performativen Kompetenzen (schwarze Balken). Etwa wird dem Faktor „Integrität" bzw. dessen drei Teilkomponenten des „verantwortungsbewussten Handelns", der „politischen Vertrauenswürdigkeit" sowie der „Ehrlichkeit" (vgl. Brettschneider 2002: 198) am stärksten zugestimmt, wenn es um den „idealen" Politiker geht. Auch politischer Themenkompetenz („sozialverantwortliche Politik", „gute Problemlösungskonzepte", „hohes politisches Fachwissen") sowie Leadership-Qualitäten („Tatkraft", „Entscheidungsstärke", „Führungsstärke") wird höhere Bedeutung zugemessen als allgemeinen, womöglich auch „unpolitischen", charismatischen Eigenschaften („Intelligenz", „angenehme Ausstrahlung", „Sympathie"). Kommunikative und mediale Kompetenzen schließlich werden zwar auch als wichtig eingeschätzt; die entsprechenden Items („gute

---

13 Hinsichtlich der auch andernorts abgefragten „klassischen" parlamentarischen Rollenselbstverständnisse findet sich in der Stichprobe der befragten Landtagsabgeordneten folgende Verteilung: 36,2 Prozent sehen sich zuvörderst als Repräsentant ihres gesamten Wahlkreises, 35,1 Prozent als Repräsentant des Bundeslandes, 14 Prozent als Vertreterin bzw. Vertreter ihrer Wählerinnen und Wähler; 8,8 Prozent fühlen sich vornehmlich den Zielen der eigenen Partei verpflichtet, 3,7 Prozent betrachten sich als Sprecherinnen bzw. Sprecher bestimmter gesellschaftlicher Gruppen, und 2,2 Prozent handeln in erster Linie nach ihrem eigenen politischem Ermessen. Diese Schwerpunktsetzungen stimmen mit anderen auf Bundes- wie Landesebene durchgeführten Umfragen überein (vgl. Weßels 2003: 9; Best et al. 2007: 9).

Abbildung 2: „Idealmaße" aus Sicht der Abgeordneten

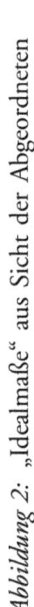

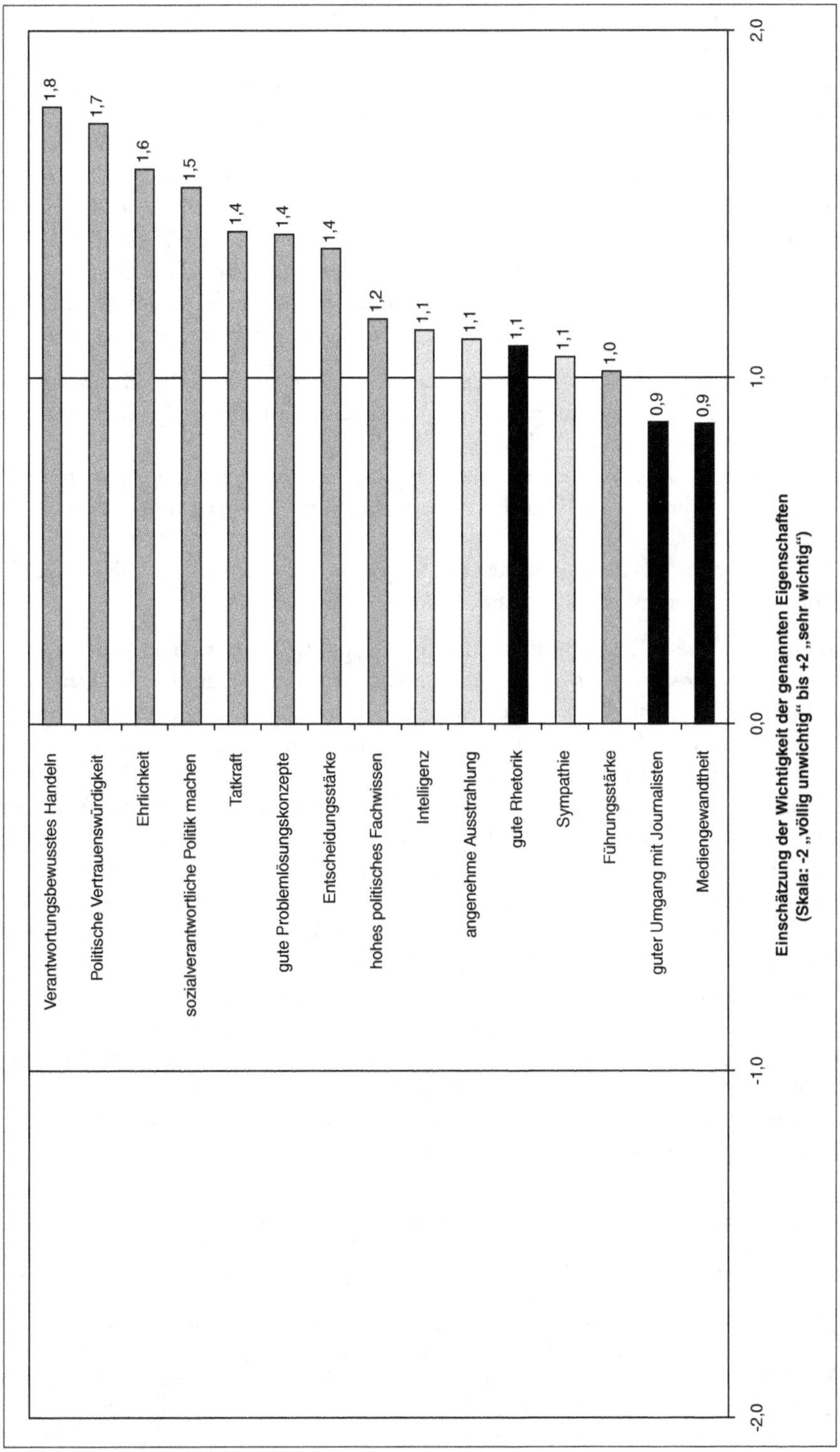

Quelle: Landtagsabgeordnetenstudie 2008, N = 456.

Rhetorik", "guter Umgang mit Journalisten", "Mediengewandtheit") erfahren jedoch relativ die geringste Zustimmung.

Insgesamt deuten diese Befunde darauf hin, dass sich die Politikerinnen und Politiker durchaus dessen bewusst sind, dass von ihnen ein "Gesamtpaket" an politischer, kommunikativer und charismatischer Kompetenz verlangt wird. Die Mehrheit scheint dennoch nur in begrenztem Maße den Salto mediale für nötig zu erachten: Der "moderne" Politiker bleibt – zumal im regionalen Kontext – zuvörderst jenem politischen Boden verhaftet, von dem aus er in die (mediale) Öffentlichkeit blickt. Um diese Annahme zu überprüfen, wird im Folgenden die Verteilung der Zustimmung zu politischen "Idealtypen" unter den befragten Abgeordneten untersucht. Bei näherer Betrachtung der Antworten kristallisieren sich folgende Orientierungsgrößen heraus:[14]

– Der *integre politische Entscheider*, der sich vor allem durch hohe politische Vertrauenswürdigkeit, verantwortungsbewusstes Handeln, eine sozialverantwortliche Politik, Entscheidungsstärke und Ehrlichkeit auszeichnet.
– Der *charismatische Darsteller*, der auf Sympathie, eine angenehme Ausstrahlung, gute Rhetorik, Mediengewandtheit und entsprechenden Umgang mit Journalisten vertraut.
– Der *kompetente Problemlöser*, der hohes politisches Fachwissen mit ausgewiesener Problemlösungskompetenz verbindet.

Während zwei dieser Rollenbilder – der integre politische Entscheider sowie der kompetente Problemlöser – eher der öffentlichkeitsfernen parlamentarischen Arena der Entscheidungspolitik zuzurechnen sind, ist der Typ des charismatischen Darstellers offenkundig jener des modernen, öffentlichkeitsuchenden und öffentlichkeitstauglichen Medienpolitikers (vgl. Sarcinelli 2005a: 164 ff.).

Abbildung 3 veranschaulicht in diesem Zusammenhang, in welchem Maße die befragten Landtagsabgeordneten die drei Grundtypen wirklich als relevante Rollenbilder politischen Handelns erachten. Dabei wird deutlich, dass der mit Abstand am häufigsten vertretene bzw. angestrebte Idealtyp derjenige des politischen Entscheiders ist: Beinahe alle Befragten stufen die dieser Rolle zugeordneten Eigenschaftsmerkmale als wichtig oder sehr wichtig ein (97,8 Prozent). Aber auch die Rollenmodelle des charismatischen Darstellers und des kompetenten Problemlösers treffen auf hohe, etwa gleichstarke Zustimmung. Das "perfekte" politische Führungspersonal mutiert also, aus Sicht der Abgeordneten, nicht etwa "von der politischen Elite zur medienfixierten Polit-Prominenz" (Sarcinelli 2005b: 69), sondern sieht die Notwendigkeit, *sowohl* (und in etwas stärkerem Maße) politische und entscheidungsbezogene *als auch* öffentliche, medien- und publikumsbezogene Erwartungen zu befriedigen.[15]

---

14 Diese "Typen" sind das Ergebnis einer Faktorenanalyse auf Basis der Antworten der Parlamentarierinnen und Parlamentarier zu den ursprünglich fünfzehn Eigenschaftsmerkmalen der *Abbildung 2*. Es wurde eine Hauptkomponentenanalyse mit Varimax-Rotation vorgenommen; die erklärte Gesamtvarianz betrug 53 Prozent. Dabei konnten drei Items (Tatkraft, Führungsstärke und Intelligenz) keiner der drei oben genannten Dimensionen eindeutig zugeordnet werden, da sie auf mehreren Faktoren gleichzeitig luden (Faktorenladung < 0.5).
15 Werden die Zustimmung zu Typ 1 (politischer Entscheider) und Typ 2 (charismatischer Darsteller) direkt in Bezug zueinander gesetzt, so geben 83,1 Prozent der Befragten an, beide Eigenschaftsbündel wären wichtig. Im Vergleich hierzu sagen 82,2 Prozent, eine Mischung aus

Abbildung 3: Einschätzung politischer Idealtypen aus Sicht der Abgeordneten[16]

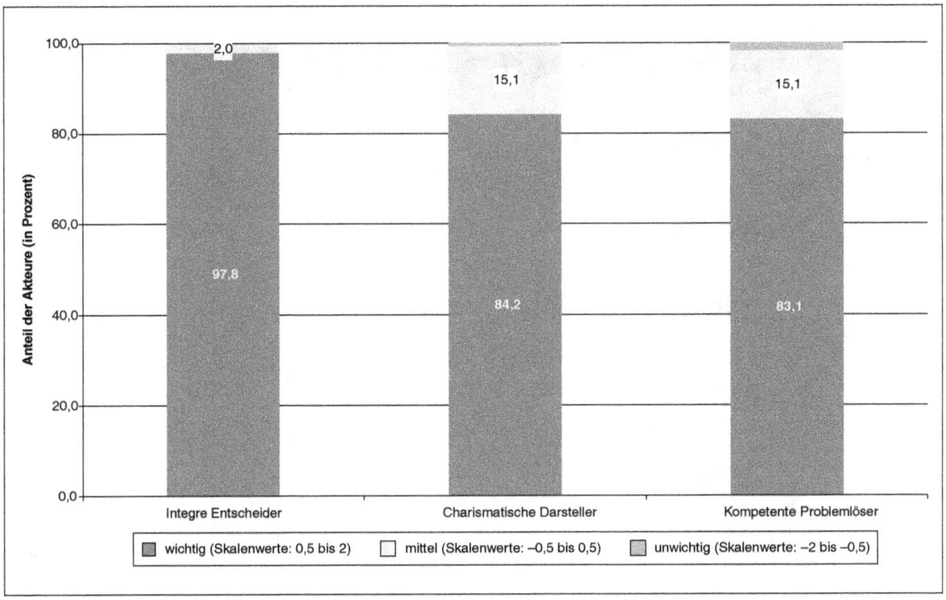

[Bar chart showing three categories — Integre Entscheider, Charismatische Darsteller, Kompetente Problemlöser — with values 97,8 / 84,2 / 83,1 for "wichtig (Skalenwerte: 0,5 bis 2)", and 2,0 / 15,1 / 15,1 for the upper segments. Legend: wichtig (Skalenwerte: 0,5 bis 2); mittel (Skalenwerte: –0,5 bis 0,5); unwichtig (Skalenwerte: –2 bis –0,5). Y-Achse: Anteil der Akteure (in Prozent).]

Quelle: Landtagsabgeordnetenstudie 2008, N = 456.

3.4 Politisches Handeln und öffentliche Kontakte

Offensichtlich besteht bei Volksvertreterinnen und Volksvertretern auf regionaler Ebene nicht nur große Aufmerksamkeit gegenüber sich wandelnden massenmedialen und öffentlichen Rahmenbedingungen ihres Handelns, sondern auch die prinzipielle Einsicht, dass die Kompetenzerwartungen an sie selbst sich auf performative, kommunikative und charismatische Komponenten ausgeweitet haben. Damit reflektieren sie in hohem Maße jene Kriterien, anhand derer die Bürgerinnen und Bürgern das politische Spitzenpersonal beobachten und bewerten (vgl. u. a. Kepplinger/Maurer 2005: 64 ff.; Klein/Rosar 2005).[17] Vor diesem Hintergrund stellt sich die Frage, ob sich derlei Wahrnehmungen gegenüber einem gestiegenen Druck auf massenmediale und öffent-

---

Typ 1 und Typ 3 (kompetenter Problemlöser) wäre wichtig. 72,4 Prozent sehen eine Verbindung aus Typ 2 und Typ 3 als bedeutsam an. Demnach könnte der „moderne" Abgeordnete – aus deren subjektiver Sicht – am ehesten auf Sach-, Fach- und Problemlösungskompetenzen verzichten.

16 Auf Basis der den drei Grundtypen jeweils entsprechenden Eigenschaftskomponenten wurden additive Indizes gebildet, deren interne Konsistenz zufrieden stellend ist (Cronbachs Alpha beträgt bei Typ 1 0.75, bei Typ 2 0.78 und bei Typ 3 0.61). Diese bilden die Grundlage der in *Abbildung 3* dargestellten Häufigkeitsverteilungen.

17 Brettschneider verweist hingegen darauf, dass weiterhin vor allem originär politische Eigenschaften, namentlich Integrität, Themenkompetenz und Leadership-Qualitäten, als zentrale Bewertungsmaßstäbe dienen. Unpolitische Eigenschaften und persönliche Merkmale, zu denen er Sympathie und Ausstrahlung zählt, würden – zumindest wenn es um die Wahrnehmung von Kanzlerkandidaten geht – „eindeutig an letzter Stelle" rangieren (Brettschneider 2005: 106).

Abbildung 4: Zeitbudget der Landtagsabgeordneten

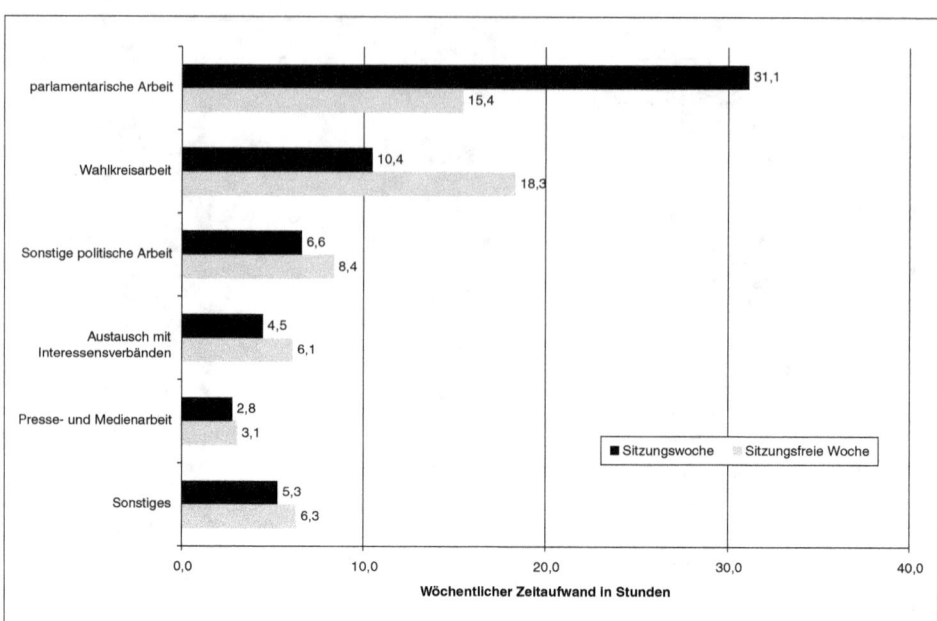

Quelle: Landtagsabgeordnetenstudie 2008, N = 456.

liche Präsenz sowie auf Zusammenarbeit mit Medienvertreterinnen und -vertretern ebenfalls in entsprechenden Handlungen manifestieren. Hierzu soll zunächst auf jenes Zeitbudget der Abgeordneten geblickt werden, das diese auf ihre parlamentarische, gesamtpolitische und öffentliche Arbeit verwenden. Dabei wird davon ausgegangen, dass im Volumen und Verhältnis der einzelnen Tätigkeiten tatsächlich die Zwecksetzung und Prioritätenbildung der Parlamentarierinnen und Parlamentarier zum Ausdruck kommt (vgl. hierzu Patzelt 1997: 328 ff.).[18]

Die in *Abbildung 4* zusammengefassten Mittelwerte sprechen für eine durchschnittliche wöchentliche Arbeitsbelastung der Abgeordneten in Parlamentswochen von knapp 61 Stunden, in sitzungsfreien Wochen von knapp 58 Stunden (vgl. auch Best et al. 2007: 7). Mehr als die Hälfte dieser Zeit verbringen die Abgeordneten in Sitzungswochen mit originär parlamentarischen Tätigkeiten wie der Vor- und Nachbereitung von Sitzungen und der Teilnahme an Plenar-, Ausschuss- und Fraktionssitzungen. Dieses Zeitbudget halbiert sich in sitzungsfreien Wochen, wenn nämlich die meiste Zeit in die Wahlkreisarbeit gesteckt wird (inkl. Bürgerkontakte oder Besuch öffentlicher Anläs-

---

18 Aufgrund der Problematik, Zeitbudgets valide zu messen, wurden in der vorliegenden Befragung lediglich fünf Großkategorien sowie eine Residualkategorie („Sonstiges") erfasst. Zudem wurde den Befragten die Möglichkeit gegeben, auf die – gewiss zeitaufwendige – Beantwortung dieser Frage ggf. zu verzichten. Dessen ungeachtet machten zwischen 88 und 91 Prozent der Befragten genaue Zeitangaben; bei der Residualkategorie waren es 74 Prozent. Da sich die Streuungen bei den Angaben in Grenzen halten, was für relativ homogene Arbeitsbelastungen und Prioritätensetzungen spricht, wird an dieser Stelle auf das arithmetische Mittel und nicht den Medianwert zurückgegriffen.

se). Im Vergleich mit diesen parlamentarischen und politischen Aktivitäten, zu denen sich noch der Austausch mit Akteuren organisierter Interessenverbände (4,5 bzw. 6,1 Stunden wöchentlich) sowie mit Parteifunktionären, Regierungs- und Verwaltungsakteuren gesellt (6,6 bzw. 8,4 Stunden wöchentlich), wird der Presse- und Medienarbeit eine verschwindend geringe Beachtung geschenkt: Nur rund fünf Prozent ihrer wöchentlichen Arbeitszeit investieren die Landtagsabgeordneten in Gespräche mit Journalistinnen und Journalisten, in Interviews, Fernsehauftritte u. Ä. Angesichts des ja durchaus vorhandenen Bewusstseins, wie elementar die öffentliche Präsenz für den politischen Erfolg ist, deutet diese zeitliche Marginalisierung entweder auf eine irrationale Geringschätzung der Massenmedien und eine entsprechend schlichtweg falsche Zeiteinteilung hin – oder auf eine durchaus rationale Ausweichstrategie: Öffentliche Darstellung und Legitimationssuche im regionalen Kontext würden sich demzufolge angesichts begrenzter massenmedialer Bühnen vor allem in interpersonalen, direktkommunikativen, nicht mediatisierten Kontexten vollziehen (vgl. Lang 2003: 195 f.; auch Mielke 2003). Dies trifft insbesondere auf die „Durchschnittsabgeordneten" zu, also auf jene, die keine fraktionsinternen bzw. gesamtparlamentarischen Spitzenämter bekleiden und denen deshalb der Zugang zu überregionalen massenmedialen Resonanzräumen meist verschlossen bleibt.

Diese Annahme soll abschließend anhand jener Relevanz überprüft werden, die einzelnen Aktivitäten externer Politikvermittlung zugewiesen wird. Diesbezüglich wird zwischen *direktkommunikativen* Austauschformen mit Bürgerinnen und Bürgern (auch interpersonal und interaktiv mittels „neuer Medien"), *interpersonalen Interaktionen* mit Journalistinnen und Journalisten sowie *medienorientierten Aktivitäten* unterschieden.[19] Diesbezüglich untermauern die in *Abbildung 5* dargestellten Antworten der Landtagsabgeordneten noch einmal die Vermutung, diese hätten ein ausgeprägtes Bewusstsein der Notwendigkeit eines professionellen, umfänglichen und zugleich differenzierten medien- und öffentlichkeitsorientierten Kommunikationsmanagements:[20] Keiner der genannten Politikvermittlungswege wird als unwichtig eingestuft. Allerdings wird auch eine klare Prioritätensetzung der Volksvertreter deutlich: Stärkstes Gewicht weisen diese dem direkten, medienfernen Austausch mit den Bürgerinnen und Bürgern zu, was auch mit einem vergleichsweise hohen Zeitbudget für entsprechende Kontakte im Wahlkreis einhergeht (für die Bundesebene vgl. Weßels 2003: 9). Neben dem persönlichen Kontakt wird dabei auch dem Austausch über „neue Medien" (E-Mail, Internet etc.) vermehrt Beachtung geschenkt. Noch wichtiger scheint den Abgeordneten nur die Präsenz in den Printmedien zu sein, wobei sich diese auf die für die Orientierung im politischen Nahraum zentrale Lokal- und Regionalpresse konzentriert. Im Vergleich

---

19 Diese für die professionelle Politikvermittlung zentralen Aktivitäten werden andernorts als „klassische" bzw. „moderne" Öffentlichkeitsarbeit, als politisch-mediales Beziehungsmanagement sowie als Medienarbeit klassifiziert (vgl. Tenscher 2003: 76 ff.). Eine an dieser Stelle vorgenommene Faktorenanalyse bestätigt die Eigenständigkeit der ersten Dimension, des direkten und interaktiven Austauschs mit den Bürgerinnen und Bürgern. Der direkte Kontakt mit Journalistinnen und Journalisten ist demgegenüber, zumindest aus Sicht der Befragten, Bestandteil einer umfänglichen Presse- und Medienarbeit, zu der die Suche nach massenmedialen Plattformen zur Selbstdarstellung gehört.

20 Vgl. für eine organisationsbezogene Betrachtung des Parlaments Marschall (1999: 111 ff., 2001: 394 ff.).

Abbildung 5: Relevanz externer Politikvermittlungsaktivitäten

[Balkendiagramm: Wichtigkeit verschiedener Aktivitäten der externen Politikvermittlung (Skala: −2 „völlig unwichtig" bis +2 „sehr wichtig"):
- Persönliches Bürgergespräch: 1,7
- Präsenz in den Printmedien: 1,3
- Bürgeraustausch via „neue Medien": 1,0
- direkter Kontakt mit Journalisten: 0,9
- Präsenz im Rundfunk: 0,7]

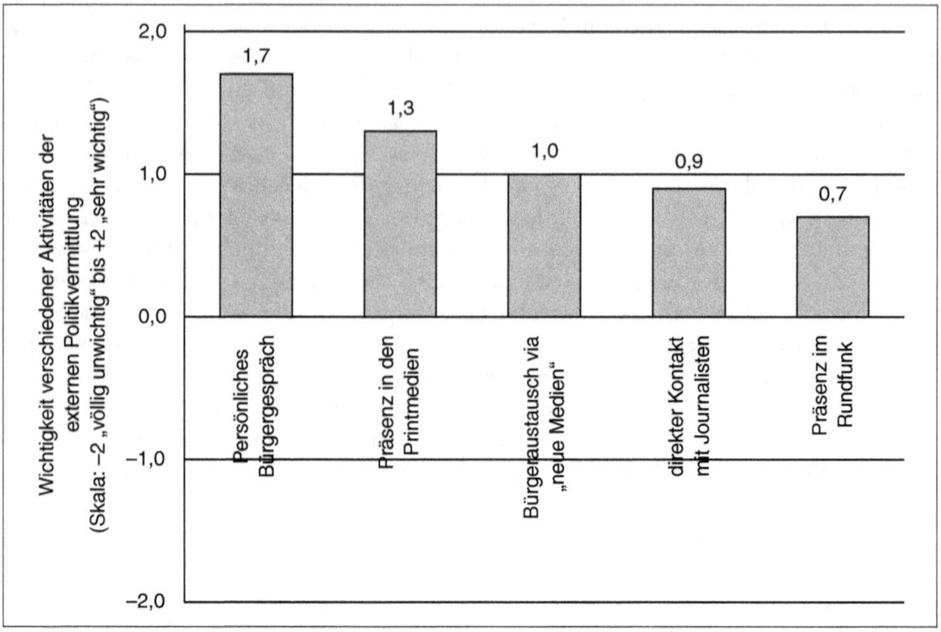

Quelle: nach Landtagsabgeordnetenstudie 2008, N = 456.

hierzu wird den audiovisuellen Medien, aber auch dem direkten Kontakt mit Journalistinnen und Journalisten nur eine nachrangige Bedeutung zugesprochen.

Sehr deutlich treten hier die Grenzen der in der Regel auf nationale Kontexte bezogenen Medialisierungsthese zum Vorschein. Es ist für deutsche Landtagsabgeordnete angesichts der skizzierten medialen und politischen Einschränkungen auf subnationaler Ebene wenig sinnvoll, ihre Journalistenkontakte und auf audiovisuelle Medien ausgerichteten Aktivitäten zu intensivieren.[21] Die vornehmliche Ausrichtung auf den interpersonalen, medienunvermittelten Austausch mit den Bürgerinnen und Bürgern einerseits und die Präsenz in den (lokalen und regionalen) Printmedien andererseits kann demzufolge als Ausdruck einer rationalen Strategie angesichts der gegebenen massenmedialen Rahmenbedingungen im regionalen Raum interpretiert werden.

4. Fazit

Politisches Handeln in repräsentativen Demokratien findet seit jeher sowohl in diskreten, öffentlichkeitsfernen Entscheidungs- und Verhandlungsarenen als auch vor den

---

21 Im Übrigen findet die bisweilen geäußerte Vermutung, den Vertreterinnen und Vertretern ostdeutscher Parlamente fehle es an „medialer Professionalität" (Thaysen 2005: 48), hier keine Bestätigung: Weder im Zeitbudget noch in Bezug auf einzelnen Politikvermittlungsaktivitäten zugewiesene Relevanzen deuten die Befunde auf regionenspezifische Unterschiede hin. Für die Frühphase ostdeutscher Parlamentarismusgründung siehe aber Patzelt (1997a).

Augen des Publikums statt (vgl. Weber 1992; Oberreuter 1996; Grande 2000). Entsprechend sind politische Akteure zu keiner Zeit „nur" in politisch-institutionelle Kontexte eingebunden gewesen, sondern immer auch in hohem Maße betroffen von den Erwartungen, Bedürfnissen und Anforderungen ihrer zentralen Bezugsgröße: des Volkes bzw. der Repräsentierten. Die gemeinhin unterstellte „Schizophrenie" (Sarcinelli 2005a: 118), mit der sich politische Akteure konfrontiert sehen, sich im politischen Entscheidungsbereich gegebenenfalls anders verhalten zu müssen als im öffentlichen Darstellungsbereich, ist demzufolge demokratieimmanent. Allerdings scheint sich diese „Schizophrenie" in den vergangenen Jahren verstärkt zu haben. Einerseits aufgrund der gesamtgesellschaftlichen Ausweitung und Institutionalisierung der Massenmedien als eigenständiger intermediärer Instanz, und andererseits wegen der zunehmenden politischen „Entkopplung" und Ungebundenheit größer werdender Teile der Bevölkerung. Schließlich prägen die Massenmedien nicht nur in immer stärkerem Maße soziale und kulturelle Veränderungen, sondern eben auch die Darstellung, Vermittlung, Beobachtung und Bewertung politischer Entscheidungen. Inwieweit sich dies alles in den Orientierungen und Handlungen der betroffenen Akteure widerspiegelt, wurde oben untersucht.

Dabei verweist der Blick auf die subnationale Ebene politischen Handelns und deren Akteure nicht nur auf Grenzen der Medialisierungsthese im landespolitischen Kontext, sondern auch auf die – in der Medialisierungsdebatte mitunter vernachlässigte – Differenz zwischen der Wahrnehmung entsprechender Anpassungserwartungen einerseits und faktischer Anpassung andererseits (vgl. Donges 2005). So zeugen die Antworten der Befragten zwar von großer Sensibilität gegenüber Veränderungen im massenmedialen und gesellschaftlichen Umfeld ihres Handelns. Zugleich untermauern sie aber die eher geringe Bereitschaft der Parlamentarierinnen und Parlamentarier, sich auf die Spielregeln der Massenmedien wirklich einzulassen. Die Sphäre der diskreten, öffentlichkeitsfernen Entscheidungspolitik scheint sich doch stärker, als die Medialisierungsdiskussion mitunter vermuten lässt, gegenüber den Ansprüchen der (medialen) Darstellungspolitik zu behaupten.

Auch findet der *Salto mediale* nur sporadisch und – wenn überhaupt – sehr gezielt hinsichtlich einzelner Medien statt. Dies kann als sinnfälliger Ausdruck institutionellen Lernens und Handelns von Abgeordneten gedeutet werden: Dem politischen Bedeutungsverlust der Landesparlamente, ihrem eingeschränkten Platz auf medialen Bühnen, auch dem Exekutivfokus der Massenmedien sowie dem geringeren Interesse der Bürgerinnen und Bürger gegenüber landespolitischen Themen und Akteuren begegnen diese nicht einfach durch „media politics", sondern durch planmäßiges und zielgerichtetes „going public", d. h. auch im direkten Gespräch mit der Bevölkerung vor Ort. Dies kann etwa durch computervermittelte interaktive Kommunikationsformen noch weiter gestärkt werden. Doch inwieweit dieser Art *Salto pubblico* als medialisierungsbedingte Variante deutscher Landtagsabgeordneter auch für das nationale politische Führungspersonal eine angemessene Kommunikationsstrategie darstellen könnte, bedarf weiterer Überprüfung. Die hier vorgelegten Befunde laden zu entsprechenden Studien ein.

Literatur

Bandilla, Wolfgang, 1999: WWW-Umfragen. Eine alternative Datenerhebungstechnik für die empirische Sozialforschung?, in: Batinic, Bernard/Werner, Andreas/Gräf, Lorenz/Bandilla, Wolfgang (Hrsg.), Online Research. Methoden, Anwendungen und Ergebnisse. Göttingen: Hogrefe, 9-19.

Batinic, Bernard, 2003: Internetbasierte Befragungsverfahren, in: Österreichische Zeitschrift für Soziologie 28, 6-18.

Best, Heinrich, 2005: Auf dem Weg zum Berufspolitiker? Die partielle Professionalisierung der Thüringer Parlamentarier, in: Thüringer Landtag (Hrsg.), Der Thüringer Landtag und seine Abgeordneten 1990-2005. Studien zu 15 Jahren Landesparlamentarismus. Weimar: Hain, 101-112.

Best, Heinrich/Edinger, Michael/Jahr, Stefan/Schmitt, Karl, 2004: Zwischenauswertung der Deutschen Abgeordnetenbefragung 2003/04. Gesamtergebnis. http://www.sfb580.uni-jena.de/typo3/uploads/media/Gesamtergebnis.pdf. 25.01.2008.

Best, Heinrich/Edinger, Michael/Schmitt, Karl/Vogel, Lars, 2007: Zweite Deutsche Abgeordnetenbefragung 2007. Gesamtergebnis. http://www.sfb580.uni-jena.de/typo3/uploads/media/Abgeordnetenbefragung_2007.pdf. 21.04.2008.

Blumler, Jay G./Gurevitch, Michael, 1995: The Crisis of Public Communication. London/New York: Sage.

Brettschneider, Frank, 2002: Spitzenkandidaten und Wahlerfolg. Personalisierung – Kompetenz – Parteien. Ein internationaler Vergleich. Wiesbaden: Westdeutscher Verlag.

Brettschneider, Frank, 2005: Politiker als Marke. Warum Spitzenkandidaten keine Gummibärchen sind, in: Balzer, Axel/Geilich, Marvin/Rafat, Shamim (Hrsg.), Politik als Marke. Politikvermittlung zwischen Kommunikation und Inszenierung. Münster: Lit, 101-112.

Donges, Patrick, 2005: Medialisierung der Politik. Vorschlag einer Differenzierung, in: Rössler, Patrick/Krotz, Friedrich (Hrsg.), Mythen der Mediengesellschaft. The Media Society and its Myths. Konstanz: UVK, 321-339.

Donges, Patrick, 2008: Medialisierung politischer Organisationen. Parteien in der Mediengesellschaft. Wiesbaden: VS Verlag für Sozialwissenschaften.

Gerhards, Jürgen, 1994: Politische Öffentlichkeit. Ein system- und akteurstheoretischer Bestimmungsversuch, in: Neidhardt, Friedhelm (Hrsg.), Öffentlichkeit, öffentliche Meinung, soziale Bewegungen. Opladen: Westdeutscher Verlag, 77-105.

Grande, Edgar, 2000: Charisma und Komplexität. Verhandlungsdemokratie, Mediendemokratie und der Funktionswandel politischer Eliten, in: Leviathan 28, 122-141.

Harmgarth, Friederike, 1997: Wirtschaft und Soziales in der politischen Kommunikation. Eine Studie zur Interaktion von Abgeordneten und Journalisten. Opladen: Westdeutscher Verlag.

Herzog, Dietrich/Rebenstorf, Hilke/Werner, Camilla/Weßels, Bernhard, 1990: Abgeordnete und Bürger. Opladen: Westdeutscher Verlag.

Herzog, Dietrich/Rebenstorf, Hilke/Weßels, Bernhard (Hrsg.), 1993: Parlament und Gesellschaft. Eine Funktionsanalyse der repräsentativen Demokratie. Opladen: Westdeutscher Verlag.

Hoffmann, Jochen, 2003: Inszenierung und Interpenetration. Das Zusammenspiel von Eliten aus Politik und Journalismus. Wiesbaden: Westdeutscher Verlag.

Hoffmann, Jochen/Raupp, Juliana, 2006: Politische Personalisierung. Disziplinäre Zugänge und theoretische Folgerungen, in: Publizistik 51, 456-478.

Jahr, Stefan, 2005: Die Berufe der Berufspolitiker. Berufliche Erfahrungen als Ressourcen der Mandatswahrnehmung und Prägungen politischer Einstellungen am Beispiel der Abgeordneten des Thüringer Landtags, in: Thüringer Landtag (Hrsg.), Der Thüringer Landtag und seine Abgeordneten 1990-2005. Studien zu 15 Jahren Landesparlamentarismus. Weimar: Hain, 141-157.

Jarren, Otfried/Donges, Patrick, 1996: Keine Zeit für Politik? Landespolitische Berichterstattung im Rundfunk. Journalisten, Öffentlichkeitsarbeiter und Politiker in der Interaktion. Das Beispiel Hamburg. Eine Studie im Auftrag der Hamburgischen Anstalt für Neue Medien (HAM). Berlin: Vistas.

Kepplinger, Hans Mathias, 1997. Politiker als Stars, in: *Faulstich, Werner/Korte, Helmut* (Hrsg.), Der Star. Geschichte – Rezeption – Bedeutung. München: Fink, 176-194.
Kepplinger, Hans Mathias, 2007: Reciprocal Effects. Toward a Theory of Mass Media Effects on Decision Makers, in: The Harvard International Journal of Press/Politics 12, 3-23.
Kepplinger, Hans Mathias/Marx, Dorothea, 2008: Wirkungen und Rückwirkungen der politischen Kommunikation. Reziproke Effekte auf Landtagsabgeordnete, in: *Sarcinelli, Ulrich/Tenscher, Jens* (Hrsg.), Politikherstellung und Politikdarstellung. Beiträge zur politischen Kommunikation. Köln: Halem, 188-208.
Kepplinger, Hans Mathias/Maurer, Marcus, 2005: Abschied vom rationalen Wähler. Warum Wahlen im Fernsehen entschieden werden. Freiburg i. B.: Alber.
Kernell, Samuel, 1986: Going Public. New Strategies of Presidential Leadership. Washington: CQ Press.
Kevenhörster, Paul, 1998: Repräsentation, in: *Jarren, Otfried/Sarcinelli, Ulrich/Saxer, Ulrich* (Hrsg.), Politische Kommunikation in der demokratischen Gesellschaft. Ein Handbuch mit Lexikonteil. Opladen/Wiesbaden: Westdeutscher Verlag, 292-297.
Klein, Markus/Ohr, Dieter, 2002: Gerhard oder Helmut? „Unpolitische" Kandidateneigenschaften und ihr Einfluss auf die Wahlentscheidung bei der Bundestagswahl 1998, in: Politische Vierteljahresschrift 41, 199-224.
Klein, Markus/Rosar, Ulrich, 2005: Physische Attraktivität und Wahlerfolg. Eine empirische Analyse am Beispiel der Wahlkreiskandidaten bei der Bundestagswahl, in: Politische Vierteljahresschrift 46, 263-287.
Lang, Sabine, 2003: Lokale politische Kommunikation. Öffentlichkeit im Spannungsfeld nationaler und globaler Entwicklungen, in: *Esser, Frank/Pfetsch, Barbara* (Hrsg.), Politische Kommunikation im internationalen Vergleich. Grundlagen, Anwendungen, Perspektiven. Wiesbaden: Westdeutscher Verlag, 179-207.
Lemke-Müller, Sabine, 1999: Abgeordnete im Parlament. Rheinbreitbach: NDV.
Macho, Thomas, 1993: Von der Elite zur Prominenz? Zum Strukturwandel politischer Herrschaft, in: Merkur 47, 762-769.
Marcinkowski, Frank/Nieland, Jörg-Uwe, 2002: Medialisierung im politischen Mehrebenensystem. Eine Spurensuche im nordrhein-westfälischen Landtagswahlkampf, in: *Alemann, Ulrich von/Marschall, Stefan* (Hrsg.), Parteien in der Mediendemokratie. Wiesbaden: Westdeutscher Verlag, 81-115.
Marschall, Stefan, 1999: Öffentlichkeit und Volksvertretung. Theorie und Praxis der Public Relations von Parlamenten. Opladen: Westdeutscher Verlag.
Marschall, Stefan, 2001: Das Parlament in der Mediengesellschaft. Verschränkungen zwischen parlamentarischer und massenmedialer Arena, in: Politische Vierteljahresschrift 42, 388-413.
Marschall, Stefan, 2008: Kommunikation und Entscheidungsfindung im Parlament, in: *Sarcinelli, Ulrich/Tenscher, Jens* (Hrsg.), Politikherstellung und Politikdarstellung. Beiträge zur politischen Kommunikation. Köln: Halem, 44-62.
Mielke, Gerd, 2003: Platzhirsche in der Provinz. Anmerkungen zur politischen Kommunikation und Beratung aus landespolitischer Sicht, in: *Sarcinelli, Ulrich/Tenscher, Jens* (Hrsg.), Machtdarstellung und Darstellungsmacht. Beiträge zu Theorie und Praxis moderner Politikvermittlung. Baden-Baden: Nomos, 87-103.
Mielke, Siegfried/Reutter, Werner, 2004: Länderparlamentarismus in Deutschland. Eine Bestandsaufnahme, in: *Mielke, Siegfried/Reutter, Werner* (Hrsg.), Länderparlamentarismus in Deutschland. Geschichte – Struktur – Funktionen. Wiesbaden: VS Verlag für Sozialwissenschaften, 19-51.
Neller, Katja, 1999: Lokale Kommunikation. Politikberichterstattung in Tageszeitungen. Wiesbaden: Westdeutscher Verlag.
Nieland, Jörg-Uwe, 2002: Von der Bonner zur Berliner Republik? Aspekte des Wandels der politischen Kommunikation in der Populärkultur, in: *Schatz, Heribert/Rössler, Patrick/Nieland, Jörg-Uwe* (Hrsg.), Politische Akteure in der Mediendemokratie. Politiker in den Fesseln der Medien? Wiesbaden: Westdeutscher Verlag, 163-186.

Oberreuter, Heinrich, 1977: Parlament und Öffentlichkeit. Einige grundsätzliche Überlegungen und das Modell des Bayerischen Landtags, in: *Bocklet, Reinhold L.* (Hrsg.), Das Regierungssystem des Freistaates Bayern. Band I/Beiträge. München: Ernst Vögel, 147-180.
Oberreuter, Heinrich, 1996: Was nicht in den Medien ist, ist nicht Wirklichkeit. Parlamente – Foren politischer Öffentlichkeit?, in: *Oberreuter, Heinrich* (Hrsg.), Parlamentarische Konkurrenz? Landtag – Bundestag – Europaparlament. Colloquium II der Akademie für Politische Bildung Tutzing am 8. Februar 1996 in Bayreuth. Der Landtag als Forum der politischen Öffentlichkeit. Colloquium III der Akademie für Politische Bildung Tutzing am 25. April 1996 in Regensburg. München: Bayerischer Landtag, 105-120.
Palonen, Kari, 2002: Eine Lobrede für Politiker. Ein Kommentar zu Max Webers „Politik als Beruf." Opladen: Leske + Burdrich.
Paprotny, Rolf, 1995: Der Alltag der niedersächsischen Landtagsabgeordneten. Ergebnisse einer qualitativen und quantitativen Befragung der Mitglieder der 12. Wahlperiode. Hannover: Landeszentrale für politische Bildung.
Patzelt, Werner J., 1991: Abgeordnete und Journalisten, in: Publizistik 36, 315-329.
Patzelt, Werner J., 1995: Abgeordnete und ihr Beruf. Interviews – Umfragen – Analysen. Berlin: Akademie-Verlag.
Patzelt, Werner J., 1997: Deutschlands Abgeordnete. Profil eines Berufsstands, der weit besser ist als sein Ruf, in: *Steffani, Winfried/Thaysen, Uwe* (Hrsg.), Parlamente und ihr Umfeld. Opladen/Wiesbaden: Westdeutscher Verlag, 311-351.
Patzelt, Werner J., 1997a: Ostdeutsche Parlamentarier in ihrer ersten Wahlperiode. Wandel und Angleichung, in: Historical Social Research 22, 160-180.
Patzelt, Werner J., 2003: Parlamente und ihre Funktionen, in: *Patzelt, Werner J.* (Hrsg.), Parlamente und ihre Funktionen. Institutionelle Mechanismen und institutionelles Lernen. Wiesbaden: Westdeutscher Verlag, 13-49.
Patzelt, Werner J./Algasinger, Karin, 2001: Abgehobene Abgeordnete? Die gesellschaftliche Vernetzung der deutschen Volksvertreter, in: Zeitschrift für Parlamentsfragen 3, 503-527.
Pfetsch, Barbara, 2003: Politische Kommunikationskultur. Politische Sprecher und Journalisten in der Bundesrepublik und den USA. Wiesbaden: Westdeutscher Verlag.
Pontzen, Daniel, 2006: Nur Bild, BamS und Glotze? Medialisierung der Politik aus Sicht der Akteure. Hamburg: Lit.
Puhe, Henry/Würzberg, H. Gerd, 1989: Lust & Frust. Das Informationsverhalten des deutschen Abgeordneten. Eine Untersuchung. Köln: Infomedia.
Rosar, Ulrich/Ohr, Dieter, 2005: Die Spitzenkandidaten. Image und Wirkung, in: *Güllner, Manfred* et al. (Hrsg.), Die Bundestagswahl 2002. Eine Untersuchung im Zeichen hoher politischer Dynamik. Wiesbaden: Westdeutscher Verlag, 103-121.
Sarcinelli, Ulrich, 2005a: Politische Kommunikation in Deutschland. Zur Politikvermittlung im demokratischen System. Wiesbaden: VS Verlag für Sozialwissenschaften.
Sarcinelli, Ulrich, 2005b: Elite, Prominenz, Stars? Zum politischen Führungspersonal in der Mediendemokratie, in: *Balzer, Axel/Geilich, Marvin/Rafat, Shamim* (Hrsg.), Politik als Marke. Politikvermittlung zwischen Kommunikation und Inszenierung. Münster: Lit, 62-82.
Sarcinelli, Ulrich, 2007: Medialisierung des Politischen, in: polis 3, 7-10.
Sarcinelli, Ulrich/Tenscher, Jens, 2000: Vom repräsentativen zum präsentativen Parlamentarismus? Entwurf eines Arenenmodells parlamentarischer Kommunikation, in: *Jarren, Otfried/Imhof, Kurt/Blum, Roger* (Hrsg.), Zerfall der Öffentlichkeit? Wiesbaden: Westdeutscher Verlag, 74-93.
Sarcinelli, Ulrich/Tenscher, Jens (Hrsg.), 2008: Politikherstellung und Politikdarstellung. Beiträge zur politischen Kommunikation. Köln: Halem.
Schmidt, Manfred G., 2001: Thesen zur Reform des Föderalismus in der Bundesrepublik Deutschland, in: Politische Vierteljahresschrift 42, 474-491.
Tenscher, Jens, 2003: Professionalisierung der Politikvermittlung? Politikvermittlungsexperten im Spannungsfeld von Politik und Massenmedien. Wiesbaden: Westdeutscher Verlag.
Tenscher, Jens, 2008: Große Koalition – kleine Wahlkämpfe? Die Parteienkampagnen zu den Landtagswahlen 2006 im Vergleich, in: *Tenscher, Jens/Batt, Helge* (Hrsg.), 100 Tage Schonfrist. Bundespolitik und Landtagswahlen im Schatten der Großen Koalition. Wiesbaden: VS Verlag für Sozialwissenschaften, 107-137.

Thaysen, Uwe, 2005: Landesparlamentarismus zwischen deutschem Verbundföderalismus und europäischem Staatenverbund. Lage und Leistung 1990-2005, in: *Thüringer Landtag* (Hrsg.), Der Thüringer Landtag und seine Abgeordneten 1990-2005. Studien zu 15 Jahren Landesparlamentarismus. Weimar: Hain, 19-67.

Vowe, Gerhard, 2006: Mediatisierung der Politik? Ein theoretischer Ansatz auf dem Prüfstand, in: Publizistik, 437-455.

Vowe, Gerhard/Dohle, Marco, 2007: Politische Kommunikation im Umbruch. Neue Forschung zu Akteuren, Medieninhalten und Wirkungen, in: Politische Vierteljahresschrift 48, 338-359.

Weber, Max, 1992 [1922]: Politik als Beruf. Stuttgart: Reclam.

Weßels, Bernhard, 2003: Abgeordnetenbefragung 2003. Kurzfassung und Dokumentation der Ergebnisse. www.wz-berlin.de/zkd/dsl/download.de.htm. 20.01.2008.

Westerbarkey, Joachim, 1995: Journalismus und Öffentlichkeit. Aspekte publizistischer Interdependenz und Interpenetration, in: Publizistik 40, 152-162.

Kommunikationsverhalten und Erscheinungsbild von Politikern in den Medien am Beispiel der Agrarpolitik

Peter H. Feindt / Daniela Kleinschmit

1. Zum Öffentlichkeitsbezug von Politik

Die Öffentlichkeit als Sphäre, in der Informationen und Meinungen kursieren, sowie die öffentliche Meinung als Menge der Ansichten und Einstellungen der Mitglieder einer politischen Gemeinschaft sind wichtige Kontextbedingungen politischen Handelns. Politischen Akteuren muss daran gelegen sein, in dieser Sphäre wahrnehmbar zu sein und bei den für sie wesentlichen (Ziel-)Gruppen Zustimmung zu ihrer Person, zu ihren Zielen und Handlungen und zu den von ihnen vertretenen Organisationen zu erhalten. In „Politik als Beruf" geht Max Weber (1919) ausführlich auf die große Bedeutung ein, die der öffentlichen Darstellung von Politik für das Handeln und den Erfolg politischer Akteure[1] zukommt. Politisches Handeln sieht Weber dabei durch einen inhärenten, logisch und pragmatisch notwendigen Machtbezug charakterisiert. Öffentlichkeit und öffentliche Meinung sind für politische Akteure somit wichtig, weil sie Machtressourcen darstellen.

In den bevölkerungsreichen modernen Gesellschaften findet – im Zuge der Verbreitung auflagenstarker Zeitungen, des Radios, des Fernsehens und des Internets – die Kommunikation zwischen politischen Akteuren und weiten Teilen der Öffentlichkeit vermittelt über diese Massenmedien statt. Solch eine „Mittlerrolle" der Medien hat allerdings auch Konsequenzen für die politischen Akteure. Die empirische Forschung findet denn auch Belege für eine zunehmende „Mediatisierung" der Politik, also für eine zumindest teilweise Orientierung des politischen Handelns an der Logik des Mediensystems (Mazzoleni/Schulz 1999; Meyer 2001; Kepplinger 2002; Schulz 2004).

In diesem Beitrag entwickeln wir theoriegeleitete Annahmen, wie Mediatisierung sich im Kommunikationsverhalten und im medialen Erscheinungsbild politischer Akteure niederschlagen müsste, und wir überprüfen diese Annahmen beispielhaft anhand von Ergebnissen einer qualitativ-quantitativen Medienanalyse zur Agrarpolitik in Deutschland. Der Untersuchungszeitraum 2000-2005 umfasst die BSE-Krise und ermöglicht es, Unterschiede zwischen Phasen der Politik im Krisen- bzw. im Routinemodus zu erfassen. Im Rahmen dieses Beitrags beschränken wir unsere empirischen Untersuchungen auf die Ebene der Berichterstattung. Wir untersuchen also weder Medienselektionseffekte noch die Medienwirkung. Vielmehr geht es uns darum, aus einem relativ einfachen Rollenmodell politischer Akteure (Führ et al. 2007) sowie aus etablierten Befunden zur Selektivität von Nachrichten in den Medien Hypothesen über das mediale Kommunikationsverhalten politischer Akteure abzuleiten und dann zu testen, ob

---

[1] Zu diesen zählen wir – im Sinne von Weber (1919) – nicht nur Amtsinhaber und Berufspolitiker, sondern alle Akteure, die auf die Machtverteilung oder auf Gestaltungsfragen des Gemeinwesens Einfluss zu nehmen suchen.

das Erscheinungsbild politischer Akteure in den Medien dem hypothetischen Verhalten entspricht. Auf einer zweiten Ebene überprüfen wir auf diese Weise, ob plausible Zusammenhänge zwischen unserem akteurtheoretischen Handlungsmodell und den tatsächlichen Strukturen des öffentlichen Diskurses bestehen.

Zunächst einmal stellen wir die theoretischen und konzeptionellen Grundlagen vor: die These einer Mediatisierung der Politik als Veränderung ihres Handlungskontexts; die Konzepte des Ereignismanagements und des Framing als kommunikative Strategien; sowie demokratietheoretische Aspekte. Der anschließende Abschnitt stellt unser Untersuchungsdesign sowie die Hypothesen im Hinblick auf Kommunikationsverhalten, Erscheinungshäufigkeit und Erscheinungsbild politischer Akteure vor; sodann geht es um das empirische Material und die Methodik sowie um die Darstellung und Diskussion der empirischen Befunde.

2. Theoretische Überlegungen

2.1 Mediatisierung der Politik

In den komplexen zeitgenössischen Gesellschaften ist die Öffentlichkeit, in der Politiker ihr Handeln und ihre Absichten zu legitimieren suchen sowie um Unterstützung werben, im Wesentlichen medial konstituiert, auch wenn „kleine Öffentlichkeiten" mit Interaktion unter Anwesenden nach wie vor eine wichtige Rolle spielen können (Gerhards 1992). Die Medien dienen auf der einen Seite als wichtigster Informationslieferant für die Bevölkerung, die ansonsten nur über eingeschränkte direkte Erfahrungen mit politischen Entscheidungsprozessen verfügt. Sie dienen auf der anderen Seite, ebenso wie Meinungsumfragen, den Politikern als Maßstab für die öffentliche Meinung (Kleinschmit/Krott 2008). Als Verbindungsglied zwischen der Politik und der erweiterten Öffentlichkeit besetzen die Medien damit eine Schlüsselposition.

Mediale Öffentlichkeiten bilden sich nicht spontan, sondern setzen technische Infrastrukturen und Organisation voraus. Sie sind daher keine frei zugängliche Sphäre. Vielmehr hat die Medienwirtschaft, wie andere Professionen auch, eigene Rationalitäten entwickelt und weist Merkmale eines gesellschaftlichen Teilsystems mit eigenen Handlungs- und Kommunikationslogiken auf (Gerhards 1994). Akteure, die Zugang zu Massenmedien suchen, müssen auf die Selektionskriterien der Massenmedien eingehen, wenn sie mediale Aufmerksamkeit erhalten wollen. Bei deren Selektion spielen der Nachrichtenwert (Staab 1989; Eilders 1997; Schulz 2005) sowie der Medienbias (Gerhards 1998: 43), also die „redaktionelle Linie", eine entscheidende Rolle.[2] Die mediale Berichterstattung liefert daher kein Abbild der Realität, sondern konstruiert eine medienangepasste Realität. Diese Anpassung wird verstärkt durch das Wissen der politischen Akteure um die Selektionskriterien der Medien, denen man sich entsprechend adaptiert (grundlegend hierzu Schulz 1976).

---

2 Neben dem Nachrichtenwert gibt es noch weitere Faktoren, welche die Selektion beeinflussen, wie z. B. technische und organisatorische Zwänge oder das Rollenverständnis und die normativen Leitbilder der Journalisten. Diesen Faktoren wird bei der Medialisierung der Politik jedoch eine geringere Bedeutung zugesprochen, und sie werden daher im Weiteren nicht verfolgt.

Für die 1990er Jahre werden Prozesse einer weitgehenden „Mediatisierung" politischer Akteure, Ereignisse und Diskurse diagnostiziert (Mazzoleni/Schulz 1999: 250-252). Empirische Langzeituntersuchungen finden klare Belege für diesen Trend. So zeigt Kepplinger (2002), dass der Anteil der Aktivitäten von Mitgliedern des Deutschen Bundestages, die eher auf die Auslösung medialer Berichterstattung als auf parlamentarische Entscheidungsprozesse abzielen, sich zwischen 1951 und 1994 vervielfacht hat. Diese Befunde haben die kritische Diagnose einer „Mediendemokratie" hervorgerufen (Alemann/Marschall 2002). Die Zuspitzung dieser These, wonach die Politik von der Handlungslogik der Medien nicht nur geprägt, sondern „kolonisiert" sei (Meyer 2001), erscheint aber empirisch nicht gerechtfertigt. Sie widerspricht auch der von Max Weber vorgeschlagenen Definition des Politischen, der zufolge die Aufmerksamkeit und Energie, die politische Akteure den Medien widmen, aus der Logik der Machtorientierung folgt. Das Verhältnis politischer Akteure zu den Medien bleibt somit instrumentell; die Evaluationskriterien der Medien sind für Politiker sekundär. Sie betrachten öffentliche Zustimmung vielmehr als wichtige Machtressource und wissen um die Bedeutung der Medien, wenn es darum geht, Themen und Politikideen auf die Agenda zu setzen und sie dort zu halten (Brettschneider 1994). Dieses Kalkül wird noch durch das Phänomen verstärkt, dass den Medien ein größerer Einfluss auf Andere als auf die eigene Personen zugeschrieben wird (*third-person-effect*, Davidson 1983), was bei Politikern und anderen politischen Akteuren von besonderer Bedeutung ist, da sie annehmen, dass andere Menschen die Medien mit der gleichen Intensität verfolgen wie sie selbst (Kepplinger 1998).

Was bedeuten diese Befunde nun für das Kommunikationsverhalten politischer Akteure? Im Folgenden stellen wir zwei Aspekte in den Vordergrund: Ereignismanagement und Framing.

2.2 Ereignismanagement als kommunikative Strategie

Bei der Produktion von Inhalten sind Journalisten angesichts knapper Ressourcen auf den Input von anderen Akteuren angewiesen. Bei der Erzeugung dieses Input – Nachrichten und Ereignisse – haben politische Akteure erheblichen Gestaltungsspielraum. Kepplinger (1992) hat mit seinem Inszenierungsmodell des Ereignismanagements einen theoretischen Rahmen für die Analyse von Kommunikationsstrategien politischer Akteure formuliert. Ihm zufolge managen oder produzieren politische Akteure Ereignisse mit dem Ziel, Berichterstattung über sie hervorzurufen. Vor allem Amtsinhabern und politischen Entscheidungsträgern wird nachgesagt, dass sie symbolische Ereignisse eigens für die Medienberichterstattung produzieren (Edelmann 1990; Meyer 1994). Diese Beobachtung wird durch Untersuchungen deutscher und ausländischer Medien gestützt, die zeigen, dass insbesondere die Akteure der Exekutive erfolgreich ihre Pressemeldungen in mediale Nachrichten umwandeln konnten (Kepplinger 1992: 49). Die Kampagnenarbeit von Organisationen wie Greenpeace zeigt, dass auch andere Akteure Inszenierungen und symbolische Handlungen einsetzen, um Medienaufmerksamkeit zu erlangen (Baringhorst 1998).

Wie erfolgreich diese Kommunikationsstrategien sind, wie effektiv Ereignisse mediatisiert oder inszeniert werden, hängt nicht zuletzt vom Status der Akteure und ihren

Ressourcen ab (Gerhards 1998: 43). Gerhards und Schäfer (2007) präsentieren ein Modell, in welchem die absolute Stärke des medialen Inputs eines Akteurs in einem Themenfeld von seinen Ressourcen und von jener Bedeutung abhängt, die das Thema für ihn besitzt. Für die Erscheinungshäufigkeit in den Medien, das *standing*, ist dabei die relative Stärke im Vergleich zum Input anderer Akteure entscheidend.

Die Verteilung der Sprechanteile in den Medien ist aus demokratietheoretischer Sicht von erheblicher Bedeutung. Dabei bestehen unterschiedliche Ansichten darüber, wer in den Medien auftreten sollte (Ferree 2002: 316). Die liberale Demokratietheorie stellt die Bedeutung der Öffentlichkeit für den Wettbewerb der Parteien und Politiker um politische Ämter und für die Kontrolle der Amtsinhaber in den Mittelpunkt. Die öffentliche Diskussion soll deshalb im Wesentlichen von Eliten und Experten geführt werden, die proportional zu ihrer gesellschaftlichen Bedeutung auftreten. Diese Vorstellung ist weithin etabliert. Nach der sogenannten Indexing-Hypothese gehört es zu den journalistischen Normen, die wichtigsten Machthaber in einem Konflikt im Verhältnis ihrer relativen Macht abzubilden (Bennett 1996). Demnach passen die Massenmedien ihre publizierten Positionen an die Macht- und Meinungsverteilung im Zentrum des politischen Systems, insbesondere im Parlament, an. Eine kontroverse Berichterstattung über einen Konflikt setzt erst dann ein, wenn kontroverse Stimmen aus der politischen Elite hörbar werden. Solches Indexing dient also dem journalistischen Ziel einer möglichst objektiven Berichterstattung (Levin 2003: 35).

Deliberative Demokratietheorien (v. a. Habermas 1992) betonen hingegen, dass die Öffentlichkeit der Rückkopplung politisch-administrativer Machtkreisläufe an die gesellschaftlichen Problemlagen dienen soll. Habermas (1992) operationalisiert diesen Gedanken auf der Ebene der Akteure und unterscheidet in stilisierender Weise zwischen dem „Zentrum" des politischen Systems – Regierung, parlamentarischer Komplex, politische Verwaltung, Gerichtswesen und Parteien – sowie der „Peripherie", d. h. Bürgern, zivilgesellschaftlichen Gruppen sowie professionellen Interessengruppen und Verbänden. Aufgrund idealtypischer Rollenzuschreibungen erwartet Habermas (1989: 474), dass Akteure des Zentrums „strategisch", also erfolgsorientiert kommunizieren, weil sie als Entscheider oder Opposition Rollenzwängen unterliegen und ihre Position im politischen Wettbewerb verteidigen müssen. Gewinnt „strategische" Kommunikation die Oberhand, entsteht die Struktur einer „vermachteten" Öffentlichkeit. Akteure der Peripherie stünden hingegen nicht unter unmittelbarem Entscheidung- und Legitimationsdruck und könnten sich daher eher an Normen der Verständigung orientieren. Wo diese Normen dominierten, bilde sich eine „autonome" Öffentlichkeit, in deren „zivilgesellschaftlichen Diskursen" Themen von gesellschaftlicher Relevanz aufgedeckt und Problemlösungen formuliert würden, die im vermachteten Diskurs nicht artikuliert werden könnten. Die empirisch beobachtbare öffentlichkeitswirksame Kommunikation peripherer Akteure widerspricht dieser idealisierten Dichotomie des Kommunikationsverhaltens allerdings in dem Maße, wie in der „Peripherie" ebenfalls erfolgsorientiert gehandelt wird. Habermas betrachtet die Aktionen solcher Akteure jedoch als notwendig, um auf gesellschaftliche Problemlagen aufmerksam zu machen (Habermas 1992: 461). Er gesteht zu (Habermas 1992: 432), dass schon aus pragmatischen Gründen die unmittelbare Einbindung des in der Peripherie entstehenden Meinungsbildes in alle politischen Entscheidungen nicht möglich, aber auch nicht erforderlich ist. Entscheidend sei vielmehr, dass „in Fällen konfliktreich verändernder Problemwahrnehmung und Problemlagen (...) die eingespielten Routinen für erneuernde Anstöße aus der Peripherie offen bleiben" (Habermas 1992: 432). Damit kommt Krisen und Skandalen unter den Bedingungen mediatisierter Politik eine demokratietheoretisch zentrale Rolle zu, denn ihre Merkmale der Dringlichkeit, Dramatik und Relevanz entsprechen in hohem Maße der Selektionslogik der Medien, wenn es darum geht, Berichterstattung auszulösen. Aufgabe politischer Akteure ist es dann, Probleme in geeigneter Weise als Skandal zu inszenieren bzw. in einer Weise zu mediatisieren, die den eigenen Interessen entspricht. Dazu ist ein geeignetes Framing erforderlich, um nicht als Teil des Problems, sondern als Teil der Lösung zu erscheinen.

2.3 Framing als Anpassung an die Selektionskriterien der Medien

Die Mediatisierung der Politik geht über bloßes Ereignismanagement hinaus, indem politische Akteure die Inhalte und Formate ihrer Kommunikation an die bestehenden und allgemein bekannten Selektionskriterien der Medien anpassen, die ihrerseits darüber entscheiden, welche Sprecher dem Publikum wahrnehmbar gemacht werden. Hinter der Nutzung der Nachrichtenwertfaktoren – v. a. Prominenz, Überraschung, Personalisierung, Negativität, aber auch Anschlussfähigkeit an frühere mediale Berichterstattung – steht die Idee der Journalisten, die Komplexität von Inhalten zu reduzieren und damit die Aufmerksamkeit eines Laienpublikums zu fesseln. Sowohl die Medien als auch die politischen Akteure folgen dieser Logik, indem sie Themen in einen möglichst einfachen und verdichteten semantischen Rahmen (Frame) einbetten.[3] Wir konzentrieren uns im Weiteren auf mediale Frames, definiert als „a central organizing idea or story line that provides meaning to an unfolding strip of events (...). The frame suggests what the controversy is about, the essence of the issue" (Gamson/Modigliani 1987: 143). Indem Ereignisse in einem Frame präsentiert werden, heben Sprecher bestimmte Aspekte eines Ereignisses hervor. So wurde zum Beispiel die Stammzellforschung als naturwissenschaftliches, ethisches, juristisches usw. Thema präsentiert (Schäfer 2008). Indem Frames implizite Hinweise darauf geben, welche Aspekte eines Themas relevant sind, wird der Interpretationsspielraum der Öffentlichkeit strukturiert. Frames schaffen somit eine gewisse Ordnung in der Flut von Fakten (Patterson 1998: 62). Die Wirkungen der Frames in den Medien auf die Meinung von Rezipienten sind aufgrund der Vielzahl intervenierender Variablen und konzeptioneller Probleme schwer zu erforschen (Scheufele 1999; Scheufele/Tewksbury 2007). Wissenschaftliche Experimente erbringen jedoch regelmäßig Belege dafür, dass Frames die Meinung von Probanden beeinflussen. Sie schaffen einen „recall effect", d. h. Rezipienten verbinden Informationen, die sie aufgenommen haben, später konsistent mit dem dargebotenen Frame (Cappella/Hall Jamieson 1997). Die Wirkung mehrerer konkurrierender Frames auf Rezipienten wurde dabei erst in jüngster Zeit erforscht. Framing-Effekte sind dem-

---

3 Frames bilden eine symbolische Argumentation durch die Gruppierung von Wörtern, Bildern und Handlungsmustern, denen eine relativ feste Bedeutung zugeschrieben wird. Es ist zwischen Medien-Frames und individuellen Frames zu unterscheiden. Individuelle Frames sind definiert als „mentally stored clusters of ideas that guide individuals' processing of information" (Entman 1993: 53); sie fungieren als „Deutungsrahmen" (Goffman 1993).

nach umso größer, je relevanter und angemessener ein Frame den Probanden erscheint, je weniger informiert die Rezipienten sind, und je weniger sie konkurrierenden Frames ausgesetzt sind (Chong/Druckman 2007). Benford und Snow (2000: 615-617) haben im Rahmen ihrer Forschungen zu Neuen Sozialen Bewegungen drei Elemente von wirksamen Frames unterschieden: *Diagnostische* Rahmungen identifizieren Probleme, Ursachen und Schuldige; *prognostische* Rahmungen benennen Problemlösungen und Problemlöser; *motivationale* Rahmungen heben den Ernst und die Dringlichkeit des Themas (insbesondere durch Benennung von Opfern) oder die Wirksamkeit und identifikatorische Aspekte des Engagements hervor.

Die empirische Forschung belegt die Tauglichkeit einen solchen konzeptionellen Rahmens. Beim Framing in den Medien steht demnach die Kausalattribution im Vordergrund, d. h. die Zuschreibung von Ursachen, Verursachern, Folgen und möglichen Lösungen (Dombrowski 1997: 150 f.). Faktoren eines erfolgreichen medialen Framings hat Sigrid Baringhorst (1998) anhand der Kampagneninszenierung von Greenpeace herausgearbeitet. Zunächst gilt es, ein Thema zu problematisieren, indem eine Dissonanz zwischen Ist- und Sollzustand dargestellt wird. Im Weiteren erfolgt eine moralische Aufladung des Problems durch die Konfrontation des „Guten" (Problemlöser) mit dem „Bösen" (Problemverursacher). Die Personifizierung des „Bösen" ist dabei eine zentrale Inszenierungsstrategie (Baringhorst 1998: 335), wobei Personalisierung generell als geeignetes Mittel gilt, die Komplexität von Politik zu reduzieren (Holtz-Bacha 2002). Auch Mobilisierung von Angst und Identifikation mit den Betroffenen (Problemopfer) sind Teile der symbolischen Rahmung (Baringhost 1998: 331).

3. Untersuchungsdesign und Hypothesen

Im Blickwinkel der Machtorientierung, die laut Weber den Kern politischer Handlungslogik ausmacht, sind öffentliche Aufmerksamkeit für Themen und Personen sowie öffentliche Zustimmung zu Programmen und Akteuren wichtige Machtressourcen. Zu deren Sicherung werden weitere Ressourcen eingesetzt, etwa Geld, Zeit und Beziehungen. Der Zugang zu den Bühnen medialer Öffentlichkeit wird von Akteuren des Mediensystems kontrolliert, die ihrer eigenen medialen Handlungs- und Selektionslogik folgen. Politische Akteure setzen daher Strategien des Ereignismanagements ein, die sich an der Medienlogik orientieren, um die Wahrscheinlichkeit einer von ihnen gewünschten Berichterstattung, möglichst mit positiver Konnotation, zu erhöhen.[4] Um zu messen, in welchem Umfang Berichterstattung durch Inszenierung und Mediatisierung ausgelöst wird, unterscheiden wir (nach Kepplinger 1998):

– *genuine* Ereignisse, die auch ohne Berichterstattung stattgefunden hätten;
– *mediatisierte* Ereignisse, die vermutlich auch ohne die Berichterstattung geschehen wären, so aber einen medienspezifischen Charakter erhalten; sowie

---

[4] In der Medien- und Kommunikationsforschung wird eine solche Kombination von Input-/Ereignismanagement-Modell und Medienselektionsmodell zur Erklärung der medialen Inhalte weitgehend akzeptiert und als „Symbiose"-Modell bezeichnet (Sarcinelli 1994; Jarren/Donges 2002: 25 ff.).

– *inszenierte* Ereignisse, die eigens zum Zweck der Berichterstattung herbeigeführt werden und folglich ohne die zu erwartende Berichterstattung nicht stattgefunden hätten.

Wir gehen zunächst der Frage nach, in welchem *Ausmaß* politische Akteure aufgrund inszenierter Ereignisse Zugang zu den Medien finden. Kombiniert man das Inszenierungsmodell mit der Mediatisierungsthese, dann ergibt sich die erste Hypothese: Es ist zu erwarten, dass inszenierte und mediatisierte Ereignisse einen dominanten Anteil, nämlich mehr als 50 Prozent[5] der Anlässe für die Berichterstattung darstellen. Dabei ist zu erwarten, dass Akteure des politischen Zentrums aufgrund ihres Status und ihrer überlegenen Ressourcen im Allgemeinen die größeren Chancen haben, Zugang zur medialen Bühne zu finden. Daraus ergibt sich die zweite Hypothese, die sich beim Blick auf Printmedien durch die Anzahl der Sprechakte der verschiedenen Sprecher operationalisieren lässt, also durch deren „standing". Diese Hypothese lässt sich zweifach formulieren: a) Der Anteil der Sprecher des Zentrums im medialen Diskurs übersteigt den Anteil der Sprecher der Peripherie; b) Sprecher des Zentrums dominieren den Mediendiskurs, haben also einen Sprecheranteil von mehr als 50 Prozent. Im dritten Schritt kombinieren wir das Inszenierungsmodell mit dem Zentrum-Peripherie-Modell. Eine wichtige Annahme des Ereignismanagement-Modells ist, dass ressourcenstarke Akteure einen stärkeren Input in die Medien liefern werden. Insbesondere Zentrumsakteure haben nun aber größere Ressourcen zur Verfügung, um Ereignisse zu inszenieren oder zu mediatisieren. Daraus ergibt sich die dritte Hypothese: Akteure des politischen Zentrums treten häufiger im Zusammenhang mit inszenierten und mediatisierten Ereignissen auf als Akteure der Peripherie.

Die folgenden drei Hypothesen beziehen sich auf das *Erscheinungsbild* politischer Akteure. Sie basieren auf der Annahme, dass politische Akteure mediale Auftritte nutzen, um sich selbst eine möglichst vorteilhafte Rolle zuzuweisen, und dass sie versuchen, dies durch ein einfaches Framing des dargestellten Problems zu erreichen. Aus Sicht politischer Akteure ist es positiv, als Problemlöser, und abträglich, als Verursacher von Problemen wahrgenommen zu werden. Als Opfer von Problemen (und damit als machtlos) zu erscheinen, ist im Allgemeinen ebenfalls eher abträglich. Vorteilhaft ist es hingegen, Problemopfer zu benennen, die Sympathie beim Publikum genießen oder Teile des Publikums einschließen (beispielsweise Verbraucher), wenn man sich anschließend selbst als Problemlöser darstellen kann. Zusätzlich steht zu erwarten, dass Akteure, die sich im politischen Wettbewerb befinden – also Mitglieder der Regierung und der Parlamente sowie parteipolitische Akteure – versuchen werden, ihre Konkurrenten als Verursacher von Problemen darzustellen. Dass die Medien bei dieser „Negativdarstellung" des politischen Zentrums eine große Rolle spielen, ist in der Literatur allgemein anerkannt (Cappella/Hall Jamieson 1996: 74). Daraus ergeben sich drei weitere Hypothesen:

– Akteure, die besonders häufig als Sprecher in den Medien vorkommen, erscheinen auch besonders häufig als Problemlöser.
– Akteure des politischen Zentrums erscheinen häufiger als Verursacher von Problemen als Akteure der Peripherie.

---

5 Das ist eine in dieser Präzision willkürliche, aber die Wahrnehmung schärfende Schwelle.

– Es werden vornehmlich solche Opfer genannt, die es einem Großteil des Publikums ermöglichen, sich mit ihnen zu identifizieren.

Diese sechs Hypothesen sollen im Folgenden anhand der Berichterstattung über die Agrarpolitik in fünf überregionalen deutschen Qualitätszeitungen im Zeitraum von 2000 bis 2005 überprüft werden.

4. Empirisches Material und Methodik

4.1 Empirisches Material

Trotz immer neuer Medientechnologien kommt der Presse nach wie vor eine bedeutende Rolle in der Politikvermittlung und bei der Wirkung auf den politischen Prozess zu (Wilke 1998: 146). Zur Untersuchung des Kommunikationsverhaltens und des Erscheinungsbilds politischer Akteure ziehen wir daher die fünf überregionalen deutschen Tageszeitungen heran, nämlich die „Frankfurter Allgemeine Zeitung" (FAZ), „Frankfurter Rundschau" (FR), „Süddeutsche Zeitung" (SZ), „Die Welt" (Welt) und „tageszeitung" (taz). Diese Zeitungen sind trotz ihrer teilweise regionalen Schwerpunkte in ihrer Gesamtverbreitung, im Umfang der Berichterstattung, in ihrer Themenwahl und nach ihrer Auflagenstärke von bundesweiter Relevanz. Bis auf die taz zählen die ausgewählten Zeitungen auch zu den sogenannten Qualitätszeitungen, die über die Masse der Leser hinaus noch zwei weitere Publikumsgruppen erreichen. Zum einen werden sie von anderen Medien und Journalisten wahrgenommen, die deren Themen oft ebenfalls aufgreifen (Kepplinger 1994). Damit strahlen ihre Inhalte auf eine erweiterte Massenmedienarena ab (Gerhards 1998: 191). Zum anderen werden sie von politischen Entscheidungsträgern, etwa den Abgeordneten des Deutschen Bundestages regelmäßig zur Kenntnis genommen, womit ihnen eine zentrale Stellung im politischen Prozess erwächst (Herzog 1990; Wittkämper 1992). Insgesamt decken die ausgewählten Tageszeitungen das politische Spektrum der deutschen Tagespresse ab (Wilke 1996: 395).

Die nachstehende Analyse bezieht sich auf den Zeitraum zwischen dem 1. Januar 2000 und dem 31. Dezember 2005. Sie konzentriert sich auf die Berichterstattung über Agrarpolitik. Die Auswahl dieses Politikfelds ergibt sich aus der Entstehung unserer Medienanalyse im Kontext des Projekts „AgChange. Konflikte der Agrarwende", das die institutionellen, diskursiven und materiellen Veränderungen in Landwirtschaft und Agrarpolitik im Gefolge der BSE-Krise zum Gegenstand hatte (Feindt et al. 2008).[6] In den Erhebungszeitraum fällt der erste deutsche BSE-Fall, der am 24. November 2000 entdeckt wurde und eine Berichterstattung hervorrief, die in ihrer Intensität an die Tschernobyl-Krise heranreichte. Die Krise mündete am 8. Januar 2001 in die Ablösung des sozialdemokratischen Landwirtschaftsministers Funke durch die Grüne Renate Künast, die alsbald eine „Agrarwende" ausrief. Das Jahr 2001 war dann von zahlreichen Gesetzesinitiativen und Konflikten um die grüne Reformpolitik geprägt. Mit dem Jahr 2002 fand die deutsche Agrarpolitik weitgehend in einen Routinemodus

---

[6] Gefördert wurde die Studie zwischen 2002 und 2007 vom Bundesministerium für Bildung und Forschung, FKZ 07NGS08. Für mehr Information siehe www.agchange.de.

zurück, nämlich mit Debatten über Reformen der europäischen Agrarpolitik, über die WTO-Verhandlungen und über teilsektorspezifische Reformen, etwa von Tierhaltungsverordnungen. In der Analyse unterscheiden wir daher die Zeiträume 2000 bis 2001 sowie 2002 bis 2005 als Phasen der Politik im Krisen- bzw. im Routinemodus.

Die Erhebungsmethode unterscheidet sich je nach Art der Archivierung der Zeitungen. FAZ, SZ, FR und taz waren auf elektronischen Datenträgern verfügbar, die käuflich erworben wurden. Die Artikel der Welt waren im Internetarchiv mit Volltextsuche abrufbar. Ab dem Jahrgang 2002 beendete die FR allerdings den Vertrieb ihrer Volltext-CD und stellte stattdessen ein Online-Archiv zur Verfügung. Dieses umfasst jedoch nur einen Teil der Artikel der Printausgabe. Die Artikelzahlen für die FR gehen daher ab dem Jahr 2002 überproportional zurück.

Über Volltextsuche der Begriffe Agrarpolitik, BSE, Agrarwende und Schweinepest wurden in den fünf Zeitungen alle Artikel erhoben, in denen mindestens einer dieser Suchbegriffe vorkommt. In einem nächsten Schritt wurden inhaltsanalytisch und manuell alle Artikel aussortiert, die nicht in mindestens einem Absatz über Agrarpolitik berichteten, da in ihnen keine wesentlichen Aussagen zu erwarten waren, die sich anhand des Kategoriensystems abbilden ließen. So verblieben 8292 Artikel – aus allen fünf untersuchten Zeitungen, die mindestens einen der Suchbegriffe sowie einen Absatz über Agrarpolitik enthielten. Sie wurden in einer Vollerhebung codiert. Das Erscheinungsdatum der Artikel erwies sich dabei als nicht gleichmäßig über den Erhebungszeitraum verteilt. 662 Artikel sind bereits vor dem 24.11.2000 erschienen, also vor dem ersten originär deutschen BSE-Fall. In den sechs Wochen zwischen dem 24.11.2000 und dem 8.1.2001, dem Tag des Ministerwechsels, erschienen dann 1.111 Artikel. 3.294 Artikel wurden zwischen dem 9.1. und dem 31.12.2001 veröffentlicht, also in den 51 Wochen nach dem Ministerwechsel. Weitere 3.225 Artikel erschienen zwischen 2002 und 2005. In diesem Publikationsverlauf wird der starke Niederschlag der BSE-Krise und der anschließenden Auseinandersetzungen um die grüne Reformpolitik auf die Berichterstattung sichtbar.

4.2 Methodik

Alle aufgefundenen Artikel wurden einer Analyse ihrer formalen Merkmale sowie einer quantitativ-qualitativen Inhaltsanalyse unterzogen. Für die weitere Kategorisierung war die Analyseeinheit die Aussage. Dabei handelt es sich um einzelne, im Artikeltext als codierrelevant identifizierbare, verbale Äußerungen von Akteuren, die im Artikel in direkter oder indirekter Rede zu Wort kommen (Gerhards 1998: 47). In einem Artikel konnten also mehrere Aussagen codiert werden. Weil das Hauptinteresse auf der Erscheinungshäufigkeit und dem Erscheinungsbild von Akteuren lag, wurden alle Äußerungen eines Sprechers in einem Artikel als eine einzige Aussage codiert. Einzelne Aussagen können mehrere Sprecher aufweisen.

Für den hier vorzustellenden Ausschnitt der Medienanalyse sind die Variablen „Sprecher", „Verursacher", „Opfer" und „Helfer" von Bedeutung. Die möglichen Merkmalsausprägungen dieser Variablen sind sektoral und räumlich unterteilt. Sektoral wurden Staat und Politik (mit den Untergruppen Regierung, Legislative, andere parteipolitische Akteure und Judikative), sodann Verbände, Wissenschaft, Medien (Journalisten), andere kollektive Akteure sowie weitere Einzelakteure unterschieden. Räumlich wurden die Akteure aus Staat und Politik nach Kommunal-, Landes-, Bundes-, europäischer sowie internationaler Ebene differenziert, Verbände nach den Kategorien national, Ausland und international. Daraus ergeben sich 48 mögliche Merkmalsausprägungen. Hinzu kommen die Kategorien Natur, Gesellschaft und „andere" als „Summenvariablen" für weitere „Akteure".

Zur Bestimmung der Variable „Ereignistyp" wurden jene in den Artikeln beschriebenen Ereignisse, die den Anlass für die Berichterstattung bildeten, in „genuine", „mediatisierte" und „inszenierte" Ereignisse eingeteilt. Diese Variable ist für alle Aussagen in einem Artikel konstant, da der Anlass der Berichterstattung sich im Laufe eines Artikels nicht ändert.

Die in einem zweitägigen Einführungskurs geschulten Codierer/-innen kategorisierten jeden Artikel und die darin enthaltenen Aussagen anhand eines Codierhandbuchs. Diese Codierung verlief computergestützt, d. h. die Daten wurden direkt in eine dafür erstellte SPSS-Maske eingegeben. Da auch die jeweiligen Bearbeiter/-innen codiert wurden, konnten fortlaufend Tests auf Intercoder-Reliabilität durchgeführt werden. In regelmäßigen Fortbildungen wurden Problemfälle diskutiert und zufällig ausgewählte Artikel überprüft.

5. Ergebnisse

Die erste Hypothese erwartete, dass inszenierte und mediatisierte Ereignisse einen dominanten Anteil (also mehr als 50 Prozent) der Anlässe für die Berichterstattung abgäben. *Tabelle 1* gibt einen Überblick zur tatsächlichen Lage.[7]

Tabelle 1: Häufigkeit genuiner, mediatisierter und inszenierter Ereignisse in der Berichterstattung über BSE und Agrarpolitik in fünf deutschen Qualitätszeitungen

	1.1.2000-31.12.2001 („Krisenmodus")		1.1.2002-31.12.2005 („Routinemodus")	
	Häufigkeit	Prozent	Häufigkeit	Prozent
genuin	7 804	58,1	2 846	34,4
mediatisiert	4 754	35,4	4 262	51,6
inszeniert	657	4,9	1 029	12,5
nicht erkennbar	221	1,6	127	1,5
Summe	13 436	100,0	8 264	100,0

Quelle: Eigene Erhebung; 1.1.2000-31.12.2005, N = 22 510 Aussagen.

Die Hypothese wird für den „Routinemodus" im Zeitraum von 2002 bis 2005 bestätigt. Hier bilden genuine Ereignisse nur für ein gutes Drittel der Aussagen den Anlass der Berichterstattung; statt dessen dominieren mediatisierte Ereignisse; inszenierte Ereignisse lösen immerhin ein Achtel der Berichterstattung aus. Für den Zeitraum 2000

---

[7] Da es uns hier um das Erscheinungsbild von Politikern geht, also um die Frage, im Zusammenhang mit welchem Ereignistyp Politiker in der Öffentlichkeit erscheinen, wählen wir als Bezugsgröße die Anzahl der *Aussagen*, nicht aber die Anzahl der *Artikel*.

bis 2001 („Krisenmodus") wird die Hypothese hingegen nicht bestätigt. Hier wird die Berichterstattung überwiegend durch genuine Ereignisse ausgelöst, vor allem BSE-Fälle selbst, das folgende Krisenmanagement und später die politischen Reformvorhaben. Wir finden also einen deutlich höheren Anteil inszenierter und mediatisierter Ereignisse bei Politik im Routinemodus, hingegen bei Politik im Krisenmodus einen deutlich höheren Anteil von genuinen Ereignissen. Berücksichtigt man jedoch das *Niveau* der Berichterstattung, so finden sich im ersten Zeitraum 2 377 mediatisierte und 328 inszenierte Ereignisse pro Jahr, im zweiten Zeitraum 1 065 mediatisierte und 257 inszenierte Ereignisse pro Jahr. Gerade die Anzahl inszenierter Ereignisse, die eine Berichterstattung auslösen, ist also nahezu gleich. Zugleich sind die Zahlen recht hoch: Im Durchschnitt schafft ein inszeniertes Ereignis allein im Bereich der Agrarpolitik an nahezu jedem Tag, an dem Zeitungen erscheinen, den Sprung in die überregionale Presse.

Welche Sprecher kommen in den Printmedien zur Agrarpolitik zu Wort? Die Erwartung war, dass im medialen Diskurs der Anteil der Sprecher des Zentrums den Anteil der Sprecher der Peripherie übersteigt, und dass er mehr als 50 Prozent der Aussagen ausmacht. Wie *Tabelle 2* zeigt, wird die weiche Formulierung dieser zweiten Hypothese für beide Zeiträume bestätigt, ihre strikte Formulierung aber zurückgewiesen. Der Anteil der Sprecher des politischen Zentrums liegt bei jeweils knapp unter 50 Prozent. Sprecher der Peripherie sind für etwa ein Drittel der Aussagen verantwortlich, Sprecher der Medien für etwas weniger als ein Fünftel. Offenbar gelingt es Akteuren des politischen Zentrums, ihren Status und ihre Ressourcen in erhebliche Medienpräsenz umzusetzen, ohne jedoch den Diskurs zu dominieren. Eine weitere Aufschlüsselung der Daten zeigt, dass vor allem die Exekutive in Erscheinung tritt: Mehr als 75 Prozent der Aussagen von Zentrumsakteuren entfallen auf Vertreter dieser Gruppe, nur jeweils ca. 12 Prozent aber auf parlamentarische und Parteiakteure. Wenn die Indexing-Hypothese zutrifft, haben wir es im Untersuchungszeitraum also mit einer relativ starken Diffusion der von den Medien perzipierten Machtverteilung in Richtung Peripherie zu tun. Im Vergleich zu anderen Studien haben Akteure der Peripherie in der Berichterstattung über die Agrarpolitik nach der BSE-Krise also ein starkes *standing*. Etwa stellen Froehlich und Rüdiger (2006: 20) in einer Analyse der Immigrationsdebatte, sowie Kepplinger (2002: 980) in einer Langzeitanalyse politischer Berichterstattung generell, eine überwältigende Dominanz von Sprechern des politischen Zentrums

Tabelle 2: Häufigkeit von Aussagen von Sprechern des Zentrums, der Peripherie und der Medien in der Berichterstattung über BSE und Agrarpolitik in fünf deutschen Qualitätszeitungen

	1.1.2000-31.12.2001 („Krisenmodus")		1.1.2002-31.12.2005 („Routinemodus")	
	Häufigkeit	Prozent	Häufigkeit	Prozent
Zentrum	6 723	48,4	4 154	48,2
Peripherie	4 712	33,9	2 829	32,8
Medien	2 451	17,7	1 641	19,0
Summe	13 886	100,0	8 624	100,0

Quelle: Eigene Erhebung; 1.1.2000-31.12.2005, N = 22 510 Aussagen.

fest, wobei Kepplinger nur die Akteure zählt, deren Aktivitäten eine Berichterstattung auslösen. In der Hochphase der Diskussion um die Stammzellforschung und deren gesetzliche Regulierung kamen Akteure der Politik hingegen, wie in unserer Analyse, nur auf knapp die Hälfte aller Aussagen (Schäfer 2008).

Wenden wir uns nun der Frage zu, ob inszenierte Ereignisse für das Erscheinen von Sprechern des Zentrums oder der Peripherie eine größere Bedeutung haben. Wir hatten die Erwartung formuliert, dass Zentrumsakteure aufgrund ihrer größeren Ressourcen häufiger im Zusammenhang mit inszenierten und mediatisierten Ereignissen auftreten als Akteure der Peripherie. Wie *Tabelle 3* zeigt, wird die Hypothese für die Gruppe der inszenierten Ereignisse widerlegt. In beiden Erhebungszeiträumen haben Akteure der Peripherie ein leichtes Übergewicht bei Auftritten im Zusammenhang mit inszenierten Ereignissen, Zentrumsakteure hingegen bei mediatisierten Ereignissen. Mit anderen Worten: Zentrumsakteure können stärker als Peripherieakteure auf genuine Ereignisse vertrauen, um als Sprecher in den Medien zu erscheinen; Sprecher der Peripherie sind hingegen stärker auf inszenierte Ereignisse angewiesen, um zu Wort zu kommen. Dabei sind im Zeitraum zwischen 2002 und 2005 mit überwiegender Politik im Routinemodus sowohl Zentrums- als auch Peripherieakteure für die überwiegende Mehrzahl ihrer Auftritte auf mediatisierte und inszenierte Ereignisse angewiesen. Für diesen Zeitraum wird das Inszenierungsmodell somit für beide Gruppen bestätigt. Im Zeitraum 2000/2001 wird es hingegen durch die starke Wirkung genuiner Ereignisse überlagert, nämlich durch die BSE-Krise und durch umstrittene Gesetzesvorhaben.

Tabelle 3: Anteil der Sprecher von Zentrum, Peripherie und Medien nach Ereignistyp; Berichterstattung über BSE und Agrarpolitik in fünf deutschen Qualitätszeitungen

Sprechertyp	1.1.2000-31.12.2001 („Krisenmodus")				1.1.2002-31.12.2005 („Routinemodus")			
	Art des Ereignisses (in %)				Art des Ereignisses (in %)			
	genuin	mediatisiert	inszeniert	nicht erkennbar	genuin	mediatisiert	inszeniert	nicht erkennbar
Zentrum	52,7	44,9	35,1	12,1	54,7	48,6	33,9	24,0
Peripherie	31,1	37,2	40,7	43,3	26,9	33,7	43,6	32,6
Medien	16,1	17,9	24,2	44,6	18,4	17,7	22,4	43,4
Summe	100,0	100,0	100,0	100,0	100,0	100,0	100,0	100,0
Anzahl	8 058	4 923	683	231	2 951	4 496	1 093	129

Quelle: Eigene Erhebung; 1.1.2000-31.12.2005, N = 22 564 Aussagen.

Wie steht es um das Erscheinungsbild verschiedener Gruppen von Politikern, jeweils auch im Vergleich zu anderen Akteursgruppen? Indikator ist die Nennung als Problemverursacher, Opfer oder Problemlöser. Aufgrund der Annahme, dass politische Akteure aller Art den medialen Auftritt nutzen, um eigene Kompetenzen zur Lösung dargestellter Probleme aufzuzeigen, hatten wir erwartet, dass Akteure, die besonders häufig als Sprecher in den Medien vorkommen, auch besonders häufig als Problemlöser erscheinen. *Tabelle 4* bestätigt diese Hypothese in Bezug auf die Akteure des politischen Zentrums. Mit dem relativ starken *standing* von Akteuren der Politik korrespondiert die

Dominanz der Politik als Problemlöserin im medialen Diskurs. Daneben erscheinen noch Verwaltung, Wissenschaft, Wirtschaft und Verbände relativ oft als Problemlöser. *Tabelle 4* zeigt weiterhin, dass die Verteilung der Aussagen zu Problemlösern auf Zentrum und Peripherie über beide Analyseperioden erstaunlich konstant ist. Erst bei näherem Hinsehen fallen Verschiebungen auf: Im zweiten Erhebungszeitraum finden sich absolut und relativ deutlich weniger Aussagen über die Bundespolitik, insbesondere die Bundesregierung; hingegen werden relativ häufiger Problemlösungen von der europäischen und internationalen Politik erwartet. Dies dürfte mit dem stärker internationalen Fokus der in diesem Zeitraum behandelten Themen zusammenhängen, v. a. der Reform der gemeinsamen Agrarpolitik und der WTO. Der Rückgang bei Nennungen der Wissenschaft als Problemlöserin dürfte ebenfalls auf einen Themenwechsel zurückgehen: Während die Aufklärung der Ursachen von BSE wesentlich als Thema wissenschaftlicher Forschung präsentiert wurde, sind Agrarreform und Handelsverhandlungen eindeutig politische Themen, bei deren Bearbeitung die Wissenschaft schwerlich im Mittelpunkt stehen kann. Interessant ist zudem der Rückgang der Aussagen über Beiträge der Verbraucher zur Problemlösung, die im „Agrarwende"-Diskurs zunächst noch eine wichtige Rolle spielten. Umgekehrt geht die Zunahme von Aussagen über landwirtschaftliche Akteure als Problemlöser wesentlich auf Aussagen über den ökologischen Landbau zurück, der im zweiten Erhebungszeitraum mehr mediale Aufmerksamkeit erhielt.

Tabelle 4: Häufigkeit der Nennung politischer Akteure als Problemlöser; Berichterstattung über BSE und Agrarpolitik in fünf deutschen Qualitätszeitungen

	2000-2001 („Krisenmodus")		2002-2005 („Routinemodus")	
	Häufigkeit	Prozent	Häufigkeit	Prozent
Politik	3 728	56,7	2 689	58,8
– national	2 286	34,8	1 229	26,9
– EU	1 282	19,5	1 112	24,3
– international	160	2,4	348	7,6
Verwaltung	417	6,3	334	7,3
– national	344	5,2	318	7,0
– EU	73	1,1	16	0,3
Judikative	138	2,1	128	2,8
Verbände	388	5,9	279	6,1
Wissenschaft	576	8,8	287	6,3
Wirtschaft	407	6,2	281	6,1
Natur	9	0,1	21	0,5
Verbraucher/Gesellschaft	330	5,0	139	3,0
Landwirtschaft	282	4,3	287	6,3
Medien	17	0,3	18	0,4
Andere	279	4,2	110	2,4
Summe	6 571	100,0	4 573	100,0

Quelle: Eigene Erhebung; 1.1.2000-31.12.2005, N = 22 510 Aussagen.

Aufgrund der wechselseitigen Kritik politischer Zentrumsakteure hatten wir ferner die Erwartung formuliert, dass Akteure des politischen Zentrums häufiger als Verursacher von Problemen erschienen als Akteure der politischen Peripherie. *Tabelle 5* bestätigt diese Hypothese. In beiden Erhebungszeiträumen entfallen etwa zwei Drittel der Aussagen über Problemverursacher auf Zentrumsakteure, und darunter ganz überwiegend auf die Politik. Während des Erhebungszeitraums von 2000/2001, der die BSE-Krise umfasst, gerät vor allem die nationale Politik in den Mittelpunkt der Kritik. Mit den Themen internationalisiert sich in den Jahren von 2002 bis 2005 dann auch die Kritik, was den Anteil der Aussagen zur internationalen Politik als Problemverursacherin klar erhöht. Der deutlich größere Anteil von „Natur" als Problemverursacherin im Zeitraum 2002-2005 geht auf die umfassende Berichterstattung zu Übertragungswegen von BSE zurück. Interessant ist auch der erhöhte Anteil von Kritik an Akteuren der Wirtschaft sowie der anhaltend hohe Anteil von Kritik an der Landwirtschaft, was jeweils auf eine recht intensive Berichterstattung über die Praktiken in der Lebensmittelwirtschaft zurückgeht. Diese Befunde sind jedoch politik- und themenfeldspezifisch und daher nicht zu verallgemeinern. Insgesamt stammen mehr als 35 Prozent der Aussagen über nationale Zentrumsakteure als Problemverursacher von Sprechern aus dieser Gruppe selbst. Diese wechselseitige Kritik der professionellen Politiker in der nationalen Arena trug also erheblich, wenn auch nicht dominant, zu ihrem Erscheinungsbild als Problemverursacher bei.

Tabelle 5: Häufigkeit der Nennung von Akteuren als Problemverursachern; Berichterstattung über BSE und Agrarpolitik in fünf deutschen Qualitätszeitungen

	2000-2001 („Krisenmodus")		2002-2005 („Routinemodus")	
	Häufigkeit	Prozent	Häufigkeit	Prozent
Politik	3 396	54,9	2 313	48,2
– national	2 099	33,9	1 279	26,6
– EU	1 191	19,3	603	12,6
– international	106	1,7	431	9,0
Verwaltung	290	4,7	181	3,8
– national	222	3,6	176	3,7
– EU	68	1,1	5	0,1
Judikative	13	0,2	13	0,3
Verbände	272	4,4	247	5,1
Wissenschaft	138	2,2	121	2,5
Wirtschaft	808	13,1	792	16,5
Natur	271	4,4	503	10,5
Verbraucher/Gesellschaft	315	5,1	114	2,4
Landwirtschaft	448	7,2	349	7,3
Medien	78	1,3	44	0,9
Andere	154	2,5	123	2,6
Summe	6 183	100,0	4 800	100,0

Quelle: Eigene Erhebung; 1.1.2000-31.12.2005, N = 22 510 Aussagen.

Vergleicht man die Zahlen in den *Tabellen 4* und *5*, dann fällt auf, dass sich im ersten Erhebungszeitraum etwas mehr Aussagen über Problemlöser finden als über Problemverursacher, während sich im zweiten Erhebungszeitraum beide Aussagekategorien einander in etwa die Waage halten. Zumindest im Aggregat werden kritische Aussagen offenbar durch konstruktive Aussagen ausbalanciert.

Aus der Annahme, dass die Nennung von Opfern vorteilhaft ist, wenn diese die Sympathie des Publikums genießen oder Teile des Publikums einschließen, hatten wir die Vermutung abgeleitet, es würden vornehmlich solche Opfer genannt, die einem Großteil des Publikums die Identifikation ermöglichten. Wie *Tabelle 6* zeigt, wird diese Erwartung für den Zeitraum 2000 bis 2001 bestätigt. Hier betrifft der überwiegende Teil der Aussagen über Problemopfer die Verbraucher bzw. die Gesellschaft, und es ist anzunehmen, dass sich die Leser der Zeitungen stark mit der Rolle des Verbrauchers und als Teil der Gesellschaft identifizieren. Auch die große Anzahl von Nennungen in der Kategorie „Natur", die vor allem aus den an BSE erkrankten Kühen resultiert, spricht für eine Identifikation, bzw. in diesem Fall besser: für Sympathisierung mit den Opfern. Jedoch werden auch Landwirte und die Landwirtschaft häufig als Opfer genannt, im Zeitraum zwischen 2002 und 2005 sogar nahezu doppelt so häufig wie die Verbraucher. Dies zeigt eine Verschiebung der Darstellung von einem Konsumenten- zu einem Produzentenproblem an. Das passt genau dann zur Annahme, vor allem zur Identifikation einladende Opfer würden genannt, wenn die Leser – journalistisch unterstellt – mit Landwirten sympathisieren. In beiden Erhebungszeiträumen entfällt jedenfalls weniger als ein Fünftel der Aussagen über Opfer von Problemen auf Akteure des politischen Zentrums. Deren gestiegener Anteil im Zeitraum 2002-2005 geht dabei

Tabelle 6: Häufigkeit der Nennung politischer Akteure als Problemopfer; Berichterstattung über BSE und Agrarpolitik in fünf deutschen Qualitätszeitungen

	2000-2001 („Krisenmodus")		2002-2005 („Routinemodus")	
	Häufigkeit	**Prozent**	**Häufigkeit**	**Prozent**
Politik	509	11,9	675	19,8
– national	265	6,2	192	5,6
– EU	145	3,4	169	5,0
– international	99	2,3	314	9,2
Verwaltung	19	0,4	10	0,3
Judikative	1	0,0	0	0,0
Verbände	44	1,0	41	1,2
Wissenschaft	42	1,0	39	1,1
Wirtschaft	486	11,4	310	9,1
Natur	438	10,2	469	13,8
Verbraucher/Gesellschaft	1 377	32,2	629	18,5
Landwirtschaft	1 147	26,8	1 179	34,6
Andere	212	5,0	57	1,7
Summe	4 275	100,0	3 409	100,0

Quelle: Eigene Erhebung; 1.1.2000-31.12.2005, N = 22 510 Aussagen.

wesentlich auf vermehrte Aussagen über Entwicklungsländer als Opfer agrarpolitischer Problemlagen zurück. Erhebliche Aufmerksamkeit erfahren außerdem die Probleme von Wirtschaftsakteuren. Hingegen finden sich Akteure aus dem Bereich der Verbände kaum als Opfer dargestellt.

Insgesamt lassen sich die Befunde in *Tabelle 6* gut mit der Inszenierungs- und Mediatisierungsthese vereinbaren: Politische Akteure erhöhen die Chance der Berichterstattung über sie, wenn sie ihre Themen mit Aussagen über Bedrohungen verbinden, die für ein breites Publikum relevant sind. Im hier gegebenen Themenzusammenhang sind etwa Verbraucher, Tiere und Landwirtschaft solche Opfer von Problemen, deren Thematisierung mit Interesse beim Publikum und daher mit medialer Aufmerksamkeit rechnen kann. Ihre Nennung als Problemopfer erfüllt obendrein nicht nur die Selektionskriterien der Medienakteure, sondern hilft auch bei der Mobilisierung öffentlichen Interesses für die entsprechenden Anliegen.

Tabelle 7: Häufigkeit der Aussagen über politische Zentrumsakteure als Verursacher, Opfer und Helfer, die von diesen Akteuren selbst stammen; Berichterstattung über BSE und Agrarpolitik in fünf deutschen Qualitätszeitungen

	Verursacher		Opfer		Helfer	
	2000-2001 (in %)	2002-2005 (in %)	2000-2001 (in %)	2002-2005 (in %)	2000-2001 (in %)	2002-2005 (in %)
Bundesregierung	7,6	3,0	17,0	16,7	31,6	32,0
Landesregierung	8,5	10,3	47,9	26,7	34,7	30,6
Kommunalregierung	5,0	5,6	14,3	16,7	37,5	27,8
Legislative Bund	6,3	19,2	0	0	55,3	31,0
Legislative Land	26,5	20,0	0	0	23,8	31,3
Parteipolitik Bund	3,4	11,8	0	0	30,8	46,5
Parteipolitik Land und kommunal	21,2	16,7	0	0	24,1	18,2
alle Zentrumsakteure	6,7	4,9	21,5	17,1	30,4	29,2
Anzahl der Aussagen über politische Zentrumsakteure	1 973	1 207	186	111	2 225	1 130

Quelle: Eigene Erhebung; 1.1.2000-31.12.2005, N = 22 510 Aussagen.

Inwiefern geht nun aber das Erscheinungsbild von Politikern tatsächlich auf deren eigenes Kommunikationsverhalten zurück (vgl. auch Feindt/Kleinschmit 2007)? *Tabelle 7* stellt zusammen, welche Anteile der Aussagen über Zentrumsakteure als Verursacher, Opfer oder Problemlöser von diesen Akteuren selbst stammen. Es zeigt sich, dass nur ein sehr geringer Teil der Aussagen über Zentrumsakteure als *Problemverursacher* von diesen selbst gemacht wurde; hingegen stammt fast jede fünfte der Aussagen über diese Akteure als Problemopfer von ihnen selbst. Allerdings sind die absoluten Zahlen hier relativ niedrig. Offenbar haben Akteure des politischen Zentrums tatsächlich wenig Interesse daran, sich selbst oder ihre Machtkonkurrenten als Opfer darzustellen. Hingegen stammen 30 Prozent der Aussagen über Zentrumsakteure als Problemlöser von diesen selbst. Die Ergebnisse erhärten unsere Annahmen für die Gruppe der Zentrumsakteure, also der professionellen Politiker. Sie zeigen allerdings auch, dass die eigenen Aussagen das Erscheinungsbild von Politikern in der Öffentlichkeit – zumindest im hier untersuchten Material – zwar wesentlich beeinflussen, doch nicht dominieren.

6. Fazit

Der Machtbezug von Politik stellt unter den Bedingungen der Mediengesellschaft politische Akteure vor die Herausforderung, in Konkurrenz mit anderen Themen und Akteuren oft genug Zugang zur massenmedialen Arena zu erhalten, um so Aufmerksamkeit und Zustimmung zur eigenen Person bzw. Organisation sowie für Themen und Politikideen zu erzeugen. Am Beispiel der Berichterstattung über Agrarpolitik und BSE in deutschen Qualitätszeitungen zwischen 2000 und 2005 konnten wir zeigen, dass es Akteuren des politischen Zentrums, vor allem Regierungsakteuren, sehr wohl gelingt, durch ihren Status und ihre Ressourcen mediale Präsenz zu generieren, ohne es jedoch soweit zu bringen, dass sie den medialen Diskurs dominieren. Dabei spielen außerhalb von Krisen, die reichlich *genuine* Ereignisse als Anlässe für massenmediale Berichterstattung erzeugen, gerade *mediatisierte* und *inszenierte* Ereignisse eine erhebliche Rolle als Auslöser für mediale Aufmerksamkeit. Die These vom Ereignismanagement politischer Kommunikation wird so bestätigt, allerdings nur für „Politik zu Normalzeiten". Auch haben inszenierte Ereignisse für Akteure der politischen Peripherie eine größere Bedeutung beim Zugang zu den Medien als für Zentrumsakteure. Letztere haben aufgrund ihres Status und ihrer größeren Ressourcen jedoch insgesamt ein stärkeres *standing*, was sich auch in ihrem medialen Erscheinungsbild niederschlägt: Sie stehen im Mittelpunkt von Äußerungen über Problemverursacher und Problemlöser. Dies steht im Einklang mit unseren theoretischen Annahmen über das kommunikative Verhalten politischer Zentrumsakteure: Sie nutzen ihre mediale Präsenz, um sich als Problemlöser ins Gespräch zu bringen, Unterstützung zu generieren und politische Konkurrenten als Problemverursacher hinzustellen. Als Opfer erscheinen politische Zentrumsakteure, wie auch Akteure aus dem Verbandswesen, hingegen selten. Allerdings dient es der Überwindung medialer Selektionsbarrieren wie auch der politischen Mobilisierung, solche Opfer zu benennen, die dem medialen Publikum eine es betreffende Bedrohung signalisieren, für dessen Wohlfahrt wichtig sind oder seine Sympathie genießen. Ferner konnten wir unser Erklärungsmodell zu den kausalen Zusammenhängen zwischen dem Kommunikationsverhalten politischer Akteure und ihrem Erscheinungsbild, desgleichen zu den Inhalten und Strukturen des medialen Diskurses, erhärten: Die Daten zeigen, dass das mediale Erscheinungsbild der nationalen Akteure des politischen Zentrums wesentlich durch ihre eigenen Aussagen geprägt, jedoch nicht dominiert ist. Die Framing-Strategien einzelner Akteurgruppen wollen wir in künftigen Analysen detaillierter untersuchen.

Grenzen der Aussagekraft unserer Ergebnisse ergeben sich aus der Beschränkung auf ein einziges Politikfeld, einen mittelfristigen Zeitraum, auf überregionale Printmedien sowie auf ein einziges Land. Künftige Studien sollten die Befunde im Medien-, Politikfeld-, Längsschnitt- und Ländervergleich ausweiten. Dabei können Meta-Analysen vorhandener Forschung eine wichtige Rolle spielen. Weitere Forschung könnte zudem Daten über die PR-Aktivitäten politischer Akteure einbeziehen.

Literatur

Alemann, Ulrich von/Marschall, Stefan (Hrsg.), 2002: Parteien in der Mediendemokratie. Wiesbaden: Westdeutscher Verlag.
Baringhorst, Sigrid, 1998: Zur Mediatisierung des politischen Protests, in: *Sarcinelli, Ulrich* (Hrsg.), Politikvermittlung und Demokratie in der Mediengesellschaft. Opladen: Westdeutscher Verlag, 326-342.
Benford, Robert D./Snow, David A., 2000: Framing Processes and Social Movements: An Overview and Assessment, in: Annual Review of Sociology 26, 611-639.
Bennett, W. Lance, 1996: An Introduction to Journalism Norms and Representations of Politics, in: Political Communication 13, 373-384.
Brettschneider, Frank, 1994: Agenda-Setting. Forschungsstand und politische Konsequenzen, in: *Jäckel, Michael/Winterhoff-Spurk, Peter* (Hrsg.), Politik und Medien: Analysen zur Entwicklung der politischen Kommunikation. Berlin: Vistas, 211-229.
Cappella, Joseph N./Hall Jamieson, Kathleen, 1996: News Frames, Political Cynicism, and Media Cynicism, in: Annals of the American Academy of Political and Social Science 546, 71-84.
Cappella, Joseph N./Hall Jamieson, Kathleen, 1997: Spiral of Cynicism: The Press and the Public Good. Oxford/New York: Oxford University Press.
Chong, Dennis/Druckman, James N., 2007: Framing Public Opinion in Competitive Democracies, in: American Political Science Review 101, 637-655.
Davidson, W. Phillips, 1983: The Third-Person Effect in Communication, in: Public Opinion Quarterly 47, 1-15.
Dombrowski, Ines, 1997: Politisches Marketing in den Massenmedien. Wiesbaden: Deutscher Universitätsverlag.
Edelmann, Murray, 1990: Politik als Ritual. Die symbolische Funktion staatlicher Institutionen und politischen Handelns. Frankfurt a. M./New York: Campus.
Eilders, Christiane, 1997: Nachrichtenfaktoren und Rezeption. Eine empirische Analyse zur Auswahl und Verarbeitung politischer Informationen. Opladen: Westdeutscher Verlag.
Entman, Robert, 1993: Framing: Toward Clarification of a Fractured Paradigm, in: Journal of Communication 43, 51-58.
Feindt, Peter H., 2001: Regierung durch Diskussion? Diskurs- und Verhandlungsverfahren im Kontext von Demokratietheorie und Steuerungsdiskussion. Frankfurt a.M. et al.: Peter Lang.
Feindt, Peter H. u. a. (Hrsg.), 2008: Nachhaltige Agrarpolitik als reflexive Politik. Berlin: edition sigma.
Feindt, Peter H./Kleinschmit, Daniela, 2007: Mediatisierung der Agrarpolitik? Die Rolle der Medien in der deutschen BSE-Krise, in: *Koch-Baumgarten, Sigrid/Mez, Lutz* (Hrsg.), Medien und Politik – Neue Machtkonstellationen in ausgewählten Politikfeldern. Frankfurt a. M. et al.: Peter Lang, 121-142.
Ferree, Myra Marx/Gamson, William A./Gerhards, Jürgen/Rucht, Dieter, 2002: Four Models of the Public Sphere in Modern Democracies, in: Theory and Society 31, 289-324.
Froehlich, Romy/Rüdiger, Burkhard, 2006: Framing Political Public Relations: Measuring Success of Political Communication Strategies in Germany, in: Public Relations Review 32, 18-25.
Führ, Martin/Bizer, Kilian/Feindt, Peter H. (Hrsg.), 2007: Menschenbilder und Verhaltensmodelle in der wissenschaftlichen Politikberatung. Möglichkeiten und Grenzen interdisziplinärer Verständigung. Baden-Baden: Nomos.
Gamson, William A./Modigliani, A., 1987: The Changing Culture of Affirmative Action, in: *Braumgart, Richard G.* (Hrsg.), Research in Political Sociology 3. Greenwich, CT: JAI Press, 137-177.

Gerhards, Jürgen, 1992: Politische Veranstaltungen in der Bundesrepublik. Nachfrager und wahrgenommenes Angebot einer „kleinen" Form von Öffentlichkeit, in: Kölner Zeitschrift für Soziologie und Sozialpsychologie 44, 766-779.
Gerhards, Jürgen, 1994: Politische Öffentlichkeit. Ein system- und akteurstheoretischer Bestimmungsversuch, in: *Neidhardt, Friedhelm* (Hrsg.), Öffentlichkeit, öffentliche Meinung, soziale Bewegungen (Kölner Zeitschrift für Soziologie und Sozialpsychologie, Sonderheft 34). Opladen: Westdeutscher Verlag, 77-105.
Gerhards, Jürgen/Neidhardt, Friedhelm/Rucht, Dieter, 1998: Zwischen Palaver und Diskurs. Strukturen und öffentliche Meinungsbildung am Beispiel der deutschen Diskussion zur Abtreibung. Opladen: Westdeutscher Verlag.
Gerhards, Jürgen/Schäfer, Mike S., 2007: Hegemonie der Befürworter. Der mediale Diskurs über Humangenomforschung in Deutschland und den USA im Vergleich, in: Soziale Welt 58, 367-395.
Goffman, Erving, 1993: Rahmen-Analyse. Ein Versuch über die Organisation von Alltagserfahrungen. Frankfurt a. M.: Suhrkamp.
Habermas, Jürgen, 1989: Volkssouveränität als Verfahren, in: Merkur 43, 463-477.
Habermas, Jürgen, 1992: Faktizität und Geltung. Beiträge zur Diskurstheorie des Rechts und des demokratischen Rechtsstaats. Frankfurt a. M.: Suhrkamp.
Herzog, Dietrich/Rebenstorf, Hilke/Werner, Camilla/Weßels, Bernhard, 1990: Abgeordnete und Bürger. Opladen: Westdeutscher Verlag.
Holtz-Bacha, Christina, 2002: Unterhalten statt Überzeugen – Politik als Entertainment, Manuskript zum Vortrag der Sendung am 30.05.2002 im Südwest Fernsehen. Stuttgart: SWF.
Jarren, Otfried/Donges, Patrick, 2002: Politische Kommunikation in der Mediengesellschaft. Eine Einführung. Band 1: Verständnis, Rahmen und Strukturen. Opladen: Westdeutscher Verlag.
Kepplinger, Hans Mathias, 1992: Ereignismanagement. Wirklichkeit und Massenmedien. Osnabrück: Fromm.
Kepplinger, Hans Mathias, 1994: Publizistische Konflikte. Begriffe, Ansätze, Ergebnisse, in: *Neidhardt, Friedhelm* (Hrsg.), Öffentlichkeit, öffentliche Meinung, soziale Bewegung (Kölner Zeitschrift für Soziologie und Sozialpsychologie, Sonderheft 34). Opladen: Westdeutscher Verlag, 214-233.
Kepplinger, Hans Mathias, 1998: Die Demontage der Politik in der Informationsgesellschaft. Freiburg/München: Alber.
Kepplinger, Hans Mathias, 2002: Mediatization of Politics: Theory and Data, in: Journal of Communication 52, 972-986.
Kleinschmit, Daniela/Krott, Max, 2008: The Media in Forestry: Government, Governance and Social Visibility, in: *Sikor, Thomas* (Hrsg.), Public and Private in Natural Resource Governance: A False Dichotomy? London: Earthscan, 127-141.
Levin, David, 2003: Structure of News Coverage of a Peace Process: A Test of the Indexing and Zero-Sum Hypotheses, in: The Harvard International Journal of Press/Politics 8, 27-53.
Mazzoleni, Gianpietro/Schulz, Winfried, 1999: „Mediatization" of Politics: A Challenge for Democracy?, in: Political Communication 16, 247-261.
Meyer, Thomas, 1994: Die Transformation des Politischen. Frankfurt a. M.: Suhrkamp.
Meyer, Thomas, 2001: Mediokratie. Die Kolonisierung der Politik durch die Medien. Frankfurt a. M.: Suhrkamp.
Patterson, Thomas E., 1998: Time and News: The Media's Limitations as an Instrument of Democracy, in: International Political Science Review 19, 55-67.
Sarcinelli, Ulrich, 1994: Mediale Politikdarstellung und politisches Handel: Analytische Anmerkungen zu einer notwendigerweise spannungsreichen Beziehung, in: *Jarren, Otfried* (Hrsg.), Politische Kommunikation in Hörfunk und Fernsehen. Opladen: Leske + Budrich, 35-50.
Schäfer, Mike S., 2008: Medialisierung der Wissenschaft? Empirische Untersuchung eines wissenschaftssoziologischen Konzepts, in: Zeitschrift für Soziologie 37, 206-225.
Scheufele, Dietram A., 1999: Framing as a Theory of Media Effects, in: Journal of Communication 49, 103-122.
Scheufele, Dietram A./Tewksbury, David, 2007: Framing, Agenda Setting, and Priming: The Evolution of Three Media Effects Models, in: Journal of Communication 57, 9-20.

Schulz, Winfried, 1976: Die Konstruktion von Realität in den Nachrichtenmedien. Freiburg/München: Alber.

Schulz, Winfried, 2004: Reconstructing Mediatization as an Analytical Concept, in: European Journal of Communication 19, 87-101.

Schulz, Winfried, 2005: Nachrichtenanalysen und Nachrichtenwerttheorie, in: *Wilke, Jürgen* (Hrsg.), Die Aktualität der Anfänge. 40 Jahre Publizistikwissenschaft an der Johannes Gutenberg-Universität Mainz. Köln: Halem, 41-61.

Staab, Joachim Friedrich, 1989: Nachrichtenwert-Theorie. Formale Struktur und empirischer Gehalt. Freiburg/München: Alber.

Weber, Max, 1919: Politik als Beruf. München/Leipzig: Duncker & Humblot.

Wilke, Jürgen, 1996: Presse, in: *Noelle-Neumann, Elisabeth/Schulz, Winfried/Wilke, Jürgen* (Hrsg.), Fischer Lexikon. Publizistik, Massenkommunikation. Frankfurt a. M.: Fischer, 382-417.

Wilke, Jürgen, 1998: Politikvermittlung durch Printmedien, in: *Sarcinelli, Ulrich* (Hrsg.), Politikvermittlung und Demokratie in der Mediengesellschaft. Bonn: Bundeszentrale für politische Bildung, 146-164.

Wittkämper, Gerhard W. et al., 1992: Pressewirkungen und außenpolitische Entscheidungsprozesse. Methodologische Probleme der Analyse, in: *Wittkämper, Gerhard W. et al.* (Hrsg.), Medien und Politik. Darmstadt: Wissenschaftliche Buchgesellschaft, 150-168.

Politiker in der Öffentlichkeitsfalle? Zur Medialisierung politischer Verhandlungen in nationalen Kontexten

Doreen Spörer-Wagner / Frank Marcinkowski

1. Einleitung*

Durchsetzungskraft galt Politikern lange Zeit als Schlüssel zum Erfolg (Weber 1992). Doch in modernen Mediendemokratien reichen Sachverstand, Organisationskompetenz und Verantwortungsbewusstsein für ein erfolgreiches Zustimmungsmanagement nicht mehr aus. Öffentlichkeitswirksame Politiker sind gefragt, denen es gelingt, ihre politischen Anliegen nicht nur der eigenen Anhängerschaft, sondern auch der allgemeinen Öffentlichkeit zu vermitteln. Obwohl Durchsetzungs- und Medienkompetenz im Sinne von Entscheidungs- und Darstellungsstärke heutzutage für politischen Erfolg gleichermaßen wichtig sind, stellen sie an Politiker in Entscheidungsprozessen widersprüchliche Anforderungen: einerseits diskretes Aushandeln, andererseits medientaugliches Verwerten politischer Themen. Diese „Schizophrenie" (Sarcinelli 2005) stellt speziell im kooperativen Staat eine Herausforderung für Politiker dar, da dort Entscheidungen vor allem im Modus wechselseitigen Entgegenkommens getroffen werden müssen.

Die Enthierarchisierung staatlicher Steuerung bei gleichzeitig zunehmender Ballung von Darstellungs- und Interpretationsmacht in den Medien kennzeichnet eine *doppelte Transformation* moderner Demokratien. Dabei führte die Verbreitung kooperativer Politik zu einer institutionellen Diversifikation von Verhandlungssystemen, die mit der Ausdehnung des Spektrums beteiligter Akteure einherging (Czada 2000; Benz 2001). Wachstum und Ausdifferenzierung des Mediensektors intensivierten dagegen die Beobachtung der Politik durch die Medien sowie den offen artikulierten Anspruch auf unbeschränkte Transparenz und Öffentlichkeit des Politischen (Mazzoleni/Schulz 1999). Besonders für verhandelnde Politiker ist diese Situation heikel, da einvernehmliche Problemlösungen eher unter Ausschluss der Öffentlichkeit denkbar sind, während die Medien eher Anreize und Möglichkeiten zur Durchsetzung einseitiger Interessen bieten.

Die Analyse des Zusammenwirkens unterschiedlicher Anreiz- und Regelsysteme ist ein wichtiges Gebiet der politikwissenschaftlichen Governance-Forschung. Dabei stellt die Verbindung von Governance- und Medienforschung bisher noch ein Desiderat sozialwissenschaftlicher Beschäftigung mit den Steuerungsstrukturen moderner politischer Systeme dar. Auf der einen Seite zeichnen sich politikwissenschaftliche Analysen nach wie vor durch weitgehende Vernachlässigung des Faktors Medien aus. Auf der anderen Seite ist das Governance-Konzept in der kommunikationswissenschaftlichen Debatte

---

* Die folgenden Überlegungen entstanden im Rahmen des Projekts *The Dynamics of Political Institutions in Mediated Democracies*, das an der Universität Zürich im Nationalen Forschungsschwerpunkt *Challenges to Democracy in the 21st Century* angesiedelt ist und vom Schweizerischen Nationalfonds gefördert wird. Wir danken an dieser Stelle Klaus Detterbeck, Gerald Schneider, Daniela Floß und dem anonymen Gutachter der PVS, die konstruktive Hinweise zur Erstellung dieses Beitrags gegeben haben.

weithin unbekannt, sieht man von der Beschäftigung mit medienpolitischen Fragen ab (Donges 2007). Ansatzpunkte einer sinnvollen Verknüpfung beider Forschungszweige werden durch die jüngst beobachtbare Renaissance des neo-institutionalistischen Denkens im Bereich der politischen Kommunikationsforschung geliefert (Schudson 2002; Cook 2006; Kaplan 2006). Ein institutionentheoretischer Zugang thematisiert die Medien hinsichtlich der inter-organisatorisch praktizierten Normen, Regeln und Routinen, mit deren Hilfe der Journalismus gesellschaftlich relevante Nachrichten identifiziert und in medial vermittelbare Texte umsetzt. Solche Regelmäßigkeiten lenken, stabilisieren und legitimieren die tägliche Nachrichtenproduktion von Journalisten und machen „die Medien" insoweit als einheitliche gesellschaftliche Einrichtungen erkennbar. Wie alle institutionalisierten *rules of appropriateness* (March/Olsen 1984) setzen Nachrichtenroutinen Handlungsanreize, und zwar sowohl innerhalb medialer Organisationen *(organisation-as-institution approach),* als auch für solche gesellschaftlichen Akteure, die sich regelmäßig medialer Vermittlungskanäle bedienen, um mit ihren jeweiligen Zielpublika zu kommunizieren *(environment-as-institution approach)* (Zucker 1987). Letzteres trifft speziell auf die individuellen und korporativen Akteure demokratischer Politik zu, von denen zu erwarten ist, dass sie die Routinen medialer Neuigkeitsproduktion intensiv beobachten sowie als Orientierungshorizont für ihr eigenes Handeln und Kommunizieren nutzen (Mazzoleni/Schulz 1999). In dem Maße, in dem sich dieser Prozess vollzieht, werden die institutionalisierten Routinen medialer Nachrichtenproduktion zum Teil der Governance-Strukturen moderner Demokratien. Sie stellen dann einen festen Bestandteil einer Vielzahl sich wechselseitig bedingender formeller wie informeller Regelsysteme mit partiell widersprüchlichen Logiken dar, die als *political governance* eines Staates bezeichnet werden (Marcinkowski 2005, 2007).[1]

Aus der Perspektive des Politikers bedeutet dies, dass in der medialisierten Verhandlungsdemokratie zwei inkompatible Anreiz- und Regelsysteme für politisches Handeln und Kommunizieren konkurrieren. Dabei hängen Verlauf und Ergebnis politischer Verhandlungen grundsätzlich davon ab, nach welchen Prinzipien ein Verhandlungsproblem gelöst wird. Die Frage lautet: Verhandlungslogik oder Öffentlichkeitslogik? Es ist davon auszugehen, dass die Wahl der jeweiligen Spielregeln nicht beliebig ist, sondern von den konkreten Bedingungen abhängt. Im Einklang mit der kommunikationswissenschaftlichen Forderung nach mehr theoretischer Reflexion institutioneller Kontextbedingungen in Verhandlungsprozessen sowie ihrer Wirkung auf beteiligte politische Akteure (Sarcinelli 2005: 24 f., 67 f., 116) interessieren wir uns in diesem Beitrag für die *institutionellen Auslösungsbedingungen* medialisierter Verhandlungslogik und deren *Implikationen* für das Verhalten und die Leistungsbilanz von Politikern. Zu diesem Zweck schlagen wir eine Typologie medialisierter Verhandlungen vor, die es erlaubt, die Bedeutung der Medien im Berufsalltag verhandelnder Politiker in Abhängigkeit von sektoralen Politikinhalten und institutionellen Strukturmerkmalen nationaler Verhandlungsarrangements systematisch zu analysieren. Die empirische Fruchtbarkeit des vorge-

---

1 Die Besonderheit dieser Forschungsperspektive besteht darin, dass sie Medien als politisch folgenreiche Einrichtung konzipiert, ohne ihnen politische Interessen, Motive, Manipulationsabsichten und Strategiefähigkeit unterstellen zu müssen, wie das gemeinhin im akteurstheoretischen Paradigma impliziert ist (Pfetsch/Adam 2008).

schlagenen Modells begründen wir mit ausgewählten Beispielen aus Deutschland und der Schweiz.

2. Anreiz- und Regelsysteme in nationalen politischen Verhandlungen

Die Qualität eines Politikers in der modernen Demokratie bemisst sich gemeinhin an seiner Fähigkeit, notwendige Mehrheiten für politische Anliegen zu beschaffen. Dieser Anspruch erweist sich im kooperativen Staat als groß, werden doch politische Entscheidungen nur noch vereinzelt nach dem Prinzip „the winner takes it all" getroffen. Vielmehr überwiegen Absprachen staatlicher Akteure, zunehmend auch zwischen staatlichen und privaten Akteuren. Obwohl die Organisation von Mehrheiten weiterhin eine wichtige Qualifikation von Politikern ist, hat sich deren Funktion weitgehend gewandelt: Mehrheit dient immer seltener der Top-Down-Durchsetzung von Entscheidungen und immer häufiger dem Aufbau von Verhandlungsmacht. Mit dieser Umstellung haben sich auch die Verhaltens- und Kommunikationsanforderungen an Politiker im kooperativen Staat verändert. Interessenausgleich statt bloßer Interessendurchsetzung lautet die Devise, und damit verbunden sind wechselseitiges Vertrauen und gegenseitige Wertschätzung, deren Aufbau besonders im Zug diskreter Verhandlungen möglich ist. Solche Rationalität politischen Aushandelns kollidiert aber nicht nur mit dem demokratischen Transparenzgebot, wonach alle politischen Entscheidungen gegenüber dem Volk begründungspflichtig sind, sondern kollidiert auch mit der medialen Präsentationslogik von Politik, die vornehmlich an Konfrontation interessiert ist (Sarcinelli 2005). Ob eine Abkopplung beider in Verhandlungsdemokratien gelingen kann, wird von der Struktur und Kultur einer Demokratie bestimmt (Kaase 1995). Sie eröffnet Handlungsmöglichkeiten für verhandelnde Politiker, setzt ihrer Interessenpolitik aber zugleich auch Grenzen.

2.1 Politisch-institutioneller Verhandlungskontext

Gesteigerte transnationale Komplexität begünstigte die Entstehung des kooperativen Staates (Mayntz 2004). Diese Staatsform verlangt politischen Entscheidungsträgern ein hohes Maß an Fähigkeit zur Vertraulichkeit ab, weil diese für vertrauensvollen Interessenausgleich unentbehrlich ist. Das Ergebnis solcher Politik sind Kompromisse, die politisch nicht nur breiter abgestützt sind als Mehrheitsentscheide, sondern auch mehr Problemsensibilität und Sachkenntnis beinhalten (Sarcinelli 2005).

Prinzipien der kooperativen Willensbildung, Problemlösung und Entscheidungsfindung prägen mithin das Verhalten von Politikern in *Konsensdemokratien*. Im Idealfall versuchen sie auf deliberativem Weg und unter Verzicht auf taktische Mittel Lösungen mit Vorteilen für alle Verhandlungspartner zu finden (Elster 1991). Dazu bedarf es der uneingeschränkten Akzeptanz aller Verhandlungspartner sowie großer Vorbehaltlosigkeit und Bereitschaft zum Meinungswandel. Demgegenüber richten Politiker in *Konkurrenzdemokratien* ihr Verhalten am Wettbewerbsgrundsatz aus, der eine Mehrheitsbeschaffung über die Beeinflussung der öffentlichen Meinung empfiehlt (Elster 1989; Lijphart 1999). Auch sie streben einen Interessenausgleich an, doch folgt dieser solchen machtgestützten Überlegungen, die opportunistisches Verhalten und Gewinnsteigerung auf Kosten der Verhandlungspartner einschließen (Elster 1991; Esser 2004). Allerdings müssen angesichts (inter-)nationaler Sachzwänge politische Entscheidungen auch in konkurrenzdemokratischen Kontexten zunehmend im kooperativen Modus getroffen werden (Benz 2004). Das führt nicht zuletzt dazu, dass die gegensätzlichen Logiken von Kompromiss und Wettbewerb immer häufiger aufeinandertreffen und deshalb Handlungswidersprüche sichtbar zutage treten.[2]

Neben der politischen Entscheidungstradition spannen spezifische nationale Verhandlungstypen Handlungsspielräume für Politiker auf. *Konkordanzregierungen* dienen der temporären Konfliktregelung zwischen den wichtigsten politischen Parteien in einem Staat. Diese verständigen sich in zentralen politischen Streitfragen auf eine gemeinsame Lösung, welche externe Effekte des Regierungshandelns zu Lasten struktureller Minderheiten und des Parteienwettbewerbs auf Zeit eindämmen. Letzteres ist dann prekär, wenn politische Entscheidungsträger eine bessere Positionierung im Parteienwettbewerb einem sachlichen Beitrag zur Problemlösung vorziehen (Benz 1998). In Konkordanzgremien kooperieren parteipolitische Akteure freiwillig miteinander, wobei ihr politischer Gestaltungsspielraum maßgeblich von der Geltungsdauer des Arrangements beeinflusst wird (Czada 2000). Während „Große" Koalitionen in Deutschland normalerweise auf eine Legislaturperiode beschränkt bleiben und Koalitionsverhandlungen stets im Schatten des Mehrheitsprinzips stattfinden, konstituiert sich etwa der Schweizer Bundesrat als Allparteienregierung nach einer arithmetisch begründeten Parteienformel, die den Parteienwettbewerb dauerhaft begrenzt (Linder 1999).

Auch die *Politikverflechtung* impliziert eine Zusammenarbeit parteipolitischer Akteure in Form konstitutionell gewollter Kooperation auf spezifischen Politikfeldern. Diese Art der Entscheidungsfindung, die sich im Schatten von Blockadepolitik abspielt, liegt in einer föderalistischen Staatsorganisation begründet (Scharpf 1988) und zielt auf eine formale Teilung der Regierungsmacht zwischen staatlichen Organen ab. Entsprechend haben beispielsweise die Abgeordneten des Deutschen Bundestags zwar Gesetzgebungsmacht, sind aber im Fall zustimmungsbedürftiger Gesetze auf Kooperation mit den Ländervertretern im Bundesrat angewiesen.

Im Gegensatz zu den beiden parteipolitischen Verhandlungstypen kooperieren in *korporatistischen Netzwerken* traditionell Spitzenvertreter stark zentralisierter Interessenverbände (z. B. Gewerkschaften und Arbeitgeberverbände in Tarifverhandlungen), um ökonomische und soziale Probleme autonom zu bearbeiten. Doch auch staatliche Akteure können an korporatistischen Verhandlungen partizipieren, wenn etwa die Regierung zur Erarbeitung konsensfähiger Lösungen für spezifische Probleme mit großer gesellschaftlicher Bedeutung *ad hoc*-Gremien einsetzt, wie etwa im Fall der Weizsäcker-Kommission zur Reform der Bundeswehr (von Blumenthal 2003). Um wirksam politischen Einfluss ausüben zu können, benötigen Repräsentanten von Verbänden, aber auch politischer Parteien, zwar ein Mindestmaß an Autonomie (Benz 1998; Lehmbruch 2003). Tatsächlich wirken sich aber innerorganisatorische Verpflichtungen gegenüber den Verbands- bzw. Parteimitgliedern restriktiv auf die Wahrnehmung von

---

2 Eine vergleichbare Inkompatibilität zwischen verschiedenen politischen Steuerungsmodi und Interaktionslogiken konstatiert Scharpf (1988) für den Parteienwettbewerb und den Föderalismus.

Verhandlungsspielräumen an der Verbands- oder Parteispitze aus.[3] Scheitert die Zusammenarbeit, dann bleiben die Konflikte zwischen den gesellschaftlichen Gruppen entweder bestehen oder werden *top down* entschieden (Czada 2000).

Die (partei-)politischen Entscheidungsträger in den drei genannten Verhandlungstypen kooperieren als gleichberechtigte Partner, die im Zuge wechselseitiger Zugeständnisse eine Einigung im Sinne gesetzlicher Vereinbarungen oder außergesetzlicher Absprachen anstreben. Sie sind je nach institutionellem Verhandlungskontext mit spezifischen Ausstiegs- und Vetooptionen ausgestattet, die auf ihre Handlungsalternativen im Verhandlungsprozess durchschlagen. Dabei leitet sich die Wahrscheinlichkeit des Einsatzes dieser taktischen Instrumente aus den Verfahrensspielregeln des jeweiligen Verhandlungsarrangements ab *(inside options)*, aber auch daraus, in welcher Phase eine laufende Verhandlung gerade steckt. Im Einigungsprozess, der von einer Planungs- und Nachbereitungsphase flankiert sein kann, positionieren sich die Verhandlungsakteure zunächst inhaltlich, bevor sie unter Einsatz spezifischer Verhandlungstaktiken, zu denen auch die Androhung eines Ausstiegs oder eines Vetos gehören kann, Kompromisschancen ausloten (Saner 1997). Dabei erschwert eine große Anzahl an Verhandlungsteilnehmern, deren Interessen ganz unterschiedlich gelagert sein können (etwa staatliche vs. private Interessen) die Kompromisssuche, zumal deren Zusammenarbeit vielleicht erst auf eine gemeinsame Vertrauensbasis gestellt werden muss (Esser 2004). Verkompliziert wird diese Situation noch dadurch, dass hohe Popularität einzelner Akteure mit großer Anfälligkeit für Forderungen aus der eigenen Mitglieder- und/oder Wählerbasis korrespondieren kann (Esser 2004). Dieser Umstand ist dann besonders heikel, wenn der Verhandlungsgegenstand selbst schon großes Konfliktpotenzial aufweist (Elster 1991). In Anlehnung an die Prämisse der Policy-Forschung, wonach Politikinhalte den Prozess der Problemlösung und Entscheidungsfindung beeinflussen (Lowi 1964), lassen sich vornehmlich redistributive Maßnahmen (Umverteilungspolitik mit eindeutiger Gewinner-Verlierer-Identifikation) als Korsagen für den Handlungsspielraum der Entscheidungsträger identifizieren, da erwartbare Konsequenzen gegenüber der eigenen Anspruchsgruppe nur schwer zu rechtfertigen sind *(outside options)* (Elster 1989).

2.2 Medialer Verhandlungskontext

Diskretion und Vertraulichkeit sind Voraussetzungen für erfolgreiches Verhandeln. Sie verlangen den Beteiligten zumindest vorübergehend den Verzicht auf öffentlichkeitswirksame Taktiken und mithin die Entkopplung der Einigungsgespräche von nachzuweisenden Gruppenloyalitäten ab (Elster 1989; Benz 1998; Sarcinelli 2005). Diese Soll-Anforderung steht aber nicht nur im Widerspruch zu einer demokratischen Basisnorm „Verhandlungen (...) [verbessern] zwar die Effektivität der Staatstätigkeit), (...) [verletzen] aber das Öffentlichkeitsprinzip" (Benz 1998: 207), sondern auch zu den Erfahrungen mit der modernen Mediendemokratie. Verhandlungsteilnehmer halten nämlich immer bestimmte Informationen von der Öffentlichkeit fern, setzen dafür aber andere umso publikumswirksamer in Szene. Auch und gerade in Verhandlungssituationen wird gezielt „Publizität gegen Information getauscht" (Sarcinelli 2005: 71),

---

3 Czada (1997) bezeichnet dieses Phänomen als „Dilemma der Vertretung und Verhandlung".

und zwar mit der Konsequenz, dass öffentliche Kommunikation zum effektiven Verhandlungsinstrument wird. Das Handlungsdilemma für Politiker moderner Demokratien ist in dieser Lage ein zweifaches: Sie können keine effektiven Entscheidungen treffen und gleichzeitig den politischen Prozess transparent gestalten; und sie dürfen nicht alle prinzipiell verfügbaren Machtressourcen – zu denen eben auch die öffentlichkeitswirksame Darstellung laufender Verhandlungen gehört – benutzen, wenn sie das fragile Verhandlungsarrangement nicht beschädigen wollen, obwohl die Erwartungen der eigenen Klientel sie natürlich auf Erfolg verpflichten.[4] Die Anforderungen der Mediendemokratie und der Verhandlungsdemokratie können also nicht gleichzeitig optimiert werden (Grande 2004).

Diese Konstellation ist insoweit ein Musterbeispiel für die so genannte „Medialisierungsthese", die besagt, dass die Expansion medienvermittelter Kommunikation habe längst zu einer substanziellen Veränderung des Politischen geführt hat (Mazzoleni/ Schulz 1999; Marcinkowski 2005, 2007). Die Funktionslogik der Massenmedien bildet nämlich ein Anreiz- und Regelsystem eigenen Kalibers, das einerseits für Wandlungs- und Anpassungsprozesse politischer Strukturen und Inhalte mitverantwortlich ist, andererseits aber auch das Verhalten politischer Akteure maßgeblich beeinflusst (Cook 1998; Sparrow 1999; Donges 2008). Medienpräsenz steigert jedenfalls nicht nur die persönliche Bekanntheit eines Politikers, sondern dient zunehmend auch als Legitimationsgrundlage für politische Entscheidungen (Pfetsch 1993; Saxer et al. 1993). Daher richten politische Akteure ihre Außenkommunikation, mit den Wahlbürgern als ihren Adressaten, verstärkt an den Eigengesetzlichkeiten der Medien aus, um so zusätzliche Unterstützungsbereitschaft für ihre politischen Anliegen in der Öffentlichkeit zu sichern. Die gegebenen Anreiz- und Gelegenheitsstrukturen legen es nahe, dieser Maxime auch im Kontext von Verhandlungsprozessen zu folgen. Öffentliche Aufmerksamkeit für politische Themen ist dabei ein knappes Gut, weshalb Massenmedien eine natürliche Präferenz für exklusive Nachrichten haben – und natürlich besonders unter verschärften Konkurrenzbedingungen. Unverkennbar erfüllen nun aber vertrauliche Informationen aus laufenden Verhandlungen, etwa über Meinungsdifferenzen zwischen den Beteiligten in idealer Weise die Ansprüche an eine aufmerksamkeitsstarke und zugleich exklusive Nachricht (Pfetsch 2000). Politische Akteure müssen dabei nicht zwangsläufig als Quelle der Indiskretionen identifiziert werden, können also öffentlich unbeschädigt bleiben, zumal die Interaktion zwischen Politikern und Journalisten sowohl in der Öffentlichkeit (Vorderbühne) stattfindet, die von distanziertem Umgang miteinander geprägt ist, als auch im „Verborgenen" (Hinterbühne), wo verdeckte Absprachen möglich sind und oft auch getroffen werden (Saxer et al. 1993; Sarcinelli 2005).

Die Vermutung liegt nahe, dass heutige Berufspolitiker längst gelernt haben, mit solchen Anreizen und Risiken moderner Mediendemokratien taktisch umzugehen. Dabei bilden akteurs- und entscheidungstheoretische Analysen einen fruchtbaren Zugang zu den Kommunikationsstrategien politischer Akteure. Generell ist zwischen Vermeidungs- und Öffentlichkeitsstrategie zu unterscheiden (Kepplinger 1999, 2007). Vermei-

---

[4] Offene Verhandlungen sind nach Chambers (2004) möglich, wenn die eigentliche Konsensfindung hinter verschlossenen Türen stattfindet, ihr aber öffentliche Debatten vorausgehen bzw. folgen.

dungsstrategien resultieren aus der Erwartung negativer Publizität (Hood 2007) und sind defensiv ausgerichtet. Hingegen zielen Öffentlichkeitsstrategien auf die Erzeugung eines positiven Medienechos ab. Indiskretion ist insofern als offensive Strategie zu klassifizieren und immer dann zu erwarten, wenn mindestens ein Verhandlungsteilnehmer davon überzeugt ist, die Weitergabe vertraulicher Informationen an Journalisten würde für ihn zu positiver Medienberichterstattung führen. Diese Erwartung basiert auf zwei strategischen Überlegungen. Erstens geht es um die Sicherung einer wichtigen Informations- und Zugangsquelle für die Zukunft (Saxer et al. 1993), und zweitens um die Stärkung der eigenen Verhandlungsposition auf Kosten von Verhandlungspartnern, und zwar auch auf die Gefahr hin, die bestehende Vertrauensbasis zwischen den Beteiligten nachhaltig zu stören (Hoffmann-Riem 2000).

Solche direkten Effekte der Medien auf das Verhalten politischer *Entscheidungsträger* sind noch kaum untersucht. Die politikwissenschaftliche Medienwirkungsforschung hat sich vielmehr für Effekte auf das breite *Publikum* interessiert. So gesehen ist der Zusammenhang zwischen Medien und politischen Akteuren ein indirekter, durch das Publikum vermittelter. Eine alternative theoretische Konzeptualisierung unterstellt die Existenz „reziproker Effekte", die darauf beruhen, dass Politiker von vornherein mit der Wirksamkeit von Medien rechnen und sich auf diese einstellen. Politische und gesellschaftliche Akteure reagieren danach nicht nur auf medial beeinflusste Anspruchsgruppen und deren Wünsche, sondern sie sprechen auch darauf an, selbst Gegenstand der Berichterstattung zu sein bzw. werden zu können. Diese Effekte gehen nicht notwendigerweise von den Medieninhalten aus, ja sie können sogar ohne inhaltlichen Bezug mit diesen entstehen. Reziproke Effekte basieren also auf dem bloßen Bewusstsein der Fremdbeobachtung, auf Anforderungen an die eigene Fremdwahrnehmungen, auf Vermutungen darüber, wie gewünschte Fremdbilder erzeugt werden können sowie auf beobachtbaren oder eingebildeten Veränderungen bei Interaktionspartnern, die wissen, dass man im Zentrum der Medienaufmerksamkeit steht, und nicht zuletzt auf vorgängigen Erfahrungen mit den institutionalisierten Routinen medialer Nachrichtenproduktion (Kepplinger 2007). Dieser Komplex von Wirkungen bildet den Kern dessen, was mit der Bedeutung von Medien als „politischer Institution" gemeint ist: eine Wirkung jenseits von Inhalten, die also nicht die Mediennutzer, sondern jene handelnden Akteure selbst betrifft, die Gegenstand der Medienberichterstattung sind.

Die Folgen solcher reziproken Effekte für das Funktionieren innerstaatlicher Verhandlungsnetzwerke sind theoretisch noch kaum durchdrungen und empirisch völlig unerforscht. Allerdings liegen für den Bereich der zwischenstaatlichen Diplomatie Ansätze einer Modellbildung vor. Auf Basis der Beobachtung einer Vielzahl internationaler Verhandlungen, zumeist von Friedensverhandlungen, beschreibt etwa Gilboa (2000) sechs Grundmodelle des Verhältnisses von Medien und Verhandlungsdiplomatie. Drei dieser Modelle – *secret diplomacy, closed door diplomacy, open diplomacy* – sind vom Bemühen geprägt, die Medien vom Verhandlungsprozess auszuschließen oder ihr Störpotenzial möglichst weitgehend zu neutralisieren. Drei weitere Modelle – *public diplomacy, media diplomacy, media-broker diplomacy* – erfassen Akteursstrategien, die darauf abzielen, das unterstellte Wirkungspotential der Medien im gemeinsamen Interesse oder auch gegeneinander zu nutzen. Diese Typologie zeigt, dass verhandelnden Politikern beim Umgang mit den Medien eine Mehrzahl von Handlungsoptionen zur Verfügung steht, wobei identifizierbare Rahmenbedingungen, etwa die gesellschaftliche Bedeutsamkeit und Kontrollierbarkeit der Verhandlungen, zu typischen Reaktionsmustern führen. In Abhängigkeit von der gewählten Umgangsform kann mediale Begleitung Verhandlungslösungen somit behindern oder befördern. Der Autor vermutet allerdings, dass instrumentelle Strategien mit tendenziell schädlichen Wirkungen zumindest in internationalen Verhandlungen zur Regel werden.

Auch in nationalen Verhandlungen wirken politische und mediale Kontexte als Auslösebedingungen für spezifische Akteursstrategien. So befördern historisch gewachsene Routinen journalistischer Berichterstattung in Deutschland durchaus die Neigung zu Indiskretionen (Kopper 2003). Jüngste empirische Befunde zeigen außerdem, dass Journalisten in Konsensdemokratien eher die Kompromissorientierung und Kollektivierung von Verhandlungsergebnissen thematisieren, wohingegen in Konkurrenzdemokratien Konflikte und Personalien die Berichterstattung über Verhandlungen dominieren (Floß/Marcinkowski 2008). Neben dem Stand der Entscheidungsfindung und jenem politisch-institutionellen Kontext (Institutionen, Akteure), in den politische Entscheidungen eingebettet sind, spielen die Reichweite und die Konflikthaltigkeit eines politischen Themas eine wichtige Rolle (Pfetsch 1993; Gilboa 2000). In Abhängigkeit von der Organisations- und Konfliktstärke unterstützungsbereiter Anspruchsgruppen oder nichtrepräsentierter Interessen *(outside lobbying),* können Entscheidungen mit Breitenwirkung in der Öffentlichkeit zwar die Anzahl der Handlungsalternativen im Einigungsprozess einschränken, sich aber dennoch als dienlich für die Durchsetzung spezifischer Positionen erweisen (Schelling 1960; Elster 1989; Pfetsch 1993). Allerdings können politische Themen, die personalisierbar sind, die Öffentlichkeitsstrategien politischer Akteure auch konterkarieren (Pfetsch 1993). In diesem Fall vermag negative Publizität entgegen der ursprünglichen Intention einer Indiskretion die Verhandlungsposition des Initianten sogar zu schwächen (Marcinkowski 2007). Politische Akteure haben dann die Möglichkeit, korrigierend zu reagieren, indem sie die unerwartete Negativität aussitzen oder parieren (Kepplinger 2007).

3. Politische Akteure zwischen Verhandlungs- und Öffentlichkeitslogik

Anreiz- und Regelsysteme für das Kommunizieren und Handeln politischer Akteure treten in Mediendemokratien zunehmend in Konkurrenz zueinander, und zwar mit erheblichen Folgen für politische Verhandlungen. Die sich verstärkende Komplexität sozialer Probleme, die ihrerseits nach effizienten, doch immer häufiger auch möglichst breit abgestützten Lösungen verlangen, überschneidet sich mit den Transparenz- und Repräsentationsansprüchen der massenmedialen Öffentlichkeit. Da in Demokratien ein eindeutiges Bekenntnis zur Entscheidungs- *oder* Darstellungspolitik weder wünschenswert noch realistisch ist, müssen politische Akteure in Verhandlungen immer wieder neu abwägen, in welchem Ausmaß sie *beiden* Anforderungen Rechnung tragen wollen.

Worauf solche Entscheidungen beruhen und zu welchem Resultat sie führen, ist bisher weder von politik- noch kommunikationswissenschaftlicher Seite hinreichend untersucht worden. Angesichts ambivalenter empirischer Befunde zur Medialisierung politischer Verhandlungen drängt sich eine interdisziplinäre Herangehensweise zur systematischen Untersuchung der Bedeutung von Medien für Verhandlungsdemokratien auf: Sie müsste gleichzeitig die Betrachtung der Entscheidungs- und Vermittlungsdimension ermöglichen und Einsicht in optionale Handlungsalternativen verhandelnder politischer Akteure liefern. Beachtenswerte Grundlagen hierzu sind gelegt, etwa bei Gilboa (2000). Allerdings lassen sich diese im zwischenstaatlichen Kontext gemachten Beobachtungen informeller Einigungsprozesse nach Kriegen und Konflikten nicht bruchlos auf die Vielzahl formeller bzw. informeller Verhandlungssysteme im nationalstaatlichen Kontext übertragen.

3.1 Ansatzpunkte einer Typologie medialisierter Verhandlungen

Die im Folgenden ausgebreiteten Überlegungen sollen einen Beitrag zu einer solchen politischen Medialisierungsforschung leisten, die auf institutionell differenzierte Analysen der Anreize für und der Konsequenzen von Entscheidungs- und Darstellungspolitik in nationalen politischen Verhandlungen abzielt. Der Fokus liegt dabei auf den Anforderungen an jene handelnden Politiker, die immer häufiger mit Bedingungen medialisierter Konsensfindung konfrontiert sind. Wir argumentieren, dass Verhandlungsakteure nicht willkürlich entscheiden, ob sie im Kompromissfindungsprozess diskretem oder öffentlichkeitswirksamem Handeln den Vorzug geben, sondern dass die Wahl der Verhandlungsspielregeln von konkret benennbaren Bedingungen abhängt und von daher bestimmte Verhandlungsverläufe erwartbarer macht als andere.

Unsere Typologie medialisierter Verhandlungen ist interdisziplinär angelegt und baut auf vier Annahmen auf. Diese sind in *Abbildung 1* dargestellt. Den Handlungsspielraum politischer Akteure definieren in Mediendemokratien der Modus der politischen Konfliktlösung und die Art der medialen Verbreitung politischer Informationen. In Konkurrenzdemokratien, wie etwa Deutschland, gründen politische Entscheidungen häufig auf Mehrheitsbeschlüssen, die politischen Akteuren zur Sicherung ihrer Wiederwahl ein hohes Maß an öffentlicher Vermittlungskapazität abverlangen. Dagegen einigen sich Politiker in Konsensdemokratien, wie in der Schweiz, nahezu befreit von parteipolitischem Taktieren und der Notwendigkeit ständiger Medienpräsenz, in der Regel gütlich. Staatliche und private Akteure orientieren sich in Verhandlungen an den Verhaltensregeln der jeweiligen Verhandlungstypen, die in der Verbindlichkeit der Kooperation variieren. Dabei schlägt nicht nur das kulturell dominierende Entscheidungsprinzip (Mehrheit vs. Konsens) auf die Haltung der Verhandlungsteilnehmer durch, sondern auch die Form der medialen Informationsverbreitung, die auf eindeutig definierbaren Selektions- und Präsentationsregeln gründet und den öffentlichen Vermittlungsbestrebungen politischer Akteure in Konkurrenzdemokratien Vorschub leistet.

Neben den institutionellen beeinflussen auch situationsgebundene Faktoren die Handlungsalternativen der Verhandlungsakteure. Internationale Entscheidungszwänge, exogene Schocks oder nationale Problemakkumulation können den Kompromissdruck auf die Beteiligten erhöhen. Dabei spielen Probleminhalte eine überragende Rolle, denn im Gegensatz zu regulativen Politiken (wie einer Neuordnung des Strafvollzugs oder der Gebührenordnung für Ärzte) bergen Verteilungsfragen, etwa bei Reformierung sozialer Sicherungssysteme, nicht nur große gesellschaftliche Brisanz, sondern besitzen ein ebenso großes Mobilisierungspotenzial für politische Parteien und/oder gut organisierte Interessengruppen (z. B. Gewerkschaften, Arbeitgeberverbände). Dieser Effekt kommt einer zusätzlichen Machtressource für die Verhandlungsteilnehmer gleich. Der-

Abbildung 1: Ein Konzept zur Analyse medialisierter Verhandlungen[5]

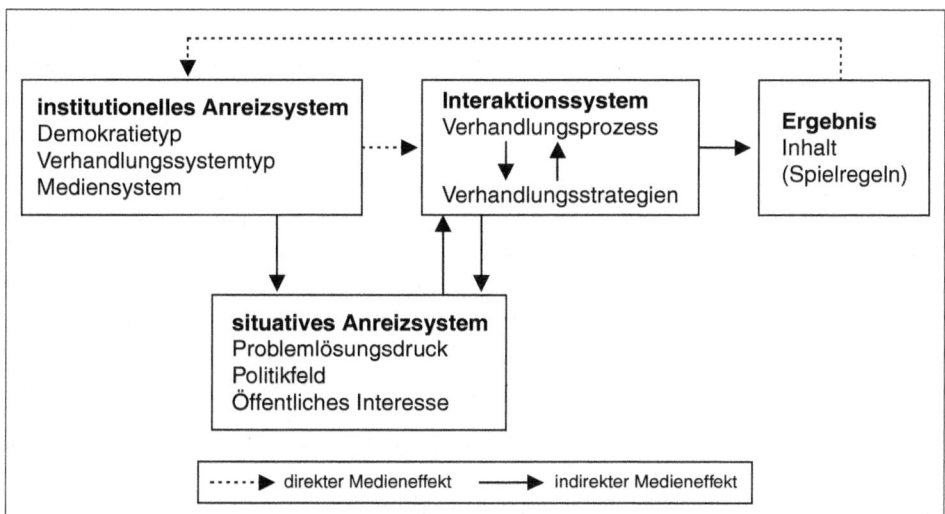

artige Verhandlungen erzeugen dann aufgrund erwartbarer Gewinner-Verlierer-Konstellationen ein hohes mediales Interesse, das mit dem Status und der Prominenz der direkt Beteiligten zusätzlichen Auftrieb erhält.

Zusammen mit situativen Kontexten eröffnen institutionelle Spielregeln den Verhandlungsteilnehmern Handlungsoptionen, die spezifische strategische Reaktionen nahelegen. Verhandlungen in Konsensdemokratien lassen ausgleichende Strategien erwarten, wohingegen jene in Konkurrenzdemokratien eine eher fordernde Komponente aufweisen. Diese wird intensiviert, wenn Verteilungsfragen Gegenstand der Verhandlungen sind und der Verhandlungskontext effektive Ausstiegs- und/oder Mobilisierungschancen bietet. Harmonisierungs- und Durchsetzungsstrategien sind somit das Ergebnis integrativer bzw. distributiver Verhandlungsprozesse, die jeweils unterschiedliche Handlungstaktiken implizieren. Im Rahmen einer Harmonisierungsstrategie setzt ein erfolgreicher Interessenausgleich voraus, dass innerhalb eines Verhandlungsgremiums offen und ehrlich miteinander kommuniziert wird und alle Gespräche diskret behandelt werden. Nur so lässt sich eine stabile Vertrauensbasis zwischen den Verhandlungsteilnehmern herstellen oder intensivieren, und nur so kann man Meinungsdifferenzen innerhalb der einzelnen Verhandlungsgruppen durch gemeinsame Kompromisssuche ausräumen. Im Gegensatz dazu impliziert eine einseitige Interessendurchsetzung das Überziehen von Positionen und ruft Drohungen, nicht selten auch Informationsmanipulation hervor, was sich alles nicht auf die direkt Beteiligten beschränken muss. Finden verhandlungsspezifische Informationen, die von den Verhandlungsakteuren diskret behandelt werden müssten, sogar Zugang zur Öffentlichkeit, dann hat das nicht nur zusätzliche mediale Aufmerksamkeit für die laufenden Verhandlungen zur Folge, sondern wird damit gegebenenfalls auch (weitere) gesellschaftliche Unterstützung mobilisiert. Dieser Effekt

---

5 Zur politikwissenschaftlichen Konzeptualisierung strategischer Verhandlungen *ohne* Berücksichtigung der medienvermittelten Öffentlichkeit siehe Walton (1994).

erzeugt gerade unter den von der Indiskretion negativ betroffenen Verhandlungsteilnehmern Unsicherheit über zukünftige Informationsverzerrungen, und das hat wiederum zur Folge, dass es zu stärkerer Polarisierung innerhalb des Verhandlungsgremiums kommen kann. Insgesamt nimmt also die Konzessionsbereitschaft der Verhandlungsakteure ab.[6]

Die Flexibilität der Verhandlungspartner im Einigungsprozess ist ein Resultat der Wechselwirkungen zwischen Verhandlungsprozess und Akteursstrategien. Zugleich gilt sie als notwendige Bedingung für die Kompromissfindung. Die Wahrscheinlichkeit von gütlicher Einigung sinkt, wenn die Verhandlungspartner *going-public*-Strategien ergreifen, um individuelle Positionen im Verhandlungsprozess einseitig durchzusetzen, und damit eine Polarisierung der Verhandlungsakteure riskieren. Verfügen sie über eine effektive Austrittsoption, ist ein Scheitern der Verhandlungen denkbar, wenn ein Verhandlungspartner nicht zur Aufgabe seiner Verhandlungsziele bereit ist. Gleiches gilt für Vetooptionen, die aber eine Einigung auf dem kleinsten gemeinsamen Nenner dann nicht ausschließen, wenn der Status quo für alle Beteiligten gleichermaßen unattraktiv ist. Da Verhandlungen in modernen Demokratien nicht isoliert voneinander stattfinden und ihre Ergebnisse öffentlich kommuniziert werden, müssen die vorgängigen Erfahrungen der politischen Akteure berücksichtigt werden. Sie können zu einer Beeinträchtigung künftiger Kompromissorientierungen im selben, aber auch in anderen Regelkontexten führen sowie im Extremfall, wenn politische Akteure zunehmend an substanziellen Einigungen scheitern, eine Verlagerung zu hierarchischen bzw. parlamentarischen Mehrheitsentscheidungen nach sich ziehen (Häusermann et al. 2004).

3.2 Öffentlichkeitsstrategien und Öffentlichkeitstaktiken politischer Verhandlungsakteure

Aus diesen Vorüberlegungen lassen sich nun systematisch empirisch überprüfbare Hypothesen zur Rolle der Medien und ihrer Effekte auf politische Entscheidungsträger in nationalen Konsensfindungsprozessen ableiten. Im Folgenden richten wir unser Interesse auf die öffentlichkeitsorientierten Verhandlungsstrategien politischer Akteure. Dazu unterscheiden wir, basierend auf dem institutionellen und situativen Verhandlungskontext, zwei Strategien: Die *Vermeidungsstrategie* bezieht sich auf den Umgang der Verhandlungsakteure mit bereits vor bzw. mit Beginn der Einigungsgespräche bestehendem Medieninteresse für einen Verhandlungsgegenstand; die *Manipulationsstrategie* meint den strategischen Medieneinsatz durch die Beteiligten zur Unterstützung laufender Verhandlungen. Die Herausforderung für die Verhandlungsakteure besteht im ersten Fall darin, das Interesse der Öffentlichkeit zu bedienen, ohne dabei Möglichkeiten eines politischen Kompromisses zu gefährden, während im zweiten Fall die Durchsetzung politischer Entscheidungen über gezielte Medienkontakte forciert werden soll (vgl. *Tabelle 1*).

---

6 In ein Handlungsdilemma stürzen politische Akteure dann, wenn sie eine Doppelstrategie verfolgen, d.h. im Verhandlungsprozess sowohl nach integrativen als auch nach distributiven Prinzipien agieren. Dieses Vorgehen setzt aber Verhandlungen voraus, die sich über einen gewissen Zeitraum erstrecken und eine Austrittsoption haben.

Tabelle 1: Vermeidungs- vs. Manipulationsstrategie

Merkmale	Vermeidungsstrategie	Manipulationsstrategie
Medieninteresse	von Beginn an hoch und anhaltend	gering oder fehlend
Verhandlungsprozess	Umgang mit öffentlichem Interesse	Umgang mit Entscheidungsblockade
Verhandlungsproblem	Vermittlung	Kompromiss

Quelle: Eigene Darstellung.

Verhandlungsakteuren stehen zur operativen Umsetzung beider Strategien die Taktiken des *Ignorierens, Regulierens* und *Mobilisierens* öffentlicher Aufmerksamkeit zur Verfügung (vgl. *Tabelle 2*). Diese unterscheiden sich im Umgang mit Verhandlungsinterna und damit in der Haltung der Verhandlungsakteure gegenüber Medienakteuren. Die als *Ignorierungstaktik* bezeichnete Variante erfasst den Fall, dass sich die Verhandlungsteilnehmer über dysfunktionale Wirkungen der Mitglieder- und Publikumsöffentlichkeit auf den Verhandlungsprozess einig sind. Also ist es plausibel, wenn sie zur Erarbeitung tragfähiger Kompromisse versuchen, den Verhandlungsprozess gegen die Medien weitgehend abgeschirmt zu halten *(nicht-öffentliche Verhandlungen)* bzw. bestehendes publizistisches Interesse vom Konsensfindungsprozess abzulenken *(diskrete Verhandlungen)*. Eine Möglichkeit solchen Ablenkens stellt die Auswahl einer Verhandlungsarena dar, die nicht oder nur begrenzt im Licht öffentlicher Aufmerksamkeit steht. Etwa übertragen legislative Vermittlungsausschüsse Arbeitsaufträge häufig an Subkommissionen und schaffen das, was Grande (2004) einen „institutionellen Puffer" nennt. Mit ähnlicher Absicht beauftragen Regierungen Arbeitsgruppen oder Expertenkommissionen unter Führung gesamtgesellschaftlich anerkannter (politischer) Persönlichkeiten mit der Lösung spezifischer politischer Probleme („personeller Puffer"). Alternativ können besonders konflikträchtige Verhandlungsgegenstände auch von Anfang an ausgeklammert werden. Die als *Regulierungstaktik* bezeichnete Variante beruht auf der Ansicht der Beteiligten, die Medien könnten in einer Weise „bedient" werden, welche die Verhandlungsgrundlagen nicht beschädigt. Im Falle eines verstärkten Interesses der Medien am Verhandlungsgegenstand ist dann eine Form der Außendarstellung gefragt, bei der die Verhandlungsakteure der Versuchung widerstehen, sich auf Kosten von Verhandlungspartnern medial zu profilieren, etwa indem sie substantielle Verhandlungsdetails preisgegeben und so womöglich wechselseitige Beschädigung riskieren *(geschützte Verhandlungen)*. Unter der Voraussetzung, dass die Medien kein originäres Interesse an einer Verhandlung zeigen, können die Verhandlungsteilnehmer ihre Regulierungstaktik auch als Katalysator für stockende Einigungsprozesse einsetzen *(halböffentliche Verhandlungen)*. Eine dritte mögliche Variante ist die *Mobilisierungstaktik*. Ihr Leitgedanke ist, dass Verhandlungen sukzessive in die Öffentlichkeitsarena verlagert werden, weil einzelne oder mehrere direkt Beteiligte, die sich hauptsächlich an der Mitgliedschaftslogik orientieren, um (positive) öffentliche Aufmerksamkeit konkurrieren und Zugeständnisse im Verhandlungsprozess verweigern. Sowohl im Fall bereits bestehender Medienaufmerksamkeit *(ungeschützte Verhandlungen)* als auch geringer Medienaufmerksamkeit *(öffentliche Verhandlungen)* begünstigt diese Form der Außendarstellung die Stärkung der Machtposition einzelner Verhandlungsakteure gegenüber der eigenen Mitgliederbasis *(outside option)*, gleichermaßen aber auch die Entstehung einer Drohkulisse gegenüber den Verhandlungspartnern *(inside option)*. Im Grunde läuft die Anwendung dieser Taktik darauf hinaus, die mediale Profilierung zu Selbstzwecken zu nutzen und so anderen Verhandlungspartnern, aber möglicherweise auch dem Einigungsprozess, zu schaden.

Tabelle 2: Taktiken politischer Verhandlungsakteure im Umgang mit medialer Öffentlichkeit

Taktik	Vermeidungsstrategie	Manipulationsstrategie
ignorieren	Vermeiden zusätzlichen Medien- und öffentlichen Interesses (diskrete Verhandlungen)	keine Herstellung von Medienaufmerksamkeit (nicht-öffentliche Verhandlungen)
regulieren	kontrollierte Befriedigung bestehenden Medien- und öffentlichen Interesses (geschützte Verhandlungen)	kontrollierte Herstellung von Medienaufmerksamkeit (halböffentliche Verhandlungen)
mobilisieren	unkontrollierbare Befriedigung bestehenden Medien- und öffentlichen Interesses (ungeschützte Verhandlungen)	unkontrollierbare Herstellung von Medienaufmerksamkeit (öffentliche Verhandlungen)

Quelle: Eigene Darstellung.

Die zu analytischen Zwecken unterschiedenen Verhandlungstaktiken kommen nicht unbedingt in Reinform vor, denn real handelnde Akteure werden sie auch in Kombination einsetzen. Allerdings ist die Zahl der kombinatorischen Möglichkeiten begrenzt. Unter der Annahme, dass Umgang mit der Öffentlichkeit prozessbezogen ist, gehen wir nämlich davon aus, dass der Einsatz der einzelnen Taktiken einer unumkehrbaren Eskalationslogik folgt: Sobald die Medien in irgendeiner Weise von den Verhandlungsakteuren erfolgreich bedient wurden, etwa, um deren „Informationshunger" zu stillen oder um die Verhandlungspartner zu mehr Kooperation zu bewegen, gibt es für sie kaum mehr gangbare Wege zurück in die Abgeschiedenheit der Nichtöffentlichkeit. Dies gilt umso mehr, je stärker veröffentlichte Verhandlungsinformationen mit den medialen Aufmerksamkeitsregeln korrespondieren.

Die Entscheidung für eine bestimmte Taktik ist dabei stets kontextbezogen. Im Folgenden erörtern wir, differenziert nach den beiden Öffentlichkeitsstrategien und unter Berücksichtigung der zentralen Anreiz- und Regelsysteme, die drei Handlungsoptionen für politische Verhandlungsakteure systematisch im Hinblick auf ihre inter- und intragruppenspezifischen Effekte sowie hinsichtlich erwartbarer politischer Verhandlungsergebnisse. Die Argumentation stützt sich auf episodische Beispiele aus Deutschland und der Schweiz, die uns als repräsentative Illustrationen für eher wettbewerbs- bzw. konsensorientierte Demokratien dienen.[7]

---

[7] Es handelt es sich um vorläufige Befunde des eingangs erwähnten Forschungsprojekts. Sie basieren auf einer standardisierten Dokumenten- bzw. Medienaufmerksamkeitsanalyse für ausgewählte Expertenkommissionen (1998-2005), für den Koalitionsausschuss, den Bundesrat (1998-2008) sowie den Vermittlungsausschuss und die Einigungskonferenz von 1992 bis 2002.

3.2.1 Öffentlichkeitstaktiken unter den Bedingungen hoher Medienaufmerksamkeit

Verhandlungsprozesse, die konfliktträchtige Gegenstände behandeln, ziehen von Beginn an die Aufmerksamkeit vieler publizistischer Medien auf sich, denn gerade Verteilungskonflikte besitzen vielfältigen journalistischen Nachrichtenwert. Also verwundert es nicht, dass die Rürup-Kommission, die Verhandlungen zur Reform der gesetzlichen Rentenversicherung im Vermittlungsausschuss und die koalitionsinternen Gespräche über Reformen im Gesundheitswesen intensiv von den Medien begleitet wurden. Unter solchen Bedingungen sind die Akteure auf rasche und möglichst inklusive Kompromisse verpflichtet, wollen sie nicht ihren Kredit beim Publikum verspielen. Allerdings setzen die zu befolgenden Regelwerke für die Wahl eines Verhandlungstyps durchaus unterschiedliche Handlungsanreize. In korporatistischen Runden, etwa Expertenkommissionen mit Regierungsauftrag, interagieren staatliche und private Akteure innerhalb eines vorab festgelegten zeitlichen Rahmens, um für ein politisches Problem eine Einzelfallentscheidung zu treffen. Dabei verfolgen die staatlichen Akteure eher gesamtgesellschaftlich orientierte, die privaten Akteure eher partikulare Ziele. Also ist nicht nur erhöhtes Konfliktpotenzial zwischen den Verhandlungsakteuren denkbar, sondern auch ein offensiver Umgang mit der interessierten Öffentlichkeit aufgrund der Freiwilligkeit der Zusammenarbeit und der möglichen Unterstützungsbereitschaft organisierter Interessengruppen möglich. Konkordante Verhandlungen, wie sie etwa in der bundesdeutschen Großen Koalition seit 2005 oder dem Schweizer Bundesrat geführt werden, beruhen stattdessen auf eher gesamtgesellschaftlichen Interessen staatlicher Verhandlungsakteure. Auch sie können wegen parteipolitisch unterschiedlicher Positionen in Konflikt miteinander geraten. Doch obwohl die Möglichkeit des Austritts gegeben ist, spielt die Exit-Option eine eher untergeordnete Rolle. Erstens ist die Aufkündigung der Zusammenarbeit mit dem Risiko verbunden, von zukünftigen Verhandlungen ausgeschlossen zu bleiben (allerdings nicht im Schweizer Fall); und zweitens stellt die Herbeiführung politischer Tauschgeschäfte eine zentrale Verhandlungstaktik dar. Dieses Muster prägt auch konstitutionell festgelegte Verhandlungen, z. B. im deutschen Vermittlungsausschuss oder in der Schweizer Einigungskonferenz. Allerdings beschränken sich die Möglichkeiten des politischen Tauschs dort auf rechtlich bindende Einzelfallentscheidungen. Dabei fällt ins Gewicht, dass nicht der Ausstieg, sondern gerade die Vetodrohung die zentrale Verhandlungsoption der politischen Entscheidungsträger darstellt.

Infolge der unbeschränkten Austrittsoptionen sowie der optionalen Unterstützungsbereitschaft organisierter Interessengruppen weisen korporatistische Verhandlungsgremien den größten Freiraum auf, um mit medialem Druck umzugehen. Geringere Freiheitsgrade bieten konkordante, allen voran aber konstitutionelle Verhandlungsarrangements. Damit der Einigungsprozess nicht gefährdet wird, weil relevante Verhandlungsinformationen frühzeitig (un-)beabsichtigt in die Öffentlichkeit dringen und die Vertrauensbasis zwischen den Verhandlungsakteuren (irreparabel) stören, ist für diese Konsensfindungsgremien mit eingeschränkter Austrittsoption und häufigen Verhandlungskontakten eine aktive Abschottungstaktik im Sinne des Ignorierens von Öffentlichkeitsansprüchen wahrscheinlich. Dabei dürfte diese taktische Subvariante in hoch formalisierten konstitutionellen Verhandlungen tendenziell häufiger auftreten. Die personalisierte Subform erscheint dagegen oft in konkordanten Verhandlungen als eine Art politischer Versuchsballon, wenn sich nämlich die politischen Entscheidungsträger unsicher über Reaktionen der Öffentlichkeit sind oder eine Einigung schlicht unmöglich ist. Nimmt der mediale Druck auf laufende Verhandlungen derart zu, dass die Medien nicht mehr ohne negative Publizität verprellt werden können, ist schließlich auch noch der Einsatz der Regulierungstaktik denkbar. Ist eine Einigung zwar wahrscheinlich, bedürfen aber Einzelheiten weiterer Klärung, so können ausgewählte politische Sprecher – etwa die jeweiligen Verhandlungsführer – die Öffentlichkeit ohne konfrontative Rhetorik am Ende einer Verhandlungsrunde über den gegenwärtigen Stand informieren. Da Akteure mit exekutiven Funktionen stärker im Rampenlicht stehen als solche mit rein legislativen Aufgaben, dürfte die Regulierungsoption vor allem in konkordanten Verhandlungsarrangements gewählt werden. Dabei kann sich der unter den Voraussetzungen personalisierter Vermeidungstaktik entwickelnde Prominenzfaktor allerdings auch als Öffentlichkeitsmagnet erweisen und so den medialen Druck auf die Verhandlungsteilnehmer erhöhen. Auch in korporatistischen Verhandlungen sind Regulierung und Vermeidung anzutreffen; dabei lastet auf den Vertretern privater Interessen ein größerer öffentlicher Vermittlungsdruck wegen einesteils der Bindung an die eigene(n) Anspruchsgruppe(n) und anderenteils wegen des stets zu erneuernden Vertretungsanspruchs gegenüber der Mitgliederbasis. Erstrecken sich dann laufende Verhandlungen über einen längeren Zeitraum ohne erkennbare Ergebnisse, so ist der Einsatz von Mobilisierungsstrategien denkbar. Dabei fordern nicht nur die Referenzgruppen mehr substanzielle Auskünfte zum Verhandlungsverlauf, sondern können auch Interessenvertreter der Versuchung erliegen, konfrontative und nicht abgestimmte Stellungnahmen zu Verhandlungsverlauf und Verhandlungsaussichten abzugeben.

Diese drei Grundtaktiken zum Umgang mit „intrinsisch" motivierter Medienaufmerksamkeit unterscheiden sich hinsichtlich der informativen Offenheit des Verhandlungsprozesses für die Medienöffentlichkeit (vgl. *Tabelle 3*). Ihr Einsatz hängt sowohl von den institutionellen Handlungsoptionen als auch von der Stärke der Interessenbindung der jeweiligen Verhandlungsakteure ab. Grundsätzlich muss Öffentlichkeit wohl kein Hindernis für die Kompromissbildung darstellen, denn trotz permanenten Medieninteresses für einen Verhandlungsgegenstand können die Verhandlungsakteure bewusst auf die Schaffung zusätzlicher Medienaufmerksamkeit verzichten, etwa weil das Verlassen der Verhandlungen nicht möglich oder zu teuer ist. Auch kann Alternativlosigkeit eine Einigung erzwingen. Eine nicht oder nur in Absprache mit allen Verhandlungspartnern informierte Medienöffentlichkeit ermöglicht im Übrigen integratives Verhalten im Einigungsprozess, selbst wenn Verteilungsfragen Gegenstand der Verhandlung sind. Im Falle derartiger Mobilisierung ist auch eine Veränderung der Binnenkommunikation politischer Verhandlungen zu erwarten, und zwar in Richtung eines zunehmend konfrontativen und argumentativ vereinfachten Interaktionsstils, der die Kompromissbildung zumindest erschwert.

Exemplarische Fallskizzen für den korporatistischen und konkordanten Verhandlungssystemtyp untermauern diese theoretischen Überlegungen. Die Rürup-Kommission, einberufen im November 2002, setzte sich aus 26 Vertretern aus Bund, Ländern und Kommunen, aus hohen Repräsentanten der Wirtschaft, der Sozialpartner sowie der Wissenschaft zusammen, und sie erarbeitete im Auftrag der Regierung Schröder Reformvorschläge zur Stabilisierung der Sozialversicherung. Die Kommission stand von

Tabelle 3: Theoretischer Rahmen zur Analyse politischer Verhandlungen unter hoher Medienaufmerksamkeit

Verhandlungs-merkmale	Ignorierungstaktik (diskrete Verhandlung)	Regulierungstaktik (geschützte Verhandlung)	Mobilisierungstaktik (ungeschützte Verhandlung)
Politikfeld	(re-)distributiv	(re-)distributiv	(re-)distributiv
öffentliches Interesse	moderat bis hoch	moderat bis hoch	moderat bis hoch
Demokratietyp	Konsensdemokratie	Konsens- und Konkurrenzdemokratie	Konkurrenzdemokratie
Verhandlungssystemtyp	konstitutionell, konkordant	konstitutionell, konkordant, korporatistisch	konkordant, korporatistisch
Problemlösungsdruck	hoch	hoch bis moderat	moderat bis gering
Öffentlichkeitseffekt	nicht existent	gering, kontrollierbar	moderat bis hoch, nicht kontrollierbar
Intergruppeneffekt	stabile Vertrauensbasis, hohe Konzessionsbereitschaft	stabile Vertrauensbasis, hohe bis moderate Konzessionsbereitschaft	gefährdete Vertrauensbasis, abnehmende Konzessionsbereitschaft
Intragruppeneffekt	Konsensorientierung, delegative Flexibilität	Konsensorientierung, delegative Flexibilität	Stereotypisierung, begrenzte delegative Flexibilität
Taktikwechsel (aufwärts)	zu hoher öffentlicher Druck	öffentlicher Druck mobilisiert unkontrollierbare delegative Bindung	
Verhandlungsergebnis	Kompromiss	Kompromiss	Kompromiss gefährdet
Verhandlungsspielregeln	stabil	stabil	mittelfristig gefährdet

Quelle: Eigene Darstellung.

Beginn der Verhandlungen an unter enormer Medienbeobachtung,[8] die sich dem öffentlichen Schlagabtausch zwischen dem Kommissionsvorsitzenden Rürup, der Gesundheitsministerin Schmidt sowie verschiedenen anderen Kommissionsmitgliedern (z. B. Karl Lauterbach) widmete. Anfangs konzentrierte sich die Kontroverse noch auf Fragen zur Reformnotwendigkeit; zunehmend aber verlagerte sie sich auf konkrete Reformschritte sowie auf den Führungsstil des Vorsitzenden. Trotz scharfer Kritik Rürups („Gegenwärtig ist die Kommission das Forum, nicht die Öffentlichkeit", in: Süddeutsche Zeitung, 3.1.2003: 1), gelang es nicht allen Verhandlungspartnern, Informationen über den Arbeitsstil der Kommission und über spezifische Positionen ihrer Mitglieder aus dem Rampenlicht der Medien zu nehmen. Es blieb bei der Austragung inhaltlicher und personeller Differenzen im öffentlichen Raum, und zwar mit der Konsequenz,

---

8 Siefken (2007) identifizierte über 2000 Presseartikel, die sich mit der Rürup-Kommission beschäftigten.

dass wohl alle Kommissionsmitglieder den Abschlussbericht, aber nicht jeden mit ihm verbundenen Politikvorschlag mittrugen. Obwohl die Regierung die Kommissionsempfehlungen öffentlich mit Wohlwollen zur Kenntnis nahm, unterbreitete das Bundesministerium für Gesundheit im Herbst 2003 dann auch ein neues, eigenes Reformkonzept.

Der Schweizer Bundesrat, Musterfall eines kollegialen Konkordanzgremiums, verzeichnet seit dem Jahr 2003 einen deutlichen Anstieg öffentlicher Aufmerksamkeit für seine Arbeit. Dafür war vornehmlich Bundesrat Christoph Blocher verantwortlich. Als stark polarisierender und von der Tradition der Konkordanz abweichender konservativer Parteipolitiker erregte er die öffentlichen Gemüter etwa gezielt mit Verteilungsfragen (z. B. Ausländer- und Asylrecht, bilaterale Verträge mit der EU) und forderte auf diese Weise den diskreten Arbeitsstil des Bundesrates und seiner Mitglieder heraus. Obwohl Verhandlungsbereitschaft und Kompromissfähigkeit zwischen den Bundesratsparteien nach Aussage von Altbundesrat Arnold Koller bereits seit den 1990er Jahren abnahmen (Neue Zürcher Zeitung, 1.6.2007: 18), sieht Bundesrat Moritz Leuenberger weiterhin im diskreten Verhandlungsmodus die Stärke des Bundesrats. Diese hält er öffentlich allerdings weniger von seinem Kollegen Blocher bedroht, als vielmehr von den Medien selbst: Eigene Meinungen, die er intern kund tue, und mehr noch öffentliche Äußerungen würden von den Medien eigensüchtig zugespitzt und belasteten das bundesrätliche Arbeitsklima (Neue Zürcher Zeitung am Sonntag, 6.5.2007: 13).

Insgesamt zeigt sich: Unter den Bedingungen politikfeldspezifischer publizistischer Aufmerksamkeit erweisen sich spezifische Anreiz- und Regelsysteme als handlungsleitend für die Beteiligten politischer Verhandlungen. Dabei schützen Entscheidungstraditionen in Konsensdemokratien zumindest zeitweise vor einer öffentlichen Entgleisung diskreter Verhandlungspolitik. Dagegen befördert das Aufeinandertreffen staatlicher und privater Interessen in Konkurrenzdemokratien die Einbindung der medialen Öffentlichkeit mit negativen Auswirkungen einerseits auf das Vertrauensverhältnis zwischen den Verhandlungsakteuren und andererseits auf die Kompromissqualität.

3.2.2 Öffentlichkeitstaktiken unter den Bedingungen geringen oder fehlenden Medieninteresses

Sollte es an publizistischer Aufmerksamkeit fehlen, weil die Verhandlungsmerkmale nicht den medialen Selektionsbedingungen entsprechen oder brisantere Themen die Medienagenda beherrschen, können Politiker auch versucht sein, mediale Aufmerksamkeit bewusst auf ihre Anliegen zu lenken. Dies wird etwa dann geschehen, wenn ein Einigungsprozess ins Stocken gerät, dessen Verhandlungsgegenstand eine stark regulative Dimension aufweist, und somit keine direkten Verteilungseffekte impliziert. In der Regel wird es darum gehen, dass die Verhandlungspartner ihre eigene Verhandlungsposition stärken, indem sie die ihrer Gegner schwächen.[9] Ein ebenso beliebtes wie bewährtes Mittel dafür sind systematisch gestreute Informationen über die laufenden Verhandlungen. Der Erfolg im Sinn der Erzeugung von Medieninteresse und Anschlusskommunikation einer solchen Taktik wird davon abhängen, welchen Nachrichtenwert

---

9 Altruistische Intentionen vorausgesetzt, könnte mediale Aufmerksamkeitsprovokation aber auch dazu dienen, den Einigungsdruck zu erhöhen.

diskret überlassene Informationen aufweisen. Immerhin lassen sich Konstellationen denken, in denen die Medien, möglicherweise trotz einigen Bemühens der Beteiligten, politische Verhandlungen weiterhin ignorieren.[10] Etwa ziehen technokratische Regulierungsentscheide (bspw. Rechtsstrukturanpassungen im Vermittlungsausschuss) oder nur auf einen bestimmten Personenkreis konzentrierte Themen (bspw. die Radarkommission) typischerweise wenig öffentliche Aufmerksamkeit auf sich. Neben den spezifischen Ereignismerkmalen politischer Verhandlungen beeinflussen im Übrigen auch kulturelle Praktiken journalistischer Tätigkeit den Anreiz für Verhandlungsteilnehmer, öffentliche Aufmerksamkeit zu erregen. Dabei ist zu vermuten, dass derlei Anstrengungen sich in Konkurrenzdemokratien als deutlich erfolgversprechender erweisen als in Konsensdemokratien. Allerdings deuten empirische Befunde darauf hin, dass die Medienaufmerksamkeit für Verhandlungen über verschiedene juristische Sachfragen sich etwa im deutschen Vermittlungsausschuss kaum von derjenigen in der Schweiz unterscheidet. Hingegen ziehen solche Themen, wenn sie in korporatistischen Netzwerken verhandelt werden, in der Schweiz mehr publizistisches Interesse auf sich als in Deutschland (Floß/Marcinkowski 2008).

Zusätzlichen Antrieb für publizistisches Interesse liefern die Verhandlungsspielregeln. Vor allem in korporatistischen Verhandlungen können die Beteiligten, wegen der typischerweise begrenzten Anzahl ihrer Verhandlungskontakte („man sieht sich nur einmal") sowie der völligen Freiwilligkeit ihrer Zusammenarbeit, den „Medienjoker" spielen und dann auf eine Trendwende zu ihren Gunsten im Entscheidungsprozess hoffen. Dabei laufen sie allerdings Gefahr, mit überzogener Mobilisierung der Medien nicht nur die Flexibilität ihrer Verhandlungspartner zu schwächen, die in solchen Fällen beinahe zwangsläufig auf Konfrontation umschalten werden, sondern letzten Endes sogar ihre eigene. Öffentliche Vorwürfe verlangen nämlich nach öffentlicher Verteidigung, wobei spezifische Aussagen mit klar ableitbaren Konsequenzen nicht nur zu einer Verschärfung der öffentlichen Debatte führen, sondern auch das Verhältnis der Verhandlungspartner nachhaltig belasten dürften. Die Mobilisierungstaktik ist somit zwar ein potenzielles Druckmittel, entfaltet aber im Verhandlungsverlauf eher Polarisierungswirkungen zwischen den Lagern, und zwar zuerst in der öffentlichen Debatte, danach im Verhandlungsraum, treibt aber nicht eine Bündelung der Kräfte voran. Als Folge verharren Verhandlungen in der anfänglichen Entscheidungssackgasse, wobei die Erfahrungen der Beteiligten neuerliche Kompromissfindungsprozesse bereits in der Anfangsphase belasten und bei weiterhin gegebener Entscheidungsunfähigkeit den Ruf nach hierarchischen Beschlüssen verstärken dürften.

Einen Kräfteausgleich zwischen den Verhandlungslagern ermöglicht stattdessen die Regulierungstaktik, die sowohl korporatistische als auch alle übrigen Verhandlungsnetzwerke bemühen können, wenn sich Verhandlungen festgefahren haben. Angesichts der für sie kennzeichnenden kontrollierten Informationsverbreitung können die beteiligten Verhandlungspartner Stimmungen in der Bevölkerung gezielt identifizieren und als po-

---

10 Medien können auch erst nach Abschluss eines Verhandlungsprozesses Interesse an ihm entwickeln und etwa Entscheidungen als zu wenig effizient oder inklusiv kritisieren. So mobilisieren sie nachträglich die Publikums- oder auch Mitgliederöffentlichkeit beteiligter Verhandlungsgruppen, und zwar nicht selten mit der Folge, dass Widerspruch in der Bevölkerung Nach- oder Neuverhandlungen erforderlich macht. Dieses Phänomen wäre gesondert zu untersuchen.

tenzielle Drohkulissen im Kompromissfindungsprozess nutzen, ohne dass dabei die eigene politische Verhandlungsflexibilität untergraben oder eine bestehende Vertrauensbasis zwischen den Verhandlungspartnern aufs Spiel gesetzt würde. Dieser Taktik kommen in konkordanten und konstitutionellen Verhandlungsarenen vor allem vielfache Kontakte zwischen den Beteiligten („man sieht sich immer wieder") sowie sehr beschränkte Austrittsoptionen entgegen. Eine nachhaltige Belastung der Beziehungen zwischen den Verhandlungsakteuren, wie sie etwa die Mobilisierungstaktik impliziert, würde nämlich politischen Stillstand provozieren und damit die demokratische Stabilität bedrohen. In Antizipation von Neuwahlen können Beteiligte konkordanter Gremien jedoch Versuche mit der Mobilisierungstaktik wagen, ohne die Regierungsfähigkeit wirklich in Frage zu stellen. Anders verhält es sich im Fall von Zwangsverhandlungen, in denen die Verhandlungsteilnehmer wegen ihrer Verpflichtung zur Kooperation der Mobilisierungstaktik keine echten Vorteile abgewinnen können. Allerdings ist es nicht ausgeschlossen, dass einzelne Verhandlungsteilnehmer solche Gremien als Wahlkampfshowbühne einfach missbrauchen. Auch wenn daraus parteipolitische Vorteile erwachsen sollten, bedrohen sie andererseits das Ansehen einer demokratischen Verfassungsinstitution. Die Taktik des Ignorierens spielt unter den gegebenen Umständen fehlender bzw. geringer Medienaufmerksamkeit ohnehin keine Rolle.

Die Realitätsnähe solcher Annahmen lässt sich auch in diesem Fall durch ausgewählte Beispiele belegen. Im Rahmen des Koalitionsausschusses erteilte etwa die Regierung Merkel im Juni 2006 einer Arbeitsgruppe unter der Führung Roland Kochs (CDU) und Peer Steinbrücks (SPD) den Auftrag, Vorschläge zur Unternehmenssteuerreform zu erarbeiten. Diese Zusammenarbeit erfolgte vor dem Hintergrund eines bereits erfolgreich erarbeiteten Körperschaftssteuerkompromisses und zog kaum mediales Interesse auf sich. Auf Angriffe von außen, die mit Forderungen nach mehr Information über den Verlauf und die Zwischenergebnisse der Verhandlungen einhergingen, reagierten Koch und Steinbrück einhellig („Wir sind keine Deppen.", Steinbrück in Süddeutsche Zeitung, 27.09.2006: 21), um die gemeinsamen Anstrengungen in der Arbeitsgruppe zu verteidigen. Ihre Informationspolitik ging nicht über die bloße Nennung von Diskussionspunkten und Gesprächsnotwendigkeiten mit Dritten hinaus. Die Arbeitsgruppe legte dann am 2.11.2006 ein Eckpunktepapier vor, das im Folgesommer erfolgreich von Kabinett und Parlament verabschiedet wurde.

Auch die Verabschiedung der vier Gesetze für „Moderne Dienstleistungen am Arbeitsmarkt" basiert im Kern auf den Vorschlägen einer Kommission, die im Auftrag der Bundesregierung – initiiert am 22.2.2002 – unter Mitwirkung von Vertretern aus Politik, Wissenschaft und Wirtschaft erfolgreich Vorschläge für eine effizientere Gestaltung der Arbeitsmarktpolitik entwickelt hatte. Diese sogenannte Hartz-Kommission betrieb trotz oder gerade wegen der hohen gesellschaftlichen Brisanz des Themas eine restriktive Informationspolitik, die erst kurz vor dem Ende der Beratungen gelockert wurde (Siefken 2007: 296 ff.). Die Kerninhalte des Kommissionsberichts (August 2002) gingen nicht nur in die Koalitionsvereinbarungen vom 16.10.2002 ein, sondern wurden auch unverzüglich gesetzlich umgesetzt. Alle vier Gesetzespakte waren Gegenstand der Diskussionen im Vermittlungsausschuss und weitgehend medialer Beobachtung entzogen. Während sich die Mitglieder des Vermittlungsausschusses für Hartz I und II bereits in der ersten Ausschusssitzung am 17.12.2002 auf einen Kompromiss einigen konnten, benötigten sie für Hartz III und IV mehr Zeit. Nach seiner Anrufung

Tabelle 4: Theoretischer Rahmen zur Analyse politischer Verhandlungen unter der Bedingung geringer bzw. fehlender Medienaufmerksamkeit

Verhandlungs-merkmale	Regulierungstaktik (halböffentliche Verhandlung)	Mobilisierungstaktik (öffentliche Verhandlung)
Politikfeld	regulativ	regulativ
öffentliches Interesse	nicht vorhanden bis gering	nicht vorhanden bis gering
Demokratietyp	Konkurrenzdemokratie	Konkurrenzdemokratie
Verhandlungssystemtyp	konstitutionell, konkordant, korporatistisch	konkordant, korporatistisch
Problemlösungsdruck	moderat	gering
Öffentlichkeitseffekt	gering, kontrollierbar	moderat bis hoch, unkontrollierbar
Intergruppeneffekt	kontrollierte Vertrauensbasis, moderate bis geringe Konzessionsbereitschaft	gefährdete Vertrauensbasis, geringe Konzessionsbereitschaft
Intragruppeneffekt	eingeschränkte Konsensorientierung, kontrollierte Mobilisierung delegativer Bindung	Stereotypisierung, unkontrollierte Mobilisierung delegativer Bindung
Taktikwechsel (aufwärts)	kein Wandel der Konzessionsbereitschaft	–
Verhandlungsergebnis	Kompromiss trotz Verhandlungsstagnation erwartbar	Kompromiss nur bedingt oder gar nicht erwartbar
Verhandlungsspielregeln	stabil	mittelfristig gefährdet

Quelle: Eigene Darstellung.

am 7.11.2003 verständigte sich der Vermittlungsausschuss am 16.12.2003 zwar auf einen gemeinsamen Vorschlag für Hartz IV; doch an Hartz III scheiterte er. Dabei war die mediale Berichterstattung über beide Vermittlungsprozesse insgesamt eher gering und ging kaum über die Darlegung der bekannten parteispezifischen Grundpositionen hinaus. Die Kommissionsmitglieder bewahrten über den Fortgang der Verhandlungen auch grundsätzlich Stillschweigen und äußerten sich, wenn überhaupt, sehr unverbindlich – etwa so: „Wir haben das Vorgebirge durchwandert und allmählich beginnt nun der steile Anstieg. Aber wir werden die Eigernordwand schon noch besteigen" (Ludwig Stiegler, zitiert in Süddeutsche Zeitung, 12.12.2003: 6).

Insgesamt bleibt festzustellen, dass unter Bedingungen geringer oder fehlender Medienaufmerksamkeit die Störanfälligkeit politischer Verhandlungen sehr stark von der taktischen Handlungswahl der Beteiligten abhängt, wobei letztere nicht nur institutionell, sondern vor allem auch situationsspezifisch determiniert sein wird (vgl. *Tabelle 4*). Mobilisierung von Medienaufmerksamkeit ist also an sich nicht problematisch. Doch die Wahl der Mittel, insbesondere die Art absichtlich gestreuter Informationen sowie der Zeitpunkt ihrer Veröffentlichung, kann sehr wohl zu unintendierten Effekten führen.

4. Fazit

Der vorliegende Beitrag präsentierte auf der Basis eines interdisziplinären Ansatzes eine Typologie medialisierter Verhandlungen in modernen Demokratien. Diese ermöglicht eine differenzierte Analyse kooperativer Entscheidungsprozesse unter besonderer Berücksichtigung der Medien. Zugleich lässt sie Rückschlüsse auf Handlungsalternativen von Politikern im Umgang mit der Medienöffentlichkeit zu. Obwohl komplexer werdende soziale Probleme zunehmend nach einvernehmlichen politischen Lösungen verlangen, welche Politiker zumindest auf den ersten Blick in eine Art Handlungsdilemma zwischen Entscheidungs- (bzw. Verhandlungs-) und Öffentlichkeitslogik stürzen, eröffnen ausdifferenzierte Verhandlungssysteme auf den zweiten Blick den politischen Verhandlungsakteuren umfangreiche Möglichkeiten, mit beiden Anforderungen so umzugehen, dass weder effiziente Entscheidungen noch deren (vorgängige) öffentliche Vermittlung ausgeschlossen sind. Deshalb greift die in der Beraterliteratur vehement vertretene Auffassung zu kurz, wonach Politiker den Herausforderungen der Mediendemokratie am besten begegnen könnten, wenn sie die Funktionslogik der Medien möglichst professionell bedienten. Vielmehr sind profunde Erfahrungen mit der Funktionsweise unterschiedlicher demokratischer Entscheidungsarrangements gefragt, und zwar bei *gleichzeitiger* Kenntnis der Routinen medialer Nachrichtenerzeugung. Verhandelnde Politiker können medial vermittelte Öffentlichkeit jedenfalls nur dann absichtsvoll und effizient zur Herstellung von Verhandlungslösungen nutzen, wenn ihnen das Eskalationspotenzial öffentlichkeitsorientierter Handlungsstrategien und -taktiken bewusst ist. Näheres müssen empirische Studien vergleichenden Zugriffs an den Tag bringen.

Literatur

Benz, Arthur, 1998: Postparlamentarische Demokratie? Demokratische Legitimation im kooperativen Staat, in: *Greven, Michael T.* (Hrsg.), Demokratie. Eine Kultur des Westens? Opladen: Leske + Budrich, 201-222.

Benz, Arthur, 2001: Der moderne Staat. Grundlagen der politologischen Analyse. München: Oldenbourg.

Benz, Arthur, 2004: Governance – Regieren in komplexen Regelsystemen. Wiesbaden: Verlag für Sozialwissenschaften.

Blumenthal, Julia von, 2003: Auswanderung aus den Verfassungsinstitutionen. Kommissionen und Konsensrunden, in: Aus Politik und Zeitgeschichte 43, 9-15.

Chambers, Simone, 2004: Behind Closed Doors. Publicity, Secrecy, and the Quality of Deliberation, in: Journal of Political Philosophy 12, 389-410.

Cook, Timothy E., 1998: Governing with the News. The News Media as a Political Institution. Chicago: University of Chicago Press.

Cook, Timothy E., 2006: The News Media as a Political Institution: Looking Backward and Looking Forward, in: Political Communication 23, 159-171.

Czada, Roland, 1997: Vertretung und Verhandlung. Aspekte politischer Konfliktregelung in Mehrebenensystemen, in: *Benz, Arthur/Seibel, Wolfgang* (Hrsg.), Theorieentwicklung in der Politikwissenschaft – eine Zwischenbilanz. Baden-Baden: Nomos, 237-260.

Czada, Roland, 2000: Dimensionen der Verhandlungsdemokratie. Konkordanz, Korporatismus, Politikverflechtung, in: polis 46. Institut für Politikwissenschaft der FernUniversität-Gesamthochschule Hagen.

Donges, Patrick (Hrsg.), 2007: Von der Medienpolitik zur Media Governance? Köln: Halem.

Donges, Patrick, 2008: Medialisierung politischer Organisationen: Parteien in der Mediengesellschaft. Wiesbaden: VS Verlag für Sozialwissenschaften.
Elster, Jon, 1989: The Cement of Society: A Study of Social Order. Cambridge: Cambridge University Press.
Elster, Jon, 1991: Arguing and Bargaining in the Federal Convention and the Assemblée Constituante. Center for the Study of Constitutionalism in Eastern Europe, Working Paper No. 4.
Esser, Hartmut, 2004: Die „Logik" der Verständigung. Zur Debatte um „Arguing" und „Bargaining" in internationalen Verhandlungen, in: *Pappi, Franz Urban* et al. (Hrsg.), Die Institutionalisierung internationaler Verhandlungen. Frankfurt a. M.: Campus, 33-68.
Floß, Daniela/Marcinkowski, Frank, 2008: Do News Frames Reflect a Nation's Political Culture? A New Institutionalism Approach of Comparing News Frames. Universität Zürich, NCCR Working Paper No. 25, Online im Internet: URL: http://www.nccr-democracy.uzh.ch/nccr/publications/workingpaper/workingpaper.25
Gilboa, Eytan, 2000: Mass Communication and Diplomacy: A Theoretical Framework, in: Communication Theory 10, 275-309.
Grande, Edgar, 2004: Transformation der Demokratie – Zum Wandel der Politik in der Mediengesellschaft. Unveröffentlichtes Manuskript. München, 7. Juni 2004.
Häusermann, Silja et al., 2004: From Corporatism to Partisan Politics. Social Policy Making under Strain in Switzerland, in: Swiss Political Science Review 10, 33-59.
Hoffmann-Riem, Wolfgang, 2000: Politiker in den Fesseln der Mediengesellschaft, in: Politische Vierteljahresschrift 41, 107-127.
Hood, Christopher, 2007: What Happens when Transparency Meets Blame-Avoidance?, in: Public Management Review 9, 191-210.
Kaplan, Richard L., 2006: The News About New Institutionalism: Journalism's Ethic of Objectivity and Its Political Origins, in: Political Communication 23, 173-185.
Kaase, Max, 1995: Demokratie im Spannungsfeld von politischer Kultur und politischer Struktur, in: *Schuett-Wetschky, Eberhard/Link, Werner/Schwan, Gesine* (Hrsg.), Jahrbuch für Politik 5 (2), Halbband. Baden-Baden: Nomos, 199-220.
Kepplinger, Hans Mathias, 1999: Publizistische Konflikte, in: *Wilke, Jürgen* (Hrsg.), Mediengeschichte der Bundesrepublik Deutschland. Köln: Böhlau, 698-719.
Kepplinger, Hans Mathias, 2007: Reciprocal Effects: Toward a Theory of Mass Media Effects on Decision Makers, in: Press/Politics 12, 3-23.
Kopper, Gerd, 2003: Journalistische Kultur in Deutschland, in: *Kopper, Gerd/Mancini, Paolo* (Hrsg.), Kulturen des Journalismus und politische Systeme. Berlin: Vistas, 109-130.
Lehmbruch, Gerhard, 2003: Verhandlungsdemokratie. Beiträge zur Vergleichenden Regierungslehre. Wiesbaden: WDV.
Lijphart, Arend, 1999: Patterns of Democracy: Government Forms and Performance in Thirty-Six Countries. New Haven: Yale University Press.
Linder, Wolf, 1999: Schweizerische Demokratie – Institutionen, Prozesse, Perspektiven. Bern: Haupt.
Lowi, Theodore J., 1964: American Business, Public Policy, Case Studies, and Political Theory, in: World Politics 16, 667-715.
March, James G./Olsen, Johan P., 1984: The New Institutionalism: Organizational Factors in Political Life, in: American Political Science Review 79, 734-749.
Marcinkowski, Frank, 2005: Die „Medialisierbarkeit" politischer Institutionen, in: *Rössler, Patrick/Krotz, Friedrich* (Hrsg.), Mythos Mediengesellschaft? The Media Society and its Myths. Konstanz: UVK, 341-370.
Marcinkowski, Frank, 2007: Medien als politische Institution. Politische Kommunikation und der Wandel von Staatlichkeit, in: *Wolf, Klaus Dieter* (Hrsg.), Staat und Gesellschaft – fähig zur Reform? Baden-Baden: Nomos, 97-108.
Mayntz, Renate, 2004: Governance im modernen Staat, in: *Benz, Arthur* (Hrsg.), Governance. Regieren in komplexen Regelsystemen. Wiesbaden: VS Verlag für Sozialwissenschaften, 65-76.
Mazzoleni, Gianpietro/Schulz, Winfried, 1999: „Mediatization" of Politics: A Challenge for Democracy, in: Political Communication 16, 247-261.

Pfetsch, Barbara, 1993: Strategien und Gegenstrategien. Politische Kommunikation bei Sachfragen. Eine Fallstudie aus Baden-Württemberg, in: *Donsbach, Wolfgang* et al. (Hrsg.), Beziehungsspiele – Medien und Politik in der öffentlichen Diskussion. Gütersloh: Verlag Bertelsmann Stiftung, 45-110.

Pfetsch, Barbara, 2000: Strukturbedingungen der Inszenierung von Politik in den Medien: die Perspektive von politischen Sprechern und Journalisten, in: *Niedermayer, Oskar/Westle, Bettina* (Hrsg.), Demokratie und Partizipation. Festschrift für Max Kaase. Wiesbaden: WDV, 211-232.

Pfetsch, Barbara/Adam, Silke (Hrsg.), 2008: Massenmedien als politische Akteure. Konzepte und Analysen. Wiesbaden: VS Verlag für Sozialwissenschaften.

Saner, Raymond, 1997: Verhandlungstechnik. Strategie, Taktik, Verhalten, Motivation, Delegationsführung. Bern: Haupt.

Sarcinelli, Ulrich, 2005: Politische Kommunikation in Deutschland. Zur Politikvermittlung im demokratischen System. Wiesbaden: VS Verlag für Sozialwissenschaften.

Saxer, Ulrich et al, 1993: Medien und Politik – Zusammenfassungen und Schlussfolgerungen, in: *Donsbach, Wolfgang* et al. (Hrsg.), Beziehungsspiele – Medien und Politik in der öffentlichen Diskussion. Gütersloh: Verlag Bertelsmann Stiftung, 317-326.

Scharpf, Fritz W., 1988: Verhandlungssysteme, Verteilungskonflikte und Pathologien der politischen Steuerung, in: *Schmidt, Manfred G.* (Hrsg.), Staatstätigkeit. International und historisch vergleichende Studien. Opladen: Leske + Budrich, 61-87.

Schelling, Thomas C., 1960: The Strategy of Conflict. Oxford: Oxford University Press.

Schudson, Michael, 2002: The News Media as Political Institutions, in: Annual Review of Political Science 5, 249-269.

Siefken, Sven T., 2007: Expertenkommissionen im politischen Prozess. Eine Bilanz zur rot-grünen Bundesregierung 1998-2005. Wiesbaden: VS Verlag für Sozialwissenschaften.

Sparrow, Bartholomew H., 1999: Uncertain Guardians. The News Media as a Political Institution. Baltimore/London: John Hopkins University Press.

Walton, Richard E./Cutcher-Gershenfeld, Joel E./McKersie, Robert B., 1994: Strategic Negotiations. A Theory of Change in Labor-Management Relations. Boston: Harvard Business School Press.

Weber, Max, 1992 (1919): Politik als Beruf. Stuttgart: Reclam.

Zucker, Lynne G., 1987: Institutional Theories of Organization, in: Annual Review of Sociology 13, 443-464.

Zusammenfassungen

Klaus Stolz, **Die Entdeckung der politischen Klasse: Aktualität und Grenzen der Theorie Gaetano Moscas**, S. 33-51.

Der Terminus „politische Klasse" ist in den letzten Jahren zu einem zentralen Begriff für die Beschreibung und die Analyse von Berufspolitikern in der modernen Demokratie geworden. In diesem Beitrag wird Gaetano Moscas vor über einem Jahrhundert entwickelte Theorie der politischen Klasse mit der gegenwärtigen Verwendung des Begriffs verglichen. Das Ergebnis: Trotz ihrer zeitlichen Gebundenheit sowie deutlicher analytischer Unschärfen und Inkonsistenzen besitzen Moscas Überlegungen eine über die rein stichwortgebende Funktion hinausgehende Relevanz. Seine weitreichenden Einsichten in den Klassencharakter der politisch herrschenden Minderheit – insbesondere in dessen materielle und habituelle Basis – sind bis heute noch keineswegs zu politikwissenschaftlichem Allgemeingut geworden.

Stichworte: Politische Theorie • Elitentheorie • Politische Klasse • Mosca • Politische Professionalisierung

Kari Palonen, **Zur Rhetorik des Berufspolitikers. Historische und idealtypische Betrachtungen im Anschluss an Max Weber**, S. 52-69.

Max Webers Bemerkung, dass die Puritaner Berufsmenschen sein wollten, wir es sein müssen, taugt auch zur Diskussion des Berufspolitikers. Die parlamentarischen Prozeduren und rhetorischen Praktiken trugen zum Handwerk des vordemokratischen Berufspolitikers bei. Das allgemeine Wahlrecht gab den Anstoß für die Herausbildung alimentierter Vollzeitpolitiker und damit für die Sozialfigur des Berufspolitikers. Weber verteidigte die schicklichen Berufsparlamentarier als das nötige Gegengewicht zur Beamtenherrschaft. Im Schlussteil präzisiere ich den Idealtypus Berufspolitiker im Verhältnis zu drei Gegenbegriffen: denen des Laien, des Amateurs und des Dilettanten. Im Sinne von Reinhart Koselleck bildet der Letztere einen asymmetrischen Gegenbegriff, die zwei anderen symmetrische Gegenbegriffe für den Berufspolitiker.

Stichworte: Professionalisierung der Politik • Berufspolitiker • asymmetrische und symmetrische Gegenbegriffe • Max Weber • Reinhart Koselleck

Werner J. Patzelt, **Was für Politiker brauchen wir? Ein normativer Essay**, S. 70-100.

Nicht wie die politische Klasse beschaffen ist, sondern wie sie sein *sollte,* ist Gegenstand dieses Beitrags. Vorab wird erörtert, inwiefern dies eine politikwissenschaftliche Frage ist. Nach einem Blick auf die historische und zeitgenössische Vielfalt des Politikerberufs wird gezeigt, aus welchen Quellen sich Beurteilungsmaßstäbe für Politikerpersönlichkeiten und Politikerverhalten ableiten lassen. Im Einzelnen sind das die Repräsentations- und die Agentur- bzw. Delegationstheorie, klassische politische Tugendlehren, Machiavellis „Politikerspiegel" sowie – nur kursorisch überblickt – funktionelle

Anforderungen an die Politikerrolle. Ein Blick auf das normative und selbstkritische Denken von Abgeordneten über ihre eigene Rolle als Politiker sowie einige Hinweise auf Verbesserungsmöglichkeiten beschließen diesen normativen Essay.

Stichworte: politische Klasse • normative Forschung • Beurteilungskriterien • Repräsentationstheorie • Agenturtheorie • Delegationstheorie • Tugendkataloge • Fürstenspiegel • Funktionsanforderungen • Politikerrolle

Lars Holtkamp, **Professionalisierung der Kommunalpolitik? Empirische und normative Befunde,** S. 103-120.

Schon seit Jahrzehnten wird in der Politikwissenschaft normativ für eine stärkere Professionalisierung plädiert, um eine effektivere Kontrolle der Kommunalverwaltung durch konkurrenzdemokratische und parlamentarische Regelungsmuster gewährleisten zu können. Neuerdings wird davon ausgegangen, dass auch empirisch durch die zunehmende Aufgabenkomplexität nahezu zwangläufig eine stärkere Professionalisierung zu erwarten sei. Im vorliegenden Beitrag werden die Professionalisierungsgrade in baden-württembergischen und nordrhein-westfälischen Kommunen mit über 20 000 Einwohnern miteinander verglichen. Kernthese ist, dass die Expansion professioneller und parteimäßig betriebener Politik kein Naturgesetz der modernen Demokratie darstellt, sondern in vielen Kommunen – gerade mit Blick auf Baden-Württemberg – ein eher geringer Professionalisierungsgrad zu konstatieren ist. Kommunalpolitik kann also durchaus unterschiedlich organisiert sein, und in Bezug auf die Input- und Outputlegitimität kann eine starke Professionalisierung unter Berücksichtigung der Spezifika dieser politischen Ebene durchaus problematisch sein.

Stichworte: Kommunalpolitik • Professionalisierung • Konkurrenzdemokratie • Konkordanzdemokratie • Korruption

Marion Reiser, **Ressourcen- oder mitgliederbasiert? Zwei Formen politischer Professionalisierung auf der lokalen Ebene und ihre institutionellen Ursachen,** S. 121-144.

In diesem Beitrag wird die Professionalisierung der Stadtparlamente in den deutschen Großstädten mit mehr als 100 000 Einwohnern untersucht. Die Analyse zeigt, dass nicht nur der Professionalisierungsgrad sehr stark schwankt, sondern dass sich in den Bundesländern auch unterschiedliche Professionalisierungsarten herausgebildet haben. Ihre Existenz lässt sich empirisch am besten durch die früheren Kommunalverfassungen und Wahlsysteme erklären. Obwohl sich diese teilweise stark verändert haben, bestehen diese Formen der Professionalisierung aufgrund von Pfadabhängigkeiten weiter.

Stichworte: Professionalisierung • Kommunalpolitik • Großstadt • Deutschland

Klaus Detterbeck, **Parteikarrieren im föderalen Mehrebenensystem. Zur Verknüpfung von öffentlichen Mandaten und innerparteilichen Führungspositionen,** S. 145-167.

Politische Karrieren in Deutschland sind – in erster Linie – Karrieren *in* und *mittels* Parteien. Dieser Beitrag fragt mittels der Linkage-Perspektive, wie Parteien den Verlauf politischer Karrieren strukturieren. Im föderalen Mehrebenensystem der Bundesrepublik zeigt sich empirisch eine starke Einbeziehung führender Landespolitiker in die nationale Parteiführung. Hierfür bietet sich zunächst ein institutioneller Erklärungsansatz an. Allerdings zeigen sich auch Differenzen zwischen den deutschen Parteien, die durch organisatorische Traditionen und aktuelle interne Machtbalancen begriffen werden können.

Stichworte: Parteikarrieren • Ämterkumulation • Linkages • Parteivorstände

Heinrich Best / Stefan Jahr / Lars Vogel, **Karrieremuster und Karrierekalküle deutscher Parlamentarier,** S. 168-191.

Politische Karrieren werden vornehmlich als Resultat der gegenläufigen Prozesse von Professionalisierung und Demokratisierung diskutiert. Der vorliegende Beitrag erweitert diese Sichtweise unter Rückgriff auf die Prinzipal-Agent-Theorie, um die beobachtbaren Karrierestrukturen als Ergebnis der wechselseitigen Erwartungen, Kalküle und Motive der beteiligten Akteure zu rekonstruieren. Unsere Befunde charakterisieren eine parlamentarische Karriere als episodisch, anspruchsvoll in den Zugangsvoraussetzungen und durch die Parteien beeinflusst. Zugleich ist weder den Parteien noch den Parlamentariern daran gelegen, den erreichten Status quo durch einseitiges Abweichen von den bewährten Verhaltensmustern zu gefährden.

Stichworte: Karriere • Parlamentarier • Parlamentarismus • Prinzipal-Agent-Theorie • Elite

Jörn Fischer / André Kaiser, **Wie gewonnen, so zerronnen? Selektions- und Deselektionsmechanismen in den Karrieren deutscher Bundesminister,** S. 192-212.

Auf welchen Pfaden gelangen Bundesminister in ihr Amt? Unter welchen Umständen geben sie es wieder auf? Und welcher Zusammenhang ist erkennbar zwischen der Selektion und der Deselektion? Ernennung und Entlassung von Kabinettsministern unterliegen nur vage gefassten formalen Regeln. Die *de jure* nahezu uneingeschränkte Entscheidungsmacht des Bundeskanzlers wird *de facto* durch zahlreiche informelle Beschränkungen eingehegt. Drei Strukturprinzipien des deutschen Regierungssystems wirken sich restringierend aus: Parteienstaat, Koalitionsdemokratie und Verbundföderalismus. In der Gesamtschau auf die bei der personellen Besetzung des Bundeskabinetts zur Anwendung kommenden Selektions- und Deselektionsmechanismen wird deutlich, dass die gleichen informellen Muster, denen die Auswahl des ministeriellen Personals im *ex ante* „screening" unterliegt, auch bei der Amtsbeendigung wirken.

Stichworte: Deutschland • Minister • Karrieremuster • Koalitionsdemokratie • Verbundföderalismus

Sebastian Bukow, **Politik als Beruf – auch ohne Mandat,** S. 213-231.

In diesem Beitrag wird gezeigt, dass Politik nicht nur mittels Parlamentsmandat als Beruf ausgeübt werden kann. Auch die Mitarbeiter der Parteiorganisationen haben einen Weg gefunden, dauerhaft von der Politik zu leben. Es ist zudem von einer politischen Klasse in den Parteiapparaten auszugehen: Ein großer Teil der Parteimitarbeiter sind nicht nur abhängig beschäftigte Mitarbeiter, sondern Berufspolitiker, die von der Politik leben. An die Debatten um Party, Change und Professionalisierung anknüpfend, werden zentrale Merkmale der Bundes- und Landesmitarbeiter von SPD, FDP, Bündnis 90/Die Grünen und Die Linke analysiert. Im Mittelpunkt stehen die Arbeitsmotivation, das über den Beruf hinausgehende, also ehrenamtliche politische Engagement sowie ausgewählte Einstellungen zur Professionalisierung und Mitgliederorientierung der Parteien. Es kann nachgewiesen werden, dass der Professionalität im Arbeiten eine Bedeutung zugesprochen wird, zugleich aber große Indifferenz innerhalb der Parteien herrscht und diese keineswegs überwiegend wahl- und wählerorientierte Organisationen sind. Darüber hinaus wird gezeigt, dass viele Mitarbeiter neben ihrer Berufstätigkeit in weiteren Funktionen parteipolitisch aktiv sind und bereits Parteiorganisationskarrieren beschritten haben.

Stichworte: Parteien • Organisation • Parteiapparat • Berufspolitik • Professionalisierung

Helmar Schöne, **Politik als Beruf: Die zweite Reihe. Zur Rolle von Mitarbeitern im US-Kongress und im Deutschen Bundestag, S. 232-254.**

Ein Zeichen für die zunehmende Professionalisierung von Parlamenten ist das Anwachsen ihrer Mitarbeiterstäbe. Auch für Angestellte von Abgeordneten, Fraktionen und Parlamentsverwaltungen ist Politik zum hauptamtlichen Beruf geworden. Der US-Kongress und der Deutsche Bundestag zählen zu den Parlamenten mit den größten Mitarbeiterzahlen. Während aber die Beschäftigung mit den Mitarbeiterstäben in den USA ein etabliertes Forschungsfeld darstellt, steht sie in der deutschen Politikwissenschaft noch am Anfang. In vergleichender Perspektive untersucht der Beitrag die Mitarbeiterstruktur, die sozialen Merkmale und Karrierewege sowie die politischen Einflussmöglichkeiten von Mitarbeitern in beiden Parlamenten.

Stichworte: Parlamentsmitarbeiter • Deutscher Bundestag • US-Kongress

Christiane Frantz, **„Ochsentour? Das hab' ich nicht nötig!" Rekrutierung, Karriere und Rollenkonzeptionen von NGO-Politikern, S. 255-269.**

Der Beitrag untersucht, basierend auf einer Karrierestudie über NGO-Personal, die Rollenkonzeption von Positionseliten in NGOs. Als Reaktion auf eine veränderte gesellschaftliche Umwelt wird die politische Elitenforschung für NGO-Eliten geöffnet und die starre Verbindung von „Politik als Beruf" mit Parteipolitikern aufgebrochen. Anhand der empirischen Untersuchung werden NGO-Politiker typisiert und mit Parteipolitikern verglichen, wobei sich Unterschiede im Selbstverständnis sowie bei Rekrutierungswegen und Karriereverläufen zeigen. Der Beitrag kommt zu dem Schluss, dass es sich bei NGO-Politikern um eine alternative politische Elite handelt, die sich programmatisch und persönlich bewusst von Parteipolitik abgrenzt, dabei aber nicht in Opposition zu dieser steht, sondern offen für Kooperationen ist.

Stichworte: Politik als Beruf • politische Elite • Rekrutierung • Nichtregierungsorganisationen • Parteipolitiker

Jens Borchert, **Drei Welten politischer Karrieremuster in Mehrebenensystemen: die USA, Deutschland und Brasilien im Vergleich,** S. 273-296.

Der Beitrag beschäftigt sich zunächst mit den Bestimmungsfaktoren professioneller politischer Karrieren sowie dem Zusammenspiel von institutionellen Rahmenbedingungen und Karrieremustern. Er entwickelt drei Idealtypen politischer Karrieremuster in Mehrebenensystemen (unilinear, alternativ, integriert), die sich nach ihrer Geschwindigkeit, nach der Richtung von Positionswechseln sowie nach ihrer Reichweite unterscheiden. Im Anschluss daran werden die politischen Karrieremuster von nationalen Abgeordneten in den USA, in Deutschland und in Brasilien vergleichend untersucht sowie mit den Idealtypen verglichen.

Stichworte: Karrieremuster • Abgeordnete • Mehrebenensysteme • USA • Deutschland • Brasilien

Katja Fettelschoß, **Ministerkarrieren in elf mittelosteuropäischen Demokratien (1990-2006): vom Quereinsteiger zum Berufspolitiker?,** S. 297-311.

Dieser Beitrag thematisiert die Elitenrekrutierung und -entwicklung in neuen Demokratien am Beispiel von Ministern in elf Ländern Mittelosteuropas. Die im Rahmen der Professionalisierungsdebatte formulierte These, wonach die Funktionslogik und die Institutionen des parlamentarischen Regierungssystems eine Verberuflichung bewirkten, wird empirisch überprüft. Dieser Theorie zufolge sollte der Anteil der Berufspolitiker deutlich über dem der Quereinsteiger liegen. Des Weiteren sollte mit zunehmendem Systemalter ein Rückgang des Anteils der Quereinsteiger zu beobachten sein. Es zeigt sich, dass die erste Annahme klar bestätigt werden kann, während die Entwicklung im Zeitverlauf nur bedingt zielgerichtet ist.

Stichworte: Minister • Mittelosteuropa (MOE) • Karriere • Professionalisierung • Berufspolitiker

Andreas M. Wüst / Thomas Saalfeld, **Abgeordnete mit Migrationshintergrund im Vereinigten Königreich, Frankreich, Deutschland und Schweden: Opportunitäten und Politikschwerpunkte,** S. 312-333.

Auf einer Kombination legislativer Rollentheorien und Theorien politischer Gelegenheitsstrukturen aufbauend, erfolgt eine länderübergreifende Analyse von Abgeordneten mit Migrationshintergrund während der laufenden bzw. gerade beendeten Wahlperiode. Eigens hierfür erhobene Daten zeigen, dass Abgeordnete mit Migrationshintergrund vorwiegend in (Mehrpersonen-)Wahlkreisen mit relativ hohen Migrantenanteilen als Kandidaten linker Parteien gewählt werden. In ihrer Parlamentsarbeit dominieren migrationsspezifische Arbeitsschwerpunkte, doch für Abgeordnete in Führungspositionen spielen diese eine untergeordnete Rolle.

Stichworte: Politische Repräsentation • Migration • Minderheiten • Politische Opportunitätsstrukturen • Parlament

Ulrik Kjær, **Frauen in der Politik. Eine vergleichende Untersuchung der ungleichen Repräsentation von Frauen auf kommunaler und nationaler Ebene,** S. 334-351.

Es ist allgemein bekannt, dass der Anteil von Frauen in lokalen Vertretungskörperschaften (z. B. Stadträten) höher ist als in nationalen Parlamenten. Auf der Grundlage von Daten zur politischen Repräsentation von Frauen auf kommunaler und nationaler Ebene in den 27 EU-Staaten bestätigt der vorliegende Artikel die Existenz einer solchen kommunal-nationalen Repräsentationslücke, identifiziert aber auch einige abweichende Fälle. Es lässt sich ein Muster erkennen, nach dem sich die Repräsentationslücke in Ländern mit hohem Frauenanteil im nationalen Parlament anders darstellt: In diesen Staaten sind vergleichsweise mehr Frauen auf der nationalen Ebene als auf kommunaler Ebene vertreten. Angesichts dieses Befundes wird eine berufsbezogene Hypothese formuliert. Danach resultiert der konstatierte Unterschied im Vergleich der politischen Ebenen daraus, dass die parlamentarische Tätigkeit auf der nationalen Ebene zumeist hauptberuflich ausgeübt und entsprechend alimentiert wird, während die Mandate in kommunalen Vertretungskörperschaften weiterhin als Betätigungsfeld für Amateure gelten.

Stichworte: Frauen im Parlament • Frauen in kommunalen Ämtern • gender gap • Ebenenvergleich

Armin Wolf, **Celebrity Politics: Prominenz als politische Ressource,** S. 355-374.

Der Beitrag analysiert das Phänomen *celebrity politics* anhand prominenter Seiteneinsteiger, die zu Berufspolitikern werden. Er entwickelt eine Typologie politischer Akteure in der Mediendemokratie (*genuine, mediatisierte* und *Pseudo-Politiker*) und erklärt, warum Prominenz zu einer wesentlichen Ressource im politischen Wettbewerb geworden ist bzw. welche Funktionen sie für politische Akteure und Elektorat erfüllt. Am konkreten Beispiel der Karrieren von 16 prominenten Seiteneinsteigern im Europäischen Parlament und im österreichischen Nationalrat wird empirisch untersucht, welche Erfolgsaussichten der *Beruf Politik* unerfahrenen aber prominenten Amateuren bietet und welche Chancen und Risiken in der *celebrisation* politischer Rekrutierung liegen.

Stichworte: Celebrity Politics • Prominenz • Politische Karrieren • Rekrutierung • Medialisierung

Jens Tenscher, **Salto mediale? Medialisierung aus der Perspektive deutscher Landtagsabgeordneter,** S. 375-395.

Moderne „Mediendemokratien" stellen politische Akteure vor neue Herausforderungen: Erwartet werden nicht mehr nur politisch kompetente, führungsstarke und verantwortungsvoll handelnde Politiker, sondern immer mehr auch ein charismatisches, rhetorisch geschultes und mediengewieftes Personal. Der „ideale" Volksvertreter modernen Zuschnitts sollte somit sowohl den Anforderungen des politischen Entscheidungsprozesses gerecht werden als auch die performanzbezogenen Erwartungen der (massenmedialen) Öffentlichkeit befriedigen. Wie die Betroffenen selbst diese vielfältigen medialisierungsbedingten Anforderungen wahrnehmen und inwieweit diese Einfluss auf ihr Rollenselbstverständnis und ihr tägliches Handeln nehmen, wird auf Basis einer im Januar 2008 durchgeführten repräsentativen Online-Umfrage unter deutschen Landtagsabgeordneten überprüft. Damit wird der Blick auf eine in der politischen Kommunikations-, aber auch der Parlamentarismus- und Elitenforschung vernachlässigte Ebene gelenkt, auf der sich die Grenzen und Spezifika politischer Medialisierung deutlich zeigen.

Stichworte: politische Kommunikation • Parlamentarismus • Landtagsabgeordnete • Rollenselbstverständnis • Medialisierung

Peter H. Feindt / Daniela Kleinschmit, **Kommunikationsverhalten und Erscheinungsbild von Politikern in den Medien am Beispiel der Agrarpolitik, S. 396-415.**

Der Beitrag untersucht das Kommunikationsverhalten und Erscheinungsbild politischer Akteure in den Medien. Aufbauend auf der These einer Mediatisierung der Politik, den Konzepten des Ereignismanagements und des Framing sowie demokratietheoretischen Überlegungen formulieren wir Hypothesen über das Kommunikationsverhalten politischer Akteure und dessen Auswirkungen auf das Erscheinungsbild von Politikern. Die Hypothesen werden mittels einer qualitativ-quantitativen Analyse aller Artikel zur Agrarpolitik in fünf deutschen Qualitätszeitungen 2000 bis 2005 überprüft. Die Daten zeigen ein starkes Gewicht inszenierter und mediatisierter Ereignisse; eine starke Stellung, jedoch keine Dominanz des politischen Zentrums; viel Selbstlob und negative Aussagen über Konkurrenten; sowie die Benennung von Problemopfern, die dem Publikum eine eigene Bedrohung signalisieren oder seine Sympathie genießen. Das Erscheinungsbild politischer Akteure geht dabei wesentlich auf ihre eigenen Aussagen zurück.

Stichworte: Mediatisierung • Ereignismanagement • Framing • Agrarpolitik • Medienanalyse

Doreen Spörer-Wagner / Frank Marcinkowski, **Politiker in der Öffentlichkeitsfalle? Zur Medialisierung politischer Verhandlungen in nationalen Kontexten, S. 416-438.**

In modernen Verhandlungsdemokratien stehen Politiker vor einer doppelten Herausforderung: In konsensorientierten Entscheidungsverfahren müssen sie Kompromissfähigkeit beweisen, diese darf der Öffentlichkeit aber nicht als politische Schwäche vermittelt werden. Der vorliegende Beitrag erörtert, welche Auswirkungen die Medienöffentlichkeit auf das Verhalten und die Leistungsbilanz politischer Akteure in nationalen Verhandlungskontexten hat. Wir konzentrieren uns auf die institutionellen Auslösebedingungen von Vermittlungspolitik und schlagen eine Typologie medialisierter Verhandlungen vor, die zur Governance- und politischen Kommunikationsforschung anschlussfähig ist. Basierend auf dem politischen Inhalt von Verhandlungen und deren institutioneller Einbettung identifizieren wir eine Vermeidungs- und Manipulationsstrategie, die verhandelnde Politiker im Umgang mit der Öffentlichkeit verfolgen können. Dazu stehen ihnen die Taktiken des Ignorierens, Regulierens und Mobilisierens frei, die jeweils spezifische Effekte auf die Interaktion der Verhandlungsakteure und auf die Wahrscheinlichkeit eines politischen Kompromisses haben.

Stichworte: Verhandlungsdemokratien • Medialisierung • Öffentlichkeitsstrategien • Kompromiss • Deutschland/Schweiz

Abstracts

Klaus Stolz, **The Discovery of the Political Class: Gaetano Mosca's Theory and its Relevance Today,** pp. 33-51.

The notion of "political class" has emerged in recent years as a central analytical tool for the study of professional politicians in modern democracies. In this contribution, Gaetano Mosca's original theory of the political class is reconstructed and related to the current usage of the concept. As a result we find that Mosca's deliberations provide useful insights into the class character of today's political personnel in spite of their old age and their quite apparent inconsistencies. It is especially Mosca's emphasis on the material and habitual basis of this class that is still to become common place in political and social analysis.

Keywords: Political Theory • Elite Theory • Political Class • Mosca • Political Professionalisation

Kari Palonen, **On the Rhetoric of Professional Politicians. Historical and Typological Perspectives in the Spirit of Max Weber,** pp. 52-69.

Max Weber's remark that the puritans wanted to be professionals but we must be ones is also valuable for discussing professional politicians. The parliamentary procedures and rhetorical practices created a craft of pre-democratic professional politicians. The universal suffrage gave the main impetus to the formation of full-time salaried professionals. Weber was among the few who defended professional parliamentarians as skilful persons able to provide a counterweight to bureaucratisation. I refine the ideal type of the professional politician by three counter-concepts: the lay person, the amateur and the dilettante, who forms in the sense of Reinhart Koselleck an asymmetric counter-concept to the professional politician, the other two having a symmetric relationship to it.

Keywords: Professionalisation of Politics • Professional Politicians • Asymmetric and Symmetric Counter-Concepts • Max Weber • Reinhart Koselleck

Werner J. Patzelt, **What Kind of Politicians Do We Need? A Normative Essay,** pp. 70-100.

The aim of this paper is not to describe the political class and to explain its characteristics, but to reflect how the political class *ought* to be. After some thoughts on the epistemological status of such a question and an introductory look at the varieties of the political class in past and present, the seemingly most important sources are presented from which standards for value judgments on politicians' personality and actions might be derived. The argument starts with theories on representation and principal-actor-relations; then classical catalogues of 'political virtues' and Machiavelli's advices are taken into consideration. After a brief reflection on the normative implications of functional requirements, thoughts of politicians themselves about the normative aspects of their role are discussed. Some desirable 'to dos' end this essay.

Keywords: Political Class • Normative Research • Criteria for Normative Evaluation • Theory of Representation • Principal-Agent-Approach • Political Virtues • Functional Requirements • Political Role

Lars Holtkamp, **Professionalization of Local Politics? Empirical and Normative Results,** pp. 103-120.

For decades, political scientists have normatively claimed that an increased professionalization furthers the development of competitive parliamentary democracy, which is assumed to enhance control over local authorities. Only recently, it is hold that raising complexities of local competencies will empirically lead to advanced professionalization. In this article, Baden-Wuerttembergian and North Rhine-Westphalian municipalities with more than 20 000 inhabitants are compared with respect to the degree of professionalization. It is argued that an expansion of professionalized and party-led politics is anything but a natural law. On the contrary, most notably in Baden-Wuerttemberg, a relatively low level of professionalization is established. Hence, there are alternative variations of how to organize community politics. Regarding input and output legitimacy, a high level of professionalization may even prove problematic when considering the specifics of local politics.

Keywords: Local Politics • Professionalization • Competitive Democracy • Proportional Democracy • Corruption

Marion Reiser, **Resource Based or Member Based? Two Models of Professionalization on the Local Level and Their Institutional Explanation,** pp. 121-144.

This article studies the professionalization of the city parliaments in all German cities with more than 100,000 inhabitants. The analysis shows that not only the degree of professionalization varies widely between the different cities, but that also different types of professionalization emerged in the German states. Their existence can be explained best by the former municipal codes and electoral systems. Although these have changed, and partly substantially, during the last two decades, these types of professionalization persist due to path dependency.

Keywords: Professionalization • Germany • Local Politics • Cities

Klaus Detterbeck, **Party Careers in a Federal Multi-Level System. The Linkages between Internal Party Positions and Public Offices,** pp. 145-167.

Political careers in Germany are organized around parties. In employing the linkage perspective, the article looks for the ways in which parties structure careers. In the German federal multi-level system, leading sub-national politicians are strongly integrated in the statewide party leadership organs. While careers are shaped by institutional context, differences between the German parties show the importance of organizational traditions and internal power balances.

Keywords: Party Careers • Cumulation of Political Offices • Linkages • Party Executives

Heinrich Best / Stefan Jahr / Lars Vogel, **Career Patterns and Career Intentions of German MPs,** pp. 168-191.

Political careers are mainly discussed as a result of the opposing processes of professionalization and democratization. This paper extends this perspective by using the principal-agent theory to reconstruct observable career structures as a result of mutual expectations, considerations and intentions of the actors involved. Our findings characterize parliamentary careers as episodic, demanding in terms of admission and controlled by the parties. At the same time, neither the parties nor the parliamentarians are interested in jeopardizing the achieved status quo by ignoring established codes of practice.

Keywords: Careers • Career Pattern • Members of Parliament • Principal-Agent-Theory • Elite

Jörn Fischer / André Kaiser, **Selection and De-selection Mechanisms in the Careers of German Cabinet Ministers,** pp. 192-212.

Which career paths lead cabinet ministers to office? Under which circumstances do they lose it? In which way are selection and deselection of cabinet ministers in Germany interrelated? In constitutional terms, the Federal Chancellor's freedom of action is very large when choosing the personnel of his or her cabinet. In political terms, the situation is very different. The chancellor's choice is constrained by three structuring principles of the German political system: party state, coalition governments, and joint federalism. The same patterns that guide the *ex ante* screening of ministerial candidates provide them with considerable security in office as soon as they have reached it.

Keywords: Germany • Cabinet Minister • Career Pattern • Coalition Government • Joint Federalism

Sebastian Bukow, **Politics as a Vocation – Without Parliamentary Mandate,** pp. 213-231.

This paper is to show that doing professional politics does not necessarily require a parliamentary mandate. The staff of German political parties has found ways of living off politics as well. In addition, one can speak of a political class in parties' administrative machineries. A large percentage of parties' staff are not only employees, they are politicians by vocation, living for politics. Following up debates on the change and the professionalization of parties and based on new survey data, vital characteristics of parties' staff on national and federal level are analyzed in this paper. It focuses on the motivation of staffers, their voluntary intra-party activities and their attitudes towards party members and professionalization. It is proved that professionalism plays an important role in daily work. Many party employees have already started intra-party political careers as vocational politicians without a parliamentary mandate. At the same time there is a huge indifference within the parties. German parties are far from being primarily voter-oriented organizations.

Keywords: Party Organization • Party Change • Political Career • Professionalization

Helmar Schöne, **Politics as a Profession: The Second Row. Legislative in the US Congress and the German Bundestag,** pp. 232-254.

One indicator for the professionalization of parliaments is the number of legislative staff. Politics is not only a vocation for legislators, but also for members of staff in parliaments. The US-Congress and the German Bundestag rank among the legislatures with the highest number of legislative staffs. Whereas we can find a considerable tradition of research about congressional staff in the US, political science in Germany has examined staffing in German parliaments only rarely. The article analyzes in a comparative perspective the development of legislative staff, the social characteristics of staffers, their career patterns and their influence on political decisions in both countries.

Keywords: Legislative Staff • German Bundestag • US-Congress

Christiane Frantz, **Working up the Hard Way? Not for me! Recruitment, Career Paths and Role Conception of NGO Politicians,** pp. 255-269.

Based on a career study about personnel in NGOs (Frantz 2005), this article deals with the role perception of NGO elites. Due to changes in the political and social environment NGO politicians are to be considered as a segment of the political elite, thereby extending the concept of professional politics beyond the realms of party politicians. The article provides a typology of NGO politicians who are compared to party politicians. The comparison reveals notable differences in the self-perception, as well as in the recruitment and career tracks of both groups. The author concludes that NGO politicians form an alternative political elite *(Gegenelite)*. They preserve an aloofness to party politics, but remain rather open for collaboration, thus displaying no features of fundamental opposition.

Keywords: Politics as a Vocation • Political Elite • Recruitment • Non Governmental Organisations • Party Politicians

Jens Borchert, **Three Worlds of Political Careers in Multi-Level Systems: A Comparison of the USA, Germany and Brasil,** pp. 273-296.

The article first looks at the determining factors of professional political careers and at the interplay of institutional structures of opportunity with career patterns. It then develops three ideal types of career patterns in multi-level systems (unilinear, alternative, integrated) that may be distinguished based on a) the speed of changes in career positions, b) the direction of career moves, and c) the inclusiveness of the pattern. The article then compares political career patterns of federal representatives in the U.S., Germany, and Brazil and holds them against the ideal types.

Keywords: Career Patterns • Representatives • Multi-Level Systems • United States • Germany • Brazil

Katja Fettelschoß, **Ministers in Central and Eastern Europe (1990-2006): Amateurs or Professionals?**, pp. 297-311.

The dominant approaches dealing with professionalization in politics suggest that incentives stemming from institutions and determinants of the parliamentary system of government usually result in the recruitment of professional politicians. This hypothesis is reviewed using eleven new Central Eastern European (CEE) democracies as a testing ground. According to theory, we should expect two findings. First, we should find a large proportion of professional politicians in CEE cabinets. Second, we should observe an increase in the size of this group over time. The empirical results only confirm the first assumption. Consequently, professionalization-related hypotheses are not sufficient explanations to account for ministerial recruitment patterns in CEE countries.

Keywords: Ministers • Central Eastern Europe (CEE) • Career • Professionalization • Transformation

Andreas M. Wüst / Thomas Saalfeld, **Parliamentarians with an Immigrant or Visible Minority Background in the United Kingdom, France, Germany, and Sweden: Political Opportunities and Policy Focus**, pp. 312-333.

Based on theories of legislative roles and political opportunity structures, this article provides a cross-country analysis of immigrants and members of visible minorities in four parliaments during the current or recently terminated legislative period. Our data show that representatives of such minorities have the best chances to get elected, if they compete in (multi-member) districts with a high share of immigrants and visible minorities and are nominated by parties on the left. Once in parliament, backbench MPs from such minorities tend to focus on policy areas of particular importance to immigrants, although MPs with parliamentary leadership roles do not.

Keywords: Political Representation • Migration • Minorities • Political Opportunity Structures • Parliament

Ulrik Kjær, **Women in Politics – The Local-National Gender Gap in Comparative Perspective**, pp. 334-351.

It is a well-established wisdom that women's representation is higher in local legislative bodies (such as councils) than in national political assemblies (parliaments). Based on data on women's representation in local and national politics in the 27 EU countries, this article confirms the existence of such a local-national gender gap, but it also identifies several deviant cases. A pattern is identified, showing that in countries with relatively high representation of women in the national parliament, the local-national gender gap looks differently, as relatively more women are found at the national than at the local level. A "Beruf hypothesis" is suggested, stating that this pattern is a result of the difference between a parliamentary seat being a full-time full-salaried office while the duties of a local councillor are still supposed to be performed by amateurs.

Keywords: Women in Parliament • Female Councillors • Local-National • Gender Gap

Armin Wolf, **Celebrity Politics: Celebrity as a Political Resource,** pp. 355-374.

The article analyzes the phenomenon *celebrity politics* focusing on famous amateurs turned into professional politicians. It develops a typology of political players in media democracies (*genuine, mediated* and *pseudo-politicians*) and explains why celebrity became a valuable resource in political competitions and which functions it fulfills for political actors and the electorate. The empirical study is based on the careers of 16 celebrity members of the European Parliament and the Austrian Parliament. It examines to what extent professional politics provide prospects of success to inexperienced but well known amateurs and what kind of opportunities and risks lie in the *celebrisation* of political recruitment.

Keywords: Celebrity Politics • Celebrity • Political Careers • Recruitment • Mediatization

Jens Tenscher, **Salto mediale? Mediatization from the Perspective of German State Parliamentarians,** pp. 375-395.

The logics of modern "media democracy" set new constraints for political actions and political actors. Members of the political elite are expected to be politically competent, responsible and strong leaders as well as charismatic, rhetorically brilliant, and media-experienced. More and more, representatives are meant to satisfy two different sets of requirements: such related to the political process proper, and good "selling performance" in the media. How do political actors perceive such needs, and how do such perceptions affect individual role-taking and actions? A representative online-survey among German state parliamentarians, conducted in January 2008, gives some empirical evidence. It helps to refocus political communications research as well as parliamentary and elite research to the often-neglected sub national level of politics. Here, limits and specifics of the "mediatization of politics" become obvious.

Keywords: Political Communication • Parliamentarianism • State Legislators • Role Perceptions • Mediatization

Peter H. Feindt / Daniela Kleinschmit, **Communicative Behaviour and Images of Political Actors in the Media. The Example of Agriculture Policy,** pp. 396-415.

The article analyses communicative behaviour and images of political actors in the media. We start out discussing the mediatization of politics thesis, the concepts of event management and framing as well as theoretical aspects of democracy. Building on this, we formulate hypotheses about political actors' communicative behaviour and its impact on the image of politicians. A qualitative-quantitative content analysis of all articles on agriculture policy in five nationwide German quality newspapers 2000-2005 serves to test the hypotheses. Confirming our behavioural assumptions, the data show high prominence of staged and mediatized events; a strong standing, but no dominance of the political centre; much self-acclaim; many negative statements about political competitors; and the naming of victims who refer to hazards to the audience or enjoy its sympathy. The image of political actors is substantially framed by their own statements.

Keywords: Mediatisation • Event Management • Framing • Agriculture Policy • Media Analysis

Doreen Spörer-Wagner / Frank Marcinkowski, **Politicians in the Publicity Trap? On the Mediatization of Domestic Political Negotiations,** pp. 416-438.

Politicians in modern negotiation democracies are confronted with a twofold challenge: On the one side, they need to be (more) open to compromise in order to avoid political deadlock. On the other side, this willingness should not be taken as political weakness by their target group(s) and the public. Thus, we explore what impact the media might have on the performance of politicians participating in domestic political negotiations. By focussing on institutional factors we suggest a typology of mediatized negotiations which can be related to the research on governance and political communication. Taking into account the issue and the institutional setting of political negotiations, we argue that politicians can pursue a publicity-avoidance or a publicity-instrumentalization strategy. Both of them imply the use of specific tactics of neglecting, controlling or mobilizing the public, all of which affects interactions among negotiators and their chances to find a compromise.

Keywords: Negotiation Democracy • Mediatization • Public Strategies • Compromise • Germany/Switzerland

Verzeichnis der Autorinnen und Autoren

Die Herausgeber
Prof. Dr. Werner J. Patzelt ist Professor für Politische Systeme und Systemvergleich an der Technischen Universität Dresden. Nach Studium der Politikwissenschaft, Soziologie und Geschichte in München, Straßburg und Ann Arbor war er Wissenschaftlicher Assistent an der Universität Passau (dort Promotion 1984, Habilitation 1990); nach 1991 Gründungsprofessor des Instituts für Politikwissenschaft an der TU Dresden. 1994 Wissenschaftspreis des Deutschen Bundestages. Mitglied u. a. des Executive Committee der International Political Science Association, der Kommission für Geschichte des Parlamentarismus und der politischen Parteien, der Redaktion der „Zeitschrift für Parlamentsfragen" sowie federführender Herausgeber der Buchreihe „Studien zum Parlamentarismus". Umfangreich auch im Bereich der politischen Bildung tätig; im Nebenberuf Chorleiter und Cellist. Wichtigste neuere Publikationen: Evolutorischer Institutionalismus. Theorie und exemplarische Studien zu Evolution, Institutionalität und Geschichtlichkeit, 2007; Einführung in die Politikwissenschaft, 6. Aufl., 2007.
E-Mail-Adresse: werner.patzelt@tu-dresden.de

Dr. Michael Edinger ist Wissenschaftlicher Assistent an der Friedrich-Schiller-Universität Jena und Mitarbeiter im Sonderforschungsbereich 580. Zurzeit vertritt er den Lehrstuhl „Politisches System Deutschlands" an der Ruhr-Universität Bochum. Studium der Politikwissenschaft, Deutschen Philologie, Philosophie und Pädagogik in Köln; Promotion an der FSU Jena über die Verfassungsgebungsprozesse in den ostdeutschen Ländern. Mitglied der Redaktion der „Zeitschrift für Parlamentsfragen". Wichtigste neuere Publikationen: The Making of Representative Elites in East Germany, in: Best/Gebauer/Salheiser (Hrsg.), Elites and Social Change, 2009. Profil eines Berufsstands: Professionalisierung und Karrierelogiken von Abgeordneten im vereinten Deutschland, in: Schöne/von Blumenthal (Hrsg.), Parlamentarismusforschung in Deutschland, 2009.
E-Mail-Adresse: michael.edinger@uni-jena.de

Die Autorinnen und Autoren:
Prof. Dr. Heinrich Best ist Inhaber des Lehrstuhls für Methoden der empirischen Sozialforschung und Strukturanalyse moderner Gesellschaften an der FSU Jena sowie stellvertretender Sprecher des Sonderforschungsbereichs „Gesellschaftliche Entwicklungen nach dem Systemumbruch. Diskontinuität. Tradition. Strukturbildung". Er hat eine Vielzahl von Publikationen u. a. zur interkulturell und historisch vergleichenden Elitenforschung und zur Sozialstrukturanalyse vorgelegt. Wichtigste neuere Publikationen: Democratic Representation in Europe. Diversity, Change, and Convergence, 2007 (Hrsg. mit Maurizio Cotta); Democratic Elitism: New Theoretical and Comparative Perspectives, 2010 (Hrsg. mit John Higley).
E-Mail-Adresse: best@soziologie.uni-jena.de

Prof. Dr. Jens Borchert ist Professor für Politikwissenschaft an der Universität Frankfurt. Studium an der Universität Hamburg und der New School for Social Research; wissenschaftlicher Mitarbeiter am Zentrum für Europa- und Nordamerika-Studien (ZENS) der Universität Göttingen, dort Promotion 1994; 1996/97 Fellow des German Marshall Fund; 1998-2004 Leiter der Nachwuchsgruppe „Politik als Beruf" am ZENS; 2003 Habilitation an der Universität der Bundeswehr Hamburg; 2004-2007 Vertretungs- und Gastprofessuren in Potsdam, Rio de Janeiro und Hamburg. Wichtigste neuere Publikationen: From Politik als Beruf to Politics as a Vocation: Translation, Transformation, and Reception of Max Weber's Lecture, in: Contributions to the History of Concepts, 2007; Political Professionalism and Representative Democracy, in: Palonen et al. (Hrsg.), The Politics of Democratization in Europe, 2008.
E-Mail-Adresse: borchert@soz.uni-frankfurt.de

Dr. Sebastian Bukow ist wissenschaftlicher Mitarbeiter am Institut für Forschungsinformation und Qualitätssicherung (Bonn) sowie assoziiertes Mitglied der Berlin Graduate School of Social Sciences. Dort hat er im Februar 2010 die Arbeiten an seiner Dissertation „Die professionalisierte Mitgliederpartei" abgeschlossen. Bis Juli 2009 wissenschaftlicher Mitarbeiter an der Humboldt-Universität zu Berlin (Lehrbereich Innenpolitik der BRD). Wichtigste neuere Publikationen: Die Große Koalition. Eine Bilanz, 2010 (Hrsg. mit Wenke Seemann); Parteiorganisationsreformen zwischen funktionaler Notwendigkeit und institutionellen Erwartungen, in: Jun/Niedermayer/Wiesendahl (Hrsg.), Die Zukunft der Mitgliederpartei, 2009; Parteien auf dem Weg zur mitgliederbasierten Leitorganisation, in: Wetzel/Aderhold/Rückert-John (Hrsg.), Die Organisation in unruhigen Zeiten, 2009.
E-Mail-Adresse: sebastian.bukow@hu-berlin.de

PD Dr. Klaus Detterbeck vertritt derzeit eine Professur für Politikwissenschaft und ihre Didaktik an der PH Karlsruhe. Nach Studium in Heidelberg und Dublin Promotion an der Universität Göttingen zum Wandel politischer Parteien in Westeuropa; zwischen 2000 und 2008 Wissenschaftlicher Assistent an der Universität Magdeburg mit Habilitation (2009) über die territoriale Dimension von Parteienwettbewerb und Parteiorganisation in Mehrebenensystemen. Sprecher der ECPR Standing Group on Federalism and Regionalism. Wichtigste neuere Publikationen: Rediscovering the Region: Territorial Politics and Party Organizations in Germany (mit Charlie Jeffery), in: Swenden/Maddens (Hrsg.), Territorial Party Politics in Western Europe, 2009; Die Relevanz der Mitglieder: Das Dilemma effektiver Partizipation, in: Jun/Niedermayer/Wiesendahl (Hrsg.), Zukunft der Mitgliederpartei, 2009.
E-Mail-Adresse: detterbeck@ph-karlsruhe.de

Dr. Peter H. Feindt ist Senior Lecturer for Environmental Policy and Planning an der Cardiff University. Nach dem Studium der Volkswirtschaftslehre, Politikwissenschaft und Philosophie arbeitete er freiberuflich als Moderator und Mediator in zahlreichen Bürgerbeteiligungs- und Diskursprojekten; 2000 Promotion zu diesem Themenbereich an der Helmut-Schmidt Universität Hamburg. Von 2000 bis 2007 wissenschaftlicher Mitarbeiter am Forschungsschwerpunkt Biotechnik, Gesellschaft und Umwelt der Universität Hamburg. Von 2002 bis 2007 als Leiter der Nachwuchsgruppe „AgChange. Konflikte der Agrarwende". Stellvertretender Vorsitzender des Beirats für Agrobiodiversität und Genetische Ressourcen beim Bundesministe-

rium für Ernährung, Landwirtschaft und Verbraucherschutz und Mitglied des Steering Committee des European DesertNet. Wichtigste neuere Publikationen: „Reflexive Agrarpolitik", 2008; Policy Stretching and Institutional Layering: British Food Policy Between Security, Safety, Quality, Health and Climate Change, in: British Politics, 2009; Policy-Learning and Environmental Policy Integration in the Common Agricultural Policy, 1973-2003, in: Public Administration, 2010.
E-Mail-Adresse: FeindtP@cardiff.ac.uk

Dr. Katja Fettelschoß ist Referentin für Nachwuchsförderung bei der Deutschen Forschungsgemeinschaft (DFG). Nach dem Studium der Politikwissenschaft, Soziologie und Medienwissenschaft in Düsseldorf und Neapel hat sie in Lüneburg und London ihre Promotion abgelegt. Ein Teil der Dissertationsschrift ist 2009 unter dem Titel „Politische Eliten und Demokratie. Professionalisierung von Ministern in Mittelosteuropa" erschienen. Weitere neuere Publikationen: Parteienregierungen in Mittelosteuropa: Empirische Befunde im Ländervergleich (1990-2008), in: Zeitschrift für Parlamentsfragen 2008 (mit Ferdinand Müller-Rommel, Philipp Harfst und Henrike Schultze); Learning to Rule: Ministerial Careers in Post-Communist Democracies, in: Dowding/Dumont (Hrsg.), The Selection of Ministers in Europe: Hiring and Firing, 2008 (mit Csaba Nikolenyi).
E-Mail-Adresse: katja.fettelschoss@dfg.de

Jörn Fischer, Dipl.-Reg.-Wiss., ist Research Associate am Lehrstuhl für Vergleichende Politikwissenschaft der Universität zu Köln. Studium der Regionalwissenschaften Lateinamerika. Diplomarbeit: „Ministerrücktritte in der Bundesrepublik Deutschland 1983 bis 2002. Eine quantitative Analyse" (ausgezeichnet mit dem Fakultätspreis der Philosophischen Fakultät der Universität zu Köln). Laufendes Promotionsvorhaben: „Selektions- und Deselektionsmechanismen in den Karrieren deutscher Bundesminister unter besonderer Berücksichtigung von Push-Rücktritten". Wichtigste Publikationen: The Push and Pull of Ministerial Resignations in Germany, 1969 – 2005, in: West European Politics, 2006 (mit André Kaiser und Ingo Rohlfing); Linkages between Parliamentary and Ministerial Careers in Germany, 1949 – 2008. The Bundestag as Recruitment Pool, in: German Politics, 2009 (mit André Kaiser).
E-Mail-Adresse: joern.fischer@uni-koeln.de

PD Dr. Christiane Frantz ist Akademische Oberrätin an der WWU Münster. Nach Studium der Politikwissenschaft, Wirtschaftspolitik und Kommunikationswissenschaft promovierte sie über ein Thema in der Transformationsforschung und forschte anschließend als Assistentin am Institut für Politikwissenschaft der WWU Münster und als Stipendiatin im Lise Meitner-Habilitationsprogramm des Landes NRW zu „Karriere in NGOs". Wichtigste neuere Publikationen: Die Profis der Zivilgesellschaft. Hauptamtliche in NGOs zwischen Strategie und Commitment, in: Bode/Evers/Klein (Hrsg.), Bürgergesellschaft als Projekt, 2009 (mit Ingo Bode); Leadership in zivilgesellschaftlichen Organisationen. in: Zimmer/Jankowitsch (Hrsg.), Political Leadership: Annäherungen aus Wissenschaft und Praxis, 2008 (mit Annette Zimmer); Politische Eliten in NGOs – Kontinuität und Wandel im Spiegel staatlicher, gesellschaftlicher und politischer Veränderung. in: Wolf (Hrsg.), Staat und Gesellschaft – fähig zur Reform, 2007.
E-Mail-Adresse: christiane.frantz@uni-muenster.de

Prof. Dr. Lars Holtkamp ist Professor für Politik und Verwaltung an der Fernuniversität Hagen; Sprecher des Arbeitskreises Lokale Politikforschung der DVPW. Wichtigste neuere Publikationen: Die Hälfte der Macht im Visier – Der Einfluss von Institutionen und Parteien auf die politische Repräsentanz von Frauen, 2010 (mit Sonja Schnittke); Kommunale Konkordanz- und Konkurrenzdemokratie – Parteien und Bürgermeister in der repräsentativen Demokratie, 2008.
E-Mail-Adresse: Lars.Holtkamp@FernUni-Hagen.de

Dr. Stefan Jahr ist wissenschaftlicher Mitarbeiter an der Friedrich-Schiller-Universität Jena. Studium der Soziologie und Betriebswirtschaftslehre an der Universität Leipzig; Promotion an der Universität Jena über Karrieremuster deutscher Landes-, Bundes- und EU-Parlamentarier. Ausgewählte Publikationen: Parlamentarier am Telefon: Erfahrungsbericht einer Erhebung von Rollenverständnis und mandatsbezogenen Einstellungen deutscher Abgeordneter. in: Martens/Ritter (Hrsg.), Eliten am Telefon. Neue Formen von Experteninterviews in der Praxis. 2008; Politik als prekäres Beschäftigungsverhältnis: Mythos und Realität der Sozialfigur des Berufspolitikers im wiedervereinten Deutschland, in: Zeitschrift für Parlamentsfragen, 2006 (zusammen mit Heinrich Best).
E-Mail-Adresse: stefanjahr@gmx.de

Prof. Dr. André Kaiser ist Professor für Vergleichende Politikwissenschaft in der Wirtschafts- und Sozialwissenschaftlichen Fakultät der Universität zu Köln und gehört den Fakultäten der Cologne Graduate School in Management, Economics and Social Sciences, der International Max Planck Research School „The Social and Political Constitution of the Economy" sowie der Cologne Research Training Group „Social Order and Life Chances in Cross-National Comparison" an. Wichtigste Buchpublikation: Mehrheitsdemokratie und Institutionenreform, 2002. Zahlreiche Zeitschriftenaufsätze, zuletzt Linkages between Parliamentary and Ministerial Careers in Germany, 1949 – 2008. The Bundestag as Recruitment Pool, in: German Politics, 2009 (mit Jörn Fischer); Parliamentary Opposition in Westminster Democracies: Britain, Canada, Australia and New Zealand, in: Journal of Legislative Studies, 2008.
E-Mail-Adresse: andre.kaiser@uni-koeln.de

Prof. Dr. Ulrik Kjær ist Professor für Politische Wissenschaft an der Syddansk Universitet in Odense/Dänemark. Forschungsaufenthalte an der Stanford University (1996) und der University of Colorado (2006/07). Wichtigste neuere Publikationen: Why so Few and Why so Slow? Women as Parliamentary Representatives in Europe from a Longitudinal Perspective, in: Cotta/Best (Hrsg.), Democratic Representation in Europe, 2007 (mit Verona Christmas-Best); The Decreasing Number of Candidates at Danish Local Elections, in: Local Government Studies, 2007; Party Politicisation of Local Councils, in: European Journal of Political Research, 2010 (mit Jørgen Elklit).
E-Mail-Adresse: ulk@sam.sdu.dk

Dr. Daniela Kleinschmit ist Assistant Professor für Forstpolitik an der Landwirtschaftlichen Universität (SLU) in Uppsala/Schweden. Nach dem Studium der Forstwissenschaften und der Sozialwissenschaften mit Fokus auf Kommunikations- und Politikwissenschaften hat sie 2003 an der Universität Göttingen mit dem Thema „Beitrag der Medien zum politischen Erfolg" promoviert. Seither liegt der Schwerpunkt

ihrer Arbeit auf der Legitimation von (insbesondere internationalen) politischen Prozessen durch deliberative Verfahren. Empirisch sind ihre Arbeiten im Bereich der Politik der natürlichen Ressourcen und der Umweltpolitik einzuordnen. Sie ist Mitglied des Board der International Union of Forest Research Organizations (IUFRO) und Teil des Global Forest Expert Panels. Wichtigste neuere Publikation: Discourse and Expertise in Forest and Environemntal Governance, in: Forest Policy and Economis 11 (5-6) (Hrsg. mit Böcher und Giessen).
E-Mail-Adresse: Daniela.Kleinschmit@sprod.slu.se

Prof. Dr. Frank Marcinkowski ist Professor für Kommunikationswissenschaft an der Westfälischen Wilhelms-Universität Münster. 1981 bis 1987 Studium der Politikwissenschaft, Soziologie und VWL an der Gerhard-Mercator-Universität Duisburg; danach Wissenschaftlicher Mitarbeiter und Hochschulassistent an der Gerhard-Mercator-Universität. Habilitation und Venia Legendi für Politikwissenschaft, 1999; Lehrstuhlvertretung für Politikwissenschaft an der FernUniversität Hagen, 1999-2000; Forschungsprofessur für Politik- und Kommunikationswissenschaft am Liechtenstein-Institut, 2000-2003; Professor für Publizistikwissenschaft an der Universität Zürich, 2003-2006; seit Oktober 2006 Lehrstuhl für Kommunikationswissenschaft am Institut für Kommunikationswissenschaft der Universität Münster. Arbeitsgebiete: Politische Kommunikation: Politikvermittlung durch Medien; individuelle Wirkungen politischer Kommunikation; politische Kommunikation und Demokratieentwicklung; Medieneinfluss auf politisches Entscheiden. Wissenschafts- und Risikokommunikation. Medien- und Kommunikationstheorie. Medialisierung gesellschaftlicher Funktionsbereiche.
E-Mail-Adresse: frank.marcinkowski@uni-muenster.de

Prof. Dr. Kari Palonen ist Professor für Politikwissenschaft an der Universität Jyväskylä in Finnland seit 1983. Für die Fünfjahresperiode 2008-2012 ist er Akademieprofessor der Finnischen Akademie. Er leitet zurzeit „The Finnish Centre of Excellence in Political Thought and Conceptual Change" und das Projekt „The Politics of Dissensus. Parliamentarism. Rhetoric and Conceptual History". Chefredakteur der Redescriptions. Yearbook of Political Thought, Conceptual History and Feminist Theory. Mit Melvin Richter hat er die *The History of Political and Social Concept Group* in 1998 gegründet und auch das ESF Network „The Politics and History of European Democratization 2003-2005" geleitet. Er hat ausführlich zur Geschichte des Politikbegriffs, zur Politischen Theorie (insbesondere zu Max Weber), zur Theorie der Begriffsgeschichte (Quentin Skinner und Reinhart Koselleck) sowie zur politischen Rhetorik, neuerdings mit Schwerpunkt auf der parlamentarischen Rhetorik publiziert. Neueste Publikation: ‚Objektivität' als faires Spiel. Wissenschaft als Politik bei Max Weber (erscheint Ende 2010).
E-Mail-Adresse: kari.i.palonen@jyu.fi

Dr. Marion Reiser ist wissenschaftliche Mitarbeiterin am Institut für Politikwissenschaft der Goethe-Universität Frankfurt am Main. Studium der Diplom-Sozialwissenschaften in Göttingen und Bristol; Promotion über die Professionalisierung der Kommunalpolitik in der Forschungsgruppe „Politik als Beruf" an der Universität Göttingen, danach wissenschaftliche Mitarbeiterin und Projektkoordinatorin an der Universität Halle-Wittenberg/Sonderforschungsbereich 580. Wichtigste neuere Publikationen: Zwischen Ehrenamt und Berufspolitik. Professionalisierung der Kom-

munalpolitik in deutschen Großstädten, 2006; Independent Local Lists in East and West European Countries, in: Reiser/Holtmann (Hrsg.), Farewell to the Party Model? Independent Local Lists in East and West European Countries, 2008.
E-Mail-Adresse: reiser@soz.uni-frankfurt.de

Prof. Dr. Thomas Saalfeld ist Inhaber des Lehrstuhls für Vergleichende Politikwissenschaft an der Otto-Friedrich-Universität Bamberg. Studium der Politikwissenschaft, Neueren Geschichte und Kommunikationswissenschaft an der Ludwig-Maximilians-Universität München und der University of Hull. Promotion 1993; vor der Berufung nach Bamberg wissenschaftliche Tätigkeit an der Universität der Bundeswehr München, der University of Hull, der Technischen Universität Dresden und der University of Kent Canterbury. Mitglied der britischen Academy of Social Sciences und Chefredakteur von German Politics (Routledge, London). Veröffentlichungen u. a.: The Representation of Immigrants and Visible Minorities in Liberal Democracies: Voters, Parties and Parliaments, 2010 (Hrsg. mit Karen Bird und Andreas M. Wüst); The German Election of 2005: Voters, Parties and Grand Coalition Politics, 2008 (Hrsg. mit Clay Clemens); Parteien und Wahlen, 2007.
E-Mail-Adresse: thomas.saalfeld@uni-bamberg.de

PD Dr. Helmar Schöne ist Privatdozent und Akademischer Mitarbeiter an der Pädagogischen Hochschule Schwäbisch Gmünd. Studium der Politikwissenschaft und Soziologie an der Freien Universität Berlin. Promotion über den institutionellen Wandel nach der deutschen Wiedervereinigung. Habilitation über die Alltagspraxis in deutschen Parlamenten. Wichtigste neuere Publikationen: Parlamentarismusforschung in Deutschland, 2009 (Hrsg. mit Julia von Blumenthal); Alltag im Parlament. Parlamentskultur in Theorie und Empirie, 2010.
E-Mail-Adresse: Helmar.Schoene@ph-gmuend.de

Dr. Doreen Spörer-Wagner arbeitet als wissenschaftliche Mitarbeiterin und Leiterin eines Doktorandenprogramms im NCCR Democracy (National Center of Competence in Research „Challenges to Democracy in the 21st Century") an der Universität Zürich. Studium der Politikwissenschaft und Slavischen Sprachwissenschaft an den Universitäten Konstanz und Leuven. Promotion an der Universität Konstanz über die Reformfähigkeit der postkommunistischen Länder am Beispiel der Handels- und Minderheitenpolitik. Nach Abschluss des NCCR-Forschungsprojektes „The Dynamics of Political Institutions in Mediated Democracies: Political Bargaining and the Transformation of the Public Sphere" (project outputs under review) nun Mitarbeit im NCCR-Forschungsprojekt „Institutional Strategies for Post-Conflict Democratization".
E-Mail-Adresse: d.spoerer@ipmz.uzh.ch

Prof. Dr. Klaus Stolz ist Politikwissenschaftler und Professor für Britische und Amerikanische Kultur- und Länderstudien an der Technischen Universität Chemnitz. Studium der Politikwissenschaft, Anglistik und Geschichte an der Universität Freiburg und der University of Edinburgh. Promotion an der Universität Freiburg zum Thema „Schottland in der Europäischen Union". Wissenschaftlicher Mitarbeiter in der Forschungsgruppe „Politik als Beruf" am Zentrum für Europa- und Nordamerikastudien der Universität Göttingen. Erster Vorsitzender der German Association for the Study of British History and Politics. Wichtigste neuere Publikationen: Towards a Regional Political Class? Professional Politicians and Regional Institutions in Ca-

talonia and Scotland, 2010; Ten Years of Devolution. Snapshots at a Moving Target, 2010 (Hrsg.).
E-Mail-Adresse: klaus.stolz@phil.tu-chemnitz.de

Juniorprof. Dr. Jens Tenscher ist Senior Postdoc Researcher am Institut für Politikwissenschaft der Universität Innsbruck. Studium der Politischen Wissenschaft, Medien- und Kommunikationswissenschaft sowie der Deutschen Philologie an den Universitäten Mannheim und Windsor (Kanada). Promotion an der Universität Koblenz-Landau. Dort auch von 2003 bis 2009 als Juniorprofessor für Politikwissenschaft tätig. Vertretung der Professuren für Medien- und Kommunikationswissenschaft (2006/07) und für Politische Soziologie (2009) an der Universität Mannheim. Gastdozenturen u.a. am Moskauer Staatlichen Institut für Internationale Beziehungen und der International University in Germany. Seit 2006 Sprecher des Arbeitskreises „Politik und Kommunikation" der Deutschen Vereinigung für Politikwissenschaft (DVPW). Wichtigste neuere Publikationen: Internationale Politische Kommunikation. Annäherungen an eine transdisziplinäre Forschungsperspektive, in: Zeitschrift für Politikwissenschaft 19 (mit Henrike Viehrig); 100 Tage Schonfrist. Bundespolitik und Landtagswahlen im Schatten der Großen Koalition, 2008 (Hrsg. mit Helge Batt).
E-Mail-Adresse: Jens.Tenscher@uibk.ac.at

Lars Vogel, M.A., ist wissenschaftlicher Mitarbeiter an der Friedrich-Schiller-Universität Jena und am Sonderforschungsbereich 580. Studium der Politikwissenschaft, Soziologie und Philosophie in Jena und Budapest. Wichtigste neuere Publikation: Der Weg ins Kabinett – Ministerkarrieren in Deutschland. Eine empirische Analyse unter besonderer Berücksichtigung der Rekrutierungsfunktion der Parlamente, 2009.
E-Mail-Adresse: lars.vogel@uni-jena.de

Dr. Armin Wolf ist Journalist und Politikwissenschaftler. Geboren 1966 in Innsbruck, arbeitet er seit 1985 als politischer Journalist beim Österreichischen Rundfunk, unter anderem als USA-Korrespondent, Redaktionsleiter und seit 2002 Moderator des Nachrichtenmagazins ZIB2. Studium der Politikwissenschaft, Soziologie und Zeitgeschichte in Innsbruck und Wien (Dr. phil.). Postgraduate-Studium Business Administration in Berlin (MBA). Lehraufträge an mehreren Universitäten und Fachhochschulen sowie regelmäßige Publikationen, vor allem zum Forschungsbereich politische Kommunikation.
E-Mail-Adresse: armin.wolf@orf.at

Dr. Andreas Wüst ist seit 2006 Fellow der VolkswagenStiftung am Mannheimer Zentrum für Europäische Sozialforschung (MZES) und derzeit Vertreter des Lehrstuhls für Vergleichende Politische Verhaltensforschung an der Universität Mannheim. Er studierte und promovierte (2002) an der Universität Heidelberg. Seine Hauptarbeitsgebiete sind die empirische Wahl- und Repräsentationsforschung. Er ist Gründungsmitglied der Deutschen Gesellschaft für Wahlforschung (DGfW) und Mitbegründer der Deutschen Kandidatenstudie (GCS). Jüngere Publikationen: The Political Representation of Immigrants and Minorities: Voters, Parties and Parliaments in Liberal Democracies, 2010 (Hrsg. mit Karen Bird und Thomas Saalfeld); Bundestagskandidaten und Einwanderungspolitik: Eine Analyse zentraler Policy-Aspekte, in: Zeitschrift für Politikwissenschaft, 2009.
E-Mail-Adresse: Andreas.Wuest@mzes.uni-mannheim.de

GPSR Compliance

The European Union's (EU) General Product Safety Regulation (GPSR) is a set of rules that requires consumer products to be safe and our obligations to ensure this.

If you have any concerns about our products, you can contact us on

ProductSafety@springernature.com

In case Publisher is established outside the EU, the EU authorized representative is:

Springer Nature Customer Service Center GmbH
Europaplatz 3
69115 Heidelberg, Germany